RAPPORT

SUR

L'EXPOSITION INTERNATIONALE INDUSTRIELLE

D'AMSTERDAM

EN 1883.

RAPPORT

SUR

L'EXPOSITION INTERNATIONALE INDUSTRIELLE

D'AMSTERDAM

EN 1883,

ADRESSÉ À M. LE MINISTRE DU COMMERCE

PAR

M. LE Cᵗᵉ DE SAINT-FOIX,

COMMISSAIRE GÉNÉRAL DE LA RÉPUBLIQUE, CONSUL GÉNÉRAL DE FRANCE,

ET SUIVI

D'UNE ÉTUDE

SUR LES COLONIES DES INDES NÉERLANDAISES,

PAR

M. AUBERT,

COMMISSAIRE ADJOINT, CHANCELIER DU CONSULAT GÉNÉRAL.

Dble verifié de (1°v. 1887

PARIS.

IMPRIMERIE NATIONALE.

M DCCC LXXXV.

RAPPORT

SUR

L'EXPOSITION INTERNATIONALE

D'AMSTERDAM

EN 1883.

CHAPITRE PREMIER.

EXPOSITIONS NATIONALES ET INTERNATIONALES DANS LES PAYS-BAS
DEPUIS 1807 JUSQU'À NOS JOURS.

Depuis le commencement du siècle, de nombreuses expositions, nationales d'abord, internationales ensuite, ont eu lieu dans différentes villes
des Pays-Bas. Par un décret du roi Louis en date du 22 janvier 1807,
il fut ordonné qu'il y aurait tous les deux ans en Hollande une exposition
des produits de l'industrie, de l'agriculture et des colonies néerlandaises.
Le règlement qui fut publié à ce sujet, le 8 octobre de la même année,
décida qu'une somme de 1,000 florins[1] serait chaque fois affectée aux
récompenses et 6,000 florins aux dépenses d'installation et autres menus
frais. La première exposition, qui se fit en 1808 à Utrecht, ne servit
guère qu'à constater l'état des différentes branches d'industrie et à marquer le point de départ de chacune.

Dès la seconde, dont le siège fut Amsterdam, en 1809, on put reconnaître de grands progrès dans plusieurs genres de produits manufacturés,
et particulièrement dans ceux de laine et de coton. Le rapport officiel
vantait les beaux draps de Leyde et de Tilbourg, où l'on s'appliquait à la
confection de draps français façon Louviers et des draps grossiers d'Angleterre, dont l'étranger s'approvisionnait exclusivement. Deux fabriques de
tapis, l'une à Hilversum, l'autre à Deventer, se livraient déjà à l'imitation
des produits de Smyrne. La bienveillante attention du roi était appelée,

---

[1] Le florin des Pays-Bas équivaut à 2 fr. 10 cent.

IMPRIMERIE NATIONALE.

en outre, sur deux manufactures d'étoffes de velours et de soie récemment
installées à Amsterdam. La préparation du lin et du chanvre avait atteint
un haut degré de perfection, et le rapport cite avec éloge les fils de
Deventer et les cordages de Gouda. Le tissage des fameuses toiles de
Hollande était déjà en pleine décadence et il n'y avait plus à cette époque
que deux maisons du Brabant qui se livraient encore à cette industrie.
Les fabriques de papier des bords du Zaan étaient dans un état florissant.
Les manufactures de cuirs, centralisées aujourd'hui dans le Brabant, se
trouvaient alors principalement sur les bords de l'Yssel, à Zutphen.
Amsterdam possédait aussi une fabrique de porcelaine, dont les produits
pouvaient rivaliser avec les produits français. C'était la seule de toute la
Hollande.

Il résulte des documents publiés sur l'exposition de 1808 par le docteur
Sarphati, que la fabrication des carreaux en poterie peinte dont on revê-
tait les murs dans les habitations hollandaises était très prospère aux
environs d'Alkmaar à la fin du xviii° siècle. Elle a été, depuis, complètement anéantie par l'importation de papiers et d'étoffes de tenture. La
manufacture où se faisait la célèbre porcelaine de l'Amstel, qui est
aujourd'hui si estimée et si chère, occupait encore en 1808 de cinquante
à soixante ouvriers, mais les fabricants se plaignaient des difficultés d'installation et d'approvisionnement de matières premières, et prévoyaient
pour ces causes l'abandon prochain de leur entreprise.

La ville d'Enschedé, qui est encore aujourd'hui le centre de la fabrication des cotonnades, possédait, en 1808, 30 fabriques livrant annuellement à la consommation 1,000 pièces de cotonnades, d'une valeur de près
de 2 millions de francs, sans compter 72 métiers fournissant 50,000 mètres
de drap par an.

Indépendamment des récompenses, il fut accordé, en 1809, neuf primes
d'une valeur totale de 21,000 francs pour encourager la culture du lin et
une prime de la même somme au fabricant qui produirait un tapis semblable aux tapis français et anglais d'une grandeur de 32 aunes de long
sur 10 de large.

L'entrée de ces deux premières expositions était gratuite. Aucun catalogue ne fut distribué : chaque objet portait l'étiquette du fabricant. Seuls
les noms des exposants ont été publiés dans le rapport.

Les recherches que nous avons effectuées pour retrouver les traces d'une
exposition entre l'année 1809 et l'année 1820 sont restées infructueuses,
et il est bien probable qu'en raison des événements politiques survenus
durant cette période, il n'y en eut aucune dans les Pays-Bas. Par un arrêté

royal en date du 1ᵉʳ août 1819, il fut décidé que les expositions nationales, au lieu de se faire tous les deux ans, deviendraient quinquennales. Dès l'année suivante, il y en eut une à Gand, dans les salles du tribunal de commerce. Le catalogue de ce concours contient les noms de 600 exposants auxquels on accorda une indemnité pour le transport de leurs produits.

Le siège de l'exposition suivante fut Harlem, en 1825. On y compta 1,042 exposants, dont 446 des Pays-Bas et 596 de Belgique.

L'exposition de Bruxelles en 1830 fut annoncée comme devant dépasser de beaucoup les précédentes par sa grandeur, par son importance et par le nombre des concurrents. L'administration et les fabricants avaient, en effet, rivalisé de zèle dans les cinq dernières années pour donner un grand développement à l'industrie, et le gouvernement des Pays-Bas n'était pas moins jaloux de montrer les résultats de ses efforts que le public de les connaître. Rien, d'ailleurs, n'avait été épargné pour rehausser l'éclat de cette solennité. On y avait joint une exposition de fleurs, car les Belges et les Hollandais ont été de tout temps des horticulteurs très distingués, des concours de musique, des courses, des jeux, en un mot tout ce qui attire la foule. Bruxelles n'avait jamais vu tant de richesses, de plaisirs et de curieux réunis dans ses murs. Les produits de l'industrie occupaient le rez-de-chaussée, le premier étage et les sous-sols d'un vaste et beau palais. Ils étaient rangés, sans trop de confusion, dans dix salles ou galeries, dont la dernière était consacrée, par supplément, aux produits de Java.

Les premières machines à vapeur figuraient à cette exposition. Elles sortaient des ateliers de MM. Cockerill, Nouget et Tassin, tous de la province de Liège. M. Dietz, dont le nom se trouvait déjà honorablement cité dans plusieurs expositions précédentes à Paris et qui était probablement un parent de M. Dietz-Monnin, présenta une douzaine de modèles de machines, la plupart de son invention et toutes d'une exécution très soignée. La plus remarquable était une machine appelée hydro-atmosphérique, propre aux dessèchements, qui élevait l'eau à une hauteur de 8 mètres et qui pouvait, en même temps, servir de force motrice au moyen d'une roue à augets.

On voyait enfin, au milieu des machines, un appareil de sauvetage dû à M. Scherboom, de la Haye, des pétrisseurs mécaniques, des cardes à filature, des cylindres à imprimer la toile, des chaînes-câbles, des ponts en fonte, des instruments aratoires, de l'étain de Banca (Indes néerlandaises).

Les armes de Liège, les instruments de précision, les bronzes, les bijoux, les terres et pierres, les meubles, les cuirs, le papier et ses applications, les produits chimiques, les cristaux, les porcelaines, les faïences, dont quelques-unes provenaient du grand-duché de Luxembourg, formaient d'autres groupes. Les fabricants de pipes y étaient également représentés, mais ils commençaient à s'inquiéter de l'invasion du cigare, et leur industrie, qui occupait jusqu'à 17,000 ouvriers dans la seule ville de Gouda, tombait, à cette époque, dans une décadence dont elle ne devait plus se relever.

Leyde avait envoyé au concours de Bruxelles des couvertures de laine, des serges, des camelots, des frises, des étamines, etc. Les tapis de Deventer *façon Smyrne* firent alors leur première apparition dans la capitale de la Belgique, mais la fabrication en était encore si restreinte qu'il n'y eut que trois échantillons exposés dans une des salles, au milieu des produits de Tournai et d'autres localités des Pays-Bas, principalement d'Utrecht. Cette dernière ville se fit remarquer également par ses soieries.

Harlem y comparaissait avec ses célèbres oignons de tulipes et de jacinthes. Ce commerce a pu survivre à celui des toiles dont la perfection était telle, au xvie siècle, qu'un tisserand de Harlem fabriqua en 1580 une pièce de 75 aunes de Hollande qui ne pesait que 3 livres, et qu'en 1606 une pièce de 50 aunes ne coûta pas moins de 260 florins (546 fr.) de main-d'œuvre. Ni les liqueurs de la vieille maison Wynand Fockink, ni les tailleries de diamants, ni le linge de table jadis si réputé d'Amsterdam ne semblent avoir figuré à Bruxelles en 1830, quoique leur origine fût bien antérieure à cette date. Nous trouvons mention seulement des bijoux exposés par deux orfèvres d'Amsterdam, MM. Bennevitz et Willemsen.

En résumé, sur 1,046 exposants qui participèrent au concours national de Bruxelles en 1830, les provinces belges en comptèrent 824, celles des Pays-Bas, 204, et le grand-duché de Luxembourg, 18.

Les archives du consulat général de France et les autres que nous avons consultées ne contiennent pas de documents relatifs à des expositions nationales qui auraient eu lieu entre l'année 1830 et l'année 1847. La séparation de la Belgique de la Hollande et l'état de trouble qui s'ensuivit furent sans doute la cause de cette abstention industrielle. Il faut donc franchir un intervalle de dix-sept années pour trouver des renseignements sur une exposition néerlandaise : celle qui se fit en 1847, à Utrecht, sur l'initiative de la Société néerlandaise pour l'encouragement de l'industrie nationale et dans laquelle figurèrent 420 exposants. Le nombre, la variété, la perfection et la richesse des produits entassés dans les vastes salles d'un nouveau palais consacré aux sciences et aux beaux-arts et situé sur la place Marie attestèrent les progrès du mouvement industriel dans les Pays-Bas. Un ordre parfait avait présidé au classement des objets. Ils avaient été placés avec art et méthode et la plus grande latitude avait été laissée à la circulation des visiteurs. Au rez-de-chaussée figuraient les machines, les meubles, les produits céramiques, et au premier étage, dans des salles non moins bien disposées, on avait réuni les ouvrages d'or et d'argent, les instruments de physique, les ornements et décorations d'architecture, la tannerie, la papeterie, les papiers peints, les produits chimiques, les draps, cotons et étoffes de laine, les tapis, les toiles de fil, de lin et damassées, la corderie, la verrerie et la cristallerie, les glaces, les pierres lithographiques et la librairie. Ce qu'il y avait surtout de remarquable dans l'exposition d'Utrecht, c'étaient les imitations de laque dans le genre chinois. Un industriel d'Amsterdam, M. Zeegers, avait exposé un magnifique paravent, avec filets or sur fond noir et avec figures en relief, qui pour la netteté et l'éclat du travail le disputait à la vraie laque de Chine. Dans le même genre, les ouvrages et les meubles de Burgers, d'Amsterdam, et Frange, de Harlem, attiraient également l'attention des visiteurs.

Nous n'avons ni le temps ni la place pour faire ici un historique détaillé de chacune de ces expositions, et nous devons nous borner à suivre rapidement le développement industriel dans les Pays-Bas. Cependant, il serait difficile de quitter l'exposition d'Utrecht, en 1847, sans mentionner les progrès faits depuis 1830 par les fabriques de tapis de Deventer, dont il y avait là de brillants échantillons, capables de rivaliser avec les tapis de Smyrne. Delft exposait des produits analogues et préludait ainsi à la fabrication de ces tapis qui ont acquis aujourd'hui une grande réputation.

L'exposition suivante eut lieu à Delft au mois de juillet 1849. Elle laissa à désirer comme ensemble complet. En effet, certaines industries importantes qui existaient dans le pays n'y furent pas représentées. Ni les tuiles, ni les briques qui se fabriquent en si grande quantité dans les environs et qui remplacent la pierre inconnue dans les terrains d'alluvion dont est formée une grande partie du sol hollandais, ni les célèbres tailleries de diamants d'Amsterdam, ni les usines à sucre n'étaient représentées à Delft. En revanche, le caoutchouc et la gutta-percha y faisaient leur première apparition, et cette découverte qui devait trouver des applications si diverses et si nombreuses suffira pour perpétuer la date de l'exposition de Delft.

En 1852, une exposition nationale eut lieu à Amsterdam. En 1853, la Société d'industrie populaire organisa à Amsterdam une exposition de matériaux de construction, et l'année suivante, dans la même capitale, une exposition internationale de photographie et d'héliographie. 65 exposants y concoururent, parmi lesquels 29 Français, 20 Hollandais, 8 Allemands, 4 Anglais et 4 Belges.

La Société pour l'encouragement de l'industrie nationale dans les Pays-Bas patronna et subventionna :

En 1856, une exposition industrielle, artistique et agricole à Hilversum;

En 1857, une exposition nationale et provinciale à Deventer;

En 1858, à Dordrecht, à Middelbourg et à Utrecht;

En 1859, à Amsterdam.

L'année suivante, en 1860, il y eut encore à Amsterdam une exposition internationale comprenant les différentes méthodes d'enseignement, l'ameublement, les livres, les modèles, les cartes, les tableaux, les jouets utiles, etc. 404 Hollandais, 13 Français, 10 Anglais, 10 Allemands et 2 Belges y prirent part.

Nous signalerons enfin :

Une exposition internationale des instruments de pêche organisée à Amsterdam, en 1861, par le Collège des pêches des Pays-Bas;

Une exposition fort importante de l'industrie nationale, dirigée par la Société d'encouragement, qui se fit à Harlem en 1861;

En 1862, une exposition de meubles en bois à Zwolle;

En 1863, à la Haye, une exposition de métaux et d'objets fabriqués en métal;

En 1864, à Leeuwarden;

En 1864, à Middelbourg, une exposition d'appareils et d'engins de sauvetage;

A Leyde, en 1865, une exposition d'instruments de physique, d'optique et de mathématiques;

A Amsterdam, en 1866, une exposition industrielle et artistique;

A la Haye, en 1867, une exposition internationale d'appareils et d'articles de pêche;

A Arnhem, en 1868, une exposition artistique et industrielle;

A Amsterdam, en 1869, une exposition internationale d'économie domestique, organisée par la Société d'encouragement de l'industrie, avec le concours pécuniaire de l'État, des provinces, des communes et des particuliers. Cette exposition, qui eut lieu dans le beau Palais de l'Industrie converti aujourd'hui en une immense salle de concert et de spectacle, fut une des plus importantes des Pays-Bas. 2,077 exposants de différentes nationalités y prirent part, parmi lesquels on compta 323 Français. Nos compatriotes remportèrent, sauf dans une classe dont les récompenses ne sont pas indiquées, 21 diplômes d'honneur, 40 médailles d'or, 62 médailles d'argent, 50 médailles de bronze et 21 mentions honorables. D'intéressants rapports sur les sociétés de prévoyance et sur les conditions d'existence de la classe ouvrière parurent à cette époque et furent publiés par l'imprimerie de l'État, à la Haye;

A Groningue, en 1869, une exposition internationale de photographie, phototypographie, chromolithographie, etc., avec 134 exposants, dont 53 Allemands, 43 Hollandais, 15 Anglais, 10 Autrichiens, 7 Français, 2 Russes, 1 Belge, 1 Italien, 1 Suisse et 1 Américain;

A Bréda, en 1875, une exposition nationale industrielle, agricole et artistique;

A Arnhem, en 1879, une exposition nationale et coloniale, à laquelle fut joint un concours international pour les machines à fabriquer des briques, les moteurs, les coffres-forts, les machines-outils, les cordages, les voitures, les objets d'orfèvrerie, les machines à coudre et les appareils d'éclairage. 6 Français vinrent à ce concours, auquel prirent part en tout 962 exposants;

A Amsterdam, en 1877, une exposition organisée par le département de la Société d'encouragement de l'industrie. Elle était divisée en trois sections. La première comprenait l'industrie nationale d'art moderne, la deuxième un concours *international* des arts appliqués à l'industrie, et la troisième une exposition rétrospective des arts dans les Pays-Bas. 904 exposants, parmi lesquels 28 Français, prirent part à ce concours;

A Groningue, en 1880, une exposition internationale industrielle; 156 exposants;

Enfin, à Utrecht, en 1882, une exposition nationale industrielle.

CHAPITRE II.

EXPOSITION INTERNATIONALE D'AMSTERDAM EN 1883. — DESCRIPTION DU PALAIS.
— L'IDÉE PREMIÈRE DE L'EXPOSITION DUE À UN FRANÇAIS. — ORGANISATION.
COMPOSITION DE LA COMMISSION NÉERLANDAISE. — JURY. — NOMBRE DES
RÉCOMPENSES. — MESURES PRISES CONTRE L'INCENDIE. — POLICE. —
DOUANE. — STATISTIQUE DES JOURNAUX VENDUS PENDANT LA DURÉE DE
L'EXPOSITION.

L'Exposition internationale de 1883, intitulée : *Exposition coloniale et d'exportation générale*, a dépassé de beaucoup toutes ses devancières par sa grandeur et par son importance. La superficie totale de l'espace occupé par les édifices et par les jardins était d'environ 25 hectares. Le palais proprement dit de l'Exposition formait un rectangle de 300 mètres de longueur sur une largeur de 120 mètres dans certaines parties et de 150 mètres dans d'autres. La disposition adoptée pour l'intérieur était une grande nef centrale placée dans l'axe du rectangle et dans sa plus grande longueur, ayant 20 mètres de largeur. Perpendiculairement à cette grande allée, quinze travées de 20 mètres de largeur, ayant une longueur de 50 à 65 mètres, se développaient de chaque côté. D'autres bâtiments séparés comprenaient des galeries pour les produits des colonies, les objets d'exportation, les machines, les beaux-arts, etc. La superficie du palais et de ses annexes s'élevait à 85,000 mètres. En dehors de ces constructions, édifiées par la société de l'Exposition, les jardins renfermaient des pavillons appartenant à différentes administrations publiques, des chalets, des kiosques, des maisons de toutes sortes élevés par les exposants et dont la superficie se montait à 8,000 mètres.

La section ethnographique et celle de l'art rétrospectif, installées dans le musée de peinture dont l'État néerlandais achève en ce moment la construction, occupaient dans les locaux plus de 4,000 mètres, ce qui formait un ensemble de 97,000 mètres de surface couverte.

Le nombre des exposants de toutes les nations représentées à Amsterdam a été de 7,200.

Du 1ᵉʳ mai, date de l'ouverture, au 31 octobre, jour de la clôture, les entrées se sont élevées au nombre de 1,439,000. Dans ce chiffre ne sont pas comprises les entrées du soir aux représentations, concerts, etc. L'Exposition d'Amsterdam a reçu les visites du Roi et de la Reine des Pays-Bas, du Roi et de la Reine des Belges, du Prince royal de Portugal, du Prince et de la Princesse royale de Suède, du comte et de la comtesse de Flandre, du duc et de la duchesse d'Albany. Parmi les personnages de distinction, nous citerons M. Hérisson, ministre du commerce de la République française; Son Exc. M. Rolin Jacquemyns, ministre de l'intérieur du royaume de Belgique; Son Exc. Li-Fong-Pao, ambassadeur de Chine à Berlin.

Les États ou colonies qui ont participé au concours sont :

Les Pays-Bas;	L'Autriche-Hongrie;
La Belgique;	L'Angleterre;
La Nouvelle-Galles du Sud;	Les États-Unis de l'Amérique du Nord;
Victoria;	L'Espagne;
Les Indes anglaises;	La France;
Le Brésil;	La Turquie;
La Suède et la Norvège;	L'Égypte;
La Suisse;	L'Allemagne;
Le Transvaal;	La Tunisie;
Haïti;	La Grèce;
Le grand-duché de Luxembourg;	L'île Maurice;
La Perse;	La Jamaïque;
Siam;	L'Uruguay;
La Chine;	La Russie;
Le Japon;	L'Italie.

L'idée première des promoteurs de l'Exposition d'Amsterdam était d'en faire une exposition simplement coloniale. C'est ce qui explique l'architecture indienne ou hindoue qui servait de façade au bâtiment principal, avec ses deux immenses tours carrées, ses éléphants qui lui servaient de soubassement, ses lions et ses statues équestres placées dans la cour d'honneur. Deux immenses maquettes tapissaient, en outre, la paroi du fond, à droite et à gauche de la porte d'entrée. Elles représentaient, l'une la statue du Commerce, sous les traits de Mercure, l'autre celle de l'Industrie présidant au premier mouvement d'exportation maritime et à la première opération de distillerie. La maquette de droite était consacrée à la glorification des arts libéraux : une Minerve d'une belle dimension et une Science, les yeux baissés sur un livre, encadrant deux scènes tirées de l'histoire de la philosophie et de celle des grandes découvertes, à savoir Diogène avec son tonneau et Aristote expliquant la géométrie à Alexandre le Grand. Un grand velum rouge, avec des dessins imitant le cachemire des Indes, reliait les deux tours en s'abaissant vers le centre. Étant donnée la situation des bâtiments de l'Exposition en arrière du vaste monument destiné à contenir un jour les chefs-d'œuvre de l'école hollandaise, il eût été difficile, en présence de l'imposant aspect du futur musée néerlandais, de donner un caractère tant soit peu européen à la façade du palais éphémère appelé à renfermer les produits de toutes les nations participant au concours. L'architecte a donc eu raison, à notre avis, de s'en tenir au côté exclusivement colonial que l'Exposition devait avoir dans les projets primitifs.

Après avoir franchi les longues arcades qui traversent le palais du musée dans toute sa longueur et lui donnent un cachet hollandais plein de charme et de couleur locale, on se trouvait pour ainsi dire transporté sous une autre latitude. Le soleil, ce soleil d'Orange comme on dit ici, a eu le bon goût de se montrer souvent l'été passé, même le jour de l'inauguration, et lorsqu'il dardait ses rayons sur la façade blanche de l'Exposition, on se serait cru devant la superbe demeure d'un sultan de l'Extrême Orient soumis, bien entendu, à la domination des Pays-Bas. Car l'écusson royal néerlandais avec sa fière devise : *Je maintiendrai*, surplombait l'entrée principale du palais indien et le couvrait ainsi de sa protection.

C'est à un Français, M. Agostini, qu'est due l'idée première de l'Exposition d'Amsterdam en 1883. Au mois d'août 1880, notre jeune compatriote était parvenu, non sans peine, à former une réunion composée des différentes notabilités de la ville sous la présidence de feu M. le bourgmestre den Tex. A la suite de cette conférence, dans laquelle M. Agostini exposa ses projets, une commission d'études fut nommée et quinze jours après un rapport était déposé. A la commission d'études succéda une commission d'organisation de cinquante membres, qui se fractionna en sections. Enfin un comité exécutif fut désigné. L'Exposition internationale coloniale et d'exportation générale entrait dès lors dans sa période d'organisation sous le haut patronage du Roi, sous la présidence d'honneur de Son Exc. M. le Ministre des colonies, de Son Exc. M. le Gouverneur général des Indes néerlandaises, de M. le Commissaire du Roi dans la province de Hollande septentrionale, de M. le Bourgmestre d'Amsterdam et enfin sous la direction du comité exécutif composé de :

MM. Cordes, président de la Chambre de commerce d'Amsterdam, *président;*
    A.-C. Wertheim, membre des États provinciaux, *vice-président;*

MM. C. Bosscher, ancien directeur du Ministère de l'intérieur aux Indes néerlandaises (la Haye);

Pels, membre des États provinciaux et du Conseil communal d'Amsterdam;

Schmitz, membre du Conseil communal;

F. Tasson, industriel belge (Bruxelles);

S. de Clercq, président du Waterschap de Rijnland (Leyde);

J. Kappeyne van de Copello, avocat, *secrétaire* (Amsterdam);

D. Josephus Jitta, avocat, *secrétaire-adjoint* (Amsterdam);

Fouquiau, architecte (Paris);

Agostini, désigné pour les fonctions de commissaire général néerlandais.

Les trois présidents de section furent :

MM. Pels, pour la section coloniale;

Wolterbeek, pour la section d'exportation générale;

S.-W. Josephus Jitta, pour la section des beaux-arts.

Le gouvernement néerlandais, qui s'était borné à accorder à l'entreprise son bienveillant patronage et à prêter son concours pécuniaire pour l'organisation de certains services, était intervenu dans la constitution et dans les travaux du jury. Cette intervention a donné une importance réelle aux récompenses décernées aux exposants. Le Roi avait désigné pour président du jury international M. le chevalier Hartsen, conseiller d'État du royaume des Pays-Bas, dont l'expérience en ces matières s'était déjà affirmée à l'exposition de Paris en 1878; M. Hartsen, rompu aux affaires, a su présider aux opérations dont il s'agissait avec autant d'intelligence que d'impartialité, et en ce qui nous concerne personnellement, nous n'avons eu qu'à nous louer hautement de lui et de la bienveillante attention qu'il n'a cessé d'apporter à l'examen des réclamations que nous lui avons soumises.

Il a été décerné à toutes les nations concurrentes :

588 diplômes d'honneur;   1,780 médailles de bronze;
1,451 médailles d'or;   1,152 mentions honorables.
2,160 médailles d'argent;

Les récompenses accordées pour les beaux-arts comprennent :

31 diplômes d'honneur;   25 médailles de bronze;
68 médailles d'or;   12 mentions honorables.
92 médailles d'argent;

Le détail des récompenses par État se trouve dans le tableau ci-après :

PAYS.	DIPLÔMES D'HONNEUR.	MÉDAILLES			MENTIONS HONORABLES.
		D'OR.	D'ARGENT.	DE BRONZE.	
France................	171	357	328	244	140
Algérie................	6	23	35	60	64
Tunisie................	9	10	16	6	6
Colonies françaises........	17	26	63	54	24
Pays-Bas.............	152	221	389	341	277
Belgique...............	49	216	328	199	117
Allemagne.............	49	158	310	301	165
Angleterre.............	18	54	68	52	26
Colonies anglaises.........	16	38	68	49	27
Espagne...............	26	47	91	108	98
Nouvelle-Galles du Sud.....	5	26	72	39	28
Victoria..............	8	52	90	75	28
Autriche...............	8	46	51	45	29
Russie................	13	35	39	30	32
Japon.................	12	20	36	20	11
Italie.................	3	10	25	16	13
Chine.................	3	15	32	23	14
États-Unis.............	3	6	15	8	2
Perse.................	3	2	1	2	//
Suède................	3	11	16	17	5
Suisse................	2	6	13	14	3
Égypte...............	3	5	4	6	2
Brésil................	2	9	16	22	17
Uruguay...............	2	35	9	8	11
Australie occidentale........	1	//	//	//	//
Haïti.................	1	8	8	2	5
Transvaal.............	1	1	//	//	//
Jamaïque..............	//	9	28	33	3
Siam.................	1	//	3	3	2
Canada...............	1	//	//	//	//
Luxembourg............	//	3	2	1	//
Turquie...............	//	2	1	2	3
Danemark.............	//	//	3	//	//
Grèce................	//	//	//	//	//
Portugal...............	//	//	//	//	//
TOTAUX.........‥..	588	1,451	2,160	1,780	1,152

Les récompenses accordées pour les beaux-arts se répartissent comme suit :

PAYS.	DIPLÔMES D'HONNEUR.	MÉDAILLES			MENTIONS HONORABLES.
		D'OR.	D'ARGENT.	DE BRONZE.	
France..............	12	28	35	12	4
Belgique.............	10	24	27	5	5
Pays-Bas............	8	13	27	5	2
Angleterre...........	1	//	//	//	//
Italie...............	//	1	2	2	//
Russie..............	//	1	//	//	//
Autriche............	//	1	//	1	//
Espagne.............	//	//	1	//	//
Haïti...............	//	//	//	//	1
Totaux.........	31	68	92	25	12

Nous devons féliciter sincèrement l'administration de la ville d'Amsterdam des précautions qu'elle avait prises contre l'incendie des bâtiments de l'Exposition et de la manière dont elle a fait exercer la police dans l'enceinte totale.

D'après le rapport adressé au Conseil communal par le commandant des pompiers, les mesures suivantes avaient été prises contre les incendies :

On avait établi, au centre de l'Exposition, un poste identique à ceux existants dans la ville et permettant aux visiteurs de se rendre compte de leur installation à Amsterdam. Ce poste renfermait une pompe à bras avec son attelage. Il était rattaché télégraphiquement avec le bureau central des pompiers et avec les dix sonnettes d'alarme réparties aux endroits les plus dangereux de l'Exposition.

Le poste était occupé, pendant le jour, par un sous-officier et 13 hommes, la nuit par un sous-officier et 7 hommes, qui faisaient des rondes à tour de rôle dans l'Exposition.

Les moyens d'extinction consistaient en 18 bouches d'incendie munies d'un tuyau avec lance et pouvant être employé immédiatement, et en 5 pompes à incendie disséminées dans les bâtiments et sur les terrains de l'Exposition.

Une cinquantaine d'extincteurs fournis gratuitement par des fabricants étaient en outre placés dans les bâtiments.

17 pompiers de différents grades, en dehors du personnel fixe, étaient chargés de services spéciaux dans l'Exposition.

Il n'y a eu que trois commencements d'incendie qui ont été étouffés avant d'avoir amené des dégâts de quelque importance. (Deux ont été éteints par les matelots de service dans la section française.)

La surveillance était exercée dans l'Exposition par un personnel fixe composé de :

    1 inspecteur en chef de police ;
    1 inspecteur ;
    3 brigadiers ;
    60 agents.

Ce service était organisé comme suit :

Service permanent de jour.

    12 agents de ronde ;
    8 agents dans les bâtiments.

Service permanent de nuit.

    6 agents de ronde ;
    12 agents dans les bâtiments.

La surveillance spéciale se composait de :

    3 agents pour la collection du prince de Galles ;
    4 agents pour l'exposition rétrospective ;
    4 autres agents pour la galerie des beaux-arts.

Tout ce personnel était aux frais de l'administration de l'Exposition.

1 inspecteur et 10 agents de la sûreté étaient, en outre, attachés chaque jour au bureau central à l'Exposition.

Une vingtaine d'agents, pris dans le personnel de la section de police la plus voisine, étaient chargés, sous les ordres de 3 inspecteurs, de la surveillance extérieure, aux portes et aux abords de l'Exposition.

Le poste de police à l'Exposition était relié télégraphiquement et par téléphone avec le bureau central ainsi qu'avec le poste de police le plus proche.

Pendant la durée de l'Exposition, le poste de police a reçu les plaintes suivantes :

    122 pour vols et détournements ;
    4 pour effractions ;
    2 pour vols à la tire ;
    2 pour abus de confiance ;

1 pour insultes;

1 pour bris d'objets;

2 pour coups et blessures;

1 pour faux témoignage;

1 pour résistance aux agents;

2 pour calomnie;

1 pour bris de clôtures.

Grâce aux excellentes mesures prises par la police communale d'Amsterdam, il n'y a point eu à constater de vols bien considérables commis dans l'enceinte et pendant la durée de l'Exposition. La disparition la plus grave a été, si nos renseignements sont exacts, celle de quelques objets précieux du Japon, évalués à 6,000 ou 7,000 francs; mais les voleurs ont été saisis et les exposants sont rentrés en possession de ce qui leur avait été dérobé.

Outre la police locale, il y avait dans la section française des agents de la brigade de sûreté de Paris chargés spécialement de la surveillance des salons et vitrines des orfèvres, joailliers et bijoutiers, lesquels avaient contribué pour moitié avec la commission française à la dépense occasionnée par la venue de ces agents à Amsterdam. Ces sages précautions ont sans doute éloigné, dès le principe, les voleurs de profession qui prennent les grandes expositions pour théâtre habituel de leurs exploits. Aussi, l'Exposition une fois close et les colis enlevés, pouvions-nous nous réjouir doublement en pensant que nos richesses industrielles étaient sorties intactes des mains des pick-pockets et d'un incendie toujours à craindre dans des bâtiments construits en bois de sapin et ornés de matières essentiellement combustibles.

49,500 colis et 223 wagons contenant des marchandises importées de l'étranger à destination de l'Exposition ont passé par le bureau de la douane établi dans l'enceinte réservée au concours. Les 5,592 déclarations ne mentionnaient pas, pour la plupart, la nature des produits et portaient seulement cette indication générale: *Marchandises pour l'Exposition*. Ces marchandises représentaient une valeur de plusieurs millions de florins, soumise en majeure partie à des droits qui ont été estimés par l'administration des douanes à la somme de 450,000 florins (945,000 fr.).

Pour assurer la rentrée des droits, l'administration délivra au nom de chaque exposant une ou plusieurs passes de transit qui formèrent un total de 5,092. L'exposant ou son mandataire était soumis au cautionnement exigé par la loi.

En exceptant les marchandises mises à la disposition du jury à titre d'échantillons et qui ont été exemptées des impôts, les droits de douane et les accises prélevés sur la partie qui est restée en Hollande se sont élevés à 35,000 florins (73,500 fr.) dans le seul bureau de douane établi sur les terrains de l'Exposition, outre les 1,600 florins (3,360 fr.) perçus sur les objets d'or et d'argent.

Les déclarations de marchandises non soumises aux droits se sont élevées au chiffre de 2,163.

Les droits de consommation ayant été perçus au bureau central d'Amsterdam et non à celui de l'Exposition, nous ne pouvons faire connaître exactement le chiffre auquel ils se sont montés, mais d'après nos évaluations ils ont dépassé certainement le chiffre de 100,000 florins (210,000 fr.).

La contribution directe (droits de patente) sur les établissements publics, tels que concerts, théâtres, etc., s'est élevée à 2,500 florins (5,250 francs).

L'agence générale de distribution des journaux dans les bureaux et kiosques de la ville et de l'Exposition a publié la statistique des différentes feuilles hollandaises et étrangères vendues à Amsterdam, pendant l'année de l'Exposition. Cette statistique nous a paru assez intéressante pour être reproduite ici. Elle donne une idée de l'expansion considérable de notre langue dans ces régions du Nord où l'idiome national se rapproche bien plus de l'allemand et de l'anglais que du français. Cependant nous doutons que notre langue soit en progrès en Hollande depuis une cinquantaine d'années. La séparation des Pays-Bas de la Belgique a eu pour conséquence l'abandon de l'une des langues officielles en usage autrefois dans l'ancien royaume. La *Gazette* ou Moniteur du gouvernement à la Haye, qui se publiait en français, a cessé d'exister depuis de longues années et il n'y a plus aujourd'hui dans toutes les provinces néerlandaises qu'un seul organe imprimé en notre langue, *le Courrier de la Meuse*, paraissant à Maestricht. La génération qui atteint aujourd'hui quarante ans et au-dessus nous paraît mieux connaître le français que la génération qui la suit, non pas que cette dernière l'ignore absolument. Loin de là, elle apprend notre langue dans toutes les écoles, elle sait lire nos auteurs et les apprécier à leur valeur, mais on sent qu'elle a moins l'habitude de la conversation française qu'on ne l'avait il y a une vingtaine d'années. Ce changement regrettable dans un pays où la France compte de si nombreuses sympathies coïncide avec le réveil flamingant qui s'est accentué en Belgique, surtout depuis 1870. Il doit être attribué un peu aussi à la décadence morale d'une partie de notre littérature, dont certains échantillons, tout en ayant beaucoup de succès en librairie, ne peuvent pas convenablement servir de lecture à la jeunesse.

Ont été vendus à Amsterdam, pendant l'année 1883, les journaux suivants :

Handelsblad.............................	96,167 numéros.
Amsterdamsche courant...................	7,048
Dagblad van Nederland..................	37,769
Nieuws van den Dag.....................	49,447
Standaard.............................	2,456
Tyd...................................	2,104
Amsterdammer Weekblad.................	5,198
Paleis van Justitie.....................	1,044
Politie Nieuws.........................	8,179
Nieuwe Rotterdamsche courant............	49,949
Dagblad van Zuid-Holland...............	3,669
Vaderland.............................	1,053
Vliegend Blad.........................	137,220
Echo van het Nieuws...................	50,826
Predikbeurtenblad......................	24,870
Uilenspiegel...........................	2,308
Humoristisch Album....................	1,094
Fliegende Blätter......................	2,080
Kölnische Zeitung.....................	8,857
Journal amusant.......................	1,956
Journal pour rire......................	2,057
Daily News............................	15,113
Événement.............................	12,107
Temps.................................	10,581
Figaro................................	51,038
Gil Blas..............................	5,189
Voltaire..............................	4,726
Petit Journal.........................	31,112
Étoile belge..........................	25,867
Indépendance..........................	15,127
Autres journaux étrangers et du pays...	36,000

Dans la liste qui précède, les journaux hollandais figurent pour un total de 467,798.

Viennent ensuite les journaux publiés en langue française, pour un total de 159,760, dont 40,994 journaux belges;

Les journaux anglais, pour un total de 15,113;

Les journaux allemands, pour un total de 10,937.

2

CHAPITRE III.

SECTION DES PAYS-BAS. — PLANS ET MODÈLES DES MINISTÈRES DES EAUX
ET DE LA GUERRE. — PRINCIPALES INDUSTRIES.

———

Trois portes principales placées sous le velum de l'entrée donnaient accès dans la grande galerie longue de 320 et large de 20 mètres, qui formait l'artère des bâtiments de l'Exposition et traversait de part en part les différents territoires des nations participant au concours.

La première place avait été, bien entendu, réservée aux Pays-Bas. C'est là que se dressaient les pavillons des principales industries de la Hollande.

Mais avant d'en parler, nous devons jeter les regards vers les cartes qui ornent les murs à droite et à gauche, où le Ministère du Waterstaat (Ministère des eaux) et le Ministère de la guerre avaient exposé des plans et des modèles de ces travaux, uniques au monde, dont le but est d'assurer la conquête faite par les Hollandais sur le domaine qu'ils ont su arracher à la mer et si habilement aménager.

Il est à regretter seulement que ces documents n'aient point été plus nombreux, mieux disposés et mieux éclairés. Les plans, cartes et modèles en question eussent assurément mérité un pavillon spécial, dans des proportions analogues à celui de la Ville de Paris, où les ingénieurs eussent pu étudier et admirer à leur aise la reprise du sol enlevé par la mer et la transformation des marécages en terrains de culture. On aurait ainsi contemplé l'œuvre capitale du peuple néerlandais : on aurait apprécié de la sorte les prodigieux efforts de l'industrie humaine contre l'invasion de l'océan.

Les archives de l'État ou des villes doivent contenir une foule de documents historiques des plus intéressants sur la matière, depuis les premières digues de défense contre la mer élevées, dit-on, par les Normands en Zélande et qui furent emportées dans les grandes tempêtes du xve siècle jusqu'aux travaux des temps modernes. Quelle exposition spéciale eût été plus curieuse que celle qui eût réuni dans un bâtiment particulier tous les plans pour les endiguements et les desséchements dont l'exécution depuis le xviᵉ siècle a ajouté aux campagnes de la Hollande un territoire d'environ 380,000 hectares, ce qui, à 1,500 francs l'hectare, forme une valeur de 570 millions de francs !

Si nous faisons remarquer tout particulièrement cette regrettable lacune dans l'Exposition, c'est qu'aux assises industrielles qui viennent de finir il eût été très utile, au point de vue économique, financier et commercial, de pouvoir étudier la question si importante des desséchements futurs et de connaître les grands projets des ingénieurs hollandais en ce qui concerne la reconquête de terrains couverts encore par les eaux. L'initiative individuelle est plus développée dans les Pays-Bas que dans toute autre contrée. Elle a fait entreprendre des travaux immenses : elle les continue, puisque d'après Staring (*Voormaals en thans*) la surface de la Hollande s'augmente actuellement en moyenne de 3 hectares par jour. Elle doit en méditer d'autres, en présence de la population sans cesse croissante de la Néerlande. Aussi fallait-il, selon nous, saisir l'occasion d'une grande exposition internationale pour examiner, discuter et mettre au jour les projets dont l'exécution, dans l'avenir, fera suite aux admirables travaux déjà réalisés.

Nous avons nous-mêmes en France des conquêtes à faire sur les marais. Nous avons eu recours jadis aux Hollandais, à ces maîtres dans l'art hydraulique et à leurs procédés pour défendre nos plages flamandes du Nord contre l'invasion des eaux. Il aurait donc été à désirer que l'on réservât, surtout dans la capitale des Pays-Bas, un emplacement moins restreint que les murs en question aux richesses hydrographiques néerlandaises, où les ingénieurs étrangers seraient venus puiser d'utiles renseignements pour leurs pays respectifs.

Le peuple qui, avec son génie séculaire, a su se constituer un territoire aux dépens de la mer et convertir en champs et en prairies fertiles les estuaires du Rhin et de la Meuse ne devait pas se contenter d'être un peuple de navigateurs et d'agriculteurs. Malgré un sol mou, à demi liquide, quelle que soit la profondeur à laquelle on atteigne, où toutes les fondations doivent être assises sur des pilotis ou des fascines, où toutes les villes sont autant de cités lacustres, où les trains de chemins de fer flottent, pour ainsi dire, sur un fond sans consistance, faisant fléchir à leur passage le sol sur lequel s'élèvent les remblais, malgré l'absence presque totale de mines, de pierres, de matériaux de construction autres que la brique, les Pays-Bas ont osé néanmoins se mesurer avec les autres nations plus favorisées par la nature sur le terrain de l'industrie et des beaux-arts et l'on sait, sous ce rapport, quels succès la Hollande a remportés.

Aussi, en pénétrant dans la section néerlandaise, n'était-on pas surpris de voir les échantillons de tous les produits célèbres des Pays-Bas, depuis les liqueurs de la vieille maison Wynand Fockink, les cordages réputés de la Frise, les filets et instruments de pêche, les papiers de Hollande, les tapis de Deventer et de Delft, les bières hollandaises venant faire sur le marché de Paris une sérieuse concurrence aux bières d'Allemagne, jusqu'aux diamants taillés à Amsterdam et qui sont pour la capitale de la Hollande une source énorme de richesses.

LIQUEURS.

Maison Wynand Fockink. — La maison Wynand Fockink, qui avait fait construire au centre de la section néerlandaise un élégant pavillon, n'a pas cessé d'appartenir à la famille de celui qui l'avait fondée en 1679. A toutes les expositions internationales elle a toujours obtenu les premières récompenses, et si en 1883, à Amsterdam, elle a été exclue, c'est que son chef, M. Schmitz, étant membre du Jury, l'a mise ainsi hors concours. Depuis plus de cent cinquante ans, elle est en relation avec la France, et nos compatriotes qui, au commencement de ce siècle, habitèrent Amsterdam mirent encore plus à la mode le curaçao et l'anisette hollandaise qu'ils allaient prendre dans le petit cabaret du xviiie siècle auquel les descendants de Wynand Fockink ont eu le bon goût de conserver tout son antique cachet. Aujourd'hui ses exportations pour la France s'élèvent annuellement à une moyenne de 145,000 litres de liqueurs fines en cruchons ou en bouteilles, ce qui représente une valeur d'environ 1,500,000 francs. On pourrait dire que la maison est un peu française, car elle se sert exclusivement pour la distillation de ses liqueurs de trois-six de vin du Languedoc. C'est la bonne qualité des alcools qu'elle emploie qui lui assure la supériorité de ses produits et le succès qu'elle trouve dans le monde entier. C'est également de France qu'elle tire ses fleurs d'oranger, ses roses et ses cerises pour marasquin.

Maison des héritiers Lucas Bols. — La maison Lucas Bols a été fondée en 1575. Dans le principe, cette fabrique était excessivement simple, car à cette époque il était interdit de distiller dans l'enceinte de la ville. La distillerie primitive fut donc installée en dehors des fortifications, dans une petite maison en planches. Lorsqu'en 1612 Amsterdam fut agrandie, le terrain sur lequel Lucas Bols avait élevé sa modeste fabrique tomba dans la nouvelle enceinte; mais la liberté de distillerie ayant été donnée en

1651 par le bourgmestre, Lucas Bols rasa sa baraque en bois et la remplaça par une maison en briques. Les liqueurs n'en conservèrent pas moins le nom de *Lootsje*, sous lequel elles avaient fait leur entrée dans le monde.

La maison Lucas Bols est la plus ancienne de la Hollande. Depuis 1575 jusqu'en 1815, les fils ont toujours succédé à leurs pères. A cette époque, les héritiers mâles s'éteignirent et la succession passa dans une branche féminine, d'où la raison sociale *héritiers Bols*. De 1815 à 1860, il y eut dans cette maison une période d'inactivité et d'indolence dont les concurrents surent profiter. Mais depuis cette date, elle regagna d'année en année le terrain qu'elle avait perdu, et auquel elle a droit par la supériorité incontestable de ses produits.

La fabrique actuelle occupe avec ses annexes une superficie de 1,800 mètres carrés. Le travail se fait avec deux générateurs représentant 45 chevaux, avec deux machines de trois chevaux et avec cinq appareils de distillation simple qui ont ensemble une capacité de 8,150 litres. Deux bassines peuvent en outre liquéfier à la fois 650 kilogrammes de sucre. Un appareil contenant 10,000 litres sert à rectifier les alcools de grains, lesquels sont traités par un procédé spécial de la maison Bols. Les trois-six du Languedoc et de Barcelone jouent également un rôle important dans la fabrication des liqueurs, dans la composition desquelles, d'autre part, il n'entre jamais ni essences ni huiles qui, la chose est prouvée, empêcheraient ces produits véritablement fins de gagner en vieillissant. Seules les huiles de rose et de pétales d'oranger entrent dans la distillation.

La maison Bols emploie pour les curaçaos les écorces vertes des orangers de l'île de Curaçao, pour les anisettes la graine d'anis d'Alicante. Parmi les autres liqueurs qu'elle livre à la consommation, son kummel cristallisé est renommé. La France (surtout le Nord, Paris et Bordeaux) est le débouché le plus important pour les liqueurs fines de cette marque qui en 1878, à Paris, a obtenu la médaille d'or, et le diplôme d'honneur en 1883 à Amsterdam.

GENIÈVRE.

Une des plus importantes industries des Pays-Bas est celle du genièvre. Elle comprend : le fabricant de malt (*mouter*); le meunier; le brûleur (*brander*); le distillateur (*distilleerder*).

Le fabricant de malt fait germer le grain pour y développer la diastase, puis le dessèche à l'étuve pour arrêter le développement du germe et le passe au tarare. Il le livre au meunier qui le concasse plutôt qu'il ne le réduit en farine. Le brûleur le reçoit ensuite, le brasse, et après fermentation du liquide chargé de glucose, procède à une première distillation qui donne le vin de moût (*moutwyn*), marquant de 45 à 46 degrés. Le brûleur vend le vin de moût au distillateur, qui le rectifie à 48, 49, ou 50 degrés et l'aromatise en y introduisant, pendant la distillation, des sacs remplis de baies de genièvre.

L'industrie du genièvre a deux produits accessoires importants : la levure, qui se forme durant la fermentation chez le brûleur; le résidu du brassage ou drêche (*spoeling*), qui sert à l'alimentation du bétail. Dans les environs de Schiedam, de Delfshaven et de Rotterdam, ce procédé d'alimentation, qui engraisse rapidement les bêtes bovines, mais aux dépens de la qualité de la viande, est exploité en grand et donne son nom à toute la région (*Spoelingdistrict*). Ce canton est le foyer permanent de la pleuropneumonie épizootique. Est-ce par suite de la nature de l'alimentation elle-même, ou par suite de l'accumulation du bétail dans des étables mal disposées et où règne une atmosphère chaude et humide à l'excès ? Les opinions sont fort partagées à cet égard.

Les matières premières se composent d'orge et de seigle venant principalement des ports de la Baltique. Depuis quelques années on y a substitué en partie le maïs importé ou d'Amérique ou de la mer Noire; on y ajoute parfois du froment ou de la farine de froment d'Amérique.

Les baies de genièvre viennent surtout de Suisse et d'Allemagne.

Le nombre des fabriques de genièvre dans les Pays-Bas s'élève à 490 brûleries de 1re sorte (brûleries de grains); 1 brûlerie de 2e sorte (brûlerie de mélasse); 67 distilleries de 1re classe, c'est-à-dire faisant de l'alcool ne payant pas les droits de consommation; 159 distilleries de 2e classe, c'est-à-dire faisant de l'alcool payant les droits de consommation.

Il y a à Rotterdam : 20 brûleries, 12 distilleries de 1re classe, 4 fabriques de malt.

A Delfshaven : 40 brûleries, 3 distilleries de 1re classe, 11 fabriques de malt.

A Schiedam : 368 brûleries; 27 brûleries qui sont en même temps distilleries; 17 distilleries des deux classes; 62 fabriques de malt; 15 moulins, dont 4 à vapeur; 12 tonnelleries; 6 chaudronneries; 2 fabriques de caisses d'emballage.

A Delft : 8 brûleries, 2 distilleries, 3 fabriques de malt.

Chaque fabrique de malt emploie en moyenne 4 ouvriers.

Chaque brûlerie occupe régulièrement 3 ouvriers.

Quant aux distilleries, le nombre des ouvriers y est très variable. Les moins considérables en ont 4, mais certaines en occupent jusqu'à 50.

Dans toute cette industrie on n'emploie que des hommes, à l'exclusion des femmes et des enfants. Chaque moulin occupe 2 ou 3 ouvriers.

Les salaires moyens sont, par mois, 75 francs dans les fabriques de malt, 61 fr. 50 cent. dans les moulins..

La production annuelle de Schiedam s'élève à environ 457,000 hectolitres à 50 degrés, à 10 millions de kilogrammes de levure, à 6 millions de kilogrammes de drêche;

L'exportation directe de Schiedam, à 60,000 hectolitres à 50 degrés, à 7 millions de kilogrammes de levure.

Les droits de consommation (accises) payés par le distillateur sont de 1 fr. 25 cent. par litre à 50 degrés.

Les principaux débouchés sont : l'intérieur du royaume, les colonies; l'Angleterre, la côte d'Afrique (rebuts); autrefois les États-Unis; actuellement ce dernier débouché est à peu près nul.

Le logement consiste : pour les qualités ordinaires, en fûts de toute espèce; pour les qualités fines, en caisses vertes contenant autrefois 9 litres, aujourd'hui 6 litres environ, et en caisses rouges contenant autrefois 18 litres, aujourd'hui de 13 à 14 litres. Pour les colonies, il y a des caisses rouges de 23 litres. Le degré alcoolique des genièvres a également baissé. Autrefois ils marquaient 50 degrés, aujourd'hui beaucoup de genièvres ne marquent pas plus de 40° 20.

La vente se fait soit directement, soit par intermédiaire; ferme et en commission. Le payement s'effectue en général à trois mois, avec escompte de 1 p. o/o au comptant.

Les premières distilleries de Schiedam ont été fondées par des réfugiés français de la Saintonge et de l'Angoumois, après la révocation de l'édit de Nantes (famille Nolet entre autres).

Aujourd'hui l'industrie du genièvre est en souffrance. Les débouchés à l'étranger diminuent et la qualité des produits est en baisse.

En France, les genièvres hollandais ne peuvent plus concourir avec les analogues de Lille et d'Armentières. En Belgique, ils sont éliminés par les produits belges.

Pour travailler avec plein profit, l'industriel doit réunir les quatre spécialités d'usines : fabriques de malt, brûleries et distilleries, meuneries, et en outre, l'élevage du bétail.

A Sappemeer, il y avait une fabrique d'alcool de pommes de terre. Cette usine ne distille plus aujourd'hui que l'alcool de grains.

Pour la côte d'Afrique, on expédie souvent des alcools de rebut, qui ne sont parfois que des produits accessoires provenant d'industries diverses. A une certaine époque, par exemple, ces alcools étaient tirés des fabriques de garancine et additionnés d'huile essentielle de genièvre, plutôt pour en masquer le goût détestable que pour les aromatiser. Lors de la discussion de la loi sur les boissons spiritueuses (*drankwet*), on s'est plaint que des genièvres de cette nature servissent aussi à la consommation à l'intérieur du pays.

En 1870, les distilleries de Schiedam n'étaient qu'au nombre de 267; elles n'avaient produit durant cette année que 367,365 hectolitres au lieu de 457,028 hectolitres en 1882, soit une différence en plus, en faveur de 1882, de 89,663 hectolitres. Or, comme l'exportation, qui était, en 1870, de 50,500 hectolitres, n'a atteint en 1882 que 57,640 hectolitres, on doit en conclure que la consommation intérieure s'est accrue dans des proportions regrettables pour l'hygiène publique [1].

BRASSERIES.

Les brasseries d'Amsterdam ont subi depuis une vingtaine d'années une transformation complète et tout à fait à leur avantage. Abandonnant les procédés surannés employés jusqu'alors en Hollande, elles ont emprunté à l'Allemagne et principalement à la Bavière leurs méthodes de fabrication, en faisant venir de Bonn, de Nuremberg et d'autres centres renommés, des contremaîtres sortant des écoles spéciales où l'on apprend l'art du brasseur. On doit reconnaître, cependant, que malgré tous les soins et l'expérience apportés ici à cette fabrication, Amsterdam n'a pu atteindre encore l'excellence des produits germaniques qui continuent d'être en Hollande l'objet d'une importation annuelle très considérable. Tout le secret de la supériorité allemande consisterait, dit-on, dans la qualité de l'eau employée, supériorité contre laquelle il serait impossible de lutter avec succès.

Nous devons constater néanmoins les progrès réels accomplis à Amsterdam dans cette branche d'industrie. Non seulement la bière de Hollande se consomme en grande quantité dans le pays, mais elle est, depuis quelque temps, l'objet d'une exportation qui tend à augmenter chaque année vers la Belgique d'abord, puis vers la France, et enfin vers les colonies néerlandaises où ce genre de produit vient maintenant en concurrence

---

[1] Nous devons ces intéressants renseignements sur le genièvre de Schiedam et les draps de Tilbourg à M. Philbert, consul de France à Rotterdam.

avec les bières anglaises, les seules qui naguère étaient capables de se conserver dans les chaudes régions des Indes.

La Société des brasseries Heineken, fondée en 1873, possède deux usines, l'une à Amsterdam et l'autre à Rotterdam. Durant l'année qui vient de finir, elle a livré à la consommation 90,000 hectolitres de bière, dont 25,000 ont été exportés. Sur ce dernier chiffre, 11,500 hectolitres ont été dirigés sur Paris et sur la province. Les autres 13,500 hectolitres ont été livrés en Belgique, en Angleterre, en Espagne et dans différentes colonies.

La brasserie *de l'Amstel* jouit également d'une grande réputation et exporte ses bières en France. Depuis 1882, elle a créé une usine modèle et ses produits sont bien supérieurs à ceux qu'elle fabriquait autrefois. La bière de l'Amstel se rapproche beaucoup de celle de Munich, à laquelle elle vient faire concurrence jusque sur les marchés de Paris et de Londres, tant en raison de sa bonne qualité que de la différence en moins sur les frais de transport. L'usine fabrique elle-même le malt, dont elle a besoin, dans de beaux germoirs très bien ventilés, et une machine à refroidir permet de brasser indifféremment en été comme en hiver, en maintenant une température égale quelle que soit la saison. La brasserie de l'Amstel occupe un emplacement d'environ 2 hectares.

La vieille brasserie *du Faucon,* fondée en 1630, restaurée et agrandie en 1791, est célèbre depuis longtemps en Hollande. Son extension récente, ses méthodes nouvelles, ses vastes aménagements à Amsterdam et à Dordrecht, ses cités ouvrières l'ont fait connaître à l'étranger et principalement en France. Elle occupe 200 ouvriers et produit annuellement environ 110,000 hectolitres. La bière brune du Faucon, riche en matières nutritives, a des propriétés toniques qui la font rechercher, non seulement par les personnes bien portantes, mais aussi par les convalescents dont l'état exige la reconstitution des forces, sans recourir à des remèdes spéciaux.

IMPRIMERIE, TYPOGRAPHIE, LITHOGRAPHIE
DANS LES PAYS-BAS.

Le président de la section C de la classe 32, M. Danel, imprimeur-éditeur à Lille, a trouvé d'excellents travaux chez ses confrères des Pays-Bas, et cette constatation l'amène à un certain nombre de remarques comparatives.

Les conditions d'impression en Hollande, dit M. Danel, diffèrent des nôtres. Les caractères d'origine hollandaise ou d'origine allemande sont fondus avec un soin extrême, et il est de toute justice d'en reconnaître l'excellence. On peut voir des poinçons que des maîtres célèbres n'avaient pas dédaigné de graver eux-mêmes. Dans l'établissement des célèbres imprimeurs de Harlem, MM. J. Enschedé, et dans leurs précieuses archives typographiques, on trouve des poinçons gravés par Van Dyck, des frappes d'Amiet Tavernier, qui gravait au xvi⁰ siècle pour Plantin, le fameux imprimeur d'Anvers.

La tâche des fondeurs hollandais est assez difficile. Si l'imprimerie française, à peu d'exceptions près, a adopté les points Didot et une hauteur unique, il n'en est pas de même en Hollande. Les différentes imprimeries varient leur force de corps : les unes sont sur points hollandais, les autres sur points Didot, et l'on connaît jusqu'à trois hauteurs de caractères. De sorte que le matériel de fonderie doit être organisé de façon à subir les exigences des clients, et le fondeur doit approprier moules et matrices à ces variations de force de corps et de hauteur.

L'emploi de matrices en acier et une composition de matière plus dure que celle que nous employons en France assurent au caractère une perfection sans égale et une durée plus grande.

Les presses en usage en Hollande sont de construction allemande, belge ou française. Les encres viennent de ces mêmes pays. La maison Marinoni fait de nombreuses affaires dans les Pays-Bas, et en ferait davantage encore si ses machines n'étaient pas l'objet de contrefaçons. Les visiteurs abondaient auprès de la presse rotative qui imprimait l'*Amsterdammer Dagblad,* et de la presse à retiration d'où sortaient les exemplaires de la *Gazette de Hollande.* Notons encore la presse lithographique pour les travaux de grand luxe et spécialement pour le tirage des chromos.

En France et en Belgique, on emploie pour les impressions courantes de mauvais papier qui a l'inconvénient de détériorer promptement les caractères. Les Hollandais, les Allemands et les Anglais se servent de pâtes supérieures dont les produits sont infiniment plus propres à une impression élégante, et ménagent grandement la durée des caractères. Cette supériorité se manifeste jusque dans les coupons de tramways d'Amsterdam, fournis par M. Roelants, de Schiedam.

A part la lithographie, la maison J. Enschedé et fils, de Harlem, réunit chez elle tout ce qui constitue l'industrie typographique. Vers 1700, Isaac Enschedé fondait l'imprimerie typographique. En 1733, on y imprima et édita la *Gazette de Harlem* dont l'origine remonte à l'année 1656. En 1743, Enschedé et son fils achetèrent la fonderie de caractères de Wetstein, à laquelle, au commencement de notre siècle, on avait joint presque tout le matériel des fonderies qui jusque-là avaient existé dans le pays. A la fonderie on ajouta successivement des ateliers de stéréotypie, de galvanoplastie, de gravure et de photographie. Enfin, un atelier pour la taille-douce complète l'outillage industriel de cet établissement.

Des ateliers spéciaux servent exclusivement à la fabrication de papiers-valeurs, et sont à la hauteur, en ce genre, des établissements étrangers. Depuis de longues années, le gouvernement néerlandais et d'importantes institutions financières chargent MM. Enschedé des imprimés nécessaires à leurs opérations : timbres-poste, timbres mobiles, timbres pour télégrammes, cartes postales, papier-monnaie, obligations, tant pour la Hollande proprement dite que pour ses colonies, billets pour les banques des Pays-Bas, de Java, de Surinam et de Curaçao, actions et obligations pour compagnies et établissements divers, etc.

A l'exposition d'Amsterdam, il y avait des spécimens de ces différents travaux, et, en outre, des poinçons et des caractères fondus des langues orientales pour le service des colonies, des livres imprimés avec ces caractères, des timbres-poste, des billets de banque pour ces mêmes destinations.

Un ordre admirable règle dans ces nombreux ateliers dont le personnel varie de 180 à 200 employés et ouvriers. Partout s'affirme cette propreté hollandaise si justement vantée. Ces typographes de père en fils que l'on retrouve en Hollande se sont nourris des traditions de leurs ancêtres et les conservent intactes. Ils préludent par l'étude, les voyages, aux travaux industriels. Ils ont conquis leur grade de docteur en droit, ils ont vu une partie de l'Europe. Aussi, dit en terminant M. Danel, leur conversation a-t-elle un charme pénétrant et qui laisse un durable souvenir.

Fonderie de caractères de M. Tetterode, à Amsterdam. — M. Tetterode, à Amsterdam, exposait une collection de ses types orientaux : chinois, japonais, javanais, etc. Cette maison possède plus de 10,000 matrices, rien que pour les types chinois. Les signes de la langue chinoise se divisent en 212 classes, dont chacune peut contenir beaucoup de sous-classes. Pour établir un caractère chinois, le fondeur doit réunir plusieurs de ces signes. Ce n'est pas là ce qu'on peut absolument nommer une gravure : c'est un travail très ingénieux et très difficile. M. Tetterode a le mérite de l'avoir inventé et appliqué.

La matière pour les fontes est très forte et les caractères ont une grande résistance à l'usure.

Établie d'abord à Rotterdam, en 1837, la fonderie Tetterode fut transférée, en 1857, à Amsterdam, où elle occupe 75 ouvriers.

Imprimerie Brakke Grond, à Amsterdam. — L'établissement du Brakke Grond d'Amsterdam, dont la firme est *Société d'exploitation du Brakke Grond* (en français, *du sol marécageux*), est la propriété d'une société anonyme au capital de 1,115,000 florins (2,341,500 francs). L'imprimerie n'est qu'une branche des diverses entreprises de la société. Elle n'a été établie, dans le principe, que pour fournir aux besoins de ces entreprises. Elle n'imprime ni journaux, ni livres proprement dits. Son personnel se compose de 110 ouvriers. Elle possède des presses, des machines à couper, à perforer, à satiner, à numéroter. Il y a de plus une stéréotypie, un atelier de galvanoplastie et de gravure sur bois.

Imprimerie Brill, à Leyde. — L'imprimerie Brill, très célèbre en Hollande, exposait une collection remarquable de volumes dans les langues suivantes : arabe, persan, syrien, sanscrit, javanais, madourais, malais, sondanais, chinois, japonais, etc.

Nous citerons encore :

La maison veuve S. Benedictus, à Rotterdam. Grande clientèle administrative, commerciale et financière. Typographie, lithographie, fabrication de registres, étiquettes en chromolithographie, etc.;

L'imprimerie Thieme et Cⁱᵉ, fondée il y a cent treize ans à Nimègue. Livres d'éducation, imprimés divers très soignés et avec encadrements de couleur. Impression d'un journal;

Les ouvrages de quatre orphelins élevés dans l'établissement de bienfaisance de Neerbosch, près de Nimègue;

L'établissement de M. A. M. Roelants, à Schiedam, fondé en 1846, intitulé Imprimerie royale des Pays-Bas, occupant 42 ouvriers. Livres illustrés. Spécialité pour la fourniture de billets de tramways. Publications populaires et classiques;

L'imprimerie Loosjes, à Harlem. Ouvrages classiques et livres divers;

L'imprimerie Van Leer et Cⁱᵉ, à Harlem. Lithographie. Livres à l'usage des enfants, qui ont un grand succès à l'étranger. MM. Van Leer tirent sur un même report 40,000 à 50,000 exemplaires;

La maison Tresling et Cⁱᵉ, à Amsterdam. Reproductions en chromolithographie de tableaux de maîtres du musée d'Amsterdam : *la Ronde de nuit,* de Rembrandt; *le Taureau,* de Potter; *le Banquet des gardes civiques,* de Van der Helst;

L'établissement de M. Oppers, à Amsterdam. Atelier spécial pour agrandissement de photographies, de portraits à l'huile, et tirage d'épreuves au charbon;

La maison F. W. H. Deutmann, à Zwolle. Photographie au charbon. Agrandissement par le négatif;

M. J. Deutman, à Amsterdam. Même industrie par l'emploi du papier gélatiné;

M. Hamster, à Dordrecht, photographe de la Cour de S. M. la Reine des Pays-Bas;

M. de Jong (Godfried), à Groningue, photographe de S. M. le Roi des Pays-Bas. Photochromie;

M. Cohen, à Groningue. Même industrie;

M. Loopuit. Gravures.

TAILLERIES DE DIAMANTS.

Il fallait sortir des galeries principales pour pouvoir visiter l'exposition si intéressante de l'industrie du diamant. La nature spéciale de cette exposition exigeait, en effet, un local à part où des mesures de sûreté devaient être prises aussi bien contre les détournements que contre l'incendie. Ces dispositions, dues à M. Max Marchand, étaient tellement ingénieuses que l'on n'a jamais eu rien à craindre ni du feu ni des voleurs, et le système employé à Amsterdam sera sans aucun doute suivi dans les futures expositions.

Une commission présidée par M. Josephus Jitta s'était chargée d'organiser une exposition collective des tailleries de diamants, cette industrie amsterdamoise par excellence, qui depuis deux siècles a établi son siège en cette ville d'une façon tellement solide que sa prospérité, en ce moment encore, ne laisse rien à désirer. On sait, en effet, que malgré les tentatives étrangères pour la déplacer faites à différentes reprises et en particulier par Napoléon III, qui a voulu attirer les tailleurs de diamants à Paris où se trouvent les plus habiles monteurs en pierreries, il n'a pas été possible de déraciner cette industrie du centre qu'elle s'est assigné. La fabrique impériale française, quoique appuyée par des subsides considérables, a sombré peu de temps après sa fondation.

Cependant la découverte des mines de diamant faite dans l'Afrique australe, il y a une douzaine d'années, devait modifier quelque peu l'état de choses précédent. Elle fut la cause d'une importation de matière première brute tellement considérable que le nombre d'ouvriers disponible devint complètement insuffisant. Le taux des salaires atteignit le double, quelquefois même le quadruple de ce qu'il avait été autrefois. Il s'ensuivit que beaucoup d'ouvriers qui avaient abandonné la profession de lapidaire reprirent un travail devenu très rémunérateur. En outre, beaucoup d'autres commencèrent à apprendre le métier et en peu de temps ils parvinrent à augmenter considérablement le nombre de ceux qui exerçaient cette profession. Aussi plusieurs villes en dehors d'Amsterdam purent-elles attirer dans leurs murs une partie de ces ouvriers, et c'est ainsi qu'actuellement l'industrie est exercée sur une grande échelle à Anvers et dans des proportions moins considérables à Paris, en Suisse, aux États-Unis et au Brésil. Cependant aujourd'hui les salaires des ouvriers ne sont pas aussi élevés qu'autrefois, par suite de la réduction de la moitié du tarif en vigueur il y a dix ans.

M. Josephus Jitta, à qui nous devons les intéressants renseignements qui précèdent, suppose que pendant les premières années qui ont suivi la découverte des nouvelles mines de diamants, la valeur annuelle des matières premières ouvrées s'est élevée à 300 millions de florins (630 millions de francs) et le montant des salaires payés annuellement à 20 millions de florins (42 millions de francs). Un chiffre si considérable, augmenté des bénéfices des négociants et des courtiers, devait exercer une influence énorme sur la prospérité de la ville et c'est à ces bénéfices qu'il faut attribuer en grande partie l'agrandissement d'Amsterdam. Car on ne doit pas perdre de vue que les millions sont exclusivement venus de l'étranger, puisque la Hollande n'a gardé qu'une partie fort minime de la matière première ouvrée.

Malgré la concurrence d'autres pays, l'industrie des diamants, au lieu de diminuer, a pris une extension très considérable. Il y a douze ans, il y avait seulement ici 3 fabriques occupant 2,500 ouvriers. Aujourd'hui il y a un nombre considérable de tailleries tant petites que grandes, et le nombre de ceux qui professent ce métier s'élève à environ 6,000, dont le montant des salaires, malgré l'importante réduction signalée plus haut, peut être évalué par an à 10 millions de florins (21 millions de francs).

Enfin, si la ville d'Amsterdam ne possède plus le monopole de l'industrie, elle produit cependant encore les quatre cinquièmes du montant total du stock du monde entier.

FABRIQUE ROYALE DE MACHINES À VAPEUR ET AUTRES MACHINES, À AMSTERDAM.

Fondée en 1826, la fabrique royale de machines à vapeur et autres est aujourd'hui le plus grand établissement de ce genre dans les Pays-Bas. Elle emploie 2,000 ouvriers et construit toutes sortes de machines fixes et marines, ainsi que des appareils pour les industries agricoles et manufacturières. Elle fabrique la chaudronnerie en tôle et en cuivre et elle a déjà fourni à la marine de l'État et à la marine marchande des centaines de bâtiments dont plusieurs de première importance. C'est de ses ateliers qu'est sortie la superstructure du grand pont du Moerdyk, long de 1,460 mètres et pesant plus de 6,500 tonnes.

Sa forge a produit des étambots de 12 et des arbres de 14 tonnes. Elle possède des pilons de 3 à 5 tonnes, et une grue roulante capable de lever 40 tonnes. Dans son chantier qui couvre 7 hectares, on peut construire à la fois 5 navires du plus fort tonnage. L'atelier de chaudronnerie peut répondre à toutes les exigences des appareils de marine à haute pression. Deux machines à river, dont l'une peut exercer une pression de 70 tonnes, y sont installées. L'atelier de construction des ponts est long de 125 mètres; il y est joint une annexe où les fers sont décapés à l'acide chlorhydrique, neutralisés à l'eau de chaux, remis à l'eau bouillante et peints à l'huile de lin et au minium.

Voici une nomenclature qui permettra de juger de la nature et de l'importance des travaux exécutés par la fabrique et de ceux qu'elle est apte, par suite, à entreprendre :

Marine marchande. — La fabrique royale a construit 9 navires à voiles, 81 bateaux et navires à hélice, 21 navires à roues, 45 bateaux remorqueurs, soit en tout, 156 bâtiments, pour la marine marchande, auxquels il faut encore ajouter 124 barges, 3 cotres de plaisance et 38 embarcations diverses.

Marine de guerre. — Outre 3 croiseurs à roues, 9 croiseurs à hélice, 8 canonnières, plusieurs canots à vapeur et cuirassés qu'elle lui a fournis tout complets, la fabrique royale a construit, pour la marine néerlandaise d'Europe et des colonies, les machines de 32 navires à hélice et de 6 navires à roues.

Sucreries. — La construction des appareils de l'industrie sucrière indigène et coloniale forme l'une des spécialités de la fabrique royale.

Aux Indes néerlandaises, elle a monté plus de 5o sucreries complètes ; elle y a en outre placé un très grand nombre d'appareils isolés, tels que moulins à cannes, appareils d'évaporation à triple effet, chaudière à cuire dans le vide, turbines centrifuges, chaudières tubulaires, jumelles spécialement arrangées pour brûler la bagasse, etc. En Europe, elle a installé 16 sucreries de betteraves dont 13 travaillent au moyen de presses hydrauliques et 3 d'après le système de diffusion. Elle a encore pourvu de leur outillage les grandes raffineries du pays.

Machines hydrauliques. — La fabrique royale a construit 126 portes d'écluse en fer, savoir : 86 portes pour les barrages du Nil, 2 pour les écluses de Neuzen et 38 pour les grandes écluses qui relient Amsterdam à la mer.

Docks flottants. — Les deux grands docks flottants en fer du gouvernement à Java ont été construits par la fabrique royale.

Matériel de guerre. — La fabrique royale a fourni au gouvernement néerlandais 4o affûts en fer pour des canons de défense côtière de 24 centimètres de diamètre, 800 canons et affûts de 12, 8, et 7,5 centimètres et des milliers de projectiles de divers calibres.

Ponts. — Outre le grand pont du Moerdyk, la fabrique royale a construit le pont de Ravestein, plusieurs ponts métalliques pour les colonies néerlandaises, deux ponts tournants, la superstructure d'un viaduc pour le chemin de fer de l'État à Amsterdam et divers ponts pour la même ville.

Toitures, etc. — Les corps latéraux du palais de l'Industrie, les grands hangars du chantier de la marine, la grande remise circulaire de locomotives, les toitures du panorama et du club « Hereeniging » à Amsterdam ont été construits par la fabrique royale.

La fabrique royale de machines à vapeur et autres exposait en 1883, à Amsterdam, des appareils de sucrerie, c'est-à-dire moulin à cannes, machine motrice, appareil d'évaporation à triple effet, aspirateur de jus, vide-sirops, condensateur, réchauffeur de jus, récipients à vapeur de retour, plate-forme, pompe à air, etc.

Elle exposait en outre :

1° Une machine de 3o chevaux pour navire à hélice, à pilon, du système *compound,* à réservoir intermédiaire et sans condensation ;

2° Plusieurs photographies de machines marines de différents types, à roues, à hélice, à moyenne et à haute pression, etc., de modèles de navires jusqu'à 3,000 tonnes ;

3° Des photographies du grand dock flottant à Java et du pont sur le Moerdyk ;

4° Des modèles de canons de 8 et de 12 centimètres en bronze, en acier, coulés en coquille et traités par le procédé Uchatius, des modèles d'affûts de marine et autres du système du capitaine Pfeiffer.

SOCIÉTÉ ANONYME *L'ATLAS*, À AMSTERDAM.

La société anonyme *l'Atlas* a fondé à Amsterdam des ateliers de construction de machines à vapeur et autres. Elle avait exposé une chèvre tripode de 100 tonnes, dont les proportions étaient gigantesques. Cette chèvre, construite pour le compte du Ministère des colonies néerlandais, est destinée au service de l'établissement de la marine à Soerabaya (île de Java) et sera installée dans le bassin du port de cette ville. Elle est munie :

1° D'un appareil à lever un poids maximum de 100 tonnes (100,000 kil.) ;

2° D'un appareil séparé destiné à lever un poids de 20 tonnes (20,000 kilogr.).

La société *l'Atlas* exposait en outre une grue à vapeur, à chariot, destinée à lever des poids de 20 tonnes (20,000 kilogr.) au maximum. Cette grue avait été commandée d'abord par la société du grand canal d'Amsterdam à la mer du Nord, dont les travaux ont été passés ensuite au gouvernement néerlandais. Elle est appelée à fonctionner à Ymuiden, principalement pour y placer de gros blocs de pierre. Elle doit lever : 1° des poids maximum de 20 tonnes à une hauteur de 9m 30, en décrivant un cercle de 14 mètres ; 2° des poids maximum de 10 tonnes, en décrivant un cercle de 20 mètres. Elle se divise en deux parties principales :

1° Le support ou le chariot avec son cercle d'appui à galets ;

2° La partie supérieure ou la grue proprement dite, pouvant tourner en décrivant un cercle.

IMPRIMERIE NATIONALE.

La machine à vapeur est verticale. Elle fonctionne dans des conditions normales à 100 tours par minute.

L'usine de *l'Atlas* est actuellement en mesure de pouvoir employer de 500 à 600 ouvriers. Elle possède une fonderie de fer et de cuivre, une chaudronnerie, des ateliers de forgerons, de tourneurs, de rabotage et de modelage. Elle a, en outre, un grand bâtiment pour monter les machines et un chantier pour la construction des bateaux à vapeur. Des navires cuirassés spéciaux destinés à la défense des rivières et canaux de la Hollande et commandés par le gouvernement sont sortis des ateliers de *l'Atlas* et ont parfaitement réussi.

L'usine fabrique toutes les machines, tous les appareils qui peuvent lui être commandés. Cependant elle a une certaine spécialité toute hollandaise : c'est la confection des machines pour extraire l'eau des polders. Elle fabrique tout ce qui concerne la mécanique hydraulique, ainsi que les machines élévatoires. Elle construit enfin des scieries, des moulins à blé, des brasseries, des sucreries ou raffineries de sucre. Ses moulins pour moudre le sucre jouissent même d'une grande réputation.

La société anonyme *l'Atlas* a obtenu le diplôme d'honneur à l'exposition d'Amsterdam.

PAPIER DE HOLLANDE.

Le célèbre papier de Hollande se fabrique principalement à Apeldoorn. Parmi les différentes usines se trouve celle de M. Van Gelder où l'on fait le papier à la main pour titres d'actions, papier timbré, billets de banque, papiers vergés et vélins destinés aux livres de luxe que nos éditeurs français appellent vergés de Hollande. La force motrice de cette usine se compose d'une roue hydraulique et de deux moulins à vapeur de la force de 60 chevaux. Huit cuves produisent environ 1,000 kilogrammes par jour. On y fabrique tous les formats, depuis le *tellière* jusqu'au *grand-aigle*, d'une seule qualité supérieure. 150 ouvriers des deux sexes sont employés dans l'usine. La France absorbe à elle seule un quart de la production. Les trois autres quarts sont achetés par l'Angleterre, l'Allemagne, l'Italie, la Suède, le Portugal et les États-Unis.

Il y a encore à Apeldoorn d'autres fabricants de papier, ainsi qu'aux environs de Zaandam, à Wormerveer. Dans cette localité, M. Van Gelder, cité plus haut, possède une usine fondée il y a un siècle par sa famille. En 1805, on y a abandonné la fabrication des papiers d'emballage pour se livrer à celle du papier fin pour registres et écritures. En 1845, l'usage de la mécanique fut introduit et la production augmenta dans de grandes proportions. Aujourd'hui on peut y voir une machine continue, une autre pour la fabrication du carton et deux cuves pour le papier à la main. Comme force motrice, il y a trois machines à vapeur et trois chaudières d'une force de 160 chevaux, sans compter le moulin à vent qui date de la fondation de l'usine. 120 à 125 ouvriers y sont employés. En 1883, la production a été de 937,000 kilogrammes de papier à la mécanique, de 90,000 kilogrammes de carton et de 60,000 kilogrammes de papier à la forme. La vente des produits se fait, en majeure partie, en Hollande. L'Angleterre, la Belgique et Hambourg en absorbent seulement de 20 à 25 p. o/o. Les droits d'entrée en France sont trop élevés pour permettre d'y trouver l'écoulement de ces papiers dont la qualité est relativement supérieure aux autres.

INDUSTRIE DES TULIPES ET DES JACINTHES.

La ville de Harlem et ses environs sont depuis plus de deux cent cinquante ans le centre de la culture et du commerce des jacinthes et des tulipes, mais les limites jusqu'où fleurissent ces oignons se sont étendues au sud et au nord et comprennent de vastes terrains depuis la Haye jusqu'à Alkmaar.

Dans les différentes communes situées dans ces limites, la culture s'étend sur 600 ou 700 hectares ; mais comme il est presque impossible de cultiver durant deux ou trois années consécutives des oignons soit de jacinthe, soit de tulipe, sur le même terrain, on doit à peu près doubler ce nombre pour avoir la surface consacrée à cette industrie. Le nombre d'hectares occupés par la culture des oignons à fleur est donc de 1,200 à 1,300. La culture comprend, non seulement les jacinthes, qui sont les fleurs les plus belles et les plus odoriférantes, mais aussi les tulipes, les narcisses, les jonquilles, les convallaria majalis, les spiræa, etc. Les jacinthes les plus belles et les plus précieuses ne poussent que dans les terrains supérieurs. Pour la culture des tulipes et des autres oignons à fleurs, les terrains inférieurs suffisent. En tout cas, il faut avoir un terrain sablonneux, ni trop humide, ni trop sec, où l'eau reste dans le sable continuellement en hiver et en été à la même hauteur. C'est pour cela que les polders entretiennent à grands frais les grands watermolens à vapeur, qui permettent d'entretenir toujours le même niveau d'eau.

Dans les premiers mois de l'année, on tourne et retourne plusieurs fois à une profondeur d'un pied le terrain où l'on veut planter des oignons de

3.

jacinthe et on le couvre de fumier. Ensuite, on y plante des pommes de
terre ou des légumes, quelquefois des renoncules ou des anémones. Dans
les mois d'août ou de septembre, le terrain est de nouveau retourné de
fond en comble et reçoit alors les oignons de jacinthe. En hiver, le terrain
est couvert tout à fait de paille et reste dans cet état jusqu'au mois de février. Dès que paraissent les premiers beaux jours, la paille est enlevée et
les premières pointes vertes des plantes se montrent. A la fin de mars et
pendant le mois d'avril, les fleurs sont écloses et montrent leur splendeur
avec une odeur délicieuse qui embaume tout le pays.

Durant ce même mois, les grandes enchères sur place ont lieu et les
étrangers viennent de toutes parts pour faire leurs achats, puis les fleurs
sont coupées et jetées comme choses sans valeur. En juillet, les oignons
sont enlevés : ceux qui ont été vendus sont adressés aux acheteurs, tandis
que les autres, qui n'ont pas encore atteint un prix convenable, sont emma-
gasinés dans des granges très sèches pour être vendus l'année suivante. Un
oignon de jacinthe doit avoir quatre, cinq ou six ans avant qu'il ait obtenu la valeur commerciale voulue et qu'il donne les fleurs superbes que
nous admirons dans nos habitations en hiver.

Quant à l'importance de l'industrie, il suffira de dire qu'un seul hectare
de bonnes jacinthes peut aisément donner dans une seule année un produit de 24,000 florins (50,400 fr.) et qu'annuellement plus de 200 hectares sont plantés en oignons de cette espèce. Le produit des tulipes, jonquilles, etc., est beaucoup moins considérable. Néanmoins un hectare qui
qui ne produit que 2,000 florins est regardé comme donnant un rendement par trop minime.

Il va sans dire que le prix des terrains est parfois excessif. Il varie entre
6,000 et 30,000 francs l'hectare, mais il n'est pas rare de voir un terrain
bien situé valoir de 40,000 à 50,000 francs. Si l'industrie exige d'un côté
beaucoup de soins et de travail, on voit d'autre part qu'elle demande
non moins de frais.

L'engrais, par exemple, nécessaire à un hectare ne coûte pas moins de
2,900 francs pour les jacinthes et 720 francs pour les autres fleurs, de
sorte que pour le produit d'un seul hectare de jacinthes, dont les oignons
ont cinq ans, on a dû dépenser plus de 14,000 francs rien que pour le
fumier.

Néanmoins l'industrie est en général très avantageuse et il n'est pas
étonnant que beaucoup de personnes s'en occupent, surtout aussi parce
qu'on peut étendre la culture tant que les ressources le permettent. Parmi
les cultivateurs, qui sont environ au nombre de 1,000, il y en a une cin-

quantaine qui font le commerce et qui exportent eux-mêmes à l'étranger. Les capitaux nécessaires aux opérations de trafic sont en général au-dessus des moyens de la plupart des cultivateurs. C'est pour cette raison que les petits se cotisent et tiennent des enchères publiques sur place. L'exportation faite soit par les grandes maisons, soit par les étrangers qui ont acheté sur place, est évaluée de 5 à 6 millions de francs par an. Il est tout à fait impossible de faire sous ce rapport une évaluation exacte, parce que, dans les documents officiels, cette évaluation se confond avec celle des arbres, arbrisseaux, fleurs, fruits, etc. Mais l'administration de la compagnie des fleuristes (*Bloemisten-Vereeniging*) aussi bien que M. Viruly-Verbrugge, membre des états généraux, affirment que 5 millions de francs est un chiffre qui est atteint sans le moindre doute.

L'exportation se fait dans presque tous les États de l'Europe et de l'Amérique, surtout depuis que le gouvernement néerlandais s'est rallié à la convention de Berne pour combattre les ravages du phylloxera. Il n'y a que la Grèce qui reste fermée à l'importation.

On calcule que plus de 1,600 ouvriers sont employés à la culture.

Ainsi qu'il est dit plus haut, les fleurs des jacinthes sont coupées pendant la floraison et jetées comme fumier ou enfouies. Il y a quelques années, on a tâché de recueillir de grandes quantités de fleurs et d'en extraire un parfum. On ne sait si l'expérience a eu quelque succès, mais bientôt la vente des fleurs coupées s'étendait d'une manière inquiétante et commençait à faire un tort grave à celle des oignons. Tandis que le prix de ceux-ci était de 50 centimes à 10 et quelquefois à 20 francs la pièce, un gros bouquet composé des plus belles fleurs se vendait 10 ou 20 centimes. Cela ne faisait nullement le compte des cultivateurs, ni des commerçants. Aussi, il y a trois ans, ceux-ci se sont entendus pour ne vendre les fleurs à personne et pour les détruire absolument. Il n'y a qu'un nombre fort restreint de petits cultivateurs qui ont refusé de signer le contrat, mais ils ont été mis à l'index par leurs confrères. Ils ne peuvent ni acheter ni vendre à ceux-ci; ils sont l'objet de tracasseries de toute espèce et finiront sans doute par se soumettre aux conventions du plus grand nombre.

FABRIQUE DE VOITURES POUR CHEMINS DE FER ET TRAMWAYS, À HARLEM.

Il s'est fondé à Harlem, en 1838, une fabrique de voitures pour chemins de fer et tramways qui a pris depuis quelques années un développement considérable. Cet établissement appartient à M. J. J. Beynes. Il occupe aujourd'hui 200 ouvriers, dont les salaires varient entre 450 florins (945 francs) et 1,200 florins (2,520 francs) par an.

Les matériaux employés dans la construction des voitures sont tirés de différents pays, à savoir :

Le *bois* provient, pour une partie, des Pays-Bas; pour une autre, de Java, des Indes, de l'Amérique et de l'Allemagne.

Le *fer* est acheté principalement en Allemagne et, pour une faible part seulement, en Suède et en Angleterre.

L'*acier* est tiré de l'Angleterre surtout, un peu de la France et de l'Allemagne.

Les *essieux* et les *roues* pour tramways à chevaux viennent d'Amérique et, pour les tramways à vapeur, d'Allemagne.

Les *glaces* et les *tôles polies* sont originaires de la Belgique.

La *fonte*, le *cuivre*, le *drap*, la *toile*, les *couleurs*, le *caoutchouc*, le *cuir* se trouvent en Hollande.

Toutes les *étoffes de soie*, les *passementeries*, les *glands* pour la garniture des voitures de luxe proviennent de France.

Les *velours* dits d'Utrecht et les *étoffes pour rideaux* sont tirés de l'Allemagne.

Lors de la fondation de cette usine, M. Beynes empruntait ses dessins et modèles de voitures à la fabrication parisienne qui, à cette époque, jouissait de la plus grande vogue. Plus tard, des modèles anglais se substituèrent aux modèles français. En 1856, M. Beynes, succédant à des fabricants d'Utrecht, entrait en ligne pour la fourniture des wagons de chemins de fer néerlandais, et son industrie s'accroissait dans des proportions telles qu'il dut, en 1858, reconstruire et agrandir son usine. Elle forme aujourd'hui un ensemble important de bâtiments situés tout près de la gare de Harlem.

Dès 1867, cette maison obtenait une médaille de bronze à Paris pour un modèle de **wagon mixte** de 1re et de 2e classe et, depuis cette date, une série de médailles devaient lui être décernées dans les différents concours auxquels elle participa. Enfin en 1883, à Amsterdam, M. J. J. Beynes reçut la plus haute récompense, c'est-à-dire un diplôme d'honneur.

Les voitures de luxe construites dans cette usine s'élèvent aujourd'hui au nombre de 860, tant pour les Pays-Bas que pour la France, les Indes orientales, le Japon, la Perse, etc. 1,036 wagons de chemins de fer ont été fournis en outre à S. M. le Roi des Pays-Bas, aux lignes hollandaises, à celles des Indes, de l'État, de la Société du chemin entre le Brabant et l'Allemagne, de l'État aux Indes, et enfin, à l'Administration royale des

postes. Depuis 1876, 693 voitures de tramways ont été livrées à différentes compagnies hollandaises et étrangères et en particulier à la Société
des tramways d'Amsterdam. Ce dernier matériel, que nous sommes en
mesure d'apprécier chaque jour, est très élégant. Les voitures sont légères
et propres; leur ornementation et leurs formes sont de bon goût : en un
mot, Amsterdam est mieux doté sous ce rapport que Paris et d'autres capitales et le service des tramways y est mieux organisé que partout ailleurs.

FAÏENCE DE MAESTRICHT.

La faïencerie de Maestricht a été fondée en 1836 par MM. Regout et Cⁱᵉ.
Elle occupe environ 1,500 ouvriers. A cette fabrique sont jointes des verreries dans lesquelles travaillent 1,100 personnes, ce qui fait un total
de 2,600 ouvriers ou ouvrières dont les salaires sont généralement peu
élevés. Ces faïences se vendent principalement dans les Pays-Bas, dans les
colonies néerlandaises et en Belgique. MM. Regout et Cⁱᵉ ne font pas d'affaires d'exportation avec la France, mais ils tirent de notre pays du plâtre
et du borax raffiné, tandis que toutes les autres matières premières proviennent de l'Angleterre.

Il existe encore à Maestricht une autre fabrique de faïence connue sous
le nom de *Société céramique,* fondée en 1849 par MM. Clermont et Cher-
naye. Convertie en société anonyme en 1863, elle a développé chaque
année sa fabrication, et aujourd'hui elle occupe environ 850 ouvriers.

FAÏENCE DE DELFT.

C'est dans les premières années du xviiᵉ siècle que commença la fabrication de la faïence de Delft. Elle continua jusque vers l'année 1800. A
cette époque, il y eut une transformation regrettable. On se mit à faire
alors de la faïence, dite anglaise, plus dure peut-être, mais beaucoup
moins artistique que la faïence à émail. Aussi la nouvelle industrie alla-
t-elle en déclinant rapidement. En 1876, M. Thooft fit l'acquisition de la
dernière fabrique existante, appelée *la Bouteille de Delft.* On n'y faisait plus
que pour 400 francs par an de faïence et l'on s'y livrait à la fabrication
des briques réfractaires.

A l'époque la plus florissante, c'est-à-dire vers 1700, il y avait à Delft
28 fabriques. Aujourd'hui il n'y en a plus qu'une, qui a repris les procédés
anciens. M. Thooft et son associé, M. Labouchère, occupent actuellement
28 peintres qui prennent tous des leçons de dessin sous la direction d'un

habile ornemaniste. Ils reproduisent des sujets tirés de l'école hollandaise du xvii° siècle ou de l'école moderne. Jusqu'ici les produits sont en camaïeu bleu sur blanc, et l'on espère bientôt pouvoir faire des objets polychromes. Outre les peintres, cet établissement emploie 45 ouvriers. Les salaires des artistes varient entre 650 et 1,450 francs par an; ceux des ouvriers sont de 20 à 40 francs par semaine. Les matières premières, terre glaise, kaolin, pierre de Cornouailles, proviennent d'Angleterre, les couleurs sont également tirées de la Grande-Bretagne ou de l'Allemagne. Plusieurs grands tableaux en nouvelle faïence de Delft servent déjà à l'ornementation de quelques établissements publics d'Amsterdam.

TAPIS DE DELFT.

Il y avait deux fabriques de tapis à Delft. L'une a été transférée dernièrement à Amersfoort; l'autre, appartenant à M. de Lange, existe depuis une cinquantaine d'années. Sa spécialité est l'imitation des tapis de Smyrne. C'est même de l'Asie Mineure qu'elle tire ses laines, qu'elle teint ensuite à la vapeur à Delft. Tout le reste du travail est fait à la main. La teinture s'exécute (à l'exclusion des couleurs d'aniline) au moyen de matières colorantes tirées principalement des marchés du pays (cochenille, indigo de Java, et bois de teinture divers fournis en majeure partie par Rotterdam).

La manufacture emploie 60 personnes, dont 40 hommes et 20 femmes et jeunes filles. Les salaires moyens sont : hommes, 21 francs; femmes, 15 francs; jeunes filles, 11 francs par semaine.

Les principaux débouchés sont l'intérieur du royaume, les États-Unis et l'Angleterre. Les affaires avec la France sont sans importance. Les marchés se traitent directement, par vente ferme et au comptant.

MANUFACTURE ROYALE DE TAPIS DE DEVENTER.

La manufacture royale de tapis de Deventer, province d'Over-Yssel (Pays-Bas), a été fondée en 1790; puis, en 1848, elle a été transformée en société anonyme. 300 ouvriers environ y sont employés. Leurs salaires varient entre 15 et 30 francs par semaine. La majeure partie des tapis fabriqués à Deventer sont vendus en Hollande; cependant il s'en exporte aussi en Angleterre, en Amérique et même en France, malgré les tarifs élevés des droits de douane de ce dernier pays. La manufacture travaille en ce moment pour des maisons de Paris et de Versailles. Tout ce qui avait été exposé à Amsterdam a été vendu dans l'espace de quinze jours pour la Belgique, où les droits d'entrée ne sont que de 10 p. o/o. La laine employée est choisie avec un soin tout particulier. Elle provient d'animaux élevés dans les prairies les plus grasses des Pays-Bas. L'importance de la fabrication annuelle s'élève à 700,000 francs. Les dessins sont exécutés à la fabrique même, qui produit également des matières tinctoriales. Le seul reproche que nous adresserons aux tapis de Deventer, c'est le coloris de ses tons généralement un peu ternes. C'est du moins l'effet que nous ont produit les beaux échantillons exposés à Amsterdam. Mais comme solidité, comme qualité de laine, ils n'ont rien à envier aux tapis d'Orient, et nous ne saurions trop louer M. Kronenberg, le directeur actuel, du soin qu'il apporte dans le choix de ses matières premières. La fabrication de Deventer est si consciencieuse que ses tapis sont inusables. Plusieurs générations peuvent impunément les fouler sans en voir la fin.

MANUFACTURES DE DRAPS DE TILBOURG.

Le nombre des manufactures de draps de Tilbourg s'élève à 145. Les unes sont considérables, les autres de moindre importance. On y fabrique des étoffes de laine de différentes sortes : bevers, bayettes, duffels, flanelles, draps (draps militaires, autrefois plus qu'aujourd'hui), twines, cheviots, ratinés, floconnés, doubles et bukskins, des étoffes de demi-laine, spécialement des domets, des couvertures de laine, etc. Les laines employées proviennent principalement de Buenos-Ayres et de Montevideo, parfois aussi, mais en petite quantité, d'Australie et d'Allemagne. Les peignons (*Kammling*), fibre courte provenant du peignage des filés, sont tirés de l'Angleterre et de la France; les laines artificielles (*Kunstwol*), de la France, de l'Allemagne, de l'Angleterre et de la Suisse.

Les produits de Tilbourg s'écoulent surtout à l'intérieur des Pays-Bas. L'exportation comprend principalement :

1° Les flanelles et les étoffes légères, pour lesquelles les conditions du régime douanier sont plus favorables, attendu qu'à l'étranger la plupart des étoffes de laine sont tarifées au poids. Elles se vendent aux colonies néerlandaises, en Belgique, en Angleterre, en France et en Allemagne, mais dans ces deux derniers pays beaucoup moins qu'autrefois à cause de l'élévation des droits d'entrée;

2° Les draps de couleur, destinés aux Indes anglaises. Cette fabrication ne se fait guère qu'en temps de chômage, parce qu'elle est peu rémunératrice ;

3° Les grosses étoffes de qualité tout à fait inférieure qui s'écoulent surtout sur la Suède, la Norvège et le Danemark.

Sur les 30,000 habitants de Tilbourg, deux tiers au moins appartiennent à la classe ouvrière qui dépend de ces manufactures. Les salaires moyens sont, pour les hommes, de 16 fr. 75 cent. à 19 francs par semaine; pour les femmes, de 8 fr. 25 cent. à 10 fr. 50 cent.; pour les enfants au-dessous de seize ans, de 6 fr. 25 cent. à 8 fr. 50 cent. par semaine.

Sur les 145 manufactures, 65 travaillent avec des machines à vapeur. 27 de ces 65 ont exposé à Amsterdam en 1883.

Quelques rares maisons ont des représentants en Hollande et à l'étranger, mais la plupart n'en ont pas. La vente ferme est plus en usage que l'envoi en commission et la condition générale de la vente est au terme de trois mois avec 5 p. o/o d'escompte.

Il y a, en outre, à Tilbourg, 5 grandes teintureries avec machines à vapeur, donnant du travail à 140 hommes. Dans différents établissements tels que filatures, lavage de laine, fabrication de cardes, fonderies, on compte 34 machines à vapeur.

INDUSTRIE COTONNIÈRE DE TWENTHE.

L'industrie de la filature du coton et du tissage des étoffes de coton et de jute a son siège en Twenthe, partie de la province d'Over-Yssel, sur la frontière d'Allemagne. Elle y est exercée non seulement dans les usines, mais aussi par les cultivateurs qui profitent de la morte-saison pour se créer des ressources supplémentaires en tissant des cotonnades. Le tissage à la main tend toutefois à diminuer, parce que les bons ouvriers gagnent plus en travaillant dans les usines.

Les principaux centres de production sont : Enschedé, Almelo, Hengelo, Oldenzaal. Il est, en outre, peu de localités du district qui n'aient leur filature ou leur fabrique d'étoffes.

Enschedé, la ville manufacturière la plus importante, possédait, en 1882, 9 filatures de fils de coton, avec 84,978 broches, et 15 fabriques de tissus de coton avec 4,168 métiers, pour l'usage desquelles il a été importé: 3,136,872 kilogrammes de coton brut, 884,793 kilogrammes de déchet de coton, et 2,213,046 kilogrammes de fils de coton, ce qui donne un total de 6,234,711 kilogrammes de matières premières, au lieu de 4,947,058 kilogrammes en 1873.

Les filatures ont produit, en 1882, 3,300,926 kilogrammes de fils, contre 2,162,822 kilogrammes en 1873; les fabriques d'étoffes en ont travaillé, en 1882, 5,185,772 kilogrammes, contre 3,825,601 kilogrammes en 1873.

Les fabriques d'étoffes ont écoulé, *à l'étranger :*

En 1882, 1,636,516 kilogrammes de tissus, représentant une valeur de 4,769,354 francs ;
En 1874, 1,323,300 kilogrammes, représentant une valeur de 3,612,000 francs.

A l'intérieur du pays :

En 1882, 4,254,750 kilogrammes, représentant une valeur de 9,469,500 francs ;
En 1874, 1,811,696 kilogrammes représentant une valeur de 5,778,800 francs.

Indépendamment des filatures et des fabriques d'étoffes qui teignent presque toutes elles-mêmes leurs étoffes, il existait, en 1882, à Enschedé : 1 imprimerie d'étoffes, 5 teintureries, 1 fabrique de peignes à tisser, 1 usine pour apprêter les chaînes des étoffes.

Les 32 usines d'Enschedé employaient 55 machines d'une force effective de 4,062 chevaux et consommaient 27 millions de kilogrammes de charbon.

La société de secours et de retraite des ouvriers filateurs et tisserands comptait, au 31 décembre 1882, 3,684 membres, soit un cinquième de la population totale de la ville. Les dépenses de cette société se sont élevées à 47,685 francs ; ses recettes à 56,163 francs, se décomposant ainsi qu'il suit :

Cotisation des membres, 48,597 francs ; intérêt du fonds de réserve, 1,751 francs ; cotisation volontaire des propriétaires d'usines au prorata du nombre de leurs ouvriers, 4,064 francs ; intérêt d'un capital légué par un manufacturier pour créer un fonds de retraite, 1,751 francs.

La société coopérative de consommation des ouvriers a eu un débit de 84,000 francs en 1882 et a réparti entre ses membres un dividende de 21 p. o/o.

Almelo et les deux petites communes de Nyverdal et Ootmarsum possédaient, en 1882, 2 filatures à vapeur, avec 27,500 broches, produisant 700,000 kilogrammes de fils de coton, contre 4 filatures, avec 52,000 broches, produisant 1,200,000 kilogrammes de fils en 1873 ; 7 fabriques d'étoffes, avec 3,650 métiers ; 1 fabrique d'étoffes damassées ; 3 teintureries à vapeur ; 2 blanchisseries.

Hengelo possédait, en 1882, 1 *filature* ayant produit 765,847 kilogrammes de fils de coton, employant 204 ouvriers, dont 137 hommes et garçons, 67 femmes et jeunes filles, auxquels il a été payé 140,700 francs de salaires ;

2 *fabriques de tissus* avec 570 métiers à vapeur et 437 métiers à bras, employant 1,273 ouvriers, dont 738 hommes, 168 femmes et 367 jeunes filles et garçons, auxquels il a été payé 605,938 francs de salaires ;

1 *fabrique de tissus dits bigarrés* de coton blanc et bleu pour usages domestiques, employant 284 ouvriers, dont 204 adultes et 80 jeunes gens, auxquels il a été payé 134,509 francs de salaires. Cette usine emploie 55,000 kilogrammes de fil.

Il existe, en outre, aux environs de ces différentes villes, 1 filature fabriquant 500,000 kilogrammes de fils de coton à Oldenzaal, 10 fabriques de tissus de coton, 2 d'étoffes de jute et plusieurs teintureries à vapeur.

Il résulte des renseignements qui précèdent, que l'industrie de la filature et du tissage du coton alimente en Twenthe 13 filatures, 36 fabriques d'étoffes et une vingtaine de teintureries.

Il y a une douzaine d'années, les fabriques de Twenthe ne produisaient que des cotonnades, dont la plus grande partie était écoulée aux colonies hollandaises, grâce au régime protecteur qui favorisait l'industrie nationale. Il n'en est plus de même aujourd'hui. L'abolition des droits différentiels aux Indes, en ouvrant la porte à la concurrence anglaise, a contraint les industriels hollandais à chercher d'autres débouchés. Ils se sont alors appliqués, non sans succès, à la fabrication des étoffes légères et à bon marché, non seulement de coton, mais de jute et d'autres textiles, pour la consommation intérieure, que l'on tirait auparavant de l'étranger. Ainsi la Hollande, qui exportait aux Indes, en 1871, 10,840,000 kilogrammes de cotonnades écrues de sa fabrication, et 1,795,800 kilogrammes de cotonnades teintes et imprimées, sans compter 3,462,500 kilogrammes de cotonnades écrues expédiées en Angleterre, n'a exporté, en 1882, que 6,766,922 kilogrammes de cotonnades écrues, 725,255 kilogrammes de cotonnades imprimées à destination de Java, et 1,085,400 kilogrammes de cotonnades écrues pour les Îles Britanniques.

LAIT CONSERVÉ.

M. le docteur von Baumhauer, professeur de chimie, secrétaire perpétuel de la Société néerlandaise des sciences, président du groupe VI, a présenté au jury deux flacons hermétiquement bouchés, contenant du lait conservé, l'un depuis cinq mois, l'autre depuis le 24 novembre 1882, et ayant supporté le voyage aux Indes, aller et retour. Le premier de ces échantillons a donné à l'odorat l'impression d'un lait qui aurait pu être chauffé, mais au goût il a paru d'une fraîcheur absolue. Le lait conservé depuis cinq mois était comparable au lait qu'on vient de traire.

Jusqu'à ce jour, tous les laits conservés ont été condensés à des degrés différents. C'est la première fois qu'on réussit à conserver du lait dans son état naturel et il y a là une découverte d'une grande importance. M. le docteur von Baumhauer a déclaré qu'il conservait le lait sans addition d'aucune matière et que son procédé était basé sur des moyens purement physiques. De plus, il affirme que la conservation peut se faire sans aucune installation coûteuse et dans des récipients quelconques, pourvu qu'ils soient hermétiquement fermés. Enfin, d'après le procédé de M. von Baumhauer, l'emploi pour cette conserve d'un lait qui ne serait pas absolument sain est impossible, car un pareil lait se décomposerait au moment même de la préparation.

Le jury a reconnu que les échantillons présentés par M. le docteur von Baumhauer étaient d'un mérite hors ligne et qu'ils auraient valu à leur auteur un diplôme d'honneur si le savant professeur n'avait pas fait partie du jury.

FROMAGE DE HOLLANDE.

Bien que nous nous réservions de traiter en détail la question des fromages de Hollande à la suite de l'exposition spéciale qui aura lieu au mois d'août prochain à Amsterdam, nous devons cependant signaler la présence de quelques-uns de ces produits néerlandais au concours international de 1883.

'L'industrie des fromages a ses sièges principaux à Gouda et à Leyde dans la Hollande méridionale, à Edam et à Purmerend dans la Hollande septentrionale. On en fabrique également dans le Limbourg.

Les espèces faites à Leyde et à Gouda sont assaisonnées de clous de girofle ou de cumin. Ces fromages se conservent très longtemps. Ce sont ceux de Leyde qui sont préférés. Les fromages d'Edam sont appelés généralement *tête de Maure* à cause de leur forme sphérique et de leur couleur rouge. Ceux de la Hollande méridionale affectent au contraire une forme plus plate et sont plus grands.

Nous donnons ci-après le tableau de l'exportation générale et de l'exportation pour la France de ce produit, durant la période de 1877 à 1882, avec la valeur en francs :

1877.	1878.	1879.	1880.	1881.	1882.
EXPORTATION GÉNÉRALE.					
kilogr. 30,802.294	kilogr. 29,759,143	kilogr. 25,507,057	kilogr. 28,155,350	kilogr. 25,504,052	kilogr. 26,076,467
EXPORTATION POUR LA FRANCE SEULEMENT.					
kilogr. 4,771,090	kilogr. 5,384,315	kilogr. 4,428,280	kilogr. 4,921,853	kilogr. 4,658,882	kilogr. 4,293,754
VALEUR EN FRANCS DE L'EXPORTATION GÉNÉRALE.					
fr. 22,507,414	fr. 21,796,920	fr. 18,659,069	fr. 20,622,817	fr. 18,704,150	fr. 18,296,043
VALEUR EN FRANCS DE L'EXPORTATION POUR LA FRANCE.					
fr. 3,506,752	fr. 3,957,471	fr. 3,254,391	fr. 3,617,370	fr. 3,421,156	fr. 3,155,909

FABRIQUES DE BOUGIES.

Une fabrique importante de bougies est établie dans la ville de Gouda depuis 1858. La quantité de matières premières employées, qui était de 330,000 kilogrammes en 1859, s'est élevée, en 1883, à 8 millions de kilogrammes. Ces matières premières se composent d'huile de palme importée de la côte occidentale d'Afrique et par conséquent, en partie, des colonies françaises dans ces parages, et de suif provenant des deux Amériques et des marchés d'Europe.

Les produits fabriqués sont les bougies, la stéarine, l'oléine et la glycérine. La fabrique de Gouda exporte chaque année 15 millions de paquets de bougies dans tous les pays du monde. La stéarine est achetée par les fonderies de bougies d'Europe et d'Amérique. L'oléine se vend aux savonneries et aux filatures de la Belgique, du Nord de la France, de l'Allemagne et des Pays-Bas. La glycérine est employée principalement pour la fabrication de la nitroglycérine, de la dynamite et de la glycérine pure.

Les dividendes, de 1859 à 1883, se sont élevés à 49 p. o/o. Le montant total de la vente en 1883 a été d'environ 4,500,000 florins (9,450,000 francs).

Comme beaucoup d'autres établissements de la Hollande, où les institutions de charité se sont développées peut-être plus qu'en tout autre pays du monde, ce qui contribue beaucoup à la tranquillité et au bien-être de la classe ouvrière, la fabrique de Gouda a fondé, à l'occasion du vingt-cinquième anniversaire de sa création, une caisse de prévoyance pour les ouvriers, que les actionnaires de cette société ont dotée de 50,000 florins (105,000 francs). En outre, chaque année, 10 p. o/o des bénéfices sont versés dans ladite caisse. A l'âge de soixante ans, l'ouvrier a droit au montant de la somme inscrite sur son livret. S'il meurt auparavant, cette somme est mise à la disposition de sa veuve ou de ses enfants.

Une autre fabrique de bougies existe à Schiedam, sous le nom d'*Apollo*. Cette société a été fondée en 1869. Elle occupe de 350 à 400 ouvriers et trouve des débouchés dans le monde entier, à l'exception des pays protectionnistes, tels que les États-Unis où les affaires sont très difficiles à traiter, quoique les produits similaires américains y soient vendus à des prix fort élevés.

Les matières premières employées par l'Apollo atteignent le chiffre de 7,000 à 8,000 tonnes. Le suif provient d'Australie, d'Amérique, des États-Unis ou de la Russie. Les huiles de palme sont tirées de la côte occidentale d'Afrique.

Nous aurions voulu compléter cette étude par quelques renseignements sur les autres industries néerlandaises qui étaient dignement représentées à l'Exposition. Nous avons dû, toutefois, y renoncer faute de temps et faute de données suffisantes. Force nous est donc de nous borner à signaler, parmi les établissements qui ont le plus attiré l'attention, les maisons van Malsen frères, à la Haye, et Jansen et fils, à Amsterdam, pour leurs meubles de luxe d'un excellent travail; Parser et Cⁱᵉ, à Scheveningen, pour les filets et engins de pêche; Schreuder et Cⁱᵉ, à Amsterdam, pour les conserves alimentaires; Hajenius et Cⁱᵉ et Reynvaan, à Amsterdam, et Opstelten et Cⁱᵉ, à Wageningen, pour leurs cigares si renommés; W.-A. Scholten, à Groningue, pour ses glucoses et fécules de pommes de terre; H. et J. Suyver, à Amsterdam, pour leurs chaudières; la fabrique de levure et d'alcool de Delft, — qui ont toutes obtenu des diplômes d'honneur, — sans compter la collectivité des tanneries de Waalwyk, qui représentait une des plus importantes industries du Brabant hollandais, ni la carrosserie de luxe dont la maison van Eck et fils d'Amsterdam exposait des spécimens fort appréciés, ni les chocolats de MM. van Houten, de Weesp, ou de MM. Blooker, d'Amsterdam, qui jouissent d'une juste réputation à l'étranger.

CHAPITRE IV.

BELGIQUE. — PERSE. — SUÈDE ET NORVÈGE. — SUISSE. — LUXEMBOURG. — TURQUIE. — ÉGYPTE. — GRÈCE. — TRANSVAAL. — BRÉSIL. — CHINE. — ITALIE. — ANGLETERRE. — RUSSIE. — ESPAGNE. — AUTRICHE-HONGRIE. — JAPON. — ÉTATS-UNIS. — ALLEMAGNE [1].

BELGIQUE.

SA PARTICIPATION À L'EXPOSITION D'AMSTERDAM. — SUBVENTION DE L'ÉTAT BELGE. — ORGANISATION DE LA SECTION. — PRINCIPALES INDUSTRIES.

La participation de la Belgique à l'Exposition d'Amsterdam, si l'on tient compte de sa population et de l'étendue de son territoire comparativement à la France, a été beaucoup plus considérable que la nôtre. La Belgique avait bien compris l'intérêt immédiat qu'elle avait à comparaître dans ces grandes assises industrielles. Dès le principe et avant toutes les autres nations, le Gouvernement royal avait nommé une commission placée sous l'éminente direction de M. d'Andrimont, président, et de M. Rombaud, commissaire général; un comité exécutif et des comités de groupe pour l'organisation de la section belge et de ses principales industries. Le Parlement de Bruxelles était en même temps saisi d'une demande de subvention de 500,000 francs, demande qu'il devait ratifier plus tard. Enfin, dès le mois de mai 1882, c'est-à-dire six mois avant nous, tous les rouages de l'administration belge étaient prêts et se mettaient rapidement en mouvement. De leur côté, les industriels de ce pays, s'inspirant des idées que le roi Léopold II n'a cessé de préconiser pour étendre leurs relations commerciales, n'ont reculé devant aucun sacrifice pour que leur nation brillât au premier rang. La visite du Roi et de la Reine des Belges au Souverain des Pays-Bas est venue ensuite confirmer cette opinion et resserrer les relations entre deux peuples voisins que tant d'intérêts rapprochent.

«Le moment n'est pas venu, disait, il y a quelques semaines, le pré-

[1] Nous suivons, pour cet aperçu, l'ordre dans lequel les différentes nations étaient placées dans le bâtiment de l'Exposition.

sident de la Commission, M. d'Andrimont, à la distribution solennelle des récompenses, d'examiner en détail les résultats obtenus à l'Exposition internationale d'Amsterdam. Il appartient aux membres du jury de faire connaître, par leurs rapports, les progrès réalisés en Belgique dans les divers groupes de l'industrie et de signaler les améliorations dont le travail national paraît susceptible. Bornons-nous ici à constater la participation brillante de nos producteurs dans les concours auxquels ils ont pris part et à affirmer la vitalité de nos industries. »

La Commission belge avait obtenu, en dehors de la subvention pécuniaire de 500,000 francs, de grandes facilités pour ses exposants. C'est ainsi que le Ministère des travaux publics avait accordé la franchise postale pour les correspondances entre la Commission et les industriels, et la gratuité complète à l'aller et au retour pour le transport des produits. La manutention, depuis les gares à Amsterdam jusqu'au champ de l'Exposition qui n'était relié à aucune ligne de chemin de fer, était faite par les soins du Comité exécutif belge. On a évité ainsi pour les exposants de nombreuses difficultés et de grandes dépenses que nos compatriotes ont été obligés de supporter à cause du chiffre relativement peu élevé de nos crédits. Le poids total des produits de la section belge a été évalué à 2,800 tonnes.

De son côté, le Ministre de la guerre de Belgique avait mis à la disposition du commissaire général un détachement composé d'un officier et de vingt soldats, qui, outre le rôle de surveillants qu'ils exerçaient dans la section, ont rendu de grands services au moment de l'installation des produits et de leurs vitrines ainsi qu'à la clôture de l'Exposition, lors de la réexpédition des colis. La diversité de leurs uniformes et leur excellente tenue ont contribué, enfin, au succès de la Belgique dans le concours international néerlandais. La partie centrale de l'exposition belge, où se trouvaient le pavillon des bronzes, les dentelles, les tapisseries, les faïences, cristaux, etc., formait un dôme très brillamment disposé. Les armes du royaume et des neuf provinces se détachaient sur des fonds heureusement combinés et faisaient ressortir la décoration de l'élégante coupole. Sur les côtés, deux grandes frises peintes de 20 mètres de longueur, de 2^m,50 de hauteur, avec figures plus grandes que nature sur fond or, représentaient les Arts industriels et l'Industrie. Ces frises, d'une valeur réelle, doivent survivre à leur destination éphémère et sont destinées à orner quelque monument public en Belgique.

Dix-huit galeries avec arcades aux grandes proportions, des tentures riches, des glaces et des portières rouges avec franges d'or largement dra-

4

pées pour conduire à droite et à gauche aux galeries annexes, des peintures à fresque, des bannières aux armes des villes et des provinces, des divans surmontés de plantes riches, des corbeilles de fleurs formaient l'ensemble de la galerie d'honneur et produisaient un bel effet artistique. Aussi, l'architecte de la Commission belge, M. Bordiau, a-t-il justement recueilli les félicitations non seulement de ses compatriotes, mais aussi des étrangers venus à Amsterdam.

1,266 Belges ont participé à l'Exposition d'Amsterdam. Dans ce nombre, il faut en compter 186 pour la section artistique, 15 pour l'exposition horticole et 2 pour la section coloniale. Leurs produits occupaient une superficie de 11,000 mètres dans les bâtiments couverts et de 800 mètres dans les jardins. Le nombre des récompenses s'est élevé à 924 pour la section industrielle, à 73 pour la section des beaux-arts, à 15 pour le groupe de l'horticulture et à 2 pour la section coloniale.

La Belgique a obtenu : 83 diplômes d'honneur, 249 médailles d'or 354 médailles d'argent, 207 médailles de bronze et 121 mentions honorables.

Malgré un grand nombre d'abstentions regrettables, le salon des beaux-arts belge ne manquait pas d'intérêt. L'attention a surtout été appelée sur la sculpture et l'architecture.

Le groupe du mobilier et des accessoires comprenait 310 exposants. Les meubles sculptés, les bronzes d'art, la serrurerie, les appareils de chauffage (bien plus luxueux qu'en France), ceux d'éclairage attestaient beaucoup de progrès. Cependant M. d'Andrimont ne se dissimule pas qu'il reste encore un grand pas à faire sous ce rapport et il exprime le vœu de voir son pays attribuer aux applications de l'art une place plus large dans les industries de luxe. La création de musées et d'écoles d'art industriel, dit en terminant le président de la Commission belge, s'impose comme une nécessité.

Les grandes industries de la glacerie et de la verrerie, l'une des spécialités les plus renommées de nos voisins du Nord, étaient représentées de manière à donner une haute idée du travail belge. Nous pouvons en dire autant de la plupart des classes comprises dans le groupe IV.

Dans le groupe V, les manufactures de coton et de dérivés du coton, de lin et de laine avaient fourni un assortiment complet qui brillait, non seulement par la quantité, mais aussi par la qualité des produits. La collectivité des laines de Verviers était représentée par les principales maisons de cette ville et a été fort appréciée. Que dire de la collectivité dentellière ? Sa brillante réputation est faite dans le monde entier, où elle n'a pas de rivale, d'ailleurs, et cette exposition, qui avait revêtu un caractère vraiment artistique, a été le principal succès de la section belge.

Depuis une quinzaine d'années, l'industrie des vêtements confectionnés a pris, en Belgique, une extension considérable. Cette extension doit nous préoccuper d'autant plus que, dans ce pays, la main-d'œuvre et les étoffes sont beaucoup moins chères qu'en France. M. d'Andrimont est heureux, en effet, de constater que, sous le rapport des tissus, des draperies, des lainages pour robes, des coutils, des toiles, de la passementerie et des boutons, les manufactures du royaume ont donné à la fabrication des perfectionnements tels que la Belgique n'est presque plus aujourd'hui tributaire de l'étranger.

. La grande industrie armurière si célèbre de Liège n'était représentée à Amsterdam que par quelques armes de luxe et d'autres à bon marché qui cependant ont été remarquées. Les produits de la distillerie et de la chimie industrielle étaient installés dans le groupe VI. La mécanique, qui intervient de plus en plus dans leur fabrication, contribue à diminuer le prix de revient. Malgré cela, les bénéfices des fabricants sont loin de répondre à leurs efforts et à leur labeur. Aussi, la lutte contre la concurrence allemande et contre les droits qui protègent leurs voisins du Rhin devient-elle chaque jour de plus en plus ardente.

En ce qui concerne les instruments et les outils, les moyens de transport, les appareils se rapportant à l'électricité et à la fabrication du sucre, la carrosserie, les machines à vapeur et à gaz, le matériel fixe et roulant pour chemins de fer et tramways, la section belge était également remarquable. Bien souvent, nous nous sommes arrêtés devant la belle installation de la machine à papier des usines de Wilbroeck, de MM. de Naeyer et Co, et nous suivions avec un intérêt mêlé d'admiration cette transformation successive des matières premières végétales en liquides, en pâte à papier, en papier humide, en papier sec, atteignant une largeur de 2^{m},20, en papier réglé de tout format, jusqu'au papier à lettres et aux enveloppes qui se faisaient sous nos yeux.

Dans le groupe VIII, où se trouvaient les matériaux de construction et les produits de la métallurgie, le matériel et les produits des exploitations minières, il y avait à signaler notamment les longerons pour ponts, les fers double T, les tôles pour tabliers de ponts, ainsi que les tôles fines de dimensions peu communes.

Les matériaux belges de construction ont, depuis quelques années, un débouché considérable dans les Pays-Bas, où il n'existe pas, pour ainsi dire, de carrières. La pierre vient alterner avec la brique dans les constructions et sert heureusement à la décoration extérieure des maisons hollandaises. Aussi, les principales carrières de Belgique ainsi que les fabriques de terres plastiques, céramiques, réfractaires et autres s'étaient-elles fait représenter par de nombreux échantillons de leurs produits. Enfin, une exposition collective des charbonnages a pu faire apprécier les progrès réalisés pour l'extraction de la houille dans les bassins de Charleroi, de Liège et de Mons.

PERSE.

Parmi les envois qui attiraient notre attention dans la section persane, nous signalerons en premier lieu celui de Son Exc. Djehenguier Khan, ministre des arts et métiers. Cet envoi nous donne une idée fidèle de l'état actuel de l'industrie artistique en Perse. Nous citerons en particulier les tapis, les armes incrustées, les objets de bronze travaillés à jour, les objets en bois découpé, les étoffes et tissus, les ornements et les métaux précieux.

Dans ces derniers temps, les produits de l'industrie artistique persane ont été fort recherchés en Europe. Non seulement les collectionneurs, mais les artistes de toute catégorie se sont emparés de tout ce qui venait de Perse, et inspirés des formes élégantes et du caractère décoratif propre à ce pays. Nous avons retrouvé, à Amsterdam, le genre primitif d'un grand nombre d'étoffes pour meubles que nous avons admirées dans la section française. Ces nouveaux dessins ont une influence réelle sur le goût européen, et il est intéressant d'examiner les rapports existant entre l'original et la copie. Partout où les industries européenne et orientale luttent l'une avec l'autre, c'est la dernière qui remporte la victoire en ce qui concerne l'exécution artistique. Le temps n'a pas de valeur en Orient : nous avons trouvé dans la section persane de petits morceaux de soie brodée dont le travail est tellement fin qu'il est difficile de dire combien de temps on y a travaillé; mais il est certain qu'en Europe un tel travail donnerait à l'objet une valeur considérable. En imitant ce travail par la machine, on obtient un produit plus régulièrement travaillé et moins coûteux, mais le *cachet* est perdu.

Le Consul général des Pays-Bas à Bender-Bouchir, M. Keun, avait envoyé une armure antique qui méritait l'attention à cause de sa rareté.

Le gouvernement persan avait envoyé deux cartes de géographie indiquant les relations télégraphiques et postales; il y avait joint une collection des timbres-poste et des monnaies en usage. La Perse fait partie de l'Union postale, et, en tant que le permet l'absence de chemins de fer, le service postal y est admirablement bien organisé. Elle possède, en outre, un réseau télégraphique reliant toutes les villes de quelque importance, et le service s'administre lui-même.

La Perse était, en outre, représentée par deux maisons de commerce. Une des deux est une raison sociale néerlandaise, savoir : la maison J. C. P. Hotz, de Rotterdam, ayant des succursales à Bender-Bouchir, à Ispahan et à Chiraz, d'où elle avait reçu une collection d'objets qui nous donnent une idée favorable du commerce d'exportation de la Perse. On peut dire la même chose de la maison Ziegler et Cᵢᵉ, de Manchester, ayant des agences en Perse. Les collections de ces deux maisons nous apprennent que les relations commerciales entre l'Europe et l'Asie occidentale s'étendent de plus en plus, grâce surtout au canal de Suez.

Nous avons remarqué, surtout parmi les envois des exposants qui précèdent, les tapis qui y formaient une collection vraiment très rare. Comme on le sait, les vieux tapis, surtout ceux du XVIIᵉ siècle, se distinguent par leurs magnifiques dessins d'une originalité que nous cherchons vainement parmi les produits actuels. Toutefois, il ne faut pas en conclure que cette industrie ait été négligée en Perse. Dans les nouveaux tapis, on remarque, tout comme chez nous, une tendance à revenir aux anciens dessins.

Il y avait également une grande variété d'étoffes tissées et brodées. On retrouvait là le goût des peuples orientaux pour les couleurs éclatantes et les ornements en or, sans que ce goût devienne vulgaire. Tout ce que ce pays classique nous donnait à voir se distinguait par un goût bien développé. C'est à juste titre que la Perse est appelée la France de l'Orient.

Parmi les objets d'art antique, signalons quelques beaux échantillons de carreaux de faïence tels qu'on les trouve dans les édifices du temps du Shah Abbos. Dans les derniers temps, on a tâché de relever cette industrie de l'état de décadence dans lequel elle végétait, et on trouvait à l'Exposition les résultats de ces tentatives. On ne saurait, toutefois, comparer les produits actuels à ceux des temps anciens. Les fabricants actuels de poterie en Perse ont encore beaucoup à apprendre de leurs prédécesseurs.

On voyait encore, dans l'exposition de MM. Ziegler et Cᵢᵉ, une collection extraordinaire de vieille faïence qui donne un aperçu complet des différentes phases de cette industrie en Perse. Nous admirions surtout quelques petites dames-jeannes, avec le soi-disant *reflet métallique,* dont on semble avoir perdu le secret. Cette poterie a une grande valeur par sa rareté.

On n'a pas encore oublié en Perse l'ancienne « Compagnie hollandaise ». Les relations entre ce pays et la Hollande n'étaient entretenues que par Java, et avaient entièrement cessé vers la fin du siècle dernier. Plus récemment, toutefois, les relations se sont améliorées et étendues. La Perse reçoit quelques produits de Java, surtout du sucre brut; le thé y est également·importé ainsi que l'étain, le cassia et quelques épices.

La *Société commerciale* persane nous donne un aperçu des produits naturels de ce pays. Le froment et l'opium sont les principaux articles d'exportation. L'opium surtout est l'objet d'un commerce considérable, à ce point qu'aux Indes anglaises on commence à s'inquiéter de l'augmentation de l'importation de l'opium persan sur les marchés chinois au détriment du monopole que les Indes possédaient jusqu'ici.

On trouvait à l'Exposition une collection importante des différentes espèces de ce produit. Il y a vingt-cinq ans, la culture de l'opium se bornait aux exigences de la consommation; l'exportation était presque nulle. Toutefois, la situation favorable du pays et le fait que le transport des marchandises pesantes était trop coûteux par suite de l'état défectueux des routes, engagèrent les habitants à étendre la culture de l'opium, d'autant plus que le transport en Chine, par navire, en est très facile. En Angleterre, l'opium persan est très recherché, à cause de la grande quantité de morphine qu'il renferme. Il en contient en effet 9 p. o/o, quantité qu'on peut même porter à 10 et 11 p. o/o en préparant soigneusement les bonnes qualités.

La consommation à l'intérieur est assez importante. La plupart des Persans prennent après le dîner une pilule d'opium; ils ne commencent qu'à un âge mûr et ne prennent alors que 5 grammes par mois. L'effet nuisible est donc très minime. D'après les idées persanes, il n'est pas convenable de fumer l'opium. Il n'y a que les derviches qui en abusent; aussi sont-ils l'objet du mépris du peuple. Chez les Orientaux, avec leur caractère flegmatique, les effets de l'opium sont beaucoup moins nuisibles que chez les Européens, qui, avec leur nature nerveuse, ne se bornent pas à une quantité déterminée et demandent toujours une dose plus forte. Il est également vrai qu'il est beaucoup plus nuisible de fumer l'opium que d'avaler cette matière sous forme de pilules.

L'opium se cultive partout en Perse. La meilleure qualité se trouve à Ispahan; viennent ensuite Yezd, Chiraz et enfin les contrées septentrionales, entre autres les provinces de Burudjird, Malajir et Kirmonshoh.

L'opium des contrées froides se distingue par une plus grande densité, et contient moins d'eau que celui de Chiraz, d'Ispahan et de Yezd. La couleur en est rouge brun. Des expertises ont démontré qu'il contient beaucoup moins de morphine que les espèces jaunes d'Ispahan, de Yezd et de Chiraz.

La préparation en est très simple. Le sirop est étendu sur des assiettes et séché au soleil ou près du feu. On obtient alors une masse compacte qu'on importe sous la forme de petites boules. L'opium dense étant le plus recherché, cette espèce est également préparée par les Persans pour la consommation européenne. Pour leur usage personnel, ils fabriquent des boules d'une consistance plus molle.

Pour le marché chinois, on ajoute à l'opium séché 10 p. o/o d'huile. On en fait ensuite de petites boules qu'on sèche dans des feuilles de pavot.

Depuis ces deux dernières années, la valeur de l'opium persan a diminué de 50 p. o/o sur le marché chinois. Cette diminution est causée par les falsifications qui ajoutent à l'opium du sirop, du jus de raisin et d'autres matières.

Par suite de la baisse des prix, plusieurs négociants persans ont fait faillite; d'autres ont subi des pertes tellement considérables qu'ils sont à peine en état d'entreprendre de nouvelles opérations. La plupart des faillites ont eu lieu à Ispahan, Chiraz et Yezd; à Buschir et même à Bombay, les négociants n'ont pas été épargnés. En ce moment encore, beaucoup de négociants persans se trouvent dans une situation défavorable, le stock de l'opium de qualité supérieure étant encore très considérable.

L'année 1882 a été très désavantageuse pour la culture de l'opium; la récolte presque entière a été détruite par un insecte nommé *schafté*. Cet insecte ayant la même couleur que la plante, on ne le découvre que quand il est trop tard.

En 1882, de grandes quantités d'opium ont été importées sur le marché de Londres et ont été vendues à des prix élevés à cause de la mauvaise récolte. La nouvelle récolte de 1883 promet d'être avantageuse, mais ne sera néanmoins pas aussi importante que celles des années précédentes, parce qu'on a cultivé beaucoup moins de pavots en 1883 que les années précédentes. La Perse a quelquefois exporté de 6,000 à 8,000 caisses d'opium en Chine et en Europe; en 1882, elle n'en a exporté que la moitié tout au plus. Les prévisions sont assez favorables en ce qui concerne 1883.

SUÈDE ET NORVÈGE.

L'Académie royale de Stockholm avait exposé une collection de semences de Suède, dont les échantillons s'élevaient au nombre de 1,300. Cette collection comprenait non seulement des graines de céréales, mais aussi de végétaux alimentaires,.de fruits à racines pour potagers et de fleurs pour jardins. Chaque échantillon de blé avait été soumis à un examen scrupuleux dans une des seize stations établies par le gouvernement, afin que le poids exact, la pureté et la force végétative fussent dûment constatés. Toutes les semences produites dans le Nord appartiennent à des espèces qui, malgré le court été septentrional, peuvent atteindre leur maturité. Elles forment une graine excessivement grosse, et la plante qui en sort se développe très fortement, dès le principe, en dégageant de nombreuses et vigoureuses racines. Les végétaux qui en proviennent supportent très bien les intempéries du climat et résistent parfaitement aux attaques des insectes et des autres parasites. Outre les semences de blé, celles d'avoine, de seigle et les graines pour plantes à racines ou légumineuses, figurant à l'exposition suédoise, offraient plus de grosseur que les semences de latitudes moins septentrionales. Il y a donc intérêt, pour nos agriculteurs français, à recourir, comme plusieurs le font déjà, aux grains et graines de Suède qui, même en changeant de région, conservent, durant plusieurs générations consécutives, la faculté de se développer rapidement, et dont la vigueur leur permet de supporter les variations atmosphériques si fréquentes dans les départements du Nord et de l'Ouest.

Les semences suédoises sont, en outre, fort estimées pour leur pureté. Les graines de trèfle, particulièrement, sont exemptes de tout mélange d'ivraie et d'autres graines nuisibles ne mûrissant pas dans les climats froids. Enfin, on cultive également, en Suède, le colza en assez grande quantité, et l'on en retire de beaux bénéfices. Après avoir été contrôlées par le gouvernement et renfermées, durant l'inspection, dans les armoires de la station de contrôle, les semences sont mises dans des sacs revêtus d'un sceau en plomb et contenant chacun un certificat d'analyse signé par le chef de la station de contrôle. Les bureaux de contrôle relèvent d'abord du gouvernement, mais ils dépendent aussi de la surveillance directe du négociant et du producteur.

On sait l'immense commerce de la Suède et de la Norvège en bois de sapin du Nord. Ces bois, qu'on envoyait dans nos pays, il y a quelques années, en madriers à découper, y arrivent maintenant en planches, en pièces de menuiserie toutes prêtes, qui viennent encore faire une concurrence sérieuse à cette branche de travail en France. Enfin, une maison de Christiania avait exposé différentes pâtes de bois fort remarquables pour la fabrication du papier : ainsi se trouvent utilisés des déchets qui auparavant ne trouvaient aucun emploi.

L'industrie du fer se développe de plus en plus en Suède. Le fer de fonte, le fer en barres, les bandes, clous, fils de fer, tôles, aciers, etc., s'exportent dans le monde entier. Plusieurs grandes usines fabriquent des pièces pour bateaux à vapeur, pour machines à vapeur, du matériel de chemins de fer, des phares, des wagons, des roues, des essieux, des rubans de scie, des ancres, des chaînes, des instruments agricoles, des fers à cheval très renommés, des canons, des fusils, etc.

Nous croyons inutile de parler des allumettes suédoises amorphes qui, par la sécurité qu'elles offrent et leur bonne qualité, sont répandues aujourd'hui sur toute la surface du globe. Enfin, trois maisons avaient exposé du punch suédois ou punch d'arack.

En somme, l'industrie suédoise et norvégienne, quant à la qualité des produits exposés, a été très bien représentée au concours international d'Amsterdam. Il est regrettable seulement que cette participation ait été aussi restreinte, étant donnés les progrès industriels rapides que les pays scandinaves ont faits depuis une vingtaine d'années, surtout dans certaines branches citées plus haut, et dans lesquelles les deux royaumes conservent une suprématie absolue.

SUISSE.

L'Exposition de Zurich en 1883 devait naturellement faire du tort à l'exposition suisse d'Amsterdam. Cependant la participation de la Confédération au concours international néerlandais, quoique fort restreinte, ne mérite pas moins d'être signalée. Cette petite section était décorée avec beaucoup de goût et les vitrines étaient dignes des envois qu'elles renfermaient. Deux diplômes d'honneur ont été accordés aux maisons Patek, Philippe et Cie, à Genève, et Barbezat, au Locle. La première avait exposé, entre autres objets curieux, une tabatière en or ciselé pourvue d'une mécanique avec calendrier perpétuel, indiquant régulièrement les mois et les dates, sans qu'on ait besoin d'y toucher. Ce calendrier est tellement exact que tandis que l'aiguille passe, dans les années ordinaires, du 28 février au 1er mars, elle n'oublie pas, dans les années bissextiles, de marquer le 29 février.

La maison Patek, Philippe et Cie exposait, en outre, un nombre considérable de montres très compliquées, parmi lesquelles nous signalerons des répétitions à minutes, des chronographes à phases de lune avec calendrier perpétuel, des chronomètres accompagnés d'un certificat de 1re classe de l'Observatoire astronomique de Genève, des montres pour les courses, un bracelet en or avec montre à remontoir, etc.

Les chronomètres et montres de la maison Barbezat, au Locle, figuraient dans une vitrine collective et attiraient également l'attention des visiteurs. Il y avait là une collection d'articles précieux qui prouvaient que la Suisse maintient sa vieille réputation dans la spécialité des montres. Sur quelques-unes d'entre elles étaient gravées ou émaillées des vues de Java, des figures d'Indiens et d'Indiennes qui attestent que la Suisse entretient des relations avec l'Extrême Orient où elle possède de nombreuses maisons de commerce. Les transactions de ce pays avec la Hollande sont d'autant plus étendues que la fabrication des montres n'existe pas dans le royaume et qu'il n'y a à Amsterdam que peu de bons ouvriers réparateurs. La presse néerlandaise se plaint de ce qu'il ne se fonde pas ici une école d'horlogerie semblable à celle créée à Paris en 1880 sous la direction de M. Rodanet et avec le concours de M. Paul Garnier, l'ingénieur mécanicien français bien connu.

Parmi les autres produits qui figuraient dans la section suisse, nous signalerons enfin des étoffes de soie, des tissus pour bandages destinés aux blessés et qu'emploie la société de la Croix-Rouge, plusieurs échantillons de lait condensé, du kirsch, de l'absinthe et de l'asphalte. Ce dernier produit, tiré des mines du Val de Travers, près de Neufchâtel, appartient à une compagnie anglaise qui exécute de nombreux travaux dans les principales villes des Pays-Bas sous la direction d'un jeune et intelligent ingénieur, M. Paton Walsh. La production annuelle d'asphalte du Val de Travers s'élève à 30,000 ou 40,000 tonnes, sur lesquelles 8,000 sont employées à Paris, 6,000 à Londres, 5,000 à Berlin et le reste dans les autres pays du monde et jusque dans l'Amérique du Nord.

GRAND-DUCHÉ DE LUXEMBOURG.

Le grand-duché de Luxembourg, tout en restant sous la souveraineté de la maison d'Orange-Nassau, est, comme on le sait, un état neutre absolument séparé, politiquement et géographiquement, des Pays-Bas. Le grand-duché avait sa section spéciale à l'Exposition d'Amsterdam; mais comme c'est un pays plutôt agricole et forestier qu'industriel, le nombre de ses exposants était fort limité. Nous avons pu remarquer cependant dans cette section de fort beaux échantillons de drap et de minerai de fer de la Société anonyme luxembourgeoise des chemins de fer et des minières du Prince Henri qui s'étendent le long de la frontière française et fournissent plus de 500,000 tonnes d'excellent minerai par an.

La Société des mines de Stolzenberg avait également envoyé de son riche minerai de cuivre, provenant de la concession qu'elle possède dans le Luxembourg près des frontières allemandes. Enfin la Compagnie des bains de Mondorff exposait de ses eaux chlorurées sodiques iodobromurées.

On ne saurait quitter le Luxembourg sans rendre un juste tribut d'éloges et sans exprimer des remerciements à son aimable commissaire le capitaine Bruinier qui, en dehors même de sa section, nous a prêté souvent son concours dans l'organisation et l'administration de la section française.

TURQUIE, ÉGYPTE, GRÈCE.

La Turquie n'avait envoyé ni ses tapis de Smyrne, qui auraient pu rivaliser avec ceux de Deventer et de Delft, ni ses produits de Caramanie, ni ses velours, ni ses soieries, ni ses faïences diverses. Le tabac d'Orient était représenté par quelques échantillons de l'Asie Mineure; puis venaient les essences de rose et de jasmin, les objets religieux de la Palestine en nacre et en bois d'olivier et tous ces articles orientaux que l'on voit dans les bazars des grandes villes d'Europe. Nous n'aurions pas voulu même nous porter garants de la provenance de ces objets, qui aujourd'hui se fabriquent autant à Paris qu'à Constantinople, au Caire ou à Tunis.

En somme, les tapis, le tabac et les essences de rose ou de jasmin, quelques articles en cuivre et des broderies formaient, avec les armes damasquinées, les seuls produits exposés à Amsterdam que la Turquie pût réellement revendiquer comme lui appartenant.

Son Altesse le Khédive et quelques Égyptiens avaient envoyé divers objets de luxe et des produits divers, tels que du coton, du tabac, des meubles de style arabe, de la gomme, différentes semences, de la parfumerie orientale et des bijoux du pays. Enfin, au milieu de ces articles, figurait une collection d'anciens manuscrits appartenant à Mohamed-Mahdi du Caire.

Le catalogue officiel ne mentionne, pour la Grèce, que de l'essence de rose de Philippopoli et des vins d'Athènes.

TRANSVAAL.

Le Transvaal avait à cœur de prendre part à une exposition qui avait lieu dans un pays dont ses habitants sont originaires. Les Boers conservent un culte fidèle pour leur mère patrie : ils n'ont donc pas manqué d'envoyer au concours international néerlandais des échantillons des produits de leur lointaine région. On pouvait voir, dans la section transvaalienne, des articles d'usage domestique de fabrication indigène, de l'ivoire, des dents de vache de mer, des cornes de bêtes fauves, de la laine écrue et blanche, du chanvre, du coton, des étoffes en fibres végétales, des chaussures rustiques, des malles, des armoires, diverses céréales, de la farine, du miel, du café, du sucre, des vins, des spiritueux, des fruits secs et confits, du tabac en ballots et en feuilles, des peaux tannées et préparées, des plumes d'autruche, des os de chameau, des oiseaux et autres animaux empaillés, des huiles fines et des graisses végétales, de la gomme et de l'aloès, des cuirs, du savon à l'usage des indigènes, des voitures, des bois et des pierres à l'état primitif et travaillé, des minerais, des minéraux, de la houille, de l'argile et de la matière première pour poterie, etc.

On peut conclure de la longue énumération qui précède que le Transvaal est un pays riche et fertile. Son seul tort actuellement est de ne point avoir de communications faciles avec la mer. Le jour où les délégués se seront mis d'accord avec le Portugal pour relier par une voie ferrée Pretoria, leur capitale, avec la baie Delagoa et où ils auront réuni les fonds nécessaires à l'exécution de ce projet, ce jour-là les Boers, pouvant écouler leurs produits, formeront une république florissante et riche dont les relations avec l'Europe et, en particulier avec les Pays-Bas iront toujours croissant. Nous ne devons pas oublier que dans cette population sud-africaine se trouvent beaucoup de nos compatriotes que la révocation de l'édit de Nantes avait forcés de s'exiler en Hollande et qui ont pris plus tard le chemin de la colonie du Cap de Bonne-Espérance. C'est à eux que l'on doit la plantation des vignes dans cette partie australe de l'Afrique et l'introduction des ceps français qui produisent le fameux, mais trop rare vin de Constance. Le climat et le sol du Transvaal se prêtent parfaitement à la culture de la vigne qui, cependant, s'y développe très lentement. Si l'on excepte les vins blancs secs, les muscats et le constance, les autres produits communs du raisin sont généralement mal fabriqués, entachés d'un goût de terroir et d'une conservation difficile.

A l'apparition des produits du Transvaal dans l'Exposition d'Amsterdam a succédé la venue en Hollande des délégués de cette République. Après avoir démontré, dans les grandes assises industrielles qui viennent de se fermer, quelles étaient les nombreuses et diverses ressources de leur pays, les délégués des Boers poursuivent en ce moment le but de leur mission dans les Pays-Bas et dans le Portugal. Il nous paraît opportun, en conséquence, de fournir au commerce français quelques renseignements sur une contrée qui va devenir prochainement sans doute un nouveau marché pour nos produits d'importation et d'exportation.

La population blanche compte de 40,000 à 45,000 individus et la population noire, d'après le recensement fait en novembre 1879, 774,930 âmes, ce qui fait un total d'environ 815,000 habitants, soit 3 habitants par kilomètre carré.

Pretoria, la capitale du Transvaal, comptait, au 8 février 1881, pendant le blocus, 4,440 habitants.

Au point de vue agricole, le Transvaal se divise en deux zones bien distinctes : la zone tempérée et la zone semi-tropicale.

Les districts de Pofchetstroom, Heidelberg, Pretoria, Wakkersturm, Utrecht, Middelburg et Lidenburg forment la zone tempérée. Ils sont situés en grande partie au sud du 26ᵉ parallèle. Une partie des petits districts au nord pourrait former, avec les autres districts de Rustenburg, Marie, Bloemhof, Waterberg et Zoutpansberg, la zone semi-tropicale.

La zone tempérée est la plus importante, la plus peuplée et celle qui convient le mieux, comme sol et comme climat, aux agriculteurs européens qui voudraient émigrer dans ce pays. Elle est propre à la culture des céréales en même temps qu'à l'élevage du bétail. La culture pastorale occupe une très grande partie du territoire du Transvaal. Les semailles se font en novembre et les récoltes en février ou en mars. On y cultive aussi la betterave.

Le sol de la zone tropicale ne diffère pas beaucoup de celui de la zone tempérée, mais le climat est beaucoup plus chaud, et c'est pourquoi, outre toutes les cultures possibles dans celle-ci, on peut y faire pousser avec succès toutes les plantes tropicales. Nous citerons le tabac et le café, qui servent presque exclusivement à la consommation intérieure. La canne à sucre, le coton, le chanvre, l'oranger, le pêcher, le citronnier et le figuier y viennent très bien.

Commerce. — L'importation est évaluée à 17,000 tonnes et l'exportation à 10,000 tonnes. Les droits d'importation, dans la période du 1ᵉʳ juillet 1882 au 1ᵉʳ mai 1883, ont été de 29,966 livres sterling, ce qui permet de fixer la valeur des marchandises importées à 400,000 livres sterling. Les articles d'exportation les plus importants sont la laine, le bétail, les céréales, les peaux, les fruits, le beurre, l'eau-de-vie, les plumes d'autruche et l'ivoire. Les richesses minérales du Transvaal sont considérables, mais peu exportées, à cause de la cherté du transport. Elles comprennent l'or, l'argent, le cuivre, le plomb, le cobalt, la houille, etc. La valeur de l'or exporté dans la période de 1873 jusqu'à la fin de 1882 a été de 355,468 livres sterling.

Système douanier. — Toutes les marchandises sont soumises à un droit d'importation de 5 p. o/o *ad valorem*, mais dans l'estimation de la valeur des marchandises on ajoute 33 p. o/o au prix de la facture.

Les produits suivants payent, indépendamment de la taxe de 5 p. o/o, un droit supplémentaire variant entre 1, 2, 5, 6 et 12 schellings : fusils, pistolets, poudre, plomb, bougies, tabac, beurre, café, fromage, chicorée, riz, farine, saindoux, sel, sucre, savon, vin, vinaigre, spiritueux, cigares, pickles, etc. L'or, l'argent, la bijouterie, le fer payent, en outre, 10 p. o/o de la valeur.

BRÉSIL.

L'exposition brésilienne se bornait pour ainsi dire à une exhibition de café. Mais ce produit fournissait à lui seul un ensemble très intéressant, en particulier pour Amsterdam qui est un des marchés en café les plus importants de l'Europe, surtout en café de Java. C'est en Hollande, d'ailleurs, que la consommation du café est la plus considérable, puisqu'elle est de 8 kilogr. 12 par habitant. Les cafés entrent en franchise dans les Pays-Bas. En Belgique, où le café ne paye que 13 fr. 20 cent. par 100 kilogrammes, la consommation par habitant est de 5 kilogr. 40. Aux États-Unis, où il n'y a pas de droits d'entrée, et en Suisse où il ne paye que 3 francs par 100 kilogrammes, la consommation est de 3 kilogr. 50 à 3 kilogr. 60 par habitant. Dans les autres pays, la consommation tombe rapidement à un chiffre inférieur. En Allemagne, où le café paye 50 francs de droits d'entrée par 100 kilogrammes, la consommation par habitant n'est plus que de 2 kilogr. 47. En Autriche, où l'on paye 16 florins d'or (44 fr.), la consommation est encore plus basse (1 kilogr. 5). En France, en raison du droit quasi-prohibitif de 156 francs par 100 kilogrammes, la consommation n'est plus que de 1 kilogr. 46 par habitant. Un Français consomme donc environ six fois moins de café qu'un Hollandais, près de quatre fois moins qu'un Belge. Un Suisse ou un habitant des États-Unis consomme trois fois plus de café qu'un Français, et un Allemand en consomme le double.

L'exposition des cafés brésiliens à Amsterdam était collective. Elle avait été organisée par les soins de la société *Centro da Lavoura e Commercio*, de Rio de Janeiro, une des branches les plus importantes de la compagnie brésilienne *Agriculture et Commerce*. Cette société a fondé dans la capitale du Brésil une exposition annuelle de cafés qui a lieu en octobre ou en novembre. Puis elle a décidé de faire des expositions à l'étranger et de participer aux concours internationaux. C'est ainsi qu'elle a envoyé au Consul général du Brésil à Paris 200 sacs d'échantillons qui ont figuré dans les salons du premier étage du Palais de l'Industrie, pendant la durée du concours agricole de janvier 1883. Le gouvernement de la République avait permis que le café destiné à cette exposition entrât en franchise de droits, sauf à les acquitter s'il était consommé en France.

Par la collection nombreuse et très variée de cafés du Brésil exhibée à Amsterdam (879 exposants, 911 plantations, 1,003 échantillons, dont plusieurs types étaient inconnus sur les marchés des Pays-Bas), aussi bien que par le chiffre énorme de la production (environ 400 millions de kilogrammes par an), on peut se faire une idée de la prépondérance de l'empire du Brésil dans le commerce de cet article. Il est donc tout naturel que la chambre de commerce de Batavia se soit émue de cet état de choses et qu'elle ait manifesté ses appréhensions sur l'avenir des cafés de Java. Déjà, en effet, le Brésil fournit le monde entier dans la proportion de 60 p. o/o, tandis que Java y figure seulement pour environ 15 à 16 p. o/o. Le développement des moyens de transport, chemins de fer, navigation à vapeur, routes provinciales et vicinales, a contribué pour beaucoup à donner de l'extension à la culture du café au Brésil, et l'on évalue à 1 milliard le nombre des caféiers plantés sur la surface de l'empire.

Outre les cafés, le Brésil avait exposé à Amsterdam la collection minéralogique provenant du musée national de Rio de Janeiro. Cette curieuse collection, composée de 188 échantillons, pouvait donner une idée des immenses richesses renfermées dans le sol de l'empire sud-américain, depuis les métaux les plus précieux jusqu'aux mines de charbon de terre.

L'Institut impérial *Fluminense* d'agriculture avait envoyé :

1° Une collection de bois originaires de plusieurs provinces du Brésil, qui comprenait 96 essences différentes ;

2° Une collection de bois originaires de la vallée de Hajahyassée (province de Santa Catharina), comprenant 60 échantillons d'essences différentes.

L'Association commerciale de Pernambuco et des négociants commissionnaires de Rio de Janeiro avaient exposé des échantillons de sucre; du coton brut provenant des provinces de Pernambuco, de San Paulo, de Ceara et de la ferme modèle de l'Institut impérial *Fluminense* près de Rio de Janeiro, et du tabac brut de la province de Bahia figuraient également à Amsterdam et avaient été exposés par les soins de la société *Centro da Lavoura e Commercio*. Il y avait aussi du tabac manufacturé envoyé par différentes maisons brésiliennes.

Le *maté*, cette boisson dont l'usage est général dans les régions de l'Amérique du Sud, où il remplace le thé et le café, n'avait point été oublié à Amsterdam et l'on pouvait en voir de nombreux paquets exposés par des producteurs de la province de Parana.

L'industrie des fleurs en plumes d'oiseaux du Brésil, des insectes, des papillons très rares en cette partie de l'Amérique, des éventails en plumes d'oiseaux avec leurs couleurs naturelles était représentée par la collection de Mlles Natté, de Rio de Janeiro. Cette industrie atteint à elle seule, pour la vente au détail et pour l'exportation, une valeur annuelle de 2 millions de francs.

Nous avons remarqué enfin, dans la section brésilienne, de l'amidon de manioc, préparé pour la fabrication de biscuits très goûtés dans le pays; de l'extrait liquide de viande ou bouillon concentré exposé par les frères Cibils, propriétaires d'une usine dans la province de Matto-Grosso; différentes photographies, des cartes géographiques et des publications sur l'agriculture au Brésil.

CHINE.

Le président de la Commission chinoise à l'Exposition d'Amsterdam était S. Exc. Li-Fong-Pao, ambassadeur du Céleste Empire à Berlin et à la Haye. Li-Fong-Pao est venu passer quelque temps ici, s'est occupé sérieusement de l'installation de sa section et a su conquérir par son aménité les sympathies générales. Il avait sous ses ordres un nombreux personnel indigène sachant le français, l'allemand ou l'anglais et ayant ces aptitudes commerciales naturelles chez tous les Chinois, qui les rendent redoutables, sous le rapport du négoce, dans l'Extrême Orient et jusqu'à San Francisco.

La façade de la section chinoise représentait l'entrée d'une maison d'un riche particulier: la galerie était composée d'une série de petits salons garnis de tous les meubles et accessoires usités dans le pays. L'un d'eux, celui du milieu, était réservé à Son Exc. Li-Fong-Pao. A l'entrée et dans la galerie centrale se trouvaient entassés une quantité de précieux objets en porcelaine, en or, en bronze, en ivoire, de riches étoffes de soie, des cloisonnés, des meubles laqués ou incrustés, des paravents, des éventails, en un mot ces mille articles de tout genre qui forment la spécialité et qui sont tous les produits du travail individuel du Chinois.

Nous avons admiré en particulier des bronzes nickelés, des émaux et des vases en porcelaine dont la Chine a le secret depuis plusieurs milliers d'années. Malheureusement beaucoup de ces antiques industries ont disparu, sans doute parce que les procédés de fabrication n'étaient connus que d'un petit nombre d'artisans.

Les Chinois conservent encore sur les Européens une supériorité en fait de couleurs et de teintures, que nous n'avons pu atteindre jusqu'ici. Leurs matières tinctoriales sont tirées presque exclusivement de sucs végétaux, provenant de plantes qui n'existent pas en Europe.

La section du Céleste Empire ne contenait pas, à notre grand regret, d'échantillons de houille ni d'autres minéraux. On sait cependant que la Chine possède de nombreuses mines de charbon. Rien que le bassin houiller du Setchouen s'étend, d'après Reclus, sur un espace de 250,000 kilomètres carrés. Celui du Houaran est aussi très considérable; mais le plus important de tous, sinon par la superficie ou la contenance, du moins par l'extrême facilité d'accès, est celui du Chansi méridional, dont l'immense bassin pourrait alimenter seul le monde entier pendant des milliers d'années. Dans la province de Canton, il y a également de la houille dont les filons pénètrent dans le nord du Tonkin sans s'éloigner de la mer, ce qui rendra facile pour nous l'extraction du charbon.

Nous avons parlé des étoffes de soie et de leur beauté. Cette matière textile forme avec le thé les deux articles d'exportation les plus importants de la Chine. En 1876, l'on a exporté de cet empire 5,621,800 kilogrammes de soie d'une valeur de 237,375,000 francs. En 1878, l'exportation du thé s'est élevée à 124,800,000 kilogrammes, d'une valeur de 233,886,000 francs.

Par contre, le riz est la principale denrée d'importation en Chine; des milliers de jonques vont en prendre des chargements dans les ports de Siam, de la Cochinchine, de l'Annam et du Tonkin. On comprendra bientôt l'importance commerciale des vastes contrées soumises aujourd'hui à notre domination ou à notre protectorat et le développement que prendront nos transactions avec la Chine quand la navigation du fleuve Rouge

5

sera ouverte jusqu'au Yunnan, la province du Céleste Empire qui produit le meilleur thé. Il s'établira bien vite, entre nos possessions dont la population est très dense et le Yunnan, un échange de thé et de riz, sans compter les autres produits tels que les minerais, et ces échanges, grâce au génie des Chinois pour le négoce, sont un sûr garant de la prospérité de notre nouvelle colonie.

ITALIE.

La participation de l'Italie à l'Exposition d'Amsterdam a été très limitée. Il n'est pas surprenant que les industriels de la péninsule se soient portés de préférence vers Trieste ou se soient réservés pour concourir cette année à Turin. Ce qu'il y avait de plus remarquable, à notre avis, dans cette section, c'étaient les verres soufflés et les mosaïques du docteur Salviati, de Venise, ainsi que les bijoux en corail et les dentelles de Burano. Dans le groupe des produits alimentaires figuraient les huiles d'olive, les excellents vermouts de Turin, les conserves alimentaires, les pâtes d'Italie, les vins de Marsala, de Syracuse, de Chianti, les vins mousseux, ceux de coupage et de table. Il n'y a encore que quelques localités, dans l'Italie du Nord, où l'on sache préparer convenablement l'huile d'olive, quoique les bois et forêts d'oliviers couvrent dans la péninsule une superficie totale de plus de 500,000 hectares. La qualité n'a pu, jusqu'ici, s'ajouter à la quantité. Cependant il y a progrès dans cette fabrication comme dans celle des vins ordinaires, et ces deux produits commencent à faire concurrence aux produits similaires français sur les marchés des Pays-Bas.

ANGLETERRE.

Le commerce de la Grande-Bretagne avec la Hollande. — Après la France et l'Allemagne, les Pays-Bas occupent le premier rang parmi les consommateurs de produits anglais. En 1879, ils ont reçu pour 16 millions de livres sterling de marchandises; ce chiffre atteignait même 20 millions de livres sterling en 1875, tandis que l'Angleterre recevait en 1879 pour 22 millions de livres sterling de marchandises des Pays-Bas. Les exportations d'Angleterre pour les Pays-Bas et les colonies réunies peuvent être évaluées à 18 millions de livres sterling.

Une nation agricole et commerciale comme la Hollande, qui ne possède que peu d'industries, doit nécessairement recevoir beaucoup de produits manufacturés de ses voisins. Elle tire principalement d'Angleterre des tissus et étoffes de coton et de laine, des métaux, des machines, des ouvrages en métaux, des faïences, etc. En 1878, la valeur des importations anglaises dans les Pays-Bas représentait 35 p. o/o environ de leur importation totale et depuis elles n'ont fait qu'augmenter. Pendant cette même année, les importations d'étoffes anglaises ont atteint le chiffre de 3,500,000 livres sterling, dont 2 millions de livres sterling pour Java.

Depuis que la *Société de commerce* des Pays-Bas a abandonné le commerce des articles autres que les produits coloniaux, le trafic direct entre l'Angleterre et l'Inde hollandaise a augmenté de 50 p. o/o. Le marché de Londres tend aussi à accaparer le commerce du thé de Java, parce que les cours y sont moins sujets à variations et les transactions, par conséquent, plus sûres.

La section anglaise. — Il convient de faire remarquer tout d'abord que l'organisation de la section anglaise était due uniquement à l'initiative privée de quelques fabricants de la Grande-Bretagne. Le Gouvernement ne lui avait accordé d'appui ni moral, ni pécuniaire. Il n'a pas dérogé en cette circonstance au principe que le commerce doit être assez fort pour se soutenir lui-même. C'est là un des traits caractéristiques de la politique commerciale anglaise, que l'on retrouve d'ailleurs en Hollande. Le commerce qui prospère sans l'appui du pouvoir ne doit redouter aucune concurrence et peut devenir le grand commerce international et colonial. Il ne craint pas la protection et elle lui est inutile pour lui-même. Le commerce anglais n'est ni favorisé artificiellement par des primes, ni entravé par des tarifs sur les matières premières.

Cette liberté, jointe aux ressources naturelles immenses dont jouit l'Angleterre, a assuré sa suprématie commerciale et industrielle. Grâce à ses fers et à ses houilles, dont la quantité et la qualité n'ont pas d'équivalents au monde, grâce à ses moyens de communication rapides et économiques sur toutes les parties du globe, l'Angleterre peut pourvoir à bas prix le monde entier des articles dont il a besoin. Il n'est pas de produit, si minime et si bon marché, si volumineux et si coûteux qu'il soit, que l'Angleterre ne puisse fournir. Depuis les gros vapeurs de la ligne Cunard jusqu'aux épingles et aux aiguilles, il n'est rien que l'industrie anglaise ne puisse fabriquer. Une flotte marchande comme il n'en est pas une seconde au monde apporte aux Anglais les cotons d'Amérique et de l'Inde, les laines d'Australie, l'alpaca de l'Amérique du Sud, pour les transformer en fils et en étoffes à Manchester, Bradford et Leeds, d'où ils sont exportés vers toutes les parties du monde. En 1875-1876, l'Angleterre a exporté pour

3,262,000,000 francs d'étoffes et de tissus, tandis que les quatre grands
pays manufacturiers, la France, l'Allemagne, l'Autriche et la Belgique
n'exportaient ensemble que pour 2,662,000,000 francs.

Le correspondant spécial du *Journal du commerce britannique* dit que la
façon dont l'Angleterre était représentée à l'Exposition d'Amsterdam est
digne d'éloges. Les articles exposés consistaient principalement en ouvrages
en métaux de toute espèce, faïences et porcelaines, objets en caoutchouc,
étoffes, cuirs, chocolats, cafés, sucreries, parfumerie, savons, bougies,
fils, tapis et une infinité d'autres articles qui font la réputation de mainte
ville industrielle en Angleterre. La qualité était, inutile de le dire, irré-
prochable.

Cependant nombre d'industries anglaises renommées n'étaient que peu
ou point représentées. L'orfèvrerie et les objets en métal blanc étaient peu
variés ; les cristaux faisaient complètement défaut ; la ferronnerie et la
serrurerie d'art brillaient par leur absence ; l'ameublement ne valait pas la
peine d'être mentionné. Des armes de premier choix avaient été exposées,
mais en nombre fort restreint.

La section britannique des machines occupait un large espace. Elle était
tout à fait digne de la réputation anglaise. Les principaux fabricants de
machines et d'outils ont tenu le premier rang dans ce concours international et les articles sortant de leurs ateliers ont attiré l'attention générale.

« Les Hollandais savent incontestablement apprécier les produits anglais,
nous écrit un autre correspondant; nous en avons eu la preuve en parcou-
rant la section coloniale hollandaise. Nous y avons vu une voiture fabriquée
à Java, mais dont les ressorts et les essieux sortaient des ateliers de Harris,
Goodwin et Cie de Londres et Birmingham. Les machines à draguer et
les excavateurs n'étaient pas suffisamment représentés à l'Exposition et
pourtant l'Angleterre prime les autres nations pour les travaux de ce
genre. »

DIPLÔMES D'HONNEUR.

Parmi les fabricants anglais qui ont remporté des diplômes d'honneur à
l'Exposition, nous citerons comme les plus marquants :

Clark et Cie, à Paisley, Écosse, dont les fils de coton ont acquis une réputation universelle sous le nom de *fils à l'ancre*. La maison emploie plus
de 3,000 ouvriers des deux sexes. Ses machines représentent une force de

4,000 chevaux et font mouvoir 230,000 broches, sans compter nombre de machines-outils et de machines accessoires. Elle paye environ 2 millions de francs de salaires par an à ses employés et ouvriers;

Chatwood Safe and Lock Company, à Bolton et Londres. Les coffres-forts de cette maison ont résisté à toutes les épreuves auxquelles on les a soumis pour démontrer leur résistance au feu et aux effractions. Le choix minutieux des métaux employés, les perfectionnements et les soins apportés à leur construction assurent aux articles de cette maison un des premiers rangs dans l'industrie des coffres-forts;

S. R. Stewart et Cⁱᵉ, à Aberdeen, Écosse, qui ont exposé une collection des plus variées de peignes en écaille, en corne, en imitation de corne, en ivoire, etc., et une grande variété d'objets fabriqués avec ces matières, cuillers, ronds de serviette, éventails, couteaux, gobelets, etc.;

Priestman brothers, à Londres et Hull, récompensés pour leur excavateur-élévateur à vapeur qui fonctionnait sur les terrains de l'Exposition. Cet appareil, qu'un homme seul manœuvre facilement, peut être installé à volonté sur un ponton ou sur un wagonnet et déplace, suivant ses dimensions, de 250 à 300 tonneaux de boue, ou de 150 à 200 tonneaux de terre par journée de 10 heures de travail. On l'emploie aussi avec succès pour le déchargement des grains. Cinquante de ces élévateurs fonctionnent dans les bassins de la *Mill Wall Dock Company* à Londres;

John Brinsmead and Sons, fabricants de pianos. MM. J. Brinsmead avaient jugé leurs instruments d'une construction trop délicate pour les exposer à l'humidité dans la section anglaise, qui se trouvait être au-dessus d'un canal. Ils s'étaient bornés à les présenter au jury qui leur a néanmoins décerné un diplôme d'honneur. Seul, le portrait de M. Brinsmead, fondateur de la maison, était exposé. Cette exhibition devait suffire aux admirateurs de ses instruments;

Perry et Cⁱᵉ, à Birmingham, dont les plumes d'acier jouissent, en Angleterre, dans les colonies et dans les pays du Nord, de la même réputation que celles de **Blanzy-Poure** en France;

Ruston, Proctor et Cⁱᵉ, à Lincoln, qui avaient exposé des locomobiles fixes, remarquables par le fini du travail, la régularité du mouvement et l'application des perfectionnements les plus récents dans ce genre de construction; des pompes centrifuges, un moulin à cannes et une batteuse mécanique;

La *Kirkstall Forge Company,* à Leeds, renommée pour la supériorité de ses bielles, tiges, manchons, essieux en acier et en fer;

Marshall et Cie, filateurs et fabricants de tissus de lin et de chanvre à Leeds et Shrewsbury. Ils transforment annuellement près de 5 millions de kilogrammes de chanvre et de lin. Les principaux articles de leur fabrication sont les fils, depuis les plus fins, dont 80,000 mètres ne représentent pas plus d'un demi-kilogramme, jusqu'aux plus gros pour la sellerie et la cordonnerie, le linge de table, les coutils, toiles pour bâches, rideaux, stores, etc., qui s'exportent dans toutes les parties du monde.

Indépendamment des maisons que nous venons de citer, ont encore obtenu des diplômes d'honneur dans la section anglaise :

Groupe IV. — MM. Doulton et Cie, à Londres, pour leurs faïences artistiques et leurs poteries et vaisselles ordinaires;

MM. Fairbanks et Cie, à Londres, pour leurs bascules, pèse-charges, ponts-bascules, etc.;

Groupe VI. — Price's patent candle Company, à Londres, pour ses huiles, savons, bougies et glycérines;

Groupe VII. — Siemens brothers et Cie, à Londres, pour leurs appareils électriques, télégraphiques et d'éclairage électrique;

Groupe VIII. — Thomas et Gilchrist, à Londres, pour leurs fers et aciers phosphoreux.

RUSSIE.

Le mouvement industriel dont l'impulsion se fait sentir en Europe se propage également vers la Russie. Sous ce rapport, d'immenses progrès ont été réalisés depuis une trentaine d'années dans le grand empire du Nord, et nous aurons désormais à compter sérieusement avec ce nouveau producteur qui vient de surgir et d'augmenter encore le nombre de nos concurrents, après avoir été longtemps notre fidèle client.

En pénétrant dans la section russe, dont l'ornementation était l'une des plus élégantes de l'Exposition d'Amsterdam, après avoir passé devant les deux chevaliers-gardes, magnifiques sous-officiers à la stature gigantesque, immobiles comme des monolithes, qui gardaient l'entrée, on sentait que l'on se rapprochait de l'Orient, et cette heureuse influence de l'art byzantin, de l'art persan, s'exerçait sur les produits industriels du pays où l'on était. C'est surtout dans la partie réservée aux étoffes que l'on s'apercevait de l'inspiration orientale. « On y éprouvait, dit M. Klotz, un sentiment d'admiration et de surprise naïve. Les tissus qui remplissaient les vitrines faisaient papilloter aux yeux les miroitements de l'or et de l'argent mélangés à la soie. C'était un scintillement de vives couleurs, de paillettes flamboyantes, c'étaient les rayons du soleil se jouant à travers l'arc-en-ciel. En 1851, l'exposition russe avait fait sensation, en 1878 de même; en 1883, elle est restée à la hauteur de sa réputation.

« Le premier mouvement d'étonnement dissipé et quand on étudiait d'un œil plus froid les articles exposés, on restait néanmoins frappé de la richesse et de la multiplicité des articles que l'on rencontrait. Dès l'entrée, on admirait les magnifiques vitrines d'une maison qui embrasse dans son établissement la totalité de l'industrie de la soie. On y trouvait depuis le cocon brut jusqu'à l'étoffe à l'état parfait, prête à être employée. Cet établissement a déjà tenu une place importante dans nos expositions en 1878, où il a obtenu une médaille d'or, et l'un de ses chefs est décoré de la Légion d'honneur. »

Ce qu'il y avait de remarquable dans les vitrines russes à Amsterdam, c'étaient la chasublerie et tous les tissus d'or et d'argent pour ornements d'église, puis le velours, les satins, les brocarts d'or, lampas, brocatelles, les toiles d'or et d'argent, les glazettes moirées, les étoffes en bourre de soie, les *kanaouss*, les taffetas et en général tous les tissus de soie pour vêtements, ameublement et carrosserie. Le jury a décerné au principal fabricant de ces étoffes un diplôme d'honneur.

Trois autres maisons fabriquent du velours, des tissus façonnés et unis et occupent à elles trois un millier d'ouvriers et 500 métiers. Elles ont obtenu des médailles d'or. En résumé, l'industrie de la soie a pris un très grand développement, à Moscou principalement, et chaque fabricant est presque toujours filateur et teinturier en même temps que tisseur.

La Russie est le pays des fourrures par excellence. Aussi visitait-on avec un vif intérêt la riche collection de pelleteries de la maison Gruenwald, de Saint-Pétersbourg, dont la production annuelle est de 2 millions de roubles et qui occupe 200 ouvriers. Parmi un grand nombre d'articles variés et précieux, il y avait un collet de fourrure d'une valeur de 2,000 roubles.

Ce prix comprenait non seulement la valeur intrinsèque de la fourrure, mais aussi celle de la main-d'œuvre.

De nombreuses manufactures de tissus de laine [1], de coton et de lin existent également en Russie. Elles occupent des milliers d'ouvriers, et les articles dont il s'agit sônt l'objet d'un commerce considérable. On connaît bien en France ces étoffes en coton teintes en beau rouge uni et appelées andrinople ou adrianople. Les manufactures de Sokoloffsk et de Karabonowa (gouvernement de Wladimir) produisent à elles seules, chaque année, pour plus de 13 millions de roubles de cotonnades unies et imprimées. Elles occupent l'une 5,050 et l'autre 3,000 ouvriers.

Les champs de lin de la Russie dépassent en superficie ceux de tout le reste de l'Europe, et leur production totale est à peu près la moitié de celle de tout le continent. En 1877, 781,070 hectares cultivés ên lin, en Russie, ont produit 241,071 tonnes de fibres. Dans les autres pays d'Europe, le même textile a été semé sur 642,887 hectares qui ont rendu 245,903 tonnes. Les gouvernements de Pskow, de Smolensk, de Viatka produisent chacun plus de 16,000 tonnes de fibres. En outre, plusieurs provinces méridionales cultivent le lin, non pour la fibre, mais pour la graine. La valeur totale de la production du lin en Russie est évaluée à 300 millions de francs. Le chanvre a moins d'importance dans l'économie rurale de l'empire. La récolte de cette plante est évaluée, pour la fibre et pour la graine, à la somme d'environ 100 millions de francs. (Reclus, *Nouvelle géographie universelle.*)

Nos manufacturiers du Nord de la France achètent beaucoup de lin en Russie.

Des objets en malachite, en lapis-lazuli, en jaspe, etc., tels que vases, tables, garnitures de cheminée et autres objets d'art et de luxe étaient exposés par la maison Woerffel, de Saint-Pétersbourg. Les morceaux de malachite brute faisaient voir quel magnifique changement on obtient en travaillant cette pierre. Le manteau de cheminée, objet principal de la collection, était incrusté de toutes sortes de pierres rares, telles que lapis-lazuli, porphyre, jaspe, etc. La malachite se trouve généralement en morceaux de petite dimension. Cependant dans l'Oural, aux mines du prince Demidoff, on en a découvert un bloc pesant 25,000 kilogrammes.

Les statuettes et groupes en bronze de M. Woerffel attiraient également l'attention des visiteurs. Fabriqués d'après des modèles de sculpteurs

---

[1] On évalue à près de 180,000 tonnes la quantité de laine que produit la Russie et qui représente une valeur de 50 millions de roubles.

russes de talent, ils étaient pleins de vérité et présentaient un caractère tout à fait original. La *Chasse aux loups* placée au centre de la vitrine était l'œuvre du professeur Lieberich, mort l'an dernier. La plupart des groupes représentaient des Russes, tantôt des paysans qui vont au marché, tantôt des pêcheurs qui prennent des chiens de mer dans la glace. Enfin, un petit groupe en argent dû à M. Gratscheff, sculpteur, était également d'une exécution parfaite.

En fait de carrosserie, la Russie avait envoyé quelques voitures provenant de fabricants établis à Moscou. Elles n'offraient rien de remarquable. Seule, la maison Arbatski exposait un traîneau de ville et de courses et un *droschki* dont le modèle était absolument nouveau pour nous. Cette dernière voiture, en fer, très basse, était d'une forme toute particulière. Elle sert, paraît-il, non seulement dans les courses, mais aussi jusque dans les steppes.

Il y avait dans la section russe une certaine quantité d'échantillons de vins divers. Cependant la viticulture est peu développée dans la Russie d'Europe: elle semble devoir rester plutôt dans le domaine de la Russie d'Asie méridionale et sous des latitudes au climat moins âpre. Nous devons toutefois signaler les vins de Crimée, de Bessarabie et du Caucase, les vins de Kakhétie, sur le versant méridional du Caucase. L'ensemble de la production des vins dans toute la Russie d'Europe est seulement de 585,000 hectolitres (Yanson, *Statistique comparative*), que l'industrie locale sait multiplier, il est vrai, et convertir en Champagne et autres crus fameux. La célèbre liqueur Kummel, de Riga, figurait également à l'Exposition d'Amsterdam.

Une odeur agréable attirait les visiteurs vers les cuirs de Russie, cette industrie moscovite si importante et si appréciée dans le monde entier. On sait que c'est à l'écorce du bouleau dont se servent les tanneurs qu'il faut attribuer le parfum d'un produit généralement nauséabond, sauf en Russie. Des statistiques remontant à 1872 (Kittara, *Lederindustrie in Russland. Revue russe*, 1875), parlent de près de 13,000 fabriques livrant par an au commerce plus de 10 millions de peaux préparées.

Bien que des échantillons russes de céréales, de farine et d'alcool de grains fussent exposés en 1883 à Amsterdam, cette branche d'industrie est trop considérable pour en parler ici et nous nous réservons de la traiter dans le rapport qui suivra l'exposition agricole de 1884.

ESPAGNE.

L'intérêt principal de l'exposition de l'Espagne à Amsterdam consistait bien plus dans les produits de ses colonies que dans ceux de la péninsule. Cependant la classe des vins était bien représentée et devait attirer d'autant plus notre attention que les vins espagnols viennent maintenant faire con-currence aux nôtres sur les marchés hollandais. Surtout depuis l'invasion du phylloxera, la vigne est une source énorme de fortune pour l'Espagne, et en 1881, dernière année sur laquelle nous ayons pu nous procurer ici des renseignements, elle a exporté pour 250 millions de francs de vins. La France d'abord, puis l'Angleterre et l'Amérique du Sud (la Plata et le Chili) forment les États vers lesquels se fait cette exportation. La Belgique, les Pays-Bas et leurs colonies entrent aujourd'hui en ligne et les places d'Anvers, de Rotterdam et d'Amsterdam sont pourvues de vins espagnols qui, judicieusement coupés et dénaturés pour la plupart, perdent leur goût d'origine, passent pour des vins français de consommation courante, sup-portent bien la mer et s'exportent jusqu'aux Indes néerlandaises.

Cette branche importante de commerce, qui se faisait naguère par l'inter-médiaire de Bordeaux, tend de plus en plus à nous échapper. Les négociants espagnols se sont mis, en effet, en relations directes avec les Hollandais, et nous n'avons plus qu'un moyen de combattre avec succès cette concur-rence, c'est d'aller chercher des vins similaires en Algérie dont le climat se rapproche beaucoup de celui de l'Espagne. Des relations fréquentes se sont établies entre l'Algérie et Marseille, où font escale les steamers de la Compagnie néerlandaise des Indes. Déjà même, ainsi que le constate M. des Vallons, commissaire de l'Algérie, des navires font un service direct entre la Hollande et notre colonie africaine. On sait que les terres propres à la viticulture ne nous manquent pas de l'autre côté de la Médi-terranée et qu'aucune contrée n'est mieux dotée sous ce rapport que les trois provinces d'Alger, de Constantine et d'Oran. L'importation de vins de France et d'Espagne en Afrique a déjà beaucoup diminué depuis une dizaine d'années. Elle est presque nulle à l'heure qu'il est et sous peu, nous l'espérons, l'Algérie non seulement récoltera pour sa consommation, mais sera en mesure d'envoyer à la mère-patrie et à l'étranger l'excédent considérable de sa production. La vigne y croît promptement, et elle donne des fruits dès la troisième année de sa plantation. La dégusta-tion de différents échantillons de vins algériens qui ont figuré à l'Expo-sition d'Amsterdam nous a prouvé que les produits du littoral méridional de la Méditerranée, dont la richesse alcoolique atteint 15 degrés, pourront lutter avantageusement avec les vins ibériques et remplaceront, pour notre commerce d'exportation, les produits que le phylloxera nous a contraints d'aller chercher en Espagne, en Italie, jusqu'en Grèce et en Hongrie.

Le catalogue officiel de l'Exposition ne donne qu'une liste incomplète des exposants espagnols de la péninsule. Nous savons seulement que cinq diplômes d'honneur ont été accordés à cette section, non compris, bien entendu, les colonies qui, elles, étaient largement représentées à Amsterdam et dont les produits divers font l'objet d'une étude dans un rapport spécial sur la partie coloniale de l'Exposition d'Amsterdam.

Ces cinq diplômes d'honneur ont été décernés à :

1° M. Pedro Lopez, de Cordoue ;

2° M. Francisco Cervero, de Cordoue ;

3° M. J.-M. Conte, de Cadix ;

4° La Société d'agriculture et de viticulture d'Espagne ;

5° MM. Gonzalès Bigan et Cie, à Xérès.

AUTRICHE-HONGRIE.

Tandis que les Pays-Bas ouvraient un concours international à Amsterdam, l'Autriche, de son côté, avait une exposition analogue à Trieste. Cette simultanéité devait empêcher beaucoup d'industriels autrichiens et hongrois de se rendre en Hollande. Cependant, toute réduite qu'elle était, la section Impériale et Royale ne comprenait pas moins de 170 participants : à savoir 133 Autrichiens et 37 Hongrois. Son ornementation avait été faite aux frais du gouvernement, grâce à une subvention de 7,000 florins (14,700 fr.), à laquelle il faut ajouter une somme de 1,000 florins (2,100 fr.) allouée par la chambre de commerce de Vienne. C'était bien peu : on a su néanmoins tirer tout le parti possible de cette faible allocation.

L'Autriche maintient, en ce qui concerne les meubles en recourbé, son ancienne réputation qui date de l'exposition de 1855 à Paris. Cette invention, due à un Français nommé Blanchard, établi jadis à Boston, est devenue une spécialité autrichienne répandue dans le monde entier. C'est généralement du bois de bouleau que l'on soumet à toutes les formes au moyen de la vapeur et en lui rendant momentanément la souplesse qu'il avait comme bois vert. Les chaises, fauteuils, jardinières, etc., de cette fabrication sont ou simplement vernis, conservant ainsi l'aspect du bois de bouleau, ou mis en couleur de noyer, de palissandre ou d'acajou. Cette industrie était représentée à Amsterdam par deux maisons considérables et fort connues de Vienne.

« En 1867 comme en 1878, dit M. Klotz, l'Autriche s'est montrée prodigue de ses soieries et les a exposées avec ardeur et avec succès.

« L'exposition autrichienne s'est toujours fait remarquer par la quantité et la diversité des produits soumis à l'appréciation des jurys. La fabrication des soieries y est soumise à un régime particulier, à celui de la grande usine exclusivement, et c'est là le point qui peut, à un moment donné, lui faire acquérir une importance beaucoup plus considérable que celle qu'elle a actuellement, précisément parce que la concentration du travail dans les mêmes usines est un des moyens de production à bon marché, et que c'est sur ce point seulement que la concurrence peut être redoutable pour nous. En effet, malgré le goût très développé des Autrichiens, malgré leurs affinités avec l'Orient, leurs étoffes ne peuvent encore lutter complètement avec nos tissus lyonnais. Mais leurs manufactures réunissent sous la même direction de nombreux ouvriers, et cette direction est puissante et intelligente.

« Là les capitaux sont mis au service d'une énergie et d'une habileté commerciales dont les expositions antérieures nous ont donné les preuves et dont nous avons lieu de prévoir les effets, si une lutte sérieuse venait à s'ouvrir.

« L'exportation des soieries autrichiennes n'est pas encore considérable, mais l'avenir en peut modifier les chiffres : c'est un point que nos fabricants auraient tort d'oublier. »

Une maison de Bohême exposait des draps et plaids de coton, demi-laine et laine pure, qui s'exportent en grande quantité vers l'Amérique du Sud, l'Orient et les Indes. Deux fabricants de Vienne avaient envoyé des dentelles fort remarquables.

On voyait en outre, dans le groupe IV, des ustensiles en fonte émaillée qui ont valu à leur fabricant la plus haute récompense. La Bohême était également représentée par ses verreries renommées de tout temps et par ses porcelaines de différentes sortes. Les cristaux de ce pays sont excessivement fins et incolores, moins cassants, plus souples que les autres et subissent mieux l'adjonction des matières chimiques et colorantes. Le vert antique nuancé avec de l'or et de l'argent produisait dans certains articles de verre des effets charmants. Il en était de même de quelques vases et pots polychromes de grande dimension qui offraient assez d'analogie avec les produits similaires de Venise. Des verres d'une légèreté surprenante et appelés *de paille* n'en étaient pas moins, malgré leur finesse égale à celle de la mousseline, gravés et revêtus de monogrammes, d'armoiries et de dessins. Le verrier bohême travaille avec un nombre limité d'ouvriers qui traitent ses matières premières et qui fabriquent le verre d'après ses procédés à lui. Le modèle une fois exécuté sous ses yeux suivant son goût, le patron le confie alors à l'ouvrier, lequel travaille chez lui et le reproduit par centaines. Quoique la main-d'œuvre soit à très bas prix, l'artisan ne se plaint pas et cette vieille industrie continue d'être très prospère en Bohême.

Parmi les articles en céramique, ce sont ceux dits *barbotine* qui ont surtout frappé nos yeux. C'était certainement ce genre de faïence qui par sa beauté décorative et par son coloris attirait les connaisseurs et excitait leur admiration. Les imitations en faïence de cloisonné chinois nous ont paru trop crues, trop neuves de tons. On voyait dans l'étalage d'une fabrique des genres de porcelaines qui rappelaient la fabrication de Meissen ou de Saxe et des imitations de l'ancienne fabrication viennoise, notamment des objets en bleu foncé avec or. Des imitations analogues se trouvaient également dans l'étalage d'une fabrique de Fata, en Hongrie. Enfin, des fleurs en relief, roses-thé, fleurs d'oranger, camélias, etc. aussi transparentes que la cire, aussi réussies que des fleurs naturelles, avaient été envoyées par une maison de Bohême et ont eu beaucoup de succès à Amsterdam.

Il n'y a pas d'exposition autrichienne sans ambre, sans écume pour fumeurs. Aussi ces articles, ainsi que ceux en maroquinerie de Vienne, étaient-ils nombreux et pleins de goût dans la section austro-hongroise.

Le Gouvernement de la Hongrie a obtenu un diplôme d'honneur pour les caves centrales qu'il a fait établir à Budapesth, dans lesquelles les viticulteurs hongrois peuvent faire conserver leurs produits avec tous les soins nécessaires, sans aucune rémunération.

Les vins d'Autriche qui ont été trouvés les plus remarquables par le jury sont les vins mousseux de Styrie, de Castel-Troblino, dans le Tyrol, et de Lissa, en Dalmatie. Les vins hongrois de Joseph Gall à Budapesth, de Tokay, appartenant au comte Andrassy, de Paixal, d'Ignace Prukler, à Budapesth (champagnes) ont été également l'objet des plus hautes récompenses.

Enfin le maraaquin de Zara a été prisé comme le mérite cette excellente liqueur fort appréciée en Hollande.

La fabrique de malt, à Kremsic, et celle de Sarg Sohn, à Vienne (stéarine, glycérine, cérésine, margarine), avaient été mises hors concours à cause de l'excellence de leurs produits divers et en raison de la participation de leurs directeurs aux opérations du jury. Un autre industriel de Stockerau a reçu un diplôme d'honneur pour la cire artificielle et végétale qui sert à teindre les tissus de coton pour Java.

Nous ne devons pas oublier non plus les farines de Vienne et de Pesth, les célèbres bières du Bürgerliches Brauhaus, à Pilsen, et de Schreiner, à Graz, les eaux minérales diverses, les toiles à voiles et les faux, dont la perfection et la réputation ont valu un diplôme d'honneur à leurs fabricants.

En somme, l'Exposition d'Amsterdam ne peut fournir qu'une idée fort incomplète de l'industrie austro-hongroise, qui a pris, on le sait, depuis quelques années, un développement analogue à celui de tout l'Occident. La mise en œuvre des produits bruts, indigènes ou importés, devient une part de plus en plus considérable de l'activité nationale. Pour l'industrie manufacturière comme pour l'industrie agricole, la production de l'Autriche est au moins double de celle de la Hongrie et des pays annexes.

Les grandes usines métallurgiques de la Styrie et de la Carinthie, les filatures de laine, de coton, de lin, de chanvre, les verreries, les brasseries, les fabriques de sucre de la Bohême, de la Moravie, de la Silésie, du Vorarlberg, les fabriques de produits chimiques et autres, de machines, en un mot tous ces établissements sans nombre, nécessaires à l'outillage moderne et au luxe des grandes cités, situés dans les environs de Vienne, n'étaient presque pas représentés au concours international néerlandais.

Il faut dire que le célèbre *krach* de 1873, qui a coïncidé avec l'ouverture de l'exposition de Vienne, a jeté une profonde perturbation dans les affaires industrielles de l'empire, perturbation dont les effets, tout en diminuant, se font encore sentir à l'heure actuelle. On serait d'ailleurs guéri à moins de ces expositions qui, à notre avis, ont un tort : celui de se répéter trop souvent. Cependant, depuis la débâcle financière, après un recul dans certaines branches de l'industrie qui a duré plusieurs années, on peut constater en Autriche-Hongrie une reprise et un progrès dans l'ensemble, grâce à une culture plus soignée du sol, à l'ouverture de voies de communications nouvelles et à l'appel du commerce extérieur.

JAPON.

Les Hollandais, qui pendant deux siècles avaient conservé le monopole du commerce avec le Japon, ont cessé d'avoir ce privilège depuis les traités conclus, il y a une trentaine d'années, entre cet empire et les puissances européennes. Amsterdam et les autres ports néerlandais, qui, jadis, étaient les seuls entrepôts au monde des produits japonais, n'ont donc plus aujourd'hui cette spécialité exclusive, et les grands centres, comme Londres Paris, Marseille, New-York, possèdent également des magasins où se vendent les articles de l'Extrême Orient. Néanmoins, Amsterdam est resté l'un des principaux marchés où viennent aboutir les articles japonais, et chaque année, à l'arrivée des navires hollandais venant de Yokohama ou de Nagasaki, il se fait une ou plusieurs ventes publiques spéciales où les acheteurs se disputent une quantité considérable de marchandises japonaises qui atteignent généralement des prix élevés.

L'exposition japonaise à Amsterdam était certainement une des sections les plus intéressantes, les plus curieuses et les mieux décorées de tout le palais. On sentait que l'aimable et intelligent commissaire général, M. Sakurada, chargé d'affaires du Japon à la Haye, et le sympathique secrétaire de la légation, M. Bauduin, avaient veillé eux-mêmes à ce que le pays qu'ils représentent fît bonne figure au concours international néerlandais.

Les bronzes, la céramique, les cloisonnés, les étoffes en soie et en autres textiles, les meubles, la marqueterie, la maroquinerie, la papeterie, le matériel et les procédés de l'enseignement, de l'art militaire au Japon, offraient une série de spécimens remarquables. Nous avons surtout admiré des bronzes, dont certains atteignaient des proportions considérables et qui prouvaient combien les artistes de ce lointain pays sont habiles et savent s'inspirer de la nature. Pour cette fabrication, chaque ouvrier a sa pièce et lui seul la fond, la cisèle, la colore avec des oxydes, la rehausse d'incrustations de métaux précieux, de nacre, de corail ou de perles.

Il y avait une variété non moins grande dans les produits en céramique. Dans ces derniers temps, en effet, le nombre des manufactures de porcelaine ou de faïence s'est beaucoup accru, et même certains districts où il ne s'en trouvait pas livrent au commerce des produits estimés pour la richesse de la couleur et l'originalité des ornements représentant des feuillages ou des animaux. Les villages des potiers les plus renommés ne se distinguent pas des autres groupes de cabanes du Nippon: chaque atelier se compose des membres d'une même famille qui vont, chacun à son tour, veiller à la cuisson des matériaux dans le four banal de la commune. Les vases à fleurs, les tasses, les plats ou assiettes, les théières, les brûle-parfums, les chandeliers, les vases à long col, les bonbonnières, les chaufferettes pour les mains, etc., formaient une collection des plus curieuses et des plus complètes.

« Jusqu'à présent, dit M. Klotz, dans son rapport sur la classe 34, il n'y a pas avec le Japon de concurrence effective pour les tissus, mais il se pourrait bien faire, à en juger par la promptitude d'assimilation et le désir de progrès incessant de ce peuple actif et intelligent, que la concurrence vienne à se produire.

« L'exportation des soies et des cartons de graines constitue pour le Japon un commerce trop important pour qu'il l'abandonne entièrement en faveur du tissage. Jusqu'à présent ses excédents de production ont seuls été employés, mais le gouvernement fait dans ce sens beaucoup d'efforts et il a créé pour son compte différentes filatures. Celle de Yamanazi-ken notamment emploie 240 bassines, dont les produits sont exportés en Europe et en Amérique. Cette filature a été fondée en 1872; elle a obtenu un grand diplôme d'honneur à Amsterdam.

« L'industrie privée a créé de son côté diverses filatures dites à la française, et les produits de ces établissements sont préparés en vue de notre consommation de tissage et appropriés aux besoins de nos métiers. Ces filatures ont réalisé ainsi de réels progrès pour les tours comptés.

« Il y a environ dix ans, par suite de fraudes et de manipulations défectueuses, les soies du Japon ne pouvaient être employées pour la belle fabrication; les efforts du gouvernement sont arrivés à réprimer ces abus et à rendre leur qualité aux soies japonaises.

« Malgré les perfectionnements adoptés par les Japonais et leur habileté de main, ils sont loin encore des filateurs français et italiens. Nous pouvons craindre que de la filature l'industrie japonaise ne passe facilement au tissage, et alors nous y pourrons rencontrer une sérieuse concurrence.

« A Amsterdam, les soies grèges, les cocons, les soies filées occupaient encore dans l'exposition japonaise une place plus importante que les tissus. Néanmoins, nous y avons remarqué des lampas, des crêpes de Chine à disposition, des popelines, des tissus ottomans brochés grande largeur, très richement entrelacés d'or et d'argent.

« Malgré l'influence toute-puissante de l'action gouvernementale dans ce pays, elle nous semble devoir être insuffisante pour faire dévier un cou-

rant établi de longue date et favorable à des intérêts particuliers qui seront
d'autant plus puissants à se maintenir que les progrès rapides de la civilisation augmenteront l'émancipation commerciale, car la sériciculture, plus
facilement exercée que la filature dans un pays de production comme le
Japon, sera, par cela même, un obstacle à un développement excessif de
la fabrication. C'est au moins notre avis. »

Les objets en laque atteignent au Japon une perfection que l'Europe
n'a pu égaler jusqu'ici, probablement à cause de l'absence sous nos latitudes des matières premières employées dans cette industrie de l'Extrême
Orient. Les beaux laques japonais ont l'éclat du métal et sont presque indes-
tructibles. Le navire *le Nil,* raconte Élisée Reclus, ayant sombré en 1874,
sur le Mikomoto, écueil voisin de Simoda, tous les trésors qui avaient été
envoyés à l'exposition de Vienne séjournèrent pendant dix-huit mois sous
l'eau de la mer. Lorsque les laques furent enfin repêchés au moyen des
scaphandres, ils furent retrouvés intacts : leur poli n'avait rien perdu de
son éclat.

L'ancienne opinion, que le laque se fait de papier mâché, a eu son temps.
Nous ne dévoilerons guère les secrets de l'art japonais en disant que
tous les objets sont fabriqués de bois sur lequel le suc de l'arbre urishi est
appliqué avec des variétés infinies. Il est presque impossible de se faire
une idée du temps qu'exige la fabrication des meilleurs objets. La façon
dont le travail se prépare est très compliquée et dépend de l'habileté de
l'ouvrier ou bien de l'endroit où a lieu la fabrication. Le temps qu'il fallait,
aux siècles précédents, pour fabriquer de beaux objets était d'une durée
fabuleuse : il y a encore des maîtres dans l'art qui s'en tiennent aux anciennes traditions et qui s'appliquent avec une patience tenace à livrer des
chefs-d'œuvre.

Tous les objets fins sont en bois, dont les jointures sont faites par des
ouvriers japonais avec une grande habileté technique ; ils sont envoyés
ensuite à l'artiste chargé de les laquer. Celui-ci commence par moudre
un mélange de chanvre et de gomme ; ce mélange se nomme *kokuso.*
C'est le suc fondamental, et sur ce suc on verse encore dix à douze autres
substances de manière à obtenir une douzaine de couches. Les dessins
qui doivent figurer sur les objets laqués sont d'abord esquissés avec le
suc de l'arbre *urishi;* ce suc est bouilli sur un feu modéré afin de l'empêcher de sécher.

Cela fait, commence l'opération difficile de porter en relief les rochers,
les arbres, les oiseaux, les fleurs, etc. Il est impossible de se faire une

6

idée de la peine et du travail qu'exige cette opération. Les matières premières qu'on doit utiliser sont souvent très coûteuses. L'or employé pour le laque d'or est de différentes qualités, depuis l'or pur jusqu'à l'or mélangé de six huitièmes d'argent. L'argent est ordinairement employé pour les clairs de lune. On obtient le mélange le plus fin par l'or et l'argent avec une certaine quantité de gomme.

L'art ancien continue d'être fort apprécié au Japon. On dit qu'il date du ivᵉ siècle. Il est certain qu'au viiᵉ siècle les cercueils des personnes royales étaient ornés de laque.

De ce siècle date une boîte en laque d'or ayant été la propriété d'un prêtre de Budha. Il reste du viiiᵉ siècle le fourreau d'une épée des Mikados. Ces deux objets sont conservés dans le temple de Nara.

D'après les chroniques, on a fait de grands progrès au viiiᵉ siècle et on connaissait alors déjà cinq espèces de laque coloré. L'art d'incruster avec de la nacre date également du viiiᵉ siècle. Au xᵉ siècle, cet art eut à souffrir des guerres civiles. Ce n'est qu'à Kioto que le commerce ne fut pas entravé et l'on y fabriqua beaucoup d'or, d'argent et de nacre pour les nobles qui menaient alors une vie luxueuse. Peu à peu les dessins devinrent plus petits et plus fins et l'on commença à employer le laque d'or nommé *nashiji*, à cause de sa ressemblance avec la pelure d'une poire (*nashi*).

Au xiiᵉ siècle, les ouvriers se livrant à l'industrie des laques commencèrent à se répandre dans le pays et les prêtres s'en occupèrent également. Les *Shogun* fondèrent une fabrique à Kamakura, et de cette époque date l'incrustation avec du verre ainsi que les coquilles colorées sur un fond de nashi. Une belle boîte, qu'on dit avoir été faite dans ce siècle, est encore en la possession d'un riche habitant de Yedo. On prétend que l'art de fabriquer le laque d'or a atteint sa perfection en 1775; une boîte à écrire du Mikado Go-Toba, faite à cette époque, se trouve encore dans le temple de Shinto à Kamakura. Il y a, dans un temple d'Idsu, un ornement de miroir ayant appartenu à la femme de Yoritomo, le premier Shogun. Yoshi-Musa, le grand protecteur des beaux-arts, a importé des dessins et des modèles chinois, ainsi que le célèbre laque rouge et noir.

Au commencement, on se bornait à peindre exclusivement des fleurs; mais au xviiiᵉ siècle, les paysages, les figures, les édifices devinrent à la mode. On conserve encore dans le musée d'Uyeno une boîte de Yoshi-Musa. Un travail grandiose, un chef-d'œuvre de l'art de laquer est le tombeau du Shogun Hidetada qu'on peut encore admirer dans son mausolée. Les ouvrages en laque de la fin du xviiiᵉ siècle sont les plus beaux suivant les connaisseurs. Dans aucun musée, en dehors du Japon, ne se trouvent des données exactes concernant les espèces de laque ou concernant les endroits où cette fabrication existe. Aussi est-il presque impossible d'en réunir la nomenclature, puisqu'il y a plus de 200 noms différents pour des produits qui diffèrent peu les uns des autres.

Quelques espèces empruntent leurs noms à tel ou tel maître, d'autres à l'endroit où elles ont été fabriquées. Il paraît que le magnifique laque nommé *truisleu* a été fabriqué le premier à Kioto, vers la fin du xv⁰ siècle. C'était une incrustation de rouge, noir et vert, et sur cette matière prise comme fond on a peint des paysages, des oiseaux et des fleurs. Cet art a atteint sa perfection aux xvi⁰ et xvii⁰ siècles. Le laque dont il s'agit se contrefait encore à Yedo, Kioto et Nagasaki. En outre, on inventa au xviii⁰ siècle, à Yedo, une belle espèce de nashiji, nommée *giyolu,* du nom de l'inventeur; après lui sont venus plusieurs artistes qui ont tâché de perfectionner cet art.

Au xviii⁰ siècle, il y avait à Yedo un ouvrier qui grava ses dessins avec des dents de rat, et quelques objets faits par lui sont des chefs-d'œuvre que la postérité conserve.

La culture soignée de l'arbre *krisi* est aussi nécessaire pour l'art que celle du mûrier pour le cultivateur de la soie. Depuis un temps immémorial, chaque agriculteur japonais est tenu de cultiver 40 à 80 arbres krisi; les impôts peuvent être payés avec le suc de ces arbres. L'arbre krisi pousse sur tout terrain. Lorsque les arbres ont atteint l'âge de trois ans, on leur ôte le suc, ce qui favorise la végétation. Le suc est recueilli pendant les mois d'été et porte différents noms. Dans chaque arbre on fait cinq incisions dans l'écorce, à un centimètre de distance l'une de l'autre, et le suc qui en découle est recueilli dans des tuyaux de rotin. Le suc des arbres de quinze ans est considéré comme étant le meilleur. Au moment où il sort de l'arbre, il a une couleur jaunâtre; cette couleur devient noire quand le suc a été exposé pendant quelque temps au soleil.

Le nombre des maîtres dont on a conservé les noms, et dont la liste commence en 1715, ne dépasse pas cinquante. De ces cinquante, six sont nos contemporains. Cinq d'entre eux habitent Yedo et Neshira. De plus, un simple ouvrier de Yedo, nommé Ogawa Shomin, s'est fait un nom par l'imitation de vieux objets.

Il serait trop long de faire ici l'énumération de tous les articles laqués ou incrustés que l'on voyait dans la section japonaise. Il y avait des tables, des commodes, des boîtes, des vases à fleurs, des encensoirs en bambou incrustés d'ivoire, des plateaux, des assiettes cloisonnées en bois, des porte-cigares, des éventails, des étagères, des paravents, des objets très solides en papier, etc. Toutes ces curiosités attiraient chaque jour une foule considérable dans cette partie de l'Exposition.

Le Ministère de l'instruction publique du Japon avait envoyé des règlements d'éducation, des tableaux de statistique, des livres d'exercices pour l'écriture et pour le dessin, des vocabulaires, des traités de philosophie, de géographie, de chimie et d'économie, des cartes, des dessins, des gravures, des appareils et des instruments pour l'enseignement de la physique. Un aperçu de l'instruction publique au Japon, rédigé par les soins du ministère compétent et traduit en français, a tout particulièrement attiré notre attention. Il résulte de la lecture de cet ouvrage que la civilisation fait autant de progrès au Japon qu'elle en fait peu en Chine et que ce pays marche à grands pas dans la route nouvelle qu'il s'est tracée.

ÉTATS-UNIS.

Les États-Unis, les plus redoutables concurrents de l'Europe, n'étaient point représentés à Amsterdam d'une manière qui pût donner une idée de leur grandeur industrielle et commerciale. Les exposants américains étaient peu nombreux au concours international néerlandais. Nous n'avons guère remarqué dans cette section que les célèbres machines à coudre Singer, qui ont valu à leur inventeur un diplôme d'honneur, et les pianos et les orgues de la maison Mason de Boston à qui a été décernée une récompense analogue.

Il nous paraît inutile de nous étendre sur les machines à coudre Singer qui ont fait le tour du monde et dont les imitations ont atteint la perfection des modèles américains.

Les pianos américains jouissent dans le Nouveau-Monde, et même en Europe, d'une réputation méritée. Leur sonorité, les innovations introduites dans leur fabrication, surtout en ce qui concerne les pianos à queue, le remplacement des tables en bois par des tables métalliques et tous les soins apportés au mécanisme en font des instruments que nos grands artistes européens savent apprécier. Nous ne doutons pas que, pour lutter contre cette concurrence, les célèbres fabricants français tels qu'Érard, Pleyel et Herz n'apportent déjà dans les nouveaux instruments sortant de leurs maisons toutes les améliorations nécessaires pour conserver leur suprématie séculaire.

Nous ne pourrions faire le même éloge des orgues-harmoniums des États-Unis. Si ces instruments priment leurs similaires français sur le marché hollandais, à tel point même que la vente pour nous est presque nulle sous ce rapport, la raison en est uniquement dans la différence du prix. Quant à établir une comparaison entre les orgues de Mustel, d'Alexandre, de Debain, de Richard, d'une part, et les instruments américains, de l'autre, la chose n'est pas possible, tant nous avons pu constater nous-même l'infériorité des fabricants transocéaniques.

Parmi les autres articles des États-Unis exposés à Amsterdam, nous avons remarqué des pupitres pour écoles, des minéraux de Colorado et d'Utah, des coffres-forts, des ferrures, des foyers, poêles et fourneaux, des bascules, des bières, des vins, des céréales, des papiers chimiques pour emballage et pour préserver les murs de l'humidité, des vernis, etc.

Dans le groupe VII figuraient des haches et outils, des charrues, des jantes de roues de voiture, des moulins à café, des machines à couper le tabac, des fers à repasser, des machines pour nettoyer les grains, des machines à tricoter, etc.

Il y avait enfin dans la section américaine des spécimens de typographie et de fonderie de caractères, des photographies qui attiraient l'attention des différents connaisseurs.

ALLEMAGNE.

Pendant que les exposants français obtenaient ici un très grand succès d'estime, — les Allemands eux-mêmes l'ont reconnu dans leur presse, — nos voisins du Rhin, gens plus pratiques que nous, ont-ils recueilli à Amsterdam ce qu'ils recherchaient exclusivement, c'est-à-dire un succès commercial?

On serait tenté d'en douter, si l'on ajoutait foi aux renseignements qui nous parviennent de différentes sources. Les Allemands se plaignent, en effet, de la nullité des affaires qu'ils espéraient traiter en venant à grands frais exposer leurs produits à Amsterdam.

A Berlin, il semble que l'opinion ne soit pas favorable à la participation de l'Allemagne aux concours internationaux. C'est pour ce motif, sans doute, que le concours officiel et financier prêté par le Gouvernement impérial aux exposants allemands à Amsterdam a été, en quelque sorte, illusoire. Un crédit de 50,000 francs seulement avait été accordé pour pourvoir aux frais de la décoration générale. On conçoit que, dans ces conditions, il n'était pas possible d'avoir une ornementation bien brillante. Un architecte de Francfort a été chargé de ce travail et il a dû se borner à faire un fond d'or sombre parsemé d'aigles prussiens, sur lequel se dessinaît l'écusson de l'empire, entouré de ceux des États particuliers. Les exposants allemands, au nombre de 1,200 environ, ont dû payer leur surface au prix indiqué dans le règlement, et n'ont point joui par conséquent des réductions accordées, sous ce rapport, à la France et aux autres États qui avaient subventionné leurs sections respectives.

La section allemande occupait, à l'extrémité sud du bâtiment principal, une surface de 8,000 mètres. Elle était séparée des autres sections par les énormes pièces métalliques d'un pont destiné à un chemin de fer, qui barraient ainsi la galerie centrale dans toute sa largeur et isolaient absolument l'Allemagne des autres pays. *Lasciate ogni speranza*, aurait-on pu s'écrier en pénétrant dans cette dernière partie de l'Exposition; car on entrait alors dans le royaume de Vulcain. Krupp et ses confrères remplissaient le centre de leurs produits métallurgiques. Il n'y avait que du fer partout. Un gigantesque squelette en acier attirait particulièrement les regards : c'étaient la vis et le mécanisme destiné à mettre en mouvement l'hélice d'un navire de guerre néerlandais. A côté se trouvaient des pièces de campagne, avec obus à balles, obus ordinaires, cartouches à balles, des ancres pour navires, des rails, des anneaux, des roues, des fils pour télégraphes, des chaînes, des câbles, des tuyaux, etc., en un mot, tout un immense attirail en fer, en fonte, en acier et en cuivre. Pour les ingénieurs, pour les métallurgistes, cette partie de la section allemande était très intéressante, et nous n'avons point à faire ici la description de l'usine Krupp dont les produits sont connus dans le monde entier. Nous dirons seulement que cette manufacture tire une partie des minerais qu'elle emploie de Bilbao et d'Algérie et qu'ils parviennent à Essen par la voie de Rotterdam. Nous ne quitterons pas les métaux sans parler de l'exposition collective des fabricants de feuilles d'or, de métaux en feuilles et de couleurs de bronze de Nuremberg, Furth et Schwabach. Cette fabrication est aujourd'hui au moins vingt fois plus considérable qu'il y a quinze ans et, chaque semaine, on exporte principalement en Asie, en Amérique, en Italie, en Russie, en Angleterre, en Orient et jusqu'en Australie, pour plus de 70,000 francs d'or en feuilles employées par les doreurs et les relieurs. Toutes les forces hydrauliques des villes indiquées plus haut et de leurs environs sont utilisées pour cette fabrication. On fait également des feuilles d'argent, d'aluminium et d'autres métaux blancs. Les couleurs de bronze sont consommées en Allemagne. Munich renferme aussi quelques fabriques de produits analogues.

Une des industries qui ont fait le plus de progrès en Allemagne depuis quelques années est celle du meuble. Grâce à la création d'établissements d'instruction spéciale, d'écoles professionnelles, de musées industriels, grâce aussi à la publication de nombreuses revues artistiques et à des expositions locales, le goût allemand s'est amélioré. C'est sous ce rapport principalement que nous subissons une concurrence désastreuse, que l'avenir rend encore plus menaçante. Le style Renaissance joint, on le sait, à la beauté et à la rectitude de ses formes une grande simplicité. Il est de mode partout et la fabrication en est facile également partout. C'est ce qui fait le malheur de Paris et la prospérité de l'Allemagne, où l'on trouve à moitié prix des meubles de ce genre. Ils pèchent peut-être encore par le goût et par le fini de l'exécution; mais quand il s'agit d'exportation, on regarde plutôt au bon marché qu'à la perfection absolue. «Autrefois, dit l'*Union* (journal pour favoriser le commerce d'importation et d'exportation de l'Allemagne), les hautes classes de la société allemande n'achetaient leur mobilier que chez les grands marchands de Paris, surtout les meubles de luxe : aujourd'hui non seulement l'industrie indigène domine et alimente le marché allemand, mais le nombre des acheteurs de sculptures allemandes est très grand à l'étranger. Une preuve que l'industrie du meuble a acquis un développement vraiment étonnant, c'est que tout le mobilier destiné au château royal de Sinci, en Roumanie, a été confectionné en Allemagne. »

Il nous sera permis cependant d'émettre quelques doutes sur l'excellence de ce mobilier royal. Ce que nous trouvons tout naturel, c'est qu'un souverain de la maison de Hohenzollern ait ainsi témoigné ses préférences pour un ameublement de provenance germanique. En outre, cet ameublement doit être exclusivement en style Renaissance, de la cave au grenier, ce qui est trop sombre et trop sévère à notre avis. Mais tel est aujourd'hui l'engouement de l'Allemagne et même des Pays-Bas pour cette époque qu'un journal satirique de Munich a cru devoir s'en moquer en représentant une étable à vaches toute en Renaissance.

La section allemande contenait de nombreux pianos et orgues-harmoniums. En ce qui concerne ces instruments, la France rencontre sur les marchés du monde trois concurrents sérieux : les Anglais, les Américains et les Allemands. Tous trois fabriquent très bien : les uns ont apporté d'heureuses modifications dans les pianos, comme accord, comme précautions contre les variations atmosphériques, comme facture générale, et les autres, surtout les Allemands, livrent leurs instruments à des conditions de bon marché telles que nous ne pouvons lutter avec eux en raison de la cherté de notre main-d'œuvre. Tandis que les maisons Érard et Pleyel conservent en Hollande quelques clients, artistes ou amateurs qui reconnaissent toute la supériorité de leurs magnifiques instruments, les Allemands fournissent à des prix très modérés le piano courant aux nombreux exécutants hollandais et aux maisons d'exportation pour les Indes. Ils remplacent ainsi la qualité par la quantité et ils en tirent de bons bénéfices. Deux ou trois grandes maisons de Berlin, de Hambourg et de Stuttgard avaient exposé des instruments à queue, d'un prix assez élevé et dont la facture est satisfaisante, sans atteindre cependant la perfection des maisons Érard, Pleyel-Wolff et Herz.

Quant aux orgues-harmoniums, s'ils sont moins chers en Allemagne, ils sont aussi d'une infériorité qui nous a frappé. Nous n'avions guère qu'un instrument de ce genre, celui de Richard, de Paris, dans la section française, mais quelle variété dans les jeux, quelle suavité et en même temps quelle sonorité l'on obtenait de cet harmonium! Nulle comparaison ne peut donc être établie, en fait d'orgues, entre les produits français et les produits allemands.

Nous ne parlerons ni des majoliques ni des porcelaines, qui nous ont semblé manquer complètement de goût ou être de grossières imitations des produits similaires français. Seuls, les vitraux d'après des modèles anciens et la verrerie de luxe étaient remarquables. Ils se ressentaient du voisinage de leur berceau, la Bohême, et les fabricants allemands ont eu raison de chercher à faire revivre les vieux styles dont leur pays doit être fier.

Pour terminer notre aperçu sur le groupe IV, nous ferons l'éloge des armes, armures et ornements en fer forgé, dans le style Renaissance; ces pièces indiquaient, de la part de leurs auteurs, une connaissance profonde de l'art allemand du XVIe siècle. Faire revivre les temps héroïques de la chevalerie, s'entourer de trophées d'armes et de dépouilles d'animaux, vivre dans une vague ivresse de l'esprit en se laissant aller à des rêveries fantastiques et à des fictions épiques : c'est là le fond du caractère allemand. Il est donc tout simple que le sentiment artistique de l'Allemagne se soit imprégné d'une époque chevaleresque dans laquelle s'est incarné Wagner, ce grand maître dont l'influence au delà du Rhin est beaucoup plus grande qu'on ne se l'imagine généralement en France.

La représentation de l'Allemagne dans les fils et tissus était fort incomplète à Amsterdam. On attribue les nombreuses abstentions à diverses causes : d'abord au peu d'appui donné par le Gouvernement impérial, puis au caractère privé de l'entreprise de l'Exposition et enfin à la crainte de la comparaison avec les produits similaires français.

Crefeld n'avait pas exposé de soieries. Nous le regrettons d'autant plus que nous aurions voulu juger *de visu* les résultats obtenus dans cette branche d'industrie par les sacrifices que l'État et les villes manufacturières allemandes se sont imposés depuis quelques années. On sait que Crefeld est pourvu d'une école professionnelle dont les programmes contiennent, outre l'instruction générale, l'étude de tous les textiles, soie, laine, coton, lin, de toutes les manipulations qu'ils ont à subir avant le tissage, des machines, des systèmes de métiers mécaniques ou autres, de tous les modes de fabrication des tissus, des opérations que subissent les matières premières avant d'être transformées en tissus. L'école supérieure de commerce et de tissage fondée à Lyon en 1872 et due seulement à l'initiative privée des industriels a été constituée sur le modèle de celle de Crefeld, mais dans des proportions moindres et elle n'est point dotée d'un outillage aussi complet que celui de l'école allemande. Quels ont été les résultats obtenus de part et d'autre? Nous l'ignorons. Mais ce qu'il y a de certain, c'est le développement considérable de l'industrie de Crefeld dont les produits inondent la Hollande et ont remplacé, en grande partie du moins, les tissus lyonnais plus chers, mais plus solides et plus beaux que leurs similaires.

Les produits de la viticulture allemande n'étaient point non plus, à Amsterdam, en rapport avec l'importance de cette industrie. Le jury a trouvé plusieurs échantillons remarquables, mais il aurait désiré qu'ils fussent plus nombreux et que les propriétaires de vignobles apportassent plus de soin à la fabrication. La manière de faire le vin et de le traiter laisse beaucoup à désirer, d'où provient l'état d'infériorité des produits de l'Allemagne. Les vignerons de ce pays, à part ceux qui possèdent les crus renommés, sont donc obligés d'emprunter nos noms et nos marques françaises, de *champagniser* leurs vins pour réussir dans cette branche d'exportation.

Mais les Allemands avaient pris leur revanche dans les bières. Une des plus grandes brasseries de Munich, la brasserie Sedelmayer, *Zum Spaten*, avait exposé de la bière d'exportation dont la conservation est parfaite pendant les traversées et sous les latitudes les plus chaudes. Une société de Berlin, *Moabit*, d'autres de Francfort, de Nuremberg, etc., présentaient des produits qui tous étaient remarquables et dont la supériorité n'a pu encore être atteinte dans les autres pays producteurs.

Dans la galerie des machines, l'Allemagne occupait une place importante. Une fonderie de fer et une fabrique de machines à Buckau-Magde-

bourg, le plus vaste établissement de toute l'Allemagne après l'usine
Krupp, avaient envoyé à Amsterdam des articles pour chemins de fer et
pour tramways, des machines à broyer, des articles en fonte durcie et du
matériel de guerre. Les moulins dits *excelsior* pour broyer les matières
graineuses d'une faible dureté attiraient surtout l'attention des visiteurs.

L'usine de Buckau-Magdebourg a fabriqué pour le Gouvernement
prussien des canons en fonte durcie qui ont donné de bons résultats. Avant
qu'elle ne fût transférée à Buckau, cette manufacture avait reçu de différents
États de nombreuses commandes d'obus allongés, d'autres projectiles et
d'armes de guerre. Elle possède aussi des machines pour la fabrication des
canons-revolvers Hotchkiss dont la marine allemande se sert maintenant et
qui peuvent lancer de 70 à 80 obus à la minute. La fonderie de cuirasses
opère avec six fourneaux à manches dont les plus grands fondent
12,500 kilogrammes à l'heure; les lourdes pièces en fonte, telles qu'une
coquille de plaques de blindage pesant plus de 125,000 kilogrammes,
exigent l'emploi d'énormes grues et d'appareils élévateurs à vapeur dont la
puissance est de plus de 150 tonnes.

Cette usine forme, à elle seule, une petite ville avec des rues droites
qui la traversent en tous sens, avec de grandes places où les produits métallurgiques sont concentrés. Sans compter un champ de tir qui est annexé
à la fabrique, les ateliers occupent une surface de 88,800 mètres carrés
et sont éclairés à l'électricité. La direction de chaque branche dans la fabrique de machines et dans la fonderie est confiée à un ingénieur qui a
sous ses ordres des conducteurs et des contremaîtres. Le bureau central
occupe à lui seul 32 agents commerciaux, 35 ingénieurs mécaniciens
divisés en trois sections. Enfin, la vente des produits exige la présence
dans différentes villes de 62 représentants. L'importante usine de Buckau-
Magdebourg et tout son personnel sont sous la haute direction de
M. Gruson.

La société *Gute Hoffnungs Hütte für Bergbau und Hütten Betrieb* à Oberhau-
sen avait exposé une machine à vapeur pour navire de 250 chevaux effectifs de force, un modèle en bois de ce navire, un modèle d'un bateau
foncet, des ancres, des chaînes, des voies transportables, des coupures
de fer profilé, des pièces de forge, de fonte, un propulseur à hélice et
des dessins divers.

Il y avait également à signaler, dans la section allemande, des machines
pour l'industrie sucrière, des tôles à bords relevés pour chaudières de ba-

teaux à vapeur dégauchies à la main dans la forge, une locomotive pour tramway avec deux petits tenders construits à Munich, un matériel pour tramway provenant d'Osnabruck.

Favorisée par d'immenses gisements de houille dont nous avons pu apprécier les qualités diverses par les échantillons envoyés à Amsterdam, par des minerais de toutes espèces, par des tarifs de chemins de fer uniformes et extrêmement réduits, par une main-d'œuvre à bas prix, de 20 p. o/o en moyenne au-dessous de la nôtre, l'Allemagne, on le voit, se trouve placée dans des conditions métallurgiques bien supérieures à celles de la France.

Nous ne pouvons quitter l'Allemagne sans parler des magnifiques inventions dues à M. Fr. Siemens, le célèbre ingénieur de Dresde. On sait quels services son système régénérateur de la combustion a rendus à l'industrie. On voyait à l'Exposition des modèles de fours Siemens pour verrerie, dont l'application a été adoptée dans le monde entier. D'après sa méthode, le verre peut être préparé d'une façon plus belle, plus claire et tellement peu dispendieuse que M. Siemens exporte jusqu'en Amérique des bouteilles fabriquées dans l'usine qu'il a établie en Saxe.

Le principe du four à crémation est le même, sauf que le corps à brûler ne se trouve pas en contact direct avec le combustible. Il est réduit en cendres par l'air surchauffé et l'on ne voit pas de flamme à l'endroit occupé par le cadavre.

Des becs de gaz de différentes dimensions et formes, système Siemens, une de ses plus belles inventions, étaient également exposés à Amsterdam. Le pavillon de la presse était éclairé au moyen de ces becs dont l'un avait été adapté, en outre, à une grande lanterne placée près du pavillon du Roi.

Depuis que les applications de l'électricité sont devenues si nombreuses, M. Siemens, parfaitement au courant des théories de la combustion, a fabriqué des becs de gaz régénérateurs. Les grands avantages obtenus par son invention sont basés sur ce principe que, plus la température dans laquelle brûle le gaz est élevée, plus il brûle avec clarté. Il a donc su tirer parti de l'effet ainsi produit en chauffant le gaz et l'air avant la combustion et en éliminant au dehors les produits de la combustion. En outre, le bec Siemens présente une économie d'au moins 80 p. o/o et donne une belle lumière blanche. Appliqué par une main habile, ce bec fonctionne également comme ventilateur. Il y en a de toutes dimensions,

depuis 70 jusqu'à 2,000 bougies normales. Dans la grande salle du pavillon de la presse se trouvait un appareil de 550 bougies normales brûlant par heure $2^{me}40$ de gaz. Par conséquent, d'après le tarif
d'Amsterdam, la salle entière était éclairée moyennant un prix de 50 centimes par heure. Dans la petite salle se trouvait un appareil d'environ
180 bougies normales qui ne consommait que 17 centimes par heure.

CHAPITRE V.

FRANCE.

1. DÉBUTS DE L'EXPOSITION. NOMINATION DE LA COMMISSION FRANÇAISE ET DU CO-
MITÉ D'ORGANISATION. SUBVENTIONS DU GOUVERNEMENT. — II. DÉCORATION DE
LA SECTION. PAVILLON DE LA COMMISSION. — III. MOBILIER, AMEUBLEMENT ET
ACCESSOIRES. IMPRIMERIE. LIBRAIRIE. — IV. VÊTEMENTS, LINGERIE ET ACCESSOIRES.
— V. PRODUITS ALIMENTAIRES. VINS. PRODUITS CHIMIQUES. — VI. MÉCANIQUES.
INSTRUMENTS ET OUTILS. MOYENS DE TRANSPORT. — VII. GÉNIE CIVIL. CONSTRUC-
TIONS. BÂTIMENTS. — VIII. VILLE DE PARIS. — IX. DÉPARTEMENT DU NORD. —
X. ALGÉRIE. — XI. TUNISIE. — XII. COLONIES FRANÇAISES.

I.

Au mois d'octobre 1881, le Gouvernement hollandais invita la France,
par l'entremise de S. Exc. M. le baron van Zuylen van Nyevelt, ministre
du Roi des Pays-Bas à Paris, à participer à l'Exposition d'Amsterdam. Mais
pour divers motifs, budgétaires et autres, ce ne fut qu'au mois de novembre
1882 que le Gouvernement de la République donna son adhésion officielle
et effective au concours international néerlandais.

Les débuts de cette grande entreprise, uniquement due à l'initiative
privée, ont été difficiles. Il a fallu de la part des promoteurs une opiniâ-
treté et une énergie que l'on doit reconnaître et admirer aujourd'hui. Les
Hollandais eux-mêmes se montraient généralement méfiants et incrédules.

Organiser une exposition universelle dans un pays peu manufacturier
était pour eux un projet mal conçu, dont la réalisation n'aurait pour résultat que de montrer aux yeux de l'Europe l'infériorité industrielle des
Pays-Bas. La suite devait prouver dans quelle erreur l'opinion publique
était tombée sous ce rapport.

Quoi qu'il en soit, l'idée d'exposer des produits coloniaux et d'exportation générale à Amsterdam, ce grand comptoir du nord de l'Europe, cet
entrepôt des Indes néerlandaises, avait déjà fait quelques prosélytes,

lorsque la Belgique, voulant entrer en relations plus directes avec les colonies de l'État voisin, et à laquelle, en outre, le port d'Anvers ne suffit pas pour écouler tout son stock industriel et métallurgique, vint, la première des puissances européennes, donner son concours officiel au projet hollandais, avec une subvention de 500,000 francs.

Bientôt après, le Gouvernement de la République résolut de participer officiellement à l'Exposition et constitua une Commission chargée d'étudier la question.

Cette Commission, nommée par M. Pierre Legrand, se composait de :

MM. Dietz-Monnin, sénateur.
    Bozérian, *idem.*
    Hébrard, *idem.*
    Teisserenc de Bort, *idem.*
    Tolain, *idem.*
    Faure (Félix), député.
    Cheneau, *idem.*
    Dureau de Vaulcomte, *idem.*
    Giroud, *idem.*
    Maze, *idem.*
    Antonin Proust, *idem.*
    Bischoffsheim, *idem.*
    Ambaud, conseiller d'État, directeur général des douanes.
    Dislère, conseiller d'État, directeur des colonies au ministère de la marine.
    Tisserand, conseiller d'État, directeur de l'agriculture au ministère de l'agriculture.
    Clavery, directeur des affaires commerciales et consulaires au ministère des affaires étrangères.
    Girard (Paul), directeur du commerce intérieur au ministère du commerce.
    Marie, directeur du commerce extérieur au ministère du commerce.
    Berger, ancien commissaire général des expositions internationales.
    Bessand, président du tribunal de commerce de la Seine.
    About, publiciste.
    Barbedienne, fabricant de bronzes.
    Depasse, membre du conseil municipal de Paris.
    Girard (Aimé), professeur au Conservatoire national des arts et métiers.
    Hetzel fils, éditeur.
    Hiélard, membre de la chambre de commerce de Paris, président de l'Union des chambres syndicales.
    Jourde, publiciste.
    Lévy (Ernest), négociant-commissionnaire, juge suppléant au tribunal de commerce de la Seine.
    Levasseur, membre de l'Institut.
    Marinoni, constructeur.

MM. May (Henri), juge suppléant au tribunal de commerce de la Seine.
Monteil (Edgar), publiciste.
Monthiers, ingénieur civil des mines.
Mourceau, négociant, membre de la commission permanente des valeurs de douane.
Peullier, président de la chambre syndicale de la céramique.
Roy (Gustave), président de la chambre de commerce de Paris.
Turgan, publiciste.
Ulbach (Louis), président de l'Association littéraire internationale.
Vever, président honoraire de la chambre syndicale des bijoutiers et joailliers.
Bouilhet (Henri), vice-président de l'Union centrale des arts décoratifs.
Varey (Ch.), publiciste.

Une première réunion de la Commission, nommée par arrêté du 30 octobre 1882, eut lieu le 11 novembre suivant, sous la présidence de M. le Ministre du commerce. Dans cette séance, on procéda à la nomination d'un Comité d'organisation composé ainsi qu'il suit :

MM. Dietz-Monnin, *président.*
Faure (Félix), *vice-président.*
Bessand, président du tribunal de commerce de la Seine, *vice-président.*
Dureau de Vaulcomte, député.
Berger (Georges), ancien commissaire général des expositions internationales.
Bouilhet, vice-président de l'Union centrale des arts décoratifs.
Lévy (Ernest), juge suppléant au tribunal de commerce de la Seine.
May (Henri), *idem.*
Mourceau, membre de la commission permanente des valeurs de douane.
Peullier, président de la chambre syndicale de la céramique.
Turgan, publiciste.
Varey (Ch.), *idem.*
Vever, ancien président de la chambre syndicale de la bijouterie et de la joaillerie.
Monthiers, ingénieur civil des mines, *secrétaire.*
Hetzel, éditeur, *secrétaire.*

Par des arrêtés antérieurs, nous avions été chargé, comme consul général de France, des fonctions de commissaire général de la République à l'Exposition d'Amsterdam. M. Aubert, chancelier, et M. de Cambefort avaient été désignés, le premier comme commissaire adjoint, et le second comme secrétaire du commissariat général.

« Le public, dit M. Jules Simon dans son rapport général sur l'Exposition de 1878 à Paris, ne se rend pas compte des difficultés que rencontrent les organisateurs et les commissaires de ces grandes assises industrielles. C'est son affaire à lui de voir les résultats et d'applaudir ou de siffler. Il s'inquiète fort peu de ce qui se passe sur la scène avant le lever du rideau. »

Rien n'est plus vrai, et il eût fallu, durant les semaines qui ont précédé l'ouverture, pénétrer dans les coulisses d'Amsterdam, c'est-à-dire aussi bien dans le Palais que dans les bureaux de la chancellerie du consulat général, pour être témoin du chaos qui régnait derrière la toile et du nombre énorme des justes réclamations de nos exposants dont les colis n'arrivaient pas ou étaient égarés.

Aussi ne saurions-nous trop remercier ici le Ministère de la marine à Paris d'avoir bien voulu déférer à notre demande en mettant à notre disposition un détachement de trente matelots venus de Cherbourg par les voies rapides, et en envoyant dans les eaux d'Amsterdam la corvette à vapeur *le Coligny* qui, avant de concourir si brillamment à l'éclat de nos fêtes, nous a puissamment aidés avec son équipage au déballage et à l'installation des produits français. Grâce à l'activité et à l'intelligence de nos marins placés sous les ordres de notre dévoué secrétaire, M. de Combefort, nous sommes venus à bout de la lourde tâche qui nous incombait, et, les préparatifs une fois terminés, la surveillance des galeries a été confiée à ce détachement de matelots, dont la discipline et la tenue, jointes à leur bonne humeur, ont été appréciées de tout le monde. Et, tandis que les matelots nous prêtaient leurs bras, leurs officiers, le capitaine de frégate Petit, commandant *le Coligny*, le lieutenant de vaisseau Noël, M. Pélissier, chirurgien de la marine, participaient, avec leurs connaissances spéciales, aux travaux du jury des colonies.

D'un autre côté, le transport de l'État *la Caravane*, chargé des produits algériens, les apportait à Amsterdam, et l'équipage de ce navire, commandé par le lieutenant de vaisseau Besson, dressait lui-même en quelques jours le pavillon construit en Afrique, et procédait à son installation intérieure, sous l'active et intelligente impulsion du commissaire algérien, M. des Vallons.

Avant de commencer l'étude des merveilles réunies au concours international d'Amsterdam, constatons que la plus grande de toutes a été peut-être de les avoir amenées là des pays les plus lointains. Les exposants n'oublieront jamais les difficultés de toutes sortes qu'ils ont éprouvées pour la manutention et le transport de leurs produits jusque dans le marécage appelé à être transformé en champ de l'Exposition. Les canaux qui entouraient et sillonnaient même ce vaste emplacement n'offraient pas une assez grande profondeur pour les chalands chargés de matières pondéreuses. En outre, des ponts très bas empêchaient le passage des caisses d'une certaine hauteur. Enfin, le sable mouvant, le terrain spongieux des abords du Palais et de ses annexes avaient rendu fort difficile l'établissement des voies ferrées qui pénétraient dans la galerie centrale. Ce n'est que par une série trop nombreuse de transbordements des chemins de fer sur les canaux, des canaux sur les chemins de fer, sans compter un dernier chargement sur le porteur Decauville et sur les épaules des matelots ou des portefaix, que les produits finissaient par arriver à la place qui leur était assignée. Nos exposants se rappelleront longtemps les frais énormes que cette manutention leur a coûtés.

Aussitôt après l'organisation des services du Comité à Paris et du Commissariat général à Amsterdam, chacun se mettait à l'œuvre. L'adhésion de la France avait été tardive; il fallait donc réparer le temps perdu et se hâter de résoudre les nombreuses questions qui allaient se présenter dans l'intervalle des quelques mois précédant l'ouverture du grand concours néerlandais.

Le choix de M. Dietz-Monnin, sénateur, pour la présidence du Comité, était d'un heureux augure. Sa grande expérience en matière d'expositions internationales, sa haute compétence industrielle, laquelle déterminait, peu de temps après, sa nomination à la présidence de la Chambre de commerce de Paris, et son extrême activité devaient assurer le succès d'une entreprise qui, avant d'être menée à bien, avait à surmonter d'innombrables difficultés.

M. Dietz-Monnin était secondé dans son travail par M. Hetzel, secrétaire du Comité, et par MM. Monthiers et Halphen, deux ingénieurs qui allaient avoir à dresser les plans des galeries françaises et la classification des produits, affaire aussi difficile que délicate, surtout quand on doit agir, dès le principe, sans connaître en chiffres précis le nombre des exposants résolus à prendre part au concours, et qu'il faut, après, contenter tout le monde, voire même les retardataires.

Il serait trop long d'entrer ici dans les détails de la volumineuse correspondance échangée entre le Comité et le Commissariat général. Qu'il nous suffise de dire que la copie seule des lettres écrites directement par le Commissariat général, soit au Ministère du commerce, soit à la Commission, forme un registre in-folio de 140 pages de texte.

Les lettres adressées aux exposants et reçues d'eux s'élèvent au chiffre de 2,825.

Celles échangées avec les différentes branches de l'Administration, au chiffre de 1,041.

IMPRIMERIE NATIONALE.

Enfin, les télégrammes ont atteint le chiffre de 2,530.

Cette correspondance ne comprend que celle qui a été échangée entre la Commission et le Commissariat général durant la période d'organisation. Dès l'arrivée à Amsterdam de M. Monthiers, le secrétaire du Comité et son personnel se sont mis en relations directes avec M. Dietz-Monnin.

Les principales questions qui ont dû être traitées par nous ont été, d'abord, la quantité de mètres superficiels que la France se réservait.

Afin qu'une sanction officielle fût donnée aux conventions passées entre le Comité exécutif néerlandais et le Comité français d'organisation, plusieurs conférences eurent lieu, tant à Paris qu'à Amsterdam, auxquelles assistèrent les délégués des deux parties contractantes munis de leurs pleins pouvoirs. Les délibérations formaient l'objet de protocoles qui étaient lus et approuvés dans la séance suivante. C'est ainsi que furent rendues exécutoires les décisions relatives :

1° A l'emplacement de notre section, qui de 3,000 mètres passa à 6,000, puis à 9,000, et enfin à 12,028 mètres, sans compter la galerie des machines;

2° A la réduction de 15 p. o/o sur les prix du tarif d'emplacement, la décoration de la section française et la surveillance devant rester à la charge du Gouvernement de la République;

3° A la gratuité absolue de l'emplacement de l'exposition des beaux-arts et des expositions officielles;

4° A la taxe, réduite à 10 florins (21 fr.), pour l'emplacement réservé dans le bâtiment principal à nos produits coloniaux;

5° A l'autonomie complète de la section française, le soin de la répartition des emplacements assignés aux exposants appartenant exclusivement au Comité;

6° A l'engagement formel pris par le Comité exécutif néerlandais de ne percevoir aucune taxe en dehors de celles prévues par le règlement général;

7° A la procédure à suivre pour l'admission des demandes et pour la perception des taxes;

8° Au prix du mètre superficiel dans la galerie des machines;

9° A la manutention;

10° Aux surfaces murales;

11° A la composition du jury.

On peut juger par ce qui précède de la multiplicité des démarches que l'organisation de notre section a nécessitées et de l'activité que le Comité a dû déployer. Aussi, les voyages à Amsterdam de ses membres, et en particulier de son président, ne peuvent-ils pas se compter. Les opérations du jury, opérations d'autant plus longues qu'il y avait plus de 7,000 exposants dont 1,700 français, exigèrent, en outre, la présence de M. Dietz-Monnin et de ses collaborateurs, pendant plusieurs semaines, dans notre ville.

Le Comité exécutif néerlandais ayant reconnu l'autonomie absolue de la section française, un règlement spécial pour nos exposants fut élaboré par les soins de la Commission française, approuvé par M. le Ministre du commerce, et inséré dans le *Journal officiel* du 16 décembre 1882.

Le *Journal officiel*, dans son numéro du 13 janvier 1883, contenait la promulgation de la loi dont la teneur suit :

ARTICLE PREMIER. Annulation sur les crédits ouverts au Ministère du commerce, au titre de l'exercice 1882, par la loi du 8 juillet 1882, d'une somme de 80,000 francs au chapitre 24 (*Exposition internationale de Melbourne*).

ART. 2. Il est ouvert aux ministres, au titre du budget ordinaire de l'exercice 1882, en addition aux crédits alloués par la loi de finances du 29 juillet 1881, des crédits extraordinaires montant à la somme de 225,000 francs pour les dépenses de l'Exposition internationale d'Amsterdam.

Ces crédits demeurent répartis par ministères et par chapitres, ainsi qu'il suit :

Ministère de la marine et des colonies, 2ᵉ section. Service colonial. — Chapitre 34 *bis*. — Exposition internationale d'Amsterdam............ 25,000 fr.
Ministère de l'instruction publique et des beaux-arts, 2ᵉ section. Service des beaux-arts. — Chapitre 48. — Exposition d'Amsterdam....... 25,000
Ministère du commerce. — Chapitre 27. — Exposition d'Amsterdam. 175,000

TOTAL ÉGAL.................. 225,000 fr.

Plus tard, dans les séances du 18 mars à la Chambre et du 28 avril 1883 au Sénat, les crédits suivants furent votés :

Chapitre A. — Gardes et employés de la section française. . . . .   71,300 fr.
Chapitre B. — Commissariat général à Amsterdam. Frais de représentation. Personnel à Paris. Frais de bureau et d'impression   67,400
Chapitre C. — Installation de la section française. Cloisonnement. Velums et décoration.   220,000
Chapitre D. — Valeur de l'emplacement des chemins.   112,000
Chapitre E. — Subvention aux départements algériens.   10,000
Crédit alloué antérieurement au Ministère de la marine et des colonies.   25,000
Crédit alloué antérieurement au Ministère des beaux-arts.   25,000

                                                                        530,700 fr.

Si à ces crédits l'on ajoute :

Le crédit alloué par la ville de Paris pour sa participation à l'Exposition d'Amsterdam, soit.   100,000
Le crédit alloué par l'Algérie.   15,000
Celui alloué par la Tunisie.   100,000

on obtient un total de . . . .   745,700 fr.

Ces divers crédits ont été votés par la France pour sa participation à l'Exposition d'Amsterdam.

Dans ces chiffres ne sont pas comprises les dépenses faites pour les voyages à Amsterdam du transport de l'État *la Caravane* et de la corvette *le Coligny,* ainsi que pour le double séjour de ce dernier bâtiment dans nos eaux.

II

Bien avant d'avoir franchi la frontière qui nous séparait de nos voisins étrangers, on pouvait entrevoir la section française qui, rien que dans l'intérieur du palais, occupait à elle seule un emplacement de 12,028 mètres, c'est-à-dire plus du cinquième de la superficie totale du bâtiment principal.

L'ensemble de la décoration de la section française, due à M. Boulanger, architecte à Paris, était plein de bon goût et d'élégance et dénotait de la part de son auteur une connaissance approfondie du système décoratif qui s'approprie le mieux aux expositions. Il ne s'agit pas, en effet, d'attirer les regards vers les murs d'un bâtiment éphémère, dont le seul but est de préserver les richesses industrielles qu'il doit renfermer des intempéries de l'atmosphère. C'est le contenu et non le contenant que l'on veut examiner et admirer : par conséquent, la décoration doit être assez sobre de ton pour ne point attirer l'attention des visiteurs au détriment des produits exposés. C'est, pour ainsi dire, la grande vitrine qui, loin d'être la chose principale, ne doit servir qu'à faire ressortir les objets soumis à l'appréciation du public et des jurés. C'est, en un mot, le cadre du tableau. Or, nous pouvons l'affirmer hautement, l'architecte de la Commission française a pleinement réussi dans son œuvre par l'harmonie et la modestie de ses couleurs et par le caractère simple et grandiose à la fois de ses motifs décoratifs [1].

La principale chose qui frappait les yeux en pénétrant dans la section française, c'était le pavillon de la Commission. Dans une des premières séances du Comité d'organisation, nous avions émis l'idée d'élever au centre de la grande galerie une construction qui, destinée à renfermer des objets et meubles précieux tirés des manufactures nationales et du mobilier de l'État, aurait en même temps servi de lieu de repos au Roi et à la Reine des Pays-Bas. Mais des difficultés administratives surgirent, si bien que l'Union des arts décoratifs se substitua à l'État et éleva un petit temple, aux charmantes proportions, dans l'intérieur duquel nos industriels les plus illustres entassèrent leurs merveilles et les disposèrent si heureusement que l'ensemble forma un salon digne des hauts personnages auxquels il était réservé.

Ce fut le vice-président de l'Union centrale, M. Henri Bouilhet, membre de la Commission d'Amsterdam, qui voulut bien présider lui-même à la construction et à la décoration du pavillon d'honneur. Mieux que personne, nous avons été en mesure de constater que M. Bouilhet n'a ménagé ni son temps, ni ses peines, ni ses allées et venues entre Paris et Amsterdam, afin de mener à bien une entreprise qui devait être pour l'Union et pour son vice-président un éclatant succès. L'exécution des travaux du pavillon avait été confiée à M. Paul Lorain, auteur du projet. Le trop modeste architecte de l'Union centrale a pleinement réussi dans la construction-rapide de ce gracieux monument, que l'on pouvait considérer comme le sanctuaire des arts et de l'industrie française à l'Exposition d'Amsterdam.

Une monographie de l'intérieur et de l'extérieur du pavillon, due à la plume élégante de M. Victor Champier, avec gravures dans le texte et planches hors texte, a paru dans la *Revue des arts décoratifs*. Elle forme un rapport complet sur la participation de la France et sur celle des autres nations à l'Exposition d'Amsterdam. A la description du pavillon et des objets qui y sont exposés succède le catalogue des produits avec le nom des

[1] Le jury a reconnu les mérites de l'œuvre de M. Boulanger en lui accordant un diplôme d'honneur.

artistes et des industriels ayant contribué à cette décoration et à la fourniture du mobilier. Cette intéressante publication nous dispensera de nous étendre plus longuement sur le monument qui, par ses proportions et par sa rare perfection, a fait ici l'admiration de tous. Nous nous contenterons donc de citer les noms de nos compatriotes à qui sont dus la décoration extérieure et intérieure et le mobilier du pavillon. Ce sont, pour la décoration extérieure :

MM. LORAIN (Paul), architecte.
  BERGUE, serrurerie d'art.
  BOULENGER ET Cie, faïence de Choisy-le-Roi.
  CHRISTOFLE ET Cie, orfèvres et bronziers, à Paris.
  TH. DECK, céramiste, *idem.*
  DERVILLÉ, marbrier, *idem.*
  F. EHRMANN, artiste peintre, *idem.*
  FACCHINA, mosaïste, *idem.*
  LOEBNITZ, céramiste, *idem.*
  MONDUIT, plomb et cuivre repoussés, *idem.*
  OUDINOT, peintre-verrier, *idem.*
  E. PARIS ET Cie, émailleurs, au Bourget.
  PÉRIN GRADOS, plomberie d'art, à Paris.
  VANTILLARD, verrier, *idem.*

Pour la décoration intérieure et le mobilier du pavillon :

MM. BARBEDIENNE, bronze d'art, à Paris.
  BARBIAS, statuaire, *idem.*
Mme BASSE-RICHÉ, broderies, dentelles, *idem.*
MM. BEURDELEY, ébénisterie et bronze d'art, *idem.*
  H. BRAQUENIÉ, tapis et tapisserie, *idem.*
  CHRISTOFLE ET Cie, orfèvres, *idem.*
  DAMON ET Cie, ébénistes, *idem.*
  D'ANTHOINE, brodeur, *idem.*
  DASSON, bronzes d'art, *idem.*
  DERVILLÉ, marbrier, *idem.*
  DUPLAN, étoffes d'ameublement, *idem.*
  FOURDINOIS, ébénisterie d'art, *idem.*
  FROMENT MEURICE, orfèvre, *idem.*
  GAGNEAU, bronzes d'éclairage, *idem.*
  LHEUREUX, étoffes d'ameublement, à Longpré (Somme).
La MANUFACTURE NATIONALE DE TAPISSERIES, à Beauvais.
MM. MARIENVAL ET Cie, fleurs artificielles, à Paris.
  POIRIER, tapisserie, sièges, *idem.*
  QUÉNARDEL, cuirs repoussés, *idem.*
  SORMANI, ébéniste, *idem.*
  C. WEBER, passementeries, *idem.*
  TASSINARI ET CHÂTEL, soieries d'ameublement, à Lyon.

III

MOBILIER, AMEUBLEMENT ET ACCESSOIRES,
IMPRIMERIE, LIBRAIRIE[1].

Quand on avait examiné en détail les merveilles du pavillon, on pouvait se faire une idée exacte d'une grande partie du groupe IV et de la perfection que l'ameublement a atteinte en France. Il y avait là une suprématie que nul concurrent étranger n'a cherché à nous contester, et que les décisions du jury sont venues, d'ailleurs, confirmer. Mais, en dehors des produits formant l'ensemble du pavillon, presque tous les exposants qui avaient ainsi contribué à son ornementation possédaient dans les galeries des salons ou des vitrines. Quel est le visiteur venu à Amsterdam qui n'a pas admiré les salons de M. Beurdeley avec ses meubles et ses bronzes copiés sur les chefs-d'œuvre du Louvre, de Trianon et des autres palais de l'État et imités avec un tel talent qu'ils équivalent aux modèles eux-mêmes du siècle dernier? Qui n'a pas longuement contemplé les richesses artistiques des maisons Damon, Drouard, Guéret frères, Schmitt et Piollet, Sormani et enfin les meubles de tous genres en vernis Martin de Majorelle, de Nancy? Quand nos occupations nous le permettaient, nous éprouvions une réelle satisfaction d'amour-propre pour notre pays en venant nous asseoir dans un de ces salons parisiens qui devaient, hélas! fermer leurs portes trop tôt pour nous.

En fait d'étoffes d'ameublement, il me paraît bien difficile d'atteindre une perfection plus grande que celle dont nous avons vu les différents spécimens dans la classe 25. La fabrication des étoffes de soie pour meubles, la reproduction des anciens brocarts et lampas des xvi⁰, xvii⁰ et xviii⁰ siècles, les impressions décoratives en relief sur tissus, les velours d'Utrecht ou de Gênes ont fait d'énormes progrès depuis quelques années et sont devenues une spécialité toute française. On sent que l'industriel, chez nous, est doublé d'un artiste et qu'il sait s'inspirer des nombreux modèles renfermés dans nos musées. Faute d'inventer un style nouveau, car le xix⁰ siècle est bien près de finir sans laisser, sous ce rapport, de traces comme ses prédécesseurs, on a su si bien reproduire l'ancien que le moderne est aussi fini et même souvent plus cher que les modèles. A

[1] Section II, *Articles d'exportation générale*. Groupe IV.

défaut de création, nous avons depuis une trentaine d'années cherché à résumer dans les belles habitations françaises les différents styles passés. Une salle à manger doit, en effet, dater de Henri II. Le style sombre de cette époque tourmentée convient par sa demi-obscurité à une pièce dans laquelle tous les regards doivent se porter de préférence sur la table, sur son ornementation et sur les pièces d'argenterie ou de céramique qui la couvrent. Il en est de même d'une bibliothèque, d'un bureau, d'un cabinet de travail, où les yeux doivent se concentrer sur des livres ou sur une table à écrire, où les tentures sauront résister à la fumée du cigare.

Un grand salon doit emprunter son style à la grande époque, au siècle de Louis XIV. C'est là qu'il convient de montrer tout le luxe d'une demeure, un luxe majestueux et de grand caractère (*nec pluribus impar*). Le Louis XV s'approprie très bien au petit salon, au boudoir Pompadour où, sur des meubles de Boule, dans des vitrines en bois de rose, peuvent être disposés les porcelaines de Saxe, les miniatures et ces mille objets en céramique, en bronze, en émail, sans compter les étranges importations du Japon, de la Chine et de tout l'Orient. C'est là que doivent figurer les tapis du Levant et de Perse, les petits fauteuils recouverts de vieux brocarts, les chaises de tous styles, jusqu'à la chaise longue; en un mot, c'est la pièce de toutes les élégances et de toutes les charmantes inutilités. Nous accorderons enfin nos préférences à la chambre à coucher Louis XVI, parce que sa clarté, plus grande que dans les autres styles, est nécessaire aux petits comme aux grands à l'instant du réveil, puis à celui de la toilette. On sait, en effet, quelle influence heureuse exerce sur nous le grand jour. Les hommes ont, comme les végétaux, besoin de lumière et même de soleil quand c'est possible. Enfin, sous Louis XVI, les chiffonniers, les armoires, les commodes, les psychés et les autres meubles avaient fait de notables progrès. L'usage de la poudre, le luxe des toilettes, les longues heures que les femmes et même les hommes passaient à s'habiller exigeaient des chambres à coucher avec de vastes dépendances et avec un éclairage facile.

L'abandon de l'unité dans l'ensemble d'une habitation une fois admis, on peut s'imaginer quelles immenses ressources nos artistes et nos industriels du groupe IV offraient aux amateurs à l'Exposition néerlandaise. En 1878, les Anglais montraient à Paris un hôtel complet. Si le lecteur nous le permet, nous supposerons un instant qu'une maison d'habitation française avait été construite en 1883 à Amsterdam et nous en décrirons l'ameublement pièce par pièce. A l'extérieur d'abord, se trouvaient des statues, des groupes et des vases sortant des ateliers de Durenne ou de la

Société du Val d'Osne. La rampe en fer de l'escalier, les balcons étaient forgés par Marrou, de Rouen, ou Bergue, de Paris. Dervillé avait envoyé de ses carrières les plus jolis marbres pour les colonnes du portique, tandis que de chaque côté veillaient le lion et la lionne en bronze galvanique exécutés par Christofle, d'après les modèles de Cain. Tout ce qui couronnait la maison comme motifs décoratifs en plomb repoussé sortait de la maison Monduit.

Les proportions du vestibule ou atrium étaient vastes. L'impression première que l'on ressent en pénétrant dans un hôtel ou dans un château frappe toujours le visiteur. C'est dans cette pièce, sans style bien défini, que figuraient les grands motifs décoratifs, les statues, les tapisseries vieilles ou modernes, les vitraux, les bahuts ou coffres, les tables, les chaises Henri II où le cuir repoussé de Cordoue joue un rôle si important, les mosaïques, les panneaux en céramique, les lanternes ou autres appareils d'éclairage, les torchères, les lourdes portières, les régulateurs, les vasques, les plateaux en bronze ou en cloisonné, etc.

Or, pour un tel ameublement, on n'avait pu faire autrement que de s'adresser aux artistes et aux industriels qui avaient contribué à l'ornementation du pavillon de la Commission, Braquenié, Oudinot, Damon, Duplan, Fourdinois, Gagneau, L'Heureux, Poirier, Saint, Revier et Cⁱᵉ, Garnier, etc.

Dans la salle à manger Henri II étaient placés les chefs-d'œuvre de Froment-Meurice, de Christofle, les céramiques de Gien, de Choisy-le-Roi, les porcelaines de Pillivuyt, de Redon, de Thierry, les services de Boin, de Piault, les cristaux de Monot et Stumpff ou de Maes, tandis que les maisons Harincouck, Gillou et Leroy avaient fourni la première l'étoffe des sièges, et les autres la tenture en imitation de cuirs anciens.

On était saisi d'admiration en pénétrant dans le grand salon Louis XIV. Là régnait le classique dans toute sa pureté. L'industrie seule n'avait pas suffi et le concours des beaux-arts avait été nécessaire. Barbedienne, Christofle, Houdebine, Gagneau s'étaient joints aux peintres et aux sculpteurs pour l'ornementation artistique de la pièce la plus majestueuse de la maison, où la soie, l'or, les sujets décoratifs sur tapisserie de Braquenié, les étoffes de Mourceau, de Tresca, de Dumet et de Catteau, les glaces d'Aniche, les meubles dorés de nos grandes maisons de Paris déjà citées, les peintures à fresque formaient un ensemble grandiose.

Tout autre était le petit salon Louis XV. Si le rouge nous a paru la couleur la plus appropriée au grand salon, le bleu ou l'une de ces nuances douces provenant des nouvelles combinaisons de l'aniline semblent convenir davantage à la pièce où la maîtresse de maison se tient de préférence. C'est là que Beurdeley s'était surpassé comme imitation de l'ancien, et que les bronzes et les meubles de Sormani en vernis Martin, de Guéret, de Krieger et autres en bois de rose, les émaux de Soyer, cet artiste si habile, les étoffes et les tapis d'Orient, les laques et les cloisonnés du Japon et de la Chine avaient trouvé leur place. C'est là enfin que les instruments de Pleyel-Wolff, de Gaveau ou de Besson pouvaient faire entendre les œuvres éditées par Heugel ou Grus.

Les meubles en acajou avec ornements ou baguettes en cuivre, tels que commodes, chiffonniers, tables, psychés, formaient généralement, sous Louis XVI, sinon au commencement, du moins à la fin du règne, le mobilier d'une chambre à coucher. On sentait déjà à cette époque la révolution qui allait s'opérer dans le goût des périodes précédentes. Le *rococo* avait fait son temps. Ce genre, qui avait présidé, durant le XVIIIᵉ siècle, en France et ailleurs, à l'architecture, à l'ornementation et à l'ameublement, est caractérisé, comme on le sait, par les façades hérissées et courtes, par les frontons recourbés et brisés, par la préférence donnée aux rocailles (d'où son nom), par les guirlandes de fleurs arrangées avec une certaine affectation. On ne voulait plus de cette profusion d'ornements. Le style Louis XV a cependant pour auteur le Bernin, et, quand il n'est pas trop maniéré ni exagéré, il s'adapte parfaitement, à notre avis, à une pièce qui, par son usage, prête à ce qui est recherché et à ce qui doit être ornementé.

Les découvertes faites dans le courant du siècle dernier à Pompéi, comme architecture, comme peinture et comme dessin, allaient changer les goûts de l'époque et modifier profondément les arts de la décoration. C'est ainsi que par une pente insensible et sous prétexte d'épurer le goût, on est arrivé au style anguleux et austère de l'empire, dit néo-grec, qui heureusement n'offrait pas d'échantillon à l'Exposition d'Amsterdam, ni en France, ni dans les sections étrangères.

La bibliothèque, le cabinet de travail ou bureau nous faisaient revenir à la Renaissance, et les maisons que nous avons citées dans les précédentes pièces avaient facilement pourvu à ces ameublements. Nous y ajouterons les tentures de Gillou ou de Leroy et fils de Paris, les garnitures de cheminée de la maison Japy, le papier à écrire de la manufacture de Rives, de celles du Marais et de Sainte-Marie et de Vidalon-lez-Annonay, les encres de Lorilleux, etc.

Ainsi qu'on le voit par ce qui précède, nous nous sommes imposé le devoir de ne citer, en fait de noms d'artistes et d'industriels, que ceux qui étaient hors concours ou qui ont remporté des diplômes d'honneur.

Pour que notre liste du groupe IV soit complète, nous ne devons oublier ni les montres de Haas jeune et Cie, ni les appareils de chauffage à la vapeur de Geneste Herscher et Cie, ni la brosserie fine de Maurey Deschamps et de Loonen, ni les gravures de Lemercier, ni les épreuves photographiques de Nadar, ni les mécaniques de pianos de Herrburger, Schwander et Cie.

M. Maurey-Deschamps, président de la chambre syndicale de la brosserie, expert à l'Assistance publique, délégué du Comité d'installation (classe 31) à l'Exposition d'Amsterdam, dirige une manufacture de brosserie fine pour toilette qui mérite une mention spéciale dans notre aperçu général sur l'Exposition d'Amsterdam.

Fondée en 1848, la maison Maurey-Deschamps et Cie a son siège social à Paris, rue de Turbigo, n° 65. Son usine hydraulique est située à Trye-Château (Oise). Elle occupe 800 ouvriers, dont 300 hommes et 500 femmes. Son chiffre d'affaires s'élève, pour l'exportation, à 1,200,000 fr. par an, et pour la France, en produits de brosserie exclusivement fabriqués par la maison, à 600,000 francs, ce qui fait un total de 1,800,000 francs. La force motrice se compose d'une roue hydraulique de cinquante chevaux de force et d'une petite machine à vapeur de dix chevaux. Les métiers et machines en usage dans l'usine sont au nombre de 250. Les ateliers, hangars, chantiers et magasins occupent une superficie de 9,000 mètres carrés.

MM. Maurey-Deschamps et Cie ont créé une école professionnelle, une caisse de secours mutuels et une crèche spéciale pour les enfants de leur personnel. Parmi les nombreuses récompenses décernées à cette importante maison, nous citerons la médaille unique obtenue par elle en 1876 à Philadelphie, les médailles d'or et d'argent qui lui ont été attribuées en 1878 à Paris et enfin le diplôme d'honneur qu'elle a remporté en 1883 à Amsterdam.

Les appréciations que M. Maurey-Deschamps nous a transmises à la suite du concours international néerlandais sont remplies d'intérêt. Aussi ne pouvons-nous nous dispenser de reproduire ci-après le résumé des impressions que cet honorable industriel nous a fait parvenir :

« Connaissant depuis longtemps la Hollande, je vais me permettre de vous donner mon appréciation sur l'exposition française, sur les résultats qu'elle pourra donner au point de vue de l'avenir et en même temps sur les difficultés que traverse la France industrielle et commerciale.

« La France à Amsterdam occupait la plus grande surface, son nombre d'exposants était le plus important, ses produits avaient certainement un cachet spécial qui caractérisait bien le goût français; rien n'y manquait, pas même le soin minutieux avec lequel ils étaient présentés.

« C'est assurément la section qui a dû être le plus visitée; c'est là que chaque curieux est resté le plus longtemps, attiré par la vue d'objets merveilleux, s'extasiant devant des vitrines superbes, mais paraissant quelque peu surpris qu'on pût trouver acheteur pour des produits d'un luxe si grand. Telle était bien, à mon avis, la physionomie de la section française.

« Il est vrai que la masse des visiteurs à l'Exposition d'Amsterdam a été, en majeure partie, des Hollandais, dont les goûts simples et calculés n'ont pas encore été remplacés par ceux qui sont nécessaires à l'écoulement de notre production.

« La Hollande est bien un pays riche, mais aussi très conservateur; les grandes fortunes, quoique nombreuses, sont en mains économes; les privilégiés entendent le luxe à leur manière et ils ne sont pas toujours ennemis du bon marché; les articles à effet y sont appréciés, ce qui explique le succès des marchandises allemandes et autrichiennes dont les magasins hollandais sont généralement approvisionnés.

« Quant aux classes laborieuses, qui font en France les grands consommateurs, elles ont des besoins très modestes en Hollande, leurs ressources étant limitées.

« Toutes ces considérations sont de nature à frapper l'attention des industriels français et il faudrait être peu perspicace pour ne pas en déduire qu'il faut surtout, en Hollande, des articles courants et bon marché, ce qui nous amène à constater que les produits exposés n'étaient guère en rapport avec les besoins du pays et que la plupart des exposants ne connaissaient qu'imparfaitement les mœurs et les habitudes des Pays-Bas.

« Si les produits exposés par la France étaient d'un prix élevé, en résulte-t-il qu'elle n'en fait pas de meilleur marché? Telle n'est pas ma pensée; seulement, il y en avait peu d'exposés. La France peut, avec sa production industrielle, alimenter tous les besoins de la consommation, bien qu'elle ait maintenant des difficultés à vaincre pour soutenir la concurrence étrangère dans les articles bon marché, par suite de modifications dans le système économique, dont les causes ont eu pour conséquence de nous placer dans l'état d'infériorité où nous nous trouvons momentanément, espérons-le.

« La première, cause, c'est que la France trouve aujourd'hui des concurrents là où elle avait autrefois des clients. L'Amérique, l'Italie, l'Espagne et la Russie, qu'elle alimentait d'une grande partie de ses articles, sont devenues des sources de production, et avec des prix de main-d'œuvre de pays qui commencent à fabriquer, c'est-à-dire très bon marché.

« Favorisés par des droits protecteurs très élevés, il en résulte que ces marchés sont devenus, pour nos exportations, d'une bien moins grande importance et que même cette production nouvelle vient faire, chez nous, concurrence à la nôtre.

« La deuxième cause, c'est que, par suite des grands travaux et des transformations successives qui, depuis 1852, ont amené en France un accroissement considérable de la fortune publique, les prix de la main-d'œuvre ont été augmentés et ne sont plus en équilibre avec ceux des nations avec lesquelles la lutte est engagée.

« La troisième cause, ce sont les grèves qui ont énormément contribué au développement de l'industrie des autres peuples. Pendant que nos ouvriers cessaient le travail en attendant la rétribution qu'ils voulaient imposer, les étrangers produisaient; aussi est-on porté à croire que les caisses des grévistes sont quelquefois alimentées par l'argent du dehors. C'était malhonnête, mais intelligent de la part de ceux qui soudoient la destruction de nos industries pour permettre aux leurs de s'organiser. Il est même étrange que les ouvriers français n'aient pas vu le piège qui leur était tendu et aient accepté, sous forme de secours fraternels, l'argent envoyé sous le masque de l'hypocrisie. Qu'ils soient donc pénétrés que le prestige dont ils étaient entourés leur est sérieusement disputé par ceux qui n'en ont jamais eu et qui voudraient les remplacer; mes voyages fréquents à l'étranger m'ont convaincu de cette tendance qu'il y avait à se substituer à eux.

« N'y aurait-il pas, avec raison, quelques reproches à adresser aux ouvriers français sur leur assiduité au travail ? Certes oui, car nous constatons que, depuis plusieurs années, il y a un relâchement dans la discipline, à tel point que certains ouvriers commencent leur travail quand il leur convient et le finissent de même. On peut évaluer à une moyenne de 45 heures leur présence à l'atelier durant une semaine, soit quatre jours et demi de travail, alors que les étrangers fournissent six jours de travail à 11 heures, soit 66 heures.

« Il est vrai qu'on prétend, et avec raison, que l'ouvrier français est beaucoup plus prompt et plus habile que l'ouvrier étranger, mais combien la persévérance de ce dernier rachète l'habileté qui peut lui manquer !

« Maintenant que j'ai peut-être assez parlé de la question ouvrière, ne serait-il pas bon d'examiner si les fabricants français ont bien eux-mêmes toutes les connaissances pour soutenir la concurrence ?

« Sans m'étendre longuement, je pourrai dire que beaucoup d'entre eux ne connaissent qu'imparfaitement les marchés avec lesquels ils veulent commercer. Ils ne voyagent pas assez et ont été bien plus souvent renseignés par des intermédiaires que par eux-mêmes, et cela d'une façon insuffisante. L'ignorance des langues étrangères en est un peu la cause.

« Si les familles françaises étaient en général plus nombreuses, les chefs, ne pouvant établir leurs enfants autour d'eux, se décideraient, à l'imitation de l'Angleterre et de l'Allemagne, à les envoyer à l'étranger. Mais qu'est-il arrivé avec notre société moderne? C'est que chacun, trouvant sa place et sa position en France, n'a nullement éprouvé le besoin de s'expatrier.

« Que nous allions dans n'importe quel pays, nous y trouvons beaucoup d'Anglais et d'Allemands, mais très peu de Français. Il n'est donc point extraordinaire que les Anglais et les Allemands accordent la préférence à des compatriotes; c'est ce qui arrive en Amérique, en Australie et aux Indes où nos relations sont de peu d'importance, comparées à celles de ces deux pays. Là s'impose tout naturellement le devoir, pour tout père de famille, de faire apprendre à ses enfants les langues étrangères.

« La quatrième cause, c'est que les tarifs des chemins de fer, déjà trop élevés, joints au timbre des lettres de voiture, à l'impôt prélevé par l'État, au camionnage au départ et à l'arrivée, frappent la marchandise de frais exorbitants. A ces inconvénients il faut joindre celui des délais de transport, beaucoup trop longs quand il s'agit de la petite vitesse.

« Toutes ces causes me paraissent de nature à établir l'état d'infériorité dans lequel nous nous trouvons, et la mission dont certaines personnes ont été chargées, pour s'enquérir des moyens de fabrication qu'emploient nos concurrents à l'étranger, ne me paraît pas devoir donner un résultat suffisant, car il n'est pas si facile qu'on pourrait le croire d'obtenir des renseignements.

« Les fabricants étrangers, beaucoup plus réservés que nous, ne mettent pas leurs secrets à la disposition des visiteurs étrangers, et ce qui pourrait se produire en France par un sentiment généreux, par une déférence de bonnes relations, n'existe pas autre part; les étrangers veulent bien nous copier, piller nos modèles, nous prendre nos idées, mais, soit par crainte ou par jalousie, ils ne nous laissent jamais pénétrer chez eux, et les renseignements qu'ils peuvent nous donner ne sont jamais fournis que dans leur intérêt personnel et dans l'espoir d'en obtenir d'autres par réciprocité. Il faudrait peu les connaître pour avoir une autre opinion d'eux.

« Les missions données, dont on a fait beaucoup trop de bruit dans la presse, puisque la première condition pour leur donner quelques chances de succès eût été de les tenir secrètes, les missions données, dis-je, n'auront certes pas pour résultat de nous sortir de l'état dans lequel nous sommes depuis dix ans ; il faut autre chose : pour guérir les maladies sérieuses, il faut des remèdes énergiques.

« Je termine en concluant qu'il faut prendre les choses de loin ; les lois et les décrets ne suffiraient pas à ramener la prospérité passée ; il faut que chacun fasse le nécessaire et même l'impossible ; il faut aussi préparer nos jeunes gens par les écoles de haut commerce et envoyer les élèves les plus distingués dans l'Amérique du Nord et du Sud, en Chine, au Japon, en Australie, là où la France compte le moins de nationaux et où les produits de son industrie ont le plus de chance de trouver des débouchés.

« En faisant à ces jeunes gens une pension dont l'importance serait en rapport avec l'éloignement et les besoins de la vie des pays dans lesquels on les enverrait, je suis certain que beaucoup d'entre eux finiraient par s'y faire une position et deviendraient des représentants dévoués, en même temps que des correspondants sérieux qui contribueraient, par leur activité et leurs connaissances, à agrandir nos relations.

« Les Belges et les Allemands ne font pas autrement. Je pense qu'il y a là une étude sérieuse à faire pour un gouvernement soucieux de la prospérité de son pays. »

Parmi le trop petit nombre de rapports que nous avons pu nous procurer, nous possédons celui fort intéressant de la classe 32, section C, présenté à M. le Ministre du commerce par M. Danel, président de la section, officier de la Légion d'honneur, et par M. Asser, rapporteur secrétaire de cette section, qui comprend l'imprimerie et la photographie.

Dans la classe 32, six diplômes d'honneur ont été obtenus par la France et décernés à :

MM. Firmin Didot,   MM. Quantin,
    Godchaux,   Goupil et Cⁱᵉ,
    Lemercier et Cⁱᵉ,   Nadar.

M. Pichot était hors concours comme juré suppléant.

La maison E. Pichot, imprimeur-éditeur, quai Jemmapes, 72, et avenue Richerand, 4, à Paris, occupe le premier rang dans ce genre depuis plusieurs années.

Cette maison, fondée par M. Nissou, est la propriété de M. E. Pichot, qui en fut successivement l'intéressé et l'associé. M. E. Pichot est de plus l'acquéreur du dernier brevet de typographie qui ait été vendu à Paris avant la liberté de l'imprimerie. Il avait voulu joindre cette branche à la lithographie et à la taille-douce déjà en activité dans son établissement, afin qu'aucun des procédés d'impression ne lui fît défaut pour la production des impressions de luxe sur papier, sur carton, sur tôle vernie, qui servent à l'habillage et à la publicité de tous les produits de l'industrie et du commerce, soit qu'il s'agisse d'impressions de luxe simples ou brillantes, de dorure ou de couleurs, ou bien de ces étiquettes omnibus, vendues au détail par fractions de cent seulement, soit qu'il s'agisse de tableaux-annonces sur carton ou tôle vernie ou non vernie qu'on voit partout s'étaler dans nos magasins ou dans les endroits publics.

La partie artistique trouve en lui un directeur soigneux, attentif et connaisseur; aidé par des collaborateurs distingués, il a su donner à chacun de ses produits une grâce toute française.

On fait un emploi très ingénieux, dans cette maison, du travail à la plume lithographique, plus gras, plus nourri que la gravure, ce qui n'empêche pas qu'on ait recours à la gravure pour les travaux soignés et spéciaux.

Les méthodes de réduction, d'agrandissement, de multiplication des planches par l'héliogravure ou autres procédés reçoivent aussi de multiples applications dans cette maison.

Voici quelques chiffres qui feront mieux apprécier encore l'importance de l'établissement de M. E. Pichot. Plus de 4,000 mètres superficiels sont couverts par les différents ateliers, dans lesquels un personnel d'environ 270 employés et ouvriers, hommes, femmes et enfants, trouvent de l'occupation.

Le matériel comprend 2 moteurs à vapeur, 12 presses mécaniques lithographiques et typographiques, 60 presses à bras, 2 balanciers à estamper, 2 machines à brosser le papier, 5 laminoirs, 2 machines pour la fabrication du bronze en poudre, une machine à poudrer marchant à la vapeur, 6 presses à poudrer à bras, un appareil pour la fabrication et la préparation du vernis et pour le couchage et la préparation des papiers, bains-marie, cuves, etc.; enfin des machines diverses pour tamiser les bronzes, les carmins, pour broyer les couleurs sèches et liquides, etc.

De vastes séchoirs, des étuves pour la préparation des tôles, un innombrable matériel de pierres lithographiques, un outillage considérable pour le découpage des impressions de toutes formes, un ascenseur hydraulique, des calorifères pour l'entretien des étuves, une forge, un atelier de menuiserie, un autre de mécanique pour les réparations, complètent l'ensemble de cet important établissement industriel.

M. E. Pichot possède toutes les qualités nécessaires pour une direction aussi délicate; il est descendant de lithographe : son père a puissamment contribué à la propagande de cet art en France et lui a inculqué, dès l'enfance, tous les secrets de la typographie.

C'est un homme de goût qui a beaucoup contribué à développer son genre d'impression. Il est digne, en un mot, de soutenir la réputation de son industrie. Il a, d'ailleurs, conquis déjà 25 médailles et plusieurs diplômes d'honneur et il a été élu, par ses confrères, vice-président de la Chambre des imprimeurs-lithographes de Paris [1].

Nous détachons du rapport de MM. Danel et Asser les articles qui suivent sur les exposants français dont les noms viennent d'être indiqués.

Firmin Didot et Cie. — Il y a des noms qu'il suffit de citer et qui portent avec eux leur illustration consacrée par le temps et continuée dans l'âge présent. La maison Firmin Didot et Cie qui, dès le xviiie siècle, posait les assises de sa renommée en faisant revivre les saines traditions de l'art typographique un moment altérées aux dépens du style classique, cette vénérable maison qui imprimait alors la collection des classiques français, dite du Dauphin, nous montre en ces derniers temps qu'elle soutient dignement sa réputation. *Paris à travers les âges* nous restitue la vieille capitale dans ses transformations depuis le xiiie siècle jusqu'à nos jours. Le moyen âge revit par le texte, par la gravure et par la chromolithographie.

Puis c'est le *Costume historique*, recueil de documents authentiques, retraçant l'histoire du costume dans tous les pays, de l'antiquité au xive siècle, mine de renseignements pour les historiens et les peintres. C'est la *Céramique japonaise*, enrichie de superbes lithographies, faisant passer sous les yeux du lecteur les étranges fantaisies des artistes du Niphon, dragons ailés, nature fantastique.

Il faudrait tout noter, car tout intéresse dans cette exposition et nous ne saurions quel choix faire au milieu de ces beaux volumes. Signalons, pour finir, le *Walter Scott* illustré, dont nous écrirons ces mots tracés par la plume d'un critique : «C'est un Didot; nous n'avons plus rien à en dire.»

---

[1] M. E. Pichot a été récemment nommé chevalier de la Légion d'honneur.

8

Aug. Godchaux et Cie. — Il serait difficile de rien ajouter aux rapports élogieux que, depuis 1862, les jurys des expositions de Londres, de Paris, de Vienne, de Philadelphie ont formulés sur cette maison. On sait que MM. Godchaux et Cie sont inventeurs d'un procédé d'impression mécanique faite simultanément des deux côtés sur cylindres gravés en creux et sur papier continu. Ce procédé rapide, économique et donnant des produits supérieurs à ceux que l'on peut obtenir à l'aide de tout autre mode d'impression, a permis à MM. Godchaux de créer une industrie très importante : celle de la fabrication de cahiers d'écriture avec modèles gravés. C'est là une œuvre d'une haute utilité et dont on apprécie la valeur quand on sait que la production annuelle des cahiers atteint maintenant 30 millions. Ce chiffre seul parle assez éloquemment en faveur d'un établissement qui a un personnel fort nombreux et expédie ses imprimés dans l'Europe entière.

En outre, MM. Godchaux impriment mécaniquement la taille-douce sur planches plates, système Guy. Grâce aux modifications et améliorations apportées à ces presses par les exposants, elles impriment, à raison de 25 feuilles à la minute et en perfection, des cartes géographiques, des planches d'histoire naturelle, des gravures de modes, des eaux-fortes et même des héliogravures. Ces machines sont maintenant en usage en Angleterre, en Allemagne, en Suède, en Russie et en Amérique.

Lemercier et Cie. — Pourquoi faut-il que nous nous renfermions dans les bornes trop étroites à notre gré, mais réglementaires, lorsqu'il s'agit de faire connaître une exposition telle que celle de M. Lemercier ? Il en est de ses spécimens comme des tableaux de maître, devant lesquels on s'arrête des heures entières, que l'on ne quitte que pour y revenir encore, car chaque nouvel examen fait découvrir une beauté nouvelle, un progrès nouveau. Mais nous voudrions vainement détailler ces lithographies, ces photogravures, ces photoglypties, ces gravures, connues de tous et qui affirment que cette ancienne maison reste à la hauteur de sa réputation. Voici de belles planches de chromos, des eaux-fortes merveilleuses, de charmantes japonaiseries, de splendides planches de costumes historiques. Puis, deux pièces curieuses : une lithographie d'un tableau du peintre belge Verhas, sur lequel ce dernier a tracé quelques lignes d'affectueux remerciements ; l'autre est la dernière planche exécutée par le grand lithographe Mouilleron, décédé en 1881.

A. Quantin. — La maison fondée à Paris en 1824 par M. Henri Fournier, reprise en 1848 par M. Jules Claye, devint la propriété de

MM. A. Quantin et Cie en 1875 et la propriété exclusive de M. Quantin en 1881. C'est comme éditeur et imprimeur de ses propres éditions que M. Quantin figure à l'exposition d'Amsterdam. Toutes les éditions de la maison sont exécutées dans ses ateliers.

En 1879, M. Quantin a été choisi au concours comme imprimeur de la Chambre des Députés ; on sait que ce service nécessite parfois la composition et l'impression de plusieurs centaines de pages et de tableaux en une nuit.

L'exposition d'Amsterdam comprend tous les ouvrages de la maison. Nous y voyons d'abord les publications périodiques : la *Revue des Deux-Mondes*, diverses autres revues, la *Gazette des Beaux-Arts*, *l'Art pour tous*, *le Livre*, la *Revue des Arts décoratifs*.

La collection des *grands maîtres de l'art* nous offre une série de monographies considérables, consacrées à la fois à l'étude raisonnée du talent des artistes illustres, au récit de leur vie et à la reproduction de leurs chefs-d'œuvre. Ainsi sont mis à la portée de tous les amateurs, des peintres et des dessinateurs, les modèles du génie que l'on ne rencontre que disséminés.

Le joyau le plus riche de cet écrin est l'œuvre complète de Rembrandt décrite et commentée par M. Ch. Blanc, avec les fac-similés sans retouche et de grandeur naturelle de 350 estampes.

A ce nom glorieux succèdent ceux de Hans Holbein, François Boucher, Ant. Van Dyck, Jean de Bologne, Alb. Durer, Millet.

Les moyens les plus perfectionnés sont employés pour la reproduction des œuvres des maîtres ; certaines planches ont coûté plusieurs milliers de francs de gravure.

La maison Quantin a consacré aux Arts décoratifs et industriels une série de publications dans lesquelles il a été fait une part considérable aux représentations graphiques. Elle a appliqué ses efforts particuliers aux ouvrages d'archéologie artistique ; nous citerons spécialement *la Renaissance en France*, par Léon Palustre, qui formera 6 volumes in-folio, géographiquement divisés ; les deux premiers ont été publiés en deux ans environ.

Notons encore la collection des ouvrages d'enseignement et de vulgarisation artistique dont huit volumes ont paru et ont valu à la maison Quantin, de la part de l'Académie française, une récompense exceptionnelle dans la catégorie des prix Monthyon.

Les ouvrages de bibliophiles, les publications littéraires ont eu en M. Quantin un imprimeur digne de ces manifestations de l'esprit.

M. A. Quantin occupe environ 350 personnes, dont 30 employés et

8.

150 compositeurs. La brochure et la reliure se font en dehors de la maison.
L'école d'apprentissage comprend 30 apprentis, la durée de l'apprentissage est de quatre années.

Goupil et Cie. — MM. Goupil et Cie ont pensé que la qualité compense-
rait la quantité et leur exposition donne le regret de ne pas la trouver plus
étendue et plus en rapport avec la célébrité de cette artistique maison.
Toute limitée qu'elle est, cette exposition a une valeur considérable. Les
gravures sont d'une beauté hors ligne, les eaux-fortes splendides, les
héliogravures d'un incomparable fini.

Nadar. — La photographie compte à juste titre Nadar parmi les maîtres.
Mieux que personne il sait comment éclairer son modèle, mieux que personne il sait modeler les contours les plus moelleux ; il donne aux portraits
la vie en les poétisant, en les idéalisant. Ses groupes, ses portraits, en
couleur, en émail font l'admiration de tous.

M. Nadar a exposé des vues de souterrains exécutées à l'aide de la
lumière électrique et à une époque où les plaques sèches à l'émulsion de
gélatine bromurée n'étaient pas encore connues. Néanmoins le succès de
M. Nadar est indubitable. On remarque encore une vue prise d'un ballon
et qui donne une image très distincte de la terre à vol d'oiseau.

L'impôt sur le papier établi en France pour parer à des nécessités budgétaires est l'objet, de la part de M. Danel, de plaintes très vives et qui nous
paraissent fondées. Depuis la promulgation de la loi, l'industrie du papier
et celles qui en découlent n'ont cessé d'en réclamer la suppression. Non
seulement les frais de perception de cet impôt par la régie sont énormes
par rapport au produit net, mais encore, si l'on regarde de près, on trouve
que ce produit est plus apparent que réel. En effet, l'État lui-même en
supporte une partie qu'on peut évaluer au tiers du produit net, en payant
plus chers les papiers qu'il consomme pour les besoins de ses nombreuses
administrations. Tandis que les papiers de production française ne passent
à l'étranger qu'en payant un droit souvent très élevé, variant de 5 à 13 francs
par 100 kilogrammes, les papiers de fabrication étrangère entrent en
France en ne payant qu'un droit de 8 francs et seulement dans le cas où
ces papiers sont blancs. Ces dispositions résultent de traités de commerce qui ont exempté de tout droit à l'importation les livres, gravures,
estampes, lithographies, dessins de toutes sortes sur papier, cartes géographiques ou marines, musique gravée ou imprimée.

Cette exemption, qui doit durer aussi longtemps que les traités, a porté un coup funeste à la papeterie et à la typographie françaises, en donnant lieu à des fraudes nombreuses qui ont pour but et pour résultat de faire entrer chez nous en franchise de droits des papiers qui devraient payer 8 francs par 100 kilogrammes.

Par suite d'une interprétation des traités, l'administration française des douanes considère comme imprimé tout papier qui ne contient que réglages, colonnes, francs ou centimes ou quelques lignes, tandis que l'imprimeur français, incessamment soumis à la taxe de 10 fr. 40 cent. par 100 kilogrammes pour droits de consommation, a, de plus, à payer un droit d'entrée de 8 francs s'il veut employer des papiers étrangers, ce qui fait un total de 18 fr. 40 cent. les 100 kilogrammes. C'est une véritable prime que la législation actuelle donne au travail étranger.

La question du combustible et celle des transports méritent à leur tour de fixer l'attention. A Paris, l'industriel, exonéré du droit d'entrée, paye son charbon 27 francs la tonne au minimum. En Hollande, la houille arrive directement des charbonnages allemands et revient au quai à une moyenne de 14 francs. En ajoutant à ce prix les frais de déchargement et de transport à dos d'homme, soit 1 franc par tonne, on arrive au prix de 15 francs. Grâce aux canaux et aux cours d'eau qui sillonnent les Pays-Bas à l'infini, le transport des matériaux et des marchandises se fait jusqu'à pied d'œuvre.

La main-d'œuvre en Hollande est à beaucoup meilleur marché qu'en France. En ce qui concerne le typographe, nous pouvons l'évaluer aux trois cinquièmes des salaires de Paris. Non pas que la vie soit beaucoup moins chère dans les Pays-Bas qu'en France, mais l'ouvrier est plus sobre ; il a dans ses plaisirs, dans ses distractions, dans sa vie de ménage, la modération, le calme, nous dirions presque le flegme qu'il apporte dans son travail.

Dans ses visites à des imprimeries hollandaises, M. Danel a vu le compositeur à sa casse, le fondeur à son fourneau. Ils travaillent sans se presser, mais aussi sans perdre de temps. L'ouvrier soigne son œuvre, comme il soigne sa maison et ses alentours. Ses dépenses de nourriture sont relativement très bornées, comparées à celles de l'ouvrier français, et son salaire, bien que moins élevé, suffit à ses besoins et à ses modestes plaisirs.

Ainsi donc, en récapitulant les charges qui pèsent sur nos imprimeurs, impôt sur le papier, cherté du combustible, cherté de la main-d'œuvre, on est forcé de conclure que, sous ce rapport, nous sommes dans un état d'infériorité telle que l'imprimerie est en danger en France et que des succursales des maisons de Paris sont sur le point de se créer à l'étranger. Nous pourrions même déjà en citer une qui fonde un établissement très important en Belgique. Dans ce pays et en Allemagne nos papiers peints ont déjà quelque peu émigré. Espérons que cet exemple ne sera pas suivi et qu'il sera possible au Parlement de supprimer bientôt un impôt qui menace sérieusement cette belle industrie et a déjà nui considérablement au travail national.

Dans le groupe IV, les hors-concours français étaient :

MM. Haas.. Paris.
    Redier.. Idem.
    J. Hetzel....................................... Idem.
    Danel... Lille.
    Wolff... Paris.
    Oudinot... Idem.
    Thierry... Idem.
    May... Idem.
    Geneste... Idem.
    Pichot.. Idem.

Les exposants qui ont obtenu un diplôme d'honneur étaient :

L'Ameublement français, exposé dans le salon du Pavillon de la Commission française.

MM. A. Damon et Cie.............................. Paris.
    Schmitt et Piollet.............................. Idem.
    Beurdeley....................................... Idem.
    Guéret jeune.................................... Idem.
    Drouard... Idem.
    Veuve Paul Sormani et fils...................... Idem.
    Braquenié et Cie................................ Aubusson.
    Duplan et Hamat................................. Paris.
    A. Harinkouck................................... Roubaix.
    Leroy et fils................................... Paris.
    Gillou et fils.................................. Idem.
    F. Vanoutrive et Cie............................ Idem.
    A. Catteau...................................... Idem.
    L. Dupon et Hervé............................... Idem.
    E. Tresca....................................... Idem.
La Société anonyme du Val d'Osne................... Idem.
MM. A. Durenne.................................... Idem.
    F. Barbedienne.................................. Idem.
    H. Houdebine.................................... Idem.
    Christofle et Cie............................... Idem.
    Froment Meurice................................. Idem.
    J. Piault....................................... Idem.

MM. P. Garnier.. Paris.
    Japy frères et Cie.. Beaucourt.
    H. Boulenger et Cie...................................... Choisy-le-Roi.
    Deck.. Paris.
    Ch. Pillivuyt et Cie..................................... Idem.
    Redon... Limoges.
    Maes frères.. Paris.
    Monot père et fils et Stumpf............................. Pantin.
    P. Soyer.. Paris.
La Société anonyme des verreries et manufactures de
    glaces d'Aniche... Aniche.
MM. L. Paupier.. Paris.
    Dupont.. Beauvais.
    Bondier Ulbuch.. Paris.
    Loonen et fils.. Idem.
    Maurey Deschamps et Cie................................. Idem.
    Firmin Didot et Cie..................................... Idem.
    A. Godchaux et Cie...................................... Idem.
    Nadar... Idem.
    Lemercier et Cie.. Idem.
    Goupil et Cie... Idem.
La Société des Papeteries du Marais et de Sainte-Marie.. Idem.
MM. Blanchet frères et Kleber.......................... Rives.
    Lorilleux et Cie.. Paris.
La Société anonyme des Papeteries de Vidalon........... Vidalon.
MM. Alb. Quantin....................................... Paris.
    Veuve A. Morel et Cie................................... Idem.
    E. Armengaut aîné....................................... Idem.
    F. Besson... Idem.
    Gaveau.. Idem.
    L. Grus... Idem.
    Herrburger, Schwander et Cie............................ Idem.
    Heugel fils... Idem.

IV

VÊTEMENTS, LINGERIE ET ACCESSOIRES [1].

En entrant sous les portes monumentales qui de la galerie centrale donnaient accès aux trois galeries de droite de la section française, on se trouvait en présence :

Dans la première galerie, de l'exposition de robes, de manteaux et de

[1] Groupe V.

fourrures fournie par la collectivité anonyme de la confection et de la couture pour dames et pour enfants, de Paris;

Dans la deuxième, des pavillons élégants où nos célèbres bijoutiers exposaient leurs innombrables objets précieux et des salons des fabricants de meubles riches cités précédemment;

Dans la troisième, des soieries de Lyon.

C'est par cette dernière que nous commencerons notre aperçu. L'exposition lyonnaise formait un beau salon avec divan au milieu. De tous les côtés, se dressaient les vitrines parmi lesquelles se trouvaient celles des maisons Bonnet et Cie, Bérard et Ferrand, Jaubert-Andras, Charles Rebour, etc. Hâtons-nous de le dire, la suprématie de Lyon est restée ce qu'elle était, malgré toute la concurrence étrangère. La seconde ville de France est venue affirmer à Amsterdam sa supériorité incontestable sur tout ce qui se fait en Suisse, en Allemagne, en Angleterre, en Russie, au Japon et ailleurs. La meilleure preuve en est dans la valeur et le nombre des récompenses que la soierie seule a obtenues : 35 sur 75, c'est-à-dire presque la moitié de celles accordées au groupe. Dans cette branche d'industrie, les soieries françaises ont obtenu 5 diplômes d'honneur contre 2 accordés aux autres puissances étrangères (Russie et Japon).

«Malgré cette supériorité qui, dit M. Klotz dans son remarquable rapport, semble résulter en notre faveur de l'examen des chiffres, il n'en faudrait pas tirer de conclusions trop absolues ni trop optimistes, car il serait imprudent d'oublier que, dans les expositions, l'industrie n'est jamais entièrement représentée et qu'à Amsterdam surtout cette représentation a été incomplète. Elle a été, cependant, bien autrement considérable que celle des autres États concurrents et elle renfermait des genres de soieries qui semblent former un monopole pour notre pays. Telles étaient les étoffes de gaze brochée, les velours, les brocarts d'or damassés, les lampas fleuris. Ces derniers ne le cèdent en rien aux tissus les plus merveilleux de l'époque Louis XVI et nous n'avons rien vu dans les sections étrangères qui pût être comparé aux produits français sous ce rapport. Aussi conservons-nous le privilège exclusif des fournitures destinées à la consommation du grand luxe. »

La vieille ville manufacturière de Lyon a donc su conserver tout son prestige, malgré les nombreux assauts qu'elle a subis, depuis l'introduction de l'industrie de la soie sous Louis XI. Ni la révocation de l'édit de Nantes qui attira dans les Pays-Bas de nombreux tisserands des bords du Rhône, lesquels fondèrent des établissements aujourd'hui disparus (même ceux d'où sortait le célèbre velours d'Utrecht), ni la tourmente de 1793, époque à laquelle le nombre des métiers tomba de 10,000 à 2,500, par suite de l'enrôlement de tous les hommes valides dans les armées de la République, ni la terrible maladie des vers à soie ne devaient frapper mortellement la plus belle de nos industries nationales. L'invention de Jacquart lui réservait une nouvelle période de prospérité, en découvrant un moyen de fabrication plus rapide qui allait mettre à la portée de tout le monde, par leurs prix beaucoup plus modérés, des tissus qui jadis ne pouvaient être achetés que par le petit nombre de ceux que la richesse avait favorisés. Telle a été la cause qui, depuis la Restauration jusqu'à nos jours, a maintenu l'état florissant des fabriques de Lyon. Mais aujourd'hui, il ne faut pas nous le dissimuler, nous avons affaire à des concurrents étrangers très sérieux. Si l'exposition lyonnaise a convaincu les connaisseurs que ses produits, sont inimitables, qu'il est impossible de voir rien de plus gracieux, de plus chatoyant, on ne peut, d'autre part, s'empêcher de remarquer qu'il eût été préférable de donner une place plus grande aux articles courants, à ceux qu'on emploie journellement.

Nous croyons savoir que plusieurs fabricants de Lyon ont compris la chose et que, voyant la concurrence que leur font déjà jusque sur les marchés français certaines manufactures et certains négociants dont la loyauté n'est pas la qualité essentielle, ils opèrent des réformes dans leur outillage et font preuve dans leurs procédés d'une ingéniosité remarquable.

« Les exigences de la consommation, dit encore M. Klotz, ont reçu un commencement de satisfaction, et les étrangers qui, jusqu'à ce jour, y avaient à peu près pourvu pour la consommation de bon marché nous trouvent déjà sur leur route et nous y trouveront dans l'avenir assez forts et assez bien outillés pour pouvoir leur barrer tout à fait le passage. »

Lyon exerce donc et exercera encore une suprématie incontestable sur la production des tissus de soie, et les manufactures étrangères n'ont qu'un moyen de lutter contre ses produits, c'est de les copier et de remplacer la soie employée chez nous par des soies moins belles ou bien même tout simplement par du coton. Ainsi, dans la statistique de la fabrique de soieries de Crefeld (Prusse), d'après les comptes rendus de la Chambre de commerce de cette ville, nous trouvons qu'en 1882 on a employé, en coton, 1,024,478 kilogrammes, en chappe 274,530 kilogrammes, tandis qu'il n'a été consommé pour la fabrication que 456,085 kilogrammes de soie. Les mêmes proportions de coton sont loin d'exister dans la fabrication des soieries lyonnaises. Si nous osions, nous ferions à Lyon le reproche de ne pas suivre l'exemple de Crefeld, de ne pas fabriquer au meilleur marché possible. Car nous sommes préoccupé des progrès constants et rapides de nos rivaux sur les marchés du monde entier, et tout pénétré que nous sommes de la suprématie artistique de Lyon, suprématie qu'elle conservera à cause de son antique renommée, de son goût, des bonnes traditions de ses ouvriers qui vivent au milieu de modèles excellents et d'écoles de premier ordre, nous voudrions que l'industrie lyonnaise envisageât un peu plus qu'elle ne le fait le côté commercial de la question. Il ne suffit pas, en effet, de produire du beau, il faut le vendre, ce qui est encore moins facile que de le produire, surtout à une époque où les modes changent continuellement et où les étoffes de soie sont devenues l'apanage de presque toutes les classes de la société. Une chose triste à dire, c'est que, principalement en fait d'étoffes pour vêtements, le négociant, le négociant étranger surtout, s'enrichit bien plus aujourd'hui par la quantité que par la qualité des marchandises qu'il vend, et la preuve en est dans le succès que rencontrent les contrefaçons, les imitations les plus déloyales et les plus grossières de nos produits. En un mot, il faut que Lyon se mette à la portée des petites bourses, plus nombreuses partout que les grosses. Elles lui donneront peut-être moins de bénéfice par pièce vendue, mais la vente sera plus considérable que si les soieries conservent leurs prix élevés.

Il est bien entendu que tout ce que nous avons dit sur Lyon, comme suprématie, bon goût et richesse des produits, s'applique en même temps aux industriels de Saint-Étienne et de Saint-Chamond.   .

Toutes les élégantes visiteuses de l'Exposition d'Amsterdam ne manquaient pas d'aller faire un pèlerinage aux salons installés par les soins de la chambre syndicale de la confection et de la couture pour dames et pour enfants. Là, en effet, grâce à l'heureux aménagement des vitrines, grâce aussi aux bons tapis que les pieds foulaient, on se serait cru chez une des grandes couturières de Paris. Mais, préoccupée bien plus de l'honneur du nom français que du succès de quelques maisons déterminées, la chambre syndicale avait décidé de donner à son exposition le caractère de l'anonymat.

D'après une note remise au rapporteur du jury par M. Dreyfus, président de la chambre syndicale, et par M. Brylinski, l'un des secrétaires, l'industrie de la confection et de la couture pour dames et enfants doit être comptée aujourd'hui au nombre des éléments de richesse les plus sérieux de la France. Elle joue un rôle extrêmement important dans l'économie industrielle de notre pays, parce qu'elle est, pour une population nombreuse, la source d'un salaire rémunérateur; parce qu'elle a, dans une large mesure, augmenté les débouchés à l'étranger pour les tissus français, et enfin parce qu'elle tend à généraliser le goût des toilettes soignées et élégantes.

Le nombre d'ouvrières employées par les grandes maisons de confection et de couture peut être évalué, pour Paris seulement, à 60,000. Les ouvrières intelligentes et actives arrivent facilement à gagner 4 francs et même 4 fr. 5o cent. par journée de dix heures. Les journées de 6, 7 et jusqu'à 8 francs ne sont pas rares dans certaines maisons de couture. En admettant une moyenne de 2 fr. 5o cent. et 225 journées de travail effectif dans l'année, cette industrie représente, pour Paris seulement, un total de salaires de 33,750,000 francs par en. Elle répand dans le monde entier une masse de produits manufacturés français dont la valeur atteint au moins 200 millions de francs.

Les maisons de couture, n'employant, pour ainsi dire, que des tissus français, sont devenues les plus importantes clientes des fabriques de Lyon, de Saint-Étienne, de Reims, de Roubaix, etc. Elles propagent donc ainsi à l'étranger le goût de nos étoffes et en augmentent considérablement la consommation.

La chambre syndicale était parvenue à réunir 56 maisons de confection et de couture qui lui avaient confié 200 articles, depuis la robe de bain de mer toute simple jusqu'à la toilette de bal la plus riche. Elle a fait ainsi preuve de désintéressement en gardant l'anonyme. Car ce n'était pas telle ou telle maison qui exposait, c'était Paris. Les organisateurs sont venus prouver une fois de plus, à Amsterdam, la force et la puissance d'une industrie qui a vu surgir, à la suite des douloureux événements de 1870-1871, des concurrents sérieux, Berlin surtout. Tandis que nous ne pouvons soumettre à nos clients, dit M. Brylinski, que nos propres créations, fruits de longues et coûteuses recherches, les confectionneurs berlinois se procurent directement ou indirectement les meilleurs modèles de trente ou quarante maisons de Paris, imitent ces modèles, plus ou moins habilement, avec des étoffes de second choix et offrent au monde entier leurs copies fabriquées industriellement en grandes quantités.

La maison Révillon avait envoyé une vitrine qui servait de centre au salon de la chambre syndicale. Il y avait là de merveilleuses fourrures. On remarquait surtout un superbe manteau en poil de chèvre et une pelisse en renard bleu qui étaient admirablement confectionnés. Cette exposition complétait heureusement celle de nos grandes couturières et l'ensemble formait, par la richesse des toilettes et par l'harmonie des nuances, un tout parfait, bien digne de la spécialité et de la réputation que la France a conservées dans cette vaste branche d'industrie.

Elbeuf. — L'industrie d'Elbeuf n'avait qu'un petit nombre de représentants à l'Exposition d'Amsterdam; sur plus de 110 fabricants de draperies qui composent le groupe elbeuvien, 6 seulement s'étaient décidés à affronter le concours. Les motifs de cette abstention sont multiples; plusieurs sont communs à un grand nombre d'industries importantes françaises et étrangères. Dans celle de la laine cardée, Vienne et Louviers n'étaient pas représentés, Sedan n'avait envoyé que 5 exposants; dans celle de la laine peignée, les fabricants qui avaient exposé, quelles que fussent leur notoriété et la beauté de leurs produits, ne donnaient pas une idée de l'importance industrielle des grandes agglomérations de Reims, Roubaix et Tourcoing.

La fréquence de ces concours, les dérangements et les dépenses qu'ils occasionnent, le résultat très controversé qui en résulte, l'opinion qui tend à se généraliser que ces grandes exhibitions, dont le but est de faire connaître au consommateur éloigné les progrès de l'industrie, ont plutôt pour résultat de donner à la fabrique étrangère la clef de notre propre industrie : tels sont les motifs que l'on entend se produire, telles sont les réponses qui sont faites à ceux qui cherchent à organiser de grandes manifestations dans les concours internationaux.

A ces raisons plus ou moins plausibles se sont ajoutées pour Elbeuf celles tirées d'une situation particulièrement fâcheuse. Les premiers jours de 1883 ont été marqués par un sinistre important et inattendu dont les conséquences ont été fort graves et n'ont pas encore dit leur dernier mot : plus de douze maisons ont dû depuis lors entrer en liquidation, par suite d'un resserrement subit du crédit; une crise intense, comme on n'en avait pas vu depuis longtemps, résultat de cette panique qui coïncidait avec le trouble général dont souffrent les affaires, a produit un découragement profond dans tout le groupe elbeuvien. Il n'en fallait pas davantage pour faire avorter les tentatives en vue de l'organisation d'une grande exposition à Amsterdam.

En dépit de cela, malgré plusieurs défaillances qui se sont produites au dernier moment, six fabricants distingués, chacun dans leur genre, ont tenu à affirmer en Hollande la réputation universelle de l'industrie d'Elbeuf.

C'est bien peu pour représenter les différentes branches de cette grande industrie. Si la haute nouveauté des vêtements d'hommes offrait des spécimens fort intéressants, si la draperie noire de prix moyen et celle d'administration et de lycée, si la nouveauté demi-saison figuraient avantageusement dans les étalages, la draperie fine pour hommes, les étoffes pour femmes, celles pour livrées, voitures, chemins de fer, la nouveauté à bas prix, qui forment des branches très importantes de l'industrie d'Elbeuf, n'avaient pas de représentants à l'Exposition d'Amsterdam. Cette abstention a été certainement regrettable : l'étranger, en visitant le palais de la capitale de la Hollande, n'a pu avoir qu'une idée fort incomplète de l'importance industrielle de la ville d'Elbeuf.

En effet, malgré l'échec que subit en ce moment son industrie, Elbeuf est encore la ville de France où la production des étoffes de laine cardée atteint la somme la plus élevée; son chiffre d'affaires, qui était de 86 millions en 1878, de 80 millions en 1879, de 87 millions en 1880, est descendu à 81,500,000 francs en 1881. L'année 1882 a vu ce chiffre se relever à 83,500,000 francs; mais, par contre, il va subir en 1883 une forte réduction si, comme tout l'indique, les quatre derniers mois de l'année correspondent aux huit premiers.

Ces chiffres sont certainement respectables. Ils dénotent une activité sérieuse et une grande industrie; mais pourquoi n'avouerait-on pas que, dans cette période de cinq années, ils ont été sensiblement inférieurs à ceux de la période précédente, puisque, de 1872 à 1876, le chiffre moyen a atteint 90 millions?

A quels motifs faut-il attribuer cette réduction, qui s'est du reste fait sentir d'une manière à peu près générale dans tous les centres industriels où se fabriquent les étoffes de laine cardée? C'est à la concurrence étrangère que nous sommes redevables de cet état de choses. De 1861 à 1869, au lendemain de l'application du nouveau programme économique, nos fabricants ont lutté vaillamment contre leurs concurrents du dehors : le goût français, les étoffes genre français s'imposaient encore à la consommation; de Paris, de la France, elles se répandaient dans les pays étrangers où leur bonne qualité reconnue leur assurait un placement facile. Dans cette période, nos étoffes elbeuviennes de laine cardée conservèrent une bonne position dans les différentes contrées de l'Europe et dans les pays d'outre-mer. Après les funestes événements de 1870-1871, les besoins de la consommation intérieure, suite de la guerre, l'introduction à Elbeuf d'une nouvelle branche de fabrication importée d'Alsace, qui prit en peu de temps une importance considérable, contribuèrent pendant plusieurs années à maintenir à son chiffre la production manufacturière. C'est à partir de 1876 que la concurrence étrangère se fit le plus vivement sentir; c'est à cette époque que l'on constate une diminution dans le chiffre de la fabrication.

L'industrie de la nouveauté fut et est encore la plus spécialement atteinte; on peut dire que la diminution du chiffre la frappe presque exclusivement. La fabrication de la draperie unie fine a sans doute diminué sensiblement, et les industriels qui fabriquaient ce genre ont dû y renoncer pour s'adonner à une fabrication d'étoffes plus ordinaires, afin d'occuper leurs établissements; mais ils ont pu, du moins, maintenir ainsi à peu près leur chiffre. De leur côté, les fabricants aptes à faire les draps d'administration, de lycée, de chemins de fer, rivalisant avec les fabricants indigènes, qui jusque-là étaient restés en possession presque exclusive de ces genres, furent assez habiles pour prendre leur part des fournitures. La concurrence intérieure a suffi pour atteindre ces résultats. Celle de l'étranger ne s'est pas jusqu'ici fait trop vivement sentir.

Il n'en est pas de même pour l'industrie de la nouveauté. Depuis que l'Angleterre, avec son habileté proverbiale, a su, par sa situation exceptionnelle dans le monde et par ses immenses débouchés coloniaux, imposer à la plupart des pays de consommation ses modes et ses usages; depuis que la Belgique, l'Allemagne, favorisées par le bas prix de la houille, des matériaux de construction, des machines et de la main-d'œuvre, sont arrivées à produire des étoffes moins bonnes que les nôtres, mais apparentes et à très bas prix; depuis que certains pays, tels que l'Espagne, l'Italie, le Portugal, la Hollande, la Russie, autrefois simples consommateurs, sont devenus producteurs; que les États-Unis, où jadis nos draperies avaient un débouché important, ont su constituer une industrie rivale et puissante; depuis, enfin, que la plupart des pays de consommation ont modifié leur régime douanier en élevant des barrières pour protéger leurs industries, nos fabricants, atteints à l'intérieur comme à l'extérieur par la plus sérieuse concurrence, ont presque tous vu leurs chiffres de fabrication se restreindre; la plupart ont lutté énergiquement, mais à armes inégales; beaucoup n'ont pas été heureux; c'est parmi eux que se trouvent les victimes des sinistres qui depuis quelque temps ont effrayé la ville d'Elbeuf.

Il ne faut pas croire cependant que de grands efforts n'aient pas été faits pour soutenir la lutte; dans ces dernières années, des progrès notables ont été réalisés dans l'outillage. Deux établissements de teinture se sont renouvelés; le nombre des ateliers de tissage mécanique s'est accru; plus récemment, l'industrie de la filature s'est affirmée par la construction de deux vastes usines; un grand établissement de fabrication de draperie noire unie s'est transformé; d'autres ont apporté des améliorations sérieuses à leur organisation.

Il faut donc espérer qu'avec de la prudence et une grande persévérance l'industrie elbeuvienne triomphera de cette crise redoutable et qu'elle en sortira assez forte pour attendre des jours meilleurs.

Sans doute, on peut prévoir qu'elle ne reverra pas de longtemps une ère de prospérité comme celle qui a signalé la période de 1852 à 1865; le régime économique sous lequel il lui faut vivre jusqu'à l'expiration des traités renouvelés en 1882, doit le faire supposer; mais, entre la prospérité et la situation fâcheuse de ces derniers temps, il y a encore place pour un état d'activité relative que de sages mesures émanant du gouvernement doivent maintenir pour conserver le travail à une population ouvrière considérable, et pour lui assurer ainsi son bien-être.

Roubaix. — Roubaix a trop à travailler en ce moment, nous disait un manufacturier de cette ville, pour songer à participer à l'Exposition d'Amsterdam, à cause de la perte de temps qu'entraînent toujours les concours internationaux. C'est sans doute pour cette raison, si rarement invoquée par le temps qui court, que Roubaix n'avait ici qu'un très petit nombre d'exposants.

Les préparatifs de l'Exposition d'Amsterdam ont coïncidé, en effet, avec une reprise commerciale très importante à Roubaix, reprise qui s'accentue de jour en jour, sans qu'on puisse cependant encore comparer les chiffres actuels à ceux de la période florissante dont le terme fut l'année 1875. On peut évaluer à 161 millions de francs la valeur des tissus confectionnés à Roubaix pendant l'année 1883, et les renseignements qui nous parviennent donnent à croire que ce chiffre sera dépassé en 1884. L'industrie roubaisienne doit, en grande partie, cette reprise du travail à l'intelligence de ses fabricants, aux perfectionnements et aux modifications apportés dans l'outillage et dans la manière de faire les affaires. Plusieurs maisons ont succombé sans doute, mais elles ont fait place à de grandes associations qui ont centralisé tous les moyens de production. Filature, teinture, tissage, apprêts des tissus, toutes ces opérations qui se faisaient autrefois dans autant de maisons différentes sont aujourd'hui concentrées dans une seule. Au lieu d'aller chercher ses matières premières à Liverpool, on les prend directement au lieu de production, à Buenos-Ayres. Depuis vingt ans, l'industrie de Roubaix s'est signalée par sa promptitude à embrasser tous les genres de fabrication. Dans cette ville, les traditions ne comptent pour rien. On ne s'occupe pas du passé. On se préoccupe surtout du lendemain. Nulle part peut-être ailleurs, on n'a l'esprit aussi enclin aux expériences, aussi porté aux changements. Tel industriel qui

ne trouve pas dans la fabrication d'un produit les avantages qu'il en attendait, s'adonne sans transition à la fabrication d'un autre produit, et il ne
recule devant aucun sacrifice d'argent pour en exploiter un troisième. Il
en est résulté qu'à Roubaix on fabrique à l'heure actuelle tous les genres
de tissus sans exception : la laine, la soie, le lin, le coton. Toutes les matières premières servant à la confection des tissus sont transformées de
mille façons. Sans cesse à l'affût des innovations, l'industriel de Roubaix ne
laisse pas se produire un tissu à l'étranger sans en faire immédiatement
le similaire, s'il a du succès; pas une modification n'est introduite dans
l'outillage ou dans les procédés de teinture sans qu'elle soit aussitôt expé-
rimentée et appliquée. On nous a cité à ce sujet des exemples significatifs.
Dernièrement une maison a renouvelé, pour la fabrication d'un produit
inventé à l'étranger, un outillage qui, à peine installé, avait coûté plus de
5oo,ooo francs. Un industriel nous assurait qu'en quinze jours il se faisait
fort de produire à meilleur marché n'importe quel tissu nouveau créé à
l'étranger.

Que ces façons hardies de procéder entraînent des désastres individuels,
que des fortunes édifiées en quelques années sombrent en quelques mois,
cela ne fait pas de doute. A Roubaix, on procède un peu à l'américaine.
Mais il n'en est pas moins vrai que, grâce à cet esprit d'initiative, à cette
recherche à outrance de la nouveauté, à cette facilité d'exposer d'immenses
capitaux dans des entreprises aléatoires, la fabrique de Roubaix peut aujourd'hui lutter avec avantage contre les fabriques les mieux outillées du
monde. Quant aux étoffes d'ameublement à bon marché surtout, elles sont
absolument sans rivales sous le triple point de vue du bas prix, du goût et
de la solidité. Les étrangers eux-mêmes le reconnaissent si bien que, pour
sauvegarder leur propre marché, ils sont obligés de recourir à l'arme des
tarifs protecteurs.

Il faut aussi reconnaître que la ville de Roubaix s'est imposé de lourds
sacrifices pour le développement de l'industrie. Ainsi, elle a créé des écoles
admirablement tenues, où l'on professe aux ouvriers des cours de tissage,
de filature, de teinture, de dessin, de modelage, etc. Elle entretient un
laboratoire de chimie ouvert libéralement aux jeunes gens qui se destinent
aux carrières industrielles. Elle possède, en outre, un musée qui contient
une collection très complète de modèles et d'échantillons. Mais toutes ces
richesses sont dispersées. Depuis longtemps, la ville a l'intention de grouper
ces diverses institutions, qui se complètent l'une par l'autre, en créant
une école centrale qui serait en même temps une sorte de conservatoire.
Il est à espérer que l'État pourra prochainement verser, comme il en est

convenu, la subvention qui permettra à la ville de procéder à la construction d'un établissement aussi utile, non seulement à ce centre manufacturier, mais à l'agglomération du Nord [1].

Les ouvriers de Roubaix s'élèvent au nombre de 75,000. Comme ils travaillent à la tâche, il serait difficile d'indiquer une moyenne de leurs salaires. Certains d'entre eux gagnent couramment 8 ou 9 francs par jour, d'autres ne touchent que 2 fr. 50 cent. On serait bien près de la vérité en disant que la moyenne des salaires varie entre 2 fr. 75 cent. et 3 fr. 25 cent. Ces moyennes sont faibles, mais elles le sont encore moins qu'en Allemagne.

L'industrie des velours a été introduite à Roubaix par M. Constantin Courouble, dont la maison avait exposé à Amsterdam. Elle a obtenu une médaille d'or. L'étoffe dite *Melton*, qui était exclusivement fabriquée en Angleterre, se fait maintenant à Roubaix, et permet à nos industriels de lutter non seulement en France, où l'importation anglaise de ce produit était énorme, mais même à l'étranger. Notre centre manufacturier du Nord produira cette année plus de 100,000 pièces de *Melton*.

Les étoffes de Roubaix n'ont point de débouchés bien importants en Hollande. Les quelques affaires qui s'y traitent sont opérées par des intermédiaires, des commissionnaires en confection. Ici, on tire plutôt de la Belgique, de l'Angleterre et surtout de l'Allemagne, des étoffes similaires, mais de moins bonne qualité.

Filatures. — Les filatures du Nord étaient représentées à Amsterdam par des maisons de premier rang. La maison Delattre père, de Lille, et la maison Mahieu, d'Armentières, qui étaient hors concours, exposaient, la première des fils de lin et d'étoupes de lin sec et mouillé, la seconde des toiles et des fils. Pendant une période de cinq ans, de 1873 à 1878, les affaires de la maison Delattre avec la Hollande ont été importantes, mais ensuite elles ont toujours été diminuant et sont presque nulles maintenant. Il est probable que la filature allemande, qui dans ces temps derniers a fait de notables progrès, a pris la place des produits français sur le marché hollandais.

M. Auguste Mahieu, qui dirige le plus important établissement d'Armentières où il occupe 1,200 ouvriers, expédie de grandes quantités de marchandises à l'étranger, mais n'en expédie point en Hollande. Il espère cependant que son commerce pénétrera dans ce pays, à la suite des relations qu'il a pu se créer par l'Exposition d'Amsterdam.

---

[1] Renseignements tirés du *Journal des Débats*.

En ce qui concerne la filature de coton, la France comptait également dans sa section des maisons réputées. Malheureusement les débouchés de ces produits sont nuls en Hollande. On n'y emploie pas, d'abord, les fils fins, et ensuite les Anglais tiennent le marché par les prix, mais non par la qualité. Nos concurrents peuvent produire moins cher, parce que chez eux la houille, l'éclairage, les fournitures diverses, certaines matières premières, l'outillage et le coût de premier établissement sont à meilleur compte; parce qu'enfin leurs ouvriers sont plus habiles et plus expérimentés que les nôtres.

Les Anglais regardent la France comme le déversoir du trop-plein de leur marché et sacrifient une partie de leur production qui est ainsi vendue à perte. Les droits de douane, d'autre part, ne peuvent être considérés que comme l'équivalent de la différence entre les prix de revient anglais et français, mais toute l'économie, dit M. Delbart Mallet, filateur à Fives-Lille, en est détruite par l'admission temporaire qui, par le fait, les annule en majeure partie. La filature, à partir du n° 5o, restera donc sans protection et, outre les désavantages signalés, elle payera des droits d'entrée pour des cotons bruts qu'elle ne peut trouver que sur le marché anglais.

Le peignage, la filature et le tissage de la laine comptaient enfin à Amsterdam plusieurs maisons du Nord, de Reims et de Sedan. Les mérinos, cachemires d'Écosse, châles, draperies, grenadines et nouveautés de la grande manufacture Sieber, Seydoux et Cⁱᵉ du Cateau avaient déjà valu aux directeurs propriétaires la seule grande médaille d'or de la classe 3₂ à l'Exposition de 1878 à Paris. Ils ont obtenu à Amsterdam la plus haute récompense, un diplôme d'honneur.

Industrie du chanvre, du lin, du jute, etc. — L'industrie du chanvre n'était représentée à l'Exposition d'Amsterdam que par quelques maisons françaises, savoir :

Saint frères, de Paris : toiles, tissus de jute et autres, cordages;

Bessonneau et Genest, d'Angers : fils pour le tissage, la cordonnerie et la pêche; ficelles et cordages de toute sortes.

Pelon, Bonnefond, Bordeaux et Cⁱᵉ, d'Angers : fils pour la cordonnerie et la pêche;

Joubert, Bonnaire, d'Angers : toiles à voiles.

La maison Saint date du commencement du siècle. Établie d'abord à

Beauval, en Picardie, son siège est actuellement à Paris et ses usines sont à Flixecourt, à Harondel et à Saint-Ouen. Ces dernières occupent une surface de 660,000 mètres carrés, emploient de 6,000 à 7,000 ouvriers, consomment 12 millions de kilogrammes de houille par an et font une vingtaine de millions d'affaires avec le monde entier.

La première usine créée fut celle de Flixecourt, en 1857. Dès 1861, elle était insuffisante et l'on fut obligé de fonder à Harondel, à 6 kilomètres de Flixecourt, un nouveau tissage mécanique auquel on adjoignit plus tard une filature. L'établissement d'Harondel, qui occupe une surface de 9 hectares, ne fabrique que les tissus de jute. La matière première provient de Calcutta : elle subit dans l'usine toutes les transformations et n'en sort que comme toile apprêtée, pliée pour être vendue en pièces de 100 mètres environ ou en sacs. Un métier, aux proportions monumentales, fait de la toile dont la largeur atteint 9 mètres. L'usine d'Harondel produit par jour 17,000 kil. de fil et 30,000 de toile, de toutes largeurs, de 51 centimètres à 7 mètres, valant depuis 10 à 11 centimes le mètre pour certaines toiles en 50 centimètres, et généralement d'un prix moyen de 33 à 35 centimes le mètre.

La filature de Saint-Ouen, la plus grande des trois usines, puisqu'à elle seule elle occupe une surface de 37 hectares, a été considérablement augmentée en 1874. En 1878, on y adjoignit une corderie. Là les matières premières mises en œuvre sont nombreuses et variées : lin, chanvre, jute, aloès, manille, chanvre de Maurice et de la Nouvelle-Zélande, concourent à la fabrication des différents genres, soit de la filature, soit de la corderie. Les produits de la filature de Saint-Ouen servent à alimenter le tissage de Flixecourt et les différents dépôts.

La filature de Saint-Ouen ne produit pas moins de 17,000 kilogrammes par jour, soit plus de 5 millions de kilogrammes de fil par an. Dix machines peuvent fournir par jour 5,000 kilogrammes de ficelles en lin, en jute ou en chanvre. A côté de la ficellerie, se trouve la cordagerie où se fabriquent des cordages de toutes sortes depuis les plus fins jusqu'aux câbles les plus volumineux.

Le manille, matière très supérieure, résistant bien à l'humidité et de brins très réguliers pouvant aller jusqu'à 2 mètres de long, fournit des cordages très appréciés. On fabrique aussi des câbles métalliques avec une âme en chanvre d'une solidité à toute épreuve.

A Flixecourt se trouvent concentrés l'administration des usines et les services accessoires, tels que bâcherie, blanchisserie, teinture, confection des sacs, etc. Là aussi les aménagements sont considérables. L'usine et ses dépendances n'occupent pas moins de 20 hectares, encore doivent-elles être prochainement reconstruites sur un plan d'ensemble plus vaste que le plan actuel.

456 métiers mécaniques produisent à Flixecourt 25,000 mètres de toile par jour, soit une production annuelle de 7,500,000 mètres. On y fabrique des articles variés comme contexture et comme combinaison. Un atelier renferme des métiers à la Jacquart sur lesquels s'exécutent de fort jolis tissus d'ameublement, pour portières, tapis de table, rideaux, etc. La variété des couleurs ajoute à la richesse des dessins et concourt à donner à un tissu d'un extrême bas prix le cachet artistique qui convient tant à la vente. La production de ces tissus d'ameublement est d'environ 1,500 mètres par jour.

A Flixecourt se tissent aussi les sacs sans couture qui, en tombant des métiers, sont terminés par une machine à coudre faisant l'ourlet. Près de 6 millions de sacs sortent chaque année de cette usine. Une non moins importante installation est celle de la bâcherie, où les toiles sont enduites d'huile de lin, de goudron, de suif ou revêtues d'un enduit dit «séganique»; d'autres sont sulfatées. On fabrique encore des toiles grosses avec envers de papier, des toiles gommées, teintes, imprimées à la planche, etc.

Il y a enfin une teinturerie et une blanchisserie avec des séchoirs Dulac, sorte de ventilateurs à étuve qui abrègent considérablement le travail.

Les usines de MM. Saint communiquent entre elles par des lignes télégraphiques et par des voies ferrées spéciales qui se relient aux lignes de la compagnie du Nord.

Au point de vue du bien-être matériel des ouvriers, ces établissements n'ont rien à envier à ceux de la Hollande. 215 maisons ouvrières ont été construites par les soins des directeurs et rémunèrent très faiblement le capital engagé. Un service de santé et de pharmacie gratuit, des caisses de secours et de prévoyance, alimentées surtout par la maison, des caisses d'épargne, des écoles primaires gratuites, des réfectoires, des cantines, et enfin du pain à prix réduit, telles sont les créations philanthropiques annexées aux usines et qui, en assurant le sort des ouvriers, ont contribué au développement d'une industrie qui distribue maintenant environ 60,000 francs de salaires par semaine.

Ainsi que nous l'avons déjà dit, le siège social de la maison Saint est à Paris. Elle a, en outre, des succursales à Rouen, à Lyon, à Marseille, à Dunkerque, à Nantes, à Bordeaux, au Havre, à Caen, à Rennes, à Elbeuf, à Anvers, en Algérie et jusqu'en Tunisie.

A l'exposition de Paris en 1878, la maison Saint était hors concours, son chef étant membre du jury international. En 1883, à Amsterdam, elle a obtenu un diplôme d'honneur, c'est-à-dire la plus haute récompense, et M. Charles Saint a été fait chevalier de la Légion d'honneur.

L'exposition de la maison Bessonneau et Genest était très remarquable par la variété, le nombre et la qualité de ses produits; elle comprenait les fils pour le tissage, la cordonnerie et la pêche, les ficelles pour le commerce et l'exportation, enfin les cordages en chanvre, en manille, en fer et en acier, pour l'industrie, les mines et la marine.

Aujourd'hui, M. Bessonneau dirige seul son important établissement : doué d'une prodigieuse activité et d'une volonté inébranlable, il occupe journellement, sans chômage, 1,300 ouvriers avec dix machines à vapeur de la force de plus de mille chevaux.

Après s'être assuré une nombreuse clientèle en France, M. Bessonneau s'est étudié à combattre partout les produits étrangers; il a trouvé des affaires considérables, d'abord sur tous les marchés d'Europe, puis successivement en Afrique, en Asie et en Amérique.

Au point de vue commercial, l'Exposition d'Amsterdam n'a pas procuré à l'industrie chanvrière française de nouveaux débouchés appréciables.

Il y a plus de quinze ans que M. Bessonneau, puis après lui M. Pelon, fournissent les fils de cordonnerie qui se consomment en Hollande. M. Bessonneau vendait aussi beaucoup de fils de pêche et approvisionnait la grande fabrique de Goor; mais depuis plusieurs années la filature de Gouda suffit à la consommation hollandaise et la fabrique de Goor a complètement remplacé le chanvre par le coton.

La maison Joubert Bonnaire livre une grande partie des toiles à voiles qui se consomment en Hollande. Quant aux cordages, ils se fabriquent sur place, avec des chanvres de Russie et se vendent meilleur marché qu'en France.

Il résulte de ce qui précède que l'Exposition d'Amsterdam n'a pas augmenté les rapports de la France avec la Hollande, que ces rapports ont diminué depuis quelques années et qu'ils ne se maintiennent que grâce à la supériorité et à la réputation méritée des produits français.

La Hollande est un des seuls pays qui n'ont pas augmenté leurs droits d'entrée, quand l'Italie, l'Espagne et l'Allemagne les ont doublés depuis quelques années et que, tout récemment encore, la Suisse a porté à 16 francs au lieu de 3 francs l'entrée sur les ficelles.

D'un autre côté, l'admission en franchise, dans nos colonies, des matières brutes ou fabriquées permet aux nations citées plus haut et à l'Angleterre de fournir une grande partie de la consommation, notamment en Algérie.

Cette situation porte grand préjudice à l'industrie chanvrière; aussi a-t-on vu récemment plusieurs maisons d'Angers, du Mans et de Mayenne décliner et disparaître.

Ce n'est que grâce à des perfectionnements successifs apportés dans son outillage, à l'invention de nombreuses machines spéciales à son industrie, que M. Bessonneau a toujours maintenu sa maison au premier rang et qu'il a réussi à la faire prospérer, ce qui du reste était de tradition. On se rappelle en effet que M. Besnard, son beau-père, avait été le promoteur. en France, de la fabrication mécanique des ficelles, câbles et cordages.

Dans le groupe V, les hors-concours français étaient :

MM. Auguste Mahieu.
    A. Ponnier.
    J. Delattre père.
    Alba la Source.
    Eugène Klotz.
    Muzet.
    Hayem aîné, à Paris.
    May frères.
    Bessonneau et Genest.

Les exposants qui ont obtenu le diplôme d'honneur étaient :

MM. Bérard et Ferrend	Lyon.
Bonnet et Cie	*Idem.*
Louis Boudon	Saint-Jean-du-Gard.
Jaubert Audras et Cie	Lyon.
Charles Rebour	Saint-Étienne.
Saint frères	Paris.
J. Casse et fils	Fives-Lille.
H. Sieber, Seydoux et Cie	Paris.
Les fils de Guillaumet	Suresnes.
Chappat et Cie	Paris.
Georges Maes	Clichy.
Alamagny et Oriol	Saint-Chamond.
E. Bréant	Paris.
La Chambre syndicale de la confection pour dames	*Idem.*
MM. Revillon frères	*Idem.*
Tirard frères	*Idem.*

MM. F. Bapterosses......................... Briare.
      Couturat et Cⁱᵉ....................... Paris.
      Fanien fils aîné...................... Idem.
      F. Pinet............................. Idem.
      F. Boucheron .... Idem.
      Th. Bourdier........................ Idem.
      Alph. Fouquet....................... Idem.
      Lemaire............................. Idem.

V

PRODUITS ALIMENTAIRES. PRODUITS CHIMIQUES[1].

Section C. — Vins. — Il suffit de dire que le groupe VI comprenait les vins pour être certain du succès que la France devait encore remporter sous ce rapport au concours d'Amsterdam, quoique le nombre de nos exposants, 125 seulement, fût, comme on le voit, assez limité et peu en proportion avec l'importance de cette grande branche de l'industrie française. Il y avait en tout, y compris l'Algérie, 635 exposants dans la section C de la classe 38. — 378 récompenses ont été accordées par le jury; sur ce nombre, la France en a obtenu 92, dont 4 hors concours et 5 diplômes d'honneur, et l'Algérie, avec ses 214 exposants, a remporté 107 prix, dont 4 diplômes d'honneur. Soit en tout 199 récompenses, c'est-à-dire les cinquante-deux centièmes de la totalité.

Les hors-concours de la France ont été :

M. Bignon, rapporteur de la classe 38, propriétaire du château de la Houringue, près de Bordeaux. Cru bourgeois supérieur. Par des soins constants et le choix éclairé des cépages implantés dans son vignoble, M. Bignon a su donner à ses vins une solidité et une finesse que le jury eût voulu récompenser par un diplôme d'honneur. Ce n'eût été, du reste, que la confirmation des succès que M. Bignon a remportés comme agriculteur et comme viticulteur dans tous les concours où il a présenté ses remarquables produits: grand prix à l'exposition de 1867 à Paris, même récompense en 1878, enfin sa nomination comme officier de la Légion d'honneur, tels sont les titres et les droits de M. Bignon, auxquels le jury d'Amsterdam eût été heureux d'ajouter la récompense supérieure accordée par la Hollande au mérite et au succès ;

[1] Groupe VI.

M. Paul Guillemot, de Dijon. Vins tout à fait hors ligne; les Chambertins et Clos-Vougeot présentés par M. Guillemot eussent été dignes des plus hautes récompenses, et le jury regrette également que sa qualité de juge n'ait pas permis de lui décerner le diplôme d'honneur, auquel l'incontestable supériorité de ses magnifiques produits lui eût donné tous les droits;

M. Roy, président de la classe 34, ancien président de la chambre de commerce de Paris; possède des cépages remarquables par leur caractère de force, de couleur, de vinosité et de bouquet (grand vin d'Issan); il aurait été digne de la plus haute récompense, s'il n'avait pas fait partie du jury;

M. Louis Barral, propriétaire à Frontignan. Les vins de Frontignan présentés par M. Barral ont été trouvés dignes d'une haute récompense que son titre d'expert a seul empêché le jury de lui décerner. Dans d'autres circonstances, un diplôme d'honneur lui eût été accordé. M. Barral avait déjà obtenu les premières récompenses dans toutes les expositions depuis 1867.

Les diplômes d'honneur ont été décernés :

1° A Mme veuve Berger, propriétaire du Brane-Cantenac. Grand vin d'un mérite incontesté;

2° A M. Guichard-Potheret, de Chalon-sur-Saône. Grands vins de Bourgogne présentés en bouteilles, provenant de ses récoltes depuis 1874. Ils ont été trouvés d'une conservation parfaite et possédant des qualités supérieures. M. Guichard a obtenu des récompenses de premier ordre à toutes les expositions auxquelles il a pris part;

3° A M. Henri Benezeck, à Cette, propriétaire du château Silhac, canton de Frontignan. Vins excellents récoltés sur souches américaines greffées et plantées depuis 1881. Ces résultats très remarquables donnent le plus vif espoir pour l'avenir du vignoble et méritent les plus grands encouragements;

4° A M. René de Saint-Foix, de Marseille. Vignoble de l'Arenas exploité avec soin. Cépages plantés dans un terrain calcaire desquels il a su éloigner le phylloxera. Produits excellents;

5° A M. Loche, de Reims. Le successeur de la maison Berton a soumis au jury des échantillons supérieurs qui ont été extrêmement remarqués par leur finesse, leur moelleux et leur vinosité.

La liste des autres récompenses se trouve à la fin du présent rapport. Comme dans le groupe précédent, nous nous sommes imposé certaines limites que le cadre de cet aperçu général et le temps nous empêchent de dépasser.

Malgré de nombreuses abstentions qui s'expliquent d'ailleurs par les vieilles relations qui existent entre la France et la Hollande et qu'une exposition n'aurait pu resserrer davantage, la France a conservé à Amsterdam, en fait de vins, la suprématie que les autres États viticoles ne peuvent lui enlever. A l'étranger, on trouve certainement quelques crus fameux et universellement appréciés : mais ces vins ne sont pas similaires de nos vins et par conséquent ne peuvent pas leur être comparés. Les grands vins de table de Bordeaux, de Bourgogne, de Champagne sont uniques au monde et leurs qualités supérieures et variées défient toute rivalité. Cependant, au point de vue de l'exportation des vins communs, l'Espagne et le Portugal nous font depuis quelques années une concurrence redoutable sur les marchés de l'Amérique du Sud et cherchent à s'ouvrir des débouchés nouveaux à Amsterdam, en particulier, pour la consommation des Indes néerlandaises. Leurs vins chargés en couleur et alcooliques supportent parfaitement le voyage et se prêtent à leur arrivée à des mélanges que les vins de France ne peuvent tolérer. Cette concurrence cesserait certainement le jour où le phylloxera serait dompté et où le prix de nos vins serait moins élevé qu'il ne l'est maintenant. Si nos récoltes reviennent à leur état normal, comme on a lieu de l'espérer, nous pourrons alors fournir des vins de consommation courante, se conservant bien et se recommandant par des qualités agréables, un léger bouquet et un degré alcoolique moyen. A ces mérites considérables nous joignons l'avantage d'occuper une position exceptionnelle entre les pays qui produisent et ceux qui consomment. Nous sommes pour les vins le centre indiqué et forcé des échanges [1].

Il est difficile de se rendre un compte absolument exact de l'importation annuelle des vins français dans les Pays-Bas. En effet, toute marchandise franchissant les frontières du côté de la Belgique est considérée par les douanes néerlandaises comme de provenance belge. D'où il résulte que nos vins venant par la voie de terre se confondent avec ceux importés par Anvers, d'Espagne ou d'autres pays de production. Cependant, d'après un document français que nous avons sous les yeux, la Hollande avait acheté, en 1881, 89,779 hectolitres de nos vins en fûts et en bouteilles.

[1] Raymond Sempé, *Étude sur les vins exotiques.* Bordeaux, 1882.

Dans ce chiffre ne doivent pas être compris les envois faits directement des ports de France aux Indes néerlandaises, ni ceux de Champagne qui viennent en majeure partie par les voies ferrées.

La contrefaçon de nos vins, particulièrement des vins mousseux de Champagne, fait un tort considérable à nos producteurs sur les marchés hollandais et les lois locales ne nous protègent pas assez pour pouvoir l'empêcher. Les poursuites judiciaires opérées, sur les instances de plusieurs maisons françaises, soit directement par elles, soit par le Consulat général n'ont pas donné un résultat satisfaisant, parce que ce n'est pas sur le territoire des Pays-Bas que les contrefaçons se commettent généralement.

Pour démontrer combien il est difficile d'atteindre les auteurs de ces véritables vols, nous citerons l'exemple suivant :

Une des grandes maisons d'Épernay, chargée par son représentant à Amsterdam d'expédier à un négociant des Indes néerlandaises 300 caisses de champagne, fait l'envoi dont il s'agit à Batavia, par la voie de Marseille, et transmet en même temps au destinataire le certificat d'origine signé à la mairie d'Épernay. Ce certificat d'origine est accompagné des autres pièces nécessaires en pareil cas. A peine cette expédition est-elle effectuée, qu'une quantité analogue de caisses de vins de Champagne contrefaits, portant les mêmes marques sur les bouchons et sur les caisses, les mêmes étiquettes sur les bouteilles, est acheminée par un port du Nord à destination de Batavia, où le négociant (généralement un Chinois qui trafique avec l'intérieur du pays) vend les 600 caisses au lieu des 300, en produisant pour la totalité le certificat d'origine tiré de la mairie d'Épernay. Ce commerce déloyal se fait malheureusement sur une grande échelle, pour les vins rouges comme pour les blancs, aussi bien en Amérique que sur le continent européen. Il n'y a qu'un remède possible à cet état de choses, c'est l'abaissement des prix de nos vins, lorsque le phylloxera, qui a déjà détruit près de 560,000 hectares de vignes, aura complètement disparu. Déjà depuis deux ans, nous constatons une amélioration dans le rendement de nos vignes. Le sulfure de carbone, les sulfocarbonates de potasse, les vignes américaines dans le Midi et la submersion ont combattu le terrible ennemi avec un certain succès et l'importation des vins étrangers, si considérable en 1882, a notablement diminué en 1883. Une amélioration sensible se manifeste donc dans la situation viticole de notre pays et nous avons l'espoir que la France restera toujours le premier marché du monde pour les vins fins et ceux de consommation courante.

La section A de la classe 38 comprenait les conserves alimentaires. viandes, légumes et fruits, beurres et fromages, oléo-margarines et autres. Dans cette section la France a remporté un diplôme accordé à la célèbre maison Rodel et fils, à Bordeaux, pour ses conserves diverses. En outre, M. Ch. Prevet, à Paris, s'est trouvé hors concours, comme membre du jury, ce qui l'a empêché de se voir attribuer la plus haute récompense. On connaît partout, en effet, les produits de la maison Prevet, tels que légumes desséchés et comprimés pour les armées de terre et de mer et l'ingénieuse application d'un système de chauffoir aux boîtes de conserves.

Les conserves de fruits, de truffes, les sardines, anchois, thons, tripes, légumes en boîtes ou en flacons formaient, dans la section française, un ensemble très remarquable, dont les débouchés, dans cette branche d'industrie éminemment française, augmentent de jour en jour.

La section B avait à s'occuper des articles de pâtisserie et de confiserie. des articles préparés de café, de cacao, des stimulants et condiments, du sel et de ses dérivés, des farines, des fécules et des produits agricoles. Les diplômes d'honneur accordés à la France ont été décernés : à la maison Ménier, pour ses chocolats répandus et estimés dans le monde entier; à la maison Groult, de Paris, pour ses pâtes et semoules alimentaires; à la Raffinerie parisienne, pour ses sucres; à la Société des agriculteurs du Nord, pour son exposition collective de grains et de graines de céréales. pour ses betteraves, etc.; à MM. Desprez et fils, à Capelle (Nord), pour leurs grains de blé et leurs graines de betteraves connus dans toute l'Europe; à M. Simon Legrand (Nord), pour ses betteraves-mères destinées à la reproduction, ses sucres obtenus de ses différents genres de betteraves, sa collection de blé et d'avoine en gerbe et en grains, de lin en tige et de seigle.

La section D de la classe 38 comprenait les spiritueux et les liqueurs. Malgré la réputation des maisons d'Amsterdam Wynand-Fockink et Erven-Bols, les héritiers Marie Brizard et Roger, de Bordeaux, n'en ont pas moins obtenu le diplôme d'honneur pour leurs célèbres liqueurs. Il en a été de même de la maison Cusenier fils aîné et Cⁱᵉ, pour son absinthe, sa prunelle, son curaçao, etc. Les fines-champagnes de M. Léon Croizet, propriétaire à Saint-Même, près Cognac, ont valu également à ce viticulteur un diplôme d'honneur. M. Bourdon, de Rémy (Oise), aurait obtenu pour ses alcools la plus haute récompense, s'il n'avait été membre du jury.

Nous ne pouvions concourir avec grande chance de succès dans la section E de la classe 38, dans laquelle se trouvaient les bières. Cependant la Société des brasseries de la Méditerranée, à Marseille et à Lyon, aurait obtenu un diplôme d'honneur pour ses bières et ses bocks (bières inaltérables en bouteilles destinées à l'exportation) et pour l'application des procédés de fabrication de M. Pasteur, si M. Velten n'avait pas été membre du jury. La plus haute récompense a été accordée aussi à M. Tourtel pour son excellente bière de Tantonville (Meurthe-et-Moselle), dont la brasserie produit annuellement 150,000 hectolitres de bière.

Dans la classe 40 (huiles, corps gras, stéarine, couleurs, caoutchouc, gutta-percha, produits pharmaceutiques, etc.), les membres du jury pour la France étaient MM. Frédéric Boude, raffineur de soufre à Marseille : Edmond Chiris, secrétaire rapporteur; Clavé, fabricant de cuirs à Coulommiers (Seine-et-Marne); Guimet, de Lyon, bleus d'outremer en poudre et en boule pour la peinture, l'impression et l'azurage; Huyard, inventeur d'un four pour la production du noir animal.

Les diplômes d'honneur remportés par la France ont été décernés :

1° A M. Calvé, de Bordeaux, pour ses huiles;

2° A M. Armet de Lisle, de Paris, pour ses alcaloïdes de quinquina;

3° A M. Arthus, de Paris, pour ses cuirs vernis;

4° A M. Adrien Basset, de Paris, pour ses peaux de chevreau;

5° A MM. Chapman, Corbeau et Gruel, de Pont-Audemer, pour leurs cuirs;

6° A MM. Deutsch fils, de Paris, pour leurs raffineries de pétrole;   .

7° A MM. Hardy, Milori et Cie, de Paris, pour leurs couleurs;

8° A MM. Hugo et Cie, d'Aubervilliers, pour leurs cuirs vernis;

9° A M. Henri Jumelle, de Paris, pour ses cuirs vernis;

10° A M. Ch. Roulet, de Marseille, pour ses huiles propres à la fabrication du beurre et ses tourteaux;

11° A MM. Serpette, Lourmand et Lorois, de Nantes, pour les mêmes produits;

12° A la Société anonyme des matières colorantes et produits chimiques de Saint-Denis (établissement Poirier et Dalsace), pour les couleurs tirées du goudron, de la houille, de l'orseille, etc.;

13° A la Société générale des cirages français, propriétaire des forges d'Hennebont. Cirage, encre, tôle et fer-blanc. Graisse spéciale pour nettoyer les métaux. Impression sur fer-blanc. M. Trottier, directeur de cette importante société, avait déjà obtenu la croix de la Légion d'honneur en 1878, et les plus hautes récompenses dans les expositions précédentes;

14° A M. Sueur fils, de Paris, pour ses cuirs vernis, lissés et grainés à l'usage de la carrosserie, de la sellerie, de la chaussure, de l'équipement militaire et de l'ameublement;

15° A MM. Solvay et Cⁱᵉ, de Varangéville-Dombasle (Meurthe-et-Moselle), pour leurs sels de soude carbonatés, caustiques, cristaux de soude, bicarbonate de soude, chlorure de calcium, acide chlorhydrique, sel raffiné.

La France, dans la classe 40, était brillamment représentée, comme on le voit, par les noms qui précèdent.

En somme, le groupe VI, qui comprenait les aliments, les boissons fermentées et distillées, le tabac, les huiles, les produits de la chimie industrielle, etc., était l'un des plus importants, à cause de la multiplicité des objets exposés et du nombre total d'exposants qui a dépassé le chiffre de 2,000. « L'exposition d'Amsterdam, dit le président du groupe VI, le savant professeur M. von Baumhauer, secrétaire de la société des sciences, a surpassé ses devancières, et ses organisateurs, comme tous les producteurs qui y ont pris part, peuvent être fiers du résultat obtenu. Dans ces nombreux étalages de marchandises si variées et si remarquables par leurs qualités et par leurs prix, l'industrie et le commerce d'exportation trouveront de nouvelles et puissantes ressources. » Notre pays, en raison du nombre considérable de récompenses qu'il a obtenues dans le groupe, peut revendiquer une large part dans les éloges et les espérances exprimés par M. le professeur von Baumhauer.

Dans le groupe VI, les hors-concours français étaient :

MM. Ch. Prevet et Cⁱᵉ	Paris.
Huyard	Bordeaux.
A. Boude et fils	Marseille.
Émile Guimet	Lyon.
Paul Pesier et Cⁱᵉ	Valenciennes.
Bignon	Bordeaux.
Paul Guillemot	Dijon.
Roy	Paris.

MM. Louis Barral...................... Frontignan.
    Edm. Bourdon...................... Remy-sur-Oise.
Les Brasseries de la Méditerranée (E. Velten)... Marseille et Lyon.
MM. E. Meyer et Cie..................... Paris.
    Chouet et Cie..................... *Idem.*
    Adolphe Wagret et Cie.............. Escautpont.
    Clavé-Bertrand et fils aîné. .... Coulommiers.
    Félix Dehaynin et Cie.................. Paris.

Les exposants qui ont obtenu un diplôme d'honneur étaient :

MM. Rodel et fils..................... Bordeaux.
    Menier......................... Paris.
    Groult......................... *Idem.*
    Simon Legrand................... Bersée.
    Desprez père et fils................ Capelle (Nord).
    Veuve G. Berger................... Brane-Cantenac.
    Guichard, Potheret et fils. .... Chalon-sur-Saône.
    Henri Benezech................... Cette.
    René de Saint-Foix................. Marseille.
La Raffinerie parisienne................... Paris.
MM. Loche......................... Reims.
    Marie Brizard et Roger.............. Bordeaux.
    Léon B. Croizet................... Cognac.
    Cusenier fils aîné et Cie. .... Paris.
    Tourtel frères (Brasserie de Tantonville).. Meurthe.
    E. Calvé et Cie..................... Bordeaux.
    A. Deutsch et ses fils. .... Paris.
    A. Hardy, Milori et Cie............. *Idem.*
    P. Marchand frères.................. Dunkerque.
    Ch. Roulet et Cie................... Marseille.
    Serpette, Lourmand, Lorois et Cie .... Nantes.
La Société anonyme des matières colorantes et pro-
        duits chimiques (A. Poirier et G. Dalsace).. Paris.
MM. Armet de Lisle et Cie.................. *Idem.*
    F. Arthus......................... *Idem.*
    A. Basset......................... *Idem.*
    Chapman, Corbeau et Gruel............. Pont-Audemer.
La Société générale des cirages français......... Paris.
MM. Th. Sueur fils..................... *Idem.*
    H. Jumelle....................... *Idem.*
    E. Hugo et Cie................... *Idem.*
    Renard père, fils et Cie............... Fresnes.
La Société des agriculteurs du Nord............ Lille.
MM. Solvay et Cie..................... Varaugéville-Dombasle.

VI

MÉCANIQUE. INSTRUMENTS ET OUTILS.
MOYENS DE TRANSPORT [1].

Les diplômes d'honneur accordés aux exposants français de ce groupe se répartissent ainsi qu'il suit :

1° M. Albaret, de Liancourt (Oise), pour ses machines agricoles et machines à vapeur.

2° Anciens établissements Cail, à Paris.

3° M. Arbey, de Paris, ingénieur mécanicien, scieries et machines, outils à travailler le bois.

4° Compagnie de Fives-Lille, appareils pour sucreries et autres.

5° M. Marinoni, de Paris, machines typographiques, lithographiques, presses rotatives.

6° M. Morane jeune, de Paris, presses pour huiles et stéarines, pompes hydrauliques, machines pour la fabrication des bougies.

7° M. Piat, de Paris, organes de transmission, pièces diverses fonte et acier.

8° Société générale meulière de la Ferté-sous-Jouarre, meules de moulins.

9° M. Vigneron, de Paris, machines à coudre.

10° M. Balbreck aîné, de Paris, instruments d'astronomie, de géodésie, de marine et de nivellement, boussoles et télémètres.

11° M. Collot, de Paris, balances pour les sciences.

12° M. Jules Duboscq, de Paris, spectroscopes, saccharimètres, inscripteurs photographiques, projections, lumière électrique.

13° MM. Ducretet et Cie, de Paris, instruments de précision pour les sciences et l'industrie, électricité.

14° M. E. Feil, de Paris, disques pour objectifs astronomiques.

15° M. Menier, de Paris, câbles, caoutchouc et gutta-percha manufacturés.

[1] Groupe VII.

16° M. Nachet, de Paris, microscopes.

17° Société générale des téléphones, à Paris, construction et installation de réseaux téléphoniques.

18° MM. Mathieu fils, de Paris, instruments de chirurgie.

19° Société anonyme de travaux, Dyle et Bacalan, à Paris, chantiers et ateliers de Bacalan, à Bordeaux, matériel roulant pour chemins de fer.

20° M. Decauville aîné, de Petit-Bourg (Seine-et-Oise), chemins de fer transportables entièrement métalliques.

21° M. Lemoine, de Paris, ressorts et essieux.

22° MM. Million Guiet et Cie, de Paris, voitures de luxe.

23° M. Muhlbacher, de Paris, voitures de luxe.

24° M. Hurtu, de Paris, machines à coudre, à fraiser, à tailler les mèches, à spirer. Tours à cylindres et pour outillage.

L'absence presque complète de documents sur les produits qui forment le groupe VII et notre incompétence dans des matières qui ne peuvent être traitées que par des ingénieurs ou des spécialistes nous empêchent de nous étendre aussi longuement que nous l'aurions voulu sur cet important chapitre.

Ce que nous pouvons affirmer, c'est que nous avions à Amsterdam des concurrents étrangers très sérieux, en tête desquels nous placerons les Belges, dont l'exposition de machines a été remarquable à tous les points de vue.

Il ne faudrait pas, cependant, en conclure que nos constructeurs leur soient inférieurs. Les machines françaises sont toujours plus fines, plus gracieuses et plus soignées dans tous leurs détails. Suivant la juste comparaison d'un savant ingénieur, M. Charles Boutmy, sorti de l'École de Liège, les bons constructeurs français font des chronomètres, tandis que les Belges, les Anglais et les Allemands ne fabriquent que des montres que l'on est trop souvent obligé d'envoyer chez l'horloger. Nos constructeurs conservent toujours la préférence pour les installations sérieuses dans lesquelles on reconnaît qu'une plus-value de 15 à 20 p. o/o sur le prix d'une machine étrangère est largement compensée par la durée, la sécurité et l'économie de vapeur. Le Creuzot, par exemple, qui, malheureusement, n'avait pas exposé à Amsterdam, n'a-t-il pas toujours en commandes plus qu'il ne peut livrer ?

En France, la main-d'œuvre est trop chère pour faire de la machine à bon marché, ajoute M. Boutmy. Le constructeur a tout profit à tirer la quintessence de l'habileté de ses monteurs auxquels il donne des salaires très élevés.

Il y avait à Amsterdam des machines de Fives-Lille et des anciens établissements Cail pour sucreries de cannes, une chaudière pour embarcations à vapeur, une machine verticale et une locomobile de Durenne qui étaient aussi appréciées, malgré leur prix, que les machines belges similaires.

Une seule maison représentait dignement l'industrie des machines pour travailler le bois : c'était la maison Arbey, de Paris. Seize machines différentes occupaient un espace de 180 mètres carrés. La plus curieuse et peut-être la moins connue était celle qui sert à fabriquer la paille de bois, dont l'usage pourra faire une grande concurrence à la paille ordinaire, au foin, au crin végétal, au varech pour l'emballage, pour le remplissage des matelas, etc. Cette matière possède une souplesse et une ténuité remarquables.

La deuxième machine était celle qui sert à découper le bois en feuilles de 5 millimètres d'épaisseur. Le découpage a cet avantage sur le sciage qu'il ne laisse rien perdre de la matière première. La scie à chariot destinée à scier des blocs de 1 mètre de large sur 6 mètres de long nous paraît spécialement appelée à rendre de grands services pour le sciage des bois, surtout le bois de teck dans les colonies néerlandaises. Les machines à façonner des jantes, des sabots, des crosses de fusil, des formes pour cordonniers sont également des plus ingénieuses et reproduisent avec une fidélité merveilleuse les modèles les plus variés.

M. Arbey exposait des machines à raboter, à forer, à cheviller, à tourner, pour affûter les scies, aiguiser les couteaux, enfin une collection complète des outils les plus perfectionnés et les plus pratiques pour travailler le bois. Le plus curieux des produits de la maison Arbey, mais qui, en raison de son emploi, ne pouvait pas fonctionner à l'exposition, était, sans contredit, la machine à abattre les arbres, capable de rendre d'immenses services aux Indes. La machine se compose d'un cylindre à vapeur recevant la vapeur d'une locomobile ou générateur quelconque, au moyen de tuyaux en caoutchouc. Une scie est fixée à la tige du piston. Le cylindre est monté sur un chariot que l'on peut déplacer à volonté. La machine est fixée à l'arbre à abattre au moyen d'une tige terminée par un crochet pointu. La vapeur étant introduite dans le cylindre, la scie est mise en mouvement et un ouvrier en règle la course et la vitesse au moyen d'une vis. On procède de la même façon pour découper les arbres. Seulement, au lieu d'opérer horizontalement comme pour l'abatage, la scie se meut verticalement. Cette machine a été employée dans l'exploitation des forêts du Caucase, de l'Esclavonie, de la Hongrie et de la Guyane. On a fait dernièrement dans la forêt de Saint-Germain l'essai d'une de ces machines vendue à la Société pour l'exploitation des forêts de Maroni (Guyane française). Une locomobile de trois à quatre chevaux alimentait de vapeur la machine à scier au moyen d'un tuyau en caoutchouc lui permettant d'évoluer sur une surface de 150 mètres carrés. Deux coups de marteau suffisent pour fixer la tige dans l'arbre. La vapeur étant introduite dans le cylindre, la machine se met en mouvement, dirigée par un seul homme assisté de deux ouvriers qui enfoncent des coins dans l'entaille pour régler la chute de l'arbre. Une minute suffit pour scier un chêne de 60 à 70 centimètres de diamètre. Le déplacement de la machine d'un arbre à un autre prend 6 minutes. En 42 minutes, on abattit 6 arbres de 60 centimètres de diamètre. En opérant de cette façon, on peut en moyenne abattre une quarantaine d'arbres par jour et par machine. Pour l'exploitation des forêts vierges, ces machines sont d'une utilité incontestable. En opérant au ras de terre, on ne perd rien du tronc. Elle pèse 150 kilogrammes et peut donc être déplacée avec facilité. Les locomobiles sont faites de façon à pouvoir fournir une force de trois à cinq chevaux. M. Arbey livre les mêmes machines pouvant être mues par l'électricité.

La maison Marinoni avait exposé 5 machines:

Une presse rotative, imprimant avec papier continu et fonctionnant avec plieuse mécanique;

Une presse à retiration avec receveur de feuille mécanique;

Une presse lithographique, nouveau modèle perfectionné, pour impression de luxe, ou chromo;

Une presse typographique en blanc, dite presse Indispensable;

Une presse à pédale dite l'Utile.

Ces machines ont fonctionné dans la galerie des machines pendant toute la durée de l'Exposition; elles étaient conduites par des ouvriers hollandais, appartenant aux imprimeries de la ville d'Amsterdam.

Cette exposition a été un des plus grands succès de la galerie des machines et tous les journaux hollandais ont, chaque jour, de leur propre initiative, engagé leurs lecteurs à la visiter.

Le jury international a décerné à la maison Marinoni la plus haute récompense, le seul diplôme d'honneur pour les machines à imprimer, et le gouvernement néerlandais a accordé à M. Marinoni la croix de chevalier de l'ordre du Lion. Un décret du 2 février 1875, nommant M. Marinoni au grade de chevalier de la Légion d'honneur, est accompagné de cette mention : « M. Marinoni, constructeur, a fait faire de notables progrès à l'imprimerie par les perfectionnements qu'il a apportés dans la construction des presses typographiques. » La croix d'officier de la Légion d'honneur lui a été accordée à la suite de son exposition à Amsterdam.

C'est, en effet, à M. Marinoni que l'imprimerie doit les machines simples et faciles à conduire qui ont aidé le plus à son développement.

La maison Marinoni a livré déjà plus de 7,000 machines dans tous les pays du monde.

Son chiffre actuel d'affaires avec les pays étrangers est d'environ 2 millions de francs par an.

Les machines Marinoni sont connues partout, et si bien connues que les constructeurs étrangers, pour lutter contre la concurrence de cette importante maison, ont cru devoir ajouter au nom des machines contrefaites qui sortent de leurs ateliers ces mots : *Système Marinoni.*

M. Marinoni est un chercheur et un travailleur. Ce qu'il veut donner aux imprimeurs, ce sont des machines simples, solides et faciles à conduire.

Ses magnifiques presses rotatives résument le génie de cet inventeur : elles donnent des résultats merveilleux, comme rapidité et comme exécution de travail, et cependant la conduite de ces machines est facile.

La maison Marinoni a fourni 115 machines aux imprimeries de la Banque de France, du Timbre national, des Ministères de l'intérieur, des finances, des postes et télégraphes, de la guerre, de la marine, du Conseil municipal et à l'Imprimerie nationale.

Elle compte, en France, 3,882 acquéreurs; en Espagne, 740; en Italie, 601; en Angleterre, 425; en Amérique, 403; en Hollande, 308; en Belgique, 278; en Allemagne, 259; en Russie, 109.

Porteur Decauville. — Le chemin de fer portatif Decauville a rendu de si grands services à l'installation de la section française et à la réexpédition de nos produits que nous serions ingrats si nous ne consacrions pas quelques lignes à l'important établissement industriel de Petit-Bourg (Seine-et-Oise).

Les premiers ateliers avaient été installés en 1854, auprès de la ferme de M. Decauville, pour construire une distillerie et pour faire les réparations des usines voisines. C'est là que notre compatriote a commencé

la fabrication de son fameux porteur, en 1876, avec 35 ouvriers. Ces
ateliers existent toujours au même endroit, mais d'autres bien plus considérables viennent d'être installés au bord de la Seine, sur un terrain
de 80,000 mètres avec raccordement au chemin de fer de Paris-Lyon-
Méditerranée. Les ateliers ne s'occupent plus aujourd'hui que de la
construction des chemins de fer portatifs. 600 ouvriers y sont employés
avec 280 machines-outils. A l'Exposition de 1878, le porteur Decauville
a valu à son inventeur 3 médailles d'or et d'argent et la croix de la Légion d'honneur. A l'Exposition d'Amsterdam, en 1883, M. Decauville a
obtenu un diplôme d'honneur, c'est-à-dire la plus haute récompense.

Le porteur Decauville, qui n'existe que depuis sept ans, fonctionne dans
le monde entier, chez 2,700 clients répandus sur la surface du globe,
depuis la France jusqu'au Japon, dans l'Australie, le Vénézuéla, les Indes
néerlandaises, etc.

Les applications de ce petit chemin de fer portatif sont aussi diverses
que nombreuses. Il est installé dans des parcs à huîtres, dans les brique-
teries, pour le transport des voyageurs dans la République Argentine;
dans le parc du Casino d'Arcachon (France); au jardin d'acclimatation
du bois de Boulogne; entre Sousse et Kairouan (Tunisie), 70 kilomètres.
On peut le voir également dans les caves de vins de Champagne de
MM. Mercier et Cⁱᵉ, à Épernay, de MM. Ackermann-Laurence, jusque
sur la côte d'Afrique pour l'embarquement des arachides à Gorée, jusqu'en
Australie pour le transport de la canne à sucre sur une longueur de voie
de 48 kilomètres avec 4 locomotives de 6 tonnes pour la compagnie des
sucreries de Sydney.

Enfin M. de Brazza possède au Congo un échantillon de cet intelligent
système pour le déballage et le chargement des chaloupes sur les wagons.

Le matériel exposé à Amsterdam et destiné à la ligne de Sousse à Kairouan (Tunisie) se composait d'une petite locomotive, de wagons de 1ʳᵉ,
de 2ᵉ et de 3ᵉ classe. Le tout était aussi coquet que confortable. On sait
que le matériel fixe du porteur Decauville est tout en fer et acier.

VII

GÉNIE CIVIL. CONSTRUCTIONS. BÂTIMENTS [1].

Les hors-concours du groupe VIII pour la France ont été:

1° MM. Boutmy et Cⁱᵉ, à Messempré-Carignan (Ardennes). Tôles lus-

---

[1] Groupe VIII.

trées, tôles pour panneaux de wagons, moulages divers et boîtes à graisse pour wagons;

2° La Société anonyme des laminoirs, forges, fonderies et usines de la Providence à Hautmont (Nord);

3° MM. Geneste Herscher et C\ie, de Paris. Ventilateurs pour mines et fonderies.

Les diplômes d'honneur ont été décernés :

1° A M. Marrou, de Rouen. Cadres de glaces en fer forgé et repoussé au marteau. Chenets, pelles et pincettes en fer forgé et repoussé au marteau. Écran en fer forgé. Blason armorié en fer repoussé. Pyramide en cuivre repoussé au marteau, destinée à la cathédrale de Rouen. Différents autres objets artistiques;

2° A MM. Mesureur et Monduit fils, de Paris, entrepreneurs de plomberie, de cuivrerie d'art et de couverture du nouvel hôtel de ville de Paris, des monuments historiques, des édifices diocésains et des bâtiments civils;

3° A la Compagnie de Fives-Lille. Défibreur système Faure. Moulins à cannes, chaudière à déféquer, appareil d'évaporation à triple effet, appareil à cuire dans le vide, appareils centrifuges, générateur type Java;

4° A M. Chappée, du Mans, fondeur constructeur. Matériel pour chemins de fer, usines à gaz, distributions d'eau et divers;

5° A MM. Dervillé et C\ie, de Paris. Exploitation de carrières tant anciennes que récemment découvertes par la maison; usines de marbrerie à Paris, Marseille, Bavay, Aulnoy, Jeumont, Valenciennes et Carrare;

6° A la faïencerie de Gien;

7° A la Société anonyme des ciments français et des portlands de Boulogne-sur-Mer et de Desvres. Société au capital de 22 millions de francs. Production annuelle, 125,000 tonnes;

8° Aux anciens établissements Cail, à Paris. Installations pour sucreries de cannes et de betteraves. Raffineries, distilleries, brosseries, menuiseries, etc.;

9° A M. Eiffel, ingénieur constructeur à Levallois-Perret, près Paris. Dessins encadrés : pont sur le Douro; viaduc de Garabit; pont de Szegedin; viaduc de la Tardes; nouveau pont de Cubzac; type d'un pont économique à parties variables, système Eiffel, applicable aux construc-

tions coloniales, au génie militaire et au service des chemins vicinaux et
ruraux. Ce pont, de 21 mètres de portée et de 3 mètres de large, avait
été établi sur le canal de l'Exposition d'Amsterdam ;

10° A M. Dru (Léon), ingénieur. Entreprise générale de sondages.
Constructions de matériel. Puits artésiens. Recherches de mines, d'eaux
minérales. Travaux de ports ;

11° A M. Lippman, ingénieur à Paris. Sondages, puits artésiens. Sources
minérales. Fondation tubulaire et fonçage de puits de mines par forages
à niveau plein et à pleine section ;

12° A M. Manhes (Pierre), de Lyon, administrateur délégué de la Société de métallurgie de cuivre mat et cuivre brut. Description de procédés
nouveaux pour le traitement des minerais de cuivre ;

13° A la Société des forges et hauts fourneaux d'Anzin, à Denain (Nord).
Fontes, fers, aciers bruts et ouvrés, modèles d'appareils métallurgiques.

Les documents que nous possédons sur le groupe VIII sont incomplets
et les matières qui en forment l'ensemble exigeant, d'ailleurs, comme pour
le groupe précédent, des connaissances spéciales, nous nous bornerons à
présenter quelques considérations générales et à établir un parallèle entre
nos industries et leurs similaires de l'étranger.

En ce qui concerne la métallurgie et ses dérivés, la France, dit
M. Boutmy, ne le cède à aucune autre nation, comme qualité, régularité
et fini des produits. En fait d'outillage, nous sommes peut-être inférieurs
à l'Angleterre. La raison en serait que, depuis plus longtemps que nous,
l'Angleterre doit lutter contre les prétentions des ouvriers, et il lui a fallu,
par conséquent, s'ingénier à remplacer partout l'homme par des machines. Les Anglais ont dans leurs usines des ouvriers fort largement
payés, mais le manœuvre est presque inconnu. Par contre, nous sommes
plus avancés qu'eux sous le rapport de l'économie de combustible. Nos
fours consomment moins, on gâche moins de houille ; en un mot, chacun
sait que le combustible est cher en France. Et cependant les moyens d'é-
conomiser le combustible ont été trouvés en Angleterre pour la fabrication
de la fonte. Mais ce n'a été que le contre-coup d'une économie de main-
d'œuvre que l'on recherchait. M. Boutmy tient ce détail de M. Thomas
Withwell, l'inventeur des célèbres appareils à air chaud. Il avait remarqué
que, lorsque ses appareils anciens chauffaient bien, les laitiers coulaient
tout seuls, même lorsqu'il surchargeait en calcaire. Il a donc cherché à
chauffer l'air soufflé le plus possible, afin d'avoir des laitiers suffisamment

fluides pour supprimer un homme par poste. Il a réussi et, de plus, il a constaté que sa consommation de coke par tonne de fonte était descendue de 1,300 à 1,050 kilogrammes. C'est pour ce motif qu'en France ses appareils ont été si rapidement adoptés.

Quoi qu'il en soit, nos grandes usines sont fort bien montées comme outillage et notre infériorité ne réside que dans des détails et dans l'ingéniosité des moyens simples que nous n'avons pas autant développés que les Anglais, puisque telle n'est pas notre préoccupation constante.

Les Allemands ont la main-d'œuvre à si bas prix et les transports à des conditions si douces que, tout en étant inférieurs aux Anglais et à nous-mêmes comme menu outillage, ils sont de redoutables concurrents pour nous et pour les Anglais, surtout en Hollande.

Les Belges peuvent être considérés comme intermédiaires entre les Anglais et les Français au point de vue de l'outillage et de l'économie du combustible. Ils ont pour eux d'excellents charbons sur place et des tarifs de transport admirables et absolument uniformes. Quelle que soit la province, la tonne de même marchandise paye le même prix pour le même nombre de kilomètres parcourus, quelle que soit la destination. Nous sommes loin malheureusement d'être traités aussi avantageusement par nos compagnies de chemins de fer. En métallurgie, l'on sait l'importance du rôle des transports. Les quantités nécessaires pour obtenir une tonne de fer marchand peuvent être estimées à 4 tonnes de combustible, 4 tonnes de minerais et 1 tonne et demie de fonte. Or, les minerais ne sont pas en France à proximité des combustibles et le fer se produit en grande partie dans les districts qui longent notre frontière de l'Est. Il faut donc faire faire un trajet considérable à la tonne de fer produite pour atteindre son point de consommation.

Les tarifs en vigueur sont fixés, la plupart du temps, par les compagnies, en raison de la concurrence que peuvent faire les canaux. La houille, cette matière première intéressant toutes les industries, paye des taxes variant de 8 centimes à 2 centimes et demi par tonne kilométrique, selon que la voie ferrée est riveraine ou s'éloigne d'un fleuve navigable.

Chaque année, on cherche à relever notre marine marchande et par conséquent nos exploitations, mais jamais on n'a voulu reconnaître que, quels que soient les grues et les bassins dont on dote nos ports, ce n'est pas cet outillage qui donne des débouchés au commerce. Un navire ne viendra aborder nos côtes que s'il y est obligé, car il n'est pas toujours assuré de trouver un chargement pour le retour. A Anvers, à Hambourg, au contraire, les capitaines n'ont que l'embarras du choix et ils peuvent compter sur une cargaison appropriée à leur installation pour retourner à leur port d'attache.

Nos tarifs de chemins de fer sont beaucoup trop élevés pour pouvoir d'abord produire à bon marché, puis aborder la mer à des conditions possibles. Il en résulte que nous ne pouvons pas exporter, que nos frais généraux n'ont pas un diviseur suffisant et que nos prix de revient de matières fabriquées sont plus chers que chez nos voisins.

En métallurgie, la main-d'œuvre joue aussi un rôle assez important. Lorsqu'un produit a une valeur intrinsèque aussi faible que les fers, chacun des éléments de son prix de revient pèse plus lourdement sur le total. En Belgique, la main-d'œuvre peut être évaluée pour la métallurgie à 6 ou 8 p. o/o moins cher qu'en France, mais en Allemagne, d'après les renseignements qui ont été fournis à M. Boutmy, la différence est au moins de 20 p. o/o.

VIII

VILLE DE PARIS.

RAPPORT SUR L'EXPOSITION DE LA VILLE DE PARIS AU CONCOURS INTERNATIONAL
D'AMSTERDAM, EN 1883,

Par M. ARMAND RENAUD, inspecteur en chef des beaux-arts et des travaux historiques
à la Préfecture de la Seine.

Quand le principe de la participation de la ville de Paris à l'Exposition d'Amsterdam eut été voté par le conseil municipal et que la capitale de la France eut ainsi témoigné de ses sentiments sympathiques pour la capitale du pays qui fut un des premiers et des plus glorieux refuges de la pensée moderne, l'Administration dut se préoccuper de trouver les moyens pratiques pour rendre cette participation effective et, tout en se tenant dans les limites d'un crédit et d'un espace restreints, digne à la fois de la ville qui recevait l'hospitalité et de celle qui la donnait.

Pour cela, il fallait moins s'appliquer à faire une exposition complète de tous les procédés, de tous les moyens employés par la municipalité pour assurer les différents services dont la charge lui incombe, qu'à extraire de la multiplicité des détails les points les plus intéressants et, autant que possible, les plus nouveaux. En agissant d'autre façon, on eût risqué, d'une part, de tomber dans la répétition de ce qui avait été vu à l'exposition de 1878, et, de l'autre, étant donné le peu de place dont on disposait.

d'entasser pêle-mêle une foule d'objets et de documents dont il eût été impossible de faire aucun classement méthodique.

C'est donc par élimination qu'on procède et l'on arrive ainsi à mettre en réserve les éléments d'une exposition pour ainsi dire concentrée, donnant tout ce qui était caractéristique et se gardant des répétitions banales.

Les préoccupations de la municipalité se sont, depuis dix années, portées si vivement sur le développement de l'instruction primaire et de l'éducation générale ou professionnelle du peuple que les efforts tentés et les résultats obtenus dans ce sens devaient forcément tenir une place exceptionnelle dans l'exposition de la ville de Paris.

Enseignement. — La direction de l'enseignement primaire a réclamé et obtenu pour elle seule la moitié du pavillon. Les objets qu'elle a exposés se rapportaient, pour une grande part, au dessin, tel qu'on l'apprend aux enfants dans les écoles primaires, non pour en faire des artistes, mais des ouvriers appelés à s'en servir comme d'une arme précieuse dans la lutte industrielle. A côté du matériel de cet enseignement, d'un spécimen complet d'installation d'une classe de dessin, de la série progressive des modèles employés, se trouvaient les résultats, c'est-à-dire les travaux des élèves, selon leur âge et l'avancement de leur instruction.

Mais si la connaissance du dessin complète l'ouvrier, elle ne suffit pas pour le préparer convenablement. Il lui faut l'habileté et la vigueur manuelles que peut seul donner l'usage des outils. Aussi, dans des écoles professionnelles dont certainement le type se multipliera, enseigne-t-on à travailler le bois et le fer. L'enfant n'est pas spécialisé dans telle ou telle catégorie de métier, mais il acquiert les notions générales qui lui permettent de se spécialiser plus tard, en subissant moins les inconvénients de l'extrême division qui s'impose au travail actuel.

Pour les filles, on procède d'après les mêmes principes en tenant compte des connaissances spéciales nécessaires à leur sexe pour la bonne tenue d'un ménage, de leur force moins développée et, par contre, de leur aptitude plus grande aux travaux délicats. La confection, la lingerie, la fabrication des fleurs sont leur apanage, et au pavillon de la ville se trouvait exposée plus d'une véritable merveille enfantée par ce qu'on a si bien appelé les doigts de fée.

Dans le catalogue de l'exposition de la ville de Paris qui devra plus d'une fois être cité au cours de cette étude, parce qu'il ne contient pas seulement des nomenclatures d'objets, mais, à propos de chaque série, les renseignements généraux les plus précis, le sous-directeur de l'enseignement, M. Duplan, a inséré un résumé plein de faits de toutes les formes que la ville de Paris s'est efforcée de donner à la réorganisation et à l'extension de l'éducation populaire.

Pour les écoles maternelles, les écoles primaires élémentaires, les cours du soir destinés aux adultes et aux apprentis, les écoles primaires supérieures, les établissements d'enseignement professionnel, on y trouve, à côté des programmes, le mouvement statistique comparé des cours et des élèves en 1871 et en 1883. Or, voici le relevé de ce mouvement : en 1871, 243 écoles avec 73,579 élèves, et, au commencement de 1883, 359 écoles avec 120,798 élèves, c'est-à-dire une augmentation de plus d'un tiers.

En fait d'enseignement professionnel, il n'y a pas à comparer; tout est nouveau. Et, pourtant, que de variétés déjà! Écoles d'apprentis proprement dites, cours professionnels généraux, écoles de chimie et de physique industrielles, cours de comptabilité et d'enseignement commercial.

De plus, à côté des écoles et des cours, c'est-à-dire de l'enseignement même, sont venues se placer une foule d'institutions complémentaires dont le fonctionnement pouvait être étudié par quiconque prenait la peine de consulter les documents du pavillon de la ville: caisse des écoles pour faciliter aux enfants pauvres la fréquentation de l'école et développer l'émulation; cantines scolaires pour assurer des aliments chauds aux enfants qui ne quittent pas l'école dans la journée; caisses de pupilles pour les orphelins et les abandonnés; bourses d'entretien pour les enfants bien doués, mais appartenant à des familles qui ne pourraient prolonger leur maintien dans les écoles primaires supérieures.

Inutile de dire que partout l'enseignement lui-même est gratuit.

La comparaison des deux chiffres suivants a plus d'éloquence que toutes les phrases : en 1871, le budget de l'instruction était de 7 millions 1/4 environ; en 1883, il atteint 26 millions.

C'est la preuve que véritablement la ville de Paris prépare des générations nouvelles pour l'avenir et l'on peut en augurer que, dans quelques années, l'effet, encore latent, de ces mesures, se manifestera par l'élévation générale du niveau intellectuel.

Bibliothèques populaires. — A côté de l'enseignement proprement dit, il existe, dans la diffusion de la lecture, un autre moyen de propagation des idées et des connaissances humaines que la ville de Paris ne pouvait négliger.

L'exemple avait été donné, depuis longtemps déjà, par l'Angleterre et les États-Unis; et l'on était en droit de regarder comme une véritable lacune, que les gens n'ayant ni les loisirs nécessaires pour la fréquentation des bibliothèques de l'État ni les moyens de se procurer une bibliothèque personnelle n'eussent, s'ils trouvaient un attrait dans les livres, que les ressources des cabinets de lecture où leur curiosité ne pouvait le plus souvent se repaître que d'aliments malsains et insuffisants. Il y a une dizaine d'années que le mouvement réparateur commença, mais il ne s'accentua quelque peu qu'en 1878, où l'on s'occupa de relever officiellement le nombre des prêts : 29,339. L'année suivante, ce nombre fut doublé. En 1882, on arriva à 363,322 prêts.

Dans les vingt arrondissements, il existe maintenant des bibliothèques municipales de prêt gratuit à domicile et de lecture sur place. Le chef de service, M. Dardenne, dans le catalogue de la ville de Paris, donne pour chacune de ces bibliothèques le nombre des volumes, les renseignements sur les catalogues méthodiques et dont beaucoup sont imprimés, enfin le mouvement des lecteurs, soit sur place, soit à domicile.

A l'Exposition d'Amsterdam se trouvaient les types des catalogues, des livrets, des reliures solides et simples adoptées pour les livres. Dans le classement des genres de livres demandés on constate que le roman domine; mais l'inconvénient qui résultait de cette tendance avec les cabinets de lecture n'existe plus avec des collections choisies où beaucoup de romans ne sont que des fictions ingénieuses, appliquées à la vulgarisation scientifique, où tous sont de bon goût et de morale convenable. Après le roman vient la littérature française ou étrangère, puis ce sont les sciences, l'histoire, les voyages, la géographie, etc.

Une innovation dont la première pensée revient au regretté préfet, M. Herold, qui s'est souvenu des obligations d'un nom glorieux, a été le prêt gratuit des partitions musicales. Ce qui prouve que cette mesure répondait aux besoins d'un goût musical très vif, c'est qu'en 1882 on comptait plus de 9,000 partitions empruntées.

Les résultats ont donc été des plus satisfaisants et encouragent à faire plus encore. En beaucoup d'endroits on va compléter les bibliothèques d'arrondissement par des bibliothèques de quartiers.

D'autre part, il y a un certain nombre de bibliothèques libres, répondant à des besoins particuliers. L'Administration, loin de voir défavorablement ces concurrences, les encourage et les subventionne. A l'Exposition d'Amsterdam figuraient notamment des documents très complets sur la bibliothèque populaire libre des Amis de l'instruction du xive arrondisse-

ment. On y voyait qu'à côté des livres fonctionne tout un ensemble de
cours, de conférences, de matinées, d'excursions, destinés à développer
l'esprit en le distrayant et à lui apporter ainsi le meilleur excitant pour lui
donner le goût des bonnes lectures, faites avec réflexion et discernement.

Considérations d'art. — A un autre point de vue, trois séries de travaux
qui sont la préoccupation constante de la municipalité parisienne contribuent à développer le sens artistique du peuple : l'architecture, les
promenades, les beaux-arts. C'est avec intention que ces trois séries, admi-
nistrativement séparées, sont rapprochées dans cet exposé; du reste, toutes
les trois reçoivent leur impulsion d'une même pensée. Le directeur des
travaux de Paris, M. Alphand, tout en présidant au grand service des
eaux, des canaux, de l'assainissement, de l'éclairage, de la viabilité, c'est-
à-dire à tout ce qui est nécessaire pour la vie courante d'une grande ville,
s'est continuellement préoccupé de ce qui pouvait l'orner. Il la veut salubre,
outillée pour les communications rapides et faciles, mais en même temps
suprêmement élégante comme doit l'être une capitale non seulement de
l'industrie et de la politique, mais des lettres et des arts; Paris, en un
mot, tel qu'il a commencé à se révéler il y a deux ou trois siècles et tel
qu'il est resté au milieu de ses vicissitudes.

Promenades. — Au pavillon de la ville de Paris, on pouvait voir des
vues très habilement exécutées par M. Jules Didier, du Bois de Boulogne,
cette œuvre de prédilection de M. Alphand, des Champs-Élysées et des
Buttes-Chaumont. On peut dire, sans exagération, que cet ensemble donnait la notion aussi exacte que possible d'une succession de merveilles, sans
rivales en France et dans le monde entier.

De la place de la Concorde à l'extrémité des lacs, se trouve ménagée
une suite de perspectives admirables où, après avoir joui des lignes archi-
tecturales les plus grandioses, on voit peu à peu s'y substituer, par une
transition savante, tous les effets que l'on peut tirer des arbres, des eaux
et de la verdure, ingénieusement combinés.

Le Bois de Vincennes, moins parfait comme ensemble, mais si pitto-
resque dans certaines parties, n'avait pas été oublié et se trouvait représenté
par un fusain de M. Dardoize. Peut-être pourrait-on regarder ces grandes
créations comme représentant des dépenses de luxe; ce serait une erreur.
Rien n'est plus fait pour tous et plus profitable à tous. On peut dire que
l'aspiration d'un air pur, en contemplant ces beaux horizons, est, le di-
manche, la santé et la joie de la population parisienne.

Architecture. — L'exposition très complète des travaux d'architecture avec les notes fournies au catalogue par le chef de service, M. Mentat, a pu donner l'idée des besoins de toute nature, intellectuels et matériels, dont la satisfaction a été cherchée dans la construction des édifices municipaux.

D'abord, on trouvait, dans cette section, des photographies et des vues du nouvel hôtel de ville, ce véritable palais, œuvre gigantesque où l'architecte en chef, M. Ballu, a su allier le respect scrupuleux du monument de la Renaissance avec la création de parties originales du plus heureux effet, partout où son imagination pouvait se donner carrière; puis des dessins de mairies d'arrondissement, plus modestes naturellement, mais encore très importantes, avec tous leurs besoins nouveaux : salles de mariages, salles de réunions et de fêtes, non plus froidement nues comme autrefois, mais décorées avec sollicitude, selon l'importance qu'a prise le développement de la vie civile.

A côté s'accumulent les projets des édifices affectés à l'enseignement : ici tout ce qui intéresse l'École de droit, la Faculté de médecine, la Sorbonne; là, ce qui s'applique aux écoles primaires, supérieures ou ordinaires. Il ne peut être donné le nom de tous les architectes éminents, auteurs de ces projets. Notons seulement, comme œuvre rapide et pratique, les écoles provisoires de M. Bouvard, combinées de telle façon que, sous la pression de la loi rendant l'instruction primaire obligatoire, on a pu, en cinq mois, en ouvrir 58, capables de contenir plus de 15,000 élèves dans des conditions hygiéniques satisfaisantes.

Venaient, enfin, des dessins et des photographies d'hôpitaux, d'hospices, d'asiles, de prisons, de casernes, de postes contre l'incendie, de marchés et d'entrepôts, sans compter la grande œuvre de Duc, adjointe au palais de justice pour l'installation de la Cour de cassation et quelques églises venant combler des lacunes, au milieu de l'ensemble très complet et très brillant qu'offre Paris, au point de vue des édifices religieux.

Beaux-arts. — Mais tous les travaux dont nous venons de parler appellent un complément nécessaire. Les promenades comme les édifices, au moins ceux qui ne sont pas d'utilité matérielle, ont besoin d'œuvres d'art qui les vivifient, leur donnent de l'intérêt et contribuent, d'une autre façon, à cette éducation générale que nous avons signalée comme un des buts principaux poursuivis par la ville de Paris.

Cette branche importante de productions municipales a été représentée à Amsterdam par l'exposition qu'a organisée le service des beaux-arts.

Des typographies et des esquisses donnaient les plus nouvelles et les plus
originales de ces productions. En ce qui concerne la peinture, des com-
positions avec figures, destinées à décorer des salles de mairies et même
d'écoles, étaient la partie caractéristique de l'exposition. La plupart avaient
été choisies à la suite de concours. Rien n'était plus curieux que de comparer comment des natures d'artistes également bien doués, avec des tempéraments différents, avaient traité les mêmes sujets : la figuration de la
vie civile, le culte de la famille et de la patrie.

MM. Moreau, de Tours (mairie du IIᵉ arrondissement), se rattachant
aux souvenirs de nos origines; Cormen (mairie du IVᵉ), cherchant, avant
tout, comme M. Thirion (mairie du XIIIᵉ), des allégories plafonnantes;
Émile Lévy (mairie du VIIᵉ), gracieux avant tout; Louis Boulanger (mairie
du XIIᵉ), plus énergique; Gervex et Blanchon (mairie du XIXᵉ), préoccupés
principalement de rendre l'impression de la réalité, donnaient les notes
les plus variées sur un même thème.

Pour les écoles, MM. Jules Didier et Baudouin, tous les deux désignés
par le concours, avaient tiré heureusement parti, le premier, d'un préau
couvert, autour duquel il avait représenté les principaux métiers; le second, d'une salle de dessin où il avait reproduit de préférence, parmi les
travaux de l'homme, celui qui tient le plus à la vie de tous : l'ensemencement, la récolte, l'utilisation du brin d'herbe qui nous donne le pain.

Il serait trop délicat de citer de préférence des noms, de choisir des
œuvres; faisons remarquer du moins qu'un simple coup d'œil jeté sur la
vitrine permettait de s'assurer qu'aucun point de Paris n'avait été négligé;
que si le merveilleux jardin aristocratique du parc Monceau, ce chef-
d'œuvre d'élégance, possédait le *Paradis perdu* de Gaucherin, si le *Gloria
Victis* de Mercier s'offrait aux regards en haut de la chaussée d'Antin, le
square populaire du Temple, par exemple, jouissait de faveurs analogues,
avec les statues de premier ordre qu'on lui avait départies.

La plupart de ces statues ont été acquises à la suite de choix faits au
salon annuel par des commissions spéciales de l'administration et du conseil municipal, mais dans la vitrine se trouvaient représentés trois véritables
monuments dont le Conseil municipal avait voté la mise au concours et la
commande, avec une destination bien déterminée d'avance: le groupe si
simplement grand et si touchant de *la Défense de Paris* de Barrias, pour
le rond-point de Courbevoie; le monument de *la République*, de Léopold
et Charles Morin, pour la vaste place de l'ancien Château-d'Eau, avec ses
douze bas-reliefs représentant les principaux épisodes de notre histoire politique depuis la Révolution; enfin, pour la place de la Nation, le monument

allégorique de *la République* par Dalou, où, traînée par des lions, la grande figure symbolique est accompagnée de la Liberté, de la Justice et du Travail.

L'hôtel de ville, non encore achevé à l'intérieur, n'était représenté par aucune œuvre de décoration picturale, mais on avait mis dans un album quelques spécimens des œuvres de sculpture qui y sont placées, on peut dire à profusion, puisqu'on y comptait, tant à l'extérieur qu'à l'intérieur, plus de 200 statues ou groupes.

Quelques gravures, entre autres l'eau-forte de Bracquemon, reproduisant, avec toute l'intensité demandée par le sujet, le *Boissy d'Anglas* d'Eugène Delacroix, des médailles, entre autres celle de Daniel Dupuis, adoptée comme type officiel, par l'Administration et le Conseil, à la suite d'un concours, complétaient l'ensemble de l'exposition des beaux-arts de la ville de Paris, avec des documents sur les concours de musique qui ne pouvaient y être représentés que par les programmes et les partitions couronnées.

En somme, cette exposition établissait d'une manière non douteuse la vive sympathie que la ville de Paris n'avait cessé d'accorder aux beaux-arts. Elle offrait, de plus, cet intérêt spécial, que le concours avait joué un grand rôle dans la production des œuvres et que l'on pouvait se rendre compte des résultats obtenus par ce système, excellent à condition qu'on ne le généralise pas trop et qu'il n'exclue pas, dans toutes les circonstances, les maîtres qui, à tort ou à raison, ne concourent plus.

D'autre part, il se dégageait de l'examen comparé des œuvres exposées un sentiment dont la note juste semble donnée par les considérations suivantes, insérées dans le catalogue de la ville de Paris.

Auparavant, l'ornementation des édifices religieux était presque exclusivement le but proposé à l'activité artistique. En dehors de certains monuments d'une importance exceptionnelle, dont le nombre était forcément restreint, on n'accordait rien ou presque rien aux édifices civils. La proportion s'est, pour ainsi dire, retournée. On a jugé que, pour les églises suffisamment remplies d'œuvres d'art, on pouvait se restreindre à la conservation des richesses existantes, et que tous les efforts devaient se porter de préférence vers les édifices, jusque-là un peu délaissés, maintenant devenus l'objectif et la préoccupation de la société nouvelle : les mairies et les écoles, par exemple; les mairies où s'enregistrent tous les grands actes de la vie, où les salles de réunions et les salles de mariages constituent des centres qui réclament une certaine pompe, si l'on veut qu'ils inspirent au citoyen le respect nécessaire; les écoles où se forment, pour la lutte de l'existence, les générations à venir.

En laissant de côté toute autre considération, on peut dire qu'au point de vue esthétique, cette innovation est de la plus grande portée. La répétition éternelle des mêmes sujets rejetait la plupart des artistes dans l'imitation. Avec les traditions entretenues par l'école de Rome, on se tenait trop souvent dans le pastiche, honorable sans doute, mais enfin dans le pastiche des chefs-d'œuvre passés. Les exigences nouvelles ont eu le salutaire résultat d'obliger les concurrents à transformer leurs habitudes, à chercher des idées originales. Sans renier l'acquis fourni par l'étude consciencieuse du beau dans les maîtres, on a été amené à appliquer ses connaissances, son talent, à des productions plus en rapport avec la société à laquelle elles étaient destinées. De là, chez les uns, l'alliance des souvenirs antiques, des formes abstraites de l'allégorie, avec l'idée moderne; chez les autres, la recherche plus vive encore de l'actualité, la prise sur le fait du réel, sans compromis avec le passé.

Histoire de Paris. — Jusqu'à présent, dans ce rapide abrégé, nous avons suivi la ville de Paris dans ses préoccupations de développement social, scientifique, esthétique, dans ses créations matérielles, qui avaient pour but la santé morale et physique de l'homme, l'éducation, l'hygiène, la facilité de la vie, des relations, l'initiation au sentiment du beau, c'est-à-dire ce qui concerne avant tout le présent et prépare l'avenir.

La bibliothèque du pavillon de la ville révélait une autre préoccupation dont aucune grande cité, ayant des souvenirs, ne peut s'abstenir sans déchoir: celle de ses traditions historiques et de ses transformations.

C'est dans cet ordre d'idées que s'est commencée et se continue la collection de l'Histoire générale de Paris; aucune branche n'est négligée : topographie des vieux quartiers, armoiries, jetons, manuscrits, métiers, anciennes bibliothèques, sans compter les ouvrages en préparation comme l'*Épitaphier*, le *Cartulaire*. Mais depuis un certain temps, on s'est de plus appliqué à rechercher, d'une manière approfondie, les vestiges nombreux, légués par le passé, de la vie et de l'activité municipales.

La monographie d'Étienne Marcel, le seul magistrat politique du moyen âge français ayant eu la vision anticipée de l'organisation moderne, rentre dans cette catégorie, ainsi que le vaste travail de copie et d'impression commencé sur les anciens registres du bureau de ville. Comme complément était exposé un exemplaire de l'Atlas des anciens plans, qui permet de reconstituer les aspects de Paris aux différentes époques.

C'est à ce respect du passé, combiné avec le désir de multiplier l'in-

struction sous toutes ses formes que se rattachent également ces inscriptions rédigées par un comité de savants et dont le recueil avait été placé à
la bibliothèque du pavillon de la ville.

Il ne nous reste plus que peu de choses à signaler, car nous nous
sommes plutôt proposé dans cette étude de considérer l'exposition de la
ville de Paris au point de vue des idées, des tendances qu'elle pouvait
révéler que sous son côté matériel.

Questions scientifiques et administratives diverses. — C'est pour cela que
nous ne ferons que mentionner les indications que l'on trouvait au pavillon de la ville, sur les efforts si multipliés des ingénieurs en chef des eaux
(M. Couche), des égouts (M. Humblot), de l'assainissement (M. Durand
Claye), pour assurer aux habitants la plus grande quantité d'eau pure et
le meilleur rejet des impuretés; sur les travaux de l'observatoire de Mont-
souris (M. Marié Davy, directeur) relatifs aux analyses atmosphériques;
sur ceux du laboratoire de chimie (M. Girard, directeur), contre la falsifi-
cation des denrées; sur les procédés statistiques et démographiques de
M. le docteur Bertillon; sur les questions d'approvisionnements et de cimetières. C'est pour cela que nous nous contenterons également de signaler, sans nous y appesantir, l'exposition spéciale du corps des sapeurs-
pompiers (colonel Couston), où l'on voyait des appareils si ingénieux mis
à la disposition d'hommes chez lesquels l'héroïsme ne tarit jamais.

CONCLUSION.

Au moment où l'analyse entreprise par nous touche à sa fin, il convient
de conclure.

Quelle a été la valeur de l'exposition de la ville de Paris, comparée aux
expositions similaires d'autres pays?

Quelle idée s'en dégage et quelles prévisions autorise-t-elle?

Sur le premier point, on peut répondre, sans présomption, que la ville
de Paris est sortie de cette épreuve en affirmant une fois de plus sa supériorité de capitale. Le diplôme d'honneur qui lui a été attribué le témoigne
et, mieux encore que le diplôme, le mouvement de curiosité et d'intérêt
dont son exposition n'a cessé d'être l'objet.

On disait, depuis quelque temps, non que Paris avait perdu de
son importance, mais qu'il était resté stationnaire, tandis que tout autour,
en Europe, les grandes cités progressaient. Paris a pu prouver une fois de
plus que, sans prendre ombrage des efforts de ses voisins, il s'en rendait

compte et qu'il redoublait les siens pour ne pas être diminué de l'amélioration des autres. La grande ville qui a tout fait pour le progrès universel
ne peut qu'être heureuse que le monde marche. Seulement, elle veut rester
à la tête du mouvement.

Elle y est toujours.

Il serait difficile de comparer, sans entrer dans des détails qui nous entraîneraient trop loin, les machines, les systèmes et procédés qui assurent à Paris la satisfaction de tous les besoins matériels d'une grande
ville; mais sur trois points la comparaison est plus facile, parce qu'elle a
sauté, pour ainsi dire, aux yeux de tous : l'enseignement, l'architecture,
avec son complément, les parcs et les jardins, enfin les beaux-arts.

L'enseignement! Nulle part on n'a trouvé une préoccupation plus intelligente de tout ce qui peut développer l'esprit de l'enfant, de tout ce qui
en même temps assure son hygiène et son bien-être matériel. Nulle part
on n'a trouvé non plus une telle progression d'efforts en si peu d'années.

L'architecture! Nulle part on ne s'est appliqué avec autant d'ardeur à
allier le bon goût avec les nécessités de l'application. Partout où le genre
de l'édifice n'excluait pas toute idée d'ornementation, on a cherché à avoir
un style, à attirer les yeux par une élégance sobre. Partout où la disposition des lieux justifiait la présence d'arbres, de plantes, de points de vue,
de sources et de verdures, on a eu savamment recours à la nature pour
compléter et vivifier le décor.

Les beaux-arts! Là le triomphe est complet. Quelle autre ville s'est ma-
nifestée comme ornant avec autant d'amour tout ce qui est destiné au
public! L'Italie, la Flandre, les Pays-Bas ont sans doute créé, sous une
impulsion analogue, des chefs-d'œuvre immortels. Mais, dans le présent,
on peut dépenser, autre part, autant et plus d'argent, on n'aura pas à son
service cette phalange d'artistes qui, chaque fois qu'on fait appel à eux,
arrivent avec des trésors plein les mains.

Certes, il ne faudrait pas croire que Paris n'ait plus rien à faire, qu'il
doive se renfermer en lui-même et se contempler, en dédaignant tous les
exemples qui peuvent lui venir du dehors.

Dans l'ordre de l'idée des musées professionnels, il a encore un but à
atteindre. A côté des chefs-d'œuvre de l'art pur, il faut à une cité qui
combat pour garder la suprématie dans les industries de luxe, des collections bien complètes, bien accessibles à tous, des chefs-d'œuvre de l'art
appliqué. Au pavillon de la ville, on trouvait bien l'enseignement du dessin et la préparation professionnelle, mais on s'arrêtait là. On cherchait
l'indication d'un musée d'exemples, de modèles, venant fournir des docu-

ments à l'homme fait, à l'ouvrier en pleine recherche de production. C'est à combler cette lacune, non en généralisant comme l'État, mais en se mettant, avant tout, au point de vue des intérêts spéciaux de la population ouvrière parisienne, que la ville doit s'appliquer de tous ses efforts, soit par elle-même, soit avec le concours de sociétés libres, comme celle des arts décoratifs.

Cette ombre au tableau signalée (ombre qui va disparaître au premier jour, on peut en être certain à voir le mouvement d'opinion qui se fait dans ce sens), si, dans l'exposition de la ville, après avoir constaté le fait de son éclat hors ligne, nous cherchons l'idée qui s'en dégage, nous arrivons à cette déduction que nulle part on ne se préoccupe autant de ce qui peut être utile, instructif ou agréable à tous.

Tous, sans exclusion, riches et pauvres, profitent de la beauté et de l'élégance répandues, grâce au sentiment de l'art appliqué à toutes choses. Mais plus particulièrement apparaissent deux idées fécondes :

1° Faire pénétrer, par les écoles, les cours, les conférences, les bibliothèques, la lumière de l'instruction dans les couches profondes dont l'ignorance serait un danger pour une démocratie, et diriger cette instruction de manière à produire non des déclassés, mais des ouvriers mieux outillés pour tous les métiers et surtout pour ceux d'art industriel;

2° Sans toucher aux convictions religieuses, constituer plus fortement la société civile, en l'honorant dans ses manifestations, faire de la famille et de la patrie des symbolismes indépendants et appeler l'art à consacrer, par des œuvres nouvelles de fond et de forme, la vie commune ainsi transformée.

En ce moment, bien des passions s'agitent encore dans tous les sens, autour de la construction qui s'élève. Mais le calme se fera, et, en voyant des générations nouvelles plus instruites de leurs devoirs, en même temps que de leurs droits, par l'éducation civique, en voyant plus de respect acquis à l'État et à la commune, devenus les régulateurs de la vie sociale, sans confusion avec ce qui est du domaine de la conscience intime, on acquerra bientôt la conviction qu'abstraction faite des difficultés de la transition, l'œuvre que poursuit la ville de Paris s'accomplit de la façon la plus sérieuse et qu'à l'Exposition d'Amsterdam où elle apparaissait si nettement, elle méritait d'être tout particulièrement saluée par son originalité et sa supériorité incontestables.

IX

DÉPARTEMENT DU NORD.

EXPOSITION DE L'ENSEIGNEMENT PRIMAIRE PUBLIC.

Bien que l'enseignement n'ait pas été compris dans le programme de l'Exposition d'Amsterdam, le département du Nord a voulu néanmoins montrer les résultats obtenus et les progrès réalisés dans cette branche des services publics sous l'impulsion éclairée et intelligente de la commission départementale, de M. Jules Cambon, préfet du Nord, et de M. Brunel, inspecteur d'académie, directeur de l'enseignement primaire.

C'était faire preuve d'une certaine hardiesse que d'organiser une exposition de ce genre dans un pays dont les établissements d'enseignement ont longtemps servi de modèles à l'étranger, où l'instruction est l'objet constant de la sollicitude et des soins du gouvernement et des particuliers, où les résultats obtenus, sans contrainte, sans obligation, sont vraiment remarquables, où la science pédagogique a atteint un très grand développement.

Nous ne pouvons nous empêcher de rendre hommage aux personnes qui s'occupent de l'instruction dans le Nord et qui ont prouvé à l'étranger, toujours enclin à nous critiquer, que d'immenses progrès ont été réalisés en France et que nous pouvons désormais rivaliser sans crainte avec les nations qui nous avaient devancés.

Les objets exposés par le département du Nord étaient classés en neuf groupes : 1° écoles normales; 2° écoles primaires supérieures; 3° écoles primaires élémentaires; 4° écoles maternelles; 5° musées scolaires; 6° sociétés protectrices des animaux; 7° travaux de maîtres; 8° plans d'écoles; 9° bulletin de l'enseignement.

L'*école normale d'instituteurs de Douai*, la seule qui existait dans le département au moment de l'exposition, avait envoyé un rapport du directeur, des programmes, des travaux d'élèves et de maîtres, des cartes et différents objets qui témoignaient à la fois et du savoir des maîtres et de l'application des élèves.

Les *écoles primaires supérieures*, outre les programmes, exposaient des spécimens des cours, des cahiers d'écriture, des dessins, des devoirs journaliers destinés à donner la physionomie exacte et complète des études, et enfin des œuvres manuelles des élèves. Ces derniers objets ont particulièrement attiré l'attention et maints articles sur l'exposition en parlent avec

éloge. On apprécie beaucoup à l'étranger les efforts faits en France pour
éveiller de bonne heure des aptitudes chez l'enfant, et faire l'éducation de
la main et de l'œil en même temps que celle de l'intelligence. Cette innovation toute récente est appelée, croyons-nous, à en juger par les effets
qu'elle a déjà produits, à exercer une heureuse influence sur l'avenir de
nos populations; à donner à notre industrie des ouvriers non seulement
habiles, mais aussi instruits; à maintenir et à développer le goût qui fait
notre supériorité. Les travaux manuels des filles étaient réunis dans de
volumineux albums qui ont été feuilletés par de nombreuses mères de famille. L'habileté de nos jeunes ouvrières a même été tellement appréciée
par les visiteurs que plusieurs d'entre eux n'ont pas pu réprimer le désir
d'en emporter quelque souvenir : les nombreux vides dans les albums en
faisaient foi.

Les objets se rapportant aux *écoles primaires élémentaires* consistaient
également en programmes, cahiers, travaux scolaires et manuels des élèves.
On a eu l'heureuse idée, dans ces établissements, d'appliquer les élèves aux
travaux manuels spéciaux à la localité. Nous en citerons comme exemple
l'école de Cousolre, où l'industrie du marbre domine. On y exerce les
élèves à la mosaïque sur marbre dont plusieurs spécimens figuraient à
l'exposition. Mentionnons aussi, comme faisant partie de ce groupe d'objets, les comptes rendus de *promenades scolaires* qui, tout en augmentant les
connaissances des élèves, leur servent en même temps d'exercice et de dis-
traction. On ne pourrait trop multiplier ces excursions profitables à tous les
points de vue aux enfants. Les Hollandais, si prompts d'ordinaire à appliquer les innovations utiles dans l'enseignement, ne nous ont pas encore
suivis dans cette voie.

Les *musées scolaires* sont des institutions destinées à l'enseignement in-
tuitif dans les écoles. Ils servent à faire connaître aux enfants les transformations successives que les matières premières végétales, minérales ou
animales, subissent dans l'industrie, tout en permettant aux maîtres d'en
démontrer les applications ou l'usage. Parmi les auxiliaires de l'enseignement, les musées scolaires sont donc des plus utiles.

Les *sociétés protectrices des animaux* que l'on cherche à fonder dans toutes
les écoles ont pour but d'inspirer aux enfants des sentiments d'humanité
envers les animaux et de leur inculquer des notions d'histoire naturelle
profitables à l'agriculture. Plusieurs instituteurs y ont également contribué
en formant, avec l'aide de leurs élèves, des collections d'insectes utiles et
nuisibles dont quelques-unes étaient exposées.

Enfin l'exposition des importants *travaux particuliers d'instituteurs du Nord* témoigne des efforts faits par les maîtres pour, perfectionner leur instruction, améliorer leurs méthodes et contribuer au développement de l'enseignement. On ne saurait, à notre avis, trop encourager les travaux de ces modestes pionniers de la science qui trouvent encore, après un travail accablant et absorbant, les loisirs nécessaires pour se livrer à des études particulières.

Citons, en terminant, les statuts de la *société de secours mutuels des instituteurs et institutrices du département du Nord*, fondation qui resserre les liens unissant les membres de cette intéressante classe de fonctionnaires, les unit dans une solidarité fraternelle et allège de nombreuses infortunes; ainsi que les comptes rendus des *conférences pédagogiques* qui ont lieu, une ou deux fois par an, sous la direction de l'administration scolaire, et qui ont pour but la délibération en commun sur les intérêts de l'enseignement.

L'exposition du département du Nord était donc aussi complète et aussi réussie qu'on pouvait le désirer et méritait sans contredit, tant par la variété que par la valeur des objets qui la composaient, le *diplôme d'honneur* qui lui a été décerné. Il est regrettable, toutefois, que l'emplacement qui lui avait été assigné ait été trop restreint et que, par suite, des objets n'aient pas pu ressortir comme il convenait.

X

ALGÉRIE.

RAPPORT DE M. LE COMMANDANT DES VALLONS, DÉLÉGUÉ.

La pavillon destiné à l'Algérie s'élevait dans les jardins de l'Exposition, et, quoique un peu éloigné des autres bâtiments, il n'en fut pas moins l'objet de l'attention de tous les visiteurs.

On s'attendait, à Amsterdam, à voir dans ce pavillon des étoffes, des armes, des tapis, etc., ces mille curiosités qui étaient jadis l'apanage de l'Algérie. Mais chacun fut désappointé, car on n'y trouva que ce qui concerne l'agriculture : des céréales, des produits alimentaires, des tabacs et surtout des vins. Si la première impression du visiteur fut la désillusion, elle fut de courte durée, car en voyant ces gerbes et ces grains de toute beauté, ainsi que les nombreux échantillons de vins, on ne pouvait que se porter vers l'avenir de notre beau pays, qui sera pour la France un grenier d'abondance.

C'est donc un réel service que le gouverneur de l'Algérie a rendu à notre pays, en lui permettant l'exhibition de ses produits dans un pavillon spécial. L'exposition algérienne n'a été noyée dans aucune exposition étrangère, elle a pu être appréciée telle qu'elle est et comme elle méritait de l'être. Aussi enregistre-t-elle parmi ses succès :

9 diplômes d'honneur;
25 médailles d'or;
40 médailles d'argent;
56 médailles de bronze;
61 mentions honorables.

Si la Commission des jurés a su apprécier à leur juste valeur toutes les richesses renfermées dans le trop modeste pavillon algérien, il n'en a pas été de même pour les négociants d'Amsterdam, car pour eux tout est subordonné au prix d'achat et ils ne visent généralement qu'au bon marché.

Les blés exposés par l'Algérie sont de la plus grande beauté; cependant les blés durs n'ont point paru être recherchés par les Hollandais; cela tient sans doute à ce que leurs moulins ne sont pas assez puissants pour moudre cette espèce de blé. Les blés tendres ont été très estimés, mais les Hollandais en ont trouvé le prix trop élevé. Ils ne paraissent pas connaître les blés de première qualité, car jusqu'à présent, ils ne se sont servis que des blés de deuxième et de troisième qualité, qu'ils reçoivent d'Amérique. Aussi la qualité de leur pain est-elle, en général, de beaucoup inférieure à celle du nôtre.

Quoique nos semoules soient bien supérieures à celles qu'ils consomment dans leur pays, ils ne les ont point appréciées.

Les pois chiches, ainsi que les blés de Turquie (maïs) pourraient obtenir un très grand débouché, d'autant plus que ceux de l'Algérie sont beaucoup plus beaux et plus farineux que ceux des autres pays; mais, comme pour les blés, ils recherchent plutôt la deuxième qualité que la première.

La distance qui sépare l'Algérie d'Amsterdam nécessitant au minimum une durée de temps de dix jours, les primeurs de l'Algérie ne pourraient arriver à Amsterdam sans subir une détérioration qui les empêcherait d'être livrées au commerce. Aussi, jusqu'à présent, les Hollandais ne se servent-ils que de l'intermédiaire de Paris pour tout ce qui est légumes et fruits.

Quant aux huiles, ils n'emploient que des huiles de graines. Aux huiles de l'Algérie ils reprochent le bon goût de l'olive. A vrai dire, il serait difficile de trouver un goût dans celles qu'ils emploient pour leur consommation.

Les lins sont très recherchés à Amsterdam, mais, comme toujours, les Hollandais préfèrent la deuxième qualité.

Les tabacs de l'Algérie peuvent, à peu d'exceptions près, soutenir la concurrence avec ceux des pays étrangers; mais ils pourraient être encore supérieurs, s'ils étaient plus soignés et si les colons employaient des engrais pour leur culture. De plus, il est à craindre pour l'avenir que la dégénérescence ne se fasse sentir trop vivement, car les graines des tabacs algériens commencent à être anciennes, et, par suite, leurs produits perdent de leurs qualités. Pour remédier à cela, il serait bon de se procurer des tabacs des colonies, dont les qualités seraient connues et appréciées, et l'on assurerait ainsi pour longtemps encore la production des bons tabacs de l'Algérie.

La sériciculture paraît presque abandonnée; les quelques échantillons exposés en sont une preuve certaine.

L'alfa, si recherché par beaucoup d'industriels, tant français qu'étrangers, obtiendrait un succès beaucoup plus grand, pour la papeterie surtout, si le prix n'en était pas si élevé; car, mêlé aux chiffons, il donne au papier une résistance que l'on ne peut obtenir avec les autres textiles.

La ramie ou china-grass, exposée par M. Mima Bothier, n'a point été appréciée, quoique ce textile s'acclimate très bien en Algérie. Mais on s'en est tenu à la question principale, celle de savoir si l'on possédait une décortiqueuse.

La viticulture, en Algérie, se ressent encore de l'origine de sa plantation, pour laquelle on n'a su tenir compte ni du climat, ni de la nature du sol, ni de sa situation. Il en est résulté un grand retard pour l'appréciation de la viticulture de l'Algérie. Aujourd'hui, presque toutes les plantations anciennes ont fait place à de nouvelles, et partout le progrès apporte sa bienfaisante lumière. Aussi devons-nous citer, parmi les vins exposés, ceux de M. Grellet, de Kouba, qui ont été reconnus comme des meilleurs de l'Algérie, les vins blancs surtout. Viennent ensuite ceux de la région de Médéah. Ceux compris dans la région de Cherchell sont des vins ayant du ton et de la couleur; ils pourraient certainement servir pour les coupages ou être employés à modifier ceux de la plaine, dont le défaut capital est d'être faibles en couleur et peu alcooliques.

Les vins de l'Algérie n'ont point présenté aux négociants en vins d'Amsterdam ce qu'ils en attendaient, car il leur faut des vins très fortement colorés et possédant un degré alcoolique très élevé.

Les vins que les Hollandais livrent à la consommation viennent, disent-ils, de Bordeaux, et quoique les droits d'entrée soient très élevés (40 centimes par litre), cela ne justifie pas le prix exorbitant qu'ils demandent pour une bouteille (trois quarts). Les vins regardés comme passables en France ne se vendent pas moins de 3 francs; meilleur marché, ils ne sont pas buvables.

Quoique tous les vins bus en Hollande portent le cachet de Bordeaux, la plupart ne pourraient être mis en parallèle avec ceux de l'Algérie.

Cependant la Commission a su apprécier nos vins, et les récompenses qui ont été décernées en sont une preuve convaincante; mais le résultat obtenu aurait pu être plus grand encore si les exposants avaient apporté plus de soin dans leurs envois, car le bouchage de leurs bouteilles, pour la plupart, laissait beaucoup à désirer sous le rapport de la qualité de la cire et du liège. De plus, un grand nombre d'exposants n'avaient envoyé qu'une seule bouteille pour la dégustation : c'était, je trouve, risquer beaucoup, car il faut toujours compter sur l'imprévu.

Je dois encore signaler une omission de la part des exposants : ils ont à peu près tous envoyé leurs produits à l'Exposition sans donner aucun renseignement qui puisse faciliter les appréciations du jury.

Espérons qu'à l'avenir nos viticulteurs algériens sauront mieux sauvegarder leurs intérêts et que, pour la prochaine exposition, ils n'oublieront pas de faire connaître :

1° Le nombre d'hectares en vignes qu'ils possèdent;
2° Quels sont les cépages;
3° Combien ils comptent d'années de plantation;
4° Quel est le prix de l'hectolitre.

Tous ces renseignements sont regardés comme très importants par les jurés.

Quant à nos relations commerciales avec la Hollande, elles sont toutes tracées : une ligne de bateaux vient d'être établie par la Compagnie royale néerlandaise, pour faire le service entre les deux pays, et M. de Lacroix a été nommé le représentant de cette compagnie à Alger. Si jusqu'à présent aucun marché n'a encore pu aboutir entre Alger et Amsterdam, c'est que les négociants d'Alger veulent être payés marchandises prises à quai d'Alger, tandis que les négociants d'Amsterdam et ceux de l'intérieur de la Hollande ne veulent payer qu'après connaissance des marchandises en docks. Le temps amènera sans doute une meilleure entente entre les négociants algériens et néerlandais.

. Du reste, depuis que les négociations ont été entamées entre ces deux pays, plusieurs concurrences de lignes de bateaux se sont établies, et l'Algérie communique maintenant directement avec le nord de la France, l'Angleterre, voire même Rotterdam.

Le but que l'on s'était proposé est donc atteint, et je crois avoir fait tout mon possible pour activer nos relations avec la Hollande. C'est au temps et aux négociants de faire le reste.

En résumé, les résultats obtenus à cette exposition ont été des plus satisfaisants. D'un autre côté, si l'Algérie a été remarquée par ses produits, son pavillon n'en a pas moins été l'objet de la critique générale.

Il serait donc à désirer que pour une prochaine exhibition, notre belle colonie brillât parmi toutes les autres par l'élégance et le bon goût de son installation, afin de faire encore mieux admirer les richesses qu'elle peut offrir au monde entier.

Parmi les rapports du jury que l'on a bien voulu nous communiquer, nous trouvons dans celui de la classe des vins les notes ci-après en ce qui concerne les quatre viticulteurs algériens qui ont obtenu un diplôme d'honneur à l'Exposition d'Amsterdam.

Compagnie algérienne. — A, depuis trente mois seulement, entrepris des plantations considérables qui seront bientôt portées à 1,200 hectares; fait des études sérieuses sur les différents cépages et fournit des plants aux. viticulteurs.

On ne saurait trop l'encourager dans l'excellente voie où elle est entrée, car elle a déjà recueilli de ses efforts les résultats les plus satisfaisants.

M. Pambet, de Cheragas (Alger). — Propriété extrêmement importante qui, grâce à des soins constants et intelligents, fournit un cru des plus estimés.

M. Grellet, de Kouba. — Président de la Société de viticulture d'Alger, l'un des premiers créateurs du vignoble africain; travaille avec succès à engager la viticulture dans les voies les plus pratiques et les plus raisonnées. Sa propriété, de plus de 100 hectares, produit des vins rouges et blancs et des muscats qui ont été jugés tout à fait remarquables.

M. Lepiney, de Médéah. — Élève de Grignon et professeur d'agriculture; a créé à Médéah une magnifique propriété qui produit aujourd'hui un vin fort estimé et extrêmement recherché.

XI

TUNISIE.

La France avait un intérêt commercial très important à faire connaître à l'Europe les richesses à peu près ignorées de la Régence et à mettre ce pays, si près de nos côtes, en contact plus direct avec les états du Nord.

Les ouvertures faites, sur notre conseil, par l'administration de l'Exposition au gouvernement du Bey avaient été fort tardives ; néanmoins notre Ministre résident à Tunis comprit rapidement les avantages que le commerce de la Régence pourrait tirer de son concours à Amsterdam. Grâce à sa haute situation et à l'activité qu'il déploya, il parvint en peu de temps à réunir une souscription suffisante pour la participation du Beylick à l'exposition. On sait le succès que le pavillon tunisien a remporté devant le jury comme auprès des visiteurs, parmi lesquels il faut compter en première ligne le Roi et la Reine des Pays-Bas. Toutes les fois que Leurs Majestés sont venues à l'Exposition, Elles n'ont pas manqué d'entrer dans la section tunisienne et Elles y ont fait de nombreuses acquisitions.

Le commissaire spécial qui a organisé l'exposition tunisienne était M. Closon, le propriétaire directeur des carrières de Schemtou. M. Closon a apporté tous ses soins à la réussite d'une entreprise qui a nécessité de sa part une activité de tous les instants et des déplacements continuels. Car il a fallu se hâter de construire en quelques semaines l'abri destiné aux produits tunisiens, parmi lesquels il y en avait de fort précieux.

L'inauguration du pavillon du Bey s'est faite solennellement, en présence du Ministre résident de France à Tunis, venu à Amsterdam pour présider à l'ouverture officielle d'une exposition due à son initiative, de l'envoyé extraordinaire et ministre plénipotentiaire de la République auprès du Roi des Pays-Bas, de M. le Bourgmestre de la ville, du président du jury international, des commissaires français, algériens et tunisiens et de l'état-major du *Coligny*. Des cavaliers de la garde républicaine détachés à l'exposition de la ville de Paris et des marins formaient la haie, tandis que d'autres étaient chargés de la surveillance et de l'ordre à l'intérieur.

Le pavillon tunisien était la plus jolie et la plus vaste de toutes les constructions élevées dans les jardins de l'Exposition. Ses deux minarets à la forme élancée, sa grande coupole centrale, sa porte d'entrée monumentale que recouvrait une riche tenture orientale donnaient à cet édifice, malheureusement éphémère et disparu aujourd'hui, une élégance mauresque qui attirait les regards des milliers de visiteurs, dès qu'ils pénétraient dans l'enceinte de l'Exposition. Les belles proportions données aux salons produisaient, en outre, un effet imposant, en même temps qu'elles entretenaient dans l'intérieur une fraîche température que l'on ne trouvait pas toujours dans les autres sections.

Notre tâche, en ce qui concerne l'exposition tunisienne, a été considérablement facilitée par les travaux que nous ont laissés :

1° M. Jusserand, chef du bureau des affaires tunisiennes au Ministère des affaires étrangères à Paris, membre du jury international ;

2° M. Raymond Valensi, ingénieur civil, commissaire tunisien ;

3° Le révérend père Delattre, des missions d'Afrique, qui avait envoyé à Amsterdam sa curieuse collection archéologique de Carthage ;

4° M. Juste Bourmancé, architecte chargé par le gouvernement français d'une mission en Tunisie et dont nous avons apprécié les nombreux dessins et aquarelles dans le pavillon de la Régence.

Nous laisserons maintenant la parole à M. Raymond Valensi et nous reproduisons ci-après le rapport qu'il nous a adressé :

« I. Une des plus intéressantes expositions coloniales à visiter et à étudier est sans contredit celle faite par la Tunisie à l'Exposition internationale et coloniale d'Amsterdam.

« Dès le premier regard, on saisit l'intention des organisateurs, des exposants, de tous ceux enfin qui ont pris part à l'organisation de cette section : faire connaître la Tunisie au point de vue de ses richesses agricoles et minérales ; établir en parallèle, d'un côté, les résultats obtenus en agriculture par les indigènes avec leurs instruments primitifs ; de l'autre, les produits et les rendements provenant des exploitations faites par les Européens ; montrer l'état de l'industrie et les procédés de fabrication afin d'appeler l'attention des spécialistes et leur donner l'occasion d'étudier et de proposer des perfectionnements ; enfin étendre les relations commerciales entre cette contrée de l'Afrique et l'Europe ; tel est le but de l'exposition tunisienne.

« II. Avant de passer en revue les produits et les objets exposés, nous croyons utile de dire quelques mots des moyens qui ont permis à la Tunisie de figurer à Amsterdam.

« Le 5 janvier 1883, M. Cambon, Ministre résident de France à Tunis, convoquait les notables de la colonie française auxquels il exposait toute l'importance, tout l'intérêt, pour l'industrie et le commerce tunisiens, de montrer les produits de la Régence dans la grande exposition coloniale qui se préparait dans la capitale de la Hollande. Le représentant de la France ajoutait que le gouvernement tunisien ne pouvait, vu l'état de ses finances, que subvenir dans des proportions fort limitées aux frais de cette exposition et proposait une grande souscription publique, afin d'obtenir les 200,000 francs nécessaires pour figurer dignement à côté des autres colonies.

« Le projet du Ministre fut adopté à l'unanimité et, peu de jours après, le Journal officiel tunisien contenait un décret beylical nommant une commission internationale avec deux commissaires : MM. J. Closon, créateur des carrières de marbre de Schemtou, et Raymond Valensi, ingénieur civil à Tunis. Cette commission avait pour mission d'organiser l'exposition tunisienne à Amsterdam.

« On était au 10 janvier 1883, et l'ouverture de la grande Exposition était fixée au 1er mai de la même année. Il ne restait donc que trois mois et demi pour réunir les fonds nécessaires, rassembler tous les produits, construire un grand pavillon dans le parc de l'Exposition. La tâche était lourde, mais non impossible, grâce à l'appui de M. Cambon à Tunis et au concours de M. le comte de Saint-Foix, consul général de France à Amsterdam: déjà la souscription donnait en Tunisie des résultats inespérés, et pendant que l'un des commissaires, M. Closon, s'occupait de l'installation à Amsterdam, l'autre, M. Valensi, groupait les produits en Tunisie. A la fin d'avril, tout était prêt.

« III. Pénétrons maintenant dans le pavillon franco-tunisien. La superficie occupée par la section tunisienne était de 500 mètres carrés ; le pavillon avait été fait dans le style mauresque, deux minarets sur la façade principale et une grande coupole centrale donnaient une idée de l'architecture orientale.

« Après avoir gravi plusieurs marches, on pénétrait dans le grand salon central occupé par l'exposition vraiment remarquable des marbres provenant des carrières de Schemtou, exploitées par une société franco-belge.

« A Schemtou, anciennement Sumetta, sont d'anciennes carrières impériales que les Romains exploitaient du 1er au IIe siècle de l'ère chrétienne. Ces carrières, restées inconnues et inexploitées pendant seize siècles, ont été reprises depuis dix-huit mois par une société franco-belge, qui a établi un chemin de fer à grande section pour se relier au chemin de fer de Tunis à

Ghardimaou, créé une voie industrielle à petite section autour des carrières et construit de vastes cités ouvrières. Aujourd'hui, ces carrières sont en pleine exploitation et l'on en extrait des marbres remarquables par la finesse de leur grain, la variété de leurs teintes et leur poli brillant.

« On y trouve le jaune antique que l'on croyait perdu et que l'on trouve au palais des Césars à Rome, la brèche de Numidie, le rose aurore et un pourpre de toute beauté ; ajoutons que ces marbres sont vendus à Paris à des prix inférieurs à ceux des marbres italiens.

« A gauche et à droite du grand salon central étaient exposés les différents produits agricoles : le blé, l'orge, le maïs, toutes les céréales enfin ; les qualités sont remarquables ; quant aux rendements, ils sont fabuleux : dans certains terrains on a obtenu 100 p. o/o. En général on estime que la culture européenne obtient 25 p. o/o, tandis que l'exploitation indigène, à cause de son outillage imparfait, n'arrive en moyenne qu'à 15 p. o/o.

« Une partie de ces céréales est consommée sur place, tandis que l'excédent est exporté en Europe où le blé de Tunisie est très recherché pour la fabrication des semoules et des pâtes alimentaires ; l'orge est demandée par les distilleries du nord de la France et par le marché d'Anvers.

« A côté des céréales étaient les condiments, tels que l'anis, la coriandre, les piments, puis les fruits secs, raisins, figues, amandes, pistaches, noix, enfin les dattes si renommées et qui sont expédiées jusqu'en Allemagne.

« Puis viennent les produits qui ont une application dans l'industrie : l'alfa dont on fait des câbles, des cordes, des filets pour la pêche et du papier (ce produit est exporté en Angleterre) ; le coton, le raisin, les olives, etc.

« Un peu plus loin nous trouvions la laine, les poils de chèvre, des peaux séchées, des peaux admirablement tannées et employées dans la cordonnerie et dans la sellerie.

« Ne laissons pas la section agricole sans parler de l'exposition intéressante de la Société franco-algérienne, qui exploite en Tunisie plus de 150,000 hectares de terres. Les deux principales propriétés de cette société sont l'*Enfida*, domaine de 120,000 à 130,000 hectares, et *Sidi-Tabet*, d'une superficie de 8,000 à 10,000 hectares.

« L'Enfida renferme des terres excellentes pour la culture des céréales et du coton ; les montagnes sont couvertes d'alfa ; le thuya s'y trouve en abondance ; des sources thermales surgissent dans le domaine ; le miel y abonde ; la pierre à bâtir, la pierre à chaux ne font pas défaut ; enfin des travaux vont être entrepris par la société dans le but d'irriguer une grande partie de cette belle région.

« Sidi-Tabet est utilisé par la société pour l'élevage ; là s'élève un haras renfermant 80 poulinières, 10 étalons de pur sang anglais, pur sang arabe et barbe; là une construction importante abrite 400 vaches qui donnent des produits remarquables par leur croisement avec des taureaux de France. Enfin plus de 5,000 brebis de Sétif paissent dans les plaines de Sidi-Tabet et de l'Enfida et donnent une laine appréciée par sa finesse et une chair recherchée par la boucherie.

« La société a entrepris de grandes plantations de vignes. Elle se propose d'en faire 2,000 hectares.

« Après l'agriculture et les produits naturels du sol viennent les richesses minéralogiques. La Tunisie est riche en mines; le fer y est en grande abondance; des travaux de recherche exécutés sur une étendue de 40 kilomètres, dans la région de Tabarka, par la compagnie de Mokta, qui a des mines célèbres en Algérie, ont démontré que le minerai de fer, dans la région tunisienne citée plus haut, est d'une qualité excellente. Cette compagnie a présenté un projet de chemin de fer pour l'exploitation de ces mines et d'un port d'embarquement à Tabarka. La région est couverte aussi de forêts de chêne-liège et d'autres essences propres aux constructions; on voyait à l'Exposition des plateaux de chêne tirés d'un arbre dont le diamètre était de $1^m,50$ environ. Quant au liège, il est actuellement exploité dans certaines parties et donne lieu à un commerce important. Le plomb est également abondant : une société sarde exploite les mines de plomb du Djebel-Rsas.

« Il nous reste encore à parler de l'industrie. La principale est celle de la fabrication de l'huile d'olive. Plus de 1,000 moulins arabes sont disséminés dans la Régence, et quelques grandes usines, bien installées dans les grands centres de culture de l'olivier, sont munies d'un matériel perfectionné et exploitées par des Européens.

« On produit trois qualités d'huile : 1° l'huile comestible; 2° l'huile pour le graissage des machines; 3° l'huile pour la savonnerie. La Tunisie exporte pour 20 millions de francs d'huile en Europe.

« Après cette fabrication vient l'industrie du tissage, qui occupe 4,000 à 5,000 métiers. Les visiteurs ont tous vu le tisserand arabe de la section tunisienne qui exécutait devant le public des étoffes si originales. Puis c'était la broderie, dont le fini et la richesse excitaient l'admiration générale; selles, harnachements brodés d'or et d'argent, tapis, coussins, il y avait là une collection d'objets qui donnaient réellement une idée du luxe oriental. A côté, nous trouvions la parfumerie et l'orfèvrerie; la fabrication des essences occupe beaucoup d'ouvriers et cette industrie donne lieu à des affaires importantes avec l'Europe.

« Enfin, une industrie qui commence à se développer est la minoterie ; nous avons trouvé, en effet, à l'exposition tunisienne des photographies d'un grand moulin hydraulique construit par un ingénieur français, et les produits de ce moulin, semoules, farines, ont été très appréciés des connaisseurs. »

CONCLUSION.

Nous croyons que la Tunisie est appelée à prendre une des premières places parmi les colonies agricoles. Son climat est sain, tempéré, toutes les cultures pratiquées dans le midi de la France y réussissent parfaitement, la vigne surtout y croît admirablement. Les habitants y sont d'un caractère pacifique, la main-d'œuvre y est à bas prix. Elle est à deux pas de la France, les terres se vendent et se louent à bon marché ; nous savons que le gouvernement français s'occupe sérieusement de la réorganisation administrative et économique ; de grands travaux vont être exécutés ; on étudie l'établissement de diverses industries. C'est enfin le pays où le cultivateur est sûr de son avenir et où les capitaux peuvent être fructueusement employés.

Carthage et la Tunisie, au point de vue archéologique, étaient admirablement représentées à Amsterdam par la curieuse collection que Son Ém. le cardinal Lavigerie avait envoyée et qui avait été installée par les soins du R. P. Delattre, missionnaire d'Alger et conservateur du musée établi à Saint-Louis de Carthage même. Les recherches qui se sont faites durant ces dernières années et qui se continuent encore, aussi bien sur le territoire punique et romain que dans l'antique Numidie, ont amené des découvertes très intéressantes, telles que : inscriptions libyco-berbères, textes phéniciens, épigraphie latine, tombeaux puniques, etc. La table de Souk-el-Khemis, trouvée à la henchir Dahla par le docteur Dumartin, est, sans contredit, le plus beau résultat des fouilles récentes, dit le R. P. Delattre. Son texte compte, en effet, près de 100 lignes formant 4 colonnes. « Qui peut deviner, — dit M. Beulé, que nous avons assisté nous-même dans ses fouilles, — les secrets enfouis sous le sol d'une cité qui a été une des plus grandes et des plus riches du monde ? Carthage aura son tour comme l'Égypte, comme Ninive et Babylone. »

« Nulle part, en effet, ajoute le cardinal Lavigerie, on ne trouve à recueillir, sur le même sol, des traces plus intéressantes et plus nombreuses d'un passé illustre. Les civilisations les plus diverses, numide, phénicienne, punique, romaine, vandale, gréco-byzantine, arabe enfin, s'y sont succédé. Aussi les ruines de Carthage sont-elles encore aujourd'hui une carrière immense et incomparable des plus intéressants débris. Douze siècles y ont passé, il est vrai, mais elles réservent encore au nôtre des richesses inattendues. »

Si, comme l'assure le R. P. Delattre et comme nous nous plaisons à l'espérer, l'œuvre d'exploration de Carthage est à peine commencée, quels trésors inconnus nous attendent dans les vastes champs qui recouvrent la cité punique! Rien qu'en voyant la collection envoyée à Amsterdam et dans laquelle figuraient des poteries rouges, des aiguilles et épingles d'ivoire, des lacrymatoires de verre, des centaines de lampes sépulcrales avec leurs marques céramiques inédites, des plaques de plomb portant des textes cabalistiques, des mosaïques, des bijoux d'or, des monnaies puniques, l'on peut se faire une idée de ce que l'avenir promet aux savants investigateurs parmi lesquels nous compterons le R. P. Delattre en première ligne.

LISTE DES RÉCOMPENSES
OBTENUES PAR LA TUNISIE À L'EXPOSITION D'AMSTERDAM.

CLASSES.	EXPOSANTS.	RÉCOMPENSES.
	GROUPE I.	
CLASSE 4..	Compagnie de Mokta-el-Hadid...............	Médaille d'or.
	Compagnie de Bone-Guelma..................	Médaille d'argent.
	GROUPE II.	
CLASSE 10.	L'ensemble de l'Exposition collective...........	Diplôme d'honneur.
	Aly el Fayach............................	*Idem.*
	Haïm Belaïch............................	Mention honorable.
CLASSE 12.	L'abbé Delattre..........	Diplôme d'honneur.
	J.-P. Bourmancé.........................	Médaille d'or.
	GROUPE III.	
	Commission des marbres de Schemtou..........	Diplôme d'honneur.
	Gouvernement...........................	*Idem.*
	Commission de Tunisie....................	*Idem.*
	Société immobilière-agricole Franco-Africaine.....	Médaille d'or.
	Mohammed ben Zacour....................	*Idem.*
CLASSE 12.	Salomon Samama........................	*Idem.*
	Société Franco-Africaine....................	*Idem.*
	Raymond Valensi........................	*Idem.*
	Société immobilière-agricole Franco-Africaine.....	Médaille d'argent.
	Hadj Mohammed Djebali	*Idem.*
	Closon................................	*Idem.*

IMPRIMERIE NATIONALE.

CLASSES.	EXPOSANTS.	RÉCOMPENSES.
Classe 19.	Société Franco-Africaine.....................	Médaille d'argent.
	Moustapha ben Mohammed..................	*Idem.*
	Hadj Mahomed........................	*Idem.*
	Hadj Mahomed Djebali.................	*Idem.*
	Hadj Bouderk Rekik..................	*Idem.*
	Saïd ben Ahmed Aly..................	Médaille de bronze.
	Amar ben Aschir.....................	*Idem.*
	Haïm Belaïch........................	*Idem.*
	Commission des Souks.................	Mention honorable.
Classe 20.	Société Franco-Africaine.................	Médaille d'or.
Classe 22.	Alliance israélite universelle. École de Tunis......	Diplôme d'honneur.
	M.-G. Perpetua, directeur de la London Jews Society, à Tunis, auteur des livres.................	Médaille d'argent.
Classe 23.	Lassane...............................	*Idem.*

Groupe IV.

CLASSES.	EXPOSANTS.	RÉCOMPENSES.
Classe 23.	Exposition collective.......	*Idem.*
	Alliance israélite universelle, pour le but humanitaire de ses écoles en Tunisie, accessibles à toutes les croyances.	Diplôme d'honneur.
	Mustapha ben Mohamed....................	Médaille d'argent.
	Ali ben Khmis........................	*Idem.*
	Amar ben Aschir.....................	Médaille de bronze.
	Salah el Gaoui......................	Mention honorable.

Groupe V.

CLASSES.	EXPOSANTS.	RÉCOMPENSES.
Classe 23.	La Collectivité Tunisienne..................	Diplôme d'honneur.
	Mohamed ben Zakour.....................	Médaille de bronze.
	Echoua Cohen........................	*Idem.*
	Rosen Tuil.	Mention honorable.
	Sadak ben Mohammed....................	*Idem.*

Groupe VI.

CLASSES.	EXPOSANTS.	RÉCOMPENSES.
Classe 23.	Société Franco-Africaine..................	Médaille d'or.
	Raymond Valensi........................	Médaille d'argent.
	Hadj Mohammed Djebeli...................	*Idem.*
	Collectivité des exposants de cuir.............	*Idem.*
	Montelateci...........................	Médaille de bronze.
	Exposition collective des tabacs..............	Mention honorable.

Groupe VIII.

CLASSES.	EXPOSANTS.	RÉCOMPENSES.
Classe 23.	La Compagnie des marbres de Schemtou........	Médaille d'or.

XII

COLONIES FRANÇAISES.

A l'extrémité orientale de l'une des galeries perpendiculaires à la grande allée centrale se trouvait l'emplacement réservé à l'exposition des colonies françaises, faite sous les auspices du Ministère de la marine et sous la direction de M. de Nozeille, conservateur du Musée des colonies au palais de l'Industrie, Champs-Élysées, à Paris.

Cette section, à laquelle un crédit spécial de 25,000 francs avait été attribué, était l'une des plus remarquables de toutes par ses produits, par l'ordre qui avait présidé à leur classement, par l'heureuse disposition des vitrines et par une propreté entretenue avec un tel soin qu'elle nous rappelait celle de nos bâtiments de guerre. L'on voyait que l'administration de la marine avait la haute main dans cette région, et il semblait que nous allions à bord d'un navire, quand nous entrions dans l'enceinte réservée à nos colonies où siégeait fidèlement et consciencieusement, comme sur son banc de quart, l'aimable commissaire et l'habile organisateur de la section.

La Guyane, la Martinique, la Guadeloupe, les îles Saint-Pierre et Miquelon, le Sénégal et ses dépendances, le Gabon, la Cochinchine, l'Inde, la Réunion, Sainte-Marie de Madagascar, Mayotte et Nossi-Bé, Tahiti et ses dépendances, et enfin la Nouvelle-Calédonie étaient représentés à Amsterdam par des produits aussi nombreux que variés, dont on trouvera ci-après la nomenclature, suivie de la liste des récompenses décernées par le jury international.

LISTE DES RÉCOMPENSES

ACCORDÉES AUX COLONIES FRANÇAISES DANS LA SECTION COLONIALE
À L'EXPOSITION D'AMSTERDAM.

CLASSES.	EXPOSANTS.		RÉCOMPENSES.
	GROUPE I.		
CLASSE 1...	Ministère..	de la marine et des colonies.......	Diplôme d'honneur.
		de la guerre...............	*Idem.*
	Société....	de géographie de Paris..........	Médaille d'or.
		de géographie commerciale de Paris.	Médaille d'argent.

12.

CLASSES.	EXPOSANTS.	RÉCOMPENSES.
Classe 1. (*Suite.*)	M. Amiri, à Nouméa......................	Médaille d'argent.
	M. Massoni, chef du service topographique, à Nouméa..	Mention honorable.
Classe 2...	Ministère de la marine et des colonies....	Diplôme d'honneur.
Classe 4...	M. Garnier, ingénieur des mines..............	Médaille d'argent.
	M. Lemire, à Nouméa.................. ...	Médaille de bronze.
Classe 5...	M. Octave Doin, éditeur, à Paris..............	Diplôme d'honneur.
Classe 6...	M. Charrow...........................	Médaille d'or.

Groupe II.

CLASSES.	EXPOSANTS.	RÉCOMPENSES.
Classe 8...	Ministère de la marine et des colonies....	*Idem.*
	M. Guillot, à Paris.......................	Médaille de bronze.
	Comité local { de la Guyane française..........	Diplôme d'honneur.
	{ de l'Inde française.............	Médaille d'or.
	{ de la Cochinchine...............	*Idem.*
	Mme Savien Fontaine et consorts, à Saint-Louis (Réunion).......................................	*Idem.*
	Comité local du Sénégal....................	Médaille d'argent.
Classe 9...	M. de Saint-Yves, à la Nouvelle-Calédonie......	*Idem.*
	M. Fournereau, à la Guyane française..........	Médaille de bronze.
	M. le docteur Bayol, au Sénégal...............	*Idem.*
	Comité local { de la Guadeloupe..............	*Idem.*
	{ de la Martinique..............	*Idem.*
	M. Valentin, au Sénégal...................	Mention honorable.
	Comité local { du Gabon..................	*Idem.*
	{ de Tahiti................	*Idem.*
Classe 10..	Ministère de la marine et des colonies..........	Diplôme d'honneur.
Classe 11..	M. Antoine Payet, à la Réunion..............	Médaille de bronze.
	M. Ed. Grondein fils, *idem*................	*Idem.*
	M. Alexis Grondein père, *idem*...............	*Idem.*
Classe 12..	Comité local de Pondichéry.................	Médaille d'argent.
Classe 13..	M. de Saint-Yves, à la Nouvelle-Calédonie......	*Idem.*
	M. Schœlcher, sénateur....................	Mention honorable.

Groupe III.

CLASSES.	EXPOSANTS.	RÉCOMPENSES.
Classe 15..	Direction des colonies au Ministère de la marine, à Paris......................................	Diplôme d'honneur.
Classe 16..	M. l'amiral Paris, à Paris..................	Médaille d'or.
	M. G. Senéchal........................	Mention honorable.
Classe 19..	Ministère de la marine et des colonies, direction des colonies, à Paris.......................	Médaille d'or.
	Compagnie transatlantique.................	Diplôme d'honneur.
Classe 20..	Ministère de la marine et des colonies..........	Médaille d'or.

CLASSES.	EXPOSANTS.	RÉCOMPENSES.
	M. G. Dariste, à la Martinique................	Médaille d'or.
	M. de Pompignan........................	Idem.
	M. Lacaze-Dunçon, à la Guadeloupe............	Idem.
	M. E. Lacaze, idem........................	Idem.
	M. Le Coat de Kervéguen et de Trévise, à la Réunion................................	Idem.
	Crédit foncier colonial, à la Réunion...........	Idem.
	M. Barbot, idem........................	Idem.
	M. Chabrier, idem.......................	Idem.
	M. Blainville Choppy, idem.................	Idem.
	Comité local de la Guadeloupe..............	Idem.
	M. Mézence, à Nossi-Bé...................	Idem.
	Commission de la Basse-Terre, à la Guadeloupe...	Idem.
	M. Isidore Boué, à la Réunion...............	Idem.
	M. Leffrey, idem........................	Idem.
	M. Alfred Doris........................	Idem.
	Société de la Ramie française, à la Réunion......	Idem.
	M. le colonel Sébert, à la Nouvelle-Calédonie.....	Idem.
	M. G. Cornet, à Pondichéry............	Idem.
	Jardin des Plantes, à la Martinique............	Idem.
CLASSE 20.	M. Rouzand, à la Réunion..................	Médaille d'argent.
(Suite.)	M. Gédou, à la Guadeloupe.................	Idem.
	Pénitencier du Maroni, à la Guyane............	Idem.
	M. Chabrier, à la Réunion.................	Idem.
	M. Bellier, idem........................	Idem.
	M. Octave Adamolle, idem..................	Idem.
	M. Cornu, idem........................	Idem.
	M. Moryol Mondon, idem..................	Idem.
	Comité local de la Martinique..............	Idem.
	M. Pougez, à la Guyane...................	Idem.
	M. Alcide Duchamp......................	Idem.
	MM. Rollin et Perriollat, à la Guadeloupe........	Idem.
	M. Clayssen-Gourbeyre, à la Guadeloupe........	Idem.
	MM. Spooner, Ed. Renard et Cie, en Cochinchine...	Idem.
	Service local de la Cochinchine..............	Idem.
	Comité local de Pondichéry.................	Idem.
	M. Le Coat de Kervéguen et de Trévise, à la Réunion................................	Idem.
	Comité de Papete, à Tahiti.................	Idem.
	Mission catholique du Gabon................	Idem.
	Comité local de la Réunion.................	Idem.
	M. Bourgerie, à la Réunion.................	Idem.

CLASSES.	EXPOSANTS.	RÉCOMPENSES.
	M. Savary, à la Réunion.........................	Médaille d'argent.
	M. Boisjoli Potier, *idem*.....................	*Idem*.
	MM. Pévérelli frères, *idem*..................	*Idem*.
	Comité { de Saint-Louis, au Sénégal............	*Idem*.
	{ de Pondichéry......................	*Idem*.
	Administration locale du Gabon...............	*Idem*.
	Comité agricole de la Cochinchine.............	*Idem*.
	Administration locale *idem*...................	*Idem*.
	Comité de la Nouvelle-Calédonie..............	*Idem*.
	Administration locale *idem*...................	*Idem*.
	Comité agricole de Tahiti....................	*Idem*.
	Jardin des Plantes de la Martinique............	*Idem*.
	Comité de la Basse-Terre, à la Guadeloupe.......	*Idem*.
	Comité local de la Guyane...................	*Idem*.
	M. Charles Mazeau, à la Réunion...............	*Idem*.
	M. A. Rivière de Chazalon, *idem*...............	*Idem*.
	M. Adrian, au Sénégal......................	*Idem*.
	M. Thierry, à la Martinique...................	*Idem*.
	M. Rollin, à la Guadeloupe...................	*Idem*.
	Direction des pénitenciers de la Guyane.........	*Idem*.
Classe 20.	M. Le Peltier, à Pondichéry..................	*Idem*.
(*Suite*.)	Comité du Sénégal.........................	*Idem*.
	M. Ch. Lemire, à Nouméa...................	*Idem*.
	M. Jules Garnier, *idem*.....................	*Idem*.
	Comité de la Basse-Terre, à la Guadeloupe.......	*Idem*.
	Comité local de Pondichéry...................	*Idem*.
	Comité { de Saint-Louis, au Sénégal..........	*Idem*.
	{ de la Guyane....................	*Idem*.
	{ de la Basse-Terre, à la Guadeloupe......	*Idem*.
	M. Drillon............................	*Idem*.
	M. Augeard, à la Réunion...................	*Idem*.
	M. Prevel, à Nossi-Bé.....................	*Idem*.
	Mᵐᵉ veuve Isautier et fils, à la Réunion.........	Médaille de bronze.
	M. Salomon, à la Réunion...................	*Idem*.
	Comité local de Pondichéry...................	*Idem*.
	Service local de la Cochinchine...............	*Idem*.
	Crédit foncier colonial, à la Réunion...........	*Idem*.
	M. Adrien Ballier, *idem*....................	*Idem*.
	Administration locale de la Cochinchine.........	*Idem*.
	M. Martin Lebon, à la Réunion...............	*Idem*.
	M. Parambote Maidine, à Pondichéry..........	*Idem*.
	M. Perrault, à la Réunion...................	*Idem*.

CLASSES.	EXPOSANTS.	RÉCOMPENSES.
	M. Château, à la Réunion....................	Médaille de bronze.
	M. Rouzaud, *idem*........................	*Idem*,
	M. Bernard Morin, *idem*...................	*Idem*.
	M. A. Bellier, *idem*......................	*Idem*.
	M. Lopez, à Mahé.	*Idem*.
	M. Le Coat de Kervéguen et de Trévise, à la Réunion.................................	*Idem*.
	Comité local de la Réunion.................	*Idem*.
	MM. Waal et Cⁱᵉ, à la Réunion..............	*Idem*.
	M. W. Bonnieux, *idem*....................	*Idem*.
	MM. Anselme Patterson et Cⁱᵉ, *idem*........	*Idem*.
	M. Echernier, *idem*.......................	*Idem*.
	Comité { agricole de Tahiti.................	*Idem*.
	{ d'exposition de la Réunion...........	*Idem*.
	M. Koff, à la Nouvelle-Calédonie............	*Idem*.
	M. O. Beirne, *idem*......................	*Idem*,
	Administration locale { de la Nouvelle-Calédonie..	*Idem*.
	{ de la Cochinchine.......	*Idem*.
	Comité de Pondichéry......................	*Idem*.
	M. Le Peltier, à Pondichéry.................	*Idem*.
CLASSE 20.	Comité de la Basse-Terre, à la Guadeloupe.......	*Idem*.
(*Suite*.)	Jardin des Plantes de la Martinique............	*Idem*.
	Comité { de Saint-Louis, au Sénégal..........	*Idem*.
	{ local de la Guyane.................	*Idem*.
	{ de la Basse-Terre, à la Guadeloupe.....	*Idem*.
	M. Thibault, à la Réunion..................	*Idem*.
	M. Poroï, à Tahiti........................	*Idem*.
	Administration { du Gabon..................	*Idem*.
	{ de la Cochinchine............	*Idem*.
	M. Merlo, à la Réunion....................	*Idem*.
	M. Lavigne, à la Nouvelle-Calédonie...........	*Idem*.
	M. Le Peltier, à Pondichéry.................	*Idem*.
	Comité d'exposition, à la Réunion............	*Idem*.
	Sœur Victoire, à Saint-Pierre-de-Miquelon.......	*Idem*.
	M. P. Riche, *idem*.......................	*Idem*.
	Héritiers Gautier, à la Réunion......	Mention honorable.
	M. Dussac, *idem*........................	*Idem*.
	M. Orré, *idem*..........................	*Idem*.
	M. C. Hoff, à la Nouvelle-Calédonie...........	*Idem*.
	Sœurs de Saint-Joseph de Cluny, à la Guyane.....	*Idem*.
	M. Ycard, à la Réunion....................	*Idem*.
	M. Bellier, *idem*........................	*Idem*.

CLASSES.	EXPOSANTS.	RÉCOMPENSES.
CLASSE 20. (*Suite.*)	Crédit foncier colonial, à la Réunion.............	Mention honorable.
	Administration locale de la Cochinchine..........	*Idem.*
	M. Gévin Masséaux, à la Réunion...............	*Idem.*
	M. Léon Fontaine, *idem*.....................	*Idem.*
	M. Léopold Ycard, *idem*.....................	*Idem.*
	M. Godefroy, *idem*.........................	*Idem.*
	Comité du Sénégal..........................	*Idem.*
	M. Schræder, à Saïgon.......................	*Idem.*
CLASSE 21..	Administration locale de la Cochinchine..........	*Idem.*
	M. A. Labarre, à la Martinique................	Médaille d'argent.
	Comité agricole de Saigon....................	*Idem.*
CLASSE 22..	Ministère de la marine et des colonies...........	Médaille d'or.
	Gouvernement de la Cochinchine...............	*Idem.*
	Lycée de Saint-Pierre, à la Martinique..........	Médaille d'argent.
CLASSE 23..	Ministère de la marine et des colonies (division des colonies)................................	Diplôme d'honneur.
	M. Molténi, à Paris.........................	Médaille d'or.
	M. Rivey, à Carnac.........................	Médaille d'argent.
	M. Lemire, à Nouméa........................	*Idem.*
	M. Coudreau, à Cayenne.....................	Médaille de bronze.
	M. Fournereau, *idem*.......................	*Idem.*
	M. Roy, à Paris............................	*Idem.*

Parmi les nombreux documents sur nos colonies qui nous sont passés sous les yeux, l'article de la *Revue britannique* (numéros de janvier et de février 1884), dû à la plume de M. Louis Vignon, sous-chef du cabinet du Sous-Secrétaire d'État aux colonies, nous a paru être l'étude la plus intéressante et en même temps la plus concise qui ait été faite sur ce sujet dans ces derniers temps. Le point de vue commercial et économique auquel l'auteur s'est placé s'adapte parfaitement, en outre, au travail d'ensemble que nous avons entrepris sur l'Exposition d'Amsterdam, et la reproduction de l'étude de M. Vignon, dont la place est toute marquée ici, nous dispensera de nous étendre plus longuement sur le chapitre de nos colonies.

LES COLONIES FRANÇAISES.

LEUR COMMERCE, LEUR SITUATION ÉCONOMIQUE ET LEUR UTILITÉ POUR LA MÉTROPOLE.

Depuis deux ou trois ans, les esprits se sont portés, en France, vers les questions coloniales. L'opinion publique, jusque-là indifférente, s'est préoccupée de nos colonies, de leur commerce, de leur richesse, de leur développement, de leurs rapports avec la mère patrie. Ce mouvement, qui chaque jour s'accentue, a des causes diverses : l'entrée en plus grand nombre dans le Parlement de députés coloniaux, qui attirent l'attention sur les pays qu'ils représentent [1]; la construction par l'État d'un chemin de fer du Sénégal au Niger; les glorieuses campagnes du colonel Desbordes; les voyages d'exploration du docteur Bayol; les voyages et les traités de Savorgnan de Brazza, sa rivalité avec Stanley; enfin, les expéditions à Madagascar et au Tonkin.

Du jour où l'opinion s'est intéressée à ces événements, la discussion est née. Un mot nouveau a été créé. On a été partisan ou adversaire de la *politique coloniale*. La crise industrielle que nous traversons, la baisse de nos exportations a posé la question sur le terrain de l'*utilité*. Nos colonies nous sont-elles utiles? Achètent-elles nos produits? Si nous suivons une *politique d'expansion coloniale*, ouvrirons-nous des *débouchés* à l'industrie française? Et le sénatus-consulte de 1866 a été jeté dans le débat.

Malheureusement la discussion, trop vive, n'a pas été toujours impartiale. Les publicistes dans la presse, les orateurs à la tribune ont quelquefois négligé certains faits, groupé d'une façon inexacte les colonies, afin d'arriver à la conclusion qu'ils désiraient; certains même n'ont pas craint de *solliciter* les chiffres fournis par les statistiques. Aussi semble-t-il qu'il serait intéressant de soumettre aujourd'hui au public une étude impartiale sur les diverses questions soulevées.

Elle essayera de répondre avec des faits et des chiffres certains à ceux qui prétendent que nos colonies ne prospèrent pas, qu'elles n'offrent aucun débouché au commerce métropolitain, que c'est folie de vouloir les

---

[1] Depuis les élections générales de 1881, la Cochinchine, le Sénégal, la Guyane, qui avant n'étaient pas représentées, ont chacune un député; la Guadeloupe, la Martinique, la Réunion, en comptent trois de plus.

étendre. En même temps, elle ne négligera pas d'indiquer les *points faibles* que révèle l'examen de leur situation économique.

Un pareil travail doit être écrit dans un ordre rationnel. Après avoir rappelé les avantages généraux de la colonisation, il présentera chaque colonie séparément dans sa situation actuelle, indiquera ses besoins, recherchera son avenir. Résumant ensuite les résultats obtenus, il donnera le chiffre du commerce de la France avec ses colonies et fera une comparaison avec les colonies anglaises. Mais le côté mercantile ne doit pas être seul envisagé : la possession d'établissements coloniaux sur toutes les mers assure à notre pays de nombreux avantages de l'ordre le plus élevé. Après les avoir mis en lumière, ce travail, pour répondre à une objection souvent présentée, recherchera ce que coûtent à la France ses colonies, s'il est exact de dire qu'elles sont une cause de ruine. Enfin il étudiera quels moyens pourraient être mis en œuvre pour remédier aux « points faibles » qui auront été signalés.

I

AVANTAGES GÉNÉRAUX DE LA COLONISATION.

Les économistes ont longtemps discuté sur l'utilité des colonies pour les métropoles, sur les résultats de l'émigration des hommes et des capitaux. On peut dire que l'opinion est aujourd'hui unanime sur ces questions. Il n'est douteux pour personne que la colonisation de l'Amérique et de l'Australie a assuré à l'Europe entière une *augmentation de jouissances* et un *accroissement d'industrie*.

Au siècle dernier déjà, Adam Smith a montré avec une perspicacité profonde que les avantages résultant de la création et de la prospérité des colonies ne se bornaient pas aux seules métropoles, mais s'étendaient à toutes les contrées de l'ancien monde. Il distinguait ainsi les avantages généraux que l'Europe, considérée comme un seul vaste pays, a retirés de la colonisation, et les avantages spéciaux dont chaque mère patrie a profité du chef de ses colonies particulières. « Ce qui est moins évident, écrit l'auteur de *La richesse des nations*, c'est que ces grands événements (la découverte et la colonisation des deux Indes) aient dû pareillement contribuer à encourager l'industrie de pays qui, peut-être, n'ont jamais envoyé en Amérique un seul article de leurs produits, tels que la Hongrie et la Pologne : c'est cependant ce dont il n'est pas possible de douter. On consomme en Hongrie et en Pologne une certaine partie du produit de l'Amérique, et il y a dans ces pays une demande quelconque pour le sucre, le chocolat et le tabac de cette nouvelle partie du monde. Or, ces marchandises, il faut les acheter ou avec quelque chose qui soit le produit de l'industrie de la Hongrie ou de la Pologne, ou avec quelque chose qui ait été acheté avec une partie de ce produit. Ces marchandises américaines sont de nouvelles valeurs, de nouveaux équivalents survenus en Hongrie et en Pologne pour y être échangés contre l'excédent du produit de ces pays. Transportées dans ces contrées, elles y créent un nouveau marché, un marché plus étendu pour cet excédent de produit. Elles en font hausser la valeur et contribuent par là à en encourager l'augmentation. Quand même aucune partie de ce produit ne serait jamais portée en Amérique, il peut en être porté à d'autres nations qui l'achètent avec une partie de la portion qu'elles ont dans l'excédent du produit de l'Amérique, et ainsi ces nations trouveront un débit au moyen de la circulation du commerce nouveau que l'excédent du produit de l'Amérique a primitivement mis en activité... Cette masse de marchandises, qui est jetée annuellement dans la sphère immense du commerce de l'Europe et qui, par l'effet de ses diverses révolutions, est distribuée annuellement entre toutes les diverses nations comprises dans cette sphère, a dû être augmentée de tout l'excédent de produit de l'Amérique. Il y a donc lieu de croire que chacune de ces nations a recueilli une plus grande part dans cette masse ainsi grossie, que ses jouissances ont augmenté et que son industrie a acquis de nouvelles forces. »

On peut ajouter, pour compléter cette analyse si ingénieuse et si exacte, que les colonies n'ont pas seulement offert au vieux monde des denrées utiles et d'un goût universel. Elles ont encore fourni à nos sociétés des matières premières, dont le bas prix a singulièrement stimulé la production intérieure des contrées d'Europe. Dans son ouvrage sur *la Colonisation*, M. Leroy-Beaulieu met ce point en vive lumière. Il fait remarquer que le coton de l'Amérique centrale, la laine de Buenos-Ayres ou d'Australie, les peaux de l'Amérique du Sud ont notablement abaissé en Europe le prix de revient d'un grand nombre d'articles d'une utilité universelle. Le résultat a été un accroissement immense dans la demande de ces articles, et cette forte demande a multiplié la production dans une proportion inouïe. Aussi M. Leroy-Beaulieu conclut-il : « On peut dire que, dans toute l'histoire du monde, on ne rencontre aucun fait qui ait eu une influence aussi bienfaisante sur l'industrie que la découverte et la colonisation des deux Indes. »

II

GUADELOUPE, MARTINIQUE, RÉUNION, GUYANE[1].

Depuis le jour où, épuisées par de longues guerres et la domination étrangère, ces quatre colonies ont été rendues à la France par les traités de 1815, elles ont dû traverser plusieurs crises économiques. Les deux faits les plus saillants de leur histoire sont : l'abolition de l'esclavage, — coup terrible pour des colonies de plantation, — et le sénatus-consulte de 1866, qui inaugura le système de la liberté commerciale.

Sur ces quatre colonies, trois : la Guadeloupe, la Martinique et la Réunion, ont fait des progrès considérables depuis 1815 et traversé heureusement les crises; la quatrième, la Guyane, est tombée dans une situation misérable.

Aux Antilles et à la Réunion, la population a crû dans une proportion satisfaisante, les plantations de cannes ont doublé et triplé, les perfectionnements dans l'agriculture et dans l'industrie sucrière ont été considérables. Huit ans après l'abolition de l'esclavage, les cultures étaient sauvées, grâce à l'immigration [2]; le mouvement général des affaires, importations et exportations réunies, était remonté *au-dessus* des chiffres antérieurs à 1848, et depuis cette époque les progrès ont continué. Aujourd'hui même ces colonies ne semblent pas être parvenues à leur dernier développement, malgré la concurrence que leur fait le sucre de betterave sur les marchés européens.

La Guadeloupe, avec ses dépendances, a une population totale de 200,000 habitants dont 23,000 immigrants. C'est une usine à sucre : la culture de la canne s'étend sur une superficie de 25,000 hectares; tandis

[1] On évitera, pour ne pas surcharger ce travail de renvois, de citer à chaque instant les sources où les chiffres et les rénseignements cités auront été puisés. Il suffit de dire que rien n'a été écrit à l'aventure, que tout a été contrôlé. Les principaux ouvrages consultés sont : le *Tableau général du commerce de la France en 1881*, publication de la direction des douanes ; les *Tableaux de population, de culture, de commerce et de navigation* de 1881, et la *Revue maritime et coloniale*, publications du Ministère de la marine et des colonies; les *Statistiques officielles des nations étrangères* ; l'*Almanach de Gotha*, etc. On doit aussi beaucoup de renseignements utiles à des officiers de vaisseaux et à des négociants établis aux colonies et en Afrique.

[2] On ne veut point discuter ni juger ici la grosse question de l'immigration. Il convient donc de noter qu'à côté de ceux qui pensent que la venue de travailleurs indiens engagés a seule préservé nos colonies de la ruine, d'autres esprits soutiennent que cette immigration n'était pas nécessaire pour les sauver. Ils estiment que les noirs affranchis étaient disposés à rester attachés à la terre comme travailleurs libres; à la Martinique par exemple, les cultures étaient reprises et prospères lorsque fut débarqué le premier convoi d'immigrants.

que le café, le coton et le cacao réunis ne couvrent pas 5,000 hectares. La production du sucre a été, en 1881, de 47,230,000 kilogrammes. Les cultures vivrières occupent plus de 10,000 hectares.

Le commerce de la Guadeloupe ne laisse pas d'être assez important. Il était, en 1881, de 57,196,000 francs, importations et exportations comprises. Dans ce chiffre, les exportations de la France pour la colonie s'élèvent à 11,839,000 francs; les importations de la colonie en France, à 21,446,000 francs; les importations de l'étranger à la Guadeloupe, à 12,187,000 francs, et les exportations de la colonie à l'étranger, à 10,188,000 francs [1]. Le mouvement des affaires entre l'île et les autres colonies françaises complète ce tableau.

Les statistiques ne permettent pas de faire la part des différentes nations étrangères qui alimentent le marché de la Guadeloupe; il est certain cependant que les États-Unis viennent en première ligne.

En 1881, le mouvement maritime de cette colonie et de ses dépendances se décomposait en 378 navires français et 908 navires étrangers. Ces chiffres sont inférieurs à ceux de 1877, qui donnaient 532 navires français et 1,134 navires étrangers; mais la transformation de la navigation à voile en navigation à vapeur, de tonnage plus fort, explique cette différence.

Les statistiques de 1881 donnent le tonnage des navires français : — ils jaugent 73,000 tonnes; — mais non celui des bâtiments étrangers; toute appréciation est donc impossible.

Il n'est pas sans intérêt de noter que le commerce extérieur de la Guadeloupe peut être comparé avec avantage à celui de la Jamaïque, qui est quatre ou cinq fois aussi grande et a trois fois plus de population. Les importations de la Jamaïque, en 1881, montaient à 34,800,000 francs, et

[1] Une remarque importante doit être faite ici. Il est de règle, dans toutes les statistiques douanières, de distinguer le *commerce général* et le *commerce spécial*. A l'importation, le commerce général se compose de toutes les marchandises qui arrivent du dehors tant pour la consommation en France que pour l'étranger; le commerce spécial comprend les marchandises qui restent en France pour y être consommées. A l'exportation, le commerce général se compose de toutes les marchandises françaises ou étrangères qui sortent de France; le commerce spécial ne comprend que les marchandises nationales exportées, et aussi les marchandises étrangères *francisées*

par le payement des droits de douane. Le commerce spécial est toujours compris dans le chiffre du commerce général.

Les deux chiffres donnés ici : 11,839,000[f] et 21,446,000 francs, pour le commerce entre la Guadeloupe et la métropole, appartiennent au commerce spécial.

En 1880, la Guadeloupe a envoyé en France du sucre pour une valeur de 17 millions (27 millions de kilogrammes), et dans les autres pays où elle cherche à s'ouvrir des débouchés, 20 millions de kilogrammes d'une valeur de 10 millions de francs. Tout le sucre exporté en France y a été consommé.

les exportations à 29,400,000 francs, soit, pour cette colonie anglaise, un commerce extérieur de 64 millions, contre 57 millions pour notre colonie.

La Martinique, avec une moindre étendue que le groupe de la Guadeloupe, a une population relativement plus élevée : 167,000 habitants dont 20,000 immigrants. Elle est, plus encore que sa voisine, une usine à sucre : 24,600 hectares sont plantés en canne. Le café, le cacao et le coton couvrent environ 1,000 hectares. La production du sucre a été, en 1881, de 51,790,000 kilogrammes [1]. Les cultures vivrières occupent plus de 15,000 hectares.

Le commerce de la Martinique est à peu près égal à celui de la Guadeloupe. Les statistiques de 1881 donnent un total général de 58,425,000 fr. Dans ce chiffre, les exportations de la France pour la colonie sont comprises pour 12,812,000 francs, les importations de la colonie en France pour 23,622,000 francs, les importations de l'étranger à la Martinique pour 13,313,000 francs, et les exportations de la colonie à l'étranger pour 7,633,000 francs [2]. Le produit du mouvement d'affaires entre l'île et les autres colonies françaises complète ce tableau.

Sur 2,229 navires, composant le mouvement maritime de la Martinique en 1881, 649 étaient français (jaugeant 253,000 tonnes), et 1,580 étrangers.

En 1881, le commerce total des Antilles anglaises, qui comprennent une douzaine d'îles, dont trois au moins : la Jamaïque, la Barbade et la Trinité, sont d'une grande importance, a été de 11,529,000 livres sterling, soit 288 millions de francs. Les chiffres précédents montrant que dans la même année le commerce de la Guadeloupe et de la Martinique réunies a atteint plus de 115 millions et demi, on peut dire que les Antilles françaises jouissent d'une assez grande prospérité.

L'île de la Réunion est dans une situation moins satisfaisante que nos possessions des Indes occidentales. Sa population s'élève à 172,000 habitants, dont 49,000 immigrants [3]. La culture de la canne s'étend sur une

---

[1] La Martinique envoie dans la métropole la plus grosse partie de son sucre.

[2] Les exportations de la France pour la colonie, 12,812,000 francs, appartiennent au commerce spécial, et dans le chiffre des importations de celle-ci en France, 23,622,000ᶠ, chiffre du commerce général, 20,943,000ᶠ restent au commerce spécial.

[3] Ce chiffre considérable montre la gravité de la crise dont la Réunion est menacée depuis la suppression de l'immigration indienne, qui n'a pu encore être remplacée.

superficie de 49,000 hectares. Le café, la vanille occupent 7,000 hectares; les cultures vivrières, 9,000 hectares. La production du sucre a été, en 1881, de 32 millions de kilogrammes [1].

Le commerce général de la Réunion a été, en 1881, de 51,650,000 fr. Dans ce chiffre, les exportations de la France pour la colonie sont comprises pour 7,947,000 francs, les importations de la colonie en France pour 17,547,000 francs, les importations de l'étranger à la Réunion pour 19 millions de francs et les exportations de la colonie à l'étranger pour 5,710,000 francs [2]. Le mouvement des affaires entre l'île et les autres colonies françaises complète ce tableau.

L'île de la Réunion, où heureusement l'on construit en ce moment un port, est jusqu'ici assez peu fréquentée par les navires. Les entrées et les sorties ne donnent, en 1881, que 997 navires : 419 sont français (jaugeant 169,000 tonneaux), 578 portent pavillon étranger.

La colonie française est aujourd'hui bien en arrière de la colonie anglaise voisine. Maurice, d'une superficie moindre cependant, a 377,000 habitants et un commerce général de 6,078,000 livres sterling, soit de 151,950,000 francs.

Il faut espérer que le chemin de fer qui vient d'être inauguré à la Réunion, le port que l'on y construit et la ligne de navigation subventionnée sur l'Australie, récemment créée, développeront le commerce de notre colonie.

On sait que le « pacte colonial, » en vigueur encore pendant la première partie du siècle, a été aboli par la loi du 3 juillet 1861. Cinq ans après, le sénatus-consulte de 1866 compléta la réforme de 1861. Au régime de la protection à outrance, contraire à la liberté et au véritable développement du commerce, succédait celui de la liberté absolue. Les conseils généraux de la Guadeloupe, de la Martinique, de la Réunion purent, à l'abri du sénatus-consulte, supprimer les douanes. Ils les remplacèrent par des *octrois de mer* dont ils sont les maîtres presque absolus, et devant lesquels les produits français sont égaux aux produits étrangers.

Cet état de choses, dont la justice ne peut guère être contestée, a porté un coup sérieux au commerce de la métropole avec ses colonies. Les produits étrangers, soit qu'ils fussent plus près des colonies que n'en étaient

---

[1] 24 millions de kilogrammes ont été expédiés en France et 8 millions à l'étranger.

[2] Les exportations de la France pour la colonie, 7,947,000 francs, appartiennent au commerce spécial, et dans le chiffre des importations de celle-ci en France, 17,547,000ᶠ. chiffre du commerce général, 16,546,000ᶠ restent au commerce spécial.

les produits français, soit qu'ils fussent vendus à meilleur marché, les ont remplacés dans une forte proportion [1].

Nos chambres de commerce se sont émues depuis longtemps de ce résultat, elles ont protesté auprès du gouvernement, et, il y a environ un an, elles ont adressé au Parlement des pétitions réclamant l'abrogation au moins partielle du sénatus-consulte de 1866.

Les chiffres qu'elles relèvent sont utiles à connaître :

La France, qui, en 1860, exportait à la Guadeloupe pour 18,800,000 fr., n'y exporte plus, en 1881, que pour 11,839,000 francs; pour la Martinique, les exportations ont fléchi de 20,500,000 francs à 12,812,000 fr.; pour la Réunion, elles sont tombées de 25,800,000 fr. à 7,947,000 fr.

Les pétitions des chambres de commerce présentent les tableaux détaillés comparatifs des exportations de la France pour toutes ses colonies (car le fait qu'elles signalent ne se produit pas seulement aux Antilles et à la Réunion) en 1860 et en 1881. Il n'est pas nécessaire de les reproduire ici, mais une courte citation indiquera les articles français les plus frappés : « C'est ainsi que nos manufactures de tissus et de laine, de coton, de lin et de chanvre, voient tomber leurs exportations vers les colonies de 8,308,000 francs à 2 millions et demi. Les exportations sont tombées à zéro pour les tissus de soie, et les articles si français des vêtements et lingeries, qui en 1860 atteignaient 4,519,000 francs, ont fléchi l'année dernière (1881) jusqu'à 1,400,000 francs. Quant aux salaisons, article qui intéresse plus particulièrement le commerce de Nantes, nous relevons, pour la colonie de la Réunion, une exportation de 290,000 francs en 1881 au lieu de 1,684,000 francs, chiffre de l'année 1861. »

Il n'est pas besoin de faire remarquer que, depuis 1860, la richesse générale des Antilles et de la Réunion, et, par suite, le mouvement des exportations et des importations, a dû augmenter dans une certaine proportion [2]. Pendant ce temps, les importations des produits français dans ces colonies baissaient dans la proportion que l'on vient de voir.

Il serait désirable de trouver un remède à une pareille situation; mais

[1] Les deux Antilles françaises ont, dans les quatre années 1880 à 1883, acheté pour 6,612,000 dollars de produits des États-Unis, soit (le dollar à 5 fr. 40 cent.) pour 35,704,800 francs.

La consommation annuelle des produits américains doit donc être évaluée à 8,926,200 francs.

[2] En 1860, le commerce général de nos trois colonies était de 49,922,000 francs à la Guadeloupe, de 51,376,000 francs à la Martinique et de 93,502,000 francs à la Réunion.

Ce dernier chiffre seul est supérieur à celui de 1881. Il montre combien la situation actuelle de notre colonie de l'Océan Indien est loin d'être satisfaisante.

lequel ? Les principes de la liberté commerciale, admis aujourd'hui par toutes les nations, interdisent de ressusciter tout ou même partie du pacte colonial. En outre, la justice et aussi la prudence font un devoir à la métropole de ne pas tenter de soumettre ses plus anciennes colonies, — les plus françaises, — à un régime protecteur des produits français. Les pétitionnaires demandent l'établissement, dans nos colonies, des droits de douane qui frappent, à leur entrée en France, les articles de provenance étrangère. Ils veulent, en même temps, que les produits français soient reçus en franchise. Cela serait-il juste ? Les sucres coloniaux ne payent-ils pas, en entrant en France, les mêmes droits que les sucres de tous les autres pays ? Cette proposition, qui semblerait un retour vers le pacte colonial, ne saurait être défendue. Elle est cependant soumise en ce moment à la Chambre des députés.

Notre colonie de la Guyane n'a jamais été parmi les plus florissantes. L'abolition de l'esclavage lui a, en outre, porté, au milieu de ce siècle, un coup funeste, dont elle n'a jamais pu se relever. L'administration peut être rendue responsable en partie au moins de cet état de choses. Elle a commis plusieurs erreurs économiques après l'acte de 1848 et a toujours négligé depuis d'attirer les immigrants dans la colonie.

Les statistiques permettent de constater la misère de cette immense contrée (120,000 kilomètres de superficie, environ le quart de la France), qui pourrait à la fois fournir en abondance le sucre, les bois et le bétail.

La population n'est, en 1881, que de 19,000 âmes. Les indigènes sont compris dans ce chiffre, mais non les transportés et la garnison. On ne compte pas 5,000 immigrants. Les cultures sont abandonnées de plus en plus : en 1881, la canne couvre 120 hectares, le café 400, le roucou (graine de teinture) 360, le cacao 250 ; tous les efforts se portent vers l'exploitation des mines d'or.

Le commerce général était, en 1867, de 12,854,000 francs ; il n'est plus, en 1883, que de 10 millions de francs. Dans ce chiffre, les exportations de la France pour la colonie s'élèvent à 6,470,000 francs, et les importations de la colonie en France à 746,000 francs [1] seulement. La Guyane reçoit de l'étranger pour 2,591,000 francs de marchandises et lui en envoie pour 75,000 francs. Si les exportations de la France pour la colonie atteignent la somme relativement élevée de 6,470,000 francs,

---

[1] Les exportations de la France pour la colonie, 6,470,000 francs, appartiennent au commerce spécial, et dans le chiffre des importations de celle-ci en France, 746,000 fr., chiffre du commerce général, 665,000 francs restent au commerce spécial.

13

c'est que le Ministère de la marine envoie de France les vêtements, les vivres, et généralement toutes les choses nécessaires à la transportation et aux troupes, les ressources de la colonie étant nulles.

Il convient d'ajouter toutefois que l'exploitation des mines relève le chiffre des exportations de la colonie. En 1881, la Guyane a envoyé en France pour 5,565,000 francs d'or [1].

On peut donc dire que les exportations de la Guyane s'élèvent à 6,386,000 francs et son commerce général à 15,447,000 francs.

Le mouvement de la navigation donne un total de 340 navires, dont 135 français (39,000 tonneaux) et 205 étrangers.

Ni la Guyane anglaise ni la Guyane hollandaise ne sont des colonies très prospères, notre colonie est cependant bien en arrière de ses deux voisines; deux choses lui font défaut : les capitaux et surtout les bras.

III

SAINT-PIERRE ET MIQUELON.

Deux îlots froids et presque perdus dans les brumes, voilà tout ce qui reste aujourd'hui de nos immenses possessions de l'Amérique du Nord. Le petit combat d'Abraham, en 1759, où furent vaincus les Français, commandés par Montcalm, a livré à la race anglo-saxonne les trois quarts d'un continent.

Saint-Pierre et Miquelon sont aujourd'hui un souvenir dans notre histoire coloniale. Ils sont aussi, grâce à leur industrie de la pêche, une pépinière précieuse où se forment les meilleurs matelots de la marine de l'État.

Ces petits établissements semblent du reste prospérer. La population sédentaire, qui était en 1863 de 2,700 âmes est aujourd'hui de 5,500.

Le commerce général s'est élevé de 9,200,000 francs (chiffre de 1863) à 18,928,000 francs (chiffre de 1881).

Dans cette somme de 18,928,000 francs, les exportations de la France pour la colonie s'élèvent à 2,036,000 francs; les importations de la colonie en France, à 6,395,000 francs; les importations de l'étranger dans la colonie, à 6,879,000 francs; les exportations de la colonie à

---

[1] La Guyane exporte officiellement par an 1,800 à 1,900 kilogrammes d'or passant en douane. Mais il est de notoriété publique que sa production approche de 5,000 kilogrammes, dont plus de 3,000 par conséquent sortent en fraude, parce qu'ils proviennent du vol. (Baron de Watteville, administrateur d'une société de mines d'or.)

l'étranger, à 2,154,000 francs; les exportations vers les colonies françaises, à 1,425,000 francs [1].

On voit que la part des importations des produits étrangers dans la colonie est considérable et dépasse de beaucoup celle des produits français. C'est en Amérique, en effet, que le commerce local s'approvisionne des bois, des matériaux, des meubles, des vivres nécessaires à Saint-Pierre et Miquelon.

En 1881, le mouvement général de la navigation, entrées et sorties, accuse 2,796 navires, dont 885 français, jaugeant 122,000 tonneaux. Les bateaux de pêche français, venus des côtes de France, au nombre de 119, sont montés par 2,200 matelots.

Un crédit de près de 4 millions de francs est inscrit annuellement au budget pour favoriser l'industrie de la pêche de la morue par des *primes d'armement* et des *primes sur les produits*. C'est là une protection complète accordée par l'État à nos pêcheries; son but est double : former de bons marins et mettre à bon marché, dans le commerce, un aliment qui entre pour une forte part dans l'alimentation des classes pauvres.

IV

SÉNÉGAL, RIVIÈRES DU SUD, SOUDAN.

Le Sénégal est une de nos plus anciennes colonies. Il était visité par les marchands de Dieppe et de Rouen, dès le xive siècle. Lorsqu'il nous fut rendu en 1815, il ne comprenait que quelques comptoirs : Saint-Louis, Dakar... peu fréquentés, sans grande importance. Son développement, lent d'abord et difficile, devint sensible dès les premières années de l'empire, sous le gouvernement du général Faidherbe. Cet officier inaugura au Sénégal une politique d'expansion, toujours continuée depuis lors, et qui vient de nous conduire à Bamakou, sur le haut Niger. Nos négociants suivirent partout nos soldats, sollicitant les indigènes au commerce; aussi le Sénégal, qui a dû subir, même dans ces dernières années, plusieurs crises, est-il incontestablement en voie de prospérité.

Tandis que les Antilles et la Réunion sont des colonies de plantation, le Sénégal est et ne sera jamais qu'une colonie de commerce. Les Européens y viennent peu, ne peuvent guère s'y acclimater, ne s'établissent

[1] Le tableau général des douanes ne permet pas ici de faire la différence entre le commerce général et le commerce spécial. On considérera donc, croyant être ainsi le plus près possible de la vérité, les exportations et importations avec la France comme appartenant au seul commerce spécial.

jamais qu'avec esprit de retour. Pour de pareilles colonies, qui conviennent
à l'état économique de la France, un grand mouvement d'émigration de
la métropole n'est pas nécessaire. Il suffit qu'un certain nombre de négociants, riches en capitaux, viennent dans la colonie, créent des comptoirs,
entrent en relations commerciales avec les indigènes. Plus ces négociants
s'avanceront au loin dans l'intérieur, plus ils donneront de besoins aux
indigènes pour les obliger ainsi à produire une grande quantité d'objets
d'échange, plus la colonie sera prospère.

C'est ainsi que, depuis quelques années, nos commerçants sont parvenus à faire cultiver l'arachide par les noirs dans des proportions relativement considérables, grâce à l'appât irrésistible du sel, des verroteries,
de l'ambre, des armes, de la poudre, du plomb, des toiles dites *guinées*,
qu'ils leur offrent en échange de ce produit, devenu la principale exportation de notre colonie depuis que la gomme est moins demandée.

Il est difficile d'évaluer la population du Sénégal. Cette grande région
est habitée par des races différentes, qui ne sont pas complètement soumises à la France. Une domination absolue n'est, du reste, pas nécessaire
dans une colonie de commerce. La plupart des pays sont placés sous
notre protectorat ou liés à nous par des traités d'amitié; quelques-uns
même, assez turbulents, nous créent à certains jours des difficultés. Les
statistiques évaluent à 200,000 âmes la population habitant dans le rayon
de nos villes et de nos postes. Dans ce chiffre ne sont pas comptés les
indigènes du haut Sénégal et de ses affluents.

Les chiffres de 1880, les derniers connus, présentent la situation commerciale du Sénégal comme très satisfaisante. Le commerce général
s'élève au chiffre de 44,377,000 francs, alors qu'il n'était que de 28 millions et demi en 1878 et de 33 millions en 1879. Les travaux du chemin
de fer du haut Fleuve, les grandes importations de matériel qu'ils nécessitent n'entrent pas pour partie dans cette prospérité soudaine (il faut le
remarquer), car aucun envoi de matériel n'a été fait en 1880. C'est donc
le vrai commerce qui est en progrès. Les traitants des maisons de Saint-
Louis suivent nos soldats, remontent le fleuve au-dessus de Bakel jusqu'à
Bafoulabé, et les indigènes de ces pays, jusqu'ici inexplorés, frappés des
prix rémunérateurs qu'ils tirent de leurs graines, ensemencent de nouvelles
terres.

Les marchés de la colonie sont : Saint-Louis, pour les marchandises
d'importation et d'exportation; Gorée-Dakar, pour les marchandises d'importation; enfin Rufisque. Les statistiques rapportent tout aux deux ports
de Saint-Louis et de Dakar.

Le total du commerce de 1880, 44,377,000 francs, se répartit de la façon suivante :

SAINT-LOUIS.

Exportations de la France pour la colonie..................	3,472,000 fr.
Importations { de Saint-Louis en France..................	10,380,000
{ des colonies françaises à Saint-Louis..........	757,000
Exportations de Saint-Louis dans les colonies françaises.........	414,000
Importations de marchandises étrangères venant presque toutes de France à Saint-Louis...................................	5,586,000
Exportations à l'étranger............................	7,000
Soit un commerce total de..............	20,616,000 fr.

Dont 11 millions d'exportations et 9 millions d'importations.

GORÉE.

Exportations de la France pour la colonie.	4,374,000 fr.
Importations { de Gorée en France.....................	9,478,000
{ des colonies françaises à Gorée...............	1,422,000
Exportations de Gorée vers les colonies françaises............	3,292,000
Importations de marchandises étrangères venant presque toutes de France à Gorée...................................	2,608,000
Exportations à l'étranger............................	2,587,000
Soit un commerce total de..............	23,761,000 fr.

Dont plus de 15 millions d'exportations et 8 millions d'importations [1].

Les produits naturels de la colonie sont : les gommes, le caoutchouc, les plumes de parure, les oiseaux vivants, les peaux, la cire, l'ivoire. Les produits du sol comprennent : les arachides, qui forment le principal article d'exportation, le sésame (plante oléagineuse), l'huile et les amandes de palme.

Le mouvement général de la navigation des deux ports de Saint-Louis et de Gorée a été, en 1881, de 3,559 navires. L'un et l'autre ne sont pas également fréquentés. La barre, à l'embouchure du Sénégal, rend l'entrée du port de Saint-Louis difficile; aussi n'a-t-il reçu que 483 navires (dont 235 français, jaugeant 59,000 tonneaux), tandis que Gorée, le meilleur port de toute la côte occidentale d'Afrique jusqu'au Gabon, a vu 3,076 bâ-

[1] En réunissant le commerce des deux ports, on trouve que les exportations de France au Sénégal ont été de 7,846,000 fr. appartenant au commerce spécial, et les importations de la colonie en France, de 19,858,000 francs (commerce général) sur lesquels 19,783,000 francs restent au commerce spécial.

timents (dont 1,431 français, jaugeant 148,000 tonneaux). Ces chiffres
donnent aux navires un tonnage moyen très faible. Cela vient de ce
que les statistiques confondent les gros navires venant d'Europe et les
petits, qui font le cabotage entre Gorée et Saint-Louis d'une part et
Gorée, Sierra-Leone et les rivières du Sud d'autre part. Or, sur les
3,559 navires comptés dans le commerce général, plus de 3,000 sont
des navires de cabotage. Mais cette observation n'empêche pas une
remarque soulevée par la comparaison des chiffres fournis par les tableaux
statistiques. Comment le commerce général de Saint-Louis, occupant
seulement 483 navires, s'élève-t-il à plus de 20 millions, si celui de
Gorée, fait par 3,076 bâtiments, n'atteint presque que la même somme ?

On voit que presque tous les bâtiments qui font le commerce du
Sénégal sont français. Ceux qui portent le pavillon anglais ou américain
ont été affrétés par des maisons françaises. Le commerce français est en
effet seul au Sénégal, et nous n'avons aucune autre colonie dans cette
situation. Elle vient en grande partie de ce que, depuis 1864, la navigation du fleuve du Sénégal au-dessous de Saint-Louis est interdite aux
étrangers, comme le sont les fleuves de France ; Gorée, en face de Dakar,
est cependant un port franc [1].

Deux de nos grands ports font presque seuls le commerce de notre
colonie : Bordeaux et Marseille. En 1880, le mouvement général de la
navigation entre Bordeaux et le Sénégal a été de 96 navires, et, entre
Marseille et le Sénégal, de 104. Bordeaux fréquente surtout Saint-Louis,
— la première maison bordelaise est celle de Morel et Prom, — et Marseille, Dakar, — la première maison marseillaise est la Compagnie du
Sénégal et de la côte occidentale d'Afrique.

Les *tableaux de statistique*, après avoir donné les chiffres du mouvement
d'affaires de Saint-Louis et de Gorée, ne mentionnent pas le commerce
des rivières du Sud : la Cazamance, le rio Nunez, le rio Pongo et la Mellacorée. Il a cependant une importance de plusieurs millions et ne peut
être confondu avec le commerce du Sénégal.

La plus grande partie des navires qui font le commerce entre l'Europe
(Marseille et Liverpool surtout) et les rivières ne touchent pas au Sénégal.
Nulle part, cependant, on ne trouve un tableau distinct de leurs impor-
tations et de leurs exportations. Le commerce des rivières du Sud est

[1] Les droits de douane, fixés par décret,
sont modérés : 5, 10 et 15 p. 100. Ils
tombent, avec le produit de l'*octroi de mer* de
Saint-Louis et de Dakar, dans le trésor
local.

compris dans la grande publication annuelle des douanes, sous la rubrique : *Commerce général de la France à la côte occidentale d'Afrique, non compris le Sénégal,* dont il sera parlé plus loin. Il serait peut-être difficile, du reste, de relever exactement le commerce propre de ces rivières. D'une part, en effet, les navires qui font sur cette côte leurs chargements pour l'Europe doivent entrer souvent pour le compléter dans plusieurs rivières, toucher même à Sierra-Leone, aux îles de Loos, à Sainte-Marie de Bathurst; d'autre part, un grand commerce de cabotage, servi par de petits bâtiments, se fait entre Dakar et les rivières.

Une chose est, en tous les cas, bien certaine : le commerce des rivières du Sud est en pleine prospérité et très satisfaisant. Les renseignements officiels fournis par le Ministre des colonies en font foi, et aussi les témoignages des commerçants français et anglais établis sur toute cette côte.

Le commerce des rivières comprend deux genres distincts : la *traite* des produits cultivés dans le territoire des rivières elles-mêmes (graines oléagineuses) et la *traite* des produits de l'intérieur, dits *produits riches* (sésames, cuirs, caoutchouc, cire, gomme, or...). Ces derniers, apportés par des caravanes, constituent la plus grosse part des bénéfices des négociants. Ceux-ci tendent de plus en plus à nouer des relations avec les tribus de l'intérieur et estiment qu'actuellement le *bas de côte* est plus riche que le Sénégal.

Sur cette terre très fertile, plusieurs cultures pourraient être entreprises en grand : le café, le coton, la vigne peut-être aussi; des essais ont été tentés. Malheureusement les noirs sont extrêmement paresseux.

Chaque année, la *campagne de traite* dure cinq mois, de décembre à avril. Les indigènes viennent échanger leurs produits dans les factoreries construites sur la côte, sur les rivières, où ils rencontrent des *traitants* noirs et quelques blancs au service des maisons européennes. Les *campagnes* varient souvent beaucoup d'une année à l'autre : les villages ont-ils ensemencé leurs champs en paix, la campagne est bonne ; se sont-ils, au contraire, battus entre eux, pillés, brûlés, la campagne est mauvaise.

Les chiffres que l'on donne ici sur les exportations des rivières sont très incomplets. Ils peuvent tout au plus donner une idée de leur richesse :

Nos deux postes de la Cazamance ont exporté, dans le dernier mois de la campagne de traite de 1882, 246,000 kilogrammes d'arachides, 450,000 kilogrammes d'amandes de palme, 1,100 kilogrammes de coton[1]...

_____

[1] Les arachides et les amandes de palme se vendent environ 20 francs les 100 kilogrammes.

En 1878, le rio Nunez a exporté 4,800,000 kilogrammes d'arachides, 46,000 kilogrammes d'huile de palme, 40,000 kilogrammes de peaux de bœuf...

La même année, le rio Pongo a exporté pour 286,000 francs de caoutchouc, 2 millions de kilogrammes d'arachides, 1 million de kilogrammes d'amandes de palme.

Enfin, la Compagnie française du Sénégal et de la côte occidentale d'Afrique déclare avoir exporté, en 1882, 500,000 francs de produits de ses factoreries de la Mellacorée. Une maison anglaise, établie à côté, peut avoir fait le même chiffre d'affaires.

Aucun document ne permet d'estimer l'importance du commerce général de ces rivières ; cependant les négociants l'évaluent à 8 ou 10 millions. Il est fait surtout par des maisons françaises de Marseille et de Nantes ; la première est la Compagnie du Sénégal. A côté d'elles sont des maisons anglaises et des traitants sierra-léonais.

La politique de grande expansion inaugurée au Sénégal depuis quatre ou cinq ans par le gouvernement, la construction commencée d'un chemin de fer reliant le Sénégal au Niger, la marche hardie du colonel Desbordes à Bamakou, les voyages de politique et d'exploration du docteur Bayol ouvrent à notre colonie un brillant avenir. Il n'est pas téméraire de penser qu'avant dix ans son commerce sera monté de 44 à 100 millions.

Toute cette contrée que Mage a appelée le *Soudan occidental* entre en ce moment en relations politiques avec nous. Les relations commerciales suivront bientôt. On peut donner au Soudan occidental comme limites les 9° et 16° degrés de latitude nord et les 6° et 15° degrés de longitude, à l'ouest de Paris. Elle comprend les vallées de la Falémé, du Bafing, du Backhoy, du Baoulé, affluents du Sénégal, et la vallée supérieure du Niger depuis ses sources jusqu'à Ségou-Sikoro et le lac Déboé.

Les renseignements que les commerçants et les explorateurs nous ont apportés jusqu'ici, bien qu'incomplets, permettent cependant de penser que le commerce d'échange prendra dans ces contrées un assez grand développement. Les populations, qui appartiennent à la race *maure* et à la race *nègre,* sont denses sur certains points et n'ont aucune industrie. Aussi recherchent-elles avec envie les premiers objets de traite que fabriquent les Européens, et donnent-elles pour se les procurer les richesses de leur sol, qui produit presque sans culture.

Dans ces pays nouveaux, c'est la région du haut Sénégal qui est la plus connue. On y trouve le coton, l'indigo, le tabac, la soie végétale, le beurre végétal... Cette soie a, paraît-il, été déjà travaillée chez un industriel de Lille; quant au beurre végétal, il peut fournir une graisse excellente pour l'industrie. Les indigènes récoltent encore des arachides, recueillent de l'or dans le Bouré. On espère enfin trouver du cuivre et du fer sur les rives du Sénégal et dans les massifs du Fouta-Djallon.

Sur le Niger, les noirs apporteront à nos traitants l'ivoire, la poudre d'or, la laine, les plumes d'autruche, les peaux, l'indigo, la gomme arabique...

On a vu que, depuis trois ans, les traitants suivant la colonne du colonel Desbordes avaient dépassé Bakel, Médine, Bafoulabé et Kayes. Chaque jour, le commerce se développe davantage: les chemins étant plus sûrs, les caravanes viennent plus nombreuses du Nioro, du Niger, du Bouré, demander à nos traitants du sel, des *guinées*, des armes...

Tandis que cette année le colonel Desbordes ouvrait aux négociants la route de Bamakou, le docteur Bayol leur indiquait le chemin du Bélédougou, du Fadougou, du Mourdiari, régions fertiles au nord du Niger. Mourdia est, paraît-il, un des riches marchés du Soudan. Les races de la Nigritie s'y mêlent aux Maures, et des caravanes partent de Mourdia, traversant le désert par l'oasis du Tischit, pour aller échanger au sud du Maroc leurs produits contre les marchandises européennes. Ces régions sont plus peuplées et plus riches que celles du haut Sénégal.

La prudence recommande toutefois de ne pas s'exagérer les richesses de ces diverses régions du Soudan occidental. Certains récits sont trop enthousiastes. Il n'est pas téméraire de penser qu'il faudra peut-être cinquante ans, ou plus, pour mettre ces pays en valeur.

Les négociants du Sénégal devront essayer, avant même que le chemin de fer du Niger soit construit, de faire venir à Bamakou, à Kita, à Bafoulabé, tout le commerce de la région qui s'étend de Tombouctou aux sources du Niger. Les Anglais cherchent déjà à s'en emparer. Au nord, une compagnie privée, établie dans le Sous, au cap Juby, appelle les caravanes du Soudan occidental, pendant qu'au sud les colons de Sierra-Leone cherchent, par la Rokelle et les Scarcies, à gagner le haut Niger et le Fouta-Djallon.

V

ÉTABLISSEMENTS DE LA CÔTE DE GUINÉE, NIGER ET BÉNOUÉ.

La France a, sur les côtes du golfe de Guinée, des intérêts politiques et commerciaux importants. Ses établissements coupent les possessions anglaises; son commerce rivalise avec le commerce anglais. Grand-Bassam et Assinie sont des comptoirs où le drapeau français flotte depuis de longues années. Notre protectorat, proclamé en 1863 sur le royaume de Porto-Novo, y a été rétabli en 1882.

Toute cette longue côte, qui s'étend des frontières méridionales de la République de Libéria aux bouches du Niger, est extrêmement riche et fertile. Elle est couverte de factoreries françaises, anglaises, allemandes, qui font un important commerce. En échange des produits européens : étoffes, poudre, armes, liqueurs, tabac, verroteries..., les négociants obtiennent des arachides, de l'huile de palme en quantités considérables, des bois de teinture, de l'ivoire, de l'or, de l'indigo, du coton, du café, du poivre. Les produits du sol seraient plus abondants encore, si les indigènes renonçaient à leurs habitudes de paresse.

Le commerce de nos deux comptoirs de Grand-Bassam et Assinie est fait tout entier par la maison française Verdier, de la Rochelle, et la maison anglaise Swanzy. Aucune statistique n'a été dressée, mais les publications officielles de la *Revue maritime et coloniale* fournissent quelques renseignements. Grand-Bassam est plus important qu'Assinie. En un an, on y charge 19 navires représentant ensemble 5,340 tonneaux; 7 sont français (1,790 tonneaux), 9 anglais, 2 américains, 1 allemand. La maison Verdier fait environ de 800,000 francs à 1 million d'affaires par an, et la maison Swanzy, 500,000 francs.

M. Verdier augmente l'importance de ses établissements et fait de grandes plantations de café depuis environ deux ans. En outre, il cherche à entrer en relations d'affaires avec les Achantis et leur capitale, Kumassi, ville très riche qui a environ 30,000 âmes. Mais il est à craindre qu'il ne rencontre dans l'exécution de ce projet l'hostilité du gouvernement anglais de Cape-Coast, désireux de ruiner nos établissements.

Le commerce de Porto-Seguro, Petit-Popo, Agwey, Abaranquem, Grand-Popo (centres commerciaux de la côte) est fait par les maisons Régis et Fabre, de Marseille; mais, depuis quelques années, le commerce allemand leur fait une vive concurrence. Leur situation est meilleure à Porto-Novo, marché important qui compte 30,000 habitants. Trois maisons de Hambourg y sont cependant établies. Il est bien difficile d'estimer l'importance du commerce français. Il paraît cependant, d'après les renseignements les plus dignes de foi, que, du 1er août 1880 au 1er juillet 1881, les maisons françaises ont reçu dans tous leurs comptoirs de la côte 52 navires jaugeant environ 26,000 tonneaux. Le chiffre de leurs affaires aurait été, durant cette période, d'environ 7 millions.

Porto-Novo est le centre commercial le plus important de cette côte, sans peut-être même en excepter l'établissement anglais de Lagos. Les marchandises y arrivent soit par la lagune des Lagos, soit par la plage de Kotonou, et, du 1er juin 1880 au 1er juin 1881, 28 navires, dont 26 français, 1 allemand et 1 autrichien, sont venus décharger et charger en rade de Kotonou.

Ces quelques chiffres, très incomplets, ne permettent pas de fixer d'une manière précise l'importance du commerce français à la côte de Guinée. Il se perd, comme le commerce des rivières du Sud, dans le tableau du *Commerce général de la France à la côte occidentale d'Afrique*. Toutefois, les rapports publiés par la *Revue maritime et coloniale*, tout en constatant l'importance du commerce français, signalent la grande concurrence qui lui est faite par les négociants anglais, et surtout les négociants allemands.

Dans un travail relevant la situation du commerce français à la côte d'Afrique, on ne peut négliger de mentionner les comptoirs établis sur le Niger et la Bénoué, bien que la France n'ait aucun poste sur ces fleuves.

Le commerce anglais, soutenu par l'influence que le gouvernement de Lagos exerce sur tous les pays de la rive droite du Niger, est fortement établi depuis plusieurs années sur le cours inférieur de ce fleuve. La *National African Company* a d'importantes factoreries à Brass-River, Abo ou Ibo, Nidouni, Omitcha, Ida, Lokodjo, Egga, Ibadgi, Rabba, et sur un petit affluent voisin, l'Afoun. Quelques maisons anglaises et allemandes sont établies à Brass.

Le commerce français est représenté par la Compagnie française de l'Afrique équatoriale et la Compagnie du Sénégal. Leurs comptoirs sont sur le Niger à Brass, Abo, Ossomari, Omitcha, Ida, Lokodjo, Egga, Shunga, et sur la Bénoué, à Loko, Ibi et Outché. La Compagnie du Sénégal projette de s'étendre sur cette grande rivière, d'y créer de nouveaux établissements pour prendre le riche commerce du Wukari, de l'Adamawa, de Bornu, remontant ainsi, s'il est possible, jusqu'au lac Tschad. Personne n'est encore sur cette route.

VI

GABON, OGOWÉ ET CONGO.

Lorsque nos marins signaient, en 1839, un premier traité avec des rois nègres du Gabon, ils songeaient seulement à assurer à la France un magnifique estuaire, qui est le premier port de la côte occidentale d'Afrique. Depuis ce jour, les explorations successives de plusieurs voyageurs ont montré que ce petit comptoir pouvait devenir le chef-lieu d'une grande colonie de commerce.

On voit, après les deux voyages de M. de Brazza, que la France est bien placée au Gabon pour prendre le commerce d'une immense région de l'Afrique centrale. Par le grand fleuve de l'Ogowé, dont les peuplades riveraines reconnaissent aujourd'hui notre suzeraineté, les négociants peuvent pénétrer au centre de l'Afrique. En remontant ce fleuve et un de ses affluents inférieurs, la Passa, ils rencontrent la rivière l'Alima, qui, après un long cours, se jette dans le Congo moyen, au-dessus du Stanley-Pool. Telle est la première route trouvée par M. de Brazza pour pénétrer au cœur de pays riches et peuplés. Dans son second voyage, il en a suivi une autre plus courte. Elle emprunte les vallées du Quillou, dont l'embouchure est un peu au nord de Loango, du Niari, un de ses affluents, et enfin du Djoué, petite rivière qui se jette dans le Stanley-Pool. Là, flotte, à Brazzaville, le drapeau français, en vertu d'un traité ratifié par les Chambres en 1882. C'est ainsi que la France est arrivée la première des nations sur le Congo moyen, fleuve immense qui, avec ses affluents, offre une voie navigable, estimée par Stanley à 4,520 milles.

Depuis deux ans, les négociants du Gabon avancent chaque jour davantage dans l'intérieur par la voie de l'Ogowé. Leurs traitants remontent jusqu'aux chutes de Djoué, en amont de Lopé. Là, ils rencontrent les indigènes du haut Ogowé. Ils échangent des alcools, de la poudre, des armes, des étoffes, des verroteries, des chaudrons, contre de l'ivoire, du caoutchouc, de l'ébène, du bois rouge, de la gomme, des arachides.

La direction des douanes du Gabon estime qu'en 1881 les exportations de la colonie en Europe se sont élevées à environ 7 millions, quoiqu'elles ne soient indiquées sur les comptes de la douane que pour 1,411,000 fr. Les importations dans la colonie ont été, elles aussi, de 7 millions. C'est donc un commerce total de 14 millions, alors qu'il n'était en 1856 que de 622,000 francs.

Mais ce qu'il est pénible de constater, c'est que presque tout le commerce est aux mains des négociants étrangers. Les deux premières maisons sont Wœrmann, de Hambourg, Hatton et Cookson, de Liverpool. Viennent après elles trois autres maisons anglaises, trois maisons portugaises, et enfin cinq maisons françaises peu importantes. Il convient, toutefois, d'ajouter qu'en ce moment un négociant français, M. Conquy, déjà établi

sur la côte sud du Congo, vient de fonder, à Libreville et sur l'Ogowé, les
« Factoreries françaises du Gabon ». Il n'en est pas moins vrai que cette colonie française appartient aujourd'hui au commerce anglais et allemand.
Les traitants des maisons Wœrmann, Hatton et Cookson parcourent tout
le pays, remontant au loin l'Ogowé, et ont même sur ce fleuve de petits
vapeurs de commerce, grâce à la tolérance trop grande de l'administration
coloniale.

La maison Wœrmann étudie la création d'une ligne régulière de steamers
entre Hambourg et Libreville, par le Havre et Dakar. En outre, afin de
bien assurer ses affaires, et de crainte que l'ivoire et le caoutchouc ne
viennent à manquer dans quelques années, elle vient d'entreprendre près
de Libreville de grandes plantations de café. Il serait très désirable que
cet exemple, donné aussi à Grand-Bassam et Assinie, par la maison française Verdier, fût suivi par tous les négociants à la côte d'Afrique. Il est
toujours à craindre, en effet, qu'au bout d'un certain nombre d'années,
une colonie de commerce ne vienne à s'épuiser; il faut donc tendre à y
introduire les cultures tropicales, pour en faire une colonie de plantation.

Le mouvement total de la navigation du Gabon a été, en 1881, de
307 navires, jaugeant environ 114,000 tonneaux, presque tous étrangers.
En 1856, il n'avait été que de 48.

Il est regrettable qu'aucune statistique ne donne le commerce des années
précédentes. Les chiffres permettraient de constater que, depuis deux ou
trois ans, l'ouverture de l'Ogowé aux traitants a augmenté dans une proportion importante le mouvement général des affaires.

La population européenne est au Gabon excessivement faible. En 1882,
le commandant de la colonie comptait 108 Européens : 58 Français, dont
34 missionnaires; 17 Anglais, 17 Américains, tous missionnaires; 11 Allemands; 3 Portugais. Quant à la population indigène soumise à notre
protectorat plus ou moins effectif sur les côtes et dans une partie de la
vallée de l'Ogowé, il est absolument impossible de l'évaluer.

Depuis quelques mois, notre colonie du Gabon s'est étendue vers le sud.
Le commandant du *Sagittaire*, bâtiment envoyé pour soutenir la mission
de Brazza, a occupé Loango et signé avec les chefs noirs des traités qui
placent sous notre protectorat toute la côte qui s'étend de la rive droite du
Killou au nord, à Massabi, au sud.

D'un autre côté, le gouvernement portugais, désireux de profiter des
routes que pourra trouver M. de Brazza, a pris possession, en septembre
dernier, du port de Landana et des territoires voisins.

Les négociants, obéissant aux mêmes préoccupations, se portent, eux aussi, sur cette côte. Quelques petites factoreries, portugaises pour la plupart, se sont établies depuis peu de mois sur le Killou, ainsi qu'à Loango et Landana. Mais les plus importantes factoreries ont une date moins récente; ce sont les maisons Hatton et Cookson, Wœrmann, une grande société hollandaise dont le siège est à Banane, et enfin les deux maisons françaises Daumas-Bérauld et Conquy. Celles-ci sont établies sur la côte sud du Congo à Ambriz, Ambrizette, Kissenbo, Mussura, et dans le bas du fleuve.

Il faut aussi considérer comme une entreprise commerciale l'Association internationale africaine, pour laquelle voyage M. Stanley, bien qu'elle prétende avoir un but uniquement scientifique et civilisateur. Ses stations sur le Killou, sur le Congo, à M'Boma, Vivi, Issanghilia, Mayanga, Léopold-ville, Ibaka, Bololo, sont des factoreries où les indigènes viennent échanger leurs produits. Ce sont le caoutchouc, l'ivoire, le café, le bois, les arachides, et aussi le cuivre de la vallée du Niari.

VII

SAINTE-MARIE, NOSSI-BÉ, MAYOTTE ET MADAGASCAR, COMMERCE À LA CÔTE DE MOZAMBIQUE, OBOCK.

La France a, dans l'océan Indien, outre la Réunion, trois petites colonies : Sainte-Marie, Nossi-Bé et Mayotte. Elles comptent malheureusement trop peu. Leur situation en face de la grande île de Madagascar ou au milieu des Comores, leur richesse naturelle, leur extrême fertilité méritent cependant toute attention.

L'île Sainte-Marie de Madagascar, dernier souvenir de nos possessions territoriales sur la côte Est de la Grande Terre, est aujourd'hui presque complètement oubliée. Cette île, bien située, fertile, propre à la production des denrées coloniales, est inculte. Il n'y a pas un seul colon, et le gouvernement n'a pu même y trouver un adjudicataire pour la récolte de 55,000 cocotiers recensés à Sainte-Marie. Les indigènes, très indolents, au nombre d'environ 7,000, cultivent quelques girofliers et caféiers, mais ils ne font pas assez de riz pour leur consommation.

En 1881, il a été introduit dans la colonie pour 110,000 francs de marchandises, pendant que ses exportations s'élevaient à 180,000 francs.

Le commerce est fait par des pirogues du pays et des caboteurs entre la Réunion, Maurice et Madagascar. Le pavillon français occupe le premier rang.

Notre colonie de Nossi-Bé, sur la côte nord-ouest de Madagascar, est
en voie de progrès; mais loin cependant de la prospérité qu'elle devrait
atteindre. Sur 13,000 hectares de terre, 8,000 seulement sont concédés,
dont 1,000 plantés en cannes. Cette culture et celle du café prendraient
une bien plus grande extension si les colons trouvaient des travailleurs;
mais il n'y a pas plus de 1,000 immigrants africains dans la colonie, et
les indigènes se refusent à tout labeur régulier sur les plantations.

La population est d'environ 8,000 âmes, dont une centaine de colons
venus presque tous de la Réunion.

En 1881, les importations dans la colonie se sont élevées à 3,720,000 fr.
et ses exportations, sucre, rhum, etc., à 3,762,000 francs. Mais ces
chiffres ne sont point l'expression du commerce propre de Nossi-Bé,
beaucoup moins important. Cette petite colonie est avant tout un lieu de
transit. La plus grosse partie des marchandises qui entrent dans le port
de Hell-Ville en sortent aussitôt, envoyées dans les pays voisins et surtout à Madagascar. Son commerce propre, importations et exportations
réunies, ne doit point s'élever au-dessus de 1,500,000 francs à 2 millions. Ce sont les produits allemands qui occupent la première place.

Plus de la moitié du mouvement commercial se fait par bâtiments français. Les statistiques ne donnent pas le nombre des navires entrés et sortis, mais seulement leur tonnage. En 1881, sur un total général de
58,000 tonnes, 40,000 appartiennent à la France, ce qui permet de
compter environ 200 navires. Après ces caboteurs français viennent les
boutres arabes et indiens, puis les navires anglais de Maurice.

Le commerce entre Nossi-Bé et Madagascar est très actif à l'importation et à l'exportation, mais les statistiques, toujours incomplètes, négligent de donner des chiffres. Il augmentera encore lorsque les hostilités
actuelles auront pris fin. Les colons de Nossi-Bé viendront certainement
exploiter alors les riches mines de charbon de Bavatou-Bé, découvertes
en 1853 et auxquelles les Howas n'ont jamais laissé toucher. Dans une
colonie où la tonne de houille de Cardiff revient à 75 et 80 francs, une
mine de combustible sera un trésor. La marine militaire et la marine
marchande viendront se ravitailler à Nossi-Bé.

Les renseignements que l'on a sur le commerce de Madagascar sont très
vagues et incomplets.

Les négociants français, anglais, américains, allemands, attaquent cependant cette grande île de tous les côtés : ils ont des factoreries sur la
côte orientale à Mananbatu, Vohémar, Tamatave, Mahanoro, Mahéla,

Mananzari; sur la côte occidentale, à Saint-Augustin, Tuléar, Majunga, Passandava... Madagascar est très riche, extrêmement fertile; ses principales productions sont le bois, le riz, les bœufs, les peaux, la cire, le caoutchouc, la canne à sucre, le coton, l'écaille. En échange de ces produits, les négociants apportent des cotonnades anglaises, des toiles américaines, du rhum, du sel, des fusils, de la faïence grossière. Malheureusement les Howas entravent la liberté du commerce par des vexations et des prohibitions.

Le principal port de l'île est Tamatave sur la côte orientale. Les navires de la Réunion et de Maurice y viennent chercher les bœufs, par milliers, le riz et les autres produits indigènes. Les Howas demandant peu les produits européens, les payements sont faits dans d'énormes proportions en pièces d'argent. C'est cette particularité qui explique comment les statistiques de Maurice (1880) n'accusent qu'une exportation vers Tamatave de 2,600,000 francs, alors qu'il est importé de ce port dans la colonie pour 30,300,000 francs. Il en est de même pour la Réunion, où malheureusement aucune statistique n'a été dressée.

On ne connaît pas le mouvement commercial du port de Tamatave, mais les renseignements les plus dignes de foi permettent de l'estimer, importations et exportations comprises, à environ 40 millions. Quant au tonnage des navires entrés et sortis, il a été relevé du 31 mai 1881 au 30 juin 1882 : il donne un total général de 71,720 tonnes. Dans ce chiffre les navires français, presque tous de la Réunion, comptent pour 39,000 tonnes; les navires anglais, presque tous de Maurice, pour 15,000 tonnes; les navires allemands, pour 6,000 tonnes; les navires howas, pour 5,800 tonnes; les navires américains, pour 5,400 tonnes.

Le second port de Madagascar est Majunga, sur la côte nord-ouest, non loin de Nossi-Bé, avec laquelle il fait un important commerce de bœufs. Des négociants américains y font un gros commerce de toiles.

A côté des maisons américaines, anglaises, allemandes, sont plusieurs maisons françaises et des traitants de la Réunion. La plus importante est la maison Roux de Fraissinet, établie sur toutes les côtes de l'île et jusqu'à Tananarive, capitale des Howas. Il n'est pas téméraire de penser qu'elle fait 20 à 25 pour 100 du commerce de Tamatave[1]. De grandes plantations de canne sont entreprises depuis quelques années par des Réunionais et des Mauriciens dans les environs de Tamatave, de Mahéla, et de Mananzari.

---

[1] Tombée en liquidation elle a été rachetée par la maison Regis (Mantes et Borelli, successeurs) déjà établie à la côte occidentale.

En résumé, grâce à notre colonie de la Réunion, le commerce français est le premier sur la grande île, et l'on peut estimer qu'il entre dans le chiffre total pour plus de 50 pour 100. Après viennent les Anglais, les Américains, les Arabes de Zanzibar, les Allemands......

Le commerce français se développera davantage encore le jour prochain, il faut l'espérer, où les Howas auront reconnu les droits de la France sur les côtes nord-ouest et nord-est de l'île. Les colons de la Réunion attendent avec impatience le moment où ils pourront venir y entreprendre des plantations de canne et de coton.

Le Malgache est un bon travailleur, il peut être utilement employé sur les plantations; nos colons trouveront donc des bras sur la terre même..

L'île de Mayotte, avec ses 8,000 habitants, n'est pas dans une situation bien différente de Nossi-Bé. Les sucreries, qui ont assez longtemps végété, écrasées par les frais de leur création, prospèrent aujourd'hui. L'île cependant peut encore faire de grands progrès. Elle est située dans le canal de Mozambique, sur la route des navires; son port est excellent, et enfin la fertilité du sol est extrême. Le rendement moyen de la terre est de 2,500 kilogrammes de sucre par hectare, tandis qu'à la Réunion l'hectare donne trois et quatre fois moins.

Seize cents hectares sont consacrés à la culture de la canne et environ 1,400 hectares à celle du café, du tabac, de la vanille, du maïs, etc.

En 1881, Mayotte a exporté 3,512,000 kilogrammes de sucre, 120,000 litres de rhum, du café, de la vanille, etc., soit pour une somme de 2,340,000 francs de denrées coloniales. Dans la même année, les importations se sont élevées à 1,069,000 francs.

Le pavillon français occupe le premier rang dans ce mouvement commercial : 81 navires, jaugeant 11,800 tonneaux. Les statistiques ne distinguent pas les différentes nations étrangères en relations d'affaires avec la colonie; elles se bornent à mentionner : 160 navires portant 8,700 tonnes. Mais on sait que la plus grande partie de ce commerce est faite par des boutres arabes et indiens. C'est ainsi que les Indiens de Bombay viennent acheter, à des prix assez élevés, les sucres de Mayotte [1].

Une grosse question économique, une question vitale, est posée en ce

[1] Le *Tableau général des douanes* réunit dans les mêmes colonnes le commerce entre la France et les trois petites colonies de Sainte-Marie, Nossi-Bé et Mayotte. Il donne les chiffres suivants pour 1881 : exportations de la France pour les colonies (commerce spécial), 409,000 francs ; importations de celles-ci en France (commerce général), 4,897,000 francs. Presque toute cette somme, soit 4,526,000 francs, reste au commerce spécial.

14

moment dans nos colonies de l'océan Indien, plus encore à la Réunion qu'à Mayotte et Nossi-Bé : la question de l'immigration. Le gouvernement anglais, voulant, on peut le penser, ruiner la Réunion, a déclaré, il y a deux ans, qu'il n'autoriserait à l'avenir l'immigration de travailleurs indiens vers l'île française que sous certaines conditions. Celles-ci étaient inacceptables, et le conseil général de notre colonie les a repoussées. Les colons de la Réunion sont donc menacés, en ce moment, de n'avoir plus de travailleurs sur leurs plantations, le jour où les engagements actuels seront expirés.

En 1882, l'administration coloniale, voulant faire venir des travailleurs à Nossi-Bé et à Mayotte, passa un traité avec le gouvernement portugais, traité qui l'autorisait à recruter des immigrants dans la province de Mozambique. Des agents anglais ont réussi, l'année dernière, à faire échouer une première tentative de recrutement.

La même question est donc posée dans nos trois colonies, c'est la première à résoudre.

Le commerce français à la côte orientale d'Afrique a des intérêts assez importants. Il est représenté par des maisons marseillaises : Fabre, Borelli de Régis, Roux de Fraissinet, et une nouvelle maison, celle-ci de Paris, Louis Amouroux, qui veut exploiter de grandes salines dans la province de Mozambique. A côté des factoreries françaises sont celles d'une maison de Hambourg et d'une maison anglaise. Ces factoreries, disséminées sur plusieurs points de la côte à Lourengo-Marquez, Inhambane, dans le Zambèze inférieur, à Quilemane, à Mozambique, à Ibo, à Zanzibar, achètent aux caravanes de l'intérieur l'ivoire, le caoutchouc et la gomme. Ces caravanes sont venues en 1882 à Ibo, d'où il a été exporté pour 500,000 francs d'ivoire et pour 500,000 francs de gomme.

Mais ces renseignements sont très incomplets, et il est impossible de connaître le chiffre d'affaires des différentes maisons.

Sur un autre point de l'Afrique orientale, beaucoup plus au nord, au fond du golfe d'Aden, de hardis négociants français cherchent en ce moment à créer un courant commercial. La France possède, depuis 1862, le territoire d'Obock, mais elle n'y a jamais fait le moindre établissement [1]. Aujourd'hui deux ou trois maisons de commerce, et, parmi elles, la *Société des factoreries françaises d'Obock,* cherchent à entrer en relations avec les pays de l'intérieur, le Choa, l'Abyssinie, l'Harar. Ils voudraient détourner sur

_____

[1] Depuis la publication de ce travail (1883), la France a envoyé un commandant et quelques hommes à Obock. On a, en outre, établi un dépôt de charbon (1884).

Obock les caravanes qui viennent à Zeila, petit port égyptien peu éloigné. Jusqu'ici leurs tentatives n'ont pas réussi.

Les principaux produits du Choa, de l'Abyssinie et de l'Harar sont les bœufs, les peaux, l'ivoire, la gomme, la cire, la myrrhe et le café.

Peut-être une prise de possession effective d'Obock par la France serait-elle d'un grand secours à nos négociants.

VIII

COMMERCE GÉNÉRAL DE L'AFRIQUE. — SITUATION DE LA FRANCE DANS CE COMMERCE.

L'Afrique, avec ses populations primitives, sans aucune civilisation, sans industrie, sans commerce, et bien différente par ces caractères du continent asiatique, peut être considérée, les États méditerranéens exceptés, comme une immense colonie de commerce où se rencontrent les négociants des diverses nations européennes.

Il est donc intéressant de rechercher, à l'aide des statistiques, la part de chacun des pavillons dans le commerce général avec ce continent.

FRANCE EN 1881.

1° COMMERCE. — Côte occidentale d'Afrique (du Maroc au cap de Bonne-Espérance, non compris le Sénégal, mais y compris le Gabon) :

Importations en France. — 32,181,000 francs, dont 30 millions au commerce spécial.

Exportations. — 3,744,000 francs, dont 2 millions au commerce spécial.

Possessions anglaises d'Afrique à la côte occidentale et à la côte orientale (y compris Maurice et le Cap) :

Importations en France. — Partie occidentale, 4,858,000 francs; partie orientale, 3,530,000 francs; total : 8,388,000 francs, dont 5,654,000 francs au commerce spécial.

Exportations. — Partie occidentale, 3,579,000 francs; partie orientale, 8,976,000 francs; total : 12,555,000 francs, dont 8,945,000 francs au commerce spécial.

Autres pays d'Afrique, y compris Madagascar, mais non compris la Réunion, Sainte-Marie, Mayotte et Nossi-Bé :

Importations en France. — 7,952,000 francs, dont 7,362,000 francs au commerce spécial.

Exportations. — 1,963,000 francs, dont 1,250,000 francs au commerce spécial.

Ainsi le mouvement total du commerce entre la France et l'Afrique a été, en 1881, non compris le Sénégal, la Réunion, Sainte-Marie, Mayotte et Nossi-Bé, et aussi naturellement les pays méditerranéens dont il n'est jamais question ici, de plus de 66 millions et demi (66,783,000 francs). Dans ce chiffre, les importations en France entrent pour 48,521,000 fr. et les exportations de France pour 18,262,000 francs.

Le commerce spécial, extrait de ces chiffres, donne 43,016,000 francs pour les importations et seulement 12,195,000 francs pour les exportations.

2° NAVIGATION. — Le *Tableau général des douanes* compte tous les navires français ou étrangers qui ont touché les ports de France, soit allant en Afrique, soit en revenant. Avec ce point de départ, on trouve que le commerce de l'Afrique touchant la France a été fait, en 1881, moins l'île de la Réunion, les petites colonies de l'océan Indien et le Sénégal, mais y compris Madagascar, par 140 navires français, jaugeant 58,730 tonneaux, et par 170 navires étrangers (anglais, allemands, italiens...), jaugeant 58,300 tonneaux.

ANGLETERRE EN 1881.

1° COMMERCE. — Côte occidentale d'Afrique :

Importations en Angleterre. — Commerce général, 2,118,000 livres sterling, soit 52,950,000 francs.

Exportations. — Commerce général, 2,067,000 livres sterling; commerce spécial, 1,786,000 livres sterling, soit 44,650,000 francs.

Côte orientale d'Afrique (y compris le cap de Bonne-Espérance, Natal et Maurice) :

Importations en Angleterre. — Commerce général, 6,098,000 livres sterling, soit 152,450,000 francs.

Exportations. — Commerce général, 8,375,000 livres sterling; commerce spécial, 7,705,000 livres sterling, soit 192,625,000 francs[1].

---

[1] Dans le commerce anglais à la côte orientale, les importations du Cap s'élèvent à 4,938,000 livres sterling (commerce général); les exportations à 5,877,000 livres sterling (commerce spécial); les importations de Natal à 474,000 livres sterling (commerce général); les exportations à 1,194,000 livres sterling (commerce spécial); les importations de Maurice à 449,000 livres sterling (commerce général); les exportations à 439,000 livres sterling (commerce spécial).

Ainsi, le mouvement total du commerce entre la Grande-Bretagne et l'Afrique a été, en 1881, non compris le Cap, Natal et Maurice, de plus de 115 millions et demi (115,593,000 francs).

Dans ce chiffre, les importations entrent pour 58,875,000 francs (commerce général) et les exportations pour 56,718,000 francs (commerce général). Ces exportations restent pour 49,510,000 francs au commerce spécial.

2° Navigation. — Entrées et sorties réunies, 520 navires (nationalité pas indiquée).

PORTUGAL EN 1879.

1° Commerce. — Possessions portugaises d'Afrique :

Importations en Portugal. — Commerce spécial, 694,000 milreis, soit 35,438,000 francs.

Exportations. — Commerce spécial, 695,000 milreis, soit 35,472,000 fr.

2° Navigation. — Aucun chiffre.

HOLLANDE EN 1881.

1° Commerce. — Côtes occidentale et orientale :

Importations en Hollande. — 13 millions de florins, soit environ 26 millions de francs.

Exportations. — 5,500,000 florins, soit environ 11 millions de francs.

2° Navigation. — Entrées et sorties réunies, 77 navires (nationalité pas indiquée).

ALLEMAGNE EN 1881 [1].

1° Commerce. — Tous les pays d'Afrique, l'Égypte et l'Algérie exceptées :

Importations en Allemagne. — 11,200,000 francs, dont 12,195,000 fr. au commerce spécial.

Exportations. — 3,648,000 francs, dont 3,632,000 francs au commerce spécial.

2° Navigation. — Entrées et sorties réunies, 215 navires jaugeant 118,000 tonneaux. Leur nationalité n'est pas indiquée.

[1] Presque tout le commerce, on pourrait même dire tout le commerce, est fait par le port de Hambourg.

ÉTATS-UNIS EN 1881.

1° COMMERCE. — Côtes occidentale et orientale :

Importations aux États-Unis. — 3,338,000 dollars, soit environ 17 millions.

Exportations. — 3,900,000 dollars, soit environ 18 millions.

2° NAVIGATION. — Entrées et sorties réunies, 385 navires (nationalité pas indiquée).

Ces chiffres, pris dans les documents officiels publiés par les douanes étrangères, ne sont pas aussi clairs, aussi complets qu'il serait à désirer. C'est ainsi que l'on ne sait s'ils comprennent ou non le commerce avec les îles voisines de l'Afrique. Ils négligent aussi, sauf en Angleterre, de distinguer le commerce spécial du commerce général. En outre, les statistiques de l'Espagne, de l'Italie... manquent complètement.

Si l'on veut cependant résumer les indications fournies par tous ces tableaux, on obtient les résultats suivants :

L'Angleterre a avec l'Afrique, y compris l'île Maurice et les îlots de l'océan Atlantique, un commerce total de près de 543 millions de francs (542,675,000 fr. 52 cent.).

La France, y compris le Sénégal, la Réunion et les trois petites îles de l'océan Indien, de 174 millions (173,991,000 francs) ;

Le Portugal, de près de 71 millions (70,910,000) ;

La Hollande, de 37 millions ;

Les États-Unis, de 35 millions ;

L'Allemagne, de près de 16 millions.

Le mouvement des navires employés par les diverses nations au commerce africain est en quelque sorte impossible à fixer, puisque les statistiques donnent les entrées et sorties des bâtiments, mais non le pavillon. Il est à craindre cependant que la France ne vienne pas ici dans un bon rang, parce que les négociants français emploient souvent pour leurs importations et exportations les navires anglais de Liverpool et les navires allemands de Hambourg, dont le fret est moins élevé.

Les chiffres du commerce total de la France avec ses comptoirs et les pays indépendants de la côte d'Afrique ont besoin d'être expliqués. Seuls, ils ne donnent pas la situation vraie. Ils attribuent à notre pays un mouvement d'affaires en Afrique de 66 millions et demi (non compris les colonies du Sénégal, de la Réunion, de l'océan Indien), dont plus de 18 millions pour les exportations. On pourrait donc croire que l'industrie

française écoule en Afrique pour 18 millions de ses produits. Malheureusement ce serait là une erreur. Ce chiffre de 18 millions appartient au commerce général, il est réduit à 12 millions pour le commerce spécial. Il
n'est donc exporté, pour l'Afrique, que pour 12 millions de produits français. Et ce n'est même point au milieu des indigènes, dans les pays neufs,
que s'écoule la plus forte partie de ces marchandises françaises, c'est au
Cap, c'est à Maurice (pour environ 8 millions dans ces deux colonies),
chez les colons européens. Nous rencontrons ici un des points les plus faibles
de notre commerce colonial, il convient de le mettre en pleine lumière.

La France a, sur les côtes d'Afrique, d'importantes maisons de commerce; elles rivalisent avec les factoreries anglaises; mais elles vendent
aux indigènes plus de produits anglais, allemands, américains que de
produits français.

Elles exportent de France pour 12 millions de produits français, et en
même temps elles exportent de Liverpool et de Hambourg pour 30 ou
35 millions peut-être de marchandises anglaises et allemandes. Les statistiques sont muettes ici, mais il faut tenir pour certain que sur les 49 millions et demi de produits anglais envoyés en Afrique, une bonne part
est envoyée par des maisons françaises; et l'on peut dire la même chose
pour les exportations allemandes, mais dans une proportion moindre. Les
déclarations des négociants français opérant en Afrique ne laissent aucun
doute à ce sujet. Ainsi les produits anglais, allemands et américains trouvent à la côte d'Afrique de plus larges *débouchés* que les produits français;
et, ce qui est plus, les maisons françaises elles-mêmes vendent ces produits étrangers.

Elles expliquent cet état de choses par des faits malheureusement
incontestables. Dans les rivières du Sud, sur la côte de Guinée, au Niger,
au Gabon, sur la côte de Mozambique, à Madagascar, il leur est souvent
impossible de vendre aux indigènes des marchandises françaises, parce que
les négociants étrangers avec lesquels elles se trouvent partout en concurrence apportent aux noirs des marchandises anglaises ou allemandes aussi
appréciées et dont le prix de fabrication est moindre.

Les industriels français fabriquent mieux que les industriels étrangers,
mais ils vendent plus cher, et les noirs ne s'arrêtent pas à la qualité, ils
recherchent le bon marché.

C'est pourquoi les négociants français vont acheter à Manchester les
cotons, les draps, les indiennes, les velours qu'ils vendront à la côte
d'Afrique. Ces étoffes, évidemment très inférieures, leur coûtent 10,
12, 18, 35 centimes et 1 franc, ou 1 fr. 10 cent. le mètre. En France,

ils ne les trouveraient pas ou les payeraient beaucoup plus cher. La chambre de commerce d'Amiens, par exemple, déclare que la fabrique d'Amiens ne peut vendre moins de 1 fr. 75 cent. le mètre un velours qui coûte 1 fr. 5 cent. à Manchester. Ces étoffes anglaises sont embarquées à Liverpool, le plus souvent sur navires anglais, le fret pour la côte d'Afrique étant meilleur marché qu'en France. Il y a donc là une perte pour notre pavillon en même temps que pour nos fabricants.

Et ce qui est vrai pour les étoffes l'est aussi pour les autres articles. On trouve à Hambourg des alcools, des couteaux, des trompettes à meilleur marché qu'en France : 12 flacons de genièvre à 35 degrés, d'une contenance de 7 litres, sont vendus, à Hambourg, 3 francs mis en caisse. Ce bas prix ne peut être atteint chez nous. Comme à Liverpool, le fret de Hambourg à la côte d'Afrique est moins cher que dans les ports de France. Il y a environ un an, il est tombé jusqu'à 10 francs la tonne.

Les armes, la poudre, sont aussi quelquefois achetées à l'étranger.

En résumé, les négociants français qui font le commerce de l'Afrique déclarent qu'ils achètent 50 p. o/o des objets qu'ils exportent en Angleterre (tissus, armes, métaux, sel...); 23 p. o/o en France (alcool, poudre, rouenneries, quincaillerie, parfumerie...); 16 p. o/o en Allemagne (genièvre, armes, coutellerie); 11 p. o/o en Amérique, en Suisse, en Italie...

On le voit, la France ne fournit pas à ses négociants le quart des produits qu'ils vendent en Afrique. C'est là une situation commerciale peu brillante. Les chambres de commerce, à qui dernièrement encore le Ministère des colonies a transmis les échantillons et les prix des cotonnades de Manchester, n'essayent pas même de lutter. Peut-être cet état de choses tient-il, en partie du moins, à ce que les industriels français ne veulent pas fabriquer des qualités aussi inférieures que les Anglais et se refusent ainsi à se contenter, comme les fabricants de Manchester, de bénéfices très minimes, comptant, pour compensation, sur une production considérable[1]. Il n'est pas douteux toutefois que la part du commerce français serait très sensiblement accrue si le gouvernement établissait une ligne postale subventionnée à la côte d'Afrique.

[1] Il importe de remarquer que tout ce qui vient d'être dit ici sur la situation commerciale de la France en Afrique, sur le peu d'écoulement des produits français dans ce continent ne touche pas le Sénégal. — Les chiffres de cette colonie ont été soigneusement écartés. Elle se trouve, en effet, dans une situation spéciale, le commerce français y étant seul et le commerce étranger presque interdit. — Et cependant, quoiqu'ils n'aient à craindre aucune concurrence, les négociants français ont introduit au Sénégal, en 1880, pour environ 6 millions de marchandises étrangères à côté de 8 millions de marchandises françaises!

IX

ÉTABLISSEMENTS FRANÇAIS DE L'INDE.

Les possessions de la France dans l'Inde, souvenirs d'anciennes et glorieuses entreprises nationales, sont réduites aujourd'hui à 5 ports et à quelques *loges*. La population totale de ces établissements est de 285,000 habitants, sur lesquels 1,660 Européens.

Les principales cultures, après le riz, sont : l'indigotier, le cocotier; puis le tabac, le coton, le bétel.

L'industrie du tissage des étoffes de coton dites *guinées,* que l'on teint en bleu avec l'indigo, est assez active, surtout à Pondichéry et à Karikal.

Dans ces dernières années même, elle s'est développée d'une façon sensible. Après avoir été prospère pendant longtemps, elle était tombée très bas. C'est ainsi qu'en 1874 nos établissements n'envoyaient plus que pour 828,000 francs de guinées au Sénégal. C'était toute leur production. L'administration métropolitaine s'émut à la fin de cette décadence. Un décret en date du 19 janvier 1877 intervint, qui accorda certaines conditions de faveur à l'importation, au Sénégal, des *guinées* fabriquées dans nos possessions indiennes. Grâce à cette protection, contre laquelle ont protesté plusieurs négociants de Bordeaux (Bordeaux est en relations d'affaires à la fois avec l'Inde et le Sénégal), les manufactures de Pondichéry se relevèrent. En 1881, elles ont envoyé au Sénégal pour environ 2,840,000 francs de guinées; les statistiques ne permettent de donner qu'un chiffre approximatif. Ce chiffre, toutefois, n'est pas encore satisfaisant quand on considère que, la même année, il a été importé dans notre colonie africaine pour 3,244,000 francs de guinées belges et anglaises, lesquelles doivent payer un droit d'entrée de 120 francs par balle de 100 pièces. En 1874, il n'était entré que pour 1,137,000 francs de guinées étrangères.

Le commerce total des établissements a été de 24,294,000 francs en 1881. Dans ce chiffre, les exportations de France pour la colonie s'élèvent à 824,000 francs; les importations de la colonie en France, à 9,223,000 francs ; les importations de marchandises étrangères, à 5,346,000 francs; les exportations pour l'étranger, à 7,658,000 francs, et les exportations pour les colonies françaises, à 857,000 francs, etc. [1].

---

[1] Les exportations de la France pour la colonie, 824,000 francs, appartiennent au commerce spécial, et dans les importations de la colonie en France, 9,223,000 francs, chiffre du commerce général, le commerce spécial entre pour 6,137,000 francs.

Un quart ou un cinquième seulement des navires qui entrent et sortent de nos ports indiens naviguent sous pavillon français. Les statistiques, incomplètes, ne permettent pas de donner des chiffres exacts.

L'année 1881 paraît avoir été mauvaise pour l'Inde. Son commerce général ne s'est, en effet, élevé qu'à 24 millions, alors qu'il avait atteint plus de 33 millions en 1880 et 39,700,000 francs en 1877. En 1860, il était déjà de 32 millions.

X

COCHINCHINE. — TONKIN.

Conquise en 1859, agrandie en 1867, la Cochinchine paraît, avec une superficie de 59,000 kilomètres carrés, une population de 1,600,000 habitants, un commerce général de 100 millions, la première de nos colonies. Ces chiffres sont assurément les plus élevés; mais il ne s'ensuit point que la Cochinchine soit au premier rang par sa richesse et sa prospérité. Il est certain, au contraire, que, proportionnellement à leur étendue, la Guadeloupe, la Martinique, la Réunion, dépassent de beaucoup notre possession indo-chinoise; aucune d'elles n'atteint 20,000 kilomètres carrés, et la moins riche des trois a un commerce de plus de 51 millions. Cette infériorité de la Cochinchine ne saurait être expliquée par le peu d'ancienneté de notre occupation; s'il en était ainsi, nous serions en présence d'une simple question de temps; chaque nouvelle année pourrait être considérée comme un pas vers un état prospère. Le fait qui explique le faible développement de notre colonie est plus grave, parce qu'il est difficile de prévoir s'il disparaîtra jamais. Aux Antilles et à la Réunion, on cultive la canne, qui est un *produit riche;* en Cochinchine, on cultive le riz, qui est un *produit pauvre.* Aussi la situation de nos six provinces à l'embouchure d'un des fleuves les plus considérables du continent asiatique, leur fertilité extrême, les habitudes laborieuses de leurs populations ne sont point des gages suffisants de prospérité dans l'avenir. Des événements politiques qui reculeraient les frontières de notre colonie n'augmenteraient sans doute pas beaucoup sa richesse. Le percement de l'isthme de Kra lui serait certainement plus favorable. Il ouvrirait aux navires d'Europe et des Indes se rendant en Chine et au Japon une route plus courte et ferait ainsi du port de Saïgon un des marchés de l'Extrême Orient, un entrepôt du commerce des nations, un rival de Singapore.

A ces considérations il faut encore ajouter quelques observations peu favorables. L'*utilité commerciale* de la Cochinchine pour la métropole est très faible. Le commerce chinois, anglais, allemand, est beaucoup plus

important que le commerce français. Celui-ci n'occupe pour les importations et les exportations qu'un rang très secondaire. A Saïgon, la première place appartient aux maisons chinoises, la deuxième aux maisons
allemandes (maisons Engler et Cⁱᵉ, Speidell...); la troisième aux maisons
anglaises (Hale...); la quatrième, aux maisons françaises. Denis frères,
Renard et Cⁱᵉ sont les plus importantes. Il n'y a, du reste, dans toute
notre colonie que 1,642 Français, parmi lesquels environ 600 fonctionnaires.

Quelques chiffres indiqueront clairement la part du commerce des différentes nations.

Les exportations de la colonie à l'étranger ont été évaluées, en 1881,
a 53,358,000 francs [1]. Dans cette somme, les exportations de riz et de
paddy (variété de riz) se sont élevées à près de 32 millions (31,905,000ᶠ).
Ce chiffre indique l'importance de cette culture. Chaque Annamite a son
champ de riz, où il fait deux récoltes par an. Il convient de remarquer
encore qu'en 1881 la récolte du riz fut mauvaise, puisque l'année précédente, les exportations de cette céréale avaient atteint 40 millions. Ce
riz est envoyé environ pour moitié en Chine, puis dans les établissements
du détroit de Malacca, aux Indes néerlandaises, aux îles Philippines, en
Europe, en Amérique, en France pour une somme médiocre [2].

Tandis que la seule exportation du riz donnait, en 1881, une somme
de 32 millions, tous les autres produits exportés ne s'élevaient ensemble
qu'à 21 millions : la soie grège (pour Singapore, la Chine, la France);
les peaux d'animaux, les poissons secs et salés (pour Singapore, la
Chine, les Indes néerlandaises...); les bois de construction, d'ébénisterie
et de teinture, les chinoiseries, la graisse de porc (pour Singapore, la
France, la Chine, le Siam...); les déchets de soie, le poivre (pour la
France, Singapore, la Chine...); les légumes frais, les volailles (pour
Singapore et Hong-Kong).

En résumé, les exportations de la Cochinchine se sont élevées, pour la
Chine (surtout Hong-Kong), à environ 23 millions [3]; pour Singapore,

---

[1] Les statistiques fournies par la colonie,
auxquelles tous les chiffres suivants sont empruntés, s'expriment en piastres, monnaie qui
vaut environ 5 francs. Il a paru plus simple
de faire ici la conversion immédiate en
argent français.

[2] Dans cette énumération et les suivantes,
le nom des pays est toujours placé suivant
l'importance de leurs relations commerciales

avec la colonie.

[3] Les statistiques sont si incomplètes
qu'elles ne permettent pas de fixer d'une
façon précise le chiffre des exportations de la
Cochinchine en aucun pays. Seul, le chiffre
touchant la France est certain, parce qu'il est
emprunté au *Tableau général des douanes*
de 1881.

à 9 millions; pour l'Annam, à 3 millions; pour les autres pays, à 15 millions; et pour la France, à moins de 4 millions (3,872,000 francs)! Le *commerce spécial* entre dans cette somme pour 2,669,000 francs. Après le riz (1,607,000 francs), les matières importées en France sont la colle de poisson, la soie, la bourre de soie, les peaux, le poivre...

Pendant la même année, les importations des différentes nations dans notre colonie se sont élevées à près de 41 millions (40,970,000 francs).

Les principales matières d'importation sont les vins, les fers ouvrés, les machines, qui viennent surtout de France; les cotonnades, les tissus, la mercerie, la lingerie, de Singapore; le thé, les soieries, les médecines, les aciers, les comestibles, de Chine...

La Chine (surtout Hong-Kong) vient au premier rang pour les importations comme pour les exportations. En 1881, elle a importé en Cochinchine pour environ 17 millions de marchandises. La même année, les importations de Singapore ont été de 14 millions; celles de la France, de 5,834,000 francs [1].

Ces détails sur les marchandises exportées et importées montrent le peu d'importance qu'a le commerce français dans notre colonie de l'Extrême Orient. Tandis que le commerce général de la Cochinchine avec la Chine s'élève à 40 millions et celui avec Singapore à 23 millions, celui avec la France n'atteint pas 10 millions [2].

On explique cette infériorité. Que fournit la Cochinchine? Du riz, des poissons salés, de la graisse de porc, marchandises qui ne sont point demandées en France et sont consommées au contraire par les populations de la Chine, des Indes anglaises, des Indes néerlandaises... Et d'un autre côté les Annamites, entraînés depuis des siècles dans la civilisation, l'industrie et le commerce des populations de la race jaune, ne demandent pas, comme les races primitives de l'Afrique, toutes leurs marchandises à l'Europe. C'est ainsi qu'ils achètent leurs thés, leurs cotonnades et leurs soies en Chine. Enfin, les marchandises françaises rencontrent en Cochinchine, comme en Afrique, la terrible concurrence des produits anglais

[1] Le commerce spécial n'entre dans ce chiffre que pour 4,574,000 francs.

[2] Encore le commerce spécial n'est-il dans ce total que de 7,243,000 francs: 4,574,000 francs à l'exportation vers la colonie et 2,669,000 francs à l'importation de la colonie en France.

Il convient, toutefois, d'ajouter que les statistiques ne mentionnent que les importations et les exportations directes. Elles ne donnent point le chiffre des marchandises débarquées à Singapore et Hong-Kong, puis rembarquées pour Saïgon, ni celui des marchandises cochinchinoises réexportées des deux ports anglais en France; mais il est à craindre, après tout ce qui vient d'être dit sur les relations commerciales de la colonie, ses produits et ses besoins, que ce double mouvement de réexportation soit peu important.

bon marché. En 1881, la France a vendu seulement pour 136,000 francs (commerce spécial) de tissus, passementeries, rubans, lingeries, tandis que l'Angleterre a écoulé pour environ 7 millions et demi (7,368,000 fr.) de cotonnades et de tissus [1]. C'est là un fait très regrettable, car les cotonnades sont l'élément indispensable de toute transaction entre l'Europe et l'Extrême Orient.

53 millions d'exportations, 41 millions d'importations donnent un total général de 94 millions (94,328,000 francs). Mais il ne faut pas négliger le commerce de terre par le Mé-Kong avec le Cambodge et le Laos. La chambre de commerce de Saïgon l'estimait, il y a peu d'années, à environ 5 millions et demi, ce qui permet d'estimer le commerce général de la Cochinchine, pour 1881, à 100 millions. En 1880, il n'avait été, malgré l'abondance du riz, que de 98 millions. Il y a dix ans, il n'était environ que de 80 millions. .

Le commerce du port de Saïgon a été, en 1881, de près de 91 millions (90,981,000 francs). Sur ce chiffre, 87 millions (87,367,000 francs) appartiennent aux navires au long cours, 3 millions et demi (3,613,000ᶠ) aux jonques chinoises et barques de mer annamites. Le commerce des quatre ports secondaires : Mytho, Rachgia, Camau, Hatien, fait par des jonques et des barques, a été de plus de 4 millions et demi (4,715,000 francs).

En 1879, on a compté, à l'entrée du port de Saïgon, 423 navires au long cours dont la nationalité n'est malheureusement pas connue, 123 jonques chinoises et 3,203 barques annamites, ce qui donne un mouvement total, entrées et sorties, de 700,000 à 800,000 tonnes.

C'est là assurément le commerce et le mouvement d'un grand port. Saïgon est loin cependant de la prospérité des deux grands entrepôts anglais : Singapore a un commerce de 570 millions, et Hong-Kong, de 300 millions.

Les *Tableaux statistiques* n'indiquant pas la nationalité des navires, on a relevé sur le *Journal officiel* de la colonie les entrées dans le port de Saïgon pendant le premier semestre de 1882 : 120 navires anglais, venant surtout de Singapore et de Hong-Kong ; 60 français, venant dé Singapore et de Marseille ; 30 allemands, 12 danois, 5 hollandais, 2 russes, 2 japonais, 1 suédois, 1 espagnol, 915 barques annamites, 31 jonques chinoises ; total : 1,179 navires. Le second semestre doit sans doute être plus important pour les jonques et barques indigènes. .

---

[1] Ces cotonnades venaient toutes de Singapore, ce qui rend certaine leur origine anglaise.

On voit que le pavillon français n'occupe que le second rang parmi les nations européennes, et encore faut-il remarquer que dans ce chiffre de 60 navires sont compris les transports de la marine et les steamers des Messageries maritimes.

De tout ce qui précède il est permis de conclure que la situation du commerce français en Cochinchine est peu satisfaisante. On s'est du reste ému à Saïgon, et une assemblée formée de conseillers généraux, de conseillers municipaux et de membres de la chambre de commerce a récemment adressé au Ministère des colonies un vœu tendant à l'établissement d'un tarif douanier différentiel en Cochinchine. Les marchandises françaises payeraient à leur entrée des droits moins élevés que les marchandises étrangères. Le marché n'étant plus libre, l'assemblée estime que les marchandises étrangères céderont la place aux nôtres.

Les partisans de ce système protecteur espèrent aussi qu'une nouvelle industrie, que l'on cherche à créer en Cochinchine, assurera un fret de retour aux navires de France : la fabrication d'une eau-de-vie de riz qui se vendrait dans la métropole.

La question importante, en effet, est d'assurer une cargaison de *marchandises demandées* dans le bassin de la Méditerranée, en France, aux navires qui seront allés porter nos produits à Saïgon. Aussi serait-il vivement à désirer que l'administration pût introduire dans le delta de Mékong les *cultures riches* (si le climat et la nature le permettent), l'indigo, la canne, le café... et peut-être aussi le blé, puisque celui des Indes et de la Birmanie vient aujourd'hui jusque sur les marchés européens faire concurrence aux blés d'Amérique [1].

La situation du commerce français au Tonkin est aussi peu satisfaisante qu'en Cochinchine. Ce pays, que la France a ouvert au trafic de l'Europe par le traité de 1874, n'appartient pas au commerce français, mais au commerce anglais, chinois, allemand, américain...

Lorsqu'en 1872 M. Harmand visita pour la première fois le delta du Song-Koï, il remarqua avec surprise que l'on rencontrait à peine sur ce grand fleuve quelques jonques et quelques barques. Haïphong était un pauvre village. Sous l'influence bienfaisante de la France, ce village grandit et devint bientôt le centre d'un commerce maritime et fluvial dont l'importance croît chaque année.

Les chiffres officiels donnent à Haïphong, pour 1880, un mouvement

[1] Aucun document ne permet de relever le commerce du royaume de Cambodge, placé sous notre protectorat.

commercial de près de 13 millions de francs (12,974,000 francs), soit 5,467,000 francs d'importations et 7,507,000 francs d'exportations. Mais, en publiant ce chiffre, M. de Kergaradec, notre ancien résident, le croit inférieur à la vérité, et il estime que la valeur réelle des échanges s'élève à 20 millions.

Les principaux articles d'importation sont les cotons anglais, filés ou tissés, qui constituent environ 34 p. o/o de la valeur totale des importations; l'opium, 21 p. o/o de ce même total; les médecines chinoises, 11 p. o/o; le tabac, 9 p. o/o; le thé, 5 p. o/o; les articles divers, 20 p. o/o.

Les principaux articles d'exportation sont les animaux vivants, le riz, les cornes, les haricots, l'étain, la soie grège, les tissus de soie, le sucre, les incrustations...

La part de chaque pavillon dans le commerce de Haïphong montrera la situation inférieure du commerce français : sur 100 navires, 35 sont anglais, 23,5 chinois, 20 américains, 11 allemands, 5,5 hollandais, 5 français. Encore compte-t-on dans cette faible part de la France les voyages d'un navire subventionné par notre colonie cochinchinoise [1].

On vient de voir que le commerce de Haïphong est d'environ 20 millions. Les relations entre ce port et Saïgon, exportations et importations comprises, ne s'élèvent pas même à 1 million (958,000 francs) [2].

Ces chiffres parlent, surtout en ce moment, où la France est engagée dans une entreprise qui, a-t-on dit, doit assurer des débouchés nouveaux à notre commerce d'exportation. Il importe, en effet, que ce ne soit pas le commerce étranger qui profite de la conquête et de la pacification du Tonkin par la France. Mais, pour assurer à nos négociants la part qui leur est due, il sera sans doute nécessaire de les protéger, de leur assurer des conditions spéciales.

Le Tonkin, surtout s'il sert de passage aux produits des provinces de l Chine méridionale, sera plus riche que la Cochinchine. Il pourra exporter ses riz, ses soies, ses bois, ses métaux et aussi le musc, la poudre d'or, les métaux de la Chine méridionale, les thés de Pou-Eulh et de la vallée du Wukiang. Si le commerce français veut recevoir ces marchandises à Hanoï et à Haïphong, il devra fournir en échange au Tonkin, au Yunnan, au

[1] En 1880, le mouvement du port accuse 253 navires au long cours jaugeant 114,000 tonnes et 205 jonques chinoises jaugeant 9,600 tonnes.

[2] Le *Tableau général des douanes* n'indique pas la moindre relation directe entre Haïphong et les ports de France.

Le commerce de Hanoï avec le Yunnan est encore peu important. M. de Kergaradec l'estime, pour 1880, à 3 millions et demi. (Exportations, 1,369,000 francs; importations, 2,160,000 francs.)

Kouéï-Tchéou et au Sé-Tchuen des cotonnades, de la mercerie, de l'horlogerie, de la quincaillerie... Le gouvernement voudra-t-il mettre les négociants français à même de lutter sans désavantage avec leurs rivaux, ou bien le commerce du Tonkin passera-t-il tout entier aux mains des Anglais et des Allemands?

XI

NOUVELLE-CALÉDONIE.

Cette colonie est loin d'être parvenue au degré de prospérité que ses nombreux avantages naturels lui promettent, et il est permis de penser que les gouverneurs qui 'se sont succédé à Nouméa sont responsables de la situation peu satisfaisante dans laquelle se trouve aujourd'hui encore la Nouvelle-Calédonie.

Avec une superficie suffisante, puisqu'elle représente près de trois départements français, cette terre océanienne était assez riche pour devenir en peu d'années une colonie prospère. Son climat est chaud et cependant tempéré, puisque le travail y est possible à l'Européen. Sur les sommets, on peut exploiter de magnifiques bois de construction; dans les vallées, planter la canne et le café; dans les plaines, élever de nombreux troupeaux; dans les entrailles de la terre, enfin, exploiter des mines d'une grande richesse. Quoiqu'elle puisse produire les denrées coloniales, la Nouvelle-Calédonie n'est pas une colonie de plantation, mais bien plutôt une colonie agricole et d'exportation; agricole, parce qu'elle produira le bétail en quantités considérables; d'exportation, parce qu'elle doit s'adonner, si ce n'est exclusivement, du moins d'une manière particulière, à l'exploitation des mines pour envoyer au loin leurs minerais.

Bien employés, les transportés devaient être pour une pareille colonie des auxiliaires précieux; ils pouvaient avancer de plusieurs années sa mise en valeur. L'administration ne l'a point compris.

Les hommes politiques et les économistes sont unanimes pour reconnaître que, de tous les éléments nécessaires à la prospérité des colonies nouvelles, il en est un qui tient le premier rang : la préparation, c'est-à-dire l'ensemble des travaux de défrichement, de terrassement, de routes, sans l'aide desquels les premiers immigrants sont livrés à la misère. Et dans quelle colonie les défrichements et les routes sont-ils nécessaires, si ce n'est dans une colonie minière? Comment les colons pourront-ils exploiter leurs mines s'ils n'ont des hommes de peine pour faire les premiers et durs travaux? Comment surtout transporteront-ils à peu de frais leurs minerais au rivage s'ils n'ont un bon réseau de routes?

· La grosse difficulté que rencontre une colonie nouvelle est précisément de réunir les hommes de peine nécessaires pour défricher, arpenter, faire des routes, creuser des ports. La transportation, réglée par le décret de septembre 1863, fournissait précisément ces travailleurs à la Nouvelle-Calédonie en grand nombre, et gratuitement. Au lieu de les employer aux travaux de préparation, l'administration les a laissés oisifs ou les a placés dans des fermes modèles [1]; en sorte que l'amiral Courbet constatait, en 1882, qu'il y avait seulement 80 kilomètres de routes terminées dans toute la colonie. D'autres routes (150 kilomètres) étaient en construction; mais l'amiral reconnaissait qu'elles n'étaient praticables que par le beau temps et aux voitures peu chargées! Voilà ce qui a été fait en près de vingt ans avec les 14,000 forçats envoyés de France. Il n'y a pas même une route faisant le tour de l'île!

Devant de pareils faits, il est permis de penser que la demi-prospérité dont jouit la Nouvelle-Calédonie est due tout entière à l'énergie de la colonisation libre.

Il est vrai d'ajouter que M. Pallu de la Barrière, le gouverneur actuel, promet à la colonie de réparer les errements passés. Il a envoyé 2,000 à 3,000 transportés dans des camps dispersés sur plusieurs points de l'île pour construire des routes, et il espère, en six ans, doter la colonie d'un réseau de 1,100 kilomètres nouveaux; d'autres grands travaux publics seront entrepris. En même temps, une commission nommée par lui vient d'élaborer un plan de colonisation libre et pénale. Estimant, en effet, que les transportés ne sauraient exclure les colons, cette commission propose de diviser les terres cultivables entre les colons libres et les transportés libérés de bonne conduite. D'après ses calculs, la colonie peut recevoir et doter 4,000 colons. Il s'agirait donc de faire un appel aux paysans et cultivateurs français. Chaque famille aurait droit, en arrivant en Nouvelle-Calédonie, à 4 hectares de terre à culture et 20 hectares de terres à pâturage.

La population totale de l'île, recensée en 1880, n'est que de 42,727 habitants : 23,123 indigènes [2], 3,166 colons libres français ou étrangers, 6,500 transportés, 3,834 libérés, 3,411 fonctionnaires, soldats et surveillants; 2,693 immigrants travailleurs libres. Le nombre des colons libres augmente très lentement, car, en 1877, il était déjà de 2,982; une immigration plus importante serait très désirable.

---

[1] Il est juste, toutefois, de reconnaître qu'elle a loué quelques centaines de forçats aux colons, propriétaires de mines ou de plantations. — [2] Il y a, en outre, 14,000 indigènes sur les îles Loyalty.

Le commerce général de la colonie s'est élevé, en 1880, à 10,660,000 fr.;
et deux ans après, en 1882, à 14,693,000 francs, dont 9,058,000 à
l'importation et 5,635,000 francs à l'exportation[1]. Le progrès est sensible. Si l'on entre dans le détail des chiffres, on voit, du reste, que les
exportations de la Nouvelle-Calédonie pour l'Europe augmentent rapidement. Un travail tout récent de la Chambre de commerce de Nouméa
évalue à 2,688,000 francs les exportations pour l'Europe (nickel fondu,
minerai de nickel et de cuivre, coprah, maïs, etc.), pendant les six premiers mois de 1883, alors qu'elles ne s'étaient élevées qu'à 1,210,000 fr.
pendant la période correspondante de 1882.

L'exploitation des mines prend chaque jour plus d'importance. Plusieurs
compagnies exploitent des mines de nickel, de cuivre, d'antimoine, de
chrome, de cobalt. Leur capital est estimé à 40 millions, et la dépense
annuelle qu'elles font dans la colonie, pour salaires d'ouvriers, à 1 million.

L'exportation des laines et des bœufs se développera sans doute dans
peu d'années. On estime, en effet, à 70,000 le nombre des têtes de gros
bétail en ce moment dans la colonie. Malheureusement les statistiques,
plus insuffisantes encore pour la Nouvelle-Calédonie que pour nos autres
possessions, ne donnent aucun renseignement sur l'exportation du bétail.
L'industrie de l'élevage est appelée à de grands progrès, les bénéfices des
éleveurs étant considérables : un mouton, acheté 15 francs en Australie,
rapporte 12 francs la première année; son agneau est vendu 6 francs et
sa laine atteint le même prix. En outre, des inventeurs ont, depuis plusieurs années déjà, trouvé le moyen de conserver fraîche pendant six mois
et plus la viande des bêtes abattues. Les éleveurs de la Nouvelle-Calédonie
pourront donc écouler leurs produits sur les marchés européens.

En 1882, le commerce total de la colonie étant de 14,694,000 francs,
les exportations de France se sont élevées à 3,787,000 francs, et les importations en France à 1,348,000 francs[2]. Cette situation laisse à désirer. Les relations commerciales entre la Nouvelle-Calédonie et la métropole paraîtront plus restreintes encore si l'on veut bien remarquer que les
exportations de la France dans la colonie n'atteignent le chiffre de
3,787,000 francs que par suite des envois importants faits par le Ministre

[1] On donne les chiffres de 1882, qu'il a
été possible de se procurer, et non ceux de
1881, comme pour les autres colonies, parce
que l'année 1881 a été pour la Nouvelle-
Calédonie une époque de grosse crise financière et minière.

[2] Le chiffre de 3,787,000 francs est celui
du commerce spécial. Quant aux importations,
1,348,000 francs (commerce général), elles
sont restées pour 1,346,000 francs au commerce spécial.

des colonies au service de la transportation. D'un autre côté, les statistiques douanières permettent aussi de constater que la colonie n'importe pas en France ses minerais, ses bois, ses richesses propres, en un mot; mais seulement quelques tonnes d'arachides, quelques kilogrammes de coquilles nacrées venues des archipels océaniens.

Cet état de choses tient évidemment pour beaucoup à la situation géographique de la Nouvelle-Calédonie. Elle est très éloignée de la métropole; les navires qui en viennent ou qui s'y rendent doivent presque faire le tour du monde. Au contraire, elle est voisine d'un riche continent, l'Australie, où la vie industrielle et manufacturière est très active. Ses relations journalières lui sont imposées du fait de la nature.

On peut espérer, toutefois, que la création récente d'une ligne postale subventionnée, reliant Marseille à Nouméa, favorisera le mouvement des échanges entre la colonie et la métropole. Le travail de la Chambre de commerce, cité plus haut, n'indique pas seulement une augmentation dans les exportations de la colonie vers l'Europe, il fait ressortir aussi une tendance à l'accroissement des importations de la France à Nouméa. Les navires de la compagnie des Messageries maritimes ont, dans leurs vingt-deux premiers voyages, transporté, à destination de la colonie, 4,918 tonnes de marchandises françaises. C'est un faible commencement, qui donne des espérances.

Les capitaux français sont rares à Nouméa; les capitaux anglais importants. Plusieurs des mines exploitées appartiennent à des sociétés anglaises, et c'est une compagnie écossaise qui, il y a environ un an, a établi une fonte de cobalt en Nouvelle-Calédonie, pour purifier le minerai, que l'on exportait auparavant à l'état brut.

Le mouvement du port de Nouméa, en 1881 [1], a été, entrées et sorties réunies, de 248 navires, dont 50 français, jaugeant 16,700 tonneaux, et 198 étrangers, jaugeant 67,000 tonneaux. Ces chiffres ne tiennent compte ni du cabotage ni du commerce des autres ports de l'île.

Il n'est pas douteux que la Nouvelle-Calédonie entre depuis une ou deux années dans une période d'heureux développement. Les colons dépensent une grande énergie, l'exploitation des mines est poussée avec vigueur, enfin depuis plus d'une année la Société Calédonienne des Nouvelles-Hébrides travaille à établir des relations commerciales sérieuses entre cet archipel et Nouméa.

Cette prospérité augmentera chaque jour, si l'administration emploie

---

[1] Les chiffres de 1882 n'existent pas; ils doivent être supérieurs.

utilement la transportation comme elle commence à le faire et si elle fournit des travailleurs aux colons.

Une excellente mesure vient d'être prise à ce sujet : le gouvernement a autorisé à nouveau l'immigration néo-hébridaise qui avait été supprimée il y a environ deux ans. Les travailleurs néo-hébridais sont d'un précieux secours aux colons sur les champs et dans les mines, car on ne peut obtenir un travail suivi ni des Canaques ni de la plupart des libérés. Ces derniers réclament d'ailleurs des salaires beaucoup plus élevés que les indigènes des Nouvelles-Hébrides.

XII

ÉTABLISSEMENTS FRANÇAIS DE L'OCÉANIE.

La France possède dans la Polynésie plusieurs archipels ou groupes d'îles réunis sous l'autorité d'un gouverneur assisté de cinq résidents : l'archipel de la Société, dont l'île principale est Taïti, tête de nos établissements; l'archipel des Tuamotu, l'archipel des Gambiers, l'archipel des Tubuaï, l'île Rapa, l'archipel des Marquises, et enfin l'île de Raïatéa, qui fait partie du groupe des Îles sous le vent de Taïti.

La population totale de ces établissements est évaluée à 25,000 ou 30,000 âmes; dans ce chiffre, on compte 1,045 Français et 651 étrangers européens.

L'île de Taïti et l'île Mooréa, sa voisine, sont les plus prospères et les plus commerçantes. Soumises à notre protectorat avec plusieurs archipels polynésiens depuis 1842, elles sont devenues possessions françaises en 1880. Les Français s'y portent peu, même depuis l'annexion, puisque le nombre des colons n'est, dans ces deux îles, que de 974. Ce chiffre, dans lequel les fonctionnaires doivent être compris, est bien médiocre. Les îles de la Société sont riches, leur climat superbe et favorable aux Européens, Taïti est située sur une des routes commerciales de l'Océanie, ce sont là autant de raisons qui permettent d'attendre de cette colonie naissante un prompt développement.

On cultive à Taïti et à Mooréa le coton (production annuelle de 500,000 kilogrammes valant 1 million), le sucre (valeur, 50,000 fr.), la vanille, le café. La terre, extrêmement fertile, produit en outre des noix de coco, dont on fait l'huile de coprah (valeur, 450,000 fr.), et des oranges (valeur, 100,000 fr.). Le bétail et la volaille donnent lieu aussi à un important mouvement d'exportation (600,000 fr.). Des machines pour égrener le coton et traiter le sucre sont installées.

En 1880 [1], le commerce total de cette colonie s'est élevé à 5,882,000 fr. dont 2,726,000 francs d'exportations et 3,156,000 francs d'importations. La part de la métropole est très faible dans cette somme; les exportations de la France pour la colonie ne se sont élevées qu'à 465,000 francs et les importations en France à 385,000 francs.

Taïti a ses principales relations de commerce avec San Francisco et les autres ports de la Californie (les importations et les exportations atteignent environ 4 millions). Un mouvement d'affaires assez important la met aussi en rapports avec l'Australie, la Nouvelle-Zélande, les Îles sous le vent, l'archipel de Cook, pays où elle réexporte une certaine quantité de marchandises américaines et européennes.

Dans les îles de la Société, comme dans tous les archipels océaniens, le commerce appartient aussi aux maisons de commerce anglaises, allemandes et américaines. Papeïte, chef-lieu de Taïti, est le siège d'une société allemande, dite *Société commerciale océanienne*.

En 1880, le mouvement du port de Papeïte a été de 207 navires jaugeant 27,000 tonnes. Dans ce nombre, 32 navires (7,000 tonneaux) portaient le pavillon français. Les statistiques ne donnent aucun renseignement sur les autres ports de Taïti qui commercent avec les archipels voisins.

L'archipel des Marquises doit être cité après celui de la Société. Plusieurs de ses îles ont des terres fertiles où l'on cultive le coton et le fungus (champignon). Ces deux produits sont, avec l'huile de coprah, les marchandises d'exportation. Aucune statistique ne permet de juger le mouvement commercial de cet archipel, mais on peut l'estimer à 2 millions et demi. Presque toutes les affaires se font avec San Francisco.

Aux îles Gambier et Tubuaï, les indigènes recueillent des coquillages nacrés et des perles pour une valeur annuelle d'environ 1,100,000 francs.

En résumé, les établissements français de l'Océanie, cela résulte de renseignements dignes de foi, beaucoup plus que des statistiques absolument insuffisantes, sont en voie de prospérité. Les indigènes s'habituent au travail, étendent leurs cultures.

Malheureusement, le commerce allemand et anglais a beaucoup plus d'importance que le commerce français. En 1880, le commerce total entre la France et tous ses établissements polynésiens n'a pas atteint 3 millions: le *Tableau général des douanes* fixe à 2,229,000 francs les exportations de

_____
[1] Ces chiffres sont les derniers connus.

la métropole (vins, liqueurs, tabac, tissus, etc.), et à 405,000 francs les importations en France (poissons, arachides, nacre, perles, etc.)[1].

On peut prévoir que, dans dix ou quinze ans, lorsque le canal de Panama sera ouvert au commerce du monde, les établissements français de l'Océanie prendront une grande importance.

On doit déjà rechercher les routes que suivront vraisemblablement les navires entre Panama et Sidney : la première, directe, s'arrêtera seulement à Mangaréva (Gambiers) ou à Rama, points français, pour faire du charbon; la seconde, qui cherchera à rencontrer le plus de commerce possible, touchera aux Marquises (françaises), aux Samoa (à demi allemandes), aux Fidji (anglaises) et à Nouméa.

La France sera donc sur ces deux routes. En outre, Papeïte, quoique n'étant peut-être sur aucune, deviendra un port de réparation pour les navires traversant l'océan Pacifique, si le département de la marine l'aménage en conséquence. Aujourd'hui déjà Taïti possède une cale de halage, qui peut recevoir des bâtiments de 500 tonneaux, et des quais disposés pour l'abatage en carène des navires de tout rang.

Entre Panama et Sydney, sur la route marchande, se trouve encore un autre archipel, indépendant jusqu'ici, mais qui paraît destiné à être annexé par la France ou par l'Angleterre. C'est l'archipel de Cook, où le commerce est aujourd'hui anglais et australien,

XIII

RÉSUMÉ. — SITUATION COMMERCIALE DES COLONIES FRANÇAISES.

On a étudié jusqu'ici chaque colonie séparément, ses relations, son commerce, ses progrès, son avenir, et cette étude a répondu aux objections faites par certains esprits. Les points faibles de notre système colonial, l'infériorité, quelquefois grande, de notre commerce d'exportation en concurrence avec le commerce étranger, l'insuffisance des capitaux français dans quelques colonies ont été mis en vive lumière, et cependant il est permis de trouver satisfaisante la situation générale de nos établissements d'outre-mer.

Leurs progrès sont incontestables. Les traités de 1815 rendaient à la France des colonies désorganisées, ruinées. En 1820, l'ensemble des

[1] Le tableau général donne un chiffre plus élevé pour les exportations parce qu'il confond dans les mêmes colonnes les exportations à la Nouvelle-Calédonie et dans les archipels océaniens. — On a obtenu ce chiffre de 2,229,000 francs en soustrayant la valeur des exportations de France à Nouméa. — Dans ces calculs, la part du commerce spécial est d'environ 1,900,000 francs pour les exportations,

échanges de tous nos établissements, Guadeloupe, Martinique, Réunion, Guyane, Saint-Pierre et Miquelon, Sénégal, établissements de l'Inde, n'atteignait pas 100 millions. En 1881, le commerce général de ces mêmes colonies s'élève à plus de 270 millions.

En même temps le domaine colonial de la France s'est considérablement étendu. A nos anciennes possessions acquises dans les siècles précédents, il faut ajouter le Sénégal agrandi, les établissements du golfe de Bénin, le Gabon, Nossi-Bé, Mayotte, la Cochinchine, la Nouvelle-Calédonie et les archipels océaniens.

Mais afin de juger mieux la situation exacte de nos colonies, leur richesse, leur commerce, il faut résumer les chiffres donnés plus haut pour chacune d'elles. Malheureusement, les résultats obtenus ne seront pas toujours d'une parfaite exactitude, les statistiques étant quelquefois incomplètes. Dans ce résumé, il importe, pour avoir la situation vraie, de comprendre toutes les colonies : la Cochinchine aussi bien que la Martinique ou la Guadeloupe, car mettre à part les colonies les moins prospères, ayant peu de relations avec la métropole, et ne présenter que les autres serait fausser la réalité des choses.

Toutefois il n'est pas possible de compter les Rivières du Sud, les établissements du golfe de Bénin et le Gabon, parce que les renseignements fournis par les statistiques sur ces comptoirs sont trop incomplets. On ne connaît pas leur population et, s'il est possible de relever leur commerce spécial avec la France, on ne peut connaître celui qu'elles ont avec l'étranger. Il faut aussi écarter le Tonkin, qui ne peut être considéré jusqu'ici comme une colonie.

En 1881, la population des colonies françaises[1] s'élève à 2,743,000 habitants et leur commerce total est de 405,674,000 francs. Dans ce chiffre, leurs importations en France sont de 113,924,000 francs[2]. Elles reçoivent pour 60,444,000 francs de marchandises françaises et pour 113,282,000 francs de marchandises étrangères. Enfin, et ici les chiffres sont incomplets et très au-dessous de la vérité, le commerce de nos colonies, tant au long cours qu'au cabotage, a employé environ 4,600 navires français jaugeant 938,000 tonnes et 8,797 navires étrangers[3].

---

[1] Guadeloupe, Martinique, Réunion, Guyane, Saint-Pierre, Miquelon, Sénégal, Sainte-Marie, Nossi-Bé, Mayotte, établissements de l'Inde, Cochinchine, Nouvelle-Calédonie, archipels océaniens. Des tableaux publiés à la fin de cette étude présentent par colonie les chiffres donnés ici en total.

[2] Ce chiffre est celui du commerce général. Les réexportations étant d'environ 8 à 9 millions, on peut considérer l'importation des colonies en France au commerce spécial comme étant supérieure à 100 millions.

[3] Tout le commerce du cabotage ne peut être relevé.

Ces chiffres, dont l'ensemble est satisfaisant, appellent quelques observations, qui les mettront davantage en valeur.

Nos colonies exportent plus de produits en France qu'elles n'importent de produits français chez elles. Cette constatation effraye certains esprits. Nos colonies, pensent-ils, sont loin d'être des débouchés pour nos produits, puisqu'elles nous envahissent de leurs marchandises. Il y a là une erreur. Nos colonies fournissent à l'industrie française des matières premières qu'elle transforme et vend ensuite plus cher qu'elle ne les a achetées; c'est donc un bénéfice pour elle. Nos raffineries s'enrichissent à traiter les sucres bruts de nos colonies, qui sont ensuite, pour la plus grande partie, réexportés à l'étranger. Il en est de même pour les huileries et savonneries, qui reçoivent les graines oléagineuses. Si nous n'avions pas de colonies, ces matières premières viendraient-elles alimenter notre industrie ? N'est-il pas évident aussi que nos colonies ne nous achètent des marchandises que parce que nous prenons les leurs ? Comme l'a si bien démontré J.-B. Say, les produits s'achètent avec les produits.

Les chiffres cités plus haut permettent de faire une autre constatation : les colonies consomment presque deux fois plus de marchandises étrangères que de marchandises françaises. Chaque citoyen ou sujet français d'outre-mer achète annuellement pour 22 fr. 01 de produits métropolitains et pour 44 fr. 88 de produits étrangers. Cet état de choses a déjà été expliqué au cours de cette étude : il tient, d'une part, à la liberté commerciale qui ne protège aucun pavillon, permettant ainsi une entière concurrence, et, d'autre part, à la situation géographique des colonies. N'est-il pas évident que les Antilles achèteront leurs vivres aux États-Unis plutôt qu'en France, Taïti à San Francisco ou en Australie, la Réunion à Madagascar ?

Ce ne sont point seulement les denrées de première nécessité, d'origine étrangère, dont la situation géographique favorise l'entrée dans nos colonies. Le prix du fret, naturellement plus élevé pour un long voyage que pour un petit, pèsera sur toutes les marchandises métropolitaines. Que l'on suppose les draps américains et les draps français livrés au même prix sur les lieux de fabrication, et l'on devra reconnaître que les premiers, ayant un trajet plus court à faire, pourront se vendre sur le marché des Antilles moins cher que les seconds.

Mais une chose intéressante est à remarquer : il ne paraît pas que la France exporte moins de produits français dans ses colonies que l'Angleterre n'exporte de produits anglais dans les siennes.

Si, en effet, on estime la population de toutes les colonies de la Grande-

Bretagne dans les cinq parties du monde à 268,237,000 âmes, les ex-portations des produits britanniques pour toutes ces terres s'élevant à 2,120,725,000 francs[1], on voit que chaque sujet de l'Impératrice des Indes ne consomme que pour 7 fr. 90 de produits anglais. On arrive à une moyenne aussi faible, parce qu'un grand nombre d'indigènes, sujets ou protégés, n'achètent encore aucun produit anglais et surtout parce que la première des colonies de la Grande-Bretagne en population et en éten-due a une consommation extrêmement restreinte.

L'Inde, moins Ceylan, avec une population de 252,660,000 habi-tants, a seulement un commerce de 3,300 millions (moins que la Bel-gique) et les importations de marchandises anglaises n'entrent dans cette somme que pour 706,475,000 francs. Chaque individu ne consomme donc que pour 2 fr. 79 de marchandises britanniques.

Mais on peut négliger les Indes dans cette comparaison entre la France et l'Angleterre pour ne rapprocher que les possessions de même climat et de même production; on verra encore que les industriels français ont moins sujet de se plaindre que les industriels anglais.

Les Antilles anglaises ont, avec le Honduras et la Guyane, une popu-lation de 1,497,000 âmes. Elles consomment pour 81,625,000 francs de marchandises britanniques, soit pour 54 fr. 50 par individu.

A côté d'elles, la Guadeloupe, la Martinique et la Guyane, peuplées de 386,000 habitants, reçoivent pour 31,121,000 francs de produits français. C'est donc une consommation de 80 fr. 62 par tête. Cette com-paraison est loin d'être défavorable à la France.

Dans l'océan Indien, la situation est la même : Maurice a 377,000 ha-bitants et achète pour 12,030,000 francs de marchandises métropoli-taines. C'est une moyenne de 31 fr. 90 par individu. La Réunion, peu-plée de 172,000 habitants, achète, en France, pour 7,947,000 francs. La moyenne de 46 fr. 20 par individu dépasse donc de beaucoup celle de l'île anglaise.

Il est vrai que toutes nos colonies ne font pas une égale demande des marchandises françaises; la moyenne de consommation donnée plus haut le prouve du reste. Mais il est cependant intéressant de remarquer encore que l'Annamite de la Cochinchine française consomme un peu plus de produits français (2 fr. 85) que l'Indien de produits anglais (2 fr. 79)[2].

---

[1] L'Inde seule a une population de 252,660,000 habitants (198,508,000 sujets et 54,151,000 protégés). Les chiffres donnés ici pour les exportations des produits britan-niques dans les colonies sont extraits de l'*An-nual Statement of the trade of the United Kingdom for the year 1882.*

[2] Toutefois, ce chiffre n'est pas aussi pro-

Ces comparaisons sont très favorables aux colonies françaises; elles tournent à leur avantage. Elles ne doivent pas faire perdre de vue cependant les observations qui ont été développées plus haut sur notre commerce à la côte d'Afrique. La France est ici dans un état d'infériorité. Les négociants, important en France de la côte occidentale (Rivières du Sud, golfe de Bénin, Gabon) pour 32 millions de marchandises, doivent donner aux indigènes, en échange, pour 10 à 12 millions des produits européens. Sur ce chiffre, il y a, on l'a vu, pour 2 millions seulement de produits français. Ce qui rend cette situation très grave, c'est que, si elle ne se modifie pas, elle s'étendra, à la fin du siècle, dans une même proportion sur tout un monde grand comme trois ou quatre fois l'Europe. A la suite des explorateurs, les traitants avancent chaque jour de tous les points de la côte dans l'intérieur du *noir continent*, et partout ils portent aux indigènes les marchandises anglaises ou allemandes. Chaque fois qu'ils entrent en relations commerciales avec une nouvelle tribu, avec un nouveau village, ils augmentent de quelques balles de marchandises la production des industriels de Manchester et de Hambourg. Convient-il à la France de renoncer au commerce d'un continent peuplé de 300 à 400 millions d'hommes?

Et ce qui est vrai en Afrique l'est également en Asie. On l'a montré à propos du Tonkin. Si la France veut prendre le commerce des provinces méridionales de la Chine, il faut que ses cotonnades puissent rivaliser avec les cotonnades anglaises.

Mérival l'a dit avec raison : « Une contrée qui ne produirait que des objets dont ses colonies n'auraient pas besoin, ne trouverait en elles aucun marché et ne pourrait faire aucun commerce avec elles. » Si donc nous voulons consommer les produits de nos colonies africaines ou asiatiques, il faut leur fournir une contre-valeur en échange.

On a vu plus haut que le commerce des colonies françaises employait 4,600 navires portant notre pavillon. Ce chiffre, qui est plutôt inférieur à la réalité, est très satisfaisant. Il comprend les navires au long cours et seulement une partie des navires au cabotage, et permet de penser que notre commerce colonial fait vivre de 25,000 à 30,000 marins.

Dans ce total ne sont pas compris les bâtiments faisant le trafic des deux côtes africaines. Il est impossible d'en connaître le chiffre, mais on peut l'évaluer à 250 ou 300 navires.

---

bant que les autres, parce que les Anglais ont donné à l'Inde une vie industrielle propre, en créant des usines et des manufactures qui fournissent la péninsule et même exportent leurs produits.

XIV

UTILITÉ DES COLONIES. — CE QU'ELLES COÛTENT.

La première utilité des colonies est de donner au commerce de la métropole un grand essor, d'activer, d'entretenir son industrie et de fournir aux habitants de la mère patrie, industriels, ouvriers, consommateurs, un accroissement de profits, de salaires et de jouissances. Mais ce n'est point la seule, et, comme le dit M. Leroy-Beaulieu, « évaluer les avantages des colonies uniquement d'après les statistiques du commerce entre elles et la mère patrie, c'est ne considérer que l'une des parties, non peut-être la plus importante, des relations qui ont tant d'effets variés et heureux. »

Il sera permis de rappeler ces effets *variés et heureux*. Grâce à ses colonies répandues dans les quatre parties du monde, la France fait flotter son pavillon sur toutes les mers. Elle porte au loin son nom, ses mœurs et son langage. Ses colons sont peu nombreux ; presque tous ses établissements sont aujourd'hui des colonies de commerce ; et cependant, dans les Antilles, en Océanie, en Cochinchine, on rencontre un morceau de la patrie. Si notre pays n'avait pas de colonies, sa flotte serait moins puissante, son influence s'arrêterait à ses frontières européennes, et cela d'autant plus sûrement qu'il n'a pas, comme l'Allemagne, un excédent de population à jeter à travers le monde. La France serait une *Grande Suisse*.

Nos établissements d'outre-mer ont encore d'autres avantages. Ils offrent aux classes libérales et à la partie supérieure de la classe ouvrière des débouchés importants. La France n'envoie-t-elle pas aux colonies des administrateurs, des juges, des ingénieurs, des chefs d'ateliers ?

Il serait à souhaiter aussi que l'administration coloniale, plus soucieuse des vrais intérêts du pays, n'éloignât pas des colonies, mais y portât, au contraire, les hommes entreprenants, qui, riches de connaissances techniques ou de capitaux, s'expatrient pour vingt ans, trente ans, décidés à ne rentrer à leur foyer qu'aux abords de la vieillesse et leur fortune faite. Il dépend de cette administration d'ouvrir largement nos colonies à ces forces précieuses d'intelligence, de savoir professionnel, d'initiative, qui, chaque année, vont se disséminer dans des pays étrangers, où elles sont entièrement perdues pour nous. Pourquoi ces hommes, qui feraient d'excellents colons, se rendent-ils aux États-Unis, dans l'Amérique du Sud, au lieu d'aller travailler à la mise en valeur de la Nouvelle-Calédonie ou des établissements océaniens ?

Un autre argument peut être encore invoqué : la communauté de besoins, d'habitudes, de traditions donne, même dans le commerce colonial libre, une grande supériorité à la métropole sur toutes les nations étrangères. Les commerçants français sont assurés de trouver dans les colonies françaises une bonne administration, une justice impartiale, un accueil favorable de la part des indigènes et du gouvernement. Ils n'ont à craindre aucune des mesures exceptionnelles qui, dans les pays étrangers, peuvent atteindre les capitaux et le commerce étrangers. Enfin, lorsque même le lien colonial est rompu, la ténacité des mœurs et des goûts nationaux persiste souvent; c'est ainsi que, de nos jours encore, l'exportation de la Hollande pour le Cap est considérable, l'exportation de la France pour Maurice importante, et que les vins de l'Espagne et du Portugal sont d'un usage général dans l'Amérique du Sud, quoique sous ce climat brûlant les vins légers de France dussent être préférés.

Une dernière objection peut être présentée : combien coûtent à la métropole ces avantages matériels et moraux ? Il convient de le rechercher.

Le budget des colonies (service colonial) s'élève, en 1884, à 32,619,000 francs.

Tout d'abord il faut déduire de ce chiffre 7,439,000 francs, qui représentent les frais du service pénitentiaire à la Guyane et à la Nouvelle-Calédonie. Ce service profite en effet incontestablement à la métropole, puisque, si elle n'entretenait pas ses condamnés au dehors, elle devrait pourvoir à leurs besoins dans les prisons de l'intérieur.

Il reste 25,180,000 francs, desquels il faut retrancher les sommes que les colonies versent dans le trésor métropolitain : les établissements de l'Inde, 1 million de francs, et la Cochinchine, 2 millions [1]. Le budget des colonies ne s'élève donc plus qu'à 22,180,000 francs.

Ce crédit, réparti en plusieurs chapitres, couvre les dépenses de l'administration civile, de la justice, des cultes, du Haut-Fleuve pour partie, des troupes indigènes. Il comprend aussi les subventions au *service local* des colonies.

Mais, pour présenter exactement le budget des colonies, leur coût réel, il faut ajouter à ce total de 22,180,000 francs certains crédits ouverts

[1] Il convient de remarquer que si ces 2 millions de francs sont un contingent versé par la Cochinchine, il n'en est pas de même pour le million de l'Inde. Cette somme est la rente de quatre lacs de roupies sicca, que le gouvernement anglais des Indes paye annuellement à la France, depuis une convention signée en 1817. La France s'engage dans cette convention à ne plus fabriquer de sel sur ses établissements, afin de laisser le monopole de cette denrée au gouvernement anglais.

à divers chapitres du Ministère de la marine, les deux services étant souvent confondus :

Fournitures générales, environ 24,000 francs ;

Infanterie de marine en garnison dans les colonies : officiers et troupe, les suppléments exigés par la transportation défalqués, 3,538,000 francs ;

Artillerie de marine : officiers et troupe, 818,000 francs ;

Habillement des troupes aux colonies, celles de la transportation non comprises, 488,000 francs ;

Casernement, 417,000 francs ;

Dépenses diverses pour les troupes, 51,000 francs [1].

Médecins des troupes aux colonies, environ 50,000 francs.

Inspection aux colonies, 300,000 francs.

Transports en Cochinchine et dans les autres colonies, mais non compris les transports à voiles pour la transportation : 4,812,000 francs.

Stations locales : Guyane, 391,000 francs ; Gabon, 391,000 francs ; Sénégal, 1,030,000 francs ; Taïti, 826,000 francs ; Cochinchine, 1,736,000 francs ; Tonkin (budget ordinaire), 1,118,000 francs ; Réunion, 376,000 francs ; Nouvelle-Calédonie (l'augmentation causée par la surveillance des transportés ne peut être déduite), 1,255,000 francs ; soit un total de 7,123,000 francs.

Frais de passage et de pilotage dans le canal de Suez : environ 400,000 francs.

On ne doit point compter dans le budget des colonies les dépenses occasionnées par les divisions navales qui parcourent toutes les mers, montrant notre pavillon, protégeant notre commerce. Elles ne sont d'aucune utilité pour nos établissements, et l'on peut penser qu'elles existeraient sans eux. Elles ne les visitent guère que pour s'y ravitailler [2]. Il faut excepter toutefois la division de l'Atlantique Sud qui protège nos comptoirs du golfe de Bénin et toute la côte occidentale d'Afrique, ainsi que la division du Pacifique qui visite nos archipels océaniens. Aussi semble-t-il juste d'inscrire dans le budget des colonies le tiers environ de la dépense de ces deux divisions, soit un total de 1,800,000 francs. Ainsi calculé, le budget des colonies s'élève, en 1884, à 42 millions (41,901,000 fr.).

---

[1] Les dépenses nécessitées par la transportation ne sont point comptées ici. Elles s'élèvent à environ 264,000 francs, soit : 226,000 francs pour l'infanterie de marine (troupes et officiers), 28,000 francs pour l'habillement, 10,000 francs pour le casernement... Il convient de remarquer que la nourriture des troupes (défense et transportation) est inscrite dans le budget colonial.

[2] C'est obéissant à cette considération que l'on ne fait point entrer dans le budget des colonies les dépenses occasionnées par l'arsenal de Saïgon (environ 2 millions et demi) ; il ne profite qu'à notre marine militaire.

La comparaison avec le budget des colonies anglaises est loin d'être favorable, il faut le reconnaître. Celles-ci, avec leur population de 268,237,000 habitants, ne coûtent à la métropole que 50 millions et demi par an, services militaires, maritimes et civils compris. C'est donc une dépense, pour la Grande-Bretagne, de 19 centimes par tête, alors que chacun de ses sujets ou protégés coûte à la France 15 fr. 25. Voici des chiffres sur lesquels il convient d'attirer l'attention. Nos colonies nous coûtent trop cher, et le Ministère des colonies doit tendre à réduire son budget.

Il doit surtout avoir pour premier objectif en ce moment l'*établissement économique* de la France au Tonkin. Il faut se garder de mettre à la charge de la métropole des dépenses considérables d'administration et de travaux publics. La colonie peut et doit se suffire à elle-même, sinon complètement, au moins dans une très forte proportion. Le rocher de Hong-kong est devenu un puissant comptoir où affluent toutes les richesses de la Chine, où se vendent annuellement pour 76 millions de marchandises anglaises, et il ne coûte à la Grande-Bretagne que 3 millions!

On ne veut cependant pas dire, en faisant ce rapprochement, que le coût de nos établissements d'outre-mer condamne leur existence. Une telle affirmation ne peut appartenir qu'aux détracteurs de toute politique coloniale. Ceux-ci ne voudront pas mettre cette dépense de 42 millions en balance avec les avantages que notre commerce d'exportation et d'importation retire des colonies, l'accroissement de profits et de jouissances qu'elles procurent à chacun, l'influence, l'honneur, la gloire qu'elles assurent à la France dans le monde. Toutes ces choses ne pouvant se traduire par un chiffre, ils n'en seront point touchés. Les esprits sans passion reconnaîtront au contraire, avec les hommes d'État et les économistes, que les colonies coûtent toujours, ou du moins pendant très longtemps, à la mère patrie. Dans une colonie naissante, elle doit supporter les frais de premier établissement, sans jamais espérer un remboursement direct; dans les colonies en voie de développement, elle ne conserve plus qu'une partie des dépenses, et dans les anciennes colonies elle a peut-être intérêt à conserver encore les frais d'administration.

Presque toutes nos possessions contribuent, sur leurs ressources propres, à la plus grosse partie des dépenses. La métropole ne garde à sa charge que les frais de haute administration, de justice, de cultes et de défense. Les dépenses civiles de la France dans ses colonies ne s'élèvent pas à plus de 4 ou 5 millions.

Ne peut-on pas ajouter encore que, chaque jour, les gouvernements emploient des sommes importantes à faire des canaux ou des routes qui ne leur rapportent aucun profit direct? Le budget *ordinaire* des travaux publics était, en France, de plus de 96 millions en 1883. Les dépenses faites pour les routes, les canaux, les chemins de fer et les ports ne rentrent jamais au Trésor d'une manière directe, mais elles augmentent la richesse du pays, favorisent son commerce, étendent ses débouchés. Il en est de même des subventions accordées par la métropole aux colonies : elles ouvrent des marchés nouveaux, accroissent la circulation des marchandises et l'activité de l'industrie.

On ne peut dans ce travail, consacré seulement à la situation commerciale des colonies françaises, retracer le glorieux développement des deux grandes colonies fondées par la race anglo-saxonne : l'Union américaine et l'Australie. Il serait facile de montrer quelle vie et quelle richesse les capitaux anglais ont données à ces immenses terres vierges et incultes au commencement du siècle, et aussi combien celles-ci, mises en valeur, ont contribué au développement de l'industrie britannique, à la hausse permanente des salaires, au bien-être général. La mise en valeur des États-Unis et de l'Australie aura été l'œuvre du XIXᵉ siècle. Il est permis de penser que la mise en valeur de l'Afrique sera celle du siècle prochain. La France, par ses possessions du Sénégal, de la côte de Guinée, du Gabon et de Madagascar, a sur ce continent une situation privilégiée. L'industrie et le commerce français peuvent donc s'assurer de ce côté un riche développement, s'ils font les efforts nécessaires pour rivaliser avec les étrangers, pour surmonter une infériorité dont les causes ne sont point irrémédiables. Une sage intervention du gouvernement peut leur être d'un puissant secours. Il convient de rechercher comment elle peut se manifester.

XV

DESIDERATA.

On a vu, au cours de cette étude, que deux choses manquaient dans plusieurs de nos colonies : les colons et les capitaux français. Les colons sont trop peu nombreux, les capitaux français insuffisants.

Tandis que la population de la Grande-Bretagne augmente chaque année d'environ 480,000 individus et celle de l'Allemagne de 520,000, celle de la France reste presque stationnaire. Le dernier recensement accuse un excédent des naissances sur les décès d'environ 40,000 personnes par an. L'émigration est naturellement proportionnelle à ces chiffres : en 1881, 243,000 Anglais, Écossais ou Irlandais ont quitté le Royaume-

Uni; la même année, plus de 210,000 Allemands ont quitté l'Empire; en 1877, 3,666 Français seulement ont quitté la France. En outre, ces derniers émigrants ne se sont pas rendus dans nos colonies : ils sont allés dans l'Amérique du Sud, aux États-Unis, en Espagne, en Algérie (890)[1].

Les statistiques ne disent pas combien sont allés s'établir dans nos possessions d'outre-mer; elles n'en prennent pas le soin, le résultat devant être insignifiant. N'a-t-on pas vu avec quelle lenteur se constituent les petits groupes de colons français à la Nouvelle-Calédonie et à Taïti?

Presque tous les établissements français sont heureusement des colonies de commerce où la venue de nombreux colons n'est point nécessaire. Aux Antilles et à la Réunion, la population est suffisamment dense. La Cochinchine doit être considérée avant tout comme une colonie de commerce et de plantation. Aussi un courant d'émigration venant de France y est peu à désirer, d'autant que le climat n'est pas favorable aux Européens. Il suffit que quelques centaines de Français s'y établissent banquiers, négociants, planteurs, formant l'élément dirigeant. L'élément dirigé sera la population indigène, ainsi qu'il doit être dans toute colonie intertropicale. Seuls la Nouvelle-Calédonie et nos établissements océaniens, la Nouvelle-Calédonie surtout, semblables à l'Australie, ne peuvent être mis en valeur que par des colons venus de France au nombre de plusieurs milliers.

Il serait donc à désirer que l'administration fît tous ses efforts pour détourner sur ces possessions une partie des émigrants qui vont à l'étranger, en Amérique surtout. Il est incontestable qu'ils seraient plus utiles à leur patrie, qu'ils concourraient davantage à sa prospérité et à sa richesse sur une terre française que sur une terre étrangère.

Pour arriver à ce résultat très désirable, l'administration coloniale pourrait utilement s'inspirer du système suivi par les colonies australiennes. A l'étranger et dans les ports de la Grande-Bretagne, elles ont des agents de recrutement, elles lancent des brochures qui apprennent à tous les ressources de l'Australie, elles arrêtent les regards des passants par des affiches habilement placées, enfin elles offrent à l'émigrant le passage à prix réduit, lui donnent la presque certitude qu'il trouvera à se placer dès

[1] Notons, d'ailleurs, que les statistiques françaises ne doivent pas être exactes quand elles estiment à 3,666 individus le nombre des émigrants français. En examinant les statistiques des pays étrangers où se portent la plus grande partie des Français qui s'expatrient : États-Unis, République Argentine, etc., on peut se convaincre que leur nombre est d'environ 20,000 par an.

son arrivée, lui vendent des terres avec des conditions très larges de payement. Cette propagande assure aux colonies australiennes la venue d'environ 150,000 colons par année.

Un fait récent permet du reste de penser que les efforts du gouvernement agissant directement, ou indirectement en patronnant une société d'émigration, ne resteraient pas sans résultat. On a vu, il y a quelques mois, comment un simple particulier, le marquis de Breuil de Ray, a pu envoyer dans une île inconnue de l'Océanie jusqu'à 800 personnes. Dans ce nombre étaient 100 à 200 Français. Alors qu'un simple particulier détermine 200 Français à s'embarquer pour Port-Breton sans leur donner aucune garantie, n'est-il pas permis de penser que des sociétés d'émigration autorisées, contrôlées par le gouvernement ou fondées par les colonies elles-mêmes, ont chance d'attirer des colons?

Les capitaux, plus encore que les colons, manquent à nos colonies. On a vu que le commerce du Gabon était fait par des maisons anglaises et allemandes; qu'en Cochinchine, en Nouvelle-Calédonie, à Taïti, les capitaux étrangers étaient plus abondants que les capitaux français.

Ce n'est point cependant que la France soit pauvre, que tous ses capitaux trouvent emploi chez elle. M. Leroy-Beaulieu estime l'épargne annuelle de notre pays à 2 milliards et sa créance sur les nations étrangères du chef de ses exportations de capitaux à 20 ou 25 milliards. Malheureusement, les capitalistes français portent leur argent partout, excepté dans nos colonies. Ils construisent les chemins de fer espagnols, portugais, autrichiens, hongrois; ils ont une part considérable dans les fonds d'État italiens, autrichiens, hongrois, espagnols, portugais, russes, belges, hollandais, américains.

Ainsi placé, l'argent français rapporte à nos nationaux 5, 6, quelquefois peut-être 10 pour o/o, avec une grande part d'aléa.

Dans nos établissements d'outre-mer il n'est pas téméraire de penser qu'il donnerait des bénéfices beaucoup plus considérables.

N'est-il pas évident, en effet, que les capitaux rapporteront plus dans des pays neufs et riches, où l'argent est cher, parce qu'il est rare, que dans des pays de vieille civilisation? Les observations faites par les économistes viennent à l'appui de cette opinion : un publiciste, sir Josiah Child, estimait que le travail d'un homme a quatre fois plus de valeur aux colonies que dans la métropole, et Alexandre de Humboldt a calculé que le blé rendait en Prusse quatre ou cinq fois la semence; à la Plata, douze fois; au Mexique, dix-sept et même jusqu'à vingt-quatre fois.

On a dit plus haut quels bénéfices procurait aujourd'hui l'élève du bé-

IMPRIMERIE NATIONALE.

tail en Nouvelle-Calédonie. Les dividendes que distribuent les banques coloniales, instituées dans plusieurs de nos établissements d'outre-mer, montrent encore l'intérêt élevé que rapportent les capitaux placés dans nos colonies.

Les cinq banques de la Guadeloupe, de la Martinique, de la Réunion, de la Guyane et du Sénégal ont été fondées en 1851; leurs actions émises à 500 francs. Dans l'exercice 1881-1882, elles ont rapporté 85 fr. 50, 75 francs, 85 francs, 99 fr. 40 et 72 francs; ce qui représente, sur le prix d'émission, un dividende de 15 et 16 p. o/o [1].

La Banque de l'Indo-Chine, fondée en 1879, ayant seulement le quart de son capital versé, soit 125 francs par action, a distribué dans le même exercice 13 fr. 50, soit un dividende de 10 fr. 80 p. o/o.

Enfin un autre chiffre peut être relevé parmi plusieurs : la Compagnie du Sénégal et de la côte occidentale d'Afrique a distribué dans son dernier exercice 10° p. o/o à ses actionnaires et mis en réserve une somme qui indique qu'elle a fait rapporter 15 p. o/o à ses capitaux.

Les rentiers français ne placent pas leur argent dans les colonies, parce qu'ils ne savent point ces choses et surtout parce que les colonies leur paraissent des contrées trop lointaines, les placements trop peu sûrs. Ils se demandent s'ils reverraient jamais leurs capitaux. C'est ainsi qu'il y a environ un an une société concessionnaire d'une exploitation de bois à la Guyane ne parvint à réunir les fonds qui lui étaient nécessaires que par suite de circonstances exceptionnelles. On peut d'ailleurs remarquer que les capitaux ne se capitalisent aux colonies qu'aux environs de 8 p. o/o alors qu'ils se capitalisent en France à 4 p. o/o.

Quels remèdes apporter à un pareil état de choses, si préjudiciable au développement de la fortune publique ?

C'est une question que le gouvernement, le Ministère des colonies surtout, doit se poser, et il peut contribuer beaucoup à la résoudre.

Son premier devoir est d'éclairer l'opinion publique, de rassurer les capitaux. Puisqu'on ne sait pas aujourd'hui combien l'argent rapporte aux colonies, combien ces terres nouvelles sont riches, quelles fortunes elles sont susceptibles de développer en peu d'années, il doit vulgariser les exemples cités plus haut. Il importerait de faire comprendre au public que fatalement les capitaux placés dans des pays neufs sont assurés d'un meilleur rendement que ceux placés dans les entreprises de la vieille Eu-

[1] La banque de la Guyane donne même près de 20 p. 100, parce qu'elle fait des opérations sur le commerce de l'or; ainsi la situation misérable de la colonie ne l'atteint pas.

rope. En outre, l'argent français, placé en terre française, n'est-il pas plus en sûreté, plus à l'abri de toutes les mesures fiscales qu'il ne peut l'être sur un sol étranger?

Que l'administration coloniale métropolitaine et les administrations de nos possessions d'outre-mer promettent, en outre, aux capitalistes et négociants français certaines facilités d'établissement, un appui moral, sinon un appui matériel, et un gage de plus sera donné aux timides, qui, se sentant soutenus, oseront s'aventurer !

Le gouvernement peut faire plus encore : il doit mettre tous les producteurs, tous les industriels de notre pays en mesure de savoir quels produits sont demandés, goûtés dans nos colonies. Des journaux plus ou moins spéciaux ne suffisent point à cette tâche. Il faut créer pour les négociants des *musées commerciaux coloniaux,* sur le plan de celui qui a été inauguré à Bruxelles il y a environ une année.

Il est ouvert à tous, et le visiteur y trouve en entrant et gratuitement un catalogue très complet, qui lui donne les mille renseignements qu'il souhaite. Il va trouver dans les différentes salles du musée des échantillons de tous les produits qui peuvent être envoyés dans les colonies, étoffes, vêtements, conserves, boissons, objets fabriqués, et de tous ceux qui en viennent, matières premières, denrées coloniales, minerais, articles indigènes. S'il s'arrête devant la vitrine des îles Canaries, il voit toutes les étoffes qui y sont importées pour la consommation des indigènes. Le prix de chacune est marqué, sa longueur, sa largeur, l'emploi qui en est fait et jusqu'à la couleur préférée. L'étiquette donne le nom et le pays du fabricant, le prix de revient, le nom de l'importateur, la valeur que représente l'étoffe pour l'indigène. Ces renseignements, envoyés par les consuls, renouvelés, complétés sans cesse, apprennent au négociant tout ce qu'il a besoin de connaître. Sa visite faite, il sait s'il peut fabriquer tel ou tel produit et à qui il devra s'adresser pour le vendre. Il n'est pas de détail, si minime qu'il soit, négligé au musée de Bruxelles. C'est ainsi que, dans la vitrine de Tunis, on ne s'est pas borné à donner les échantillons et les prix des fez achetés par les indigènes : on a pris soin d'indiquer les mesures les plus demandées, le mode d'emballage habituel, la date des grands marchés. Il en est ainsi pour tous les articles. Une salle de dégustation est ouverte, un bureau de renseignements établi.

Le gouvernement ferait une œuvre utile en ouvrant des musées de ce genre dans les grandes villes industrielles ou commerciales de France. Ils seraient en communication constante avec nos colonies, et dans celles-ci des musées similaires seraient fondés, où l'administration locale aurait le soin d'exposer tous les produits français susceptibles de s'écouler dans la colonie [1].

L'intervention du gouvernement doit-elle s'arrêter là ? Aurait-il assez fait pour envoyer les capitaux aux colonies, pour créer un mouvement d'échanges entre nos possessions et la mère patrie ? On peut avoir quelques craintes en voyant la concurrence redoutable que les capitaux et les produits étrangers font dans nos colonies aux capitaux et aux produits français, l'*avance* considérable que les premiers ont sur les seconds.

Ce sont ces craintes qui font incliner certains esprits vers un remède plus radical, une intervention plus directe du gouvernement : l'établissement de tarifs douaniers différentiels dans certaines colonies.

Si l'on applique ce système, il convient de le faire avec les plus grands ménagements. Il est tout d'abord évident qu'on ne saurait l'étendre aux anciennes colonies de la France : les Antilles, la Réunion. On a dit plus haut que le sénatus-consulte de 1866 devait être respecté. Des tarifs douaniers différentiels ne pouraient être établis que dans des comptoirs, dans des colonies nouvelles où, nos compatriotes étant peu nombreux, l'impôt prélevé — car ces tarifs sont un véritable impôt — au profit des fabricants français ne frapperait en quelque sorte que les indigènes. Il en serait ainsi au Gabon, en Cochinchine, au Tonkin.

Encore ne doit-on pas se dissimuler les grands inconvénients que peuvent attirer des tarifs protecteurs : peut-être le marché de la colonie se déplacera-t-il, les négociants étrangers se pressant à ses portes sans les franchir et appelant à eux les indigènes; peut-être aussi, par représailles, les colonies voisines frapperont-elles de droits excessifs les produits français.

Si, tout mis en balance, l'administration coloniale se décide à établir un tarif différentiel dans quelques colonies, ainsi qu'on lui en prête l'intention, cette mesure exceptionnelle devra être absolument temporaire. Après une période de vingt-cinq ou trente ans, il conviendra de faire rentrer la colonie dans le régime du droit commun, de rendre les taxes douanières égales pour toutes les nations. Le but poursuivi aura été atteint : le commerce français, ayant eu le temps de s'installer, de s'établir solidement, pourra lutter avec ses rivaux.

On s'est efforcé, au cours de cette étude, de se tenir sur le terrain d'une impartialité absolue. On a eu la préoccupation constante d'éviter le dithy-

[1] En ce moment même le département des colonies se met en relations avec les chambres de commerce de France pour leur faire envoyer à un musée commercial ouvert à Saïgon les échantillons des divers produits français qui pourraient être vendus en Cochinchine.

rambe aussi bien que le dénigrement. Les esprits impartiaux le reconnaîtront. Ils jugeront que la situation de nos colonies pourrait être meilleure,
que l'émigration française est trop lente, que nos produits ne s'écoulent
pas suffisamment sur certains marchés, que l'Angleterre a des établissements plus vastes et plus riches que les nôtres, que la race anglo-saxonne
a une puissance d'expansion extraordinaire; mais ils constateront en même
temps des faits certains, des résultats heureux, qui frappent les yeux
de tout homme non prévenu. La richesse, la prospérité de nos colonies
croît chaque jour; plusieurs s'étendent dans des pays nouveaux à la civilisation, toutes entretiennent avec la métropole des relations commerciales
suivies, consomment des produits français, augmentent la richesse de notre
pays, enfin assurent sur tout le globe l'influence et le bon renom de la
France.

Il peut donc être permis de terminer ce travail sur ce mot de Stuart
Mill : « On peut affirmer, dans l'état actuel du monde, que la fondation
des colonies est la meilleure affaire dans laquelle on puisse engager les
capitaux d'un vieux et riche pays; » et l'on peut encore ajouter avec M. Leroy-Beaulieu : « Un peuple qui colonise est un peuple qui jette les assises
de sa grandeur dans l'avenir et de sa suprématie future. Le peuple qui
colonise le plus est le premier peuple; s'il ne l'est pas aujourd'hui, il le
sera demain. »

Les tableaux suivants donnent la population et le mouvement commercial des colonies françaises (octobre 1883) :

PAYS.	POPULATION.	COMMERCE TOTAL.
Guadeloupe........................	200,000 hab.	57,196,000 fr.
Martinique.......................	167,000	58,425,000
Réunion..........................	172,000	51,650,000
Guyane...........................	19,000	15,447,008
Saint-Pierre-Miquelon............	5,000	18,928,000
Sénégal..........................	200,000	44,377,000
Sainte-Marie-de-Madagascar.......	7,000	290,000
Nossi-Bé.........................	8,000	7,482,000
Mayotte..........................	8,000	3,409,000
Inde.............................	285,000	24,294,000
Cochinchine......................	1,600,000	100,000,000
Nouvelle-Calédonie...............	42,000	14,694,000
Établissements océaniens.........	30,000	9,482,000
TOTAUX............	2,743,000 hab.	405,674,000 fr.

PAYS.	IMPORTATION des PRODUITS FRANÇAIS dans la colonie. Commerce spécial.	EXPORTATION des COLONIES en France. Commerce général.	IMPORTATION des PRODUITS ÉTRANGERS dans la colonie.
Guadeloupe.	11,839,000 fr.	21,446,000 fr.	12,187,000 fr.
Martinique.	12,812,000	23,622,000	13,313,000
Réunion.	7,947,000	16,547,000	19,000,000
Guyane.	6,470,000	6,311,000	2,591,000
Saint-Pierre-Miquelon	2,036,000	6,395,000	6,879,000
Sénégal.	7,846,000	19,858,000	8,194,000
Sainte-Marie-de-Madagascar . . . ⎫			
Nossi-Bé. . . . . ⎬	409,000	4,897,000	4,380,000 [1]
Mayotte. . . . . ⎭			
Inde.	824,000	9,223,000	5,346,000
Cochinchine.	4,574,000	3,872,000	33,136,000
Nouvelle-Calédonie.	3,787,000	1,348,000	6,000,000 [1]
Établissements océaniens.	1,900,000	405,000	2,256,000 [1]
TOTAUX.	60,444,000 fr.	113,924,000 fr.	113,282,000 fr.

[1] Ces chiffres ne sont qu'approximatifs.

PAYS.	NAVIGATION FRANÇAISE.	TONNAGE.	NAVIGATION ÉTRANGÈRE.
Guadeloupe	378 navires.	73,000 tonnes.	908 navires.
Martinique.	649	253,000	1,580
Réunion.	419	169,000	578
Guyane.	135	39,000	205
Saint-Pierre-Miquelon	885	122,000	1,911
Sénégal	1,656	207,000	1,893
Sainte-Marie-de-Madagascar . . .	(?)	(?)	(?)
Nossi-Bé.	200 (?)	40,000 (?)	110 (?)
Mayotte.	81	11,800	460
Inde.	(?)	(?)	(?)
Cochinchine.	120 (?)	(?)	1,119 (?) [1]
Nouvelle-Calédonie.	50	16,700	158
Établissements océaniens.	32 (?)	7,000	175 (?) [2]
TOTAUX.	4,605 navires.	938,500 tonnes.	8,797 navires.

[1] Le mouvement de la Cochinchine est approximatif. On a doublé, pour l'obtenir, les résultats du premier semestre de l'année.

[2] Le mouvement des établissements océaniens est incomplet, car il ne comprend que Taïti.

CHAPITRE VI.

I. QUESTIONNAIRE ADRESSÉ AUX EXPOSANTS FRANÇAIS PAR LE COMMISSAIRE GÉ-
NÉRAL DE LA RÉPUBLIQUE. — II. RÉSUMÉ DES RÉPONSES AU QUESTIONNAIRE.
— III. CONCLUSION.

I

QUESTIONNAIRE ADRESSÉ AUX EXPOSANTS FRANÇAIS PAR LE COMMISSAIRE GÉNÉRAL
DE LA RÉPUBLIQUE.

Nous avons cru devoir adresser aux exposants français, au moment
de la clôture du concours international hollandais, un questionnaire dont
nous transcrivons ci-après les différents articles.

Quatre cent dix-neuf réponses nous ont été transmises par nos compatriotes, et dans leur nombre se trouvent de véritables rapports fort intéressants sur les produits, sur leur fabrication, sur les prix de la main-
d'œuvre, sur les débouchés intérieurs et sur la concurrence étrangère. Ces
documents, qui forment dans les archives du consulat général de France à
Amsterdam un volumineux dossier, nous ont servi à établir le résumé
que nous donnons ci-dessous. C'est en quelque sorte le résultat d'une enquête sur l'état des industries qui étaient représentées à Amsterdam.

Comme cette enquête s'appuie sur des bases certaines, sur l'intérêt des
fabricants eux-mêmes, elle peut être prise en sérieuse considération et
jeter quelque lumière sur des questions commerciales qui font l'objet, en
ce moment de crise, des légitimes préoccupations du gouvernement de la
République.

Il est bien entendu, toutefois, que nous ne nous portons nullement
garant des opinions, souvent contradictoires d'ailleurs, émises par nos
compatriotes. Nous n'avons fait qu'analyser impartialement des appréciations qu'un plus long séjour, comme le nôtre, en Hollande, aurait peut-
être modifiées.

QUESTIONNAIRE ENVOYÉ AUX EXPOSANTS.

1. Quels sont les résultats obtenus par votre maison à l'Exposition d'Amsterdam ?
Sont-ils affirmatifs ?
Sont-ils négatifs ?

2. Entrevoyez-vous de nouveaux débouchés pour votre industrie par suite de votre participation à l'Exposition d'Amsterdam ?

3. Quels sont vos concurrents les plus redoutables sur les marchés hollandais ?

4. Les produits similaires étrangers dans votre branche d'industrie ou de commerce sont-ils plus chers ou à meilleur marché en Hollande qu'en France ?

5. Quels sont les produits ou marchandises de votre fabrication qui se vendent couramment en Hollande ?

6. Est-ce la cherté de la main-d'œuvre en France qui empêche nos industries de trouver ici et à l'étranger des débouchés de leurs produits ?

7. Ou bien, la bonne qualité de nos produits n'est-elle pas dédaignée et ne leur préfère-t-on pas des produits de qualité inférieure à cause de leur bas prix ?

8. Quelles sont les matières premières qui sont moins chères en Hollande qu'en France ?

9. Les produits similaires de votre maison se fabriquent-ils en Hollande ou proviennent-ils de l'étranger ?

10. Le prix du transport, les droits de douane sont-ils tellement élevés qu'ils nuisent à la vente de vos produits en Hollande ?

11. Avez-vous pu constater des imitations et des contrefaçons de vos produits dans les sections étrangères de l'Exposition ?

12. La différence de langues nuit-elle beaucoup à vos négociations commerciales en Hollande ?

13. Quelles sont les marchandises qui vous ont paru moins chères à Amsterdam qu'en France ?

14. La vie matérielle est-elle de beaucoup plus dispendieuse à Amsterdam qu'à Paris ?

15. Quelle influence l'absence de traité de commerce a-t-elle pu avoir sur les relations entre la France et les Pays-Bas, en ce qui concerne votre spécialité ?

II

RÉSUMÉ DES RÉPONSES AU QUESTIONNAIRE.

— —

SECTION D'EXPORTATION. — GROUPE IV.

CLASSE 24. — *Menuiserie et ébénisterie.* — *Meubles.* — *Vannerie.* — *Literie.* — *Mobilier scolaire.*

1, 2. Les résultats obtenus par la classe 24 du groupe IV sont négatifs. La compagnie du rotin seule fait exception.

Sur la question des débouchés à venir, la réponse est généralement défavorable. Les maisons Beurdeley et Fleury semblent pourtant conserver quelque espoir. « Il n'y a pas de nouveaux débouchés, écrit M. Beurdeley. Le mobilier poussé au point où je l'ai exposé est une initiation. Peut-être en récoltera-t-on un jour les bénéfices, mais il faut certainement du temps pour que la semence lève. » M. Fleury, fabricant de sièges en cuir repoussé, est plus optimiste : « Mes articles étant nouveaux en France, puisqu'il n'y a pas deux ans qu'ils sont fabriqués industriellement, il est difficile de se prononcer. Cependant, en raison du succès obtenu en France, il est à prévoir que l'étranger, selon son habitude, en adoptera à son tour la mode. Des affaires suivies pourront alors être faites. »

3, 4. Pour les fabricants de meubles artistiques solides, les concurrents redoutables seraient l'Allemagne, la Belgique, l'Angleterre et même la Hollande ; mais les artistes qui s'attachent surtout au bon goût et au style ne semblent craindre aucun adversaire. Les produits similaires, en général, n'existent pas. Quand ils se trouvent, ils sont meilleur marché.

5, 6, 7. La vente courante est nulle, à l'exception du rotin filé. La cherté de la main-d'œuvre, surtout à Paris où elle est de 5o p. o/o plus élevée qu'en province, est sans aucun doute la cause qui empêche nos industries de se créer à l'étranger des débouchés pour leurs produits. Mais certains de ces produits, véritables objets d'art, doivent fatalement atteindre des prix élevés.

Le rotin seul, industrie spéciale, fait exception. La compagnie accuse surtout le gouvernement français qui frappe les matières premières de droits très élevés, 36 francs la tonne, tandis que, partout ailleurs, l'entrée est libre. La compagnie déclare que, sans cette taxe, elle ne craindrait aucune concurrence et serait maîtresse partout.

Les autres maisons ont plus à craindre. Elles sont forcées de convenir que les meubles français sont trop soignés et que notre goût ne saurait être apprécié en Hollande où le bon marché prime tout. M. Fleury écrit même : « Les produits étrangers envahissent la France où on les préfère, dans beaucoup de cas, aux produits nationaux, quelle que soit l'infériorité de la qualité qui n'est pas discutable. A plus forte raison, on n'a pas le droit d'espérer qu'à l'étranger la préférence soit toujours accordée à nos produits, en présence de l'énorme différence de prix et avec la facilité qu'a l'intermédiaire d'offrir sous l'étiquette française des contrefaçons étrangères. »

8, 9. Les matières premières sont généralement meilleur marché en Hollande. Les produits similaires vendus sur les marchés néerlandais proviennent plutôt de l'étranger. Pourtant la Hollande fabrique en vieux chêne et en rotin. Pour le reste, la Belgique paraît faire le plus d'affaires. Elle imite même nos meubles d'art; défectueuse imitation, mais enfin elle imite.

10. Les frais de transport et de douane ne signifient presque rien pour cette classe.

11. Des imitations ou contrefaçons ont été remarquées, mais uniquement en Belgique.

12. La différence de langue n'a aucune influence sur les affaires. Les Hollandais, comme tous les étrangers, connaissent beaucoup mieux notre langue que nous ne connaissons la leur. D'ailleurs, les facilités de traduction sont très grandes à Paris.

14. La vie n'est pas plus chère en Hollande qu'à Paris, sauf les loyers, les vins et les contributions.

15. L'absence de traité de commerce n'a aucune influence sur cette branche d'industrie.

Classe 25. — *Ouvrages du tapissier et du décorateur, tissus d'ameublement, tapis, tentures, papiers peints, toiles cirées, linoleum, objets de literie, glaces, cadres, fournitures de tapisserie, etc.*

1. En dehors des récompenses, les résultats obtenus à la suite de l'Exposition sont tout à fait négatifs, excepté pour la maison Davoust, toiles cirées, et Croissac, papiers peints.

2. Les réponses sont très divergentes en ce qui concerne de nouveaux débouchés : les unes sont défavorables ; selon les autres, nos exposants se sont créé des relations ou ont l'espoir de s'en former.

3. La concurrence la plus redoutable nous vient de l'Allemagne, en second lieu de la Belgique et enfin de l'Angleterre pour les toiles cirées. La Hollande fabrique un peu plus de tous les articles, mais ils sont de qualité inférieure et nullement à redouter, sauf pour les papiers peints. Les villes de Maestricht et de Roermond, en Limbourg, possèdent en effet d'importantes fabriques qui ont le grand avantage de ne supporter aucun impôt sur les matières premières et peuvent, par conséquent, vendre à des prix trop modérés pour que nous puissions leur faire concurrence,

Quant à la restauration des tapisseries anciennes, c'est une industrie éminemment française et ce genre de travail n'existe pas encore à l'étranger.

4. Les produits similaires, lorsqu'ils existent à l'étranger, sont meilleur marché; mais ils sont toujours d'une exécution moins parfaite. D'après la maison Gillou fils, de Paris, ce meilleur marché provient de ce que la main-d'œuvre, les loyers, les appointements des employés, les impôts sont moins élevés dans les villes hollandaises, allemandes et belges où se fabriquent des papiers peints que, par exemple, à Paris, siège de la presque totalité de la fabrication de ces produits.

Il ne faut pas comprendre dans cette réponse générale les industries artistiques, telles que les étoffes d'ameublement de la maison Damon, de Paris, ou le papier à fond de bronze imitant la soie de la maison Croissat, ni les produits spéciaux tels que les clous d'ameublement de M. Gallais, les glaces de M. Remlenger, de Paris, les baguettes pour cadres de M. de Haas, à Caen, qui n'ont pas leurs équivalents en Hollande.

5. Les marchandises à bon marché seules se vendent couramment en Hollande. Cependant, les imitations de soieries, les papiers cuir repoussé, les imitations de tapisseries des Gobelins trouvent aussi des amateurs.

6. La cherté de la main-d'œuvre en France est assurément ce qui empêche nos industriels de trouver à l'étranger des débouchés pour leurs produits, sans compter l'impôt sur le papier qui est une réelle entrave pour l'industrie des papiers de tenture. Cette observation ne s'applique qu'aux articles à bon marché, car pour les articles de luxe les Français n'ont pas à redouter la concurrence étrangère. « Tous les pays sont tributaires de la France, même l'Allemagne, lorsqu'il s'agit de l'article riche, de l'article de style. » (M. Gallais.)

7. Tout en reconnaissant que les produits français sont de meilleure qualité, plus soignés, la majorité des acheteurs préfèrent les articles étrangers moins bons, mais moins chers. M. Davoust seul, fabricant de toiles cirées, n'est pas de cet avis. M. Turquetil dit : « Devant la faveur du bas prix, le goût s'efface. » M. Wallet fait une remarque assez juste en prétendant qu'on a bien un peu, en Hollande, l'habitude de se meubler à bon marché, quitte à renouveler son mobilier tous les quatre ou cinq ans, tandis qu'une dépense sérieuse serait plus profitable et de meilleur goût.

8. Les matières premières, telles que papier, couleurs, colles, vernis, bois pour les objets d'ameublement, ne sont pas meilleur marché en Hollande qu'en France parce qu'elles sont d'origine exotique. Ainsi le jute employé dans la maison Saint frères provient des Indes anglaises. Quant aux industries qui emploient des métaux, elles disent qu'il n'y a pas lieu de s'occuper de cette question : c'est le cours des métaux qui fait loi.

9. Les produits similaires des maisons françaises se fabriquent peu en Hollande, mais beaucoup en Belgique et en Allemagne. Ainsi les ameublements de style de la maison Damon se font généralement en Allemagne, mais dans un genre plus ordinaire ; les produits de la maison Gillou, papiers peints, imitation de cuirs, se fabriquent à l'étranger, principalement ceux pour lesquels on n'emploie pas de couleurs, à près de 25 p. o/o meilleur marché que les produits français. La maison Turquetil, papiers peints, redoute surtout la Prusse.

10. Les frais de transport paraissent généralement nuire à la vente des articles français en Hollande, tandis que les droits de douane ne sont pas trop onéreux. « Les prix de transport seuls peuvent être un obstacle. »

(M. Damon.) « Les prix de transport sont plus élevés pour nos produits que pour ceux d'Allemagne qui entrent en Hollande par le Rhin; mais ils sont assez raisonnables, ainsi que les droits d'entrée. » (M. Gillou.)

Les toiles à voiles entrent en franchise pour les largeurs les plus employées. Les frais de transport et de douane sont très onéreux pour les baguettes pour cadres.

11. Les baguettes pour cadres sont imitées en Allemagne, les ameublements en Belgique, les papiers peints en Belgique, en Hollande, en Allemagne et même en Russie. La maison Ouckhonine, de Saint-Pétersbourg, avait exposé deux panneaux d'imitation de soieries, sur fond bronze, blanc verdâtre, avec des dessins de la maison Croissat, copiés textuellement. Les modèles de clous d'ameublement sont copiés servilement par une maison allemande des environs d'Iserlohn. « Les étrangers, dit M. Turquetil, ne vivent que de nos contrefaçons vulgaires; de là notre découragement. Du reste, nous ne sommes pas protégés. Les congrès internationaux n'ont abouti à rien. »

Les cordières, les toiles cirées et la restauration des tapisseries anciennes sont à l'abri des contrefaçons.

12. La différence de langue n'a aucune importance. Toutes les grandes maisons de commerce étrangères savent le français.

14. La vie matérielle est beaucoup plus dispendieuse à Amsterdam qu'à Paris, du moins pendant l'exposition.

15. L'absence de traité de commerce n'a aucune influence sur les relations entre la France et les Pays-Bas. On ignore si un traité pourra faciliter les relations, mais toujours est-il que les Hollandais paraissent sympathiques aux produits français.

CLASSE 26. — *Lustres, girandoles, candélabres, lampes, bronzes d'ameublement, ornements et meubles de jardin en métal, coffres-forts, serrurerie d'art, etc.*

1. Résultats affirmatifs au point de vue honorifique, mais insignifiants au point de vue des affaires.

2. La création de nouveaux débouchés est incertaine. Quelques-uns disent même qu'il ne faut pas y compter. « Beaucoup de personnes m'ont

demandé mes albums, mais il est bien difficile de prévoir les résultats que j'en obtiendrai. » (Perrin-Grados.) « Nous entrevoyons de nouveaux débouchés pour notre industrie, par la création d'agences dans les principales villes de Hollande. » (G. Sohier.) « Nous espérons de nouveaux débouchés pour notre industrie par suite de notre participation à l'exposition, car celle-ci a incontestablement éveillé le goût du beau chez les Hollandais. » (Émile Colin et Cⁱᵉ.) « Je crois à de nouveaux débouchés pour l'avenir, ayant déjà reçu des demandes. » (F. Marrou.) La maison Lombard, de Paris (bronzes d'art), après avoir déclaré qu'elle n'a vendu que pour 20,000 fr. à l'exposition, y compris les achats faits par la loterie, ajoute qu'elle n'entrevoit pas de nouveaux débouchés sérieux. « Non seulement moi, mais encore mes voisins, dit M. Lombard, nous avons vu fort peu de monde et les personnes avec lesquelles nous avons causé nous ont fait l'effet de déguiser, sous une platonique admiration, une complète ignorance des objets que nous leur présentions, de leur fabrication, même de leur simple matière et une réelle stupéfaction des prix demandés. Tous les Hollandais n'ont donc pas la connaissance du beau, surtout quand le beau n'est pas, selon le mot allemand, *schön und billig.* »

3. Nos principaux concurrents sur les marchés hollandais sont les Allemands, avec leurs produits médiocres, mais à bas prix, pour les bronzes, les ornements d'architecture, les cadres, chenets, garnitures; les Anglais, pour la serrurerie d'art et les grilles artistiques; les Allemands, les Anglais et les Américains, pour les coffres-forts. « Nos concurrents les plus redoutables, dit M. Émile Colin (bronzes d'ameublement), sont les Anglais pour les appareils ordinaires, les Belges pour les objets plus soignés, les Allemands pour les bronzes d'ameublement. Quant aux bronzes artistiques, nous n'avons pas de concurrents sérieux à l'étranger. Une seule maison belge fait du bronze d'art, mais presque tous ses modèles proviennent de sculpteurs français qui conserveront longtemps encore une suprématie incontestée. » « Les produits similaires à mon industrie, dit M. Lombard, ne sont pas fabriqués en Hollande et s'y vendent même fort peu. Ceux qui trouvent des amateurs sont vendus au rabais. Mais en revanche ceux de mes confrères qui font le bronze d'une façon plus courante, ceux qui ont pour principale clientèle les commissionnaires, ceux-là doivent avoir à redouter une concurrence formidable des produits allemands et belges qui ont envahi la Hollande. Malheureusement la Hollande ne s'est pas défendue contre cet envahissement; l'ancien goût du pays y a péri et le bon vieux style flamand est en train de se germaniser. La concurrence allemande, nulle pour moi, est dangereuse

pour les petits fabricants pour lesquels la cherté de la main-d'œuvre en France est un obstacle à leur développement. La Belgique s'affirme également comme une rivale pour nos spécialistes dans la partie éclairage. Mais, je le répète, on ne fait le beau qu'en France et c'est aussi en France qu'on le recherche le plus. Si j'avais une classification internationale à faire, je placerais mon pays au premier rang, l'Angleterre et l'Amérique au second, la Russie et l'Espagne au troisième, l'Italie au quatrième, puis la Belgique, l'Allemagne et la Hollande. Avant tout, en Hollande, c'est le bas prix qui séduit l'acheteur. »

4. Les produits similaires étrangers, dans l'article de grand luxe, disent les autres fabricants, ne sont pas meilleur marché que les nôtres, mais les bronzes courants de provenance allemande sont incontestablement moins chers. Pour la serrurerie et les grillages artistiques, il est bon de remarquer que les produits similaires anglais sont meilleur marché en Hollande qu'en France.

5. La vente courante pour les produits de cette classe n'existe pas, à proprement parler. Les objets qui se vendent le plus aisément sont les grillages à la mécanique, les bronzes d'art sérieux, les pendules de marbre et de bronze, quelques décorations, des statuettes.

6. Il est certain que la cherté de la main-d'œuvre en France est nuisible pour la serrurerie et le grillage. On peut l'évaluer à 10 p. o/o. Pour les ornemanistes, la main-d'œuvre est presque le double de ce qu'elle est en Allemagne. Mais le prix élevé ne peut pas avoir d'influence sur les objets d'art pur.

7. Ce qui empêche surtout cette industrie de trouver des débouchés en Hollande, c'est l'absence de goût chez l'acheteur, qui ne se rend pas compte de la qualité de nos produits. Le bon marché fait ici le goût.

8, 9. Les prix de la matière première ne signifient rien pour les produits de cette classe. C'est la façon qui fait tout. Cependant les fils de fer et les fers venant de Belgique et d'Allemagne sont frappés en Hollande de droits moindres qu'en France et sont meilleur marché. Les produits similaires viennent presque toujours d'Allemagne ou de Belgique. La Hollande elle-même ne saurait compter comme fabrication.

10. Les prix de transport et les droits de douane ne nuisent pas aux

transactions pour le commerce des bronzes à l'étranger. En France, au contraire, les tarifs de chemins de fer sont trop élevés.

11. Aucune contrefaçon n'a été remarquée; mais beaucoup d'imitations, venant surtout d'Allemagne. Les Hollandais copient aussi servilement les coffres-forts français. M. Perrin-Grados, fabricant d'ornements pour l'architecture en zinc, plomb, cuivre et tôle, a vu, dans la vitrine d'un exposant, des objets qui avaient été moulés sur ses modèles et un album formé de dessins pris dans son album ou dans ceux de ses confrères de Paris. Nombre de ces produits falsifiés viennent d'Aix-la-Chapelle.

12. La différence de langue ne nuit pas aux relations de la plupart des exposants, le français étant assez répandu, en Hollande comme partout ailleurs. MM. Marrou et Jacquel, au contraire, trouvent qu'en France on ne s'applique pas suffisamment à l'étude des langues étrangères et que notre ignorance sous ce rapport gêne les relations. M. Jacquel voit dans la connaissance des langues étrangères une des supériorités des Allemands sur nous.

13, 14. En dehors des produits naturels, de quelques rares objets manufacturés, tout est plus cher en Hollande qu'en France, ce qui s'explique facilement, dit M. Émile Colin, parce que la Hollande est un pays commercial, maritime et fort peu industriel qui doit tout tirer du dehors. « La vie y est donc beaucoup plus chère qu'à Paris et beaucoup plus chère que dans nos grandes villes de province; mais on s'y prive davantage pour ne pas dépenser plus. On y mange mal, les femmes s'habillent sans goût, sans art. La consommation journalière d'un ménage hollandais de classe moyenne me semble, dit M. Lombard, au-dessous de la consommation d'un ménage français de même condition. La différence s'accentue encore plus dans les classes riches; elle m'a paru énorme dans les classes ouvrières. »

15. Bien que les droits d'entrée n'empêchent pas nos affaires, il est certain que nous trouverions un avantage considérable à obtenir un traité de commerce, surtout à présent que la Belgique en a conclu un et que par sa position ce pays est en mesure de nous faire une concurrence très sérieuse. » (M. Colin.) « Malheureusement nous ne sommes jamais assez protégés par ces traités, ni suffisamment garantis contre les contrefaçons. » (MM. Jacquel, Marrou.)

Classe 27. *Orfèvrerie et argenterie.* — *Objets en fer, acier, bronze, cuivre, étain ou autres métaux pour usages domestiques.* — *Coutellerie, épingles, aiguilles.*

1. Résultats généralement négatifs. M. Létau, fabricant de moules en fer-blanc, répond seul affirmativement. La maison Pérille a aussi fait quelques affaires en tire-bouchons.

2. Aucun nouveau débouché n'a été créé, mais toutes les maisons espèrent pour l'avenir. M. Alph. Hallot (ustensiles de ménage) est persuadé qu'il se fera de nouvelles relations avec les colonies.

3. Les concurrents sont les Allemands pour les articles de ménage, les siphons, les moules, l'orfèvrerie, les ustensiles de cave; la Belgique, pour les ustensiles de ménage; les Anglais, pour la robinetterie, les cuivreries pour chemins de fer.

4. Les produits similaires sont généralement inférieurs, mais aussi meilleur marché. La différence est de 15 à 20 p. o/o pour la robinetterie et les cuivres fondus. M. Hallot dit que les produits étrangers similaires aux siens n'existent pas. La zinguerie et la ferblanterie sont des industries françaises dont les produits se vendent beaucoup en France, mais non à l'étranger où l'on emploie d'autres articles en fer battu étamés ou émaillés ou des objets en cuivre.

6. La cherté de la main-d'œuvre est la cause principale qui empêche les maisons françaises de rivaliser avec les fabricants étrangers. MM. Lehmann frères, fondeurs, disent qu'elle est trop élevée d'un quart sur les salaires d'ouvriers. L'orfèvrerie seule ne s'occupe pas de cette question; le plus grand obstacle à son développement est l'absence de goût chez les Hollandais.

7. Les Hollandais paraissent aptes à distinguer la qualité; mais le bon marché prime tout pour eux. Pour M. Boin (orfèvrerie), « les Hollandais, n'ayant jamais eu sous les yeux que l'orfèvrerie fabriquée en Hollande et surtout en Allemagne (celle-ci est de beaucoup inférieure à la première), ne peuvent avoir le goût suffisamment formé pour apprécier notre genre de fabrication. Je n'ai vu nulle part de l'orfèvrerie d'argent provenant de maisons françaises, même dans les articles à bon marché. »

8. Les cuivres, les aciers et les étains comme matière première sont moins chers en Hollande qu'en France, puisqu'ils viennent directement des pays de production.

9. Les produits similaires proviennent toujours de l'étranger et plus particulièrement de l'Allemagne; quant aux ustensiles de ménage, le genre français n'existe pas ailleurs que chez nous.

10. Les droits de douane et surtout les prix de transport sont de grands obstacles à la vente de nos produits. « Les transports sont toujours trop chers, dit M. Hallot, même en France. Les droits de douane ajoutés au transport rendent difficiles les relations commerciales avec l'étranger. Nous ne pouvons plus traiter avec l'Alsace-Lorraine pour cette cause. Nos expéditions pour la Belgique et la Suisse, avec lesquelles nous faisons depuis longtemps des affaires, sont restreintes pour le même motif. »

11. Quelques imitations ont été remarquées en Allemagne.

12. Deux maisons ne se plaignent pas de la différence de langue, parce qu'elles ont des employés parlant l'allemand; mais les autres assurent que c'est là une raison qui nuit énormément à nos relations.

13, 14. Les matières premières seules sont moins chères à Amsterdam qu'en France; mais la vie matérielle est moins bon marché, si du moins elle est toujours la même qu'en temps d'exposition.

15. L'absence de traité de commerce est, en général, de peu d'importance. Toutefois, M. Alph. Hallot espère qu'il s'en conclura un et qu'on tiendra compte de ce que nous sommes en présence de l'étranger, qui est souvent plus favorisé que nous. MM. Lehmann regrettent également de ne pouvoir réduire leurs prix par suite de droits de douane trop onéreux.

CLASSE 28. *Horlogerie, pendules, baromètres, thermomètres, compteurs divers.*

1, 2. Résultats négatifs. Aucun espoir de débouchés nouveaux. Le prix trop élevé des objets en est la principale raison.

3. Les concurrents sont les Suisses pour les montres, les Hollandais pour les chronomètres, les Allemands et les Américains pour l'horlogerie commune, la Belgique pour les marbres de pendule, l'Autriche pour les régulateurs.

4. L'horlogerie commune est plus chère en Hollande. En conséquence, il serait sans doute possible, avec des articles à bon marché, principalement des horloges et des baromètres, d'y trouver des débouchés.

6. La cherté de la main-d'œuvre est le grand obstacle au développement du commerce français à l'étranger; tandis qu'à Paris les ouvriers ne travaillent que dix heures pour 8 francs, en Allemagne ils reçoivent 3 fr. 50 pour un travail de douze heures. (M. Redier, horlogerie.)

7. Nos articles bon marché pourraient réussir; mais il ne faut pas y compter pour les objets de qualité supérieure; la différence de prix les tue.

9. Les produits similaires proviennent de l'étranger. Il ne se fabrique en Hollande que des chronomètres de bord, quelques régulateurs de précision et quelques horloges de clocher.

10. Les prix de transport et les droits de douane ne signifient rien.

11. Des imitations ont été constatées en Allemagne.

12. La différence de langue ne nuit pas aux affaires. Presque tous les commerçants hollandais parlent français.

13. L'ébénisterie, les bois sculptés sont moins chers à Amsterdam qu'en France.

14. Néant.

15. Le traité de commerce n'aurait aucune influence sur ces industries.

M. Redier ajoute à ces observations la réflexion suivante : « La spécialité a supprimé les apprentissages. On n'a plus d'ouvriers habiles et intelligents. Les seules industries qui ne peuvent pas spécialiser résisteront encore, mais les autres sont perdues. »

CLASSE 29. *Porcelaines, faïences, verreries, cristaux, céramique, terres cuites, glaces, etc.*

1, 2. Résultats négatifs. Peu d'espoir de nouveaux débouchés pour l'avenir.

3. La cristallerie a pour concurrents la Belgique, l'Allemagne, l'Autriche, la Hollande même; les vitraux émaillés et les émaux n'en sauraient avoir. La faïencerie a pour rivales la Hollande (fabriques de Maestricht), la Prusse rhénane, les usines de Staffordshire en Angleterre, les fabriques de Kéramis en Belgique qui approvisionnent la Hollande de leurs produits courants à des prix moins élevés que les nôtres, grâce surtout aux frais de transport moins considérables. Les Hollandais ont, d'ailleurs, fait de très grands progrès dans la faïencerie depuis quelques années. Les combustibles d'Allemagne y arrivent à des conditions plus avantageuses que chez nous; la main-d'œuvre, qui, dans notre industrie, représente plus du tiers du prix de vente, s'y est améliorée en se disciplinant et sans augmentation de salaires. Grâce à ces progrès, les produits hollandais commencent à refouler les produits belges et anglais : ils envahissent à leur tour la Belgique et ils commencent à entrer en France. Seuls, les produits rhénans, auxquels sont venus se joindre ceux de la manufacture de Sarreguemines, séparée de la France depuis 1871, rivalisent encore avec les produits hollandais. Encore ces derniers produits ne viennent-ils pas sur le marché du pays. Ils sont expédiés directement pour les Indes *via* Hambourg.

6. La main-d'œuvre n'a aucune influence sur les articles de luxe comme les émaux et les vitraux émaillés qui ne s'adressent qu'à la clientèle riche. En ce qui concerne la cristallerie, la cherté de la main-d'œuvre est une grave entrave au développement des affaires. Pour la faïencerie, la main-d'œuvre est la question principale, non seulement pour les articles courants, mais aussi dans une certaine mesure pour les objets de luxe. En France, la main-d'œuvre représente environ 40 p. o/o du prix de vente, tandis qu'en Hollande elle ne doit pas dépasser 25 à 30 p. o/o. L'industrie de la faïencerie, nous ne parlons pas de la poterie commune, exige une grande minutie, beaucoup de soins, une régularité constante et peu d'efforts d'imagination, du moins pour l'ouvrier proprement dit. Chez nous, il est difficile d'obtenir les mêmes résultats. L'apprentissage qui, dans les autres pays (Angleterre, Allemagne et Hollande), est de six à sept ans et quelquefois plus, excède rarement chez nous deux à trois ans, au bout desquels l'apprenti exige le salaire d'ouvrier, bien qu'il ne le mérite pas. Mis aux pièces, suivant le tarif, il cherche à produire beaucoup sans se soucier suffisamment de la qualité.

Les lois de 1874 et de 1882 sur le travail des enfants dans les manufactures et l'instruction primaire obligatoire augmentent les difficultés de recrutement, les exigences des parents et celles des apprentis. Puis vient la conscription qui nous enlève les hommes faits. Ceux-ci nous reviennent ensuite plus incapables qu'au départ et encore plus exigeants.

Si l'on compare la population ouvrière française en général à celles du Staffordshire (Angleterre), de Kéramis (Belgique), de Maestricht (Hollande), de la Lorraine et des provinces rhénanes, on constate que ces dernières sont beaucoup plus disciplinées, plus maniables, plus stables, beaucoup moins nerveuses, et malheureusement chez nous ces défauts s'accentuent encore davantage depuis quelques années.

Les houilles, qui, après la main-d'œuvre, représentent l'élément le plus important pour l'industrie de la cristallerie et de la céramique, sont transportées en France à des prix plus élevés qu'en Belgique, en Hollande et en Allemagne. Elles sont aussi généralement de moins bonne qualité. Il en résulte pour les fabriques hollandaises un bénéfice de 2 à 3 p. o/o sur nous. De plus, les matériaux de construction (pierres, bois, briques, fer), les machines, transmissions, fontes, aciers, qui entrent pour une large part dans les frais des usines, soit pour l'établissement, soit pour leur entretien, sont à bien meilleur compte en Hollande, en Belgique et en Allemagne qu'en France.

En additionnant tous ces éléments de bénéfices constatés après un examen sérieux et sans parti pris, on en arrive à cette conclusion que la fabrication hollandaise et allemande est en mesure, quand elle est bien dirigée, de produire généralement à 20 p. o/o meilleur marché que la fabrication française.

7. Les produits inférieurs sont préférés en Hollande à cause de leurs bas prix.

8. Les matières premières sont généralement à meilleur marché en Hollande qu'en France, à cause de la proximité des lieux de production. Pour la céramique, les matières premières employées sont les terres plastiques et le silex qu'on se procure en France à peu près aux mêmes prix qu'en Hollande. Le kaolin et le cornwall-stone, pour lesquels nous sommes tributaires de l'Angleterre, parviennent à Maestricht à des prix un peu moins élevés que chez nous. Quant aux couvertes et aux émaux, ce sont sensiblement les mêmes prix en France qu'en Hollande. De même pour les couleurs.

9. La cristallerie se fabrique en Hollande et vient aussi de l'étranger. Les émaux français ne se fabriquent nulle part ailleurs.

10. Évidemment les droits de douane et les frais de transport nous placent dans une position désavantageuse vis-à-vis de nos concurrents. Sur ce point, une réduction ne pourrait que nous être favorable. Les transports par chemins de fer sont, du moins en ce qui concerne la céramique, beaucoup plus onéreux et compliqués comme tarifs en France que les transports belges et allemands.

11. On rencontre peu d'imitations, sauf pour la céramique. Les articles de fantaisie française que les commissionnaires ont répandus en Allemagne y sont imités et vendus ensuite à meilleur marché.

12. La différence de langue ne nuit pas aux affaires. On parle le français partout.

13. Dans l'industrie du cristal, les articles sont moins chers à Amsterdam qu'à Paris.

14. La vie matérielle nous a paru aussi dispendieuse en Hollande qu'en France.

15. Un traité de commerce ne signifie rien pour les industries comprises dans cette classe.

CLASSE 30. — *Appareils de chauffage, de ventilation, balances et bascules, poids et mesures, appareils de lessive, à distiller, etc.*

1, 2. Les résultats obtenus à la suite de l'Exposition sont sans importance et on entrevoit peu de nouveaux débouchés pour l'industrie française.

3. Les concurrents étrangers pour les bascules sont les Américains (*Fairbank*) et l'Allemagne (*Mannheimer Maschinen-fabrik*); pour les appareils de chauffage, les Belges et les Allemands.

4. Pour les bascules, il y a peu de différence de prix entre les produits similaires étrangers et français. Pour les appareils de chauffage, etc., la différence est généralement plus sensible.

5. La maison Chameroy ne fabrique que des bascules et des ponts-bascules d'un système à elle, à contrôle par impression de poids, articles qui n'ont pas encore été introduits en Hollande. Presque toutes les espèces d'appareils de chauffage sont vendues couramment en Hollande.

6. C'est la cherté de la main-d'œuvre en France et particulièrement à Paris qui empêche nos industries de trouver en Hollande et à l'étranger des débouchés pour leurs produits.

7. Les Hollandais vendent très cher et veulent acheter très bon marché. La majorité préfère le bon marché à la qualité.

8. Néant.

9. Presque tous les appareils de chauffage dont on se sert en Hollande proviennent de la Belgique, où ils sont beaucoup moins chers qu'en France. Il y en a cependant quelques-uns qui sont tirés de Guise (Aisne), de Charleville et de Déville (Ardennes). Ces deux dernières fonderies envoient ici une espèce de poêle de repasseuse, seul en usage à Amsterdam et une sorte de petit poêle rond, très bon marché, dont on se sert en Hollande.

Fourneaux de cuisine. Les Hollandais font usage exclusivement des fourneaux en tôle. Le petit nombre de fourneaux en fonte que l'on rencontre ici proviennent de la Belgique ou de Leyde.

Les fers des repasseuses sont anglais. Les fers français ne sont pas assez lourds et sont trop chers.

Batterie de cuisine et autres objets étamés ou émaillés. Il y a environ vingt-cinq années, la maison Japy frères, d'abord, en participation plus tard avec quelques maisons françaises sous la raison sociale de : *Quincailleries réunies de l'Est,* faisait encore d'assez grandes affaires en Hollande avec ses articles de cuisine et de ménage étamés et émaillés. Mais ces affaires ont notablement diminué, malheureusement, par suite de la concurrence hollandaise, belge et allemande, bien que ces derniers articles ne puissent être comparés aux produits similaires français pour leur solidité, leur durée et l'élégance de la forme.

Les *bacs à charbon et à tourbe* en fer battu ou laqués sont anglais ou hollandais. Les fabricants hollandais importent même cet article en France et en Allemagne.

Les *garnitures de cheminée* proviennent de l'Angleterre. On est trop accoutumé aux modèles de ce pays pour en changer. En outre, les garnitures françaises sont trop chères.

Les *pelles, pincettes, fourgons,* etc., forment un article important qui est entièrement dans les mains des Allemands.

Les *serrures françaises* sont beaucoup plus jolies que les allemandes. Cependant on vend à Amsterdam cent serrures allemandes de qualité inférieure, de forme disgracieuse, contre une serrure française. Les Français importent en Hollande de petits *coffres-forts* en fer damassé. C'est le seul article de ce genre qui réussisse, mais ce commerce est sans importance. Les grands coffres-forts sont hollandais ou anglais.

Les bascules et balances sont d'origine alsacienne ou allemande. Les articles similaires français sont trop chers.

10. Les frais de transport et surtout les droits de douane nuisent à la vente des produits français en Hollande.

11. Peu d'imitations. Une maison allemande a exposé une bascule à contrôle, construite dans ses ateliers, dont la romaine, seule brevetée et brevetable, lui avait été fournie par la maison Chameroy et portait sa marque de fabrique.

12. La différence de langue nuit un peu aux affaires, bien qu'on trouve en Hollande beaucoup de monde parlant couramment le français.

13. La plupart des marchandises de cette classe ont paru beaucoup plus chères en Hollande qu'en France.

14. La vie matérielle paraît beaucoup plus chère en Hollande.

CLASSE 31. — *Maroquinerie, marqueterie, tabletterie, bimbeloterie, brosserie fine, jouets.*

1. 2. La plupart des exposants n'ont obtenu aucun résultat de l'Exposition; mais ils espèrent se créer dans le pays quelques relations. M. Maurey-Deschamps (brosserie fine) dit qu'il fait des affaires en Hollande depuis trente ans et qu'il espère les y augmenter par sa participation à l'Exposition, qui a permis aux acheteurs intéressés d'examiner attentivement ses produits.

3. Les concurrents les plus redoutables pour la bimbeloterie, la marqueterie, les jouets, sont les Allemands qui inondent le pays de leurs produits à bon marché. La brosserie fine à bon marché vient d'Allemagne et les Anglais fournissent les Pays-Bas d'articles plus soignés; mais, malgré cette concurrence, la France y a des débouchés.

4. Les produits similaires étrangers communs sont meilleur marché en Hollande; mais les articles fins sont plus chers.

5. Les articles intermédiaires français, ni trop communs ni trop riches, se vendent couramment pour la brosserie fine. Il en est de même pour la bimbeloterie. Quant aux articles communs, le marché est accaparé par les fabricants allemands et autrichiens.

6. Quand il s'agit d'articles de grande consommation et où le goût n'a rien à faire, c'est la cherté de la main-d'œuvre en France qui empêche nos industries de trouver des débouchés à l'étranger. En ce qui concerne la brosserie, la main-d'œuvre est au moins de 50 p. o/o plus élevée en France qu'en Allemagne. Certaines opérations faites par des femmes sont payées en Allemagne 1 fr. 25 cent. par jour, tandis qu'elles le sont 2 fr. 50 cent. en France. Quant aux salaires d'ouvriers, la différence est, en faveur de l'Allemagne, de 1 fr. 50 cent. à 2 fr. 50 cent. par jour. Ceux des Français qui rivalisent avec avantage le doivent à leur outillage perfectionné.

7. Pour la bimbeloterie, la tabletterie, les jouets, on ne tient que peu compte de la qualité, on préfère des produits de qualité inférieure à cause de leur bas prix. En fait de brosserie, la France produit toutes les qualités. Elle diffère en cela de l'Allemagne qui ne fait que l'article commun, et de l'Angleterre dont les prix sont généralement élevés. C'est ce qui permet aux fabricants français de placer sur n'importe quel marché leurs marchandises qui répondent à tous les besoins.

8. La Hollande a peu de matières premières propres à ces industries, excepté les écailles et les ivoires qu'elle reçoit directement, mais qui sont vendus en France. Pour la grosse brosserie, la brosserie pour les usages domestiques, appartements, écuries, carrosserie, marine, armée, la Hollande en possède tous les éléments de fabrication. Mais il se fait peu d'affaires d'exportation de cet article, chaque pays fabriquant pour les besoins locaux, non pas que la fabrication soit meilleur marché qu'en France, mais elle a l'avantage de répondre aux goûts et aux besoins des consommateurs.

9. Les produits similaires viennent toujours de l'étranger.

10. Les droits de douane et les frais de transport réunis ne dépassent pas 7 à 8 p. o/o. Ils n'empêchent donc nullement les transactions.

11. Pas d'imitations ou de contrefaçons. Dans la brosserie de toilette il y a peu à prendre comme imitation.

12. La différence de langue ne nuit pas précisément aux transactions ; mais il serait certainement plus facile de traiter, si nous savions le hollandais où du moins l'allemand, surtout dans les provinces et pour le petit commerce. Les marchands en gros en Hollande savent tous le français et ont des employés qui le parlent et l'écrivent couramment.

13. Nous n'avons pas pu remarquer quelles étaient les marchandises moins chères à Amsterdam qu'en France. On ne pouvait pas s'en rendre compte à l'Exposition, les objets exposés n'étant pas accompagnés d'un prix courant.

14. Pour les étrangers, la vie est plus chère à Amsterdam qu'en France ; mais l'élément ouvrier a peu de besoins et, par cela même, dépense moins.

15. L'absence de traité de commerce n'a aucune influence sur les relations entre la France et les Pays-Bas pour ces branches d'industrie.

CLASSE 32. — *Articles de librairie, travaux d'imprimerie, photographies, gravures, objets servant à l'enseignement scolaire.*

1. Résultats affirmatifs au point de vue des récompenses, mais nuls au point de vue commercial, en ce sens que la plupart des libraires et fabricants français ont déjà des relations suivies en Hollande, relations que l'Exposition n'est pas venue accroître.

2. Il résulte de ce qui précède que la librairie ne s'est pas créé des débouchés nouveaux.
La maison Lorilleux (encres d'imprimerie) espère pouvoir exporter ses produits aux Indes, et la maison Poure, O'Kelly et Cⁱᵉ, de Boulogne (plumes, porte-plumes, etc.) croit que ses produits vont, grâce à l'Exposition, se répandre en Hollande.

3. La librairie ordinaire ne craint pas les concurrents. Les livres français sont répandus à profusion en Hollande. La librairie d'architecture, d'archéologie, d'art redoute l'Allemagne dont les goûts se rapprochent du goût hollandais. L'Allemagne fait concurrence à la France pour les encres. Cependant les encres françaises sont appréciées dans le pays. Les Anglais sont de redoutables concurrents pour les plumes, les Allemands pour les porte-mines, les portecrayons et certains porte-plumes à bas prix.

4. Pour les articles de librairie, l'appréciation de l'amateur fait beaucoup, il est donc difficile de faire des comparaisons de prix. En papeterie, les produits chimiques, matières premières et main-d'œuvre sont moins chers en Hollande. Néanmoins, malgré cette cherté, les livres étrangers, hollandais ou autres, sont généralement plus chers en Hollande·qu'en France. Cela s'explique par la quantité d'exemplaires qui sont tirés de chaque ouvrage en France, ce qui diminue beaucoup le prix de revient. Pour les encres, les prix sont les mêmes.

5. Tous les produits français se vendent assez couramment en Hollande. Pourtant les livres qui ne dépassent pas une dizaine de francs sont d'un débit plus facile. On place encore assez aisément les ouvrages scientifiques ou les ouvrages d'art qui sont presque indispensables aux travailleurs en quelque langue qu'ils soient écrits, ou les romans nouveaux qui mettent les lecteurs au courant des productions du jour. Mais les vrais monuments de notre littérature classique ne trouvent que peu d'acheteurs, surtout lorsqu'il s'agit d'éditions de grand luxe tirées à peu d'exemplaires, comme celles des maisons Jouaust et Quantin. «Il n'y a pas encore, dit M. Jouaust, de vrais bibliophiles aimant le livre pour le livre dans les Pays-Bas, non plus qu'en Allemagne, en Russie, en Italie, en Espagne. Je ne vois guère que la Belgique et l'Angleterre qui s'attachent un peu aux éditions de ce genre; l'Amérique commence aussi à y prendre goût.» Certaines éditions de luxe, comme la *Bible*, les *Fables de La Fontaine*, la *Divine Comédie* de Dante, illustrées par Gustave Doré, ont, d'ailleurs, été reproduites en hollandais avec des clichés achetés à Paris.

6. La cherté de la main-d'œuvre n'a pas une grande importance et pourtant on peut remarquer que, pour la librairie, la main-d'œuvre est de plus de 33 p. o/o meilleur marché qu'en France. «Mais le prix de la main-d'œuvre française, qui certainement est plus chère, ne fait pas grand'chose. En payant mes ouvriers meilleur marché, j'arriverais à donner pour 18 francs le livre que je marque 20 francs, je n'en vendrais cependant pas un exemplaire de plus en Hollande.» (D. Jouaust.)

La cherté de la main-d'œuvre en France a pourtant l'inconvénient d'obliger quelques grandes maisons françaises à faire imprimer certains de leurs ouvrages à Amsterdam.

Pour les plumes, ce n'est pas la cherté de la main-d'œuvre, mais plutôt celle des matières premières, telles que l'acier principalement, que les fabricants sont obligés de tirer d'Angleterre et pour lequel ils payent 80 fr. par tonne. La houille aussi est plus chère en France qu'en Angleterre.

Bien d'autres produits sont dans le même cas et cela rend la lutte difficile avec les Anglais. Pour remédier à cet état de choses, les fabricants de plumes ont essayé, mais sans succès jusqu'à ce jour, d'obtenir le remboursement des droits sur les déchets d'acier qui sont réexpédiés en Angleterre et dont la quantité est considérable : 4o p. o/o de l'importation environ. Pour les porte-plumes, nos concurrents allemands ont la main-d'œuvre à plus bas prix que nous.

7. La qualité des produits est bien appréciée. Les ouvrages français se distinguent généralement par une netteté d'impression, un fini que n'atteignent qu'imparfaitement les ouvrages étrangers.

8. Le papier est meilleur marché en Hollande qu'en France.

9. Il n'y a pas de maison capable de fabriquer des produits similaires à ceux de la librairie française. Les plumes et articles de bureau viennent surtout d'Angleterre.

10. Les droits de douane ne signifient rien. Les frais de transport sont souvent onéreux, car les éditeurs français ne donnent pas leurs publications en consignation comme les éditeurs allemands, et quand on commande un ouvrage à un libraire hollandais, il est souvent obligé de le faire venir de France isolément, ce qui entraîne des frais élevés.

11. On ne rencontre pas d'imitation dans cette industrie.

12. La différence de langue n'a pas grande importance. Pourtant il est évident qu'elle peut nuire un peu, surtout dans la librairie ordinaire.

14. La vie matérielle paraît plus chère à Amsterdam qu'à Paris.

15. Pour la plupart des exposants, l'absence d'un traité de commerce n'aurait aucune influence sur les relations entre la France et les Pays-Bas. Quelques-uns réclament des mesures pour arrêter les abus commis par leurs confrères. « Il est certain, dit l'un d'eux, qu'il s'imprime en ce moment en Hollande beaucoup d'ouvrages pour Paris, notamment des impressions en couleur. *Il y a là un véritable danger pour notre industrie.* » Un autre déclare ce qui suit : « Une convention internationale de propriété littéraire serait à désirer. En papeterie, l'élévation des droits à l'entrée des papiers étrangers et à la sortie de France des chiffons est constamment demandée par notre industrie, et surtout la création d'un droit à l'entrée des papiers imprimés, afin d'éviter que les éditeurs français ne fassent imprimer à l'étranger, *pour échapper ainsi à l'impôt qui frappe le papier en France.* »

Classe 33. — *Instruments de musique, librairie musicale, boîtes à musique.*

1. Sans être immédiats, les résultats obtenus à l'Exposition affirment du moins la valeur de nos instruments et de nos éditions supérieures de musique.

2. Les grandes maisons, comme Érard, Pleyel, Herz ont toujours des débouchés assurés en Hollande. Les petits facteurs moins en renom ont de la peine à s'en créer, à cause de la concurrence étrangère. Les éditeurs de musique entrevoient de nouveaux débouchés.

3. Les éditeurs de musique n'ont pas de concurrents sérieux. Les facteurs de pianos ont à lutter contre les produits allemands et américains.

4. Les produits similaires étrangers sont généralement meilleur marché.

5. Les pianos Érard, Herz, Pleyel, les instruments à vent, partitions, ouvrages d'enseignement, la musique de piano.

6. La cherté de la main-d'œuvre en France est une entrave au développement de notre industrie. Ce n'est qu'un détail pour les instruments hors ligne ; mais pour les instruments courants elle nous rend la concurrence fort difficile.

7. On ne dédaigne pas la bonne qualité de nos produits ; mais, sauf de rares exceptions, le bon marché prime tout.

8. Les matières premières sont généralement au même prix qu'en France, sauf le papier et le noir d'imprimerie pour les éditeurs de musique.

9. Les produits similaires se fabriquent peu en Hollande. Ils proviennent en grande partie de l'étranger.

10. Les prix de transport sont une entrave pour les affaires en articles courants. Les droits de douane en Hollande sont les mêmes pour tous.

11. Les instruments ne s'imitent pas en Hollande. Seulement on y copie les éditions de musique qu'on vend ensuite à bas prix.

12. La différence de langue ne nuit pas sensiblement aux transactions.

13. Néant.

14. La vie matérielle a généralement paru plus chère à Amsterdam.

15. L'absence de traité de commerce n'a aucune influence sur les relations pour la vente des instruments. Il n'en est pas de même pour les productions littéraires et musicales, dont les contrefaçons sont répandues à profusion en Hollande et pénètrent ensuite en Belgique et même en France par la frontière du Nord.

GROUPE V.

CLASSE 34. — *Fils et tissus de chanvre, lin, soie, laine; châles, dentelles, passementerie.*

1, 2. Les résultats de l'Exposition sont négatifs jusqu'à présent; mais l'avenir peut être meilleur. Toutes les maisons semblent espérer se créer des relations suivies avec les Indes néerlandaises et plusieurs comptent s'aboucher avec des maisons d'exportation d'Amsterdam. « J'ai fait la connaissance, dit M. Babey, à Saint-Pierre-lès-Calais (rideaux, guipure, dentelle, etc.), des cinq plus grandes maisons d'exportation de détail, dont j'ignorais l'existence, tout en ayant déjà une clientèle à Amsterdam. J'obtiendrai de nouveaux débouchés avec ces grandes maisons qui me seraient sans doute restées inconnues, si je ne leur avais pas étalé mes nouveautés à l'Exposition d'Amsterdam. » La Hollande est pour les soieries de Lyon un marché d'importance secondaire. Les Hollandais vont fort peu acheter à Lyon et s'approvisionnent en général dans les maisons de gros et de confections de Paris. Les colonies hollandaises, Java entre autres, offrent, au contraire, à nos soieries un débouché relativement important. Cette consommation s'adresse directement à Lyon pour les tissus spéciaux qu'elle demande. (Ogier, Noyer et Cⁱᵉ, foulards, nouveautés, à Lyon.)

3. Les concurrents principaux sont les Anglais pour les rideaux guipures, les Anglais et les Belges pour les draps, les tissus, les foulards, ce que l'on nomme nouveautés, les Allemands et les Suisses pour les soieries, les Allemands pour les tissages mécaniques, les filatures. Ainsi, la maison Challiol et Charmetant, à Lyon (grenadines, gazes, crêpes de Chine, châles), fabrique des soieries brochées or pour l'Orient; mais les Allemands (Elberfeld) sont absolument maîtres du marché pour ces articles et il sera très difficile de les supplanter en Hollande.

4. Les prix semblent être les mêmes partout; cependant les cotonnades anglaises sont meilleur marché, ainsi que les produits allemands des pays rhénans (Crefeld, Elberfeld), en raison de la proximité de la Hollande et du bas prix de la main-d'œuvre en Allemagne. La ganterie est plus chère en Hollande. Pour les draps, il n'a pas été possible de faire la comparaison. Les exposants hollandais faisant partie de la collectivité de Tilbourg n'avaient pas mis les prix sur les étoffes et n'ont envoyé aucune note aux membres du jury. Pas un seul exposant hollandais ne s'est présenté pour donner des explications.

5. Les articles vendus couramment sont les soieries brochées or pour l'Orient, les mérinos 9/8, 5/4, 7/4, les armures et cachemires de laine de belle qualité, les soieries en bourre de soie et mélangées de coton, les serviettes, essuie-mains, rideaux guipures et tous les articles nouveautés. Quant aux grenadines, crêpes de Chine, ils ne trouvent en Hollande que des débouchés insignifiants, les habitants étant peu portés au luxe et ces articles étant, d'ailleurs, trop légers pour le climat.

6. La cherté de la main-d'œuvre en France est le principal obstacle à nos débouchés pour tous les articles étoffes et nouveautés. « La cherté de la main-d'œuvre, dit M. Bossette (tissus de laine, mérinos, cachemires d'Écosse, armures, nouveautés et fantaisie), ruinera bientôt complètement notre industrie. En vendant le même prix que nous, les Allemands et les Belges peuvent gagner de l'argent, tandis que nous nous ruinons. Ils font teindre leurs produits en France et les font rentrer chez eux sans payer de droits et les vendent alors comme produits français à 10 p. o/o moins cher que nous. » « La cherté de la main-d'œuvre, dit M. Babey (rideaux, guipure, dentelle), empêche notre industrie de se créer des débouchés en Hollande; c'est par de grands efforts de créations nouvelles que nous pouvons entretenir des rapports; mais si nous pouvions lutter à prix égal pour la grande consommation, nous aurions la préférence. Par nécessité, nous sommes obligés de chercher dans la difficulté de la production les éléments qui doivent nous permettre de nous maintenir au second rang, tandis qu'avec le coton à bas prix et la main-d'œuvre à meilleur marché nous occuperions le premier rang. » « L'industrie similaire allemande, dit M. Stavaux-Bonnaire (laines peignées, filées, retordues, mérinos, cachemires), qui est en train de nous ruiner sur tous les marchés, a la main-d'œuvre à beaucoup meilleur marché. La différence en sa faveur est de 25 p. o/o pour le peignage, 31 p. o/o pour la filature, de 40 à 50 p. o/o pour le tissage. Pour les soieries de Lyon, les raisons de notre infériorité

sont la cherté de la main-d'œuvre, le manque de docilité des ouvriers, le coût trop élevé des transports, l'exagération des impôts et l'élévation des droits sur les fils de coton et de chappe. Les industries qui emploient des fils de coton s'approvisionnent à meilleur compte en Allemagne qu'en France. Certains d'entre nous sont obligés d'acheter leurs cotons tout teints en Allemagne et de payer 60 centimes par kilogramme de droit d'entrée en France, plus le transport. Le nouveau régime d'admission temporaire des cotons n'est d'aucune utilité·pour ces fabricants, car il ne s'applique qu'aux cotons écrus et aux numéros fins. Or ces industries achètent en Écosse les gros numéros et en Allemagne les numéros fins teints et glacés. La concurrence contre les Allemands, très difficile pour certains articles, puisque nos fabricants sont obligés de leur acheter la matière première, serait impossible s'il leur fallait faire teindre et glacer le coton en France. »

7. On est forcé de reconnaître que les étrangers fabriquent généralement aussi bien que nous. Les Hollandais délaissent la bonne qualité. Un tissu ayant presque la même apparence et coûtant moins cher est préféré. Pour les draps, les consommateurs hollandais préfèrent la qualité inférieure à cause de son bas prix. Tilbourg ne fabrique que des étoffes communes. Les flanelles sont généralement vendues sur chaîne de coton. Ailleurs, on préfère la laine pure.

8. Pour la soie, la laine et les fils, les matières premières sont aux mêmes prix en Hollande qu'en France.

9. La Hollande ne produit ni soieries, ni ganterie, ni tissus fins ou nouveautés. Ces articles viennent de l'étranger. On y fabrique des tissus de lin, cotons unis, ouvrés, écrus, blanchis, des toiles, torchons et serviettes à plus bas prix que chez nous.

10. Les droits d'entrée et les frais de transport surtout sont un obstacle au développement du commerce français avec les pays lointains. Un industriel de Lyon qui fait des affaires avec l'Inde anglaise se plaint que la cherté des transports à l'intérieur de la France rende la situation du commerce très difficile. Le transport de Lyon à Marseille est souvent plus cher que celui de Marseille à Calcutta. De plus, le fret de Calcutta à Marseille est toujours plus élevé que celui de Calcutta à Londres; il en est souvent le double. Un industriel de Saint-Quentin a expédié deux caisses de cotonnade valant 600 francs, pour Rangoon. Il a payé 188 francs de frais de transport par Marseille. Le transport n'aurait pas coûté plus de 40 à 50 francs de Londres, d'Amsterdam ou de Hambourg. Les droits d'entrée et les frais de

transport ne semblent pas être une entrave sérieuse pour les rapports avec la Hollande, sauf pour les soieries.

11. Sans imiter nos produits, les Russes ont exposé des tissus de lin et de chanvre se rapprochant des nôtres et dont la beauté a frappé nos connaisseurs. Les Anglais, les Belges et les Allemands exposaient des imitations de mérinos, cachemires et draperies. Un fabricant de draperies dit que la France abrite et nourrit tant d'étrangers qu'il ne leur est pas besoin de nous imiter, ils n'ont qu'à appliquer les connaissances qu'ils ont acquises chez nous pour nous faire concurrence. Les fabricants de draperies hollandais ont cherché à préserver leurs produits des indiscrétions de leurs concurrents étrangers. Leurs vitrines étaient soigneusement fermées, leurs étoffes ne portaient aucune indication de prix. «On m'a assuré, dit un fabricant français, que ces précautions n'étaient pas prises à cause de nous, mais à l'égard des fabricants belges et allemands.»

12. De l'avis presque unanime des exposants, notre ignorance des langues étrangères est une des principales causes de notre infériorité.

13. La vie matérielle a paru aussi dispendieuse à Amsterdam qu'à Paris, et l'on trouve moins de confort en Hollande.

14. Néant.

15. Un traité de commerce est toujours très utile; c'est une garantie que l'industrie prise beaucoup; mais il n'aurait pas empêché l'industrie allemande de nous battre sur les marchés hollandais, parce qu'elle vend *meilleur marché* que nous les mêmes produits, qu'elle impose par le grand nombre de ses nationaux qui ont envahi les Pays-Bas. C'est au point qu'aujourd'hui le chiffre d'affaires pour la France en Hollande est de 1, par exemple, contre 20 pour l'Allemagne (tissus de laine). «Tout droit, dit un industriel de Lyon, quelque minime qu'il soit, a pour effet de restreindre les transactions, soit par suite de la réduction qu'il amène dans la consommation, soit en raison des entraves qu'il a créées.» «Ce qui serait bien plus utile qu'un traité de commerce, dit un fabricant de nouveautés, ce serait la suppression ou l'abaissement des droits à la frontière française sur les filés de bourre de soie, de laine et surtout de coton.»

CLASSE 35. — *Vêtements confectionnés, lingerie, bonneterie, chapellerie, coiffures, articles de mode.*

1. Sauf pour les confections et les fourrures, les résultats ont générale-

ment été négatifs. Il est bon, toutefois, d'ajouter que l'article modes, qui a d'importants débouchés en Hollande, n'était que partiellement représenté à l'Exposition. La corseterie et la chemiserie ont déjà des relations dans le pays, mais elles n'ont pas vu encore la clientèle augmenter.

2. Les brodeurs sur étoffes, sans entrevoir de nouveaux débouchés, espèrent que l'Exposition contribuera à augmenter le goût de l'ameublement. Les corsetiers s'attendent à de nouveaux débouchés aux Indes néerlandaises. Certains cravatiers se sont créé de nouvelles relations dans les principales villes des Pays-Bas. Il en est de même des marchands de fourrures et de confections, qui ont déjà fait des affaires. Les chemisiers trouvent que l'usage fort répandu en Hollande de simples plastrons et de fausses manchettes nuit beaucoup à leur commerce.

3. Les concurrents pour les vêtements confectionnés sont surtout les Allemands. Leurs fabriques, montées sur une vaste échelle, inondent le pays de vêtements à un prix fabuleux de bon marché contre lequel la France ne peut lutter. Pour les vêtements soignés et riches, ce sont les Belges qui nous font le plus de tort à l'étranger. Pour les corsets, ce sont les Belges quand il s'agit de l'article courant, les Allemands pour les articles très bon marché. Comme articles soignés, les Français priment les étrangers sur le marché hollandais. Les chaussures employées en Hollande viennent ou du pays, ou d'Allemagne. L'Angleterre, l'Allemagne et la Suisse importent aussi des broderies. La cravaterie et la bonneterie viennent d'Angleterre et d'Allemagne. Pour les fourrures, les Allemands sont nos seuls concurrents; mais nous parvenons facilement à les combattre. (Révillon frères.) Depuis l'annexion de l'Alsace qui lui fournit les mêmes étoffes que celles que nous employons, l'Allemagne fait une grande concurrence à notre chemiserie jusque sur les marchés sud-américains, dont nous étions seuls maîtres auparavant.

4. Les marchandises anglaises se vendent aux mêmes prix. Les Allemands seuls ont des prix inférieurs; mais la qualité est aussi à l'avenant.

5. Les marchandises courantes sont les beaux corsets, très peu le bon marché, à cause de la concurrence étrangère, les chaussures plutôt solides que coquettes, les broderies ordinaires, les cravates de tous genres, cache-nez de soie, foulards, sachets, les vêtements fourrés, surtout de prix moyen, les confections, les chemises pour la classe riche; enfin, tous les articles nouveauté, qui sont surtout vendus par les grands magasins du

Louvre, du Bon-Marché, du Petit-Saint-Thomas, dont les catalogues, traduits en hollandais, sont répandus à profusion dans le pays.

6. La cherté de la main-d'œuvre a quelque importance. Ainsi, pour la chemiserie, les ouvrières sont payées en Allemagne moitié moins cher qu'en France. Pour la confection de drap ordinaire, les Allemands sont mieux outillés que nous et travaillent à bien meilleur compte. La chaussure se plaint aussi de la cherté de la main-d'œuvre en France comparativement à celle de Hollande et d'Allemagne. Pour les articles de luxe et de goût, la main-d'œuvre n'a aucune importance.

7. Les Hollandais ont évidemment une tendance à préférer les bas prix; mais, vu la concurrence étrangère dans les produits communs, ce sont plutôt les produits riches français qui trouvent des débouchés. On sait bien apprécier la qualité en Hollande; mais le bas prix y prime tout.

8. Sauf les cuirs, qui y sont meilleur marché, on ne trouve aucune matière pour ces industries dans les Pays-Bas. Les Hollandais eux-mêmes doivent s'approvisionner à l'étranger.

9. Il y a, en Hollande, des représentants de chacune des industries de cette classe, surtout des fabricants de fourrures et de chaussures, mais on reçoit cependant beaucoup de ces articles de l'étranger, notamment: les corsets, d'Allemagne et de Belgique; les cachemires, d'Angleterre et d'Allemagne; les confections, modes, de France, de Belgique et d'Allemagne; les chaussures, de Vienne et d'Allemagne.

10. Les droits d'entrée, 5 p. o/o en général, ne sont pas trop onéreux. En ce qui concerne les frais de transport, les fabricants allemands et belges sont plus favorisés que nous, en raison de leur voisinage et surtout de la réduction des tarifs de chemins de fer.

11. Un fabricant de corsets a constaté des contrefaçons de ses produits dans les sections allemande et belge. Un fabricant de cravates a trouvé ses améliorations grossièrement imitées par les Allemands.

12. La différence de langue nuit peu aux affaires, la plupart des commerçants étrangers sachant le français.

13. Les marchandises allemandes et anglaises ordinaires sont moins chères en Hollande qu'en France.

14. La vie matérielle a généralement paru plus chère, du moins dans les hôtels. Seul, un fabricant d'origine hollandaise trouve la vie moins chère à Amsterdam qu'à Paris.

15. Aucun des exposants de cette classe ne paraît porter intérêt à la conclusion d'un traité de commerce, les droits qui frappent leurs articles restant invariablement à 5 p. o/o.

CLASSE 36. — *Bijouterie, joaillerie, pierres fines, parures, éventails.*

1. Nos bijoutiers sont on ne peut plus satisfaits au point de vue des récompenses, mais n'ont presque pas fait d'affaires, en dehors des ventes faites à la loterie. Ils reconnaissent, d'ailleurs, avoir exposé du trop beau pour un pays où la bijouterie artistique est peu appréciée.

2. S'il y a des résultats pour l'avenir, ce sera plutôt par les Français et les étrangers qui sont venus visiter l'Exposition et qui sont amateurs de belles choses. La bijouterie fausse, en doublé, etc., s'attend à de nouveaux débouchés en Autriche et aux États-Unis. Quant à ceux qu'elle possède en Hollande, ils ne se sont pas sensiblement accrus.

3. Pour la bijouterie fine, les principaux concurrents sont les Hollandais pour les bijoux du goût local. Pour la bijouterie commune, doublé, faux, etc., ce sont les Allemands (Pforzheim, Hanau) et l'Angleterre (Birmingham).

4. Les produits similaires ne se fabriquent pas en Hollande. La bijouterie fausse étrangère et la bijouterie commune y sont plus chères qu'en France.

5. Il n'y a aucun article courant dans la bijouterie ou la joaillerie. On ne vend qu'à quelques amateurs. Tous les articles communs : bracelets, chaînes, bijouterie fausse, se vendent couramment en Hollande.

6. La cherté de la main-d'œuvre ne signifie rien pour la bijouterie fine ; c'est le peu de goût des gens riches pour le beau bijou qui nous fait du tort.

7. La belle qualité et le goût de nos bijoux ne sont pas dédaignés ; mais on préfère les qualités inférieures, à cause de leur bas prix.

8. Les matières premières moins chères en Hollande sont les diamants.

9. Les produits similaires de la bijouterie fine se fabriquent en Hollande d'après les goûts locaux. La Belgique, l'Allemagne, l'Autriche et la France fournissent les bijoux communs et la bijouterie fausse.

10. Les prix de transport et les droits de douane n'ont aucune importance pour la bijouterie fine ou fausse.

11. Il y a bien des imitations, mais pas de contrefaçons.

12. La différence de langue doit être un obstacle considérable pour les commis-voyageurs, dont la plupart, pour ne pas dire tous, ignorent le hollandais et même l'allemand.

13. La plupart des marchandises ont paru aux exposants plus chères à Amsterdam qu'en France, sauf quelques objets de consommation.

14. La vie matérielle semble beaucoup plus chère, mais on attribue cette cherté à l'Exposition.

15. L'absence de traité de commerce n'a aucune influence sur ces industries.

Un représentant de plusieurs fabricants de bijoux courants et de bijouterie fausse a joint à ses réponses au questionnaire les considérations suivantes que nous croyons devoir reproduire :

« L'industrie de la bijouterie, très importante à Paris, se divise en deux catégories: la première, la bijouterie artistique, celle qui ne fait que le très beau, le très grand luxe : Froment-Meurice, Boucheron, Fouquet, Sandoz, etc.; la seconde, la bijouterie courante, de beaucoup plus importante, plus vivace, celle qui occupe plus de 20,000 ouvriers, dont l'outillage mécanique donne des produits d'une supériorité remarquable et qui contribue le plus largement au rendement de l'impôt. Elle a son siège principal dans les quartiers Turbigo, du Marais, du Faubourg-du-Temple.

« La première catégorie travaille pour les étrangers, pour les riches. Plusieurs de ses représentants contribuent beaucoup au développement et à l'entretien du goût en favorisant l'enseignement du dessin et la formation d'ouvriers habiles. Ils sont généralement, par suite de la position qu'ils occupent, à la tête de la Chambre syndicale de la bijouterie. Mais cette

situation leur fait aussi peut-être trop dédaigner leurs confrères de la
seconde catégorie et on pourrait leur reprocher de négliger leur mérite, de
ne pas les éclairer suffisamment sur les moyens de tenir tête à la concurrence étrangère et de reconquérir leur prospérité passée.

« Les fabricants de la seconde catégorie, on ne peut se le dissimuler,
sont, pour la plupart, fort en retard, très routiniers, ne veulent pas sortir
de leur ornière et s'obstinent à ne pas vouloir vendre à l'étranger, parce
qu'ils n'y sont pas habitués. Ce serait, dira-t-on, une raison pour ne pas
exposer. Mais non, il y a la question des médailles qui peuvent amener des
décorations. Ils ne vendent pas directement au dehors, parce qu'ils ne veulent connaître que celui qui habite Paris. Ils ont toujours fait ainsi et ne
veulent pas en démordre. Leurs produits qui vont à l'étranger leur ont été
achetés par des commissionnaires ou des représentants à Paris, auxquels
ils doivent faire des remises de 5 à 25 p. o/o, ou quelquefois par des négociants étrangers qui viennent à époques fixes à Paris faire leurs approvisionnements. Comment s'opèrent ces ventes? Le fabricant, dès qu'il a
inventé un bijou nouveau, en fabrique une certaine quantité pour l'époque
où il sait que les achats doivent se faire. Il les offre alors aux commissionnaires, aux commerçants étrangers qui savent qu'en arrivant ils n'ont
qu'à faire leur choix, que les marchandises sont aussitôt payées, emballées
et expédiées. Les fabricants les y ont habitués. Il arrive aussi que nombre
d'objets ne sont pas du goût de l'acheteur; ils restent alors pour compte au
fabricant qui, s'il ne veut pas perdre, est obligé de les vendre à tout prix ou
de majorer le prix des autres et, de plus, il manque la vente de beaucoup
de marchandises qui lui auraient été achetées s'il les avait fabriquées
en plus grande quantité. Quelques commissionnaires se bornent à acheter
des modèles d'objets qu'ils savent avoir du succès, les font copier ou achètent les matières premières ou les différentes pièces à Paris et les font
reconstituer à l'étranger par des ouvriers ordinaires. Certaines maisons qui
ne veulent pas faire les frais ni courir les chances de ventes à l'étranger
confient leurs collections d'échantillons à des commissionnaires.

« Les étrangers opèrent d'une manière toute différente. Les fabricants de
Birmingham, Hanau, Pforzheim, Vienne, Gablonz ont des voyageurs avec
une collection composée d'un seul échantillon des articles qu'ils veulent
lancer. S'ils prennent des commandes, c'est tout bénéfice pour la maison;
s'ils n'en prennent pas, la perte est insignifiante. Ils ont, de plus, des
représentants dans différents pays, vont les voir au moins une fois par an,
visitent avec eux la clientèle, achètent les modèles étrangers qui conviennent
au pays, les adressent à la maison pour être étudiés, les fabriquent et

modifient au besoin leur outillage. Ils suivent ainsi les goûts, les besoins
de chaque contrée où ils veulent étendre leurs débouchés. C'est simple,
c'est pratique; tandis qu'aucune des maisons parisiennes ne fait voyager
pour son compte : elles ont recours à des intermédiaires qui leur enlèvent
le plus clair de leurs bénéfices et qui ne prennent à cœur qu'un intérêt :
le leur. »

Classe 37. — *Équipements, articles de voyage, de campement, armes porta-
tives, instruments de chasse et de pêche, instruments pour voyage, lunettes,
jumelles.*

1. Les exposants de cette classe, peu nombreux d'ailleurs, ont bien
vendu à l'Exposition et espèrent entretenir dans le pays des relations plus
régulières.

2. Ils entrevoient peu de nouveaux débouchés, les Hollandais étant
casaniers ou ne dépensant pas beaucoup en objets de luxe dans leurs
voyages.

3. Les concurrents, pour les objets de campement et d'équipement,
sont les Anglais; pour les armes, les Anglais et les Belges; pour les instruments, les Allemands.

4. Les produits anglais sont généralement plus chers que les produits
similaires français, les produits allemands sont meilleur marché.

5. Sauf les jumelles, il y a peu d'articles de cette classe qui se vendent
couramment en Hollande. Les jumelles doivent être de bonne qualité et
simples d'extérieur.

6. C'est la cherté de la main-d'œuvre qui empêche les industries fabriquant des articles courants de trouver des débouchés dans le pays. Pour
l'industrie des instruments d'optique, l'amélioration de notre outillage nous
a longtemps permis de contre-balancer l'augmentation des salaires par
rapport à l'Allemagne; mais les droits de douane, les frais de transport,
de change nous ferment le marché. La grande différence des salaires
permet aux Allemands de produire 25 p. o/o moins cher que nous et la
différence de qualité n'a pas suffi pour maintenir les affaires.

7. La qualité supérieure de nos articles nous permet d'entretenir quelques relations.

8. La nacre et l'écaille sont moins chères en Hollande pour l'industrie des instruments d'optique.

9. Les produits similaires viennent tous de l'étranger.

11. Les Allemands imitent nos produits et les copient.

12. La différence de langue ne nuit pas sensiblement aux transactions en Hollande, où presque tous les commerçants parlent français.

13. Néant.

14. Néant.

15. Néant.

GROUPE VI.

CLASSE 38. — *Conserves alimentaires, beurres, fromages, fécules, pâtes, confiserie, chocolats, boissons de toute sorte.*

1. Résultats généralement affirmatifs, à l'exception des liqueurs, des spiritueux et de la confiserie. Ce résultat peut même déjà se chiffrer, pour la maison Pelletier et Cie (chocolats), à plus de 70,000 francs.

2. L'espoir de nouveaux débouchés est encore plus grand, à l'exception des distilleries, auxquelles il est impossible de lutter contre les concurrents hollandais. Les sucres ne peuvent pas également entrer en concurrence avec l'Allemagne, la Hollande et l'Autriche, qui accordent toujours des primes à l'exportation, tandis qu'en France ces primes ont été supprimées.

3. Les concurrents sont : les Hollandais, pour les produits de la distillerie, les bières, les conserves ordinaires ; les Allemands, pour la confiserie ; l'Espagne, l'Italie et l'Allemagne, pour les vins ; l'Italie, pour les huiles ; les Danois et les Hollandais, pour le beurre ; les Suisses et les Hollandais, pour le chocolat.

4. Certains produits sont moins chers, d'autres plus chers. Les vins sont plus chers ; les bières et les liqueurs, les conserves communes, moins chères ; les huiles de colza et de navette imitant l'huile d'olive, moins chères, mais aussi de qualité inférieure.

5. Les marchandises françaises qui se vendent couramment sont les

vins, les eaux-de-vie, sardines, conserves de légumes, les huiles d'olive, chocolats de première qualité, les bonbons, sucreries, fruits confits, truffes, etc., pour la consommation, les beurres pour l'exportation.

6. La question de la main-d'œuvre a peu d'importance pour la plupart de ces industries, bien qu'elle soit de 40 à 50 p. o/o moins chère à l'étranger. En ce qui concerne les raffineries, elles déclarent ne pouvoir lutter comme prix avec les sucres hollandais, allemands, autrichiens, attendu que la législation française actuelle a supprimé toute prime à l'exportation, alors que leurs concurrents étrangers jouissent tous de primes plus ou moins élevées.

7. La qualité et la nature spéciale de nos produits leur assurent toujours des débouchés. Les bas prix auront cependant toujours la préférence, fût-ce même au détriment de la qualité.

8. Les cacaos, sucres, alcools, comme matières premières, sont moins chers en Hollande, les légumes également; mais ils sont de bien moins bonne qualité.

9. Les liqueurs se fabriquent exclusivement en Hollande, sauf quelques spécialités exotiques peu répandues. On y fabrique également des conserves de légumes pour l'usage des navires et l'exportation, du chocolat, surtout non sucré; les vins viennent d'Allemagne, d'Espagne, de France; les farines proviennent du pays et d'Amérique; les beurres naturels et artificiels sont fabriqués en Hollande pour la consommation intérieure et l'exportation; mais elle en reçoit aussi beaucoup d'Allemagne et du Danemark, où cette industrie a pris un grand développement. Les margarines viennent en grande partie de France.

10. Les droits de douane, frais de transport, d'emballage, toujours très coûteux, sont fort onéreux pour ces industries. Ils représentent au moins 25 p. o/o de leur valeur et augmentent beaucoup les prix. Pour certains produits, les droits de douane sont égaux à leur valeur intrinsèque. Les bières du pays ou celles qui proviennent des provinces rhénanes peuvent être livrées à un prix plus bas que les bières françaises, qui ont contre elles des frais de transport très élevés. Les droits élevés, 42 francs par hectolitre, qui doivent être acquittés à l'entrée des vins en Hollande, empêchent nombre de petits commerçants et de particuliers de faire venir directement leurs vins de consommation de France.

11. Aucune contrefaçon ou imitation n'a été constatée à l'Exposition;

mais il est incontestable que, pour nombre d'articles, les emballages et les marques françaises sont imités. Quant aux huiles, celles qui proviennent de France sont coupées avec des huiles de graines et livrées ainsi à la consommation sous le nom d'*huile d'olive surfine*.

12. La différence de langue n'a qu'une importance secondaire pour les maisons qui traitent avec le commerce en gros; mais, pour celles qui ont à faire avec les détaillants ou le petit commerce, elle est un sérieux inconvénient.

13. Les liqueurs du pays, les bières sont moins chères qu'en France. Il en est de même du chocolat, que l'on a l'habitude de vendre non sucré. Les vins sont beaucoup plus chers et dénaturés.

14. Bien peu d'exposants ont pu se rendre compte si la vie matérielle était plus chère en Hollande qu'en France. Ils sont, toutefois, unanimes à déclarer que la vie d'hôtel y est exorbitamment coûteuse.

15. Les marchands de vins désirent la conclusion d'un traité de commerce qui abaisse les droits sur les vins français en Hollande. Les fabricants de conserves, beurres, etc., croient aussi qu'un traité les aiderait à lutter contre l'importation étrangère en diminuant les droits sur nos produits en Hollande. Les distillateurs redoutent, au contraire, un traité de commerce avec la Hollande, parce qu'il faciliterait l'introduction en France des liqueurs hollandaises.

CLASSE 89. — *Cigares, cigarettes, tabac, articles pour fumeurs.*

1. Cette classe n'était représentée que par trois marchands de papier à cigarettes et un marchand de pipes. Le papier à cigarettes n'est employé en Hollande que par les rares Français de passage à Amsterdam. Quant aux autres consommateurs, ils préfèrent le cigare ou les cigarettes toutes faites provenant de la régie ou des nombreuses fabriques allemandes ou belges qui alimentent le marché. Les marchands de papier n'avaient donc aucun résultat à attendre de l'Exposition et n'en ont obtenu aucun. Ils se sont bornés à le reconnaître dans leurs réponses au questionnaire. En ce qui concerne le marchand de pipes, ses produits ont été fort appréciés et lui ont valu un diplôme d'honneur, mais c'est à quoi se sont bornés pour lui les résultats de l'Exposition.

2. Il espère, toutefois, trouver des débouchés aux colonies où ses produits sont généralement recherchés.

3. Les concurrents sont l'Allemagne, l'Autriche, la Belgique. Beaucoup de pipes en racine de bruyère viennent aussi des Vosges et du Jura français.

4. Les produits étrangers ont paru meilleur marché, mais les prix sont en rapport avec leur mauvaise fabrication.

5. Les produits courants sont les pipes en tous genres et les fume-cigares.

6. La cherté de la main-d'œuvre nuit également dans une certaine proportion à cette industrie et à l'extension de ses débouchés.

7. Les marchés étrangers sont inondés de pacotille à bon marché. On revient par la suite à la fabrication française; mais il n'en est pas moins vrai que cette marchandise inférieure qui s'adresse aux petites bourses fait un tort considérable à la production nationale.

8, 9. La Hollande ne fabrique que les pipes en terre commune et on n'y trouve aucune matière première propre à la fabrication des pipes en bois ou en écume, qui sont principalement importées d'Allemagne et d'Autriche.

10, 11. Néant.

12. N'ayant pas encore de relations avec la Hollande, le marchand de pipes n'a pas encore pu se rendre compte si la différence de langue pouvait nuire à ses affaires.

13. Les produits allemands.

14. La vie matérielle a paru beaucoup plus chère, du moins pendant l'Exposition.

15. Aucune.

CLASSE 40. — *Huiles, savons, stéarine, couleurs, alcools et essences pour l'industrie, matières tinctoriales, teintures et apprêts, caoutchoucs fabriqués, produits pharmaceutiques, eaux minérales, allumettes, produits chimiques, engrais artificiels. Parfumeries. Tannins.*

1. Peu de résultats immédiats. De nombreux négociants français ont, d'ailleurs, des relations anciennes en Hollande.

2. Quelques maisons ont reçu des demandes de Hollande et d'Allemagne et croient pouvoir se créer de nouvelles relations.

3. Les concurrents sont les Allemands, les Anglais et les Belges pour les savons et la parfumerie commune. Les huiles sont fabriquées dans le pays, de même que les produits de l'acide stéarique (Amsterdam, Gouda, Schiedam). Les couleurs et matières tinctoriales viennent principalement d'Allemagne. Les allumettes sont tirées du pays, de Suède, d'Allemagne ou de Belgique. Les engrais artificiels, et principalement les guanos, sont importés d'Anvers ou directement. Les eaux minérales viennent d'Allemagne. Celles de France, sauf Vichy, sont à peu près inconnues en Hollande. Les cirages sont fabriqués dans le pays. Les concurrents pour les cuirs fins sont les Anglais et les Allemands.

4. La plupart des articles étrangers et fabriqués dans le pays sont moins chers qu'en France, sauf les cuirs fins, les objets en gutta-percha, la parfumerie fine, les produits chimiques, alcools, engrais.

5. Les produits courants sont les teintures, savons, caoutchoucs fabriqués, produits chimiques, parfumerie.

6. La cherté de la main-d'œuvre en France est incontestablement un des principaux obstacles au développement de nos relations avec l'étranger. Pour maintes industries, les grèves fréquentes en France ont également occasionné de grandes pertes et favorisé la concurrence étrangère.

7. On préfère généralement les marchandises moins bien fabriquées et à bas prix. Tout est sacrifié à la forme. La parfumerie française est toujours recherchée à cause de sa finesse; mais elle ne s'écoule que dans les classes riches, à cause de sa cherté.

8. Les produits des Indes servant de matière première sont meilleur marché en Hollande. Les cuirs communs sont également moins chers.

9. La Hollande produit des savons communs et des bougies en assez grande quantité pour empêcher le développement du commerce étranger. Presque tous les autres articles sont exotiques.

10. Les prix de transport, surtout en France, sont beaucoup trop élevés, par chemins de fer. Les Allemands et les Anglais ont cet avantage sur nous qu'ils peuvent faire leurs expéditions par mer ou par les rivières, ce qui est bien moins coûteux.

11. Aucune.

12. La différence de langue ne nuit pas sensiblement aux affaires, la majeure partie des négociants des grandes villes parlant et écrivant le français. Notre ignorance peut cependant être un obstacle au développement de nos affaires dans les centres peu importants.

13. Les allumettes, les tabacs, couleurs, matières tinctoriales. Les autres articles n'offrent pas de différence sensible.

14. La vie a généralement paru plus chère qu'à Paris.

15. Pour la plupart des fabricants, l'absence de traité de commerce ne paraît avoir aucune influence sur leurs affaires, sauf pour l'industrie des cuirs qui trouve les traités de commerce on ne peut plus nuisibles. Le libre échange lui est funeste, parce que nous produisons en trop belle et trop bonne qualité, et parce qu'à l'époque actuelle on se préoccupe moins du bon, du fin et de la qualité que des bas prix.

CLASSE 41. — *Verreries. Poterie. Boîtes, bouchons et autres objets servant à l'emballage, au transport et à la conservation des denrées, liquides, etc.*

1. Les résultats sont généralement affirmatifs.

2. Les maisons qui avaient déjà des relations dans le pays les ont vues s'accroître, d'autres se sont créé de nouveaux débouchés.

3. Les concurrents sont les Hollandais pour les bouteilles et les bouchons, les Allemands et les Belges pour les autres articles.

4. Les bouteilles sont moins chères. Les autres articles ont la même valeur qu'en France ou sont même un peu plus chers.

5. Les articles courants sont les machines à boucher, porte-bouteilles et autres ustensiles de cave.

6. La cherté de la main-d'œuvre en France nuit dans une certaine mesure à l'extension de nos relations, surtout par rapport à l'Allemagne où on travaille à meilleur compte.

7. On apprécie le bon marché au détriment de la qualité et de la solidité.

8, 9. Les bouteilles, les bouchons, les barriques se fabriquent dans le pays, mais la matière première vient de l'étranger. Les fers sont meilleur marché qu'en France.

10. Les prix de transport et de douane ont peu d'importance et ne semblent pas entraver la vente.

11. Un fabricant d'ustensiles de sommelier a constaté quelques imitations de ses produits dans la section allemande.

12. La différence de langue est certainement préjudiciable à ceux des fabricants français qui n'ont pas d'agents en Hollande, parce que nous ne savons généralement pas l'allemand, encore moins le hollandais.

13. En dehors des branches de cette industrie, on n'a pas pu constater la différence.

14. La vie matérielle, du moins pour des étrangers, a paru plus chère qu'en France.

15. Les tarifs hollandais étant libres-échangistes, l'absence de traité de commerce ne nuit pas à nos relations.

GROUPE VII.

CLASSE 42. — *Moteurs à vapeur et pièces démontées, courroies, instruments, appareils et outils en usage dans les manufactures et l'industrie, machines, outils, matériel d'imprimerie; machines, outils et ustensiles aratoires et agricoles; machines à coudre, à plisser et à tricoter.*

1. Les résultats ont été généralement peu importants, sauf pour quelques maisons qui ont, au contraire, étendu leurs relations en faisant mieux apprécier leurs produits.

2. Presque tous, au contraire, sauf de rares maisons qui ne se sont pas inspirées des progrès faits par l'industrie mécanique et s'obstinent à fournir des modèles surannés, comptent sur de nouveaux débouchés non seulement dans le pays, pour les outils et machines agricoles, mais aussi aux colonies. Les grands établissements métallurgiques et de construction mécanique obtiennent, d'ailleurs, rarement des résultats immédiats des expositions. Ce n'est qu'à la longue que les résultats deviennent appréciables.

3. Les concurrents pour les machines-outils sont les Anglais, les Belges, les Allemands et les Américains. Pour les fournitures d'appareils de sucrerie aux colonies hollandaises, les maisons belges et les Hollandais eux-mêmes font assez d'affaires. Quelques grandes maisons françaises, Cail, Fives-Lille, y entretiennent des agents. Cependant les planteurs néerlandais ne viennent guère en France. Ils ont des lignes de steamers directes de Hollande à Batavia et rien ne les attire chez nous, dit un fabricant. Il n'en est pas de même des Espagnols et des Américains du Sud, qui viennent à Paris pour leurs affaires et pour leur agrément.

4. Pour les moteurs à vapeur, les Anglais, les Allemands, les Belges et les Hollandais fabriquent à meilleur marché; les machines agricoles, meules, outils se vendent au même prix. Les constructeurs hollandais fournissent des appareils à meilleur marché que les nôtres; mais ils sont moins soignés.

5. La vente courante comprend l'outillage de quelques fabriques de sucre de betterave, les petites machines industrielles, machines-outils, presses à imprimer, l'outillage pour les fabriques de sucre de canne aux Indes, les machines à coudre et les machines et instruments agricoles.

6. La cherté de la main-d'œuvre augmente sensiblement le prix de revient des machines en France et nous empêche de lutter avec avantage contre les produits des autres nations pour les fournitures à l'étranger et en France même. Pour nombre d'industries, la cherté des matières premières et aussi le peu de stabilité de nos ouvriers sont des causes d'infériorité par rapport à l'étranger. Seul, un fabricant de machines agricoles se déclare en mesure de pouvoir défier la concurrence étrangère comme prix.

7. Pour nombre de machines et d'objets, on recherche avant tout le bas prix. Certains constructeurs : Cail, Fives-Lille, Marinoni, Saint-Quentin, ont cependant, malgré leurs prix plus élevés, une clientèle sérieuse à l'étranger, en raison de la préférence qui est accordée à leurs produits généralement mieux compris et mieux exécutés, ainsi qu'on a pu s'en rendre compte à l'Exposition d'Amsterdam.

8. Les métaux à l'état brut, quoique venant de l'étranger, coûtent meilleur marché en Hollande, parce qu'ils n'y supportent point de droits. Il en est de même des pièces détachées de machines.

9. A part quelques usines, les constructeurs de machines sont peu nombreux en Hollande. La plus grande partie des objets de cette classe vient donc de l'étranger.

10. Les machines ne payent pas de droits en Hollande. Au point de vue des transports, nous sommes placés, vis-à-vis de la Hollande, dans des conditions moins avantageuses que la Belgique, l'Allemagne et l'Angleterre. Les frais de transport sur le réseau français sont également plus élevés que dans les autres pays où l'on se préoccupe surtout des intérêts de l'industrie.

11. Pas de contrefaçon, peu d'imitations.

12. Les fabricants de machines agricoles dont les produits trouvent des débouchés dans les campagnes éprouvent plus que les grandes industries les inconvénients de la différence de langues et de notre ignorance en cette matière.

13. Généralement, les matières premières ne sont pas frappées de droits en Hollande et leur importation, en tant qu'elles ne se trouvent pas dans le pays, peut s'opérer facilement, rapidement et à bon marché soit par mer, soit par les rivières et canaux.

14. En temps d'exposition du moins, la vie a paru plus chère à Amsterdam qu'à Paris.

15. L'absence de traité de commerce n'a aucune influence sur les industries représentées dans la classe 42, les machines-outils, ustensiles et instruments industriels et agricoles ne payant pas de droits d'entrée dans les Pays-Bas.

CLASSE 43. — *Appareils et instruments de physique, de chimie, de mathématiques, d'optique, de chirurgie, de gymnastique, d'orthopédie; instruments de précision, appareils photographiques, télégraphes, téléphones.*

1. Les résultats comme affaires ne sont affirmatifs que pour peu d'exposants.

2. Par contre, nombre d'entre eux avouent qu'ils ne s'attendaient pas à des résultats immédiats. Ils tenaient avant tout à affirmer la supériorité de l'industrie française, la variété et la science même des nouvelles créations comme celles de Ducretet, Boivin, Journeaux, etc.

3. Les principaux concurrents sont l'Allemagne pour la construction courante, qui représente aussi le plus grand chiffre d'affaires, et, dans une certaine mesure aussi, les Anglais. Les industries photographiques qui, d'après M. Audouin, archiviste de la chambre syndicale de la photographie, représentent en France une valeur d'une trentaine de millions de francs, ont comme concurrents sérieux, ayant pour eux le bon marché de la main-d'œuvre et les bas prix de transport : l'Autriche pour l'ébénisterie, l'Angleterre pour l'optique et l'Allemagne pour les papiers albuminés et les cartons.

4. Les instruments de construction courante sont meilleur marché pris en Allemagne ou en Hollande : c'est ce qui explique leur faveur. Les instruments soignés sont au même prix partout.

5. Tous les instruments de fabrication courante et à bas prix, les bandages herniaires, instruments de chirurgie en métal et en argent, appareils en caoutchouc, les balances, les appareils et fournitures pour la photographie, les jumelles, etc.

6. La main-d'œuvre est plus élevée en France; c'est ce qui nous empêche d'arriver aux mêmes prix que les Allemands. Nos ouvriers sont plus habiles pour les appareils de précision et de prix qui sont, malgré leur cherté, préférés aux produits étrangers. Il est une autre cause qui entrave les affaires en instruments de chirurgie en Hollande. Nombre de professeurs sont allemands, les méthodes d'enseignement sont allemandes, on s'adresse donc à l'Allemagne de préférence à la France pour les fournitures.

7. La bonne qualité de nos produits n'est pas dédaignée, lorsqu'il s'agit d'articles de précision soignés. A prix égal, on préfère des articles français; mais, lorsque le prix d'un article étranger est plus bas, on ne tient pas compte de l'infériorité de la qualité.

8. Les bois et tous les métaux bruts sont meilleur marché en Hollande. La valeur de la matière première entre, toutefois, pour bien peu de chose dans le prix des instruments de précison : c'est la main-d'œuvre qui fait tout.

9. Il existe bien peu de maisons sérieuses en Hollande, et encore elles copient les instruments des étrangers. Le plus grand nombre des instruments viennent d'Allemagne, de France et d'Angleterre.

10. Les frais de transport de France en Hollande sont trop élevés et

nous rendent la concurrence encore plus difficile. Les droits de douane ne sont que de 5 p. o/o de la valeur. C'est, en somme, peu important.

11. On copie certainement beaucoup d'objets français; mais les imitations ne sont en faveur qu'autant qu'elles sont sensiblement meilleur marché. À prix égal, et même un peu supérieur, nos produits, surtout les instruments de précision, sont préférés parce qu'ils sont mieux exécutés.

12. Les industries scientifiques, qui ont leurs débouchés dans les classes instruites, n'éprouvent aucune difficulté de la différence de langue. Les industries qui s'adressent aux petits détaillants en sont, au contraire, gênées.

13. Les denrées, les vêtements, la chaussure, le tabac, ont généralement paru moins chers en Hollande qu'en France.

14. Pour les voyageurs et la classe moyenne, la vie y est plus chère; mais elle est peu dispendieuse pour les ouvriers du pays qui sont peu exigeants parce qu'ils gagnent peu, mais qui produisent aussi peu.

15. Les frais de douane étant peu élevés en Hollande, l'absence de traité de commerce ne paraît pas avoir une influence sensible, en ce qui concerne cette classe, sur les relations entre les Pays-Bas et la France.

CLASSE 44. *Matériel fixe et roulant pour chemins de fer, tramways; carrosserie, charronnage, sellerie, bourrellerie.*

1. A l'exception des maisons Muhlbacher et Binder, qui ont été satisfaites des résultats obtenus, bien peu de maisons françaises se sont créé de nouveaux débouchés pendant l'Exposition. La maison Decauville, tout en craignant que son exposition n'ait fourni à ses concurrents hollandais les moyens d'étudier son matériel, déclare, toutefois, qu'elle ne pouvait se dispenser de prendre part à une exposition dont le classement fait en son absence aurait pu servir de réclame à la concurrence.

2. Les espérances sont, au contraire, presque générales en ce qui concerne la carrosserie. Les voitures françaises ont été fort appréciées, et plusieurs maisons se sont mises en rapport avec quelques consommateurs qui leur formeront certainement un commencement de clientèle. Il ne faut d'ailleurs pas se dissimuler, comme le reconnaît la maison Million, Guiet et C⁰, que ce n'est qu'à la longue que les expositions donnent des

résultats en faisant connaître et apprécier nos produits. Dans la sellerie, on espère aussi entamer des affaires avec les Indes.

3. Pour le matériel de chemins de fer, les plus grands concurrents sont les Anglais et les Allemands; les Belges et les Allemands pour la sellerie et la carrosserie; enfin, pour la carrosserie ordinaire et le matériel portatif de chemin de fer, les Hollandais qui peuvent impunément, leur loi ne garantissant pas les inventions, copier tous les objets brevetés à l'étranger.

4. Les produits similaires étrangers sont généralement meilleur marché, sauf pour la sellerie qui vient d'Angleterre et dont le prix est ainsi augmenté des frais de douane et de transport.

5. A peu près tous les genres de voitures qui sont en usage en France se vendent couramment en Hollande, ainsi que les locomotives, wagons, voitures de tramways, la sellerie et la bourrellerie.

6. Pour la plupart des industries, c'est certainement la cherté de la main-d'œuvre qui augmente nos prix de revient et empêche la vente de nos produits à l'étranger. La maison Decauville dit, toutefois, qu'avec des machines-outils perfectionnées, on travaille aussi économiquement en France qu'en Angleterre, en Belgique et en Hollande.

7. En Hollande, plus encore que partout ailleurs, les neuf dixièmes des consommateurs ne visent que le bon marché, dit un carrossier; ce qui ne les a, toutefois, pas empêchés d'apprécier l'excellence de la fabrication française; les prix élevés seuls les ont détournés de faire plus d'affaires.

8. Les fers, aciers, houilles, bois, vernis, draps, enfin la plupart des matières premières brutes sont meilleur marché en Hollande. Si on y ajoute ensuite le bas prix de la main-d'œuvre, on verra combien il est difficile, pour les étrangers et les Français en particulier, d'entrer en concurrence avec les Hollandais pour les articles qui se fabriquent dans le pays.

9. Les voitures, le matériel portatif de chemin de fer, les voitures de tramways se fabriquent également en Hollande. Il en vient aussi de l'étranger, principalement de Belgique. Le matériel fixe et roulant de chemins de fer, la sellerie sont importés d'Allemagne, d'Angleterre et de Belgique.

10. Les frais de transport, d'emballage et de douane sont, de l'avis presque unanime des carrossiers, un obstacle au développement de leurs affaires à l'étranger. Les tarifs de transport pour les voitures sont, en France, exagérés et cinq fois plus élevés qu'en Belgique. Pour la sellerie, ces frais ne paraissent pas trop onéreux. Il n'en est pas de même pour le matériel de chemin de fer portatif; les fabricants français, lorsqu'ils traitent une affaire en Hollande, font souvent le sacrifice des frais de transport et de douane, dans l'unique but d'empêcher leurs concurrents de se multiplier.

11. De nombreuses imitations ont été constatées en Belgique par les carrossiers et les fabricants de matériel portatif de chemin de fer.

12. La différence de langue a très peu d'influence sur ces branches d'industrie, sauf pour la sellerie peut-être.

13. Les marchandises moins chères à Amsterdam sont les matières premières, les denrées, la bière et la plupart des articles allemands et belges.

14. La vie matérielle a généralement paru plus dispendieuse à Amsterdam qu'à Paris, sauf pour les ouvriers, qui se nourrissent mal d'ailleurs.

15. Le tarif douanier hollandais étant des plus bas, la conclusion d'un traité de commerce n'aurait d'utilité pour ces industries que s'il garantissait la propriété des inventions brevetées en France et empêchait ainsi les contrefaçons.

Classe 45. — *Matériel pour la navigation, agrès, munitions, ustensiles pour les grandes pêches. Instruments nautiques. Appareils pour phares et signaux. Appareils de plongeur, de sondage, de sauvetage.*

1. Cette classe, qui ne comptait, d'ailleurs, qu'une dizaine d'exposants, n'a pas eu à se louer des résultats de l'Exposition.

2. Les espérances pour l'avenir sont bien faibles, sauf pour un fabricant de toiles à voiles, qui croit pouvoir se créer une clientèle en Hollande.

3. Les concurrents sont, pour le matériel naval, en dehors des Hollandais, les Anglais principalement.

4. Les produits similaires étrangers sont généralement à meilleur marché.

5. Les articles courants sont les toiles à voiles, instruments, chaînes, navires et embarcations.

6. Ce qui cause notre infériorité, c'est non seulement la cherté de la main-d'œuvre en France, mais aussi le prix élevé des matières premières, bois, fers, houilles, que les Anglais trouvent chez eux à si bas prix. Les Hollandais eux-mêmes ne peuvent que difficilement lutter contre eux dans leur propre pays.

7. Les objets courants de qualité inférieure se vendent certainement plus facilement à cause de leur bas prix; mais nous ne pouvons pas avoir la prétention de faire mieux que les Anglais dans la branche des constructions navales.

8. Comme nous l'avons déjà dit, les matières premières, bois, fers, aciers, métaux, sont à meilleur marché en Hollande, quoique de provenance étrangère, parce qu'elles y sont apportées à peu de frais par mer et par les rivières, et aussi parce qu'elles y sont exemptes de droits.

9. La Hollande fabrique le matériel naval, les toiles et construit des bâtiments; mais ces industries sont en décadence, par suite de la concurrence étrangère.

10. Les prix de transport sont trop onéreux pour les industries françaises. Les droits de douane sont insignifiants en Hollande.

11. Néant.

12. La différence de langue gêne les relations, et nous devrions au moins nous appliquer à apprendre à nos enfants l'anglais ou l'allemand.

13. Les denrées, les matières brutes.

14. Différence peu appréciable, mais on vit moins confortablement en Hollande.

15. Aucune.

GROUPE VIII.

CLASSE 46. — *Matériaux de construction. Ornements. Plans.*

1. Pour les fers, les bois, les briques, chaux, grès, la France n'a pas

concouru et ne pouvait, d'ailleurs, le faire avec succès contre les Hollandais et les Belges. Pour les granits et les ciments, au contraire, les résultats sont satisfaisants. La Société des granits de Normandie a reçu un nombre de demandes sérieuses pour ses meules à huileries, chocolateries, papeteries; on lui a même demandé du granit bleu pour monuments funèbres et colonnes polies. La supériorité ancienne des méthodes de polissage des granitiers écossais et suédois lui a fait étudier la possibilité de nouveaux débouchés dans le Nord pour ses ouvrages d'art travaillés généralement et sculptés avec plus de goût que chez ses rivaux.

2. La maison Huret et Cⁱᵉ, de Neufchâtel, a aussi reçu des propositions qui lui font espérer de pouvoir s'ouvrir de nouveaux débouchés pour ses ciments.

3. Les concurrents sont les Belges pour les pierres bleues d'Écaussines, l'Écosse et la Suède pour les granits. Les ciments se fabriquent peu en Hollande. Ils sont fournis par la France, l'Angleterre, l'Allemagne et la Belgique. Pendant longtemps, l'industrie du ciment français n'avait à redouter, comme concurrents sérieux, que les producteurs anglais; mais aujourd'hui, il faut compter avec l'Allemagne et la Belgique qui, par suite des progrès réalisés dans la fabrication des ciments Portland artificiels, se trouvent en état de produire aussi bien que nous et que les Anglais, tant sous le rapport de la qualité que sous celui du prix de revient.

4. Néant.

5. Granits, meules, ciments, bitumes, ardoises, briques réfractaires.

6. La seule cause d'infériorité n'est pas la main-d'œuvre en France, mais aussi les tarifs de chemins de fer qui sont trop élevés pour les matériaux de construction en général et les granits en particulier, dont le poids est de 2,700 kilogrammes au mètre cube. Notre outillage laisse aussi généralement à désirer. Les fabricants de ciment disent qu'ils se trouvent également dans un état d'infériorité sensible vis-à-vis de la plupart de leurs confrères étrangers, par suite de la cherté de la main-d'œuvre en France et surtout dans la région du Nord, où le développement de l'industrie amène une augmentation constante du taux des salaires. Viennent ensuite le chiffre élevé des impôts et le prix du combustible, qui augmentent beaucoup les prix de revient des ciments.

7. On préfère d'ordinaire des produits de qualité inférieure et à bas

prix. Il est regrettable qu'il en soit ainsi, même en France, et il n'est pas rare d'y voir admettre pour ce motif des produits étrangers dans les adjudications de travaux publics.

8. Les matières premières moins chères en Hollande sont les bois, les fers, les pierres brutes, les houilles venant par eau de Belgique et d'Allemagne.

9. Les produits similaires se trouvent peu en Hollande, sauf les briques et tuiles. Les autres viennent d'Allemagne, de Belgique, de Suède, de Norvège et d'Angleterre.

10. Les prix de transport sont trop onéreux pour les produits pondéreux par chemin de fer, et il est difficile de recourir à la voie d'eau pour les articles français. Quant aux ciments, le plus grand obstacle au développement de nos relations avec l'étranger réside dans l'impossibilité où nous nous trouvons de lutter contre la modicité des frais de transport dont jouissent nos concurrents. L'Angleterre, avec son importante flotte marchande, procure toujours à ses exportateurs des occasions de fret exceptionnelles pour tous les pays du monde. C'est à peine si nous pouvons, même pour les ports français, trouver à affréter à des conditions qui nous permettent de lutter. Mais, quand il s'agit d'expédier en Amérique ou dans tout autre pays d'outre-mer, nous devons nous résigner à laisser le champ libre à nos concurrents étrangers. C'est aussi de ce côté que l'Allemagne et la Belgique cherchent à écouler leurs produits, en profitant des facilités que leur procurent les efforts de leurs gouvernements pour développer le commerce extérieur et le mouvement maritime. Une fabrique de nos produits, établie à Anvers en vue de l'exportation, tirant sa matière de notre région, arrive cependant à écouler sa production, parce qu'elle a à sa disposition des transatlantiques, qui, au lieu de retourner sur lest en Amérique, préfèrent charger ses ciments à des prix tellement réduits qu'elle peut vendre, rendu à New-York ou Philadelphie, moins cher que nous à Paris ou même à Amiens. (Huret et Cⁱᵉ, à Neufchâtel.)

11. Néant.

12. La différence de langue nuit toujours aux relations avec des entrepreneurs étrangers.

13. La plupart des produits similaires de notre industrie venant de l'étranger, les matières premières, les houilles et les denrées alimentaires.

14. Plus dispendieuse, pour peu qu'on veuille vivre convenablement.

15. Certaines industries, comme les ciments dont l'entrée est libre en France, voudraient être sinon protégées, du moins placées dans les mêmes conditions que leurs rivaux étrangers, en frappant les produits de ceux-ci d'un droit équivalent à celui que les fabricants français payent sur les combustibles étrangers dont ils ont besoin pour leur industrie.

Classe 47. — *Matériaux pour ponts et chaussées, travaux hydrauliques et travaux publics en général. Appareils d'épuisement, pompes à incendie et pompes diverses.*

Le nombre d'exposants était très restreint dans cette classe, et la plupart d'entre eux ont envoyé des réponses fort sommaires. C'est que, pour les travaux publics en général et même pour les travaux particuliers de quelque importance, on a recours à des adjudications en Hollande. Or, dans cette branche d'industrie, les Hollandais eux-mêmes rencontrent des concurrents redoutables dans les Allemands. Comment nos constructeurs pourraient-ils lutter avec quelque chance de succès par suite de la cherté de la main-d'œuvre, des matières premières, des frais de transport? Il est cependant des maisons, comme celles de Cail, Eiffel, Fives-Lille, Saint-Quentin, qui, grâce à leur outillage perfectionné, à leur énergie, ne redoutent aucune concurrence et ont toujours des débouchés assurés aux colonies et dans les pays d'outre-mer. La supériorité et la solidité de leurs travaux sont appréciées partout.

Classe 48. — *Matériel pour l'exploitation des mines, carrières, pour le forage des puits artésiens. Transport, travail, fonte de minerai.*

1. Bien que la Hollande ne soit pas un pays minier, nombre de maisons importantes se sont fait représenter à Amsterdam : Cail, Boutmy, Dru, Geneste Herscher, Manhès, *la Providence,* les forges d'Anzin, etc., avaient envoyé des appareils et des produits remarquables à l'Exposition. Pour plusieurs de ces exposants, les résultats ont été affirmatifs, spécialement pour la *Société anonyme de métallurgie du cuivre, procédé P. Manhès,* procédé qui permet de réduire de 60 à 75 p. o/o les frais de traitement des minerais de cuivre. Jusqu'ici, cette industrie était impossible ailleurs qu'en Angleterre, à cause du prix des combustibles dont il faut des quantités énormes; mais, grâce à ce nouveau procédé, le traitement des minerais

est peu dispendieux et peut être opéré dans les pays où le charbon est plus cher. Nombre de mines n'étaient pas exploitées dans les pays dépourvus de combustibles, faute de pouvoir traiter les minerais, et on pourra, grâce à ces procédés, en tirer désormais parti. L'Exposition d'Amsterdam a amené à M. Manhès nombre de demandes de renseignements pour l'installation d'exploitations dans divers pays de l'Europe, aux États-Unis, en Autriche et aux Indes néerlandaises. Il a déjà traité pour l'établissement d'usines en Suède, aux États-Unis, au Chili, en Australie, et il est en négociations pour d'autres.

2. Un entrepreneur espère être chargé de travaux de sondage et de forage en Allemagne. M. Cosset Dubrulle s'est mis en relations avec plusieurs maisons qui lui ont fait des commandes d'essai.

3. Les concurrents pour les fontes, tôles, aciers, sont les Anglais et les Belges; l'Allemagne pour la dynamite; les Anglais pour les mèches de mineurs, les lampes de sûreté. Les entrepreneurs de forage n'ont point de concurrents sérieux à l'étranger.

4. Les métaux bruts sont meilleur marché en Hollande.

5. Les lampes de sûreté, fontes, fers, aciers, laitons, dynamite.

6. Non seulement la cherté de la main-d'œuvre, mais aussi l'élévation des frais de transport en France, rendent à nos produits la concurrence difficile avec les Anglais, les Allemands et les Belges.

7. Les bas prix des produits étrangers priment tout, principalement pour les métaux bruts.

8. Les métaux bruts qui sont exempts de droits en Hollande.

9. La Hollande tire presque tous les produits de cette classe de l'étranger.

10. Les prix de transport sont trop onéreux pour nos industriels, tandis que les Anglais, les Belges et les Allemands peuvent importer par eau leurs produits en Hollande. Les articles de cette classe sont exempts de droits de douane en Hollande, à l'exception des appareils d'éclairage qui sont frappés d'un droit de 5 p. o/o.

11. Imitations peu redoutables.

12. La différence de langue n'est d'aucune influence dans ces genres d'industrie. Aux colonies, la connaissance de la langue anglaise· est cependant nécessaire.

13. Les articles fabriqués ont généralement paru plus chers en Hollande.

14. A paru plus dispendieuse en Hollande.

15. La conclusion d'un traité de commerce ne serait favorable à nos fabricants qu'autant qu'il garantirait la propriété industrielle et les brevets.

III

CONCLUSION.

Il est impossible, cinq mois à peine après la clôture d'une grande exposition comme celle d'Amsterdam, de se rendre compte des résultats produits au point de vue de notre commerce d'échange avec les Pays-Bas, avec ses colonies et avec les autres nations du monde. Un grand industriel de Paris, qui ne manque jamais de participer aux concours internationaux importants, nous disait qu'il répartissait les dépenses occasionnées par sa présence à une exposition sur une période de dix années et que ce n'était guère qu'après ce laps de temps qu'il pouvait supputer ses profits et pertes. Or, bien que, dans les réponses à notre questionnaire ci-dessus reproduites, la sienne soit négative quant à présent, nous ne doutons pas qu'elle ne devienne affirmative par la suite. Et il en sera de même de toutes les industries de luxe les plus éprouvées par la crise qui sévit, non seulement en France, mais dans l'Europe entière et jusqu'en Amérique. La place d'Amsterdam a été tout particulièrement atteinte dans ces derniers temps : les affaires sont encore totalement arrêtées par suite des pertes subies, principalement avec les États-Unis et leurs lignes de chemins de fer. La Bourse est vide et le marasme le plus profond y règne, sans qu'on puisse encore entrevoir la fin d'un malaise général dû à des causes multiples. Dans cet état de choses, l'on comprend que nos exposants, dont les produits s'adressaient en majorité aux gens riches, aux banquiers, en un mot aux connaisseurs en arts appliqués à l'industrie, n'aient point effectué autant de transactions en

Hollande qu'ils l'auraient voulu et que nous l'eussions désiré. Mais, pour récolter, il faut semer, et nous avons la conviction qu'après les intempéries financières et commerciales, nous verrons lever la semence que nous avons jetée à Amsterdam.

N'avions-nous pas, d'ailleurs, un intérêt supérieur à l'intérêt commercial, un intérêt national, à affirmer notre présence officielle au grand concours néerlandais? Les désastres de 1870 semblaient avoir nui à toutes les branches de l'activité française, le succès quel qu'il soit, même celui qui se gagne sur les champs de bataille, profitant, dit-on, à l'industrie du pays victorieux. La diminution de notre prestige à l'étranger devait précipiter notre décadence artistique et industrielle. Il était donc nécessaire de réagir contre ces tendances aussi malheureuses que fausses et de faire voir, sur un terrain neutre, que nous vivions encore. Le chiffre considérable des récompenses que la France a obtenues dans toutes les branches de produits exposés à Amsterdam est venu prouver que nous conservions notre ancienne suprématie. C'est un grand succès d'estime que nous avons remporté en 1883 en Hollande. Il s'agit maintenant de convertir ce succès d'estime en succès commercial, et c'est dans ce but que nous nous permettrons de faire connaître nos impressions aux fabricants français et d'indiquer les moyens qui nous semblent les meilleurs pour sortir de l'état de malaise dont la France souffre depuis longtemps, en compagnie, il faut le dire pour notre consolation, de bien d'autres pays.

Le Français, nous ne lui en faisons pas un crime, n'aime pas à quitter son sol. Connaissant fort peu les langues étrangères, n'ayant de goût ni pour les voyages, ni pour la géographie, il reste chez lui et, quand il est dans les affaires, il attend que l'étranger vienne à lui plutôt que d'aller à l'étranger. Même en Hollande, cet État si rapproché de nous, l'on ne voit guère que quelques représentants sérieux de maisons françaises qui viennent chaque année entretenir le courant d'affaires établi entre elles et le commerce néerlandais. Les autres passent comme des météores, sans laisser d'autre trace lumineuse que dans les tables d'hôte où leur loquacité distrait et amuse le Hollandais, qui, à l'encontre de nous, connaît généralement notre langue. Nous avons vu à l'œuvre certains bons représentants français : nous pourrions citer entre autres ceux de la manufacture Marinoni, de la maison Hayem, de plusieurs maisons de vins, de confections, d'articles de modes, d'instruments de musique, de soieries, etc. Ces représentants s'installent ici, rayonnent dans le pays, y font une ou deux fois par an un séjour de plusieurs semaines et emportent en partant des commandes importantes pour leurs industries respectives. Mais ils sont encore trop rares et notre commerce n'occupe pas sur le marché hollandais la place qu'il pourrait y prendre.

Nos chambres de commerce se préoccupent de cet état de choses. Quelques-unes ont déjà formulé des propositions dont le gouvernement est saisi. Tel est, en première ligne, le projet d'exempter du service militaire les jeunes gens qui, désignés soit par le Ministère du commerce, soit par les chambres de commerce, contracteraient un engagement d'aller travailler pendant dix ans dans une maison de commerce des pays d'outre-mer. Ce serait là un engagement décennal d'un nouveau genre qui rendrait de grands services à la métropole. Ces engagés commerciaux arriveraient dans les régions qui leur seraient fixées à un âge où l'on apprend facilement les langues. Ils s'inspireraient des mœurs, des préférences locales, et, revenant dans leur pays, ils indiqueraient à nos fabricants le goût des régions où ils auraient vécu, goût qui n'est pas toujours en conformité du nôtre.

Nous avons la persuasion qu'un tel système augmenterait rapidement nos débouchés à l'extérieur, sans enlever beaucoup de recrues à l'armée. Car, il ne faut pas se le dissimuler, une grande partie des Français qui vont avec leur famille fonder un établissement à l'étranger peuvent conserver eux-mêmes leur nationalité, mais bien rares sont les enfants de Français qui ne renoncent pas à la nationalité paternelle pour embrasser celle du pays où ils se trouvent. Et la raison en est dans la rigueur nécessaire du service militaire imposé aux Français, rigueur plus grande que dans tout autre pays, à l'exception de l'Allemagne. Les adoucissements que nous indiquons, s'ils étaient apportés dans de sages limites à la législation actuelle, ne manqueraient pas de profiter à notre commerce d'exportation.

Déjà un crédit de 100,000 francs a été inscrit au budget du commerce, en 1885, pour la création de bourses de voyage au profit des lauréats des écoles commerciales. Le principe est consacré, et, les chambres de commerce aidant, nous verrons à l'étranger des jeunes gens instruits qui continueront leurs études et les recherches de nature à favoriser chaque branche de notre commerce. La Chambre de Bordeaux, outre les bourses d'études qu'elle a fondées pour les écoles commerciales, a pris, cette année, l'initiative de donner deux bourses de voyage et elle recommande aux consuls français les boursiers qui font leur voyage d'études commerciales. On sait qu'en Belgique le gouvernement a fondé depuis longtemps des bourses de voyage qui sont accordées aux licenciés ès sciences commerciales sortant de l'Institut du commerce d'Anvers. Ces

boursiers *sont dispensés du service militaire.* Ils sont tenus d'envoyer annuellement au gouvernement un rapport sur le pays qu'ils explorent et de
prouver, au moyen d'un certificat du consul belge, qu'ils s'occupent exclusivement d'affaires commerciales. L'institution déjà ancienne de ces bourses
a produit d'excellents résultats en créant des maisons belges à l'étranger,
des relations directes avec les pays lointains, et le port d'Anvers, dont on
connaît la prospérité et l'extension toujours croissantes, n'a pu que gagner
à ces intelligentes mesures. En Allemagne même, sans qu'il soit besoin de
passer par une école, tout jeune homme obtient sans difficulté l'exemption
du service militaire, s'il prend l'engagement de séjourner un certain temps
dans quelque ville d'Orient ou d'Australie.

Tandis que les Anglais, les Allemands, les Belges et les Suisses émigrent
au loin et fondent en Amérique, en Australie, en Chine et au Japon des
établissements importants, notre émigration commerciale reste stationnaire.
Elle n'existe même pas dans beaucoup de régions du globe. Si bien que
l'industriel français qui veut exporter est obligé de recourir à l'intermédiaire de commissionnaires étrangers qui donnent naturellement la préférence aux marchandises de leur pays d'origine. Sans aller plus loin
qu'Amsterdam, que cette métropole située à douze heures seulement de
Paris, le nombre des maisons de commerce françaises ne s'élève qu'à 17, et
c'est à peine s'il y a dans la ville 60 Français exerçant différentes professions. Cette importante place du Nord serait pourtant bien choisie pour
l'envoi de jeunes gens, qui trouveraient à faire ici leur apprentissage commercial et à nouer ensuite des relations directes entre la France, les Pays-
Bas et, encore plus, avec leurs immenses colonies. Malheureusement, c'est
le Hollandais qui va chez nous et non le Français qui vient à Amsterdam,
et il en est de même presque partout.

M. Mesritz, chef d'une grande maison d'exportation aux Indes néerlandaises, dont le siège est à Amsterdam, nous faisait observer quelle
énorme quantité d'articles de toutes espèces réclame une population de
près de 30 millions d'habitants, telle que celle de Java, de Sumatra et
des autres îles appartenant aux Hollandais. Or il faut bien que chaque
pays producteur tâche de participer à ce mouvement général. Par sa
situation favorable, la France pourrait *quadrupler* la part qu'elle prend actuellement dans ce commerce colonial.

Suivant M. Mesritz, la section française à l'Exposition d'Amsterdam de
1883, qui a si brillamment et si largement maintenu notre réputation pour
les objets d'art, de luxe et de goût, n'offrait que peu d'articles propres à
l'exportation aux Indes néerlandaises. Car pour les marchés indiens il faut

la quantité plutôt que la qualité. Cependant la maison d'exportation d'Amsterdam dirigée par M. Mesritz se fournit beaucoup en France, et son chef nous a assuré que notre pays peut très bien soutenir la concurrence avec toute autre nation, sauf pour quelques produits fabriqués que la main-d'œuvre, si élevée chez nous, rend trop chers. Il nous a déclaré, en outre, qu'un des moyens qui pourrait augmenter nos exportations serait que le fabricant français se mît en relations plus directes avec les exportateurs étrangers, comme le font les industriels des autres nations qui viennent eux-mêmes chercher à Amsterdam des débouchés à leurs produits. Le fabricant français ne serait-il pas plus assuré encore de vendre ses marchandises, s'il avait dans les bureaux de M. Mesritz un de ses fils ou de ses parents qui y ferait son apprentissage commercial? Malheureusement il n'en est point ainsi. Nous préférons rester chez nous et attendre le client. Il faut dire, à la décharge de nos compatriotes, que la loi militaire, qui considère comme déserteur au bout de trois mois seulement le Français n'ayant pas répondu à l'appel, n'est pas faite pour déterminer les parents à envoyer leurs enfants à l'étranger. Il ne nous serait guère possible d'imiter l'exemple de M. Mesritz qui, avant de diriger sa maison d'exportation, a commencé, comme beaucoup d'autres négociants d'Amsterdam, par aller passer plusieurs années aux Indes.

Il est donc convenu qu'en France on attend les acheteurs. Tant qu'il ne s'agit que d'articles de luxe et de prix, nos fabricants peuvent attendre avec confiance, sûrs qu'ils sont d'avance que les acheteurs ne sauront se passer d'eux; mais la question change absolument dès que l'on doit lutter contre le monde entier. Étant donné que l'habitant de Java n'achète, par exemple, que du meuble bien fait, mais simple et à un prix raisonnable, comment veut-on que l'exportateur nous donne la préférence quand il trouve en Allemagne à moitié prix, à cause de la moins grande cherté de la main-d'œuvre, des articles similaires, tellement similaires même qu'ils portent l'estampille de Paris? Le marché français, en fait de meubles, ne viendra-t-il pas encore à se réduire? On serait tenté de le croire quand on lit les impressions si intéressantes, mais bien inquiétantes pour nous, de M. Lourdelet, président de la chambre syndicale des négociants-commissionnaires, qui revient d'une mission aux États-Unis, dont il avait été chargé par M. le Ministre du commerce. Déjà, à New-York, l'ébénisterie se fabrique en grand, non pas dans de petites maisons étroites et incommodes comme au faubourg Saint-Antoine, mais dans de vastes ateliers spécialement construits pour cet objet où les élévateurs épargnent une perte de temps considérable. Là, dit M. Lourdelet, on ne voit plus cet outillage suranné encore en usage à Paris. Tout s'y fait à la vapeur, jusqu'à certains ornements : le goût n'en est peut-être pas parfait, mais il suffit largement au consommateur américain.

Ce n'est pas seulement en fait de meubles que les États-Unis nous font concurrence et sont cause du malaise général qui pèse sur l'Europe. Le meilleur client pour le producteur français, c'est le consommateur français. Or ce dernier tire en grande partie ses revenus de la terre, et ceux-ci ont bien diminué depuis quelques années par suite de la concurrence américaine et du développement colossal que l'exportation des grains des États-Unis a pris en Europe. Le consommateur français, voyant ses revenus amoindris et par l'importation étrangère et par une trop large série de mauvaises récoltes, diminue naturellement ses dépenses, se renferme chez lui et se prive de ce superflu qu'il se donne dans les années de bonne moisson. Les Pays-Bas ne sont point exempts de ce malaise et la valeur des terres y a considérablement diminué depuis quelques années.

M. Lourdelet énumère ensuite les autres industries qui progressent rapidement aux États-Unis, telles que la broderie, les étoffes de soie, les tentures pour ameublements, les bronzes d'art, les fleurs artificielles, la bijouterie, l'horlogerie, la chaussure, les tapis, etc.

C'est une vieille habitude en France de s'en prendre au gouvernement quand le commerce ne va pas. C'est à l'initiative privée que nous nous adresserons pour la refonte de l'outillage, pour former un personnel commercial dont l'ambition consisterait à conquérir, jusque sur les marchés les plus protégés contre nous, des clients à la France. Imitons, en un mot, les Hollandais, les Anglais, les Américains, qui fondent des sociétés d'encouragement, des instituts aussi bien pour des œuvres philanthropiques que pour des œuvres commerciales. Puis, lorsque ces institutions seront solidement constituées, demandons alors l'appui moral et financier de l'État.

A mesure qu'augmente le nombre de nos concurrents, les expositions universelles grandissent en utilité, parce qu'elles donnent l'occasion, comme à Amsterdam, d'attester la supériorité de nos produits. Ce sont de grandes et solennelles assises où les industriels viennent s'éclairer sur les progrès accomplis par leurs concurrents et sur les moyens à employer pour écouler leurs produits à l'étranger. C'est dans ces grands concours internationaux qu'ils peuvent se mettre en contact direct avec leurs rivaux et modifier leur fabrication suivant les demandes des négociants-commissionnaires. S'il est encore trop tôt pour se prononcer sur les résultats de l'Exposition de 1883, nous sommes convaincu, dès aujourd'hui, que les dépenses faites par l'État et par les exposants porteront leurs fruits et par les débouchés qu'elles nous ouvriront dans l'avenir et par les leçons commerciales que nous y aurons puisées.

Comte de SAINT-FOIX,

Consul général de France à Amsterdam,
Commissaire général du Gouvernement Français
à l'Exposition d'Amsterdam.

EXPOSITION INTERNATIONALE D'AMSTERDAM.

SECTION D'EXPORTATION.

LISTE DES RÉCOMPENSES.

EXPOSITIONS OFFICIELLES.

Diplôme d'honneur.

PAVILLON DE LA COMMISSION FRANÇAISE.
MANUFACTURE NATIONALE DES GOBELINS.
MANUFACTURE NATIONALE DE BEAUVAIS.
MANUFACTURE NATIONALE DE SÈVRES.
MINISTÈRE DE LA GUERRE.
MINISTÈRE DES TRAVAUX PUBLICS.
VILLE DE PARIS.
DÉPARTEMENT DU NORD.
SOCIÉTÉ DE SECOURS MUTUELS DES VOYAGEURS DE COMMERCE.
CERCLE PARISIEN DE LA LIGUE DE L'ENSEIGNEMENT.
GOUVERNEMENT TUNISIEN.
MINISTÈRE DE L'AGRICULTURE. (SERVICE DES FORÊTS DU DÉPARTEMENT D'ALGER.)

Médaille d'or.

VILLE D'AMIENS.
ASSOCIATION POLYTECHNIQUE.
CAISSE DES ÉCOLES DU 2ᵉ ARRONDISSEMENT DE PARIS.
SOCIÉTÉ DE PROTECTION DES APPRENTIS DANS LES MANUFACTURES.

Médaille d'argent.

SOCIÉTÉ LIBRE D'ÉMULATION DU COMMERCE ET DE L'INDUSTRIE DE LA SEINE-INFÉRIEURE.
VILLE DU HAVRE.

Mention honorable.

ÉCOLE MATERNELLE MODÈLE SAINT-JEAN.

GROUPE IV.

MOBILIER, AMEUBLEMENTS ET ACCESSOIRES.

Hors concours comme membres du Jury.

MM. Danel.	MM. Thierry.
Haas.	A. Wolff.
J. Hetzel.	Wolff père.
Oudinot.	Redier, expert.
Pichot.	

Diplôme d'honneur.

L'ameublement français exposé dans le salon du pavillon de la Commission française.

2781. A. Damon et Cⁱᵉ, à Paris.
2795. Schmit et Piollet, à Paris.
2778. L.-E.-A. Beurdeley, à Paris.
2786. Guéret jeune, à Paris.
2782. J.-M. Drouard, à Paris.
2796. Veuve Paul Sormani et fils, à Paris.
2803. Braquenié et Cⁱᵉ, à Aubusson.
2817. Duplan et Hamot, à Paris.
2824. A. Harinkouck, à Roubaix.
2829. Leroy et fils, à Paris.
2822. Gillou et fils, à Paris.
2848. F. Vanoutryve et Cⁱᵉ, à Paris.
2808. A. Catteau, à Paris.
2814. A. Damon et Cⁱᵉ, à Paris.
2819. L. Dupont et Hervé, à Paris.
2845. E. Tresca, à Paris.
2885. Société anonyme du Val d'Osne, à Paris.
2866. A. Durenne, à Paris.
2852. F. Barbedienne, à Paris.
2872. H. Houdebine, à Paris.
2892. Christofle et Cⁱᵉ, à Paris.
2897. Froment Meurice, à Paris.
2910. J. Piault, à Paris.
2928. P. Garnier, à Paris.
2932. Japy frères et Cⁱᵉ, à Beaucourt.
2939. H. Boulenger et Cⁱᵉ, à Choisy-le-Roi.
      Deck, à Paris.
2972. Ch. Pillivuyt et Cⁱᵉ, à Paris.
2975. Redon, à Limoges.
2961. Maes frères, à Paris.
2965. Monot père et fils et Stumpf, à Pantin.
2982. P. Soyer, à Paris.

2981. Société anonyme des verreries et manufactures de glaces d'Aniche, à Aniche.

3001. L. Paupier, à Paris.

3010. A. Dupont, à Beauvais.

3769. Bondier-Ulbrich, à Paris.

3016. F. Loonen et fils, à Paris.

3019. Maurey-Deschamps et Cie, à Paris.

3070. Firmin-Didot et Cie, à Paris.

3078. A. Godchaux et Cie, à Paris.

3122. Nadar, à Paris.

3103. Lemercier et Cie, à Paris.

3081. Goupil et Cie, à Paris.

3066. Société des papeteries du Marais et de Sainte-Marie, à Paris.

3042. Blanchet frères et Kléber, à Rives.

3110. Ch. Lorilleux et Cie, à Paris.

3140. Société anonyme de papeteries de Vidalon, à Vidalon.

3131. Alb. Quantin, à Paris.

3121. Veuve A. Morel et Cie, à Paris.

3036. Ch.-E. Armengaud aîné, à Paris.

3158. F. Besson, à Paris.

3164. J.-G. Gaveau, à Paris.

3168. L. Grus, à Paris.

3170. Herrburger Schwander et Cie, à Paris.

3172. Heugel et fils, à Paris.

Médaille d'or.

2776. Jules Allard fils, à Paris.

2800. Agache fils, à Lille.

2802. Boyriven frères, à Paris.

2811. Compagnie nationale du Linoleum, Hutchinson et Cie, à Paris.

2128. Legrand frères, à Paris.

2830. Lorthiois frères, à Tourcoing.

2843. Saint frères, à Paris.

2844. Schmit et Piollet, à Paris.

2787. Jansen Olivier, à Paris.

3106. J. Levy et Cie, à Paris.

2968. Paris, au Bourget.

2878. Lombard, à Paris.

2870. Haffner aîné, à Paris.

3160. Bord, à Paris.

2816. Davoust et Cie, à Paris.

2821. A. Gallais, à Paris.

2954. J.-Ph. Imberton, à Paris.

2813. A. Croissant, à Paris.

2826. Jouanny, à Paris.

2847. J. Turquetil et Cie, à Paris.

2815. L. Danois, à Paris.

2806. C. Carmoy, à Paris.

2880. F. Marrou, à Rouen.

2861. E. Colin et Cⁱᵉ, à Paris.

2881. Mesureur et Monduit fils, à Paris.
Beurdeley, à Paris.

2889. Vaillant Fontaine et Quintart, à Paris.

2871. P. Haffner, à Paris.

2920. Vernaz et M. Vernaz-Vechte, à Dieppe.

2915. Société des couverts Alfénide, à Paris.

2896. J.-B. Eve, à Paris.

2898. Guéret frères, à Paris.

2900. A. Hallot, à Paris.

2902. Lehmann frères, à Paris.

2903. Th.-J.-B. Létang, à Paris.

2886. G. Sohier et Cⁱᵉ, à Paris.

2935. G. Sandoz, à Paris.

2922. P. Brocot, à Paris.

2927. École d'horlogerie de Paris, à Paris.

2925. Diette fils et Hour, successeurs, à Paris.

2948. Faïencerie de Gien, à Gien.

2959. Laurin, à Bourg-la-Reine.

2960. E. Lévy et Chartrain, à Paris.
Loebnitz, à Paris.

2963. M. Clément Massier et Delphin, au golfe Juan.

3152. Waléry, à Paris.

2791. Joseph Merlini, à Paris.

3179. Richard, à Paris.

2785. Girardot, à Paris.
Facchina, à Paris.

2966. Jules Morlent, à Bayeux.

2978. L. Sazerat Blondeau et Cⁱᵉ, à Limoges.

2979. E. Schopin, à Montigny-sur-Loing.

2989. D. Vion, à Choisy-le-Roi.

3925. Appert frères, à Paris.

3409. Jean Charles, à Paris.

2969. Pelletier et fils, à Paris.

2987. Verreries de Fresnes (Renard père et fils), à Fresnes.

2986. Verreries de Bagneaux (Bernard et Cⁱᵉ), à Nemours.

2991. E.-A. Chameroy, à Paris.

3006. Compagnie française du celluloïd, à Paris.

3013. H. Grünbaum, à Paris.

3017. E. Mairel, à Paris.

3029. F. Roquet, à Rouen.
Martin Élie, à Paris.

3131. A. Quantin, à Paris.

3118. Mathieu Deroche, à Paris.

3082. Ch. Grassin, à Boulogne-sur-Mer.

3095. A. Lahure et Cie, à Paris.
3076. Gillot, à Paris.
3046. Braun et Cie, à Paris.
3052. Chardon et Cie, à Paris.
3083. Grimaud, Chartier et Marteau, à Paris.
      Delphin Petit, à Lille.
3034. L. Antoine fils, à Paris.
3043. Blanzy Poure et Cie, à Boulogne.
3069. Engel fils, à Paris.
3079. Gonthier Dreyfus et Cie, à Paris.
3090. Johannot et Cie, à Annonay.
3119. Montgolfier frères, à Annonay.
3120. Morel Berciaux et Masure, à Arches.
3053. Armand Colin et Cie, à Paris.
3065. Ducher et Cie, à Paris.
3104. J. Lemonnier, à Paris.
3107. A. Levy, à Paris.
3135. J. Rouam, à Paris.
      Jourdan, en Algérie.
3091. D. Jouaust, à Paris.
3136. E. Rouveyre et G. Blond, à Paris.
3166. Gavioli et Cie, à Paris.
3171. Ph. Herz neveu, à Paris.
3180. Ruch, à Paris.
3181. A. Thibout, à Paris.
      W. Walcker, à Paris.
3770. L. Lacroix fils, à Angoulême.
2780. Compagnie française de l'industrie du rotin, à Vez.
      Lacroix, chimiste.

Médaille d'argent.

2790. Louis Majorelle, à Nancy.
2794. Société anonyme du Vieux-Chêne, à Paris.
2788. J. de Laterrière, à Paris.
2692. Joseph Miano, à Paris.
2799. Voillereau fils, à Paris.
2779. Clair Leproust, à Paris.
2825. Jolifié, à Paris.
      Majorelle, à Nancy.
2801. Ch. Babey, à Saint-Pierre-lès-Calais.
2809. Cazaban et Gallet, à Paris.
2818. L.-J. Dumet, à Paris.
2820. Flipo-Flipo et Wattini, à Tourcoing.
2835. Fr. Piquée, à Paris.
2836. Ragareux, à Paris.
2838. F.-E. Regnier, à Paris.
2860. Collectivité des bronzes imitation, à Paris.

2851. E. Baguès, à Paris.
2884. Périn Grados, à Paris.
2874. Jacquel et Cie, à Paris.
3984. Gollot frères, à Paris.
2890. G. Boin, à Paris.
2891. Brigaud Gadet, à Paris.
2893. E. Claude, à Darney.
2949. Fargue et Hardeley, à Paris.
2895. Durafort, à Paris.
2901. Lacroisade Chambon et Cie, à Paris.
2905. Maldiné, à Paris.
2907. Ch. Merle, à Paris.
2993. De Dietrich et Cie, à Paris.
2947. Faïencerie de Bourgogne, à Longchamp.
2951. E. Gille, à Paris.
2953. Jules Houry, à Paris.
3049. Canson, à Paris.
　　　Le Bourgeois.
2964. Mauger père et fils, à Paris.
2973. E. Pinot fils, à Paris.
2970. E. Peyrusson, à Limoges.
2957. Raymond Laporte, à Limoges.
2980. Th.-V. Sergent, à Paris.
2984. A. Thomas et P. Bardenat, à Choisy-le-Roi.
2952. Gossart fils, à Paris.
2950. H. Garnier, à Paris.
2967. J. Neiter jeune, à Paris.
2990. E. Boucher et Cie, à Fumay.
3004. A. Brichaut, à Paris.
3007. Didout, à Paris.
3011. Gaultier et fils aîné, à Paris.
3012. J.-E. Grillet, à Paris.
3027. Rabéry, à Paris.
3047. Burdin et Cie, à Angers.
3035. Veuve F. Appel, à Paris.
3135. Jules Rouam, à Paris.
3151. Vallet-Minot et Cie, à Paris.
3137. Comte de Roydeville, à Paris.
　　　Jourdan, en Algérie.
　　　Famin, en Algérie.
3064. Amable Dubourguet, à Paris.
3088. D. Hutinet, à Paris.
3105. Antoine Lenègre, à Paris.
3133. E. Quinet, à Paris.
3141. Société générale des encres et produits chimiques, à Dijon.
3148. Gustave Toiray-Maurin, à Paris.
3040. L. Baschet, à Paris.

3041. E. Bestaux, à Paris.
3051. Charavay frères, à Paris.
3060. O. Doin, à Paris.
3075. Fuzier-Hermann, à Paris.
3147. Tissot, à Paris.
3150. Turgan, à Paris.
3095. A. Lahure, à Paris.
3116. C. Marpon et E. Flammarion, à Paris.
3124. P. Ollendorff, à Paris.
3071. E. Flament, à Douai.
3155. Association générale des ouvriers (L. François Maître et Cie), à Paris.
3156. A.-Ph. Aubert, à Paris.
3159. O. Bing, à Paris.
3163. Gautrot aîné et Cie (Couesnon Gautrot et Cie, successeurs), à Paris.
3167. F. Gervex, à Paris.
3174. Lantez, à Paris.
Biardot, à Paris.
Thémar, à Paris.
2958. Latteux-Bazin, à Mesnil-Saint-Firmin.
3102. Otto Lelm, à Paris.
3767. Job. Bardou, à Perpignan.
3117. Massonnet et Cie, à Paris.
2793. E. Prunier, à Paris.
4159. H. Ruel, à Paris.
3039. Baignol et Farjon, à Boulogne-sur-Mer.

Médaille de bronze.

2789. Joveneau, à Paris.
2784. J.-S. Fleury, à Paris.
2837. E.-C.-H. Regereau, à Paris.
2840. Rombeau et Cuvelier frères, à Tourcoing.
2841. Roullier père et fils et gendre, à Paris.
2823. J. de Haas, à Paris.
2849. Wallet, à Paris.
2846. E.-F.-A. Trubert, à Paris.
2862. David, à Paris.
2864. Domange Rollin, à Paris.
2868. Grandry fils, à Nouzon.
2894. A. Dubourguet, à Paris.
2904. Levavasseur et Ouachée, à Paris.
2909. J. Pérille, à Paris.
2911. Pillet Parod, à Vincennes.
2912. Plet, à Paris.
Sanglier, à Petit-Ivry.
Devriès, à Paris.
2923. Arsène Chatelain, à Charquemont.
2926. A.-M. Drugeon, à Paris.

3054. Dagron et Cⁱᵉ, à Paris.
3165. Gavioli fils, à Paris.
2931. J. Hue, à Paris.
2937. E. Blot, à Rosendael-les-Bains.
2940. D. Boussard, à Paris.
2955. P. Jullien, à Paris.
2977. L. Saison, à Paris.
2936. F. Bédier, à Sèvres.
2956. A. Lengelé et Cⁱᵉ, à Paris.
2976. Remlinger-Vinet, à Paris.
        Vantillard, à Paris.
2988. J. Vessière aîné, à Baccarat.
3000. E. Nicora, à Paris.
3008. E. Doisy, à Paris.
3025. G. Pellieux et Cⁱᵉ, à Paris.
3031. Soyez, à Saint-Maur-les-Fossés.
3032. A. Yvard, à Paris.
3080. M. Gouin, à Paris.
3088. D. Hutinet, à Paris.
3063. G. Dreyfus, à Paris.
3146. Teillac, à Paris.
3149. Veuve Ch. Torchon, à Paris.
        Gay, à Paris.
3117. Ch. Massonet et Cⁱᵉ, à Paris.
3079. Gonthier Dreyfus et Cⁱᵉ, à Paris.
3056. V. David, à Courbevoie.
        Geiser, en Algérie.
3057. Paul Delagarde, à Paris.
3115. H. Mallat fils, à Paris.
3188. A. Schneider, à Paris.
3092. Jourdan, à Paris.
3094. Le Génie civil, à Paris.
3098. L. Laroze et Forcel, à Paris.
3112. Maincent, à Paris.
3113. De Magny, à Paris.
2994. Duru, à Bordeaux.
3162. E. Focké fils aîné, à Paris.
3173. J. Lacape et Cⁱᵉ, à Paris.
3161. Brody, à Paris.
3169. A. Hellé, à Nancy.
3175. A. Meliot, à Paris.
3171. Mˡˡᵉ de Pierpont, à Paris.
2863. Debincue et Cⁱᵉ, à Paris.
2797. E. Terquem, à Paris.
3768. J. Bardou et fils, à Perpignan.
3050. E. Champagne, à Paris.
3067. Duvernoy, à Paris.

Mention honorable.

2777. B. van Veersen et Cⁱᵉ, à Sommedieue.
2805. R. Brocard, à Paris.
  Brocot, à Paris.
2850. F. Allard, à Paris.
2882. Pantz frères et Cⁱᵉ, à Pont-à-Mousson.
  Allez frères, à Paris.
2918. Theissier-Fèvre, à Paris.
2919. F. Transberger, à Paris.
2924. A. Cohen, à Paris.
2938. Ch. Bode et Cⁱᵉ, à Limoges.
  Brassart.
2944. Chineau, à Paris.
2946. Detemmermann, à Paris.
  Kaleski, à Paris.
  Meyer, à Paris.
2997. Jullien et Moret, à Paris.
3005. H. Chapelain, à Paris.
3011. Thomasson Dalbergue, à Paris.
3024. J.-E. Pannier, à Paris.
3026. E. Périer et A. Romain, à Paris.
3028. L.-A. Ravenet aîné, à Paris.
3023. H.-B. Némitz, à Paris.
3114. E. Maître, à Paris.
3130. A.-E. Provost, à Toulouse.
3154. J.-E. Weber, à Paris.
3108. E. Lizé, à Paris.
  Journal LE GAULOIS, à Paris.
3048. Caillault et Levasseur, à Paris.
3072. Fossey, à Paris.
3101. J.-G.-F. Lavigne, à Paris.
3129. Prat-Dumas et Cⁱᵉ, à Couse-Saint-Front (Dordogne).
3145. Victor Tardif, à Paris.
3044. Boileau, à Versailles.
3077. Giot, à Cherbourg.
3097. Laloy, à Alençon.
3144. Sylvestre, à Paris.
  Meifredy, à Paris.
3143. Société de géographie commerciale, à Paris.
3157. H. Baudre, à Paris.
3182. N. Winther, à Paris.
3125. Picard Bernheim et Cⁱᵉ, à Paris.

GROUPE V.

VÊTEMENTS, LINGERIE ET ACCESSOIRES.

Hors concours comme membres du Jury.

MM. ALBA LA SOURCE.
    BESSONNEAU.
    J. DELATTRE PÈRE.
    JULIEN HAYEM.
    EUGÈNE KLOTZ.

MM. A. MAHIEU.
    H. MAY.
    A. MUZET.
    A. PONNIER.

Diplôme d'honneur.

3193. BÉRARD ET FERRAND, à Lyon.
3197. BONNET ET Cⁱᵉ, à Lyon.
3200. LOUIS BOUDON, à Saint-Jean-du-Gard.
3251. JAUBERT AUDRAS ET Cⁱᵉ, à Lyon.
3291. CHARLES REBOUR, à Saint-Étienne.
2843. SAINT FRÈRES, à Paris.
3206. J. CASSE ET FILS, à Fives-Lille.
3305. H. SIEBER, SEYDOUX ET Cⁱᵉ, à Paris.
3240. LES FILS DE A. GUILLAUMET, à Suresnes.
3212. CHAPPAT ET Cⁱᵉ, à Paris.
3271. GEORGES MAES, à Clichy.
3183. ALAMAGNY ET ORIOL, à Saint-Chamond.
3203. E. BRÉANT, à Paris.
3346. CHAMBRE SYNDICALE DE LA CONFECTION POUR DAMES, à Paris.
3380. RÉVILLON FRÈRES, à Paris.
3387. TIRARD FRÈRES, à Paris.
3321. F. BAPTEROSSES, à Briare.
3335. COUTURAT ET Cⁱᵉ, à Paris.
3348. FANIEN FILS AÎNÉ, à Paris.
3377. F. PINET, à Paris.
3398. F. BOUCHERON, à Paris.
3400. TH. BOURDIER, à Paris.
3421. ALPH. FOUQUET, à Paris.
3462. LEMAIRE, à Paris.

Médaille d'or.

3187. L. AUDIBERT ET Cⁱᵉ, à Lyon.
3189. AIMÉ BABOIN, à Lyon.
3190. BARDON RITTON ET MAYEN, à Lyon.
3194. J. BÉRAUD ET Cⁱᵉ, à Lyon.
3204. BRESSON AGNÈS ET Cⁱᵉ, à Lyon.
3214. CHAVENT PÈRE ET FILS, à Lyon.
3225. DUCÔTÉ CAQUET, VAUZELLE ET COTE, à Lyon.
3228. DURAND FRÈRES, à Lyon.
3227. DURAND BADEL ET HUVEY, à Lyon.

3236. ALEXANDRE GIRAUD ET Cⁱᵉ, à Lyon.
3241. E. HAMELIN ET Cⁱᵉ, à Paris.
3237. GOURD CROISAT FILS ET DUBOST, à Lyon.
3278. A. MONTESSUY ET CHOMER, à Lyon,
3274. MASSING FRÈRES ET Cⁱᵉ, à Paris.
3276. J.-P. MILLION SERVIER ET Cⁱᵉ, à Lyon,
3282. V. OGIER, P. NOYER ET Cⁱᵉ, à Lyon.
3286. L.-L. PERMEZEL ET Cⁱᵉ, à Lyon.
3292. L. RENDU ET MOÏSE, à Lyon.
3307. SOCIÉTÉ ANONYME DE LA FILATURE D'AMILLY, à Amilly.
3202. BOUTEMY, à Lannoy.
3222. ANATOLE DESCAMPS, à Lille.
3231. FERAY ET Cⁱᵉ, à Essonnes.
3243. HASSEBROUCQ FRÈRES, à Commines.
3249. HURET LAGACHE ET Cⁱᵉ, à Pont-de-Briques.
3252. JOUBERT BONNAIRE, à Angers.
3272. MAGNIER DUPLAY FLEURY ET Cⁱᵉ, à Paris.
3303. J. SCRIVE ET FILS, à Lille.
3315. VILLARD CASTELBON ET A, VIAL, à Armentières et Lille.
3317. PH. VRAU ET Cⁱᵉ, à Lille.
3318. WALLAERT FRÈRES, à Lille.
3270. HENRI-ERNEST LOYER, à Lille.
3221. P. DELEBART MALLET, à Lille.
3239. GROS ROMAN MAROZEAU ET Cⁱᵉ, à Paris.
3242. HARTMANN ET FILS, à Paris.
3191. TH. BARROIS, à Fives-Lille.
3201. F. BOUSSUS, à Wignehies.
3192. GUSTAVE BARROIS, à Fives-Lille.
3210. CONSTANT FLAVIGNY, à Elbeuf.
3210. HAPPEY ET PICARD, à Elbeuf.
3217. COUROUBLE ET CARETTE, à Roubaix.
3230. EXPOSITION COLLECTIVE DE MAZAMET.

    (Aucun des exposants n'est autorisé à se prévaloir de cette médaille, qui est décernée à la ville seule.)

JULES TOURNIER ET FILS, à Mazamet.
J. GAU FILS, FRÈRES, à Mazamet,
H. BLANC, à Mazamet.
HÉRAIL FILS JEUNE, à Mazamet.
F. GALIBERT-MARTRAT, à Mazamet.
I. IZARD, à Mazamet.
P. CROS FILS, à Mazamet.
3245. HEYNDRICK DORMEUIL FILS, à Roubaix.
3246. ISAAC HOLDEN ET FILS, à Reims.
3250. JACQUOT RENNESSON-RAVAUX ET Cⁱᵉ, à Fourmies.
3253. JOURDAIN DEFONTAINE FILS, à Tourcoing.
3258. JULIEN LAGACHE FILS, à Roubaix.

3263. Leclercq-Dupire, à Roubaix.
3280. D. Naude, à Paris.
3281. C. Neyret et Cᵢᵉ, à Paris.
3288. Pinon et Guérin, à Reims.
3289. Poirey frères et neveu, à Saint-Épin.
3294. Auguste Robert et fils, à Sedan.
3308. Stavaux-Bonnaire et fils, à Paris.
3210. E. Nivert et Boulet, à Elbeuf.
3208. Alfred et Georges Chalamel, à Puteaux.
3223. Descat-Leleux fils, à Lille.
3248. Hulot, à Puteaux.
3275. A. Meunier et Cᵢᵉ, à Suresnes.
3312. De Tilly, à Reims.
3290. Poirier et Mortier, à Reims.
3298. Émile Roussel, à Roubaix.
3188. Charles Babey, à Saint-Pierre-lès-Calais.
3260. Langlois, à Paris.
3306. Société anonyme pour l'exploitation de l'usine Cliff, à Saint-Quentin.
3186. Charles Anthoine, à Sedan.
        Weber, à Paris.
        Amour et Raynal, à Paris.
3342. H. Ducher, à Paris.
3351. J.-B. Grebert-Borgnis, à Paris.
3361. Charles-Guillaume de Langenhagen, à Nancy.
3390. Jean-Achille Vessière Paulin, à Paris.
3323. Beaumont frères, à Paris.
3336. J. Crouvezier, à Paris.
3347. Ch. Falcimaigne fils, à Paris.
3391. Viol et Duflot, à Paris.
3352. Hattat frères, à Paris.
3396. G. Bissinger et Cᵢᵉ, à Paris.
3409. Jean Charles, à Paris.
3410. F.-T. Couquaux et Cᵢᵉ, à Paris.
3420. A.-A. Fornet, à Bourg.
3424. J. Debut et L. Coulon, à Paris.
3430. Léopold Hubert, à Paris.
3433. A. Lion, à Paris.
3444. Plichon fils, à Paris.
3449. Gustave Sandoz, à Paris.
3461. Louis Guilleux, à Paris.

Médaille d'argent.

3211. C. Champagne et Cᵢᵉ, à Lyon.
3213. Étienne Charbin, à Lyon.
3229. F. Espiard, à Lyon.
3265. Lemaître et André, à Lyon.
3287. Perrot et Harent, à Paris.

3309. Tapissier frères, à Lyon.
3311. Thomasset et Capony, à Lyon.
3290. Delattre père et fils, à Lille.
3255. Kyd frères et C⁹, à Dunkerque.
3285. Pelou, Bonnefont, Bordeaux et C⁹, à Angers.
3302. Scrive frères, à Lille.
3254. A. et N. Kahn, Lang et C⁹, à Épinal.
3259. Les fils d'Emmanuel Lang, à Nancy.
3215. A. Cocquel et C⁹, à Amiens.
3279. Motte Bossut fils, à Roubaix.
3185. Léon Allard et C⁹, à Roubaix.
3210. Fraenckel-Blin, à Elbeuf.
3210. Houillier fils, à Elbeuf.
3232. Ernest Flament, à Fourmies.
3257. Les fils de David Labbez, à Saint-Gobert.
3264. Lecomte frères, à Sedan.
3267. Laurent frères et sœurs, à Tourcoing.
3277. L. de Montagnac et fils, à Sedan.
3284. Paté frères, à Neufflize.
3296. Rosette et C⁹, à Trélon (Nord).
3297. Jules Rousseau, à Sedan.
3199. Bossard Lacassaigne et C⁹, à Reims.
3216. Charles Goget, à Paris.
3219. Debière et Maufroid, à Valenciennes.
3238. Th. Grison, à Lisieux.
3218. E. Davenière, à Calais.
3300. Routier et Crozet, à Lyon.
3314. Trichard et Heysch, à Paris.
3326. R. Brocard, à Paris.
       Meissonnier, à Paris.
3320. Mᵐᵉ L. Alexandre, à Paris.
3330. J. Charron, à Nantes.
3345. Durstwild frères, à Paris.
3362. O. de Langenhagen, à Lunéville.
3366. C. Lepine, à Paris.
       Le Roy, à Paris.
3379. E. Louvel et C⁹, à Paris.
3369. A. Maurel, à Paris.
3379. Quesney frères, à Charleval.
3381. Rey cousins et C⁹, à Caussade (Tarn-et-Garonne).
3329. E. Charageat, à Paris.
3338. Dheilly Hordé, à Villers-Bretonneux.
3341. Veuve Dubuy-Raguet et C⁹, à Paris.
3350. Mᵐᵉ J. Gosse-Périer, à Paris.
3357. Mᵐᵉ Jouatte, à Paris.
3262. Lavallart et C⁹, à Amiens.
       Lafon, à Paris.

3365. H. LEPRINCE, à Paris.

3382. ROUSSEL ET BAILLY, à Paris.

3384. SOCIÉTÉ ANONYME DES USINES RABY, à Paris.

3386. THAREL ET SELLE, à Paris.

3372. FÉLIX PÈRE, à Toulouse.

3324. J. VAN BIEMA, à Paris.

3331. ALEXANDRE CHOLLET, à Chartres.

3332. LOUIS-RENÉ CHOLLET, à Versailles.

3339. DRESSOIR ET PREMARTIN, à Paris.

3340. G. DUBOIS ET SES FILS, à Paris.

3349. AUGUSTE FRÉTIN, à Paris.

3354. HENRIET AÎNÉ, à Paris.

3383. SABLONNIÈRE, SUCCESSEUR DE BIEBER, à Paris.

3403. A. BUISSOT ET FILS, à Paris.

3411. CH. CUVILLIER, à Paris.

3414. DUVELLEROY, à Paris.

3416. EVETTE (MAISON ALEXANDRE), à Paris.

3395. BIARDOT, à Paris.

3417. A. FÉAU, à Paris.

3419. LOUIS FLAGEY, à Paris.

3447. REGAD FILS, à Paris.

3448. F. RENN, à Paris.

3454. A. TRÉLAT, à Paris.

4021. A. POULAT, à Paris.

3428. HIRTZ FILS, à Paris.

3460. GÉNIQUE ET NICOLAS, à Paris.

3457. AUROUZE, à Paris.

3198. J. BOON DELETREZ, à Lille.

3165. LES FILS D'ÉMILE TOURNIER, à Morez.

Médaille de bronze.

3898. J. BOON DELETREZ, à Lille.

3209. CHALLIOL ET CHARMETANT, à Lyon.

3261. J. LAVAL ET F. TRONEL, à Lyon.

3313. E. TOURNU, MAYET FRÈRES ET Cⁱᵉ, à Lyon.

3319. WIES, VALET ET Cⁱᵉ, à Lyon.

3207. GEORGE-SAMUEL DAVENPORT ET Cⁱᵉ, à Saint-Pol-lès-Dunkerque.

3244. HIÉ-HUVETTE, à Lille.

3247. LOUIS HUBINET, à Glageon (Nord).

3283. L.-H. PASCAL FILS FRÈRES, à Saint-Chamond.

3196. LOUIS BINET ET Cⁱᵉ, à Annonay.

3210. CLARENSON ET LEBRET, à Elbeuf.

3293. RIVES ULYSSE ET Cⁱᵉ, à Mazamet.

3205. FRANÇOIS BRAWAEYS BAZIN, à Roubaix.

3304. RENÉ SELOSSE ET Cⁱᵉ, à Amiens.

3226. LOUIS DUPONT, à Paris.

3356. JULES JALUZOT ET Cⁱᵉ, à Paris.

3364. Léon, à Paris.
3375. V. Philippe, à Clermont-Ferrand.
3328. Émile Cadilhac, à Paris.
3337. J.-J. Damad, à Nay (Basses-Pyrénées).
3389. Eugène-François-Alexandre Trubert, à Paris.
3327. De Bysterveld, à Paris.
3359. Émile Labbez, à Givet.
3412. Deslandes, à Paris.
3413. Dorival, à Paris.
3408. Chailloux, à Paris.
3446. Prevost, à Paris.
3443. Adolphe Pitet, à Paris.
3404. S. Bulot, à Paris.
3455. E. Zimmerli, à Paris.
3401. Charles-Alex. Bourichet, à Paris.
3434. Edmond Lucy, à Paris.
3453. E. Thomas, à Paris.
3440. H. Payan, à Paris.
3437. Ch. Merle, à Paris.
3418. Flachat et Genin, à Paris.
       J. Delion, à Paris.

Mention honorable.

5972. Manuel Mariani, à Oran (Algérie).
3371. C. Mogis, à Paris.
3344. Désiré Duprez, à Lille.
3360. Edmond Labitte, à Paris.
3363. Joseph Lenoor, à Quesnoy-sur-Deule.
3373. Péron, à Paris.
3397. Georges Bonneau, à Paris.
3406. Prosper Candelot, à Paris.
3393. Neveux Bégard, à Paris.
3451. Léopold Schetz, à Paris.
       E. Boivin, à Paris.
3427. Ernest Henry, à Paris.
3438. Jules Migneaux, à Paris.
3392. Aubin, à Paris.
3441. Prosper Perret, à Paris.
3426. Guillet, à Paris.
3442. A. Pichon, à Paris.
3407. J.-P. Caron, à Paris.
3432. Alexandre Lechevallier, à Cabourg.
       Salomon Cahen, à Paris.

GROUPE VI.

PRODUITS ALIMENTAIRES. — PRODUITS CHIMIQUES. — EMBALLAGES DIVERS.

Hors concours comme membres du Jury.

MM. L. BARRAL.
    BIGNON.
    BOUDE.
    ED. BOURDON.
    CLAVÉ BERTRAND.
    CHOUËT.
    PAUL GUILLEMOT.
    ÉMILE GUIMET.

MM. H. HUYARD.
    E. MEYER.
    PAUL PESIER.
    CH. PREVET.
    G. ROY.
    E. VELTEN.
    A. WAGRET.

Diplôme d'honneur.

3721. RODEL ET FILS FRÈRES, à Bordeaux.
3674. MENIER, à Paris.
3607. GROULT, à Paris.
3739. SIMON LEGRAND, à Bersée.
    DEPREZ PÈRE ET FILS, à Capelle.
3484. VEUVE G. BERGER, à Brane-Cantenac.
3609. GUICHAR-POTHERET ET FILS, à Chalon-sur-Saône.
3482. HENRI BENEZECH, à Cette.
3556. RENÉ DE SAINTE-FOIX, à Marseille.
3743. SOCIÉTÉ ANONYME DE RAFFINERIE PARISIENNE, à Paris.
    LOCHE, à Reims.
3512. MARIE BRIZARD ET ROGER, à Bordeaux.
3541. LÉON-B. CROIZET, à Cognac.
3544. CUSENIER FILS AÎNÉ ET Cie, à Paris.
3519. TOURTET FRÈRES (brasserie de Tantonville), Meurthe.
    E. CALVÉ ET Cie, à Bordeaux.
3823. A. DEUTSCH ET SES FILS, à Paris.
3844. E. HARDY-MILORI ET Cie, à Paris.
3869. P. MARCHAND FRÈRES, à Dunkerque.
3894. CH. ROULET ET Cie, à Marseille.
3904. SERPETTE, LOURMAND, LOROIS ET Cie, à Nantes.
3909. SOCIÉTÉ ANONYME DES MATIÈRES COLORANTES ET PRODUITS CHIMIQUES, A. POIRIER ET G. DALSACE, à Paris.
3777. ARMET DE LISLE ET Cie, à Paris.
3778. F. ARTHUS, à Paris.
3784. A. BASSET, à Paris.
3806. CHAPMAN, CORBEAU ET GRUEL, à Pont-Audemer.
3810. SOCIÉTÉ GÉNÉRALE DES CIRAGES FRANÇAIS, à Paris.
3915. TH. SUEUR FILS, à Paris.
3854. H. JUMELLE, à Paris.
3847. E. HUGO ET Cie, à Paris.

3936. Renard père, fils et Cie, à Fresnes.
3741. Société des agriculteurs du Nord, à Lille.
3694. Solvay et Cie, à Varangéville-Dombasles.

Médaille d'or.

3531. Chevalier et Cie, à Puteaux.
3751. Les fils de Ch. Teyssonneau, à Bordeaux.
3747. Société générale de produits alimentaires, Dinant et Allcard, à Paris.
3753. E. Trébucien, à Paris.
3652. Lombart, à Paris.
3641. A. Leleu et Cie, à Paris.
3613. Guillout et Cie, à Paris.
3646. Lesage et Cie, à Paris.
3710. F. Quinette et Cie, à Clermont-Ferrand.
3565. A. Dufour et Cie, à Bordeaux.
3633. F. Laporte, à Toulouse.
3664. Aimé Martin et Cie, à Nice.
3683. H. Muret, à Noyen-sur-Seine.
3543. Veuve Cruze, château Pontet-Canet.
3630. Armand Lalande, à Bordeaux.
3699. Picon (Henri), à Bordeaux.
3537. Compagnie française des chocolats et des thés, Pelletier et Cie, à Paris.
3615. Constant Halphen, château Batailley.
3628. Veuve Lahens et Lahens fils, château Larose-Perganson.
3489. E. Beyssac, à La Treme.
3676. Mercier et Cie, à Épernay.
3627. L. La Fourcade, à Bordeaux.
3516. J.-J. Cabanes, à Pomerol.
3522. Castéja, à Bordeaux.
3699. L'Héritier-Guyot, à Dijon.
3499. Bouchard aîné et fils, à Beaune.
3731. F. Saint-Léon Boyer, à Vertheuil.
3527. Champy père et Cie, à Beaune.
3481. Th. Bellemer, à Château-Priban.
3662. Manuel et Cie, à Reims.
3597. G. Gibert, à Reims.
3560. M. Dollfus, à Château-Montrose.
3493. Blanc, à Terre-de-Brown-Léognan.
3713. J. Regnier, à Dijon.
3494. P. Blanchard et Cie, à Rochefort-sur-Mer.
3528. A. Chantrel, à Paris.
3559. Distillerie de Croisset-Rouen.
3562. J. Dubourdieu, P. Jameau et G. Biaut, à Condom (Gers).
3568. J. Dupont et Cie, à Cognac.
3591. P. Garnier, à Enghien-les-Bains.
3621. Johanne, à Paris.
3657. Magnant père, fils et Cie, à Alfort.

3663. Marchand frères, à Paris.

3732. Saintoin frères, à Orléans.

3728. Rouvière, à Dijon.

3748. Société fermière du Grand-Hôtel, à Paris.

3500. Bouchard René et Cⁱᵉ, à Saint-Amand-les-Eaux.

4043. F. Billet, à Marly-lès-Valenciennes.

3779. E. Asselin, à Saint-Denis.

3814. Compagnie industrielle des procédés Raoul Pictet, à Paris.

3815. Compagnie fermière des établissements thermaux et du casino de Bagnères-de-Luchon.

3861. D. Leca et Cⁱᵉ, à Marseille.

3860. G. de Laire et Cⁱᵉ, à Paris.

3864. Levainville et Rambaud, Paris.

3867. Ch. Lorilleux et Cⁱᵉ, à Paris.

3877. Michaud fils frères, à Aubervilliers.

3881. E. Nay, à Paris.

3883. F. Paranque, à Marseille.

3887. Pommier et Cⁱᵉ, à Paris.

3896. E. Rouquier-Milius, à Dugny (Seine).

3897. Ruggieri, à Paris.

3902. M.-B. Schmidt fils, à Saint-Denis.

3839. Émile Genevoix et Cⁱᵉ, à Paris.

3835. H. Fournier et Cⁱᵉ, à Paris.

3865. Limousin et Cⁱᵉ, à Paris.

3890. Rigollot et Cⁱᵉ, à Paris.

3916. Taillandier, à Argenteuil.

3920. C. Thévenot, à Dijon.

3895. Roure-Bertrand fils, à Grasse.

3813. Coignet et Cⁱᵉ, à Paris.

3849. A. Jaille, à Agen.

3901. Schloesing frères, à Marseille.

3801. Burg, à Paris.

3785. Bastié et Cⁱᵉ, à Toulouse.

3782. Les fils de François Bal, à Chambéry.

3930. Leclère, à Paris.

3941. Legrand, à Paris.

La Société d'agriculture de Bourbourg.

Laurent Mouchon, à Orchies.

3927. J. Capgrand-Mothes, à Paris.

3694. Pellerin père, à Paris.

Médaille d'argent.

3496. Bonfils frères, à Carpentras.

3509. P. Boyer et Cⁱᵉ, à Cognac.

3557. Desegaulx et Dufour, à Bordeaux.

3570. C. Duprat et Maurel, à Bordeaux.

3583. J. Fiton aîné, à Bordeaux.

3584. FLON FILS, à Nantes.

3719. RIDEL ET Cie, à Nantes.

3750. TANDEAU, à Paris.

3645. LERVILLES, à Lille.

3716. RENAUD JEUNE ET Cie, à Lyon.

3572. DUQUENEL, à Saint-Sorlin-de-Conac.

3671. J. MAUREL, à Marseille.

3704. A. POUPON, à Dijon.

3602. GOULAS, à May-en-Multien.

3515. BRUSSON JEUNE, à Villemur.

3567. DUPLANT FILS, à Chartres.

3603. H.-J. GOULET, à Reims.

3598. F. GIESE, à La Biche (Médoc).

3758. BARON DE VERTHAMON, château Bessan-Ségur.

3655. DE LUETKENS, à Médoc.

3718. J. RICARD, à Léognan.

3578. VEUVE FERCHAUD, château Bellevue.

3749. PH. TAMPIER ET Cie, à Bordeaux.

3714. REIGNIER FILS ET BOULINEAU, à Bordeaux.

3472. ANTHÉRIEU-PÉRIER, à Frontignan.

3624. E. LABARTHE FILS, à Frontignan.

3616. HASENKLEVER, à Nuits.

3478. BAUMANN FRÈRES, à Nuits.

3519. F. CARMANTRANT, à Lons-le-Saulnier.

3604. OCTAVIE GRANDET, à Libourne.

3703. CH. POLACK, à Dijon.

3473. ARNAUD FILS, à Narbonne.

3626. DÉSIRÉ LAFON, à Sauterne.

3517. J. CALENS AÎNÉ, à Bordeaux.

3547. DARQUIER FILS, à Poujaux.

3756. VERGNES-DUPUCH, à Bordeaux.

3695. PÉRINET ET FILS, à Reims.

3659. F. MANGIN, à Lons-le-Saulnier.

3673. P. MAZET VASSEUR ET Cie, à Valence.
JULES BELLOT ET Cie, à Cognac.

3495. P. BOISNARD ET Cie, à Cognac.

3538. E. COUGOUILLE, à Eymet (Dordogne).

3539. CH. COULON ET SES FRÈRES, au Havre.

3573. L. DURAN, à Condom.

3374. A. DROUILLARD ET Cie, à Cognac.

3575. TH. ESPARBÈS, à Toulouse.

3900. SOCIÉTÉ ANONYME DE LA SAVONNERIE DU LION, à Paris.

3579. E. FERRAND, à Segonzac.

3612. P. GUILLOTEAUX, à Versailles.

3625. LABELLE ET Cie, à Toulouse.

3629. E. LAINÉ, à Loos-lez-Lille.

3640. LEJAY-LAGOUTE, à Dijon.

3656. C. Luzet, à Luxeuil.
3681. Moullon et Cⁱᵉ, à Cognac.
3682. F. Mugnier, à Dijon.
3693. Pélisson père et Cⁱᵉ, à Cognac.
3700. G.-O. Picou, à Saint-Denis.
3738. R. Schouteeten, à Lille.
3743. Société anonyme de raffinerie parisienne, à Saint-Ouen.
3761. Violet frères, à Thuir.
3762. Vivez et Perès, fils et gendre, à Condom.
        Davaine, à Saint-Amand-les-Eaux.
3552. Delebart fils, à Douai.
3791. G. Borrel, à Paris.
3794. P. Boyer et Cⁱᵉ, à Gignac.
3804. G. Chalmel, à Paris.
3809. Chevillet fils, à Paris.
3829. Durruthy et Despaigne, à Gaillonnet.
3855. A. Kaulek, à Puteaux.
3857. F. et H. Lagrolet frères, à Bordeaux.
3886. C. Pierrugues et Cⁱᵉ, à Marseille.
3908. Société anonyme « l'Industrie », à Paris.
3870. Compagnie Franco-Américaine, J.-L. Martiny et Cⁱᵉ, à Saint-Denis.
3787. J.-A. Beslier, à Paris.
3807. Chassaing et Cⁱᵉ, à Paris.
3822. Desnoix, à Paris.
3827. Duperron, à Paris.
3863. Lelasseur et Cⁱᵉ, à Paris.
3892. P. Robertet, à Grasse.
3820. Demarson-Chételat, à Paris.
3893. Roger et Gallet, à Paris.
3833. Fischer et Cⁱᵉ, à Chailvet (Aisne).
3851. Joudrain, à Paris.
3921. Totin frères, à Montreuil.
3928. A. Herlin, à Paris.
3932. Victor Nowé, à Marseille.
3937. Teissier et Delmas, à Paris.
3838. Gandillon fils, à Sens.
3789. Blache, à Annonay.
3837. L. Franc, à Annonay.
3924. Les fils de J. Vincent, à Nantes.
3876. Meizonier fils, à Annonay.
3858. Landré et Bouquerod, à Paris.
3891. Rives Ulysse et Cⁱᵉ, à Mazamet.
        Bardon, à Paris.
3603. H. Goulet, à Reims.
3469. Amer Picon, à Paris.
        C. Breton, Lautriu succ., à Paris.
3926. Barbou fils, à Paris.

Eaux de Plombières.
3771. Eaux de Contrexéville.
3686. J. Nouvialle, à Bordeaux.
D. Stevenoot, à Ambouts-Cappelle (Nord).
3935. Léon Quillet, à Paris.

Médaille de bronze.

3590. L. Gandibleu, à Paris.
3592. Deligny, à Paris.
3675. A. Mercier, à Paris.
3689. Ogereau frères, à Nantes.
3698. A. Pharamond, à Paris.
3745. Société générale laitière de l'Est, à Besançon.
3746. Société générale du lait condensé des Alpes, au Havre.
3548. Dedron et Cⁱᵉ, à Paris.
3766. Williot fils et Cⁱᵉ, à Poix.
3487. Bessède fils, à Marseille.
3530. P. Chenu, à Paris.
3752. Tranchand, à Marseille.
3688. Obrecht frères, à Paris.
Breton aîné et gendre, à Orléans.
3503. J. Boullais, à Dieppe.
3764. Wavelet-Hernu, à Arras.
3534. Coevoet-Renouard, à Lille.
3561. Dreyfus-Salomon, à Valenciennes.
3774. E. Arène fils, à Nice.
3776. Arthur Armand, à Marseille.
3786. Georges Bertèche, à Valenciennes.
3841. Giguet-Leroy, à Paris.
3709. P. Promis, à Cantenac.
3498. J. Bordes, à Bordeaux.
3479. L.-F. Beaucourt, à Margaux.
3734. F.-J. Sandré, à Léognan.
3672. M. de Mauvesin, à Moulis.
3563. E. Ducasse, à Moulis.
3654. L. Loyet, à Barsac.
3651. Loiseleur, à Bourgueil.
3492. A. Billerey, à Beaune.
3526. J. Champion, à Reims.
3502. Boulet d'Hauteserre, à Reims.
3533. Henri Clicquot, à Reims.
3605. A. Gratien, à Beaulieu-lès-Saumur.
3587. J.-F. Fournier, à Épernay.
3497. A. Bonifet, à Médoc.
3514. Raoul Brun, à Blaye.
3513. Bruchaut Goupil et Cⁱᵉ, à Bordeaux.
3728. Rouvière fils, à Dijon.

3637. ALBERT LAUTH, à Castres.
3594. GEISWEILER ET FILS, à Nuits.
3571. DUQUENEL, à Saint-Sorlin-de-Conac.
3540. A. COURT, à Bruges (Gironde).
3593. A. GAUTIER, à Bordeaux.
CAZANOVE, à Bordeaux.
SEMÉZIS.
MANIÈRE-DENIZOT.
3467. ADET SEWARD ET Cⁱᵉ, à Bordeaux.
3476. BARNETT ET FILS, à Cognac.
3508. BOUTILLIER, G. BRIAND ET Cⁱᵉ, à Cognac.
3546. X. DARNAL, à Château-de-Boisbedeuil.
3555. C. DENIZE FILS ET Cⁱᵉ, à Meulan.
3572. DUQUENEL, à Saint-Sorlin-de-Conac.
3581. B. FERRET ET SICOT, à Port-d'Envaux.
3580. FERRAND FRÈRES, à Lyon.
3585. FONTBONNE, à Dijon.
3596. GHESQUIER-BOUISSET, à Lille.
3599. F. GOGUEL, à Saint-Dié.
3614. A. HAITH, à Ligny.
2623. DE LAAGE FILS ET Cⁱᵉ, à Cognac.
3639. LEGENDRE ET ARNAUD, à Clermont-Ferrand.
3649. LHÉRITIER-GUYOT, à Dijon.
3661. MANSON HUGUES, à Nantes.
3667. A. MATIGNON ET Cⁱᵉ, à Cognac.
3669. VEUVE J. MAUBERNARD, à Orange.
3696. F. PERRET, à Limoges.
3701. PILLARD, à Paris.
3711. J. RAILLAC AÎNÉ, à Bordeaux.
3715. REINHART, à Bordeaux.
3717. RÉVILLON-CLERJAUD, à Paris.
3720. RIVIÈRE-GARDRAT ET Cⁱᵉ, à Cognac.
3724. A. ROUCHON, à Paris.
3730. G. SABATIER, à Nîmes.
3735. SARRAZIN ET Cⁱᵉ, à Bordeaux.
3736. SAUZÈDE, à Toulon.
3737. SCHMIDT ET Cⁱᵉ, à Condom.
3749. PH. TAMPIER ET Cⁱᵉ, à Bordeaux.
3763. J. VOISIN, à Marseillan.
3583. J. FITON AÎNÉ, à Bordeaux.
3501. BOULLE AÎNÉ, à Limoges.
3666. MARTINEAU, à Saintes.
3873. EDMOND MENU, à Loos-lez-Lille.
3899. SAUTET, à Paris.
3923. VICAT, à Paris.
3790. L.-E. BORON, à Montbars.
3797. R. BRAVAIS, à Paris.

3802. Carenou et Tur, à Moussac.
3889. E. de Ricqlès et Cⁱᵉ, à Lyon.
3922. Cyrille Velpry, à Reims.
       Verne, à Grenoble.
3799. F. Brun et Bonnet, à Paris.
3788. P, Bisseuil et Cⁱᵉ, à Paris.
3810. Chiraux frères, à Cambrai.
3879. Moraux et Delmotte, à Masnières.
3880. Morel et Georget, à Aubervilliers.
3845. B. Harsh fils, à Paris.
3834. J.-H. Forster, à Paris.
       Guillieux, à Paris.
3933. Joseph Piat, à Paris.
3934. Léopold Pujos, à Nérac.
3658. Malétra, Société anonyme de produits chimiques, à Paris.
3911. Société générale des eaux d'Aulus.
3898. Saint-Galmier (source Badoit).
3907. Société anonyme des sondages du Forez.
3830. Établissement de la Preste.
       Eaux d'Orezza.
3708. Prinet, à Bordeaux.

Mention honorable.

3608. J. Gravier aîné et Cⁱᵉ, à Orléans.
3644. A. Lenoir fils, à Paris.
3636. Ch. Laurent, à Maroille.
3491. A. Bierry, à Montigny.
3677. G. Michel fils, à Paris.
3635. V. Latour, à Bordeaux.
3518. Candeil frère et sœur, à Lille.
       Bornibus, Paris.
3558. O.-E. Deshayes, au Havre.
3520. Cartier-Cassière, à Tours.
3506. De Bourran frères et Cⁱᵉ, à Bordeaux.
3553. A. Delor et Cⁱᵉ, à Bordeaux.
3684. Louis Nicolas, à Libourne.
3723. Comte de Roquette-Buisson, à Blois.
3650. Lhote et fils, à Dijon.
3569. E. Dupont et Cⁱᵉ, à Bordeaux.
3631. Veuve Lamorère aîné, à Loustreau-Neuf.
3610. P. de Guigné, à Médoc.
3600. Gontier-Lalande, à Moulis.
3554. J. Demptos, à Camblanes.
3702. A. Planteau, à Sainte-Foy-la-Grande.
3735. Sarrazin et Cⁱᵉ, à Bordeaux.
3486. X. Bernard, au château des Trois-Moulins.
3617. E. Hontang et Cⁱᵉ, à Bordeaux.

3475. H. DE BAILLET, château de Sireygeol.

3697. F. ET L. PESQUI, à Bordeaux.

3620. J. HUGON ANTONIC, à Moulis.

BESSON-PERRAULT, à Rully.

3748. P.-J. SOULIER, à Collioure.

3761. VIOLLET FRÈRES, à Thuir.

3754. TRILLES FRÈRES, à Perpignan.

3638. LEFOURNIER JEUNE, à Ay.

REINAT.

J. ROUSSE.

3471. ANDRIEU ET REBOTTATO, à Toulon.

3480. BÉGAT ET SEDILLEAU, à Paris.

3513. BRUCHOT, GOUPIL ET Cⁱᵉ, à Bordeaux.

3535. COISNE PRUVOST, à Armentières.

3665. TH. MARTIN, à Gallargues.

3706. PREIRE, à Toulon.

3714. REIGNIER ET BOULINEAU AÎNÉ, à Bordeaux.

3712. CH. DE RANCOURT, à Bordeaux.

3755. C.-H. UNHOLZ, à Bordeaux.

3825. DOMONT ET COLLET, à Paris.

3826. HENRI DUGNOLLE, à Fresnes.

3817. E. DECAGNY, à Paris.

3872. E.-A. MELIN, à Bordeaux.

3828. CH. DURAND ET Cⁱᵉ, à Paris.

3685. NINOT ROBIN ET FILS, à Rully.

DEPLANCHE ET GAVIGNET, à Paris.

VERNET.

PONT DE NEYRAC.

SAINT-GALMIER (GRANDE SOURCE NOËL).

MORNY-CHÂTEAUNEUF.

EAUX DE L'ATLAS.

GROUPE VII.

MÉCANIQUE. — INSTRUMENTS ET OUTILS. — MOYENS DE TRANSPORT.

Hors concours comme membres du Jury.

MM. HENRY BINDER.

GALANTE PÈRE.

M. GENESTE.

Diplôme d'honneur.

3939. A. ALBARET, à Liancourt.

3941. ANCIENS ÉTABLISSEMENTS CAIL, à Paris.

3943. F. ARBEY, à Paris.

3963. COMPAGNIE DE FIVES-LILLE, à Paris.

4003. MARINONI, à Paris.

4011. F. MORANE JEUNE, à Paris.

4020. A. PIAT, à Paris.

4029. Société générale meulière, à la Ferté-sous-Jouarre.
4036. Vigneron, à Paris.
4041. Balbreck aîné, à Paris.
4047. A. Collot, à Paris.
4050. Jules Duboscq, à Paris.
4052. E. Ducretet et Cie, à Paris.
4056. Edmond Feil, à Paris.
4067. Ménier, à Paris.
4068. J.-A. Nachet, à Paris.
4076. Société générale des téléphones, à Paris.
4066. R. et H. Mathieu fils, à Paris.
4106. Société anonyme de travaux, Dyle et Bacalan, à Paris.
4092. Decauville aîné, au Petit-Bourg.
4099. J.-N. Lemoine, à Paris.
4102. Million, Guiet et Cie, à Paris.
4103. Muhlbacher, à Paris.
3989. A. Hurtu, à Paris.

Médaille d'or.

3950. J. Boulet et Cie, à Paris.
3965. Compagnie pour la fabrication des compteurs et matériel d'usines à gaz, à Paris.
3957. J. Cabasson, à Paris.
3974. Durenne, à Courbevoie.
3971. J. Dugoujon aîné, Paris.
      Deny, à Paris.
3973. Dupety, Theurey, Gueuvin, Bouchon et Cie, à la Ferté-sous-Jouarre.
3976. Veuve Egrot et fils, à Paris.
3978. A. Fauqueux et Cie, à la Ferté-sous-Jouarre.
3981. P. Garnier, à Paris.
3983. Giroud et Cie, à Paris.
      Lehmann frères.
3995. Leblanc et Cie, à Paris.
3991. La Bourguignonne, à Dijon.
      Legat.
4008. Mays frères, à Paris.
4023. E. Puzenat, à Bourbon-Lancy.
4027. Société de constructions mécaniques de Saint-Quentin.
4039. Wohl, à Paris.
4045. A. Boivin, à Paris.
4049. L. Dru, à Paris.
4060. J. Journaux, à Paris.
4061. L. Laurent, à Paris.
4063. Secretan, à Paris.
4044. A.-P. Boissonneau fils, à Paris.
4048. Coulomb, Boissonneau et fils, à Paris.
4065. J.-B. Mariaud, à Paris.

4075. Rondeau frères, à Paris.

4121. Joubert-Bonnaire, à Angers.

4126. Turbot, à Anzin (Nord).

4080. G. Wickham, à Paris.

4081. Anciens établissements Cail, à Paris.

4091. E. Chevalier, à Paris.

4095. L. Francq, à Paris.

4093. E. Dervaux-Ibled, au Vieux-Condé.

4101. A. Mallet, à Paris.

4104. L. Paupier, à Paris.

4082. G. Anthoni, à Paris.

4084. Belvalette frères, à Paris.

4086. Boyriven frères, à Paris.

4088. A. Camille jeune, à Paris.

V.-E. Copeau, à Paris.

4102. Million Guiet et Cⁱᵉ, à Paris.

4109. Société d'instruction professionnelle et artistique de carrosserie, à Paris.

4100. Lochet aîné et Debertrand, à Paris.

2843. Saint frères, à Paris.

4031 et 4125. Stapfer de Duclos et Cⁱᵉ, à Marseille.

4117. Dorémieux fils et Cⁱᵉ, à Saint-Amand (Nord).

E. Houdart.

William de Saint-Martin, à Paris.

4028. Société française des élévateurs, à Paris.

Médaille d'argent.

A. Berthélemy, à Paris.

4051. Th.-A. Duboscq père et fils, à Paris.

4054. J.-P. Français, à Paris.

4058. S. Guichard et Cⁱᵉ, à Paris.

4059. R. Jacquinet, à Reims.

4069. Olivier et Goulancourt, à Paris.

4071. Pertuis, à Paris.

4055. Franck Valéry frères, à Paris.

4073. C. Regnier et E. Paillard, à Paris.

4079. H. Vergne, à Paris.

Devenne, à Paris.

Biémont, à Paris.

4098. G. Lebois, à Paris.

4105. Société anonyme la Carrosserie industrielle, à Paris.

4114. Caillard frères, au Havre.

3947. A. Blaise, à Signy-le-Petit.

3946. Beyer frères, à Paris.

3949. A. Bouchereaux, à Choisy-le-Roi.

3964. Compagnie française des chocolats et des thés, Pelletier et Cⁱᵉ, à Paris.

3967. D. Couteau, à Roubaix.

3962. A. Clert, à Niort.

4014. Mutel et Dupont, à Paris.
3980. L. Fontaine, à Lille.
3986. Grande société meulière, à Cinq-Mars-la-Pile.
3988. G. Hermann et Cⁱᵉ, à Paris.
3997. A. Lecornu, à Paris.
3994. Laporte aîné, à Nérondes.
4000. Lhuillier, à Dijon.
4022. D. Poulot, à Paris.
4030. Souchu-Pinet, à Langeais.
4033. Tiersot, à Paris.
       Giot, à Cherbourg.
4118. Fraissinet et Cⁱᵉ, à Marseille.
4120. Huret, Lagache et Cⁱᵉ, à Pont-de-Brique.

Médaille de bronze.

3954. Brixon Poussart, à Mouzon.
3960. P. Chenaillier, à Paris.
3966. A. Courtin Wallerand, à Maroilles.
3977. G. Englebert, J. Liévens et Cⁱᵉ, à Lille.
3979. A. Ferron, à Paris.
3998. Lemelle, à Paris.
3993. Lallier, Vernot et Cⁱᵉ, à la Ferté-sous-Jouarre.
4005. A. Masson, à Paris.
4010. F. Mony, à Dijon.
4026. Société anonyme pour l'exploitation d'engins graisseurs à alimentation
       pneumatique, à Paris.
4034. P. Tourneur, à Paris.
4022. J. Teppaz, à Paris.
4040. J. Audouin, à Paris.
4042. L. Biennait, à Paris.
4053. E. Enjalbert, à Montpellier.
4062. J.-P. Le Chevallier, à Poitiers.
4064. B.-J. Mallet, à Paris.
4072. Petitqueux et Thomas, à Paris.
       Cahen et Jolly.
4083. Béliard, à Paris.
4110. A. Suc, à Paris.
4111. R. Vignoul et H. Orban, au Vieux-Condé.
4087. J. Buzin, à Valenciennes.
4123. H. Satre, à Lyon.

Mention honorable.

3975. G. Durrschmidt, à Lyon.
3985. Gaillot, à Beaune.
3992. H. Lagache, à Lille.
4017. Nuwendam et Kluyskens, à Paris.
4024. J. Roland, à Jeumont.

4o38. Wackernie Famin et Cⁱᵉ, à Paris.
   Wildpret.
4o89. Carpentier, à Paris.
4o39. Ferret et Sicot, à Port-d'Envaux.
4122. Lucy, à Paris.
4124. Société anonyme des lièges appliqués à l'industrie, à Paris.

GROUPE VIII.

GÉNIE CIVIL. — CONSTRUCTIONS. — BÂTIMENTS.

Hors concours comme membres du Jury.

MM. Boutmy.   M. Hovine (juré belge).
  Félix Dehaynin.

Diplôme d'honneur.

288o. F. Marrou, à Rouen.
2881. Mesureur et Monduit fils, à Paris.
9963. Compagnie de Fives-Lille, à Paris.
4133. A. Chappée, au Mans.
414o. Derville et Cⁱᵉ, à Paris.
4143. Faïencerie de Gien, à Gien.
4163. Société anonyme des ciments français et de Portland, à Boulogne-sur-
   Mer.
4173. Anciens établissements Cail, à Paris.
4177. Gustave Eiffel, à Levallois-Perret.
4184. Léon Dru, à Paris.
4188. E. Lippmann et Cⁱᵉ, à Paris.
4189. Pierre Manhes, à Lyon.
4192. Société des forges et hauts-fourneaux d'Anzin, à Denain.

Médaille d'or.

2884. Perin-Grados, à Paris.
2916. Société Le Nickel, à Paris.
391o. Société générale des cirages français, à Paris.
3972. L. Dumont, à Lille.
4138. Compagnie des travaux publics, à Paris.
4149. N. Huret et Cⁱᵉ, à Neufchâtel (Pas-de-Calais).
4157. Raoul Radot, à Paris.
4158. Royaux fils, au Forest.
416o. Sand et Cⁱᵉ, à Feignies.
4175. Marquis Anatole-François de Caligny, à Versailles.
4178. Noël, à Paris.
4186. E. Hemerdinger, à Paris.
419o. E. Muller, à Ivry-sur-Seine.
4193. Société générale pour la fabrication de la dynamite, à Paris.
4194. G. Vian, à Paris.

4197. GOUVY FRÈRES ET Cⁱᵉ, à Dieulouard.
3996. LEBLANC-GEORGI ET Cⁱᵉ, à Marquise.
COLONEL-BASSERIE, au Mans.
LOUIS SER.
CHAMPIGNEULLE, à Paris.

Médaille d'argent.

3955. C. BROQUET, à Paris.
3999. AL. LETESTU, à Paris.
4129. JULES BON, à Paris.
4126. COMITÉ DES VENTES DES ARDOISIÈRES DU MOULIN-SAINTE-ANNE, DE SAINT-LAMBERT-BELLE-ROSE, DE LIÉMERY ET DE SAINT-GILBERT, à Fumay.
4146. H. DE LA GARDETTE, à Bollène.
4153. CH. MÉLOTTE, à Fumay.
4164. SOCIÉTÉ ANONYME DES MARBRIERS DU CAP CHENOUA, à Marseille.
4167. SOCIÉTÉ CIVILE DE L'ARDOISIÈRE DE BOIS-CHEVAUX, à Fumay.
4182. COSSET-DUBRULLE, à Lille.
4187. L. LEMERLE, à Ivry-sur-Seine.
MARTIN PIERSON, à Vaucouleurs.
4020. PIAT, à Paris.
LA PANCLASTITE, EXPLOSIF TURPIN, à Paris.
4198. DE HULSTER, à Crespin (Nord).

Médaille de bronze.

4128. LOUIS ASSELBOURG, à Lille,
4130. E. BONVALLET ET Cⁱᵉ, J.-B. DE SAUNIER, à Orange (Vaucluse).
4165. SOCIÉTÉ ANONYME DES GRANITS DE NORMANDIE, à Paris.
4170. SOCIÉTÉ DES CHAUX HYDRAULIQUES ET CIMENTS, à Meysse.
SOCIÉTÉ ANONYME DES CHAUX ET CIMENTS DU TEIL (Ardèche).

Mention honorable.

2974. J. RAFIN ET E. AMENILLE, à Saint-Paul près Beauvais.
4131. CAFFORT FRÈRES, à Paris.
4141. E. DESPLANQUES, à Paris.
4145. FOSTIER-FLORISTE, à Hestrud (Nord).
4148. L. HARLINGUE, à Paris.
4154. G. MOYSAN, à Champigneulles.
4156. VEUVE RADENNE, à Saint-Junien.
4162. SOCIÉTÉ ANONYME DES BRIQUES ET PIERRES BLANCHES, à Paris.
4179. SIMONETON AÎNÉ, à Paris.

GROUPE IX.

ARTICLES D'EXPORTATION SPÉCIALEMENT À L'USAGE DES INDIGÈNES DES COLONIES.

Diplôme d'honneur.

2932. JAPY FRÈRES ET Cⁱᵉ, à Beaucourt.
3286. L. PERMEZEL ET Cⁱᵉ, à Lyon.

3957. J. Cabasson, à Paris.
4196. Veuve Egrot et fils, à Paris.
4197. Gouvy frères et Cⁱᵉ. à Dieulouard.
4180. Anciens établissements Cail. (Société anonyme), à Paris.

Médaille d'or.

2882. Pantz frères et Cⁱᵉ, à Pont-à-Mousson.
3340. G. Dubois et ses fils, à Paris.
4195. Dorémieux fils et Cⁱᵉ, aux forges de Saint-Amand.

Médaille d'argent.

3238. Th. Grison, à Lisieux.

Mention honorable.

2893. Ernest Claude, à Darney.

ÉTUDE

SUR

LES COLONIES NÉERLANDAISES

DES INDES ORIENTALES,

PAR

M. AUBERT,

COMMISSAIRE ADJOINT, CHANCELIER DU CONSULAT GÉNÉRAL DE FRANCE À AMSTERDAM.

INTRODUCTION.

L'Exposition d'Amsterdam avait un double but, qui se trouve résumé dans son titre d'*Exposition coloniale et d'exportation générale*. Ses promoteurs voulaient d'abord, par la réunion de produits, de documents, de monuments de toute sorte, faire connaître, tant au point de vue scientifique qu'au point de vue pratique et commercial, ces riches contrées d'outre-mer qui, sous l'intelligente impulsion que les Européens leur ont donnée, sont en voie de rivaliser avec le vieux monde. Ils ont voulu ensuite réunir dans un concours international tous les produits, tous les articles susceptibles d'être exportés vers les contrées que leur infériorité rend tributaires de peuples plus développés ou mieux doués par la nature.

C'est pour répondre à ce double but que l'Exposition a été divisée en deux sections distinctes, ayant chacune un programme spécial :

La section coloniale;
La section d'exportation générale.

La section coloniale comprenait non seulement les colonies, possessions ou contrées placées sous la suprématie d'une puissance européenne, comme les Indes orientales et occidentales néerlandaises, les colonies anglaises des Indes, d'Australie, d'Afrique, d'Amérique; les colonies espagnoles, Cuba, Porto-Rico, Manille, Fernando-Po; les colonies françaises, la Réunion, la Guadeloupe, la Martinique, la Guyane, Pondichéry, Chandernagor, la Cochinchine, la Nouvelle-Calédonie; mais aussi des États indépendants comme le Vénézuéla, Siam, Haïti, l'Uruguay, dont les produits se rapprochent le plus de ceux des colonies proprement dites et ont, par suite, concouru dans la même section.

La section coloniale était divisée en trois groupes, savoir :

Le premier comprenait les objets relatifs à la *nature des contrées conquises ou colonisées* : géographie, orographie, météorologie, géologie, minéralogie, flore, faune et anthropologie.

C'était la partie scientifique du programme.

IMPRIMERIE NATIONALE.

Le deuxième comprenait les objets relatifs à la *population indigène des colonies* : statistique de la population, vie domestique et sociale, moyens d'existence, sciences et arts, religions, formes de gouvernement et administration, en un mot l'ethnographie.

Enfin, le troisième groupe était destiné à faire connaître au point de vue pratique les résultats de l'*intervention des Européens aux colonies,* et comprenait les expéditions et voyages, les systèmes de colonisation, les moyens de défense, les travaux publics, les services administratifs, le commerce, la navigation, l'agriculture et l'industrie, la vie domestique et sociale des Européens, l'enseignement, enfin tout ce que la civilisation avait pu créer, améliorer ou développer dans les contrées qui lui étaient ouvertes.

Rarement, croyons-nous, une exposition coloniale avait été conçue sur des bases aussi vastes, dans un ordre d'idées aussi variées. Sa réussite devait donc ouvrir un champ d'études immense, fournir les éléments de travaux des plus intéressants et des plus sérieux, mais aussi rendre difficile la tâche d'un rapporteur obligé, pour rester dans le cadre qui lui est tracé, de se borner à effleurer les nombreux sujets qui méritent de fixer l'attention. Au lieu d'une œuvre parfaite, d'une étude approfondie sur les colonies représentées à l'Exposition, ce n'est donc qu'un modeste compte rendu que nous allons en donner.

Chaque colonie a des monuments, des produits, une constitution physique, des mœurs qui lui sont propres. Les objets qui s'y rapportent ne se prêtent pas, comme les produits des industries européennes, à des comparaisons par rapport au goût, à l'habileté qui ont présidé à leur conception ou à leur confection. Ils doivent, au contraire, être considérés et jugés par rapport à leur milieu particulier. Voilà pourquoi nous avons cru nécessaire d'examiner et de rendre compte isolément de l'exposition de chaque colonie représentée à Amsterdam.

LES COLONIES NÉERLANDAISES.

En organisant une exposition dans la capitale des Pays-Bas, les Hollandais devaient nécessairement, et c'était justice, réserver une large place à leurs colonies. La Hollande doit, en grande partie, ce qu'elle est à ces riches contrées de l'Extrême Orient qui alimentent son commerce depuis des siècles, assurent des débouchés à ses produits, offrent un vaste champ à l'activité de ses populations et constituent pour elle une source féconde, pour ne pas dire intarissable, de bénéfices. Si elle a tenu pendant longtemps le sceptre des mers, si elle a pu se relever, après de

nombreux désastres, d'une situation des plus précaires, entreprendre
d'immenses travaux, se créer un réseau coûteux de chemins de fer,
améliorer ses ports et ses voies navigables sans augmenter les charges
de la nation, c'est grâce à ses colonies. Si de même les Hollandais ont
toujours eu l'esprit ouvert aux grandes idées, aux grandes œuvres, c'est
parce que, grâce aux richesses que leurs colonies leur ont procurées,
ils n'ont jamais eu à se soucier du lendemain, à s'inquiéter de l'avenir.
Ils pouvaient vouer leurs loisirs et leurs bourses à l'encouragement et
à la pratique des sciences, des arts et des lettres. « Les colonies, disait
Lord Brougham, ont permis à la Néerlande de conserver son rang parmi
les nations de l'Europe. Elles ont assuré son indépendance. Elles l'ont
sauvée de la décadence. Aucune nation de l'Europe n'a son sort aussi inti-
mement lié à ses colonies. Il n'est aucun pays pour lequel les colonies
aient une aussi grande valeur que pour la Néerlande. »

Entre la mère patrie et ses colonies il s'opère un échange constant
d'hommes, de capitaux et de produits qui enrichit l'une tout en assurant
la prospérité des autres. Des liens indissolubles les unissent. Les colonies
entretiennent une armée nombreuse de fonctionnaires de tous grades, largement rétribués, que leur envoie la métropole; elles subviennent aux dépenses de la plus grande partie de la flotte néerlandaise; les officiers, les
cadres de l'armée coloniale sont fournis par la Hollande; nombre d'officiers de l'armée hollandaise vont déployer leur activité et développer leurs
aptitudes aux Indes. Les colonies versent sur le marché hollandais la
majeure partie de leurs produits en alimentant la marine et en enrichissant
quantité d'intermédiaires et de commerçants. En échange, la métropole
met à la disposition de ses colonies les capitaux nécessaires pour la mise en
culture de vastes terrains fertiles ou pour l'exploitation d'entreprises industrielles; elle leur envoie ses ingénieurs et ses praticiens les plus capables;
elle leur assure l'écoulement des fruits de leur sol et les alimente de tout
ce dont elles peuvent avoir besoin. De là, un mouvement incessant, une
intercourse constante, des échanges continuels, des sources de bénéfices
que nous aurons l'occasion de faire plus amplement ressortir dans le courant de cette étude.

Les colonies que possèdent actuellement les Pays-Bas sont, en Asie et
en Océanie : Java, Sumatra, une partie des îles de Bornéo et de la Nouvelle-Guinée et tout l'archipel malais, dont l'ensemble constitue ce qu'on
appelle les *Indes orientales néerlandaises;* en Amérique : Surinam ou la
Guyane hollandaise, les îles de Curaçao, d'Aruba, de Bonaire, de Saba,
de Saint-Eustache et une partie de l'île Saint-Martin, aux Antilles, qui

forment les *Indes occidentales néerlandaises*. Jusqu'en 1872, les Pays-Bas avaient également des possessions sur la côte occidentale d'Afrique; mais elles ont été cédées à l'Angleterre en échange des droits que celle-ci pouvait faire valoir sur une partie de l'île de Sumatra.

L'exposition des colonies néerlandaises se trouvait dans un édifice spécial s'élevant au milieu du jardin, à gauche du bâtiment principal. Elle était entourée de modèles, de grandeur naturelle ou réduite, d'habitations indigènes. Deux ponts en bambou, solides malgré leur légèreté et semblables à ceux qui sont si hardiment jetés sur les rapides et cours d'eau de l'Inde, reliaient les différentes parties de cet ensemble auquel on avait donné le nom de *Parc colonial*. Pour compléter l'illusion et faire croire aux visiteurs qu'ils se trouvaient transportés sous les tropiques, de petits chevaux particuliers à Java traînaient, avec une vélocité que maint cheval de nos climats pourrait leur envier, un char à bancs exotique sous la conduite d'un javanais dégingandé, osseux, étriqué et coiffé de son madras. Ou bien, deux représentants de la race bovine remorquaient d'un pas lent et solennel un véhicule des plus primitifs, une herse, une charrue sur laquelle pesait de son faible poids quelque enfant, dont le teint, sinon l'habillement fantaisiste, trahissait bien l'origine.

Le bâtiment colonial couvrait une surface de 4,200 mètres carrés et avait 95 mètres de longueur totale. Sa largeur était de 60 mètres sur une profondeur de 25 mètres et de 35 mètres seulement sur une profondeur de 70 mètres. La façade était formée de deux rangées d'arcades superposées et flanquées de tourelles surmontées de dômes et de coupoles qui lui donnaient un style mauresque très prononcé. Ce genre d'architecture était encore plus frappant dans les arcades, les colonnes et les chapiteaux polychromes qui soutenaient la toiture de l'édifice et qui avaient été évidemment empruntés au palais de l'Alhambra.

On s'est demandé avec raison pourquoi l'architecte, M. A. W. Stortenbeker, homme de talent du reste, s'est inspiré du style arabe ou mauresque qui n'a absolument rien de commun avec les Indes hollandaises, où l'islamisme domine, c'est vrai, mais où l'architecture arabe est, sinon complètement étrangère, du moins d'une application relativement récente. Pourquoi n'a-t-il pas cherché à donner une idée du style si grandiose des chefs-d'œuvre de l'ancienne architecture bouddhique ou brahmanique dont on trouve les derniers vestiges dans les ruines des palais de Bourou-Boudour, de Tegal, d'Elora, dans l'île de Java?

Les organisateurs de l'exposition répondent à ces objections que ce qui a porté l'architecte à donner à son œuvre un caractère oriental, c'est qu'elle

devait surtout renfermer des produits de l'Orient; que, de plus, les civilisations chinoise, indoue, arabe, se sont depuis des siècles disputé la pré-
séance dans l'archipel malais. Or, les Chinois, bien que toujours nombreux, ne sont que des étrangers dans la société indienne. Les Indous ont,
il est vrai, laissé des traces profondes de leur passage et de leur suprématie, mais leur architecture n'est plus appréciable que par des vestiges
de monuments purement religieux dont le caractère ne se prête pas au
but quel'on se proposait. Restait donc le style arabe que suivent les habitants plus civilisés de l'archipel lorsqu'ils veulent s'élever au-dessus des
conceptions lourdes et disgracieuses de leurs compatriotes : témoins le
cimetière des princes de Soumanap, la villa du peintre Raden Saleh, etc.
C'est donc à ce dernier style que l'on s'est arrêté.

Sans nous faire juge dans cette polémique sur le choix plus ou moins
heureux de l'architecture de son enveloppe, nous ne pouvons nous empêcher de reconnaître que l'exposition coloniale néerlandaise était parfaitement réussie. La richesse, la variété des objets, le goût et le soin qui
ont présidé à leur installation et à leur classement, tout a contribué à
faire de cette exposition une œuvre remarquable. Hâtons-nous d'ajouter
que tout l'honneur en revient aux organisateurs : M. le professeur P. J. Veth,
sous la direction duquel a été rédigé le catalogue raisonné qui constitue
à lui seul un des objets les plus intéressants de l'exposition; MM. Pels,
président; G. Bosscher, vice-président de la section coloniale, et à leurs
modestes collaborateurs, entre autres: MM. DD. Veth, agent du gouvernement indien; I. G. C. C. Stierling Kuneman, ancien assistant-résident à
Java; F. C. Tromp, ancien officier de marine, membre des états provinciaux et du conseil communal d'Amsterdam; L. Ankersmit, ancien négociant à Java.

On pénétrait dans le bâtiment colonial par un vaste portail orné de deux
grandes cartes des Indes, de trophées et de panoplies d'armes et de dra-
peaux et enfin des portraits plus ou moins authentiques des gouverneurs
généraux des Indes orientales, depuis Pieter Both (1610-1614), jusqu'à
Loudon (1872-1875), collection certainement plus curieuse qu'artistique.
Le portail donnait accès dans un vaste péristyle de 12 mètres de large sur
25 mètres de long aboutissant à une cour couverte également en style
mauresque. Ce péristyle et la cour formaient, à proprement parler, le salon
d'honneur de l'exposition coloniale. Les parois étaient ornées des œuvres les
plus remarquables du peintre javanais Raden Saleh, le seul artiste indigène
dont la réputation ait franchi les mers. Ses tableaux ont une chaleur de
ton, une vie que leur envierait plus d'un peintre européen. On y voyait

aussi de nombreuses armes prises aux différentes peuplades qui habitent l'archipel malais et dont les Hollandais ont eu fréquemment à réprimer les actes de piraterie ou depillage. Ces glorieux trophées font un des ornements de l'hôtel des Invalides de Bronbeek, où les vétérans des armées coloniales trouvent un asile confortable. Des vitrines renfermaient les armes les plus riches que l'Inde hollandaise ait pu fournir, les kris et klewangs, poignards et sabres malais, dont la poignée et le fourreau en or ou en argent étaient richement ciselés, repoussés ou rehaussés de pierres précieuses. D'autres vitrines contenaient des représentations en miniature, et aussi exactes qu'on puisse le désirer, d'un marché, du cortège nuptial d'un riche javanais. Plus loin, nous voyons le cortège du sultan de Solo ou de Djodjokarta se rendant à la mosquée à l'occasion de la fête de Garebek ou de l'anniversaire de Mahomet, ainsi qu'un bal chez un chef indigène et la danse des bayadères chez un riche Chinois à Java. Parmi les objets curieux qui ont frappé plus particulièrement notre attention dans cette partie de l'exposition coloniale, nous citerons encore des dents d'éléphant sculptées et fouillées avec une patience et un art qui témoignent de l'habileté des artistes orientaux et aussi une riche collection de meubles, de voitures, d'animaux en filigrane fabriqués par les orfèvres indigènes des environs de Padang (Sumatra).

Des divans circulaires et un jet d'eau destinés à entretenir une douce fraîcheur complétaient l'ornementation de la cour intérieure.

Les murs de la cour intérieure étaient tapissés de tableaux de Raden Saleh, dont on voyait également la statue en cire. Le plancher était recouvert de riches tapis de Perse prêtés pour la circonstance par la maison Ziegler, de Manchester.

Différents salons plus petits adossés à cette cour renfermaient les riches collections de meubles sculptés indous remontant au xve siècle appartenant à M. Ankersmit; les armes, ustensiles et instruments indiens de M. van Ryckevorsel, de la Société des missions protestantes d'Utrecht, du musée ethnographique de Leiden, enfin les objets rapportés de ses voyages d'exploration dans l'archipel malais par notre courageux compatriote M. Brau de Saint-Pol Lias, à qui il a été fait un si chaleureux accueil, pendant l'Exposition, à Amsterdam.

De chaque côté du péristyle, adossés à la façade, se trouvaient, à droite dans le bâtiment colonial, les objets compris dans le groupe I, à gauche ceux rentrant dans le groupe III. Le groupe II occupait tout le fond de l'édifice, ainsi que les côtés de la cour. La démarcation entre les différents groupes n'a toutefois pas toujours pu être rigoureusement observée.

Souvent même, des objets appartenant à plusieurs classes ont dû être confondus, parce que la Commission ne pouvait pas séparer les envois d'une même personne. Les objets, si intéressants qu'ils fussent, n'ont donc pas pu souvent être appréciés à leur juste valeur, faute de pouvoir en trouver la description sur le catalogue méthodique, qui n'a d'ailleurs été terminé que vers la fin de l'Exposition.

GROUPE I.

NATURE DES CONTRÉES CONQUISES ET COLONISEES.

Ainsi que nous l'avons déjà dit, le premier groupe comprenait la géographie, la météorologie et le magnétisme terrestre, la configuration du terrain, la géologie et la minéralogie, la flore, la faune, enfin l'anthropologie des colonies néerlandaises.

Les Indes orientales néerlandaises, autrement dit l'archipel malais, occupent, d'après les derniers relevés, une superficie de 32,800 milles géographiques carrés, c'est-à-dire près de cinquante fois celle du royaume des Pays-Bas. Elles se composent des îles ou groupes d'îles suivants :

	Milles géogr. carrés.
Java et Madoura............................	2,445
Banka.....................................	237
Billiton...................................	119
Riouw....................................	206
La partie occidentale de l'île de Bornéo.............	2,806
Les parties orientale et méridionale de la même île.....	6,568
L'île de Macassar et dépendances.................	2,149
Menado...................................	1,270
Amboina..................................	479
Banda....................................	411
Ternate...................................	1,130
Timor (partie néerlandaise)......................	1,043
Bali et Lombok.............................	190
La partie occidentale de Sumatra.................	6,720
Atjeh et autres possessions.....................	3,800
Une partie de la Nouvelle-Guinée....'............	3,210
Total.....................	32,800

Quoique plusieurs parties de ce vaste empire soient encore, sinon explorées, du moins imparfaitement connues, l'étude des contrées dont il se compose a donné naissance à une infinité d'ouvrages géographiques, de productions graphiques et cartographiques du plus haut intérêt. Non seulement les Hollandais eux-mêmes, mais aussi nombre d'étrangers ont exploré les différentes îles de la Malaisie placées sous la domination hollandaise et ont publié le fruit de leurs études et de leurs recherches. Parmi les Hollandais nous citerons les Melvil de Carnbée, van der Aa, Veth, Millies, de Hollander, docteur van Hoevell, Roorda van Eysinga, van Gelder, Bleeker, Perelaer. Les étrangers sont représentés par Junghuhn, von Rosenberg, Raffles, Friedmann, Rickmore, Marsden, Stocdale, Selberg. Leurs ouvrages, justement appréciés, figuraient à l'Exposition, à côté des annales et des publications de la *Société des arts et des sciences de Batavia*, de l'*Association royale des sciences naturelles* de la même ville, de l'*Institut royal de philologie, de géographie et d'ethnologie des Indes néerlandaises* et de la *Société de géographie d'Amsterdam*, institutions que l'on trouve toujours prêtes à encourager les études scientifiques.

Les particuliers, le Gouvernement et les diverses institutions publiques ont, d'ailleurs, rivalisé pour réunir une collection aussi complète que possible de publications sur les colonies néerlandaises. Les Ministères de la marine et des colonies, l'Académie royale militaire de Breda, l'Université de Leiden et son savant professeur Veth avaient envoyé ce qu'ils avaient de plus précieux dans leurs collections, depuis la carte la plus ancienne jusqu'à la carte topographique de l'île de Java, à l'échelle de $\frac{1}{100000}$ achevée en 1883 et sortie de l'établissement topographique du Ministère de la guerre à la Haye. Mentionnons aussi le remarquable contingent de cartes et de publications sur les colonies néerlandaises, fourni par la *Société de géographie d'Amsterdam*. C'est à son initiative que l'on doit de nombreux voyages d'exploration et des travaux des plus remarquables. En notre qualité de membre du jury, nous avons été heureux de pouvoir rendre hommage aux efforts de cette société en lui donnant nos suffrages pour une médaille d'or.

Si, d'un côté, les particuliers ont largement contribué à faire connaître les colonies au point de vue géographique, il est juste de reconnaître également les efforts faits dans ce but par le gouvernement colonial. Une des divisions du Département de la guerre à Batavia est spécialement chargée des travaux topographiques aux Indes. Ce service est dirigé par un lieutenant-colonel directeur, assisté de trois officiers, ayant sous ses ordres 4 brigades actives avec un effectif de 8 officiers, 32 sous-officiers et 16 caporaux élèves topographes. Il figure au budget de 1884 pour la somme de 909,000 francs, personnel et matériel.

Les relèvements hydrographiques rentrent dans les attributions de la direction de la marine aux Indes.

Ce service comprend :

> 1 officier de marine, chef;
> 4 assistants;
> 2 lithographes;
> 1 dessinateur;
> 1 imprimeur (tous Européens);
> 6 aides indigènes.

Les dépenses, s'élevant à 180,000 francs environ, se répartissent ainsi qu'il suit :

Personnel. . . . . 113,000 fr.
Allocation aux équipages des trois bâtiments affectés aux travaux hydrographiques. 66,000
Installation de signaux, achat d'instruments. 800
                                                                          ─────────
                                                                          179,800

D'après le dernier rapport présenté aux Chambres, le service topographique a, en 1882, opéré la triangulation et le relèvement de 6,376 kilomètres carrés dans l'île de Java et publié les dernières des 117 feuilles de la carte détaillée de l'île de Java, notamment la carte au $\frac{1}{20000}$ de la résidence de Probolingo, celle au $\frac{1}{20000}$ de Vandong-Malang (Probolingo), celle au $\frac{1}{10000}$ de Bangkalang et Sampany, celle au $\frac{1}{50000}$ de Sindonglaga et de Tjipannas, dans l'île de Java, la carte au $\frac{1}{200000}$ de l'île de Billiton et les quatre feuilles retouchées de la carte au $\frac{1}{500000}$ de la partie septentrionale de l'île de Sumatra.

Le bureau hydrographique de Batavia a également publié un grand nombre de bonnes cartes marines, dont plusieurs figuraient à l'Exposition. On s'est plaint, néanmoins, de la lenteur avec laquelle s'opéraient les travaux hydrographiques. On en a même parlé au congrès géographique de Venise en 1882. Le Gouvernement s'est ému de ces plaintes et a donné de l'extension au service hydrographique colonial. Il y a donc lieu d'espérer que, dans un avenir rapproché, les cartes défectueuses seront retouchées d'après des données obtenues méthodiquement.

Les ouvrages de météorologie et de magnétisme terrestre relatifs aux colonies néerlandaises n'étaient pas fort nombreux à l'Exposition. Ce n'est, d'ailleurs, qu'à une époque assez récente que le Gouvernement s'est décidé à créer un observatoire météorologique à Batavia. Il en a confié la direction au docteur ·Bergsma. Les travaux de ce savant se trouvent réunis dans les cinq volumes intitulés : *Observations faites à l'observatoire magnétique et météorologique de Batavia, de 1866 à 1881*. Avant la fondation de cet établissement, les officiers de santé de l'armée étaient chargés de faire les observations météorologiques et magnétiques et d'envoyer mensuellement à l'Institut royal néerlandais de météorologie d'Utrecht le résultat de leurs observations journalières sur le thermomètre, le baromètre, la direction du vent et la quantité de pluie tombée. Mais, comme ces officiers ne recevaient aucune rémunération, on ne pouvait pas exiger d'eux une grande régularité dans leurs observations.

Quant aux phénomènes magnétiques, on ne possédait d'autres données que celles contenues dans l'ouvrage du capitaine Elliot et datant de 1851, lorsque le docteur van Ryckevorsel entreprit à ses frais, de 1874 à 1879, d'opérer des déterminations magnétiques dans tout l'archipel indien. Le résultat de ses observations a été publié dans les Mémoires de l'Académie royale des sciences néerlandaises. Une traduction faite par M. F. Spencer Bird, vice-consul d'Angleterre à Rotterdam, a dû en être publiée en anglais.

En dehors de Raden-Saleh, de Payen, de Beynon, de Salm, dont les œuvres ne sont malheureusement pas nombreuses, il est peu d'artistes de talent qui nous aient initiés par le pinceau ou le crayon aux beautés de la nature tropicale ou aux mœurs de ses habitants. Nous ne qualifierons pas d'artistes les auteurs des nombreuses lithographies qui, loin d'orner, déparent, au contraire, les ouvrages de mérite qui ont été publiés sur les Indes néerlandaises. Heureusement, la photographie est venue combler cette lacune. Puissent les richesses qu'elle nous donne à contempler engager quelque jeune et ambitieux disciple des Ruisdael et des Hobbema à affronter les chaleurs torrides pour nous faire connaître sous leurs couleurs naturelles les splendeurs de cette « ceinture d'émeraudes qui enlace l'Équateur », comme dit le poète en parlant de Java !

PAYEN (Antoine-Auguste-Joseph), était né à Bruxelles, en 1792, où il apprit la peinture dans l'atelier de van Asche. Il accompagna en 1817, comme dessinateur, le professeur Reinwardt dans sa mission scientifique aux Indes néerlandaises. Il profita de son séjour dans ces contrées pour faire un grand nombre de dessins qui lui servirent à composer une série de tableaux destinés à former une galerie indienne à la Haye, mais qui furent placés plus tard dans le musée ethnographique, à Leiden, où ils sont encore aujourd'hui.

Beynon, au contraire, était fils des tropiques, issu d'un père européen et d'une mère indigène. Ses dispositions pour la peinture engagèrent ses parents à l'envoyer, à l'âge de dix-huit ans, faire ses études à l'Académie de peinture d'Amsterdam, où il fut placé sous l'habile direction de Pieneman, de Kruseman et d'autres peintres en renom. Il retourna, vers 1855, aux Indes, où il se voua entièrement à la peinture jusqu'à l'époque de sa mort, survenue en 1877.

Après Raden-Saleh, Payen et Beynon, vient, par ordre de mérite, Abraham Salm, qui profita des heures de loisir que lui laissaient son commerce et ses exploitations pour se livrer à la peinture. Durant un séjour de près de vingt-neuf ans aux Indes, il fit nombre de dessins des pittoresques contrées qu'il habitait et s'en servit plus tard pour faire des tableaux : nous avons pu en admirer une trentaine à l'Exposition. Salm était né en 1801 à Amsterdam, où il mourut, en 1876, après une longue et laborieuse carrière. Il acquit sa réputation artistique moins par ses tableaux, qui sont peu connus parce qu'ils se trouvent entre les mains d'un nombre restreint de parents et d'amis, que par le recueil intitulé *Java*, publié par la maison Buffa d'Amsterdam, pour lequel il fournit vingt-quatre planches reproduites en chromolithographie.

Parmi les recueils de photographie de Java et des Indes néerlandaises figuraient avec honneur à l'exposition les œuvres de MM. van Kinsbergen, Meissen, Vien et de l'Anglais Woodbury Page.

On ne saurait s'étonner que, dans une contrée comme les Pays-Bas, presque entièrement formée de terrains d'alluvion, où les mines sont rares, peu d'hommes se soient appliqués aux études géologiques. C'est ce qui explique sans doute l'indifférence des Hollandais touchant les richesses minérales de leurs colonies. Ce n'est, en effet, que vers 1820, lorsque fut fondée la Commission d'histoire naturelle aux Indes néerlandaises, que l'on commença à s'inquiéter sérieusement des ressources minéralogiques et à faire des recherches géologiques aux Indes. Et encore fallut-il recourir dans ce but principalement à des savants étrangers, allemands pour la plupart, tels que Horner, Reinwardt, Mackloh, Hasskarl, Schwaner, von Gaffron, et avant tout Junghuhn dont les travaux scientifiques de tous genres sur les Indes néerlandaises sont justement renommés et font autorité. L'envoi aux Indes, à partir de 1850, d'ingénieurs des mines permit de poursuivre les études qui n'avaient été qu'ébauchées. Le nombre de ces fonctionnaires a toutefois toujours été restreint. De plus, comme ils sont chargés de diriger l'exploitation des mines d'étain à Banka et des mines de

houille du Gouvernement à Bornéo, ils n'ont que peu de temps à vouer
aux explorations et aux études scientifiques. Voilà pourquoi, de tout l'archipel des Indes orientales néerlandaises, les études géologiques ne sont
complètes que pour les îles de Billiton et de Banka et pour une partie restreinte de la côte occidentale de Sumatra. Les autres îles n'ont été que
sommairement explorées ou sont même, comme l'archipel des Célèbes, des
Moluques, complètement inconnues au point de vue géologique.

Presque toutes les îles de l'archipel malais sont montagneuses. Elles sont,
pour la plupart, formées de dépôts sédimentaires composés de montagnes
tertiaires, de gypse, de calcaires et de grès traversés par des roches d'origine ignée et dans lesquelles on rencontre des conglomérats et différentes
pétrifications. Les éruptions volcaniques ont aussi largement contribué
à la formation de ces îles. La série d'îles qui forment les frontières occidentales et méridionales des colonies se compose d'une chaîne ininter-
rompue de montagnes pour la plupart d'origine volcanique.

Presque tous les volcans sont formés de basalte recouvert de trachyte
et de lave. Nombre de ces volcans sont encore en activité. Il est rare toutefois qu'ils projettent de la lave. Généralement les volcans se trouvent au
milieu des montagnes neptuniennes. Quelques petites îles sont aussi formées par un seul volcan qui s'élève au milieu de la mer. D'autres doivent
leur origine à des dépôts coralliens. Les terrains d'alluvion entrent également pour une grande partie dans la formation des îles de l'archipel
malais. Les rivières, généralement très rapides, détachent, dans la saison
des pluies, des flancs des montagnes, des terres et des matières organiques
qui viennent s'agglomérer à leur embouchure. Les alluvions sont surtout
favorisées par des plantes du genre Rhizophore qui poussent au bord de la
mer et dont les nombreuses racines émergeant du sol retiennent tout ce
que charrient les eaux.

« L'île de Java, que l'on a nommée *un des soupiraux de l'enfer,* dit le géo-
logue allemand Keyser, est une des terres volcaniques les plus curieuses
du monde. On y trouve, sur un espace de 2,291 milles géographiques
carrés, plus de cent cratères éteints et en activité. Ils forment autant de
maillons d'une chaîne de montagnes qui s'étend de l'ouest à l'est. Le gounoung (volcan) de Mourio, d'une hauteur de 1,787 mètres, au nord, le
gounoung Malawar et le gounoung Sawal, au sud, sont, pour ainsi dire,
les avant-postes de cette gigantesque batterie de bouches à feu. En allant de
l'ouest à l'est, les principaux pics volcaniques sont le Karary, le Salak, au

sud-est de Batavia; le Woyang, le Gountour et le Geloungoung, rendu
célèbre par sa terrible éruption de 1882. Puis viennent le Slamet, le Sen-
doro et le Soumbing, accouplés comme deux frères siamois, le Merbabou,
le Merapi, le Semerou. Ce dernier dépasse non seulement en hauteur
toutes les autres montagnes de' Java, il atteint 3,760 mètres, mais il a
aussi, après le Kerauka des îles Sandwich, le cratère le plus vaste du .
monde entier. Il est de forme ellipsoïdale. Sa plus grande largeur est de
9,270 mètres, son petit diamètre de 6,950 mètres.

« Une des plus violentes éruptions volcaniques qui aient frappé l'île de
Java a été celle du Geloungoung, qui ravagea en quelques heures les districts florissants de Tafik, de Malajou, de Joudelong et de Singaparna.
C'était vers midi, le 8 octobre 1822. La nature était plongée dans un
calme absolu. Les hommes et les animaux avaient recherché les retraites
les plus ombragées pour se soustraire aux rayons ardents du soleil. Les
plantes remplissaient l'air de mille parfums. Les feuilles étaient immobiles.
Pas un souffle ne rafraîchissait le sol torréfié. Les champs étaient dé-
serts et des rizières s'élevaient des colonnes de vapeur. Les derniers sons
du gamelang s'en allaient mourant aux abords des habitations des princes
et des chefs plongées dans un profond silence. Aucun bruit ne troublait
ce calme particulier du milieu du jour sous les zones torrides. Tout à coup
un sourd grondement sortit des entrailles de la terre. Tous les habitants
des environs du Geloungoung se précipitèrent affolés hors de leurs demeures
et dirigèrent leurs regards vers le volcan. Leur effroi redoubla lorsqu'ils
virent une épaisse fumée noire s'élever du cratère à une hauteur incom-
mensurable, se répandre de tous côtés avec une vitesse extraordinaire et
transformer le jour si brillant auparavant en une obscurité profonde. En
quelques secondes le volcan lança une si prodigieuse quantité de boue
mélangée d'eau bouillante que sur un vaste espace les environs du Gelou-
goung, les champs et les forêts furent transformés en un marais fumant.
Comme un torrent, une partie de cette masse de boue d'un gris bleuâtre
s'élança le long des flancs de la montagne, entraînant tout ce qu'elle rencontrait sur son passage, charriant une infinité de cadavres d'hommes et
d'animaux et des débris de toutes sortes. Les grondements du volcan, le
bruit sourd que produisaient la boue et l'eau dans leur chute, les gémis-
sements des habitants épargnés par le fléau, les hurlements des animaux,
le crépitement et le roulement du tonnerre joints au fracas des torrents de
pluie qui tombaient formaient un spectacle tel que la plus vive imagination
ne saurait le concevoir.

« Après quatre heures d'angoisses et de terreur, la nature reprit son calme habituel. Mais quel spectacle s'offrit alors aux regards ! Nombre de villages avaient été engloutis avec leurs habitants. Quatre jours après, nouvelle éruption. Le bruit en retentit dans toute l'île de Java. Le nombre des victimes de ce désastre s'éleva à 4,000. Les matières avaient été projetées avec une telle violence que la rivière de Tandousi, qui coule à 60 kilomètres du Geloungoung, en fut obstruée.

« Une autre éruption non moins violente fut celle du Pepandajan en 1772. Elle détruisit près de quarante villages et coûta la vie à plus de 3,000 personnes. Le lendemain, on s'aperçut que le sommet conique du volcan s'était complètement effondré et avait fait place à une espèce d'entonnoir dans lequel bouillonnait une masse liquide. La hauteur du volcan, qui était de 9,000 pieds, était réduite à 5,000 environ.

« Celle du Temboro, dans l'île de Soumbawa, en 1815, a été une des plus terribles que l'on ait eu à enregistrer. Elle dura cinq jours consécutifs. Le bruit en fut entendu dans toute l'île de Java, aux Célèbes, à Ternate, aux Moluques, en Nouvelle-Guinée et jusqu'en Australie, c'est-à-dire sur une étendue équivalant à la distance entre Saint-Pétersbourg et la mer Rouge. Cette éruption fut accompagnée d'un soulèvement des eaux de la mer qui produisit, à l'entrée du golfe de Bima, une barre si violente que plusieurs bâtiments furent enlevés du port et projetés au delà de la ville sur une colline.

« Le tremblement de terre de 1699 fut particulièrement remarquable par le grand nombre de secousses qui se produisirent. On n'en ressentit pas moins de 208 pendant la durée de l'éruption. Le centre du mouvement volcanique semble avoir été le Salak, qui a une hauteur de 6,760 pieds et s'élève au sud-ouest de Buitenzorg. Bien que situé à une distance de six jours de marche de Batavia, une vingtaine de maisons s'effondrèrent et tous les murs se lézardèrent dans cette ville.

« La quantité de boue et de sable projetée alors par un autre volcan, le Slamat, fut tellement considérable que toutes les rivières qui se déversaient dans la mer aux environs de Batavia furent obstruées.

« En 1786, lors du tremblement de terre de Batour, la croûte terrestre se déchira à plusieurs endroits, de grandes étendues de terrains disparurent tout à coup dans ces crevasses; la montagne de Kali-Dolog s'effondra et ensevelit sous ses décombres une rivière qui dut se frayer un cours souterrain.

« A en juger par les rapports qui ont été faits sur les tremblements de terre et les éruptions volcaniques à Java, ces dernières semblent résulter du développement considérable de vapeurs d'eau et de vapeurs sulfureuses

qui se produit dans les profondeurs de la terre. Ces vapeurs exercent
une influence dissolvante sur les matières dont les montagnes sont formées et les transforment en une boue liquide. Lorsque la tension est devenue trop violente, le massif montagneux éclate, les gaz et la masse
liquide sont projetés au dehors non comme lave, mais sous forme de
boue. Cette boue est d'un jaune brun, terreuse, cassante, a une odeur
de soufre et est très inflammable. Les Malais donnent à cette matière le
nom de *boua*. Elle a beaucoup d'analogie avec le *moya* que l'on rencontre
aux environs de Quito, dans la chaîne des Andes, et qui a la même origine. »

· Les faits rapportés par le savant allemand ne sont que quelques épisodes
de la longue série de tremblements de terre et d'éruptions volcaniques qui
ont sévi dans l'île de Java. D'après Lageman, on y a constaté, de 1700 à
1851, soixante tremblements de terre et soixante éruptions. Indépendamment de l'éruption de 1822, les plus grands ravages ont été occasionnés,
dans le courant de ce siècle, par le Mérapi, dans la partie centrale de
Java, en 1865 et en 1867, et, tout récemment encore, par l'éruption de
Krakatau, dans le détroit de la Sonde, dont les victimes se comptent par
milliers.

Comme conséquence de la nature volcanique du terrain, il existe, à Java
et dans beaucoup d'autres îles, quantité de sources d'eau minérale à différents degrés de température. Souvent, sur des plateaux de plus ou moins
d'étendue, formés par une boue consistante d'une couleur de plomb,
encaissés quelquefois dans un cercle de roches, on voit, de temps à autre,
s'élever à une hauteur de 10 à 15 pieds un ballon de boue qui crève avec
un bruit sourd en répandant une odeur de soufre ou d'iode très pro-
noncée. A Grabogan, île de Java, cette boue renferme une certaine
quantité d'eau saumâtre dont les indigènes extraient le sel par l'évaporation.

Parmi les phénomènes volcaniques que l'on a constatés dans l'archipel
indien, nous citerons les *mofettes*. Les mofettes sont des vallées ou des
grottes dans lesquelles s'accumule le gaz acide carbonique sortant des fissures du sol, mais ne pouvant pas, en raison de sa pesanteur, s'élever à
plus de deux pieds de hauteur. Aux environs de Demak, on constate aussi
un phénomène de ce genre que les indigènes appellent le *feu éternel*, et
qui est occasionné par le gaz hydrogène carboné sortant des fissures du sol
et s'enflammant au contact de l'air.

Bien que les recherches géologiques et minéralogiques n'aient encore

été que fort sommaires, on a néanmoins déjà constaté, dans l'archipel malais, l'existence des diamants à Bornéo; — de l'or, à Bornéo, aux Célèbes,
à Timor, à Sumatra et à Batjan; — du platine, à Bornéo; — du cuivre, à
Bornéo et à Batjan; — du fer, à Bornéo, Célèbes, Flores, Sumatra, Billiton, Banka; — du plomb et du mercure, à Sumatra et à Bornéo; — du
zinc, en petite quantité, à Sumatra; — de l'antimoine, à Bornéo et à Sumatra; — de la houille, à Bornéo, à Batjan, à Java et tout récemment à
Sumatra; — de l'iode et du pétrole, à Java; — du salpêtre, surtout à
Java; — du soufre, dans presque tous les volcans. Sauf l'étain et la houille,
aucun de ces minéraux ne s'est toutefois rencontré en quantité suffisante
pour justifier les dépenses d'une exploitation sur une large échelle.

Les documents les plus complets pour la connaissance des richesses
géologiques et minéralogiques de l'archipel malais ont été réunis dans les
Annales des mines des Indes orientales néerlandaises, dont un exemplaire figurait à l'Exposition à côté de la collection géologique du musée national de
Leiden, formée principalement par les ingénieurs des mines envoyés par
le Gouvernement dans les colonies.

Il est inconstestablement peu de contrées où la végétation atteigne la
même puissance et la même richesse qu'aux Indes orientales néerlandaises.
La régularité de la température, si favorable au développement des
plantes, jointe aux pluies qui y tombent régulièrement, permet aux différents produits du règne végétal d'y acquérir une vigueur que l'on ne
rencontre que dans peu de contrées tropicales. L'Exposition ne nous a donné
qu'une bien faible idée de la variété, de la richesse et de la puissance
de la végétation aux Indes. On le comprend quand on songe qu'un
dixième à peine de la flore des Indes a été décrit; que Bornéo, les Célèbes,
nombre des îles des Moluques et des petites îles de la Sonde, Timor et la
Nouvelle-Guinée n'ont encore été explorées que superficiellement; que
même les îles de Java et de Sumatra ne sont qu'imparfaitement connues
au point de vue de la botanique, bien que la présence de plus de 7,000 espèces de plantes y ait été constatée.

Il existe cependant aux Indes un établissement dont l'utilité est trop
peu appréciée, mais qui contribue néanmoins dans une large mesure et
avec une persévérance digne des plus grands éloges à la prospérité des
colonies par des études, des recherches et des expériences sur la flore indienne. Nous voulons parler du jardin botanique de Buitenzorg, près de
Batavia, fondé sous le gouvernement de Guillaume Ier, par le professeur
Reinwardt, considérablement étendu par son successeur Teysmann et aujourd'hui habilement dirigé par MM. Treub et Burck.

Grâce à ces derniers et avec la coopération du professeur Suringar, il a été réuni à l'Exposition de riches collections de plantes desséchées et d'échantillons de produits du règne végétal, sous leurs différentes formes et à leurs différents degrés de développement. On y trouvait rassemblés les épices, les matières tinctoriales, les textiles, les gommes, les résines, les plantes alimentaires et médicinales, en un mot toutes les substances et tous les produits fournis par le règne végétal et ayant quelque utilité pour l'homme.

On a également donné une idée des différentes formes que prennent les végétaux des contrées tropicales et du développement dont ils sont susceptibles sous l'influence de la chaleur artificielle en exposant dans une serre, près du bâtiment colonial, une collection de plantes vivantes empruntées à différents établissements publics des Pays-Bas ou à des particuliers. Cette collection comprenait 43 familles et 374 espèces.

On a quelquefois admis que les îles de l'archipel malais avaient jadis été rattachées à l'Asie et à l'Australie. C'est ce qui semblerait expliquer pourquoi la faune indienne tient le milieu entre la faune des deux continents les plus rapprochés. En effet, on a remarqué que les animaux de la partie occidentale ont plus d'analogie avec ceux de l'Asie et que ceux de la partie orientale se rapprochent davantage de la faune australienne. Ainsi, pour n'en citer que quelques exemples, les singes, fort nombreux à Sumatra, diminuent à mesure qu'on s'avance dans l'Est, où ils sont remplacés par les marsupiaux. L'éléphant et le rhinocéros, que l'on trouve encore à Sumatra et à Bornéo, ne se rencontrent pas dans les îles plus proches de l'Australie. Le casoar et les chevaux originaires d'Australie ne sont indigènes que dans les îles orientales de l'archipel.

C'est probablement à cette circonstance que l'on doit la variété d'animaux qui existent dans les colonies orientales néerlandaises. Parmi les mammifères nous citerons l'éléphant, le rhinocéros bicorne et unicorne, les tigres, la panthère, le léopard, le couguar, le singe, l'ours, le cerf, le sanglier, le pécari, le tapir, la civette, la loutre, la martre, le blaireau, le chien sauvage, l'écureuil, le porc-épic, les chauves-souris, dont une espèce, la roussette ou chien volant, atteint souvent $1^m,5o$ d'envergure. Les serpents y sont aussi nombreux que variés et se rencontrent dans toutes les îles, ainsi que les crocodiles. A Java seulement, on ne connaît pas moins de 102 espèces de serpents, dont 60 inoffensifs, 18 dont la morsure n'est que douloureuse et 24 venimeux. Les oiseaux les plus connus sont les casoars, les oiseaux de paradis, les paons, qui vivent à l'état sauvage à Java, les faisans, entre autres le faisan argus et le faisan lophophore, si recherchés à cause de leur riche plumage, sans compter les innombrables espèces de volailles et les hirondelles salanganes dont les nids sont comestibles. Parmi les insectes nous mentionnerons, à cause de leur utilité, les abeilles, le ver à soie, la cochenille. Par contre, les moustiques y sont intolérables et les sangsues sauteuses, qui vivent dans les bois, sont un grand inconvénient pour les hommes et pour les animaux.

Les mers et les rivières renferment une grande quantité de poissons dont beaucoup servent à l'alimentation. Parmi les plus curieux nous citerons l'anabas sennal (*anabas scandens*), qui appartient à la famille des poissons auxquels Cuvier a donné le nom de Pharyngiens labyrinthiformes, caractérisés par la forme singulière que présentent chez eux les os pharyngiens supérieurs. Ces os sont divisés en petits feuillets plus ou moins nombreux, irréguliers et formant des cellules dans lesquelles il peut rester de l'eau qui découle sur les branchies pendant que l'animal est à sec. Cette disposition anatomique permet à ces poissons d'aller à terre et d'y ramper à une distance parfois fort grande des eaux qu'ils habitent et de se cacher dans les racines des arbres d'où ils guettent leur proie. Un autre poisson, le *Betta pugnax*, est aussi bien connu pour son caractère belliqueux. Il prend les couleurs les plus variées sous l'influence de la colère : les Javanais le conservent vivant pour leur amusement. Le cachalot fréquente les environs des Moluques et des petites îles de la Sonde. Les requins pullulent dans toutes les eaux indiennes. Les vaches marines et les tortues caret qui donnent l'écaille fréquentent surtout les eaux orientales.

Les mollusques sont fort nombreux. On trouve les huîtres à perles près des îles Arou, au sud de Timor, au nord-est de Bornéo et près de Java, mais les bancs ne sont pas exploités très régulièrement. Les homards, les crevettes qui atteignent la grosseur d'une écrevisse, l'holothurie ou *tripang*, sont partout l'objet d'une pêche très fructueuse. Le tripang en particulier est l'objet d'un important trafic avec la Chine.

A l'exception d'un jeune tigre et d'un ours malais, l'Exposition ne contenait aucun spécimen vivant de la faune si riche des Indes orientales. Il est vrai que le jardin zoologique d'Amsterdam et sa riche collection d'animaux de toutes les parties du monde comblaient cette lacune avec un succès que nul ne songera à contester. Les particuliers rivalisent d'ailleurs avec l'administration de cet établissement pour l'enrichir et en faire une des institutions les plus remarquables de l'Europe.

A défaut d'animaux vivants, les nombreuses vitrines de l'Exposition renfermaient de riches et curieuses collections de mammifères, de reptiles et d'oiseaux, parmi lesquelles nous citerons plus spécialement celle appartenant au jardin zoologique d'Amsterdam, peu nombreuse mais bien choisie, celles de M. van Faber, contrôleur à Loubon Basong (Sumatra), et de M. van Schuylenburgh, assistant-résident à Monara Dona, près de Palembang, qui comprenaient 38 espèces de mammifères et 173 espèces d'oiseaux de Célèbes et de Sumatra; enfin, les dix oiseaux de paradis, parmi lesquels une espèce nouvelle inconnue à laquelle on a donné le nom du roi des Pays-Bas, envoyés par M. van Musschenbroek, ancien résident aux Indes.

L'anthropologie des Indes orientales néerlandaises est une des branches de connaissances dont les savants se soient le moins occupés jusqu'à ce jour. Ce sont encore principalement des étrangers : Junghuhn, Reinwardt, Maklot, Muller, et plus récemment le Dr Swaving, qui se sont efforcés de recueillir les éléments d'une étude de la question des races qui ont habité et habitent encore l'archipel malais.

Suivant les uns, les indigènes de la Malaisie appartiendraient à trois races bien tranchées, la race *nègre* dans la Nouvelle-Guinée, la race *battak* ou *alfour* et la race *malaise*, ces deux dernières dispersées un peu partout et ayant des mœurs, une langue et des traits parfaitements distincts.

Suivant d'autres, au contraire, les populations des possessions néerlandaises, à l'exception de la Nouvelle-Guinée, seraient formées de peuplades et de tribus fort nombreuses différant entre elles au point de vue des mœurs, de la constitution physique et du développement intellectuel en raison des influences que les invasions étrangères auraient exercées sur elles, mais appartenant toutes à une race unique, la race *malaise*. Ces mêmes anthropologistes admettent toutefois une distinction pour expliquer les divergences de mœurs, de langue, de constitution qui existent entre les différents peuples qu'ils font rentrer dans cette race. Ils les divisent en *Malais civilisés* et en *Malais non civilisés* ou *sauvages*. Ils classent parmi les Malais civilisés les habitants de la presqu'île de Malacca, ceux d'une grande partie des côtes de Sumatra et de Bornéo, du haut pays de Padang (Sumatra) et du groupe de Riouw, ainsi que les tribus des Redjangs, des Pasoumahs et des Korintiens, à Sumatra; les Atchinois et les Pedirais, dans la partie septentrionale de Sumatra; les Javanais, les Soundanais et les Madourais, à Java et à Madoura; les indigènes de Palembang, de Djambi et d'Indragiri, dans le sud-est de Sumatra, et ceux de l'île de Banka; les habitants des Lampongs, à Java; les Macassarais et les Bouginais, dans le sud des Célèbes; les insulaires des Moluques, à Ternate,

Tidore, Batjan, Amboine et Ouli; les Balinais, à Bali et à Lombok; et enfin les habitants des côtes de plusieurs îles orientales de l'archipel, où ils se sont fixés à demeure ou temporairement pour l'exercice du commerce. Ils professent tous l'islamisme, ou du moins en apparence, à l'exception des Balinais, qui sont restés fidèles au bouddhisme; ils ont une langue écrite et quelques-uns même une littérature.

Les *Malais non civilisés* ou *sauvages* comprendraient les Battaks, les Koubous et quelques autres tribus de Sumatra; les indigènes des îles bordant la côte ouest de Sumatra; les Dajaks, à Bornéo; les Alfours, à Célèbes et dans les Moluques; les insulaires des îles du sud-est et du sud-ouest et les îles orientales du groupe des petites îles Sounda. Toutes ces peuplades sont idolâtres et même quelques-unes anthropophages. Seuls, les Battaks ont une langue écrite.

La race *nègre* habite la Nouvelle-Guinée et les îles qui l'avoisinent. Les indigènes de ces contrées, bien qu'ayant une grande analogie avec la race africaine, en diffèrent néanmoins sous différents rapports. Les *Negritos*, nègres australiens, ou *Papouas*, mot malais qui signifie Orientaux, ont le corps grêle, petit, musclé, la chevelure crépue, la peau d'un noir brun ou couleur suie, le front assez élevé, le nez large et relevé, l'espace entre les sourcils très déprimé, la bouche proéminente et lippue, la lèvre supérieure relevée, la mâchoire inférieure étroite.

Tout en admettant cette classification qui semble généralement adoptée aujourd'hui, il n'en est pas moins vrai que les populations considérées comme appartenant à la race malaise diffèrent entre elles sur beaucoup de points que nous ferons facilement ressortir en comparant les *Battaks* avec les *Javanais* par exemple. Les Battaks sont de taille moyenne, ont le corps robuste et musculeux, le visage ovale et régulier, les lèvres bien proportionnées, les mâchoires moins larges, les pommettes moins saillantes, le nez moins épaté, plus droit, la bouche plus petite et enfin les traits plus réguliers que les Javanais. Leur teint est brun clair, leurs cheveux noirs, quelquefois bruns, soyeux, souples et bouclés, leur barbe est bien fournie. Le Javanais, au contraire, est grêle, a la peau cuivrée ou d'un brun foncé, les narines très ouvertes, la mâchoire inférieure large, la bouche très grande, les lèvres épaisses, les pommettes très saillantes. Il a les cheveux noirs, grossiers et durs et peu ou point de barbe.

Indépendamment des deux races indigènes que nous venons de nommer, les Chinois, les Arabes et les Maures tiennent une grande place dans la population des Indes néerlandaises.

Les *Chinois* trafiquaient de temps immémorial dans l'archipel, mais ne paraissent s'y être fixés que depuis l'établissement des Européens. La plupart d'entre eux sont originaires des provinces de Canton, de Fokien et de l'île de Haïnan. Ils appartenaient à la classe la plus misérable du Céleste Empire; mais ils ont su par leur patience, leur sobriété, leur activité et aussi par la ruse se créer une position bien supérieure à celle des indigènes.

Les *Arabes* ou ceux qui sont considérés comme tels, moins nombreux que les Chinois, descendent pour la plupart de fils du Prophète mariés avec des femmes indigènes. Ils se croient, en raison de leur origine, et sont même reconnus bien supérieurs aux Malais, et ils sont, pour cette raison, généralement investis de fonctions religieuses.

Les *Cingalais* ou Maures, originaires de la côte de Coromandel, habitent la partie occidentale des îles de Java et de Sumatra, mais sont en trop petit nombre pour être considérés comme une race distincte.

Les *Métis* (*liplaps*) européens et chinois forment également un des éléments de la population des colonies néerlandaises.

Les métis européens datent des premiers temps de l'occupation, lorsque le voyage était trop long et trop dangereux pour que des femmes européennes osassent le tenter. Les employés de la Compagnie des Indes contractèrent des liaisons illégitimes avec des femmes indigènes, et nombre d'Européens agissent encore de même aujourd'hui. Les enfants nés de ces unions conservent généralement les traits distinctifs de la race de la mère. Ils sont toutefois élevés dans le christianisme, s'habillent à l'européenne et parlent de préférence la langue du pays. Les femmes métis se marient fréquemment avec des Européens, de sorte qu'à la longue le type indigène devient de moins en moins appréciable et disparaît même tout à fait chez les enfants provenant de ces alliances.

Quant aux métis chinois, ils résultent des unions des Chinois avec les femmes indigènes ou avec les filles de leurs compatriotes mariés de la même façon, les femmes chinoises ne pouvant pas s'expatrier. De ces unions est née une race qui porte le nom de *Peranakan Tjina,* à laquelle appartiennent presque tous les Chinois habitant les Indes. Elle a la même langue, la même religion, les mêmes mœurs et coutumes que la race primitive et n'en diffère que peu comme type.

Indépendamment d'une collection nombreuse de crânes, de bassins et de squelettes de Java, de Madoura et de Sumatra envoyée par le cabinet anatomique de Leiden, d'un album remarquable de 400 bustes de différents types humains de l'archipel indien, photographiés dans différentes localités par M. Ditrich, de Samarang, et de cinq ouvrages sur l'anthropologie des Indes, l'Exposition ne renfermait que peu d'objets pouvant contribuer à la solution des nombreuses questions anthropologiques qui sont à l'étude en ce qui concerne le vaste empire malais. Par contre, les organisateurs de l'exposition coloniale avaient fait venir une quarantaine d'indigènes, hommes et femmes, qui se livraient à leurs occupations et à leurs professions habituelles dans des habitations construites à leur usage et parfaitement identiques à celles qu'ils habitent aux Indes. A l'exception d'un Atchinois et d'un habitant de Sumatra, tous ces indigènes étaient Javanais, et s'ils excitaient la curiosité des visiteurs, les types qu'ils représentaient n'étaient pas assez variés pour offrir un grand intérêt au point de vue anthropologique.

GROUPE II.

LA POPULATION INDIGÈNE DES COLONIES NÉERLANDAISES.

Ainsi que nous l'avons vu dans le chapitre précédent, la population des colonies néerlandaises des Indes orientales se compose d'Européens, de Chinois, d'Arabes, d'Orientaux originaires du continent asiatique, et enfin d'indigènes proprement dits : les *Papouas,* en Nouvelle-Guinée et dans les îles avoisinantes, et les *Malais* dans le reste de l'archipel. Ces derniers sont divisés en Malais non civilisés, qui ont conservé jusqu'à nos jours leurs mœurs primitives et leur caractère sauvage, et en Malais civilisés, c'est-à-dire ayant acquis un certain degré de développement par leur contact avec des peuples supérieurs, principalement avec les Hindous.

Quoique l'histoire des émigrations des Hindous vers l'archipel indien soit encore fort obscure, on peut néanmoins admettre avec quelque certitude que dès le commencement de l'ère chrétienne les habitants de la côte de Coromandel, les Cingalais, faisaient des incursions fréquentes en Malaisie et connaissaient particulièrement Java. Ils soumirent à leur domination une grande partie de la population de cette île et y fondèrent un vaste empire qui succomba au xvᵉ siècle sous la puissance de l'islamisme. Cet empire hindo-javanais semble être devenu ensuite la base d'autres entreprises de colonisation dans l'archipel, notamment dans la partie méridionale de Sumatra, sur la côte de Bornéo, et dans la partie sud des Célèbes.

Avant l'arrivée des Hindous, la population indigène se trouvait, au point de vue de la civilisation, dans un état analogue à celui des naturels de l'Australie ou des autres peuplades qui habitent les îles orientales de la Malaisie. Les Hindous firent connaître aux Malais le riz et la manière de le cultiver. Ils leur apprirent à fabriquer les instruments nécessaires pour cette industrie et leur enseignèrent la culture de nombre d'autres plantes utiles à l'alimentation ou à la confection de vêtements dont l'usage était fort probablement inconnu. Les Hindous étaient passés maîtres en architecture. Ils introduisirent cet art à Java, ainsi que le témoignent les nombreux vestiges de monuments qu'ils y ont laissés. C'est encore à eux que les Javanais doivent la connaissance de l'écriture et la création d'une littérature qui se répandit bientôt parmi les autres peuples de race malaise et contribua ainsi à la formation et au développement de la langue. La religion hindoue remplaça aussi peu à peu le fétichisme grossier pratiqué par les indigènes et exerça une influence profonde sur leur vie sociale et privée. Enfin, une administration plus ou moins régulière se substitua, dans les districts et les villages, au droit du plus fort et au pouvoir despotique des chefs.

L'influence de l'islamisme sur les peuples malais eut un tout autre caractère. Les Hindous n'avaient pas imposé de force leur religion, leurs institutions et leur civilisation; au contraire, les indigènes s'y sont ralliés d'eux-mêmes, insensiblement, par suite du contact de près de quinze siècles entre les deux races qui n'en formèrent bientôt plus qu'une seule. Les Arabes pénétrèrent dans l'archipel pour y exercer le commerce et en même temps pour y introduire leur religion. Comme partout ailleurs, là où la persuasion ne suffit pas, ils employèrent la force. Les sectateurs de Mahomet firent leur première apparition à Sumatra dans le courant des xiie et xiiie siècles. De là, ils se répandirent dans l'archipel. Leurs prosélytes étaient tellement nombreux et tellement puissants dans la seconde moitié du xve siècle qu'ils purent renverser sans peine la domination hindoue. Dès cette époque, les doctrines du Coran ont remplacé partout le culte de Bouddha et de Siva, sauf toutefois à Bali, où il a résisté jusqu'à ce jour à toutes les attaques auxquelles il a été en butte.

Hâtons-nous cependant de dire que l'islamisme n'a jeté nulle part des racines bien profondes dans l'esprit des indigènes et que le culte qu'ils professent actuellement n'est qu'un fétichisme déguisé.

Au point de vue moral, la propagation du Coran a plutôt nui qu'elle n'a été favorable aux populations. Les Arabes ont détruit l'influence civilisatrice des Hindous, sans pouvoir donner le moindre équivalent. Aussi la civilisation des peuples malais est-elle restée stationnaire et a même dégénéré sous différents rapports, sans que les divers gouvernements qui se

sont succédé jusqu'au commencement de ce siècle aient fait la moindre
tentative pour la relever de cette décadence [1].

STATISTIQUE DE LA POPULATION.

Les statistiques publiées annuellement par le gouvernement néerlandais
indiquent le chiffre de la population de ses possessions aux Indes, mais en
observant, sauf pour Java et Madoura, que ces données n'ont qu'une valeur
fort relative, surtout en ce qui concerne la population indigène. Même à Java
et à Madoura, où il existe un personnel nombreux de fonctionnaires, on
s'en est rapporté longtemps aux renseignements fournis par les chefs indigènes. Ce n'est que depuis 1864 que l'on a songé à opérer un recensement régulier de la population à Java et à Madoura en même temps que
le relevé des terrains cultivés pour préparer l'établissement du cadastre.
Les fonctionnaires européens reçurent également l'ordre de tenir autant que possible à jour les tableaux dressés en cette circonstance. On
créa aussi, au secrétariat général du Gouvernement, un bureau spécialement chargé de centraliser toutes les données statistiques, de les
coordonner et de les compléter au besoin. En 1879, le Gouvernement se
décida à adopter une mesure réclamée depuis longtemps, notamment à
faire opérer tous les cinq ans, lorsque doit avoir lieu la revision de la répartition des corvées, le recensement général de Java et de Madoura.

En conséquence, l'année suivante, des commissaires se rendirent de
village en village, firent le relevé des terrains, inscrivirent les noms des
propriétaires et le nombre des corvées qu'ils devaient et prirent également
note des habitants non corvéables. Ces opérations furent terminées, à peu
de chose près, dans le courant de l'année et permirent de constater que
Java et Madoura avaient une population de 19,794,500 habitants, non
compris l'effectif de la marine et de l'armée.

Au 31 décembre 1882, la population de Java et de Madoura atteignait
le chiffre de 20,268,480 habitants, répartis ainsi qu'il suit, d'après leur
origine :

Indigènes malais...........................	20,008,276
Chinois..............................	211,257
Autres Asiatiques et Africains..............	13,382
Européens et assimilés...................	35,565
	20,268,480

[1] Dr J.-J. de Hollander, *Aardrijksbeschyving von Nederlandsch Oost Indie.*

Si l'on compare ces chiffres aux évaluations faites antérieurement, si inexactes qu'elles soient, on est frappé de l'accroissement rapide de la population, dans le courant de ce siècle, à Java et à Madoura, accroissement qui justifie pleinement le principe posé, en 1863, par le Dr Bleeker « que la population malaise se multiplie plus rapidement sous les tropiques, bien que la durée moyenne de la vie y soit plus courte, que la race caucasique sous les climats tempérés, quoique la durée moyenne de la vie y soit plus longue ». Il n'est, en effet, pas de peuple en Europe qui se soit décuplé en un siècle comme les Javanais, ainsi que le démontrent les chiffres suivants empruntés aux auteurs les plus dignes de foi.

La population de Java et de Madoura était évaluée :

En 1781, à	2,030,000
En 1795, à	3,500,000
En 1811, d'après Daendels, à	3,770,000
En 1815, d'après le recensement fait par Raffles, à	4,615,270
En 1847, d'après les évaluations de Bleeker, à	9,542,000
En 1850, d'après les rapports officiels, à	9,584,130
En 1855, à	10,911,241
En 1860, à	12,718,717
En 1861, à	14,168,416
En 1870, à	16,452,168
En 1875, à	18,347,758
En 1880, à	19,794,492
En 1882, à	20,268,480

La population indigène figurait dans ces chiffres :

En 1781, pour au moins	1,900,000
En 1815	4,500,000
En 1847	9,374,000
En 1850	9,420,600
En 1855	10,723,900
En 1860	12,514,300
En 1865	13,953,900
En 1870	16,233,100
En 1875	18,101,300
En 1880	18,567,100
En 1882	20,008,300

On attribue cette multiplication extraordinaire de la race malaise, du moins à Java, non seulement à la régularité du climat et à la fertilité du sol, mais aussi à la sobriété des habitants et à leur profonde insouciance. Cette insouciance est due en grande partie, croyons-nous, au régime foncier en vigueur aux Indes et d'après lequel les terres appartiennent en commun aux habitants de chaque village. Bien qu'il soit condamné aujourd'hui, ce régime, joint au système de cultures forcées qui a existé longtemps, a détruit l'esprit d'initiative et enrayé les tendances au progrès chez l'indigène en le réduisant à une espèce de servitude.

Si aux 20 millions d'habitants de Java et de Madoura on ajoute la population des autres îles de l'archipel malais désignées en style administratif sous le nom de *Possessions extérieures,* on constate que les Hollandais commandent, dans leurs colonies des Indes orientales, à 27 millions d'individus répartis de la manière suivante :

Java et Madoura		20,268,500
Sumatra..	Haut pays de Padang	295,000
	Bas pays de Padang	648,100
	Tapanouli	172,900
	Benkoulen	146,000
	Lampongs	131,500
	Palembang	611,100
	Côtes orientales	174,400
	Atchin	484,400
Riouw		105,200
Banka		70,900
Billiton		32,200
Bornéo...	Côte occidentale	376,000
	Côtes méridionale et orientale	593,000
Célèbes et dépendances		385,000
Menado		541,100
Amboine		291,000
Ternate		100,200
Timor et dépendances		?
Bali et Lombok		98,400
États feudataires		1,259,100
		26,784,500

Ce chiffre se décompose ainsi :

Élément indigène			26,349,600
Chinois			351,800
Arabes			15,900
Asiatiques			23,400
Européens	à Java et à Madoura	35,600	43,800
	dans les autres possessions	8,200	
			26,784,500

Au 31 décembre 1881, le chiffre de la population européenne était de 41,673 habitants, comprenant non seulement les colons et fonctionnaires originaires d'Europe, mais aussi les individus qui leur sont assimilés, c'est-à-dire :

Métis et enfants d'Européens nés aux Indes.........	33,089
Arméniens................................	65
Persans..................................	22
Autres Asiatiques juifs ou chrétiens..............	107
Américains...............................	25
Africains.................................	161
Australiens...............................	4
	33,473

Il ne restait donc que 8,200 véritables Européens, répartis comme suit par nationalité :

Néerlandais...............................	6,796
Allemands................................	639
Anglais..................................	202
Français..................................	202
Belges...................................	115
Suisses...................................	97
Autrichiens...............................	39
Danois...................................	30
Italiens...................................	29
Russes...................................	18
Suédois et Norvégiens.......................	12
Espagnols.................................	7
Grecs....................................	6
Turcs....................................	5
Portugais.................................	2
Monténégrins..............................	1
	8,200

MOEURS ET COUTUMES DES INDIGÈNES.

C'est surtout dans leur vie domestique et sociale que la distinction établie par les anthropologistes et les ethnographes est appréciable entre les *Malais civilisés* et les *Malais non civilisés* ou *sauvages*. Autant les uns sont restés primitifs, grossiers, rudes de mœurs, altiers, jaloux de leur liberté et de leur indépendance et hostiles aux étrangers, autant les autres ont contracté des habitudes sédentaires, régulières, laborieuses, sous l'influence des peuples supérieurs avec lesquels ils se sont trouvés en contact ou qui les ont soumis à leur domination. Ainsi le Javanais est humble, respecte l'autorité qu'il voit au-dessus de lui, accepte sans murmurer les ordres qui en émanent; tandis que l'indigène de Sumatra, plus indépendant, déteste les étrangers et ne témoigne qu'une subordination fort imparfaite, même envers ses propres chefs, quoique ceux-ci aient, à ses yeux, un certain prestige. L'habitant de Sumatra diffère, à son tour, des Dajaks de Bornéo. Ceux-ci ne reconnaissent aucun pouvoir héréditaire; ils choisissent comme chefs ou anciens ceux qu'ils considèrent comme les plus sages ou les plus courageux d'entre eux, mais ils ne leur obéissent que quand cela leur convient ou quand ils y sont contraints par la force.

Cet esprit de soumission, ce respect pour les supérieurs qui caractérisent les Malais civilisés et plus particulièrement les Javanais facilitent la vie en commun et la formation de centres policés de population. Ces agglomérations, déjà moins nombreuses et moins étendues à Sumatra, n'existent pas à Bornéo. Là, les familles vivent isolées et ne se rapprochent temporairement que lorsqu'un danger commun les menace ou lorsque les fonctionnaires européens parviennent, par leur influence, à les y décider. Il est vrai que dans l'Inde le mot famille n'a pas le sens restreint que nous y attachons en Europe. Il désigne un groupe d'individus composé de parents, d'enfants et de petits-enfants vivant sous le même toit.

Parmi les Malais civilisés, les Javanais, les Bouginais, les Macassarais et les Balinais occupent incontestablement le premier rang. Les civilisations hindoue et arabe ont laissé chez eux des traces profondes. Ils ont non seulement une langue et une littérature mais possèdent des moyens d'existence variés, sont industrieux, se livrent au commerce et à la navigation. Les autres Malais civilisés, sans atteindre le même degré de développement, ont aussi une religion parfaitement établie. Ils s'appliquent également à l'agriculture. Leurs ouvriers savent déployer une certaine habileté dans la confection des étoffes, dans le travail des métaux et du bois, la préparation des teintures, la confection des cordages et de tous les objets usuels. Toutefois, soit par apathie, soit par manque d'intelligence, les Malais font tout machinalement comme ils l'ont vu faire par leurs pères sans tenter d'améliorer leurs procédés ou leurs systèmes, même quand les Européens leur en fournissent les moyens.

Ce qui distingue également les Malais civilisés, c'est qu'ils professent l'islamisme ou la religion de Bouddha, tandis qu'au contraire les Battaks, les Pasoumas, les Lampongois, les Nias, à Sumatra; les Alfours, aux Célèbes; les Timorais, les Dajaks de Bornéo, les habitants de Rotti, de Daou, de

Savou, de Samau, d'Allor, de Solor, de Ceram, de Bourou, de Banda, de Ternate, de Banggui, d'Arou et Sangi, de Kei, de Tenimber sont tous idolâtres. Ces derniers sont, comme civilisation, bien inférieurs aux Malais qui ont embrassé le bouddhisme ou l'islamisme. Ils cultivent le sol d'une manière sommaire. Ils savent aussi travailler les métaux, principalement le fer, qu'ils extraient, fondent et purifient eux-mêmes. On rencontre aussi parmi eux des ouvriers sculptant le bois et l'os. Les femmes filent et tissent des étoffes grossières. Les hommes ne portent généralement qu'une ceinture et les femmes une espèce de jupon pour tout vêtement. Par contre, les uns et les autres aiment à se couvrir d'oripeaux et d'ornements qu'ils confectionnent avec des plumes d'oiseaux, des dépouilles d'animaux ou des graines de différentes couleurs. Dans quelques tribus, les femmes ne portent plus d'ornements une fois mariées. Leurs habitations faites de bois et de bambous sont fort vastes et construites sur des pieux à quelques pieds au-dessus du sol. Le caractère violent et belliqueux de ces peuplades se manifeste par des querelles et des luttes fréquentes de famille à famille ou de tribu à tribu, luttes dans lesquelles les prisonniers et les blessés sont impitoyablement mis à mort et leurs têtes emportées comme trophées par les vainqueurs. Un des traits caractéristiques de la race malaise, plus accentué chez ces peuplades grossières, est la propension à décapiter amis et ennemis, hommes, femmes ou enfants, dans des accès de folie furieuse dans lesquels se révèlent tous les instincts de la bête féroce.

Tel est à grands traits le caractère propre des deux groupes qui forment la population indigène des colonies indiennes néerlandaises. Nous aurions voulu étudier spécialement chacune des contrées qui forment le vaste empire néerlandais dans la Malaisie et faire connaître nombre de particularités sur chacune des peuplades qui les habitent. Pour être complète, cette étude aurait dû toutefois remplir des volumes; en ne donnant qu'un aperçu, nous n'aurions reproduit que les renseignements fournis par tous les ouvrages de géographie. Nous avons donc cru devoir nous borner à étudier plus spécialement l'île de Java, qui est de beaucoup la plus intéressante tant au point de vue ethnographique qu'au point de vue des systèmes de colonisation qui y ont été appliqués par les Hollandais.

JAVA.

La population indigène de Java se compose de Sondanais, de Javanais proprement dits et de Madourais qui appartiennent à la même race, mais diffèrent néanmoins entre eux au point de vue de la constitution physique

et des mœurs. Les Sondanais, qui habitent plus particulièrement la partie
de Java qui borde le détroit de la Sonde, ont la figure plus ronde, sont
plus musculeux et plus blancs que les Javanais. Habitant les montagnes,
ils ont, par suite, été moins en contact avec les étrangers. Ils ont conservé
leurs mœurs et leurs coutumes, sont simples, hospitaliers, sobres, labo-
rieux et francs.

Le Javanais, qui habite la partie centrale de l'île, a le corps très grêle,
le nez plus recourbé, les traits plus fins, surtout parmi les chefs, par suite
de l'infusion de sang asiatique. Il est plus développé, a l'esprit plus ouvert,
est plus susceptible de culture intellectuelle; il est aussi plus souple, plus
dissimulé, plus propre au commerce. Il est courageux, mais aussi violent.
L'usage de l'opium et l'amour du jeu sont plus répandus parmi les Javanais, de même que le vol et l'assassinat. Ils fournissent, en effet, le plus
fort contingent à la criminalité.

Les Madourais, originaires de l'île de Madoura, d'où ils se sont répandus
dans l'île de Java, sont pêcheurs, commerçants et éleveurs de bétail. Ils
sont aussi grands que les Javanais, mais plus robustes. Leurs traits sont
moins fins, leurs pommettes plus saillantes et leurs yeux plus fendus. Ils
font d'excellents soldats, et il n'est pas rare de les voir, sous prétexte de
pêcher, se livrer à la piraterie.

A Java, l'unité territoriale est le village, *kampong, dessa* ou *lembour*. En
style administratif, on donne également le nom de kampong à tout centre
de population qui est le siège d'un fonctionnaire supérieur européen.
Ainsi, au 31 décembre 1880, avec une population de 19,540,000 habitants, Java et Madoura, sans les principautés de Sourakarta et de Djojokarta, comptaient 36,061 kampongs, dont :

> 9,762 avec moins de 200 habitants;
> 13,807 de 200 à 500 habitants;
> 8,447 de 500 à 1,000 habitants;
> 3,996 de 1,000 à 5,000 habitants;
> 44 avec plus de 5,000 habitants.

'Parmi ces derniers :

> Batavia avec 96,957 habitants;
> Samarang avec 68,551 habitants;
> Sourabaya avec 122,234 habitants.

Dans les principautés soi-disant indépendantes de Sourakarta et de
Djojokarta, les kampongs principaux avaient respectivement une population de 124,041 et de 44,997 habitants.

En 1872, le nombre des kampongs n'était à Java que de 31,517, habités par 2,940,467 familles comptant 13,864,173 individus, ce qui donnait, en moyenne, 93 familles et 440 habitants par kampong.

Suivant les anciennes institutions javanaises, la terre appartient au souverain. La Compagnie des Indes orientales s'étant substituée aux anciens souverains, le Gouvernement actuel qui représente la Compagnie pouvait naturellement se considérer comme son successeur et comme l'héritier de ses droits. Usant de ce principe, le Gouvernement a dit aux indigènes : «je vous laisse la terre que vous occupez ou que vous cultivez de père en fils, mais par contre vous serez mon vassal, vous me payerez une redevance, soit en argent, sous forme d'impôt, soit en nature, et vous me donnerez une partie de votre travail et de votre temps, comme il appartient à tout bon vassal envers son seigneur». C'est en vertu de ce droit de suzeraineté que le territoire de chaque village, kampong ou dessa a été parfaitement délimité, que tous les terrains en dehors de ce territoire ne peuvent être occupés, exploités ou mis en culture sans l'autorisation du gouvernement. Telle est la base du régime auquel est soumise la propriété indigène à Java.

Le territoire du kampong est, à proprement parler, divisé en trois parties distinctes. Il se compose d'abord du village ou de la réunion des habitations, ensuite d'une étendue de terrain défriché en commun qui forme le domaine communal sur lequel est pratiquée la grande culture, et enfin de quelques terres vagues servant de pâturage et pouvant au besoin servir à agrandir la partie cultivée.

Au début, les champs étaient tous cultivés en commun et le produit réparti entre les habitants du village. Peu à peu, toutefois, de profondes modifications furent apportées à ce système. Dans nombre de villages le domaine communal a subsisté ; dans d'autres, au contraire, les champs ont été attribués aux membres du kampong qui les ont défrichés et la commune ne remet la main sur ces terrains que lorsque les possesseurs quittent le village, n'ont pas d'héritiers directs, cessent de cultiver ou ne payent pas les contributions. Ces champs n'appartiennent pas à ceux qui les cultivent. Ils ne peuvent pas en disposer à leur gré. Ils n'en ont que l'usufruit qui, à leur mort, se transmet à leurs héritiers.

Ces terrains sont qualifiés *individuels héréditaires,* par opposition aux terrains *communaux* qui constituent le domaine du kampong et sur lesquels aucun individu n'a de droits particuliers à faire valoir. Défalcation faite des propriétés particulières, c'est-à-dire des terres acquises en toute propriété par des Européens ou des indigènes, le territoire de Java et de

Madoura comprenait 1,390,802 bouws [1] de terrains individuels contre 1,831,853 bouws de terrains communaux. Aux termes de la loi du 16 avril 1872, l'indigène peut acquérir, sous certaines conditions, en pleine propriété, les terrains sur lesquels il a un droit transmissible d'usufruit. Mais de 1872 à 1881 il n'a été usé que modérément de cette faculté; le Gouvernement n'a reçu dans ce but que 1,299 demandes relatives à 11,682 bouws de terrain.

Comme chez presque tous les peuples primitifs, le domaine communal est soumis périodiquement à un partage, de sorte qu'un roulement s'opère dans l'attribution de tous les lots disponibles. Le lotissement est fait, sous la surveillance des commissaires de district et des résidents, par le chef du kampong, qui tient compte de la qualité des parcelles, de la puissance de travail et du nombre des bêtes de trait dont chaque famille dispose, enfin des règles consacrées par l'*adat* ou *coutume*. Une partie du fonds communal est réservée aux chefs et aux prêtres; mais ceux-ci sont tenus d'entretenir sur le produit de leur lot la mosquée, les infirmes et les vieillards. Il est aussi des familles qui, ne se trouvant pas dans les conditions exigées par l'adat, ne reçoivent rien et doivent défricher de nouvelles terres du territoire attribué à la commune ou aller établir de nouvelles cultures, un nouveau village, à moins qu'elles ne trouvent à s'employer comme ouvriers.

Ainsi que nous venons de le dire, les terrains communaux ont une étendue, à Java et à Madoura, de 1,831,853 bouws. Si l'on en défalque 31,577 bouws au sujet desquels les renseignements ne sont pas suffisamment précis, on a constaté que sur les 1,800,276 bouws qui restent 568,802 bouws sont soumis à un partage ou à un changement annuel, 347,001 bouws ne sont soumis à un partage que tous les deux ou trois ans, 884,000 bouws sont répartis une fois pour toutes entre les membres de la commune, et cette répartition n'est modifiée qu'en cas d'augmentation ou de diminution du nombre des ayants droit ou lorsque les terrains changent de destination, et enfin 31,577 bouws sont soumis à un système mixte de partage et de répartition.

L'accroissement considérable de la population indigène a eu pour conséquence de réduire de plus en plus la part de chaque famille dans le partage des terres. Pour exciter l'émulation des indigènes et les encourager à défricher les vastes étendues de terrains qui restent à mettre en valeur, et aussi pour donner satisfaction aux idées libérales qui tendent à affran-

---

[1] Le *bouw* ou *bahoe*, mesure agraire employée à Java, est égal à 7,096 mètres carrés, soit 71 ares.

chir autant que possible l'indigène de la tutelle sous laquelle il a été placé jusqu'ici, le Gouvernement a cru devoir provoquer le partage définitif du domaine communal entre tous les habitants de la dessa. Ce partage n'aura cependant pas pour conséquence d'accorder au Javanais le droit de disposer librement du terrain qui lui assure son principal moyen d'existence. Il n'aura sur la terre qu'un droit héréditaire d'usufruit; il ne pourra pas, par suite, la céder, comme on en a manifesté la crainte, à des spéculateurs chinois, qui au bout de peu de temps pourraient ainsi avoir en mains toute la propriété foncière et dicter leurs lois à toute une classe de prolétaires.

L'approche du village javanais s'annonce généralement par une infinité de champs de peu d'étendue, destinés à la culture des plantes alimentaires, et par des arbres élevés d'une luxuriante végétation. Un simple sentier, quelquefois une route, lorsque le village est situé sur une grande voie de communication, conduit à une haie vive de bambous de 12 à 20 mètres de hauteur qui forme une enceinte impénétrable. Des ouvertures pratiquées dans cette haie donnent accès dans un massif d'arbres qui abritent les maisons des indigènes.

Le mode de construction de ces habitations varie suivant les localités ou plutôt les régions. Ainsi dans les pays sondanais elles sont toutes en bois, montées sur des pieux et élevées de deux ou trois pieds au-dessus du sol. L'espace laissé libre en dessous de l'habitation est divisé en compartiments qui servent de réceptacle aux immondices ou d'abri aux animaux de basse-cour et au menu bétail. Le plancher est en bambou, ce qui donne un sol flexible, léger, parfaitement lisse et frais. Il offre un lieu de repos agréable, mais laisse aussi pénétrer les émanations souvent peu agréables du dessous.

Les Javanais, au contraire, construisent leurs maisons sur le sol et ne se servent des bambous que pour les parois et les cloisons. Ils les recouvrent, comme les Sondanais, de feuilles de palmier (*atap*) ou d'herbes desséchées (*alang alang*).

Les maisons javanaises n'ont pas de fenêtres et ne reçoivent le jour que par la porte. Elles sont généralement divisées en deux compartiments, le premier pour les parents et l'autre pour les enfants. Une véranda en avant de la porte permet aux femmes de se livrer aux travaux domestiques à l'abri des rayons du soleil. Souvent, la cuisine se trouve sous une soupente sur un des côtés de la maison. Les matériaux employés à la construction d'une maison javanaise et de ses dépendances représentent une valeur variant de 20 à 30 francs. Elle satisfait néanmoins à tous les besoins.

Dans le district de Tiomal, les indigènes ne suivent pas le mode de construction habituel. Les habitations des bords de la rivière de ce nom, qui déborde fréquemment, sont faites de solides montants enfoncés dans le sol et de parois mobiles qui peuvent être enlevées ou relevées en cas d'inondation. L'eau coule alors entre les montants et n'endommage pas la construction. Lorsque l'eau s'est retirée, on abaisse ou l'on replace les parois et la maison est de nouveau habitable.

L'ameublement d'une habitation indigène à Java est des plus sommaires. Il se compose d'un cadre recouvert d'une natte, d'un coussin en crin végétal (*kapok*), d'une pièce de cotonnade tissée par la femme et servant de rideau, et d'un banc en bambou tressé. Les chaises et les tables sont des objets superflus. Les mets sont servis sur le sol dans de la vaisselle grossière en terre cuite placée sur des supports en bois ou en cuivre. Les convives s'accroupissent autour, les jambes croisées à la mode orientale ou rejetées de côté. Les cuillers ne sont employées que pour les aliments liquides. Les couteaux et les fourchettes sont d'un usage peu répandu. Si à ces divers objets on ajoute quelques poteries communes pour la préparation des aliments, une espèce de mortier pour broyer les condiments, quelques paniers, divers outils pour décortiquer le riz, un métier à tisser et un rouet, on a alors un mobilier indigène complet. Il est toutefois encore deux objets qui ne font jamais défaut dans un intérieur javanais : ce sont la boîte à *sirih* et le crachoir. La boîte à sirih contient, outre des feuilles de bétel, du tabac, du gambir, du pinang et un petit pot de chaux, en un mot tous les ingrédients pour l'usage du bétel, une des habitudes favorites des indigènes des deux sexes.

Près de chaque maison se trouvent un ou deux hangars pour remiser la récolte du riz, une enceinte palissadée, espèce de cloaque, nommée *kraal*, pour les buffles, près de laquelle sont le chariot ou *pedati*, la charrue, la herse et les autres instruments agricoles. La volaille est enfermée dans des cages et le cheval est simplement attaché à un arbre ou sous une soupente derrière la maison. Les chefs seuls ont une écurie. L'habitation et ses dépendances sont entourées d'un terrain séparé des propriétés voisines par une haie en bambou, *pager*, servant de potager, de jardin ou de verger, et qui est invariablement la propriété de l'occupant, même quand les champs cultivés sont en commun. C'est sur ce terrain que l'indigène cultive le café dit de *haie* ou de *village*, soit volontairement, soit forcément, mais qui, dans les deux cas, doit être livré au Gouvernement à un taux déterminé. Enfin, le tout est abrité par des palmiers ou des arbres fruitiers qui fournissent à la fois à l'indigène les fruits et les condiments pour sa table, le bois et les matériaux pour ses usages domestiques.

Le centre du village est occupé par une grande place sur laquelle se trouve l'habitation du chef de kampong. Celle-ci ne se distingue des autres habitations que par ses dimensions et par quelques ornements ou sculptures. Au milieu de la place, dans les villages assez importants, s'élève la mosquée et un de ces immenses arbres appelés *tjaringin* ou *waringin* que les Javanais, à l'exemple des Hindous, ont en grande vénération. Cet arbre, le figuier des pagodes (*ficus religiosa* ou *benjamina*), vulgairement appelé *multipliant*, de la famille des moracées, est toujours vert et vit pendant plusieurs siècles. Il étend ses branches sans qu'on puisse fixer leur longueur, car, de distance en distance, elles donnent naissance à de longs jets qui descendent vers la terre pour s'y enraciner. Bientôt ces jets forment des troncs comme la tige principale, et ceux-ci produisent à leur tour de nouvelles branches d'où descendent de nouveaux jets et ainsi de suite, de sorte qu'un seul arbre, en s'étendant et en se propageant ainsi sans interruption de tous côtés, peut former une petite forêt.

La réunion de plusieurs villages forme un *district* et plusieurs districts composent à leur tour une *régence*. Les districts sont administrés, en ce qui concerne les indigènes, par un *chef* et les régences pas un *régent*, tous choisis parmi les indigènes. Les chefs-lieux de districts ne sont que de grands villages. Quant aux chefs-lieux de régences ou *negara*, ils sont formés d'une réunion de petits villages reliés par des routes et groupés autour d'une immense place sur laquelle s'élève une grande mosquée et deux ou plusieurs *waringins*. Les habitations des régents sont souvent en pierre et comprennent plusieurs corps de bâtiments pour les officiers et les domestiques. Une partie de l'habitation est meublée à l'européenne pour recevoir les fonctionnaires supérieurs de passage. Les autres appartements à l'usage particulier du régent ont un ameublement indigène conforme à son rang.

L'habillement ordinaire des indigènes se compose, pour les hommes comme pour les femmes, d'une espèce de jupe appelée *sarong*. Les Sondanais portent simplement autour des reins une pièce d'étoffe grossière dont un des pans est passé entre les jambes et fixé par derrière dans la ceinture, ou une espèce de sac sans fond, *samping*. Au centre de Java, les hommes portent le sarong relevé au-dessus du genou pour ne pas être gênés dans leurs mouvements. Les femmes le laissent retomber jusqu'aux chevilles. Les indigènes aisés portent également le *koutoungan*, sorte de gilet ou de camisole de cotonnade, à collet et à manches descendant

24.

jusqu'au coude, et les femmes le *kembcn*, ou pièce d'étoffe passant sous le bras et recouvrant la poitrine, ou le *kotang* ou camisole à manches. Le kotang, mais sans manches, fait également partie du vêtement de guerre des hommes. Ceux-ci revêtent également par-dessus le koutoungan un *badjon* ou *klambi*, de cotonnade rayée, à collet relevé et à larges manches, ouvert sur le devant et descendant jusqu'à la ceinture. Le klambi des femmes est uni, de couleur foncée, échancré au cou, et les manches sont boutonnées aux poignets. Le klambi est souvent remplacé par le *takwa*, qui est plus court, et, pour les fonctionnaires et les guerriers, par le *sikepan*, espèce de veste à manches étroites, fermée par une rangée de boutons et ornée de fil ou de galons d'or.

Les femmes portent aussi souvent une large bande d'étoffe en sautoir leur servant soit comme ornement, soit pour porter leur enfant ou tout autre fardeau.

Les hommes qui vivent à la cour des princes indigènes ne peuvent se présenter devant eux que le buste complètement nu et enduit d'une matière colorante appelée *boreh*. Les femmes portent à la cour une sorte de sikepan et la *sembong* ou écharpe formée d'un ruban de soie jaune plissé, long et large, dont les extrémités teintes en rouge doivent traîner à terre.

Les princesses indigènes portent une écharpe de même forme, mais plate.

Un large pantalon de cotonnade fait encore communément partie de l'habillement des Javanais. La longueur varie suivant l'état de fortune du porteur. Dans le costume de cour, le pantalon doit être attaché aux chevilles. Les régents, tout en conservant plusieurs vêtements indigènes, portent un pantalon galonné d'or à l'européenne sous leur sarong.

Les indigènes marchent ordinairement pieds nus, et maint chef inférieur ne croit pas nuire à son prestige en suivant cette coutume. Quelquefois aussi ils sont chaussés de semelles en bois dans laquelle est fixé un bouton qu'ils serrent entre les orteils. Ils se servent aussi de semelles de cuir attachées avec des lanières. Les chefs de district et les régents ont, dans le service, des bottes à éperons. Les mules sont portées par les hadjis arabes et les prêtres.

Les Javanais portent les cheveux longs et relevés sur le haut de la tête au moyen d'un peigne en écaille. En présence d'un supérieur et en signe de respect, ils laissent retomber leurs cheveux en longues boucles sur leurs épaules. Dans la vie ordinaire, ils ont la tête couverte d'un madras. C'est à la façon d'attacher cette coiffure qu'on reconnaît les Javanais proprement dits des Sondanais. A la cour, les hommes doivent se couvrir la tête d'un bonnet rond en drap ou de toute autre étoffe bleu clair. Les princes et leurs ministres sont coiffés d'un bonnet conique en velours noir garni d'une bande ou d'un galon d'or.

Comme beauté physique, les femmes javanaises sont généralement inférieures aux hommes, du moins celles de la basse classe. Elles se marient très jeunes et se livrent alors à des travaux fort pénibles qui leur enlèvent le peu de charmes qu'elles possédaient. A mesure qu'elles vieillissent, elles deviennent d'une laideur repoussante. La beauté est plus fréquente parmi les filles des chefs, dont l'idéal est d'avoir la peau d'un beau jaune d'or.

Les femmes ont différentes manières de relever leurs cheveux, qu'elles ornent d'épingles et de fleurs. Souvent aussi elles se coupent les cheveux courts autour du front pour les laisser retomber en petites boucles. Les jeunes garçons ont la tête rasée jusqu'à leur circoncision. On ne leur laisse qu'une petite touffe de cheveux de chaque côté de la tête. Ils restent d'ailleurs complètement nus jusqu'à l'âge de cinq ou six ans.

Les bijoux ou ornements en usage chez les indigènes sont d'ordinaire très simples et de peu de valeur. Ils ne consistent qu'en boucles d'oreilles en corne, en cuivre ou en fer pour les deux sexes, avec cette différence qu'elles sont plus ou moins grandes suivant les localités. Dans les classes aisées, ces bijoux sont en or ou en argent et même enrichis de diamants. Dans les cérémonies nuptiales, les femmes font usage de fard, *wedak,* depuis un temps immémorial. Le wedak n'est autre que de la poudre de riz délayée avec de l'eau de rose ou tout autre parfum.

Comme tous les Orientaux, les Javanais ont les dents d'une blancheur éblouissante. Cet ornement, que maintes femmes européennes leur envierait, n'a toutefois pas le don de leur plaire. Au contraire, les Javanaises trouvent qu'il les fait ressembler à de jeunes chiens, animal qui est en profond mépris. La mode exige donc qu'elles se fassent limer ou poncer les incisives. Ainsi préparées, les dents sont recouvertes d'une bande d'or ou noircies.

Cette opération est généralement pratiquée chez les jeunes filles à l'âge de huit ou neuf ans par le prêtre ou *soukoum* de la dessa, et renouvelée à l'époque de leur mariage.

La différence qui existe entre les vêtements des diverses classes de la société javanaise réside moins dans la forme que dans la finesse ou la richesse des étoffes employées à leur confection. Jadis, des règlements ne permettaient l'usage de la soie, du velours ou du drap qu'à l'aristocratie ;

mais ces prescriptions sont tombées en désuétude, sauf peut-être dans les principautés de Sourakarta et de Djojokarta, où les questions d'étiquette et de forme sont laissées à la décision du sultan.

Jamais un indigène du centre de Java, le Javanais proprement dit, à quelque rang qu'il appartienne, ne sort sans armes, même en temps de paix. Il porte invariablement un poignard ou *kris* passé à sa ceinture. En costume de cour, les Javanais ont également un sabre et un petit couteau.

Autrefois, l'armement d'un guerrier javanais se composait de trois kris passés à la ceinture, d'un sabre, *klewang,* et d'une lance. Aujourd'hui, les soldats javanais sont armés et équipés à l'européenne. Si l'on rencontre encore quelques indigènes en costume de guerre, ce n'est qu'à la cour des princes et uniquement pour le décorum. Suivant l'état de fortune du propriétaire, le kris a une poignée et un fourreau en bois, en cuivre, en argent, en or, et est uni, sculpté, ciselé, repoussé ou enrichi de pierreries.

Le Sondanais, d'un caractère plus pacifique, ne porte, au contraire, jamais le kris que quand il habite le centre de Java, et peut-être uniquement pour ne pas être sans défense.

Si ni les vêtements ni les armes ne permettent souvent de discerner les différentes classes de la société indigène, il est toutefois un signe extérieur qui ne laisse subsister aucun doute sur les différents degrés de la hiérarchie javanaise. Ce signe, c'est le *payong,* ou *sonsong,* grand parasol à long manche. Le payong est le symbole de l'autorité. Il varie comme couleur, dimension, ornementation, suivant le rang ou le grade qu'occupe celui qui le porte. Depuis l'empereur de Solo ou de Sourakarta jusqu'à l'instituteur indigène, tous ont droit au payong officiel, dont les dimensions, les dispositions de couleurs sont minutieusement réglées par le Gouvernement. Le payong pour le fonctionnaire indigène est comme l'uniforme pour le fonctionnaire européen, avec cette distinction, qui a sa valeur sous les tropiques, que le payong est généralement porté par un autre : le domestique de l'heureux privilégié.

Naturellement sobre, le Javanais ne prend que deux repas par jour; le premier, le déjeuner, se compose d'un peu de riz froid arrosé d'une décoction de feuilles de caféier, car la fève elle-même doit être livrée au Gouvernement. Le soir, le repas est plus copieux. Le riz assaisonné de divers condiments et ingrédients en est invariablement le plat de résistance. Y a-t-il, au contraire, une réunion, une fête, une cérémonie quelconque, le besoin de jouir du plaisir de la table se fait alors irrésistiblement sentir. Il est vrai aussi que dans ces circonstances la gourmandise est mise à une rude épreuve et les moyens de la satisfaire à la portée des bourses les moins garnies. En effet, pas de fête, de marché, de réunion, sans *warong*. Le warong est pour le Javanais ce que sont pour l'Européen l'auberge, la boutique, le café et le restaurant. Le warong est tantôt représenté par deux corbeilles remplies de comestibles portées au bout d'un bambou par un marchand qui vante à tue-tête l'excellence de ses produits; tantôt par deux boîtes carrées à compartiments dans lesquelles sont tenus au chaud les mets favoris des Javanais. C'est le warong ambulant.

Le warong typique, le vrai restaurant, consiste en une espèce d'auvent sur la voie publique, avec une immense table pliant sous le poids des corbeilles, des pots et de la vaisselle qui contiennent le riz bouilli, les légumes, etc., que débitent deux respectables matrones aux consommateurs assis sur des bancs en bambou. C'est là le rendez-vous des hommes et des femmes, des vieillards et des enfants, des coolies et des danseuses, des voleurs et des défenseurs de l'ordre public, qui viennent tous se reposer de leur fatigues en se régalant des chefs-d'œuvre de l'art culinaire javanais à des prix d'un bon marché fabuleux.

Le riz bouilli est, comme toujours, le mets le plus recherché. Viennent ensuite les poissons frits, salés, séchés, les rôtis de volaille au tamarin, les brochettes de viande rôtie, les œufs salés [1], les *gendon* (grosses larves d'un insecte qui vit sur les palmiers et qui sont considérées comme un mets succulent), les *larons* rôtis (termites ailés), le *lodeh* (potage de lait de coco, de légumes et de piment), les oignons frits, etc. Les légumes entrent pour peu de chose dans l'alimentation des Javanais du centre. Les Sondanais, par contre, en consomment beaucoup. Pour toute boisson, le café ou le *bandrek*, infusion de gimgenbre, de poivre ou d'autres condiments.

Sauf sur les côtes, où les Javanais, à l'exemple des Européens, font usage du genièvre, bien qu'il soit interdit par le Coran, les indigènes consomment peu de boissons fortes, et l'ivrognerie est très rare chez eux. Par contre, l'abus de l'opium n'est que trop répandu dans les basses classes, surtout dans le centre et l'est de Java.

Le gouvernement néerlandais s'est réservé le monopole du commerce

---

[1] Les œufs salés se préparent de la manière suivante : on prend de la cendre ou de la brique pilée que l'on mélange par parties égales avec de la saumure, de façon à former une espèce de mastic dont on enduit soigneusement les œufs. On les enveloppe ensuite dans une grande feuille d'arbre et on les dépose dans un tonneau. Dix jours après ils sont bons à être employés et on peut les conserver ainsi pendant des mois sans qu'ils se corrompent.

de l'opium. Il en afferme le débit aux Chinois et en retire d'importants bénéfices, ainsi que l'établissent les chiffres suivants :

RECETTES.

ANNÉES.	PRODUIT de LA FERME DE L'OPIUM.	PRODUIT de LA VENTE DE L'OPIUM aux fermiers.	TOTAUX.
1879........	25,772,200 fr.	10,487,400 fr.	36,258,600 fr.
1880........	26,628,000	10,078,700	36,701,700
1881........	27,566,700	10,848,600	38,415,300
1882........	27,465,900	10,193,400	37,659,300
1883........	Évaluation budgétaire.................		39,333,000
1884........	Idem.............................		40,859,000

DÉPENSES.

Frais d'achat et de transport d'opium du Bengale, frais d'adjudication de la ferme, frais de surveillance des débits :

1879 .... 3,259.900 fr.
1880 4,223,100
1881 3,658,200
1882 3,651,900

BÉNÉFICES NETS.

1879 .... 32,998,700 fr.
1880 32,478,600
1881 34,757,100
1882 34,007,400

Sauf dans quelques districts où la vente en est complètement interdite, il n'est pas de marché (*passar*) qui n'ait son débit d'opium. Dans une hutte en bambou orné de lanternes multicolores, un employé du fermier assis derrière un treillage est chargé de la vente. Les consommateurs vont fumer dans une salle adjacente garnie de bancs et de nattes sur lesquels ils ne tardent pas à tomber frappés d'un sommeil de plomb, à moins qu'exaltés par l'ivresse ils ne se précipitent au dehors et ne fassent l'*amok*.

« L'amok, très fréquent parmi les Malais, n'est rien moins qu'un meurtre commis sur une ou plusieurs personnes par un individu qui s'est enivré

d'opium pour accomplir avec plus d'énergie un acte de vengeance prémé-
ditée. La jalousie est presque toujours le mobile de l'amok; le mari ou
l'amant trompé cherche d'abord à tuer la femme et son complice et se jette
sur quiconque tente de l'arrêter. S'il peut s'échapper, il court par les chemins, frappant à coup de kris et de klewang tous ceux qu'il rencontre. On
cite des exemples d'individus ayant frappé dix ou douze personnes contre
lesquelles ils n'avaient aucun motif de vengeance. Aussi au signal de
l'amok donné par le *tabour*, sorte de tambour placé dans le corps de garde,
tout le monde se disperse, les indigènes terrifiés n'osent plus sortir de
leurs demeures. Les plus courageux d'entre eux poursuivent le forcené,
armés de lances et de longues fourches à crochets au moyen desquelles
ils cherchent à l'abattre ou à le bloquer dans quelque coin où il est mas-
sacré [1]. »

Le sel employé à Java et à Madoura est tiré des eaux de la mer par les
ordres et sous la surveillance du Gouvernement, qui s'en est réservé le droit
exclusif de vente aux indigènes, sauf dans les principautés. Les frais d'extraction sont payés aux sauniers à raison de 25 francs par *kojan* de 30 piculs (1,800 kilog. environ). Le Gouvernement débite le sel au prix de
12 francs par picul de 62 kilogrammes et réalise ainsi annuellement un
bénéfice de plus de 12 millions de francs.

Parmi les jeux les plus en usage chez les Javanais, nous citerons les
jeux d'échecs et de dames, très répandus dans l'aristocratie; le *tjouki*, qui a
beaucoup d'analogie avec le jeu de dames et se joue avec 120 pions; le
dakou, pour lequel on emploie 81 boules ou graines que l'on fait avancer
dans des excavations pratiquées dans un plateau ovale; le *matjanang* ou
jeu du tigre, avec deux pièces représentant les tigres qu'il s'agit de bloquer avec 23 autres figurant des buffles; le *malingur*, ou jeu de brigand,
joué avec 18 pièces et ressemblant au jeu de dames. Les Javanais sont
aussi amateurs passionnés des jeux de hasard, quoiqu'ils soient interdits
par la religion, pour les combats de coqs et même pour les combats de
grillons, qui se battent avec un acharnement extraordinaire. Des paris
élevés sont souvent engagés sur les différents champions.

La chasse et l'équitation sont, pour les Javanais, des passe-temps dans
lesquels ils déploient beaucoup de sang-froid, de force, d'adresse et même
d'intrépidité. Les tournois étaient jadis fort en honneur à la cour des
princes indigènes. Encore aujourd'hui, on organise des joutes (*senenans*
ou *watangans*) dans lesquelles des cavaliers armés de lances émoussées et

---

[1] Le comte de Pina, *Voyage au pays des épices.*

montés sur des chevaux bariolés, cherchent à se désarçonner. On représente aussi la parodie d'un tournoi en liant des mannequins sur le dos de chevaux que l'on excite en leur lançant des pièces d'artifice dans les jambes. Ils se livrent alors à une course désordonnée dans laquelle les simulacres de cavaliers prennent les poses les plus comiques.

A la cour de l'empereur de Sourakarta, où les anciennes traditions et mœurs hindoues jettent encore quelques pâles reflets, les combats de tigres sont aussi fort goûtés et sont un des spectacles que le souverain aime à offrir aux étrangers de distinction qui viennent lui rendre visite.

Au jour fixé pour la fête, tous les invités, fonctionnaires européens ou indigènes, et les particuliers se réunissent dans la maison du résident. Ils se rendent ensuite, ce haut fonctionnaire en tête, au *kraton* ou palais de l'empereur, où ils sont reçus solennellement par le *sousouhounan* ou premier ministre, qui les conduit au lieu du combat. Les invités prennent place sur les sièges qui leur sont réservés. La lice est formée par une triple rangée de soldats indigènes armés de piques et de lances. Elle est de dimensions juste suffisantes pour permettre au tigre de faire un bond. Dans la lice se trouve d'un côté la cage du tigre, de l'autre celle d'un buffle. A un moment donné, les deux cages sont ouvertes simultanément. On croit que le tigre va se précipiter sur son adversaire en poussant des hurlements féroces; il n'en est rien. Il reste tout penaud, couché dans sa cage, et ce n'est qu'à force de le harceler à coups de lance ou de lui jeter des pièces d'artifice que l'on parvient à la lui faire quitter. Il n'y a rien d'étonnant, d'ailleurs, à ce que l'animal féroce, reniant tout son instinct sanguinaire, se montre si peu disposé à se mesurer avec son terrible ennemi. Abattu par une longue captivité et affaibli par un jeûne prolongé, il ne se décide à engager la lutte que lorsqu'on a excité sa fureur. Il se précipite enfin sur son redoutable adversaire, qui le reçoit sur ses cornes et le cloue à terre. Si le tigre essaye une nouvelle attaque, il éprouve généralement le même sort; mais le plus souvent il ne tente pas l'aventure et est achevé à coups de lance par les soldats. Le programme du spectacle porte, au surplus, qu'il doit en être ainsi, et c'est pourquoi on fait les chances belles au buffle en réduisant le tigre à un état de prostration et d'épuisement qui le rend impropre à la lutte. En effet, ce serait d'un fâcheux augure pour les indigènes si le buffle avait le dessous. Les plus grands malheurs pourraient en résulter. Le buffle vainqueur et ensuite orné de fleurs est emmené triomphalement.

L'agriculture est un des principaux moyens d'existence du Javanais. Et comment pourrait-il en être autrement dans une contrée dont la fécondité est proverbiale, où le sol fournit sans peine les produits les plus variés ? Parmi les produits de l'agriculture indigène, le riz occupe le premier rang. Le riz est la base de l'alimentation de l'indigène. Pour le Javanais, aucun mets, même le plus recherché, ne remplace le riz.

L'*oryza sativa* est l'espèce de riz que le Javanais cultive de préférence parce qu'il donne le plus fort rendement, vingt-cinq à trente fois la semence. L'*oryza præcox* ou hâtif mûrit plus rapidement, mais produit moins. Ces deux espèces ont besoin de beaucoup d'eau pour se développer et nécessitent des irrigations fréquentes et prolongées et par suite un travail plus assidu et plus long que l'*oryza montana* ou riz de montagne, cultivé sur le flanc des collines et des montagnes où les irrigations seraient sinon impossibles, du moins difficiles et coûteuses. Les deux premières espèces se récoltent dans les *sawahs* ou champs humides, la dernière dans des champs secs, *gaga* ou *tegal*.

Les gagas sont cultivés par la population nomade qui ne possède pas de champs propres et de la manière la plus primitive. Elle ne leur fait subir qu'une préparation sommaire, parce qu'elle ne dispose généralement ni de bras, ni d'animaux pour une culture sérieuse. Les tegals, au contraire, sont plus soignés, appropriés et amendés. Ils sont surtout la ressource des jeunes ménages qui ont besoin de subvenir rapidement à leur existence, parce qu'ils donnent leur récolte dans l'année. Les sawahs nécessitent au moins trois ans de soins assidus avant de donner une bonne récolte.

Ce qui distingue les sawahs des gagas et des tegals, ce sont les digues dont ils sont entourés pour y maintenir l'eau de pluie ou qui y est amenée artificiellement par des canaux. Les nombreuses rivières qui arrosent l'île de Java rendent cette opération des plus faciles, et l'on voit des sawahs établis jusqu'à une hauteur de 3,000 à 3,500 pieds au-dessus du niveau de la mer. Suivant l'espèce, le mode d'irrigation et la température, on peut faire dans les sawahs jusqu'à trois récoltes par an, dans les tegals trois récoltes en deux ans et dans les gagas une récolte par an. Comme la plupart des opérations auxquelles se livre l'indigène, le mode de culture du riz est réglé par *l'adat*, la coutume. Dans la culture humide, le riz n'est jamais semé dans les champs où il doit mûrir. On forme des pépinières dont le produit est ensuite transplanté dans les sawahs. Jamais un Javanais ne fera sa récolte tant que le prêtre ou *doukoun* ne sera pas venu dans son champ chercher, en invoquant *dewi sri*, l'esprit protecteur, les épis qui doivent représenter le fiancé et la fiancée du riz. S'il les découvre, ils sont liés ensemble, enduits de boreh, ornés de fleurs et protégés contre les rayons du soleil, au moyen de feuilles d'arec. On fête ensuite les fian-

çailles par un repas. Ce n'est qu'après cette cérémonie qu'il est procédé à
la récolte. Sauf dans les provinces de Madioun et de Kediri, où ce sont
les femmes seules qui coupent le riz, la population tout entière prend part
à la moisson. Le salaire des ouvriers varie entre un cinquième et un
sixième de ce qu'ils ont coupé. Suivant leur habileté, ils peuvent couper
de deux à cinq gerbes de *paddi* (riz en paille) par jour.

Pour donner une idée de l'importance que la culture du riz a pour la
population javanaise, voici, d'après le dernier rapport officiel, quelle en
était l'étendue en 1882, à Java et à Madoura, à l'exception des principautés
et des terrains particuliers, en bouws de 71 ares environ.

		1ʳᵉ RÉCOLTE.	2ᵉ RÉCOLTE.	TOTAUX.
Champs arrosés..	par des eaux vives. .	1,422,870	166,267	1.589,137
	par des eaux de pluie.	740,772	35,029	775,801
Marais........................		56,582	1,111	57,693
Tegals cultivés..	régulièrement......	125,331	883	151,545
	irrégulièrement.....	25,331		
Totaux................		2,370,886	203,290	2,574,176

Sur 2,574,176 bouws, il y en a eu 75,063 dont la culture n'a pas
réussi. Restaient donc 2,499,113 bouws ou 2,275.000 hectares, qui ont
produit 62,912,093 piculs ou 3,900,549,000 kilogrammes de riz en
paille, ce qui donne environ 26 piculs par bouw ou 1,800 kilogrammes
à l'hectare.

En 1872, les 2,136,757 bouws de rizières n'avaient produit que
47,353,285 piculs ou en moyenne 22 piculs par hectare. Il y a donc eu,
dans l'espace de dix ans, une amélioration sensible et dans l'étendue de
la culture et dans le rendement.

Ces résultats sont toutefois encore loin de ceux que la population
pourrait obtenir si elle tenait compte des sages conseils qui lui sont donnés
et par le Gouvernement qui prend à cœur ses intérêts et par les particuliers.
Mais l'indigène a un attachement invétéré à ses anciens errements, il
persiste dans la routine et continue à ne faire usage que des moyens primitifs de culture que lui ont légués ses ancêtres. L'amendement des terres
lui est complètement inconnu. Les dépôts de limon amenés par les irrigations doivent seuls fertiliser la terre. Quant aux champs secs, une fois

qu'ils ne produisent plus, on les abandonne. Les engrais ne sont d'aucun usage. Ce ne sera qu'à la longue, lorsque l'indigène, affranchi de l'espèce de tutelle sous laquelle il vivait, sera livré à ses propres ressources, qu'il appréciera les avantages des exemples qui lui sont donnés par les Européens et qu'il les imitera.

En 1882, les terrains défrichés et mis en culture par la population indigène avaient, à Java et à Madoura, à l'exception des principautés et des propriétés particulières, une étendue de 3,966,994 bouws, se décomposant ainsi qu'il suit :

Riz...................................... 2,574,176 bouws.
Autres produits pour le Gouvernement 33,076
Autres produits pour l'usage des indigènes........ 1,359,742
                                         ─────────
                                         3,966,994

Dont 2,940,946 bouws de la première récolte et 1,026,048 bouws de la deuxième récolte.

En 1872, les terrains que la population exploitait pour son usage n'avaient qu'une superficie de 3,005,679 bouws, dont 2,136,757 bouws de rizières et environ 900,000 bouws affectés à d'autres cultures.

Les 1,359,000 bouws dont disposait la population, indépendamment des terrains affectés à la culture du riz, étaient réservés aux *palawidja* ou plantes annuelles, céréales ou légumes, entrant pour une certaine partie dans l'alimentation et nécessitant moins de soins. Parmi ces produits nous citerons le maïs, plante d'une fécondité remarquable puisqu'un grain en produit de 4 à 500, et qui, de plus, suivant les conditions du sol ou de la température, peut être récolté au bout de trois à neuf mois. Vienne ensuite le *trigo*, froment cultivé principalement sur les plateaux élevés à une hauteur de 4,000 pieds au-dessus du niveau de la mer, mais dont la culture tend à diminuer; puis les haricots, les pois, les arachides, les aroïdées (*colocasia*), les patates douces, les oignons et aussi et sur une large échelle le *ketela* ou manioque (*janipha manihot*), importé de Chine et fort goûté des indigènes.

En dehors des plantes alimentaires dont nous venons de citer les principales, la culture indigène comprend également différents produits de moindre importance, mais qui fournissent des moyens d'existence à de nombreuses familles, notamment le *kapas* ou cotonnier (*gossypium arboreum*) dont il existe plusieurs variétés à Java. La culture n'en est toutefois pas assez étendue pour que les produits puissent faire l'objet d'un commerce sérieux. Ils sont écoulés à Java même, où les femmes filent, tissent et teignent le coton elles-mêmes. Les cotonnades suisses, anglaises et hollandaises font toutefois une redoutable concurrence à cette industrie, mais ne parviennent pas à l'anéantir. Les indigènes se sont appliqués à leur tour, depuis quelque temps, à imprimer et à teindre les cotonnades qu'ils reçoivent écrues d'Europe.

Le teinturier indigène a d'ailleurs sous la main toutes les matières dont il peut avoir besoin : l'indigo, cultivé principalement à Djojokarta et à Sourakarta, le bois de sapan (*caesalpinia sappan*), le saflour ou safran bâtard (*carthamus tinctorius*), les graines du *bixa orellana*, les racines du patjé (*morinda citrifolia*); pour le jaune, la gomme-gutte suintée par le *garcinia cambogia*, le curcuma, que les Javanais mélangent avec de l'huile de coco et des parfums pour s'en enduire le corps. Le noir est tiré de l'écorce du mangouste (*garcinia mangostana*) ou de l'enveloppe du fruit du kata-pang (*terminalis catappa*). Comme mordant, les indigènes font usage d'alun, de son, de riz et de soude obtenue par l'incinération de fibres de coco ou d'autres plantes.

L'indigène cultive aussi pour ses besoins particuliers la ramie (*bœhmeria*), textile bien connu que l'on a cherché à introduire en Europe pour la confection des étoffes, mais que les Javanais n'emploient que pour faire des cordages; le gambir (*nauclea gambier*), le poivre rouge (*piper cubebe*), le widjen (*sesamum indecum*) ou sésame, le djarak, sorte de ricin, et le *jataphra*; ces trois derniers donnent une huile estimée.

La culture des différents produits destinés aux marchés européens, tels que le sucre, le café, le thé, le tabac, le quinquina, les épices, et à laquelle les indigènes prennent une grande part, est pour eux une immense source de bénéfices. Toutefois, comme elle est dirigée par les Européens, ou du moins comme ce sont leurs capitaux qui y sont engagés, nous avons cru devoir réserver l'étude de ces différents articles et les importantes questions qui s'y rattachent à la partie de ce travail relative aux Européens dans l'Inde.

Parmi les produits forestiers, qui sont d'une immense ressource pour les Javanais, il n'en est certes pas de plus utile que le palmier, qui leur donne le lait et le vin, la farine et les légumes, des fruits et du sucre, de l'huile et des médicaments, des cordages et des ligatures, du papier et des plumes et tous les matériaux dont ils peuvent avoir besoin pour leurs constructions et pour leurs usages domestiques.

En dehors des espèces qui croissent à l'état sauvage, les variétés qui sont l'objet d'une culture spéciale sont plus particulièrement le cocotier commun (*cocos nucifera*), qui occupe la première place parmi les arbres de l'archipel en raison de son utilité et de sa multiplicité. Son fruit, auquel les indigènes donnent le nom malais de *nijour*, ou bas-javanais de *krombil*, est connu des Européens sous celui de *klapper*, du mot *kalapa*, sous lequel il est désigné en soudanais et en haut-javanais. En 1872 (nous n'avons malheureusement pas pu trouver de statistique plus récente), le nombre des cocotiers existant à Java et à Madoura, non compris les principautés, était évalué à 29,679,000, dont 12,578,000 donnant des fruits et 17,100,000 jeunes arbres. On les rencontre d'ailleurs partout, autour des dessas comme près des habitations indigènes auxquelles ils servent d'abri. Il faut que ce végétal soit doué d'une vitalité extraordinaire, car, malgré son utilité, les indigènes ne lui donnent que peu ou point de soins et l'abandonnent aux ravages des insectes (*calandra schach*) ou kalongs, des rats et des écureuils qui perçoivent sur les fruits une large contribution. Le cocotier commun prospère surtout dans les terrains peu élevés, où il est exposé aux brises de mer. Un arbre adulte donne alors de 50 à 60 noix par an. A mesure que les terrains s'élèvent, sa productivité est moindre. Le suc de la fleur et de l'écorce est très sucré. Par la fermentation, il se transforme en excellent vin. Soumis à la distillation, il donne une espèce d'alcool qu'on appelle *arak*. On en tire aussi du vinaigre et de la levure. De la noix de coco on extrait une huile indispensable aux indigènes pour l'éclairage, pour la préparation de leurs aliments et comme cosmétique. Pour l'obtenir, on râpe et l'on soumet à une forte pression l'amande de la noix bien mûre. Cette double opération donne le *santan*, dont le Javanais se sert comme lait et comme beurre. Ce produit est soumis ensuite à l'ébullition pour faire évaporer toute l'eau qu'il contient et ne laisser que l'huile. Là où le pétrole a restreint l'usage de l'huile de coco, on en fabrique du savon. Suivant les localités, le prix de l'huile de coco varie de 28 à 80 francs par picul, celui des 100 noix, de 6 à 15 francs. Avec les coques on fait des cuillers, des tasses, des plats, des mesures, des vases d'ornement. La fibre grossière qui revêt la coque sert à calfater, à confectionner des torches, des nattes, des brosses, des balais, des pinceaux. Les bourgeons du palmier se mangent comme légumes. Les grandes feuilles servent à couvrir les habitations et à fabriquer des corbeilles. Le bois, bien qu'il ne soit pas très durable, est employé dans la construction des ponts, des palissades, des conduits. On se sert des racines en médecine comme astringent. Enfin, l'écorce remplace avantageusement celle du chêne ou le sumac comme matière tannante.

Après le palmier commun, le plus répandu est le *pinang* (*areca catechu*), célèbre par son fruit aromatique, la noix de bétel, appelée *djambé* en malais, dont il se fait dans la Malaisie une prodigieuse consommation. Ce fruit est gros comme un œuf de poule. Le brou fibreux et charnu qu'on mange frais recouvre une noix ou graine de la grosseur d'une muscade, dont l'amande, de saveur âcre, entre dans la composition du masticatoire connu sous le nom de *bétel*.

L'arèn (*arenga saccharifera*) est une espèce de palmier qui croît dans des contrées plus élevées que celles où l'on rencontre les cocotiers et les pinangs; ce qui lui donne de la valeur, c'est le liquide sucré que l'on retire par incision de ses spadices ou régimes et qui donne par la fermentation un breuvage enivrant et abondant, et, lorsqu'on le fait bouillir, une sorte de sucre noir ou *sucre javanais* dont se servent les indigènes. On obtient du tronc de l'arèn de 75 à 100 kilogrammes de sagou de bonne qualité. Entre le tronc et les pétioles de ses feuilles se trouve environ de 2 à 3 kilogrammes de fibres noires appelées *douk* ou *adouk*, qui sont employées à tresser des cordes solides et rugueuses nommées *gemouti*. Les nervures médianes des feuilles sont converties en plumes et en fines flèches que les indigènes lancent avec des sarbacanes contre les oiseaux dont ils ne veulent pas endommager le plumage. On trouve encore à la base des feuilles le *kawoul*, espèce d'amadou qui s'emploie pour calfater ou faire des mèches. Les *dodol* ou bourgeons sont bons à manger. Enfin le fruit de l'arèn est d'un goût agréable lorsqu'il est grillé à moitié mûr.

De tous les sagouiers (*metroxylon*) le plus commun à Java est le palmier-sagou (*metroxylon sagu*): Il est regrettable qu'on n'en fasse pas l'objet d'une exploitation régulière. L'important article qu'il produit, le sagou, pourrait devenir un fructueux article de commerce. Il n'est toutefois recueilli à Java que par les pauvres et encore fort rarement.

Après les palmiers, les plantes les plus utiles et les plus importantes sont les *pisangs* ou bananiers. On en rencontre aux Indes néerlandaises de nombreuses variétés, appartenant principalement à deux espèces, le bananier-figuier ou bananier des sages (*musa sapientium*) et le bananier à long fruit ou bananier de paradis (*musa paradisiaca*). Indépendamment des feuilles, dont se servent les indigènes pour couvrir leurs habitations, et des fruits, le pisang produit une espèce de cire que l'on détache du dessous des feuilles. On en tire aussi une grande quantité de fibres très solides qu'on emploie à fabriquer des cordages. Ces fibres, connues sous le nom d'*abaca* ou chanvre de Manille, sont surtout abondantes dans l'espèce du bananier sauvage (*musa mindanensis*) que l'on trouve aux Philippines.

Parmi les végétaux dont l'indigène sait tirer parti, nous mentionnerons encore le bancoulier ou *kemiri* (*aleurites triloba*), le *canari* (*canarium commune*) et le katapang à grandes feuilles (*terminalia catappa*), plantés le long des routes ou dans les jardins et dont les fruits servent à fabriquer de l'huile. Des graines du *tangkalak* (*lepidodenia wightiana*) on extrait une matière grasse qui devient promptement aussi solide que la cire et qui est employée pour la fabrication des bougies. On se sert des fruits du larak ou rarak (*sapindus rarak*) en guise de savon. Les plantes grimpantes du genre *gnetum*, appelées tangkel par les Javanais, sont cultivées pour leur écorce fibreuse dont on fabrique des filets et pour leurs fruits ayant un léger goût d'ail. Les jeunes tiges sont employées comme légumes. Un genre d'urticées, la *boehmeria sanguinea*, donne la ramie, dont les Javanais font des cordages et des étoffes. La *boehmeria nivea* est exportée en Europe pour servir de matière première à une industrie fort importante. Les gousses du randou (*eriodendron anfractuosum*) fournissent une espèce de laine végétale connue dans le commerce sous le nom de *kapok*, qu'on n'a pas encore pu utiliser pour la fabrication des étoffes, mais qui est d'un usage très répandu pour la literie. Un produit semblable est obtenu du *randou alas* géant (*salmalia malabarica*) qui est généralement cultivé à Java. Le *lubou* (*lagenaria idolatrica*) donne la calebasse dure comme du bois, employée comme cruche ou gourde. Le *patjar koukou* (*lawsonia alba*) est un petit arbuste dont les feuilles sont utilisées par les femmes indigènes pour colorer leurs ongles en jaune.

L'énumération des légumes employés par les Javanais nous entraînerait trop loin. Nous nous bornerons à indiquer comme étant cultivés dans la montagne, à une hauteur d'au moins 4,000 pieds, différents légumes européens, tels que les oignons, l'ail, le chou, la salade, etc.

Différentes plantes d'origine américaine, comme les goyaviers (*psidium guajava*), les papayers (*carica papaja*), se sont facilement acclimatées à Java et sont d'une grande ressource pour les indigènes. Il en est de même de diverses variétés de jambosiers (*eugenia jambos*), de tamarins (*tamarindus indica*), de grenadiers (*punica granatum*), de jujubiers (*zizyphus jujuba*), d'inocarpes comestibles (*inocarpus*), de manguiers (*mangifera indica*), de *cicca disticha*, de *dialum indicum*, dont la gousse est vulgairement appelée dans l'Inde prune de tamarin, de durions (*durio zibethinus*), dont le fruit est regardé comme un des meilleurs que l'on connaisse, d'antidesmées (*antidesma pubescens*), qui donnent des fruits semblables aux groseilles.

Ces végétaux produisent des fruits qui sont mangés crus, cuits et confits, non seulement par les indigènes, mais aussi par les Européens.

25

La population nomade, qui est encore fort nombreuse, pourvoit à son
existence en recueillant dans les forêts du bois à brûler, du bambou ou du
rotin, ainsi que des fruits sauvages, des légumes, des résines, des gommes,
des produits tinctoriaux, des parfums et enfin des plantes médicinales.
L'indigène n'a toutefois pas la libre disposition des bois de charpente dans
les forêts. Celles-ci font partie du domaine de l'État. Quelques-unes sont
régulièrement exploitées sous la surveillance de l'administration. Dans les
autres, on accorde aux indigènes, moyennant une légère rétribution, l'autorisation d'enlever le bois mort et même de couper des arbres de certaines dimensions, à l'exception de ceux d'essences précieuses.

L'agriculture et la sériciculture sont pratiquées avec un certain succès
par les indigènes à Java, mais non sur une échelle assez vaste pour donner
lieu à un mouvement commercial sérieux. La chasse pourrait fournir
un fort appoint pour l'alimentation de la population indigène, mais les
prescriptions de l'Islam restreignent l'usage de la viande des animaux sauvages. Il n'y a guère que la viande de cerf qui entre pour une large part
dans la consommation, sous le nom de *dendeng* ou viande séchée. En effet,
les Javanais ont l'habitude de couper la viande de bœuf, de buffle ou de
cerf en longues lanières qu'ils font sécher au soleil après les avoir fortement épicées pour mieux les conserver. La viande ainsi préparée est rôtie
ou grillée et mangée avec le riz. Seuls, les Chinois font usage de la viande
des sangliers, qui pullulent à Java. On les chasse cependant, à cause du
tort qu'ils font à l'agriculture.

La chasse a d'ailleurs été de tout temps de peu d'importance à Java,
en particulier parce que certaines chasses étaient réservées à l'aristocratie,
et aussi parce que l'augmentation de la population, et par suite le développement de l'agriculture, a refoulé le gibier au fond des forêts et l'a fait
beaucoup diminuer. Il est néanmoins encore très nombreux et très varié.
Non seulement on trouve encore à Java le tigre royal et la panthère, mais
aussi le rhinocéros, le bœuf sauvage, plusieurs espèces de cerfs et de sangliers, le tapir, le chevreuil, l'antilope, sans compter le gibier à plumes :
canards, faisans, paons, échassiers, pigeons, etc.

Les grands fauves se chassent en battue ou au poison. On cherche aussi
à les capturer vivants au moyen de pièges ou de trappes, pour alimenter
les ménageries des princes indigènes, organiser des combats de tigres,
ou tout simplement pour les noyer et les faire ainsi périr sans abîmer leur
fourrure. Le rhinocéros, dont la chair est estimée des indigènes, se prend
également dans des fosses ou en plaçant des couteaux acérés dans les endroits qu'il fréquente.

L'aristocratie indigène chasse les cerfs à la course et les abat à coups de sabre. On les chasse aussi à l'affût, ainsi que le sanglier. C'est le moyen qu'emploient de préférence les Européens, parce qu'il est aussi le moins fatigant. Ils choisissent dans ce but un endroit dans une forêt fréquentée par les singes. Dès que ceux-ci s'aperçoivent que ce n'est pas à eux qu'on en veut, ils s'intéressent vivement à la chasse des autres animaux. En effet, dès que le chasseur est à son poste, un des singes vient se percher au-dessus de lui sur un arbre et l'avertit par ses grimaces ou ses contorsions de l'approche d'un gibier quelconque. Ce fait nous a été affirmé par des personnes dignes de foi qui avaient, à différentes reprises, usé de cet étrange auxiliaire dans leurs expéditions cynégétiques.

La pêche est encore une des branches les plus importances de l'industrie indigène. Elle se pratique surtout sur les côtes septentrionales de l'île de Java, car les brisants la rendent impraticable sur les bords de l'océan Indien. Dans la mer de Java, au contraire, presque tous les villages du littoral ne vivent que de la pêche. Il en est de même à Madoura, où l'on ne compte pas moins de 20,000 personnes qui en font leur unique profession. La mer de Java est généralement calme, les pêcheurs ne sont donc que rarement troublés dans leurs opérations. Les bateaux de pêche (*praou majang*) sont de petites embarcations, pointues aux deux extrémités, ne portant qu'une seule voile, mais qui naviguent avec une rapidité extraordinaire. Les Javanais pêchent au filet traînant (*pajang*), quelquefois aussi à la ligne. La pêche la plus productive et aussi la moins dangereuse est celle faite au moyen de *seros*, *tjagers* ou *widès*, espèces de palissades en bambou enfoncées dans le fond de la mer dans quelques brasses d'eau et solidement reliées entre elles, à l'embouchure des fleuves ou aux endroits de la côte fréquentés par le poisson. Ces palissades sont établies de façon à former un labyrinthe dont le poisson ne peut plus sortir une fois qu'il s'y est engagé. Ce labyrinthe est terminé par une chambre au fond de laquelle un filet a été tendu et qu'il suffit de relever pour extraire tout le poisson qui s'y est rassemblé.

Dans les rivières et cours d'eau, la pêche se pratique à la ligne ou au moyen de filets, de nasses, de *widès*, de *roumpon*, ou de barrages en fascines dans lesquels on attire ou l'on chasse le poisson et où on le prend après lui avoir fermé la retraite. Sur les lacs à l'intérieur, on organise des pêches aux flambeaux dans lesquelles on prend le poisson au harpon. Souvent aussi on jette dans l'eau des plantes narcotiques qui engourdissent le poisson.

Les Javanais consomment rarement le poisson frais. Ils le sèchent ou le salent pour le vendre sur les marchés à l'intérieur de l'île.

La pisciculture a été de tout temps pratiquée dans l'île de Java, non
seulement dans les rivières et étangs de l'intérieur, mais aussi sur les
bords de la mer. Parmi les poissons les plus estimés est le *ikan-bandeng*
(*chanos* ou *lutodeira orientalis*), dont la culture est une immense source de
bénéfices pour la population du littoral. Le siège principal de cette industrie est à Grisée, près de Sourabaya, où les parcs sont les mieux installés.
Aux environs de Sourabaya, on comptait, en 1864, 4,313 *tambaks* (étangs)
d'une superficie totale de 35,211 bouws. Dans les résidences de Rembang,
de Djapara, de Samarang, de Pasourouan, de Probolingo et de Bezoeki, il
existait à la même époque 5,246 tambaks d'une étendue de 10,857
bouws. Le nombre en a beaucoup augmenté depuis, attendu que l'impôt
sur les tambaks, qui ne produisait en 1862 que 401,000 francs, en rapportait 546,000 en 1874 et 663,000 en 1882. Les propriétaires de
ces étangs sont les plus fortunés. Chaque famille retire de cette industrie
environ 600 francs par an, tandis que l'agriculture en rapporte à peine le
quart.

L'aménagement des étangs et les procédés en usage varient suivant les
localités. A Grisée, où la pisciculture est la plus florissante, les étangs ont
une superficie de 3 à 30 bouws. Ils sont divisés, au moyen de digues ou
levées, en compartiments appelés *pinian, dawouan, lalahan* et *kawakan*. Le
pinian reçoit le frai recueilli sur les côtes aux mois de mai et de novembre.
Le fond en est auparavant soigneusement nettoyé et exposé à la chaleur
solaire pendant un certain temps, après quoi le réservoir est rempli d'un
pied d'eau environ. Lorsque l'alevin a atteint une longueur de 0^m,015,
on introduit de l'eau du dawouan dans le pinian au moyen de conduits en
bambou garnis de gaze pour arrêter les poissons ou mollusques qui cher-
cheraient à y pénétrer. Lorsque le premier réservoir est rempli, on y laisse
l'alevin se développer pendant deux ou trois mois en le protégeant contre
la voracité des oiseaux aquatiques. Dans l'intervalle, le dawouan et le lalahan ont été curés, réparés et remplis d'eau de mer au moyen d'une
écluse que l'on a soin de maintenir fermée à marée haute et à marée basse,
car l'installation a toujours lieu au bord de la mer ou à l'embouchure des
rivières. L'eau en passant l'écluse pénètre dans le lalahan à travers une
claie ou un treillage pour retenir le poisson. Généralement la grande écluse
est flanquée d'autres plus petites qui servent à pêcher des crevettes ou de
petits poissons, dans des nasses que l'on relève journellement. Du lalahan
l'eau est introduite dans le dawouan au moyen d'écluses plus petites établies dans la digue qui les sépare. Du lalahan et du dawouan émergent
quelques îlots plantés d'*api-api* (*avicennia officinalis*) et de *tandjang* (*bruguiera*

cylindrica) destinés à servir d'ombrage au fretin. Les feuilles qui tombent de ces végétaux forment un engrais fort utile aux étangs et attirent en même temps les oiseaux aquatiques, dont les excréments sont recherchés par les poissons. Au bout de trois mois de séjour dans le premier compartiment, un tiers de l'alevin est introduit dans le dawouan, et trois ou quatre jours après dans le lalahan. Quelques semaines plus tard, le poisson a une longueur de 25 centimètres et 7 à 8 centimètres de large et est alors propre à la consommation. On le prend au filet près du treillage, où il se rassemble en grand nombre lorsqu'on introduit de l'eau fraîche dans le réservoir. On renouvelle l'opération avec l'alevin resté dans le pinian. Les plus beaux spécimens sont conservés pendant deux ou trois ans dans le plus petit réservoir, le *kawakan,* pour être vendus quatre ou cinq fois le prix ordinaire. L'alimentation du poisson ne nécessite aucun soin, attendu qu'il y est amplement pourvu par les plantes qui se développent rapidement dans les réservoirs et par les excréments des oiseaux.

La culture du poisson d'eau douce est pratiquée dans les localités de l'intérieur à une grande distance des bords de la mer. Les indigènes s'y livrent soit dans les rizières, que l'on submerge après la récolte, soit dans des étangs artificiels. La pisciculture dans les *sawahs* ou rizières a l'avantage d'amender le sol par les plantes qui se développent dans l'eau. Cette industrie s'exerce surtout dans les Preanger, à Cheribon et à Banjoumas. En 1864, il existait dans les Preanger 16,000 étangs pour la culture du poisson, rapportant environ 850,000 francs par an. Le produit dépasse aujourd'hui un million. Les produits de cette industrie indigène sont principalement la carpe, le poisson rouge introduit de Chine et le *gourami* (*osphromenus olfax*), qui atteint la dimension d'un turbot et est très estimé.

L'élève du bétail ne comprend que les buffles, les bœufs, les vaches et les chevaux, attendu que le porc est considéré par les indigènes comme un être immonde. Il entre, par contre, pour une grande part dans l'alimentation des Chinois. Les chèvres sont assez nombreuses à Java. Les moutons ne sont élevés que pour la boucherie, leur toison n'étant pas propre à la confection des étoffes.

Il y avait à Java et dans le district de Pamekassan à Madoura :

	En 1872.	En 1881.
Buffles......................	2,514,000	2,375,000
Bœufs et vaches..............	1,282,000	1,959,000
Chevaux.....................	602,000	509,000
	4,398,000	4,843,000

Le bétail n'a donc augmenté que de 450,000 têtes en dix ans.

Le buffle (*bos bubalus*), plus connu sous le nom malais de *karbau*, a été vraisemblablement importé dans l'archipel par les Hindous, en même temps que la culture du riz. Il est pour le Javanais l'animal domestique qui lui rend le plus de services. Il est son compagnon fidèle, son ami, son confident et surtout le compagnon de jeu de ses enfants. Ceux-ci vivent constamment avec lui, grimpent sur son dos, le conduisent au pâturage ou au travail, lui massent le garot et les épaules pour entretenir la souplesse de ses muscles; ils vont patauger avec lui dans les rivières et rentrent ensemble le soir au village. Le karbau sert de bête de trait et de somme et sa force le rend propre aux travaux les plus rudes et les plus pénibles. Sa chair est excellente; elle n'entre toutefois que pour une faible part dans l'alimentation de la masse de la population indigène, qui la réserve pour les fêtes et les sacrifices.

La femelle du buffle donne de bon lait; mais le Javanais ne l'utilise pas, parce que ses pères ne le lui ont pas enseigné.

Les bœufs et les vaches appartiennent à une race mêlée provenant de croisements du bœuf indien ou *zebu* avec le *banteng* (*bos sundaïcus*), qui vit à l'état sauvage dans les forêts couvrant le versant des montagnes de 2,000 à 7,000 pieds au-dessus du niveau de la mer. Les éleveurs indigènes chassent leurs vaches dans les bois pour qu'elles soient en contact avec des taureaux sauvages. La bosse de ces métis est moins accusée que dans la race zébu pure.

Les peaux et les cornes des karbaus et des bœufs sont des articles importants d'exportation.

Le cheval est également un auxiliaire d'une grande valeur pour l'indigène, qui l'emploie comme monture et comme bête de somme. Les chevaux que l'on rencontre dans l'archipel malais semblent présenter comme race un amalgame des races persane, tartare et arabe. Toutefois, comme le climat est trop chaud et trop humide, ils ne sont que la réduction des races primitives et atteignent rarement la taille ordinaire. Il sont très ardents et leur dressage ne se fait pas sans difficultés. Les Javanais, qui sont excellents cavaliers, parviennent néanmoins à faire faire à leurs chevaux les tours les plus difficiles. Les Européens emploient les chevaux javanais comme chevaux d'attelage, mais ne peuvent les utiliser pour la cavalerie en raison de leur petite taille. Il est regrettable que les indigènes ne donnent pas plus de soins à l'élève des chevaux. Ils les emploient trop jeunes et négligent beaucoup la reproduction. Il en résulte que la race dégénère et devient moins productive, comme l'indiquent les chiffres que nous venons de donner. On a cherché à y remédier par l'importation de chevaux de Sumatra, de Macassar et de Timor qui ont plus de fond.

Les animaux de basse-cour sont représentés par les poules et les canards, qui pullulent à Java et dont la chair forme un des principaux mets indigènes dans toutes les fêtes et solennités quelconques. La poule domestique semble descendre du *gallus bankiva,* que l'on rencontre à l'état sauvage dans les taillis impénétrables et les forêts d'alang de Java. Les canards domestiques, *bebek* ou *riri,* ne diffèrent des canards sauvages que par l'exiguïté de leurs ailes, qui les empêche de voler. On les rencontre souvent par bandes de 100 à 200 qu'un gardien indigène mène paître dans les rizières. Les oies et les dindons sont rares à Java et proviennent du dehors.

L'industrie proprement dite n'est guère pratiquée par les indigènes que sous la surveillance et pour le compte des Européens, qui les prennent à gage. Quant aux métis, ils ont à subir la redoutable concurrence de l'Europe d'abord, dont le commerce cherche à satisfaire à tous les besoins locaux, et ensuite des Chinois, qui sont plus habiles, plus persévérants et plus actifs. Il ne faut d'ailleurs pas perdre de vue que chaque famille indigène cherche autant que possible à fabriquer les objets de première nécessité. Aucun stimulant n'engage donc l'artisan à développer son industrie. Son indolence naturelle le lui ferait d'ailleurs dédaigner.

Il est néanmoins quelques industries qui sont encore très répandues et sur lesquelles nous croyons pouvoir nous arrêter un instant: nous citerons en première ligne le filage et le tissage des étoffes. Le filage était jadis pratiqué par toutes les femmes indigènes, qui y trouvaient un surcroît à leurs modestes ressources. Le fil était très fin, parfaitement régulier et témoignait de l'habileté des fileuses. L'importation des fils étrangers a toutefois fait perdre beaucoup de son importance à cette industrie.

L'industrie du tissage a subi le même sort et ne fournit plus guère que quelques étoffes de moindre importance que l'industrie européenne dédaigne d'imiter. Une des opérations dans lesquelles le Javanais excellait était la teinture des étoffes en diverses couleurs par un procédé particulier qui lui était propre et qui donnait les étoffes connues sous le nom de *batiks.* Le batikage consiste à passer l'étoffe à l'eau de riz, puis à la recouvrir à la main, au moyen d'un petit tube en cuivre, d'un mélange de cire et de résine, partout où la teinture ne doit pas prendre. On la plonge ensuite dans la cuve remplie de matière colorante et l'on répète cette opération pour toutes les couleurs qui doivent être appliquées en formant ainsi des dessins multicolores et souvent fort compliqués. Ce mode de teinture est fort lent et conséquemment coûteux, bien que la main-d'œuvre ne soit pas chère dans l'Inde. L'industrie indigène aura de la peine à la conserver devant l'invasion des cotonnades imprimées européennes d'un prix si modique. Cette concurrence a excité l'ingéniosité des Javanais eux-mêmes. Ils se sont mis, à leur tour, à fabriquer des étoffes imprimées. Ils achètent aujourd'hui des cotonnades écrues qu'ils impriment au moyen de planches taillées dans le bois du kesambi ou coulées en cuivre, et alimentent de leurs produits les marchés de l'intérieur à des prix inférieurs à ceux des fabricants européens.

Parmi les autres artisans indigènes, nous mentionnerons les orfèvres, dont les produits sont d'une grande finesse et témoignent d'une certaine habileté; les armuriers, peu nombreux, mais qui n'ignorent aucune des finesses de leur métier (les armes de luxe, dont on pouvait admirer de nombreux spécimens à l'Exposition, atteignent souvent une perfection que leur envierait maint ouvrier européen); les forgerons, chaudronniers, taillandiers, qui fabriquent les objets usuels aussi grossiers que bon marché; les potiers, les menuisiers, les tourneurs, dont les produits trahissent le peu d'expérience et d'habileté du fabricant; les tanneurs, bourreliers, selliers qui fournissent des objets estimés. Certains ouvriers savent aussi travailler l'écaille, la corne et l'or et en font divers objets sculptés ou incrustés. Enfin le vannier fournit mille objets divers dont quelques-uns sont d'une finesse extraordinaire.

Les indigènes des Indes néerlandaises ne se sont jamais appliqués d'une façon sérieuse à l'exploitation des mines qui se trouvent dans l'archipel. Ils ignorent, d'ailleurs, les moyens les plus simples pour en tirer parti. Ils se bornent à utiliser les filons de fer phosphaté que l'on rencontre presque à fleur de terre à Java, à Sumatra, à Bornéo, aux Célèbes, à Timor, à Banka et à Billiton. L'extraction et le lavage des sables aurifères que charrient presque toutes les rivières de l'Inde n'ont également jamais été pratiqués sur une vaste échelle, parce que la quantité recueillie a toujours été fort restreinte. Les procédés de lavage sont encore fort sommaires et peu productifs. Les Chinois y ont apporté quelques perfectionnements et ce sont eux qui en retirent les plus beaux bénéfices.

On ne possède aucune donnée sur les quantités d'or extraites par les indigènes dans l'archipel. En 1812, on avait tiré de Bornéo pour un million de livres sterling d'or, d'après Raffles. En 1843, on en aurait exporté de la même contrée pour 2 millions 1/2 de francs. De 1875 à 1880, la moyenne aurait été de 500,000 francs par an.

Nous ne parlerons pas de l'extraction du sel, qui est, il est vrai, opérée par des indigènes, mais pour le compte du Gouvernement, qui s'en est réservé le monopole, sauf dans quelques régions de montagnes, où la population a le droit d'exploiter les sources salines qui s'y trouvent.

Le commerce en gros est uniquement entre les mains des Européens et des Chinois. Il n'est pas d'exemple qu'un indigène ait réuni, à force de prévoyance et de persévérance, un capital suffisant pour pouvoir entreprendre des opérations assez importantes. Les membres de l'aristocratie indigène qui ont de la fortune bornent leur ambition à quelque place ou fonction publique qui leur permette de vivre dans l'oisiveté, mais ils croiraient dégénérer en s'occupant d'une entreprise quelconque. Par contre, les détaillants et les petits marchands sont innombrables depuis que la ferme des marchés (*passars*) a été abolie. Ils vont de place en place acheter aux artisans et aux cultivateurs les objets de première nécessité et les denrées, qu'ils revendent ensuite au marché le plus proche ou simplement sur la voie publique. Tout Javanais est d'ailleurs à moitié commerçant. Tantôt il écoule ses propres produits, tantôt il se livre à un petit trafic lorsque les travaux des champs sont terminés ou que ses cultures n'ont pas suffisamment rapporté pour subvenir à ses modestes besoins. Seuls, les habitants de Koudous, dans le district de Djapara, font exclusivement profession du commerce avec une rare intelligence. Ils se répandent à cet effet dans toute l'île et reviennent presque toujours avec une petite fortune dans leur pays natal, où règnent la prospérité et l'opulence.

Les populations du littoral s'appliquent de leur côté avec activité à la navigation et entretiennent d'une façon régulière les relations qui existent non seulement entre les différents ports de l'île de Java, mais aussi entre Java et les autres possessions néerlandaises de l'archipel et même avec les colonies avoisinantes. Leurs petits bâtiments sillonnent toutes les mers de la Malaisie, fréquentent les parages les plus dangereux et défient les tempêtes les plus violentes. Il est impossible de donner le nombre exact des bâtiments indigènes qui se livrent à ces opérations, les statistiques n'indiquant ni le mouvement des bâtiments de plus de 20 tonneaux, ni si les bâtiments gréés à l'européenne et immatriculés aux Indes appartiennent ou non à des indigènes. Nous devons donc forcément nous borner aux données qui ont trait aux bâtiments dont l'origine ne saurait être mise en doute.

Ainsi, ont pris part à l'intercourse entre les Indes néerlandaises et les pays étrangers, en 1881 :

A l'entrée. . . . .   566 bât. indig.
A la sortie.   626

La part des bâtiments indigènes dans le cabotage de l'archipel a été comme suit pendant la même année :

A l'entrée.................. 2,312 bâtiments et 30,160 tonneaux.
A la sortie.................. 2,663   35,987

Enfin, le nombre des bâtiments indigènes de plus de 20 tonneaux (30 mètres cubes) immatriculés aux Indes était :

En 1878, de........... 1,188 bâtiments, jaugeant 37,065 tonneaux.
En 1879, de........... 1,317   39,307
En 1880, de........... 1,321   40,180
En 1881, de........... 1,507   45,466
En 1882, de........... 1,277   38,973

Sur environ 19 millions d'habitants, Java et Madoura comptaient, en 1877 :

Agriculteurs.......................... 2,715,000
Faisant le commerce...................... 244,000
Artisans............................... 69,000
Employés dans l'industrie.................... 57,000
Se livrant à la pêche..................... 74,000
A la navigation......................... 24,000
A l'élève du bétail....................... 13,000
                                        3,196,000

L'introduction de l'Islam dans l'archipel a exercé, comme nous l'avons déjà fait brièvement observer, une influence néfaste sur les arts jadis si florissants sous la domination hindoue et dont quelques manifestations grandioses subsistent encore aujourd'hui dans les temples de Boro-Boudour et de Prambanam. L'indigène est d'ailleurs peut-être resté étranger à ces conceptions d'un art élevé. Il y aura prêté la main sous la direction des dominateurs, mais sans les comprendre ni les apprécier et sans que les générations nouvelles y aient jamais puisé l'inspiration d'œuvres tant soit peu remarquables.

Parmi les travaux d'art modernes dus à des indigènes, on ne peut guère citer, indépendamment des œuvres de Raden-Saleh, le peintre bien connu, que la sculpture de la chaire du temple protestant de Rembang, les copies, qu'on dit artistiquement faites, de fragments des anciens temples hindous et les sculptures délicates qui ornent certaines habitations de l'aristocratie javanaise.

De tous les arts, l'art théâtral est sans contredit celui qui a le don de passionner le plus les populations indigènes. L'annonce d'une représentation met tout le kampong sens dessus dessous. D'ailleurs, aucune fête indigène ne serait complète si le *wajang* n'en faisait pas partie. Le wajang, c'est le théâtre javanais. Le directeur n'a à redouter aucune contestation avec ses artistes, car ce sont des marionnettes ou plutôt des figures articulées taillées dans du bois ou du cuir et qui sont projetées comme les ombres chinoises sur un écran devant lequel les femmes prennent place. Je dis les femmes seulement, car les hommes se placent près de l'exécutant derrière la toile, voilà pourquoi les figures sont peintes, argentées et mêmes dorées. On distingue trois sortes de wajang : le *wajang pourwa*, qui représente la légende des héros du cycle hindou et est le plus compliqué : il exige environ 200 figures différentes, et est aussi le plus coûteux, le prix de la collection variant suivant la richesse du travail entre 350 et 1,500 francs ; le *wajang gedog*, dont le thème est fourni par les hauts faits et les aventures des héros légendaires javanais ; le *wajang karoutjil*, qui se distingue des deux premiers en ce qu'il sert aux représentations de jour. Les poupées, au lieu d'être plates, ont la forme de nos marionnettes et représentent l'histoire des anciens empires javanais de Madjapahit et de Padjadjaran. Dans l'ouest de Java, on connaît aussi le *wajang beber*, qui consiste en une toile sur laquelle sont peints les différents épisodes de la narration faite par le *dalang* et qu'il déroule au fur et à mesure. Souvent aussi, au lieu de marionnettes, ce sont des acteurs qui viennent représenter sur le théâtre les différents personnages ; mais leur rôle consiste uniquement à danser ou à faire de la musique, tandis que le *dalang* récite la pièce en l'agrémentant souvent des plaisanteries les plus grossières et même les plus obscènes qui sont fort goûtées des assistants et consciencieusement soulignées par leurs applaudissements.

La même pièce dure souvent plusieurs soirées de suite. Ainsi, l'histoire de Rama n'exige pas moins de huit ou neuf représentations. Nombre de princes indigènes ont leur propre wajang, dont le luxe correspond à leur rang. Généralement, toutefois, le matériel appartient au dalang et on le mande lorsqu'on a besoin de ses services. Le dalang ou montreur de wajang est un personnage important dans la société javanaise. Il est l'objet de l'estime et de la considération de ses concitoyens, bien qu'en général son éducation laisse beaucoup à désirer, qu'il ne sache souvent même pas lire et qu'il récite tout de mémoire. Quelques-uns sont cependant fort capables et ont acquis une connaissance remarquable de la littérature. Un bon dalang doit non seulement avoir la parole facile, mais il doit encore savoir varier ses expressions, connaître l'étiquette javanaise dans ses moindres détails, avoir une mémoire prodigieuse et assez de présence d'esprit pour pouvoir combler par des moralités, des allusions flatteuses à l'adresse des hauts personnages qui l'écoutent ou des plaisanteries, les lacunes que sa mémoire en défaut pourrait produire dans son récit. En récompense de ses services, le dalang est exempt des corvées et de la taille. Par contre, il ne peut s'affranchir de jouer les jours de grande fête chez le chef indigène, qui en retour lui fait quelque présent et lui assure la table et l'opium pour lui et ses aides.

Il existe aussi à Java des troupes d'acteurs ambulants qui donnent pour quelques sous une représentation à ceux qui les appellent. Ces artistes, connus sous le nom de *tapengs* (masques) parce qu'ils portent sur la figure un masque dont la couleur varie suivant le rang du personnage qu'ils représentent, jouent quelques fois des petites pièces dans lesquelles les Européens, les fonctionnaires ou les prêtres sont tournés en ridicule, à la grande satisfaction des spectateurs. Souvent aussi, ce sont de simples acrobates.

Aucune représentation théâtrale ne serait complète si elle n'était accompagnée par des musiciens. La musique semble avoir été pratiquée à Java depuis un temps immémorial et y avoir même atteint un certain degré de perfection, si on la compare à la musique des autres contrées. Elle a ses règles, ses tonalités, ses gammes dont les traditions sont religieusement conservées par les artistes indigènes et qui sont surtout observées dans le *gamelang*. Le gamelang est un orchestre entier formé par une vingtaine d'exécutants qui font leur unique profession de la musique et dirigé par un chef. On distingue trois sortes de gamelangs suivant la tonalité des instruments : le *gamelang salendro,* dont les sons sont clairs, cristallins, il accompagne le wajang pourwa, les légendes mystiques; le *gamelang pelog,* plus grave, métallique, destiné à accentuer les hauts faits des personnages des temps héroïques; et enfin le *gamelang miring,* d'un ton plus léger, plus dégagé et qui est le complément indispensable du wajang karoutjil.

Les instruments dont est formé le gamelang sont le *rebab* ou viole à deux cordes avec archet et importé probablement de Perse ou d'Arabie comme son nom l'indique. Il est l'apanage du chef d'orchestre, qui accélère ou ralentit la mesure au gré de sa fantaisie; le *seloukat,* espèce de cithare; le *souling,* ou flûte; le *selompret,* espèce de hautbois ou clarinette; les *gambang, demoung, gender,* formés de planchettes ou de bassins en bois ou en métal que l'on fait résonner au moyens de petits marteaux; les *gongs;* le *bedong* et le *kendang* ou tambours; les *rodjeh* et l'*ankloung*, formés d'un cadre dans lequel sont suspendus des tuyaux de bambou de différentes grandeurs, pouvant se mouvoir de bas en haut, et que l'on secoue en cadence. Les mélodies produites par ces instruments ne sauraient charmer nos oreilles européennes, surtout lorsqu'elles sont entendues de près; elles ont néanmoins beaucoup de charme lorsque de loin elles annoncent aux voyageurs l'approche des kampongs dans la campagne javanaise. Les artistes indigènes parviennent même, avec des moyens aussi imparfaits, à jouer, les visiteurs de l'Exposition d'Amsterdam ont pu l'entendre, les hymnes nationaux des divers pays d'une façon vraiment remarquable.

On ne saurait considérer comme science, dans le sens que nous attachons à ce mot, les connaissances superficielles que possèdent les indigènes. Ils ont pu observer nombre de faits; mais ils n'ont jamais cherché à en approfondir les causes ni à en tirer des conséquences. En ce qui touche les sciences naturelles, le Javanais connaît tous les objets qui l'entourent au point de vue de l'usage qu'il peut en faire ou du tort qu'ils peuvent lui causer. Il est industrieux, bâtit sa maison, fabrique lui-même son mobilier, ses ustensiles, ses vêtements, mais ne s'inquiète nullement de la classification, du groupement ou de l'étude des matériaux qu'il emploie. L'art de guérir est chez eux encore en enfance. Leurs *doukouns* ou médecins se servent plutôt d'exorcismes, d'invocations de saints et de prophètes, usent plutôt de pratiques empiriques que de remèdes recommandés par l'expérience ou la science. Ils s'inspirent aussi quelquefois des médecins arabes ou chinois pour soulager leurs patients. D'après le D' van Dissel, les Javanais admettent 249 sortes de maladies, divisées en maladies froides et en maladies chaudes, qu'ils traitent de façon à rétablir l'équilibre. Ils connaissent et emploient 200 remèdes qui mériteraient d'être étudiés, parce qu'il y en a certainement d'efficaces. Les doukouns les appliquent toutefois un peu au hasard parce qu'ils sont incapables d'établir la nature d'une maladie. Les Javanais et surtout les Javanaises sont, par contre, passés maîtres dans l'art du massage et en obtiennent des résultats extraordinaires. Jadis, la valeur d'une esclave était déterminée par son habileté à masser.

Le Gouvernement néerlandais cherche autant que possible à suppléer à l'incapacité des doukouns et à l'insuffisance des médecins européens pour une si nombreuse population, en formant des praticiens indigènes. Il a ouvert, à cet effet, une école de sages-femmes et de médecins indigènes à Weltevreden. Le cours pour les médecins indigènes est de quatre ans. Il comprend deux divisions : la division préparatoire et la division médicale. Les élèves sont instruits et logés gratuitement. Après examen, ils sont admis à exercer la médecine et jouissent alors d'un traitement mensuel de 105 francs qui peut être augmenté de 20 francs par mois après chaque période de cinq années de service. Les sages-femmes ne reçoivent que des allocations variables et temporaires. Le nombre des sages-femmes diplômées était de 92, en 1872 et de 85 seulement en 1881 ; celui des médecins diplômés, ou *doctors djawas*, était de 96 en 1882. Ces praticiens indigènes sembleraient même être plus capables que les médecins européens, du moins à en juger par les statistiques officielles. En effet, en 1882, les doctors djawas ont soigné 65,473 individus, dont 11,085 sont décédés, ce qui donne 169 décès par 1,000 malades; tandis que les médecins européens ont eu en traitement 202,402 cas, dont 44,699 suivis de mort, soit 220 décès par 1,000 malades. (*Rapport sur la situation des colonies en 1883.*) Il est également prescrit aux médecins chargés du service médical dans les différents districts de vulgariser la vaccine dans les populations et de former, dans ce but, des vaccinateurs indigènes, auxquels on accorde une rémunération mensuelle de 60 à 75 francs. Le nombre des indigènes vaccinés à Java et à Madoura était :

En 1872, de............... 561,860 et de 722,938 revaccinés.
En 1879, de............... 637,567 et de 535,361
En 1880, de............... 521,621 et de 509,263
En 1881, de............... 600,544 et de 630,723

Les connaissances géographiques des indigènes se bornent, pour ceux qui professent l'islamisme, à quelques notions vagues sur les pays qu'il faut traverser pour aller à la Mecque.

Le système décimal est actuellement partout employé, même par les indigènes. On trouve toutefois trace dans différents dialectes de manières de compter par quatre, cinq et même six. Dans le commerce journalier, ils se servent de bâtons entaillés ou simplement de boutons enfilés à une corde pour faire leurs calculs.

Bien que le système métrique ait été introduit dans les colonies par les Hollandais, les anciennes mesures indigènes n'en subsistent pas moins et sont encore d'un usage fréquent. Elles ne reposent toutefois sur aucune donnée certaine. Le pas, la poignée, la force d'un homme, la longueur de certaines parties du corps, la capacité de certains produits végétaux, tels sont les éléments aussi vagues que variables qui servent chez eux à déterminer les quantités.

Les mesures de longueur sont :

> Le *hasta* ou pied ;
> La brasse ;
> Le *tjengkal.*

Cette mesure représente la longueur d'un homme depuis la plante des pieds jusqu'à l'extrémité du medium de la main droite levée verticalement en l'air.

> Le *djangah* ou pas ;
> Le *paal*, introduit par les colons, et qui équivaut à 1,506 mètres.

Les superficies se mesurent par :

> *bahou* ou bouw de 7,096 1/2 mètres carrés ;
> *kikil* = 2 bouws ;
> *pantjar* ou *djoung* = 2 kikils ;
> *paal* carré de 320 bouws.

Cette dernière mesure se divise en :

> *houpit* = 1/2 bouw carré ;
> *hiring* = 1/4 bouw carré ;
> *hidou* = 1/8 bouw carré ;
> *ketjrit* = 1/16 bouw carré.

Les mesures de capacité comprennent :

> La pinte indienne = 1 litre 5751 ;
> La tonne de Batavia = 0 hectol. 9283 ;
> Le foudre = 611 litres 138 ;
> Le *kojang* = 30 piculs pour les solides ;
> Le *gantang* = 8 litres 5766 ;
> Le *taker* = 26 litres 775 ;
> Le *kodi* = 20 livres d'Amsterdam ou 9 kilogr. 88.

Les indigènes comptent aussi par coquille d'œuf, noix de coco, nœud de bambou.

Pour le riz en paille, on calcule en :

> *Kati* ;
> *Poutjoung* = 5 katis ou 3 kilogrammes ;
> *Gedeng*, *pintjar* ou *kikat* = 2 poutjoungs ;
> *Sanga* = 5 gedengs, environ 30 kilogrammes ;
> *Amet* = 10 à 40 sangas, suivant les localités ;
> *Tjaings*, représentant environ 1,200 kilogrammes de riz en paille ou padi.

D'après le professeur Roorda, les mesures pour le riz en paille seraient :

L'*amet*, ou la charge d'un homme;
Le *nouwa* = 1/2 amet;
Le *bamon* = 1/2 nouwa.

Et pour les petites quantités :

Le *gedeng* ou botte;
Le *belah* = 1/2 gedeng.

Les poids sont :

Le *picul* de 100 katis = 61ᵏ,7613;
Le *kati* = 0ᵏ,6176;
Le *gantang* = 10 katis dans le centre de Java et = 5 katis dans l'est.

L'opium se vend par :

Kati = 1/100 de picul = 16 tahils;
Tahil = 10 tjis;
Tji = 10 timbangs;
Tjimbang = 1/10 tji = 1/1600 kati.

Il est toutefois probable que cette division a été introduite par le Gouvernement pour le débit de l'opium aux fermiers.

Les métaux précieux sont également débités au kati (0ᵏ,6176) et dans ses subdivisions, qui sont :

Le *tahil* = 1/16 de kati = 2 réaux = 0ᵏ,0386;
Le *réal* de 8 ou 10 mas = 4 soukous;
Le *soukou* = 6 wang = 1/4 de réal.

Pour les grandes quantités, on emploie :

Le *kojan*, qui vaut de 27 à 30 piculs de riz et 30 piculs ou 18 sacs de sel.

La langue javanaise peut être divisée en deux idiomes bien distincts, dont l'origine remonte à la domination hindoue, c'est-à-dire au xiii° siècle. Les conquérants, qui s'attribuaient une origine supérieure aux populations soumises à leur domination, cherchèrent à s'isoler des indigènes en conservant leur langue d'origine, que l'on croit avoir été le sanscrit, et à maintenir leur suprématie intellectuelle. C'est de cette époque que datent les premiers monuments de la littérature javanaise écrits dans cette langue supérieure que les Javanais ne comprennent plus aujourd'hui et qui est connue sous le nom de *temboung*, de *basa kawi* ou de langue des poètes. Les rapports journaliers entre les vaincus et les vainqueurs forcèrent toutefois bientôt ces derniers de descendre des hauteurs auxquelles ils avaient voulu se confiner et de se familiariser avec les dialectes locaux. Les Javanais, à leur tour, pour se faire bien voir de leurs supérieurs, s'efforcèrent pour les flatter d'adopter quelques expressions sanscrites. Ce double courant donna naissance à deux langues encore parfaitement distinctes aujourd'hui, le *krama* et le *ngoko* ou javanais vulgaire, nom qu'il doit à l'emploi du pronom familier *kowé* ou *ko* (tu ou toi).

A Bali, où la civilisation hindoue alla chercher un refuge après la chute de l'empire de Madjapahit, les poèmes kawi ont été conservés, et il y subsiste, de même qu'à Java, deux langues distinctes dont l'emploi correspond à la différence de castes qui y a été maintenue. ˙

C'est lorsque le *kawi* florissait à Java que la littérature y a atteint son apogée. Les colons hindous étaient les seuls de toute la population javanaise qui cultivassent les arts et les sciences et qui possédassent une écriture. A l'exception de l'alphabet malais, qui est d'origine arabe, tous les alphabets qui existent dans l'archipel malais et en particulier l'alphabet javanais, surtout sous ses anciennes formes, ont subi, on ne saurait le contester, l'influence des Hindous. D'ailleurs, les plus anciens poèmes javanais sont empruntés à la littérature hindoue. La littérature moderne, c'est-à-dire postérieure à l'introduction de l'islamisme à Java, se compose en grande partie de chroniques remplies de récits merveilleux et invraisemblables, d'œuvres morales, de pièces de théâtre et de légendes religieuses.

Madoura ne possède pas de littérature propre. Au contraire, dans le pays sondanais, il existe des chroniques dans le dialecte local, dont la plus ancienne remonte au XVIᵉ siècle, et des poèmes épiques chantant les hauts faits des héros de cette contrée.

Il est généralement admis que la population indigène de Java est musulmane. Une étude plus approfondie du caractère et des mœurs des Javanais démontre cependant que chez eux le culte du Prophète est accompagné de pratiques tellement étrangères à l'islamisme, qu'on est porté avec certains auteurs à ne voir dans leur religion qu'un rapprochement et une confusion de doctrines et de croyances mi-religieuses, mi-païennes, auxquelles on a donné le nom de javanisme. Il en est certainement parmi eux un grand nombre qui observent scrupuleusement les préceptes du Coran; mais l'indolence naturelle aux Javanais, augmentée par le despotisme sous lequel ils n'ont cessé d'être courbés depuis des siècles, ne leur a pas permis de se

IMPRIMERIE NATIONALE.

pénétrer des divers systèmes religieux qui leur ont été imposés et a laissé subsister chez eux ces idées superstitieuses, le culte des esprits et de la nature, qui distinguent les peuples primitifs. L'Islam a néanmoins partout ses temples, ses prêtres, ses écoles, ses adeptes fervents même, mais c'est en vain que l'on chercherait à Java cette force de croyance, cette foi absolue, ce fanatisme que l'on constate dans les vrais disciples du Prophète.

Le culte des esprits joue un grand rôle dans les croyances religieuses des Javanais. Ils les désignent sous le nom générique de *hjang* ou *jang*, souvent précédé du mot *sang* ou *dang* qui signifie éminent ou sanctifié. Le nombre des hjangs est tellement grand qu'il serait impossible de les énumérer. Ils se divisent en plusieurs classes suivant les vertus ou l'influence qui leur sont attribuées. Ainsi, les *danghjangs desa* protègent les villages. Ils recherchent de préférence les endroits ombragés et les grands arbres. Les indigènes croient qu'ils occupaient avant eux l'emplacement du village et les champs, et que c'est pour cette raison que les danghjangs les couvrent de leur protection. Aucune exploitation, aucune entreprise ne peut se passer de la tutelle du danghjang ou réussir sans son secours.

Aussi faut-il voir avec quelle ferveur le Javanais lui rend honneur et avec quel zèle il cherche à gagner ses bonnes grâces; car s'il est le dispensateur de toutes les bénédictions, il sait aussi, au besoin, manifester son courroux par toutes sortes de maux dont il accable l'incrédule. On choisit pour lui rendre hommage un endroit à l'abri des rayons du soleil, où on lui dresse un autel avec quelques pierres que l'on entoure d'une grille pour écarter les animaux. Si l'indigène a quelque faveur à demander au danghjang, il cherche à se le rendre propice en lui offrant quelques fleurs et de l'encens. Il accompagne son offrande d'une prière dans laquelle il expose ses désirs et qu'il termine invariablement par cette profession de foi « qu'il n'y a qu'un Dieu et que Mahomet est son prophète ». On opère de la même façon pour invoquer les esprits des champs, des sépultures, des habitations, etc. Les villes ont également leurs danghjangs spéciaux appelés *ratou demit* ou *dedemit*. Ils occupent dans la hiérarchie spirituelle le même rang que les villes par rapport aux villages dans la hiérarchie administrative. Chaque sawah ou rizière a aussi son génie protecteur auquel l'indigène ne manquera jamais de faire quelque offrande avant de semer ou de moissonner. Les forêts, les grottes, les eaux sont également peuplées de génies et d'esprits bienveillants et malfaisants dont le pouvoir se fait fréquemment sentir. Les phénomènes naturels, les maladies qui frappent les hommes et les animaux sont l'œuvre d'esprits dont on connaît quelques-uns par leurs noms. Ainsi, *Mentek* est un esprit qui prend la forme d'un enfant, ravage les rizières et est cause d'une maladie qui porte son nom. *Lintah* donne la maladie aux buffles. *Pato* frappe les animaux du charbon. *Sawan* et *Sarapo* donnent des congestions aux enfants. *Dengen* produit des enflures aux jambes, des rhumastismes, la goutte. Les éclipses de soleil et de lune sont amenées par les *Boutas*, qui cherchent à dévorer ces deux astres et que l'on tente d'écarter en faisant un vacarme épouvantable. *Lampor* est un esprit malfaisant qui parcourt l'espace en produisant un bruit assourdissant et amène les hautes marées, les inondations et donne l'hydropisie. Il est l'envoyé d'une puissance supérieure, le *Ratou Loro Kidoul,* la vierge reine de la mer du Sud.

La côte méridionale de Java est formée par des rochers abrupts qui sont continuellement battus par les flots de la mer des Indes. Les eaux pénètrent dans les crevasses ou anfractuosités, où elles se brisent avec fracas. C'est là que l'imagination des Javanais a placé le trône d'une déesse puissante et redoutable dont ils n'approchent qu'avec angoisse. La large bordure de rochers et de terrains arides qui longent la côte sont le refuge de ses sujets et aucun indigène ne voudrait troubler leur repos, même en élevant la voix. Cependant la cupidité du Javanais triomphe de la frayeur que lui inspire la terrible déesse. C'est que les domaines de la *Ratou* ou *Njai-Loro Kidoul* renferment des trésors particuliers qu'on cherche à lui dérober. C'est là, en effet, qu'on trouve les nids que la salangane suspend aux parois des rochers et que l'on ne peut recueillir qu'au prix de mille dangers. Pour les conjurer, l'indigène doit donc s'assurer des bonnes dispositions de celle qui détient ces trésors. Rongkob, aux confins de la frontière orientale de Djojokarta est le centre de cette industrie. Sur la crête de la muraille de rochers, au milieu des forêts, il existe une maison en bambou, richement ornée, devant laquelle chaque passant s'incline avec respect. Nul, à l'exception du prêtre de la déesse, n'ose en franchir le seuil et encore n'est-ce qu'en silence et avec recueillement que celui-ci s'aventure dans le temple pendant que la fumée de l'encens remplit l'édifice et que les fidèles agenouillés au dehors le suivent des yeux avec un saint respect. C'est au prêtre qu'il appartient d'entretenir et de préparer pour la déesse les ustensiles, le lit et les vêtements dont elle pourrait avoir besoin s'il lui plaisait de sortir du sein de l'onde pour se reposer sur terre. Dans les cérémonies du culte qui ont lieu pendant la cueillette des nids, on étend une fine natte sous les arbres devant le temple. On y étale les mets les plus exquis, les fruits les plus succulents. Les adorateurs se réunissent autour et adressent leurs prières à la *Ratou Kidoul.* Ils se précipitent ensuite tous le front contre terre pour permettre à la déesse de goûter au festin qu'on lui a préparé. Elle se borne toutefois à n'en prendre que la quintessence et laisse la matière à ses fidèles, qui s'en régalent au son du gamelang.

Un autre génie malfaisant est le *Ki* ou *Kjaï-Belorong*, le dispensateur des richesses, mais qui exige en échange l'âme de ceux qui invoquent ses faveurs. Il habite également la partie la plus sauvage de la côte méridionale de Java. On le dépeint comme ayant une tête humaine, le corps d'un poisson et autant de bras et de jambes qu'un mille-pieds. Son antre est uniquement formé des corps de ceux qu'il a enrichis et dont il s'est emparé à l'expiration du pacte qui les liait à lui.

En dehors des danghjangs, demits et lembouts (esprits bienfaisants), le Javanais embrasse dans sa vénération impartiale les terribles *Raksasas* et *Boutas,* aussi bien que les *Widadaris* ou nymphes célestes que la littérature et les légendes hindoues lui ont fait connaître. Il identifie également les esprits malfaisants qui peuplent le monde avec les *Seïtans* et les *Djïns* du Coran.

Le culte des morts est chez lui aussi en grand honneur. Le huitième mois de l'année musulmane, auquel on a donné le nom de *rouwat,* lui est spécialement réservé. Rouwat est un dérivé du mot arabe *arwah,* le pluriel de roukh, qui signifie esprit, âme. Les hommages rendus aux morts consistent dans l'entretien de leurs tombes et en offrandes à leurs mânes sous la forme de festins. Ces festins, les Javanais ne les donnent pas seulement en l'honneur des morts, des esprits et des génies, suivant en ce cas les traditions de leurs ancêtres païens, mais aussi pour rendre hommage à Allah, à ses prophètes, aux saints de l'Islam et aux dieux bouddhiques pour gagner leurs faveurs. Les occasions de banqueter sont d'ailleurs fréquentes pour les indigènes et ils ne s'en privent guère. Ils offrent de cette façon à Iousoup (Joseph) pour lui demander de beaux enfants, à Souleman (Salomon) pour obtenir des honneurs et des dignités, à Moungsa (Moïse) pour se distinguer par son courage et ses qualités, à Ngisa (Jésus) pour devenir capable et intelligent. Le père donne un festin dédié aux dieux à l'occasion du mariage de sa fille; le mari espère favoriser l'accouchement de sa femme en donnant un repas chaque mois de sa grossesse. Le fonctionnaire fait des offrandes sous forme de libations le jour de sa nomination et de sa promotion. Enfin il n'est aucune circonstance de la vie sociale ou privée des Javanais qui ne donne lieu à des repas. Et ce qu'il y a de plus singulier, c'est que l'*adat,* la coutume, règle dans les plus petits détails et pour chaque occasion, la quantité de mets à donner en offrande, leur forme et leur mode de préparation.

Dans les pays aussi éloignés du centre de l'islamisme, le nombre des pèlerins doit nécessairement être restreint. Quelques musulmans éclairés à Java prétendent même que l'éloignement de la Mecque dispense les croyants de ce pèlerinage. Certains écrivains enseignent également qu'il est un meilleur pèlerinage que le pèlerinage corporel, c'est celui qui consiste à mener une vie pieuse plutôt que d'exposer sa vie dans un long voyage et d'abandonner sa famille sans ressources. Le Gouvernement hollandais applaudit à ces doctrines et les encourage. Il n'a rien à craindre de l'islamisme tel qu'il est pratiqué à Java, tandis que les pèlerins retour de la Mecque peuvent susciter une effervescence religieuse de nature à troubler l'ordre public. L'ancienne Compagnie des Indes pouvait facilement, grâce à son monopole du commerce, surveiller les pèlerins ; mais dès que le commerce fut débarrassé de ses entraves et que les communications devinrent plus libres, le nombre des pèlerins augmenta dans des proportions inquiétantes et le Gouvernement dut en enrayer le mouvement. Il prescrivit, en 1825, que chaque pèlerin devrait se munir d'un passeport dont le prix fut fixé à 225 francs. Supprimée en 1852, cette mesure dut toutefois être rétablie en 1859, et ordre fut en même temps donné aux autorités de ne délivrer des passeports pour la Mecque qu'aux pèlerins qui présenteraient des garanties pour le payement de leur voyage et l'entretien de leur famille pendant leur absence. Un consulat établi à Djeddah fut chargé de veiller à l'exécution des dispositions prises par le Gouvernement néerlandais à cet égard.

D'après les statistiques officielles, le nombre des pèlerins de Java et de Madoura a été comme suit, de 1860 à 1880 :

	Partis de Java.	Revenus.
1860......................................	943	1,564
1861......................................	1,180	1,311
1862......................................	1,564	1,514
1863......................................	1,535	1,601
1864......................................	2,960	1,968
1865......................................	1,146	2,168
1866......................................	1,404	1,375
1867......................................	1,503	1,302
1868......................................	1,986	2,067
1869......................................	1,191	1,712
1870......................................	1,749	1,677
1871......................................	1,842	1,646
1872......................................	3,263	1,512
1873......................................	—	—

	Partis de Java.	Revenus.
1874............................	—	—
1875............................	—	—
1876............................	3,094	2,649
1877............................	4,135	2,500
1878............................	3,083	2,244
1879............................	2,717	2,074
1880............................	6,179	1,942

A leur retour, les pèlerins prennent le titre de *Hadji*. Ces hadjis sont des Arabes issus de parents mariés avec des femmes indigènes. Ils sont, en raison de leur séjour temporaire dans le pays de l'Islam, considérés comme des Arabes naturalisés et jouissent du privilège de porter le costume arabe. Ils partagent ce privilège avec les prêtres attachés aux mosquées. Le hadji croirait s'humilier en travaillant. Le Javanais, auquel il inspire une certaine vénération à cause de son savoir et de son expérience, fait ses corvées à sa place et cultive même ses champs. D'ordinaire, le hadji va de village en village colportant des objets religieux, guérissant les malades par différents moyens empiriques; il débite des *djemats* ou bandes de papier couvertes de maximes ou de versets tirés du Coran et qui servent de talismans, prie pour les malades et les morts et vit ainsi aux dépens des populations. Ils forment l'élément le plus dangereux de la population indigène et sont les ennemis occultes du pouvoir néerlandais. On croit qu'ils forment des sociétés secrètes et qu'ils fomentent les troubles quand l'occasion s'en présente.

On a souvent poussé le Gouvernement à sévir contre les hadjis; mais comme la liberté de conscience est garantie aux indigènes, il se borne à les soumettre à une surveillance rigoureuse.

Dans certains districts de Java il est encore des tribus qui ont conservé des coutumes religieuses et des usages particuliers. Ainsi à Lebak, dans la résidence de Bantam, il existe, près de la montagne de Kendang, une secte appelée les *Badouis,* divisée en deux kampongs, dont les habitants portent le nom de *Djalma-Dalem* et de *Djalma-Louwar.* Ils ont pour chef spirituel un *girang-pouhoun* et pour chef temporel un *girang-serat.* Une fois par an, ils donnent en l'honneur de leurs dieux une grande fête appelée *Kamalou.* Le repas qui l'accompagne est composé de riz et de viande de poulets. Le riz est cuit et réduit en bouillie. Ils en prennent une partie dont ils confectionnent une figurine qu'ils revêtent d'une pièce de cotonnade. Ce fétiche est ensuite promené en grande pompe et caché au plus profond de la forêt pendant que les femmes frappent à coups redoublés

dans les mortiers à riz pour écarter les mauvais esprits. Le girang-pouhoun
fait une prière et s'éloigne avec les porteurs. Le lendemain, tout le village
se rend à la cachette. Si la figurine est restée intacte, l'année sera favorable. Si, au contraire, il lui est survenu quelque accident, les maladies ou
les tigres feront alors beaucoup de victimes. Bien qu'ils reconnaissent un
dieu, Allah, ils ne sont toutefois pas musulmans et ne veulent jamais
prêter serment sur le Coran. Les vols sont inconnus chez eux. Lorsqu'un
malade sent sa fin approcher, ses parents le déposent à la porte de son
habitation, car s'il mourait dans sa maison il la rendrait impure. Leur
divinité porte le nom de *Boudah-Galing*. Seuls, les bienheureux sont admis
à la contempler. Une autre secte, celle des Tenggerais, qui compte environ
7,000 individus répartis en 58 villages ou dessas, dont le principal est
Wonodadi, habite à environ 6,000 pieds au-dessus du niveau de la mer,
dans la résidence de Passourouan, au pied du volcan Bromo. Ils se disent
les descendants des partisans de Raden-Gougour, prince héritier de Madjapahit, qui se retirèrent, après la chute de cet empire, dans les montagnes
de Tengger. Ils habitent des huttes en bois divisées en compartiments
destinés aux membres mariés de la famille et aux femmes. Ils semblent
être adorateurs du feu, car un brasier est entretenu chez eux jour et nuit
et ils se réunissent une fois par an au bord du cratère du Bromo pour sa-
crifier à leurs divinités. Ils cultivent principalement des légumes, qu'ils
vont échanger à l'intérieur de Java contre du riz, des noix de coco et
autres objets de première nécessité. Chaque dessa a son doukoun, qui est
en même temps prêtre et médecin. ·

Fidèle aux traditions que lui avait léguées la Compagnie des Indes, le
Gouvernement néerlandais n'a apporté que peu de modifications aux institutions qui régissaient l'ancienne société javanaise. En effet, le règlement
organique de l'administration des Indes dit que les populations indigènes
doivent, autant que les circonstances le permettent, être laissées sous l'autorité immédiate de leurs chefs nommés ou reconnus par le Gouvernement,
sous le contrôle de ses fonctionnaires. Il en résulte que la noblesse indigène a conservé, du moins en apparence, l'autorité qu'elle exerçait dans
l'ancien système féodal, au nom du prince suzerain, avec cette distinction
toutefois, que le pouvoir suzerain de qui émane toute autorité est actuellement le Gouvernement néerlandais. C'est donc par la noblesse où par les
chefs indigènes qui la représentent aujourd'hui que s'opèrent la répartition
et la perception des impôts et que s'exécutent les mesures prises à l'égard
des indigènes par le pouvoir central ou ses représentants. Et comme le
contrôle de l'autorité européenne ne se fait jamais sentir sur la masse de

la population, les institutions que celle-ci s'était données n'ont donc subi pour elle aucune modification appréciable.

Ainsi que nous l'avons déjà vu, le kampong est une réunion de familles qui se sont groupées pour cultiver le sol en commun. Dans la famille, c'est le père qui exerce une autorité patriarcale; mais, pour la défense des intérêts communs tant vis-à-vis des particuliers que vis-à-vis du pouvoir dominant, il est élu un chef et un conseil d'anciens pour l'assister. « Les communes indigènes, dit l'article 71 du règlement organique, choisissent leur chef et leurs administrateurs sous la réserve de l'approbation de l'autorité régionale. Le gouverneur général doit veiller à ce qu'il ne soit porté aucune atteinte à ce droit. Il est laissé toute liberté aux communes pour l'administration de leurs affaires intérieures, à charge de se conformer aux règlements et ordonnances du pouvoir central ou de ses représentants. » Indépendamment des chefs et du conseil des anciens, les autres fonctionnaires communaux, à la nomination desquels la population coopère plus ou moins, sont le prêtre, le chef suppléant du village, qui porte tantôt le nom de *pangiwa* ou de *pawar*, tantôt celui de *marinjaé*; le *djajakersa*, l'agent de police et le facteur en même temps, et le *djourou toulis* ou scribe. Le nombre et les attributions de ces divers employés varient suivant les localités.

Dans la partie centrale de Java, l'organisation de l'administration communale est soumise à des règles mieux établies que dans les pays sondanais. Elle est choisie parmi les notables de l'endroit et se compose d'un chef de village, de deux ou plusieurs anciens, du prêtre, de deux ou plusieurs huissiers, d'un scribe et de deux ou plusieurs agents de police. Dans l'origine, ces fonctionnaires avaient droit à une part plus large que la masse des cultivateurs dans le domaine communal, à des redevances et à des corvées pour leurs besoins particuliers et pour la culture de leurs champs et étaient exempts personnellement des corvées publiques. Ces corvées qui étaient jadis fort lourdes pour les populations ont été beaucoup allégées depuis 1867. Une partie en a été remplacée par un impôt de capitation de 2 francs. Celles qui subsistent encore aujourd'hui peuvent être rachetées à un taux déterminé qui varie de 30 à 65 centimes par jour, ou par le payement d'une redevance annuelle de 16 à 80 francs suivant les localités. Désormais il est interdit aux administrateurs et employés d'imposer des redevances, même à prix d'argent, aux indigènes. Ils n'ont même plus le droit d'exiger des corvées pour leur service personnel depuis le 1er juillet 1882. Le Gouvernement les a d'ailleurs indemnisés des pertes qui en sont résultées pour eux.

L'impôt de capitation dont nous venons de parler a produit, pour le deuxième semestre 1882, la somme de 2,441,000 francs. Cette somme a servi à couvrir les frais de construction et d'entretien des prisons, de surveillance et de gardiennage des magasins de l'État, de services des bacs non affermés, de transport des lettres, de fourniture de fourrages aux chevaux des postes indigènes, de transport des fonctionnaires et du matériel de l'État, auxquels les indigènes devaient pourvoir; à indemniser les chefs de la suppression des corvées domestiques. Défalcation faite des dépenses pour ces divers services auxquels il a fallu pourvoir et d'une somme de 195,000 francs payée aux chefs de village pour la perception de l'impôt, à raison de 8 p. o/o du produit, le Gouvernement a bénéficié d'un excédent de recettes de 782,000 francs.

Les corvées qui existent encore aujourd'hui sont fournies pour des services particuliers ou pour des services généraux. Les services particuliers ou permanents sont requis pour l'occupation des corps de garde, le service des chefs indigènes (supprimé en 1882) et la conduite des prisonniers et autres menus services. Les services généraux ou temporaires comprennent l'entretien, la construction des travaux publics et les frais de transport des fonctionnaires en mission. Le nombre des journées de corvée fournies par la population indigène pour ces divers services a été fixé comme suit pendant les deux dernières années :

ANNÉES.	NOMBRE de COR-VÉABLES.	NOMBRE DE JOURNÉES DE CORVÉE						TOTAL.
		POUR DES SERVICES permanents			POUR DES SERVICES temporaires.			
		OCCUPATION de corps de garde.	SERVICES des chefs (supprimés en 1882).	AUTRES services.	ENTRETIEN de travaux publics.	CONSTRUCTIONS et grosses réparations.	CONDUITE des prisonniers.	
1881..........	2,087,700	8,572,505	6,187,408	2,733,011	12,707,460	5,577,652	66,692	
Totaux....	....	17,492.924			18,351,804			35,844,728
1882. 1er semestre.....	2,150,113	4,155,289	3,084,936	1,289,309	6,415,688	1,527,290	34,176	
2e semestre......	2,066,337	3,992,641	»	336,096	5,845,160	2,165,810	43,449	
Totaux....	....	12,858,271			16,031,573			28,889,844

Bien que les ordres leur soient transmis par les régents et les chefs de districts, les chefs de village sont devenus peu à peu les représentants directs du pouvoir central. Ils sont actuellement chargés de l'établissement des rôles, de la répartition et de la perception de l'impôt foncier, de protéger les fermiers des autres impôts contre les populations, et celles-ci contre les abus des fermiers. Ils doivent régler tout ce qui se rapporte aux cultures du Gouvernement et aux services et corvées dues par les populations pour la fabrication du sel, les travaux publics, le transport des produits, la sûreté publique, etc. Ils n'ont aucun traitement fixe; mais indépendamment du revenu des champs qui leur sont attribués dans le domaine communal, ils reçoivent un tantième des impôts qu'ils sont chargés de percevoir et une faible part des bénéfices sur la culture du café, faite pour le compte du Gouvernement.

Au nombre des corvées imposées aux populations, il n'en est pas de plus singulières que celles concernant le service de la sûreté publique, pour lesquelles tous les habitants valides de la dessa sont appelés à tour de rôle. Ils peuvent toutefois s'en affranchir en rétribuant des agents de police. Ces corvées consistent à faire des rondes la nuit ou à veiller jour et nuit dans les *gerdous* (du portugais *guarda*) ou corps de garde qui sont placés de distance en distance sur toutes les routes de Java. L'intervalle entre ces corps de garde est réglé de façon à ce qu'ils soient en communication les uns avec les autres dans toute la partie habitée de l'île. Dans les campagnes, ils sont formés de quatre montants en bambou sur lesquels repose le toit, et fermés de trois côtés seulement. A l'intérieur est suspendu un cylindre évidé, taillé dans un tronc d'arbre et qui résonne comme un tambour lorsqu'il est frappé avec un bambou. Des signaux conventionnels donnés au moyen de cet instrument répandent l'alarme lorsqu'un incendie éclate ou lorsqu'un meurtre ou un amok a été signalé aux environs. Le signal est répété par le corps de garde le plus proche et la nouvelle se propage ainsi au loin. Les agents de la police indigène sont armés du *tjangah*, grande fourche à deux dents en fer munies de crochets avec laquelle ils cherchent à arrêter les criminels ou à les bloquer dans quelque coin.

Sauf dans le district de Bantam, soumis en 1844, où les anciennes familles nobles sont restées au milieu des populations des campagnes, la noblesse javanaise n'habite pas les kampongs. Il s'est toutefois formé dans les villages une espèce d'aristocratie, *prijajis*, composée de familles qui se distinguent du commun par les fonctions dont elles ont été ou dont elles sont revêtues. Elles jouissent d'une plus forte part dans les champs communaux et sont en trop haute estime auprès de leurs concitoyens pour que

ceux-ci leur fassent partager les corvées. C'est parmi elles que se recru-
tent les chefs. La classe moyenne, qui forme la majorité de la population,
est composée des cultivateurs qui possèdent des champs en pleine propriété ou en usufruit. Ce sont les sikeps ou corvéables, parce que les corvées sont une des servitudes attachées à la terre. En dessous d'eux sont
les *orang menoumpang*, qui sont également fort nombreux; ils ne possèdent
rien et vivent au jour le jour d'un travail manuel quelconque. On croit
que cette classe inférieure est formée des descendants des habitants primitifs qui n'ont pas embrassé immédiatement l'islamisne et ont pour cette raison été réduits par les vainqueurs à une espèce de servitude.

Là où le domaine communal a subsisté, la répartition des champs ne
s'opère pas partout de la même façon ou d'une manière uniforme. Dans
nombre de dessas, la part du chef de village dans le domaine constitue
une espèce d'apanage dont l'étendue est tantôt fixée une fois pour toutes,
tantôt déterminée à chaque nouvelle élection. Il en est d'autres, au contraire, où aucune part n'est attribuée aux chefs dans les terrains cultivés. Dans les uns aussi, le chef du village a seul droit à un apanage,
dans d'autres, il partage ce privilège avec les employés municipaux inférieurs.

Bien qu'il existe, comme nous venons de le voir, une certaine hiérarchie sociale dans la population de la dessa, la majorité des indigènes n'en
est pas moins considérée comme formant la basse classe, le commun
(*wong tjilik*), par rapport à la noblesse, ou plutôt aux chefs et fonctionnaires, car pour les Javanais les dignités et une haute naissance sont in-
séparables. Il en résulte que les descendants des familles nobles auxquelles
il n'est conféré aucune dignité ou fonction publique voient leurs titres se
réduire à mesure que leur parenté s'éloigne du chef commun et finale-
ment ils se perdent dans la masse du peuple. Nous en voyons un exemple
dans ce qui se passe à la cour des princes indigènes.

A Sourakarta c'est le *Sousouhounan*, à Djojokarta le sultan, qui est la
souche, le chef de la noblesse, et tous ceux qui portent à leur cour un
titre nobiliaire quelconque sont des membres de la famille du prince régnant ou de ses prédécesseurs. Il en est de même des princes Mangkou
Negara et Pakou Alam, les anciens vassaux du Sousouhounan de Sourakarta et du sultan de Solo ou de Djojokarta, qui ont conservé un simu-
lacre d'indépendance. La haute noblesse se compose des fils et des frères
du prince régnant. Ses neveux occupent déjà un rang inférieur. On fait
également toujours une distinction entre les enfants des femmes légitimes
et ceux des concubines (*goundiks*), qui forment deux groupes distincts appe-

lés les premiers *pangeran gedé* (grands princes) et les autres *pangeran tjiliks*
(petits princes). La descendance légitime porte le titre de *kadipaten*, parce
que le *pangeran adipati* ou prince héritier en est le chef. Les autres sont
désignés sous le nom de *kamisepouhan*, parce qu'ils ont pour chef le *pangeran kamisepoou*, ou frère aîné légitime du prince régnant. A défaut de
prince héritier ou de frère légitime, les fonctions qu'ils remplissent sont
confiées à d'autres membres de la famille du souverain.

A Sourakarta, où les anciennes traditions javanaises se sont conservées
à peu près intactes, la gradation des titres nobiliaires est comme suit :

Les fils légitimes du Sousouhounan portent pendant leur minorité le
titre de *raden mas gousti* ou de *R. M. G. Timour* (jeunes, mineurs) et à
leur majorité celui de *gousti pangeran* ou de *G. P. Arja*. Les fils naturels
sont qualifiés *raden mas* quand ils sont mineurs et *bendara pangeran* ou
B. P. Arja quand ils sont majeurs. Le fils aîné légitime désigné comme
prince héritier porte le titre de *pangeran adipati anom;* l'aîné des fils naturels celui de *pangeran ngabehi*. Le titre de pangeran (prince), qui est le
plus élevé après celui du souverain, appartient de droit au fils aîné et au
petit-fils aîné du prince héritier légitime, et à défaut de prince légitime au
petit-fils naturel du Sousouhounan. Les fils du prince héritier l'obtiennent
à l'avènement au trône de leur père. Il peut toutefois le leur être conféré
auparavant en récompense de leurs services. C'est également par faveur
spéciale que le titre de *pangeran adipati* est accordé à d'autres princes que
l'héritier du trône. Les fils du souverain portent aussi le titre de *pangeran
poutra*, ses petits-fils et arrière-petits-fils celui de *pangeran sentana*.

Les petits-fils du Sousouhounan qui n'ont pas droit au titre de pangeran prennent celui de *raden masarja;* ses arrière-petits-fils, lorsque leur
père est pangeran, celui de *raden arja* ou *rija*. Les descendants au delà du
troisième degré d'un prince ayant régné ne peuvent jamais prétendre au
titre de pangeran. Ils sont désignés sous le nom de *raden mas pondji*, à
moins que leur père ou leur grand-père ne soit appelé au trône. Les fils
de raden mas, arja, rija ou pandji sont *raden ragōus* ou simplement *raden*,
les fils de raden simplement *mas;* mais les porteurs de ce dernier titre
qui signifie d'or appartiennent à peine à la noblesse, car il est également
accordé à des personnes fortunées ou à des notables sans qu'ils soient de
race princière.

Cette même coutume qui attribuait une origine noble aux descendants
du souverain existait également à Bantam et à Cheribon. A Bantam, la
première femme du sultan était seule censée être de sang princier et ses
fils avaient de droit le titre de pangeran. Les fils des trois autres femmes

n'avaient au contraire aucun titre. La Compagnie des Indes, dans les pays qu'elle a soumis ou dont elle a obtenu la cession des souverains de Mataram, n'a pas supprimé l'autorité des princes qui y régnaient. Elle s'est bornée à en faire ses vassaux en leur imposant des redevances en hommes et en produits. Plus tard, d'indépendants qu'ils étaient, ces chefs sont devenus sous le nom de *régents* des fonctionnaires nommés et salariés par le Gouvernement, qui leur a néanmoins conservé le prestige et quelques-unes des prérogatives de leurs prédécesseurs : les empereurs javanais et leurs grands vassaux.

Le Gouvernement néerlandais respecte, autant que ses intérêts le lui permettent, l'ordre de succession à la dignité de régent. Le règlement organique dit, il est vrai, article 67, qu'en cas de vacance d'une place de régent dans l'île de Java, son successeur sera choisi, autant que possible, parmi ses fils ou parents remplissant les conditions de capacité, de zèle, d'honorabilité et de fidélité; mais les régents doivent subir mainte humiliation et consentir à mainte infraction à leur autorité.

Le Gouvernement, tout en leur assurant vis-à-vis des Javanais, l'autorité et le prestige dus à leur rang, les traite en somme comme de simples fonctionnaires, exige d'eux une obéissance absolue, les change, les destitue, les choisit même à son gré en dehors des parents de leurs prédécesseurs et parmi les personnes de basse extraction. Sous ces réserves, il est cependant d'usage de choisir les fonctionnaires indigènes, depuis le *patik* ou lieutenant jusqu'aux vaccinateurs, instituteurs, scribes, parmi les fils ou parents du régent qui croiraient compromettre leur dignité en se livrant au commerce ou à l'agriculture. Le Gouvernement, en fondant des écoles, a beaucoup contribué au développement intellectuel surtout de cette classe de la société javanaise, car la masse de la population apprécie médiocrement et ne tire que peu de profit de l'instruction que le Gouvernement met à sa portée. Les enfants et parents des officiers indigènes, qui se croient capables d'aspirer à un emploi quelconque, se mettent gratuitement au service d'un fonctionnaire indigène ou européen afin de gagner ses bonnes grâces et de se faire recommander. Il est évident que les nombreuses places, si infimes qu'elles soient, que ces jeunes gens peuvent occuper, sont d'un grand secours aux régents pour les aider à subvenir aux besoins de leur nombreuse famille. Leur traitement, jadis fort élevé, puisque le régent de Soumedang dans les Préanger ne touchait pas moins de 150,000 francs, a été considérablement réduit depuis 1870 et ne dépasse plus guère 50,000 francs. Le rang qu'ils occupent les oblige toutefois à entretenir plusieurs femmes. Leurs enfants et petits-enfants sont pour eux la source de bien des soucis tant qu'ils n'ont pas la chance de les caser. Un des régents a proposé d'organiser un escadron de cavalerie, composé uniquement de jeunes gens de la noblesse javanaise, pour servir d'escorte au gouverneur général, et d'y adjoindre une école pour former des fonctionnaires indigènes. Mais cette proposition n'a pas été acceptée. Le Gouvernement a toutefois cherché par d'autres moyens à atteindre le but que l'on avait en vue. Il lui est néanmoins impossible à la longue d'assurer l'existence de tous les parents des chefs indigènes, car il y en a des milliers, et ils doivent inévitablement à la fin se perdre dans la classe ouvrière, à moins que leur aversion pour le travail ne les fasse devenir des vagabonds et des bandits, ce qui n'arrive que trop fréquemment.

GROUPE III.

LES EUROPÉENS AUX INDES.

SYSTÈME COLONIAL.

La conquête de l'archipel malais est sans contredit la meilleure preuve de l'énergie, du courage et de la persévérance qui animaient cette race de géants qu'a enfantés la république des Provinces-Unies. Le soulèvement des Hollandais contre le pouvoir de Philippe II leur ferma les ports espagnols et portugais, où ils écoulaient les produits du Nord en échange des précieuses épices tirées de l'Inde. Cette mesure, qui devait entraîner leur ruine, fut au contraire le point de départ de leur grandeur et de leur puissance. Pourquoi n'iraient-ils pas, eux aussi, à la conquête de cette nouvelle Toison d'or? L'Inde était-elle donc tellement éloignée qu'ils ne pussent pas y aborder à leur tour? Ils en ignoraient toutefois la route. Deux tentatives pour y parvenir en passant par la mer Glaciale furent infructueuses. Restait la voie du Cap. Ils résolurent de s'y hasarder, bien qu'elle leur fût inconnue; mais c'était aussi une source inépuisable de richesses en perspective pour ces hardis navigateurs. Une première expédition commandée par Cornelis de Houtman mit à la voile le 2 avril 1595. Elle n'eut toutefois qu'un médiocre succès. Une seconde organisée huit ans après et placée sous les ordres de van Neck et de Waerwijck fut plus heureuse. La route était frayée, et l'on vit dès lors les armements se succéder avec rapidité. Cependant ces entreprises isolées et dans des pays hostiles et inconnus ne pouvaient lutter contre les Portugais et les Espagnols, qui s'y étaient déjà solidement établis. Le Gouvernement des Provinces-Unies comprit tout le premier qu'il y aurait avantage pour les particuliers aussi bien que pour l'État, qui trouverait en elle un puissant appui, à fonder une Compagnie disposant de capitaux et d'un matériel suffisants pour pouvoir établir des comptoirs et assurer la sûreté de la navigation dans ces mers lointaines. Les chefs des principales maisons de commerce se concertèrent avec les délégués des États-Généraux afin de poser les bases d'une fusion de toutes les entreprises particulières. Un accord intervint, les statuts de la *Nouvelle Compagnie des Indes orientales* furent arrêtés et les États-Généraux y donnèrent leur sanction le 20 mars 1602.

Le privilège octroyé à la Compagnie portait qu'elle jouirait du monopole du commerce à l'est du cap de Bonne-Espérance et à l'ouest du détroit de Magellan; qu'elle pourrait conclure des traités, conventions et arrangements au nom des États-Généraux avec tous princes, souverains ou potentats; bâtir des forteresses, entretenir des flottes et armées, nommer à tous les emplois dans ses établissements et possessions, à charge d'en donner avis aux États. Enfin, il lui fut conféré tous les pouvoirs politiques, civils, militaires et judiciaires.

Le capital social fut fixé à 13 millions de francs, divisé en actions de 6,300 francs chacune. Une large part dans les bénéfices fut réservée dès le principe aux États-Généraux et au Stathouder.

Aussitôt la Compagnie constituée, plusieurs flottilles furent expédiées aux Indes dans le but ostensible de faire le commerce et de nouer des relations d'amitié avec les princes indigènes; mais en réalité pour en chasser les Portugais et les Espagnols et s'emparer de leurs établissements. Les amiraux avaient, en effet, secrètement reçu pour mission de purger l'Inde de tous les éléments étrangers et spécialement européens qu'ils y rencontreraient. Les princes indiens, de leur côté, leurrés par les belles promesses qui leur furent faites ou frappés de la hardiesse des nouveaux venus, leur ouvrirent leurs ports et briguèrent l'alliance et l'appui des Hollandais.

Nous n'avons pas à retracer les luttes sanglantes que ceux-ci eurent à soutenir contre les Portugais, ni à relater leurs efforts pour s'emparer de la suprématie dans l'archipel indien. Qu'il nous suffise de dire qu'ils obtinrent promptement des concessions de terrains et fondèrent des comptoirs à Java et aux Moluques. Leur premier succès réel ne date toutefois que de 1605 par la prise du château d'Amboine sur les Portugais et la soumission d'une partie de l'île. Les conquêtes succédèrent alors aux conquêtes. Ternate, Batjan tombèrent peu de temps après en leur pouvoir.

Aussitôt maîtres d'un point de la côte, ils y bâtissaient un fort, des magasins et monopolisaient en leur faveur le trafic avec les indigènes. Une
première tentative de colonisation eut lieu en 1610. On expédia de la
mère patrie des missionnaires protestants et des ouvriers avec leurs familles.
La propagation de la foi était censément un des buts de la Compagnie.
Hâtons-nous cependant de dire que la conversion des indigènes au christianisme a, de tout temps, été le moindre de ses soucis. Elle armait des
vaisseaux pour exploiter et non pour civiliser l'Inde.

Both et Reynst, les deux premiers gouverneurs généraux, cherchèrent
par tous les moyens à étendre la puissance de la Compagnie. Ils eurent
fort à faire pour combattre l'influence des Anglais, qui profitaient de toutes
les occasions pour susciter des difficultés et fomenter la discorde. Les
agents de la Compagnie traitèrent en ennemi tout étranger qui cherchait à
leur faire concurrence. Ils se croyaient autorisés, de par le privilège de la
Compagnie et le droit du plus fort, à s'emparer de tout vaisseau étranger
fréquentant ces parages.

Le plus puissant des princes javanais et en même temps le plus hostile
aux Hollandais était l'empereur de Jacatra, dont les États comprenaient
toute la partie occidentale de l'île de Java. Grâce à l'appui des Anglais, son
hostilité ne tarda pas à se traduire par des actes de meurtre et de pillage
qui devaient servir de prélude à l'expulsion complète des Hollandais de
Java. Jan Pieterszoon Coen, successeur de Reynst, déjoua heureusement
ces projets. Il s'empara de l'empire de Jacatra et fonda sur l'emplacement
de la capitale la ville de Batavia (30 mai 1619).

Sous l'énergique impulsion de Coen et de ses successeurs, la domination de la Compagnie prit de plus en plus d'extension et s'affermit de tous
côtés. Des traités furent conclus avec les princes indigènes, qui s'engagèrent
à ne vendre leurs produits qu'aux Hollandais à un taux déterminé. Banda,
Ceylan, Malacca, le cap de Bonne-Espérance, Palembang, la côte occidentale de Sumatra, Macassar, les Célèbes, Kediri, Cheribon agrandirent
successivement l'empire colonial de la Compagnie aux Indes. Elle avait
aussi des agents sur les côtes de Coromandel et de Malabar, à Macao et
au Japon.

Les agents savaient habilement fomenter des querelles entre les princes
indigènes, qui invoquaient alors l'intervention de la Compagnie. Celle-ci
comme récompense imposait son protectorat aux vainqueurs et sa souveraineté aux vaincus. Elle eut aussi souvent à réprimer des soulèvements
dirigés contre elle, et à deux reprises Batavia fut assiégée par les Javanais.

Le privilège de la Compagnie accordé d'abord pour vingt ans fut renouvelé successivement en 1621, en 1647, en 1667, en 1696, en 1748 et en 1774; mais chaque fois la redevance en faveur de la Généralité fut augmentée. Cette redevance, qui avait été au début de 300,000 francs, atteignit en 1696 le chiffre de 16 millions de francs, sans compter un abonnement annuel de 800,000 francs pour droits de douane. Mais que signifiaient ces sacrifices pour la Compagnie, qui, malgré ses prodigalités, malgré le gaspillage de ses employés, donnait des dividendes de 12 1/2 à 60 p. o/o.

De 1602 à 1696, la Compagnie des Indes ne cessa de donner des bénéfices extraordinaires. Ses actions étaient cotées à 5 ou 600 p. o/o. Elles montèrent même à 1,200 p. o/o pendant la fureur de l'agiotage.

Les opérations de la Compagnie consistaient à écouler en Europe les produits de l'Orient; elle réalisait ainsi pour 25 à 40 millions de produits chaque année. Elle entretenait en outre le trafic entre les différentes contrées de l'Inde. Comme le monopole lui était assuré, elle réglait à son gré le prix de vente de ses produits, soit en détruisant des récoltes trop abondantes, soit en limitant les ventes.

Batavia était non seulement le siège du gouvernement colonial, mais aussi l'étape forcée de toutes les marchandises tant à l'importation qu'à l'exportation. C'est à Batavia que s'accumulaient le riz, le sucre et le café de Java, le poivre de Bantam, de Sumatra et de Bornéo, les bois précieux, les chevaux de Célèbes, les épices des Moluques, la cannelle et les perles de Ceylan. Les produits fournis par les indigènes leur étaient payés moitié en argent et moitié en étoffes et en opium.

Le gouverneur général était le représentant le plus élevé de la Compagnie. Il commandait les armées de terre et de mer et nommait à tous les emplois. Tous les officiers et employés relevaient du gouverneur général. Il était assisté dans son administration d'un conseil colonial, dont les attributions étaient à la fois administratives et judiciaires.

Les autres établissements étaient dirigés par des lieutenants du gouverneur centralisant également tous les pouvoirs entre leurs mains. Les possessions de la Compagnie étaient divisées en huit gouvernements : Amboine, Banda, Ternate, Macassar, Malacca, Ceylan, le cap de Bonne-Espérance et Java. Là où la Compagnie n'exerçait pas la souveraineté, ses comptoirs et établissements étaient gérés par des directeurs ou présidents. Enfin les gouverneurs ou présidents avaient sous leurs ordres des commandeurs, chefs d'établissements ou résidents qui dirigeaient les comptoirs ou postes isolés. Le traitement des employés de tout grade était fort minime. Par contre, ils jouissaient d'une forte commission sur les affaires traitées par la Compagnie. Ils savaient, d'ailleurs, augmenter leur revenu par des opérations frauduleuses et clandestines, surtout dans les postes où la surveillance et le contrôle étaient difficiles. Le faste déployé par les employés était tel qu'une ordonnance régla le nombre de leurs voitures, de leurs chevaux, de leurs esclaves, ainsi que le cérémonial des noces et des funérailles, et mit des bornes au luxe de vêtements et de bijoux qu'ils déployaient.

La situation financière de la Compagnie était toujours couverte d'un voile épais que les administrateurs ne soulevaient qu'à bon escient. La concurrence que lui faisaient les Anglais, les longues guerres qu'elle eut à soutenir, les abus qu'elle ne sut ou ne voulut pas réprimer et l'incurie et l'imprévoyance de ses administrateurs devaient avoir tôt ou tard raison d'une entreprise, si florissante et si puissante qu'elle fût. Déjà, au commencement du XVIII⁰ siècle, elle avait dû avoir recours à des emprunts pour subvenir à ses besoins. Au lieu de se borner au commerce, son ambition, sa soif de conquêtes l'entraînèrent souvent dans des opérations qui ne furent pas toujours fructueuses. Les Anglais n'étaient pas les seuls ennemis que la Compagnie eût à redouter. Les Chinois, venus en grand nombre s'établir à Java, se soulevèrent en 1740 et soutinrent une lutte acharnée qui ne se termina que par le massacre de 10,000 d'entre eux dans les rues de Batavia.

De 1724 à 1780, l'histoire de la Compagnie n'est qu'une longue agonie. Son commerce alla toujours décroissant et sa situation s'empirant. C'est en vain que la Hollande lui accorda subventions sur subventions pour la sauver de la ruine. Ses charges, qui étaient de 195 millions en 1791, atteignirent le chiffre de 230 millions de francs en 1794. Son privilège fut bien encore prolongé jusqu'en 1798; mais elle fut, comme tant d'autres institutions, renversée par la tourmente révolutionnaire. En vertu de la constitution de la République batave, ses possessions furent réunies à la Hollande, et l'État prit ses dettes à sa charge. De son vaste empire colonial il ne restait toutefois plus qu'une partie de Java, les factoreries de Palembang, de Bandjermassin, de Macassar et de Timor. Tous ses autres domaines étaient tombés aux mains des Anglais.

Les colonies furent alors gouvernées tant bien que mal, sans que la métropole en retirât quelque bénéfice. La concurrence des Anglais, les dangers de la navigation dans ces parages et les velléités d'indépendance des princes indigènes absorbaient, d'ailleurs, toute l'attention des gouvernants.

Java comprenait, à la fin du XVIII⁰ siècle :

1° Les débris des anciens États de Mataram formés de l'empire de

Sourakarta et du sultanat de Djokjokarta, tous deux vassaux du gouvernement de Batavia;

2° Le sultanat de Bantam, qui, sans être tributaire du Gouvernement hollandais, devait néanmoins, suivant convention, lui fournir ses produits à un taux déterminé;

3° Les États de Cheribon, gouvernés par des régents indépendants pour l'administration de leurs districts, mais qui devaient, en vertu de leur acte d'investiture, fournir une redevance en produits au Gouvernement;

4° Le gouvernement de Batavia, formé de l'ancien royaume de Jacatra, des Préanger et du district de Krawang, et placé sous l'administration immédiate du gouverneur général;

5° Le gouvernement de la côte N. E. de Java, sous les ordres d'un gouverneur et d'un directeur délégués du gouverneur général.

L'avènement du gouverneur général Daendels en 1808 apporta toutefois de profondes modifications à cet état de choses. Les anciens États tributaires furent placés sous l'autorité immédiate du Gouvernement. Homme d'une rare énergie, il ne recula devant aucun moyen pour donner à la colonie une administration sérieuse et la doter de travaux dont elle avait besoin pour assurer sa prospérité et sa sécurité. Par ses soins, une double route militaire, traversant l'île d'un bout à l'autre, fut établie par les indigènes requis à cet effet, et des forteresses furent construites pour maintenir les populations trop turbulentes. C'est à lui qu'on doit aussi la fondation de la nouvelle ville de Batavia, l'établissement de la résidence du gouverneur à Buitenzorg et l'extension donnée à la culture du café. Son séjour dans l'Inde fut signalé aussi par une augmentation considérable de dépenses causée par l'entretien d'une forte armée. On chercha à y subvenir en émettant du papier-monnaie, garanti par les produits, mais qu'on ne pouvait vendre. On eut alors recours aux ventes de terrains, à des emprunts forcés et volontaires, dont les charges pesèrent longtemps sur les populations.

L'annexion de la Hollande à la France et l'incorporation de ses colonies au territoire de l'Empire mit fin, après deux siècles d'existence, à l'administration hollandaise aux Indes. — Notre occupation fut toutefois de courte durée, car le 18 septembre 1811 le gouverneur général Jansen signa la reddition des colonies aux Anglais.

Ce ne fut qu'en 1816 que les Hollandais rentrèrent en possession de leurs anciennes colonies. Le Gouvernement de la métropole, absorbé par

ses affaires intérieures, ne put toutefois leur vouer tous ses soins, ni
prendre les mesures qui auraient pu les lui rendre fécondes en bénéfices. Il
eut d'ailleurs à réprimer plusieurs soulèvements des indigènes, entre
autres à Cheribon en 1816 et en 1818, à Probolingo en 1817, et à
soutenir une guerre intestine qui dura de 1825 à 1830. Elle coûta la vie
à 10,000 Européens, à 20,000 Javanais et entraîna une dépense de plus
de 40 millions de francs, mais elle amena aussi la soumission complète
des empires de Sourakarta et de Djokjokarta, qui n'étaient liés que par des
conventions au Gouvernement.

Les différents gouverneurs généraux qui s'étaient succédé avaient indiqué
plusieurs moyens pour tirer les colonies de la situation précaire dans laquelle
les avait placées une longue période d'incurie, d'anarchie et de despotisme.
Du Bus, entre autres, avait proposé d'encourager l'agriculture et de favoriser l'établissement des Européens, en leur cédant ou en leur donnant à bail
les vastes étendues de terrains incultes, et de provoquer la répartition
entre les indigènes du domaine communal. Mais ces propositions furent
repoussées. Le temps pressait cependant. Le montant de la rente hollandaise, qui n'était que de 31 millions en 1814, était arrivé au chiffre annuel
de 52 millions en 1830. La révolution belge absorbait les ressources du
budget. Les déficits prenaient des proportions inquiétantes. Il fallait à
toute force que les colonies vinssent en aide à la mère patrie, et le Roi
sommait son représentant d'une façon de plus en plus pressante d'aviser
aux moyens de secourir le Trésor aux abois. C'est alors que le général van
den Bosch, gouverneur général des Indes néerlandaises, inventa le *système
des cultures,* qui porte son nom et qui devait devenir une immense source
de bénéfices pour la mère patrie.

Le principe sur lequel van den Bosch basait son système était que, d'après
les anciennes institutions javanaises, la terre appartient au seigneur, et qu'il
a le droit d'exiger une certaine redevance des occupants pour répondre de
leurs engagements envers leur souverain et s'assurer sa protection. Cette
redevance fut d'abord servie en nature et d'une façon fort irrégulière et peu
équitable. Les Anglais, pendant leur courte occupation, l'avaient transformée en un impôt sous le nom de taxe foncière (*Landrente*). Elle devait en
principe représenter environ les deux cinquièmes du produit du sol; elle
était toutefois en réalité fixée très arbitrairement, répartie d'une façon des
plus fantaisistes par les chefs chargés d'en opérer la rentrée, et par suite
vexatoire et onéreuse pour la population.

Or, van den Bosch dit aux indigènes : «Pour subvenir à vos besoins,
vous ne cultivez que du riz et vous devez en abandonner les deux cin-

quièmes à peu près au Gouvernement. Je vous propose de garder ces deux cinquièmes de votre récolte; mais laissez-moi disposer d'un cinquième seulement, non pas de votre récolte, mais de votre terrain. Vous y cultiverez des produits que je vous indiquerai et qui ne vous coûteront pas plus de travail que le riz. Vous serez, de plus, exemptés de la taxe foncière, et si la valeur du produit que vous me fournirez dépasse le montant de cette taxe, je vous en indemniserai. Voyez donc quels avantages je vous offre! au lieu de trois cinquièmes il vous restera quatre cinquièmes de votre récolte; de plus, vous toucherez une indemnité et vous serez affranchis d'un impôt vexatoire. Si, au contraire, vous voulez conserver la disposition de votre terrain, vous en êtes libres; mais alors vous payerez la taxe. »

Tel qu'il était exposé, le système des cultures paraissait devoir être une mesure philanthropique ayant pour but d'alléger les charges qui pesaient sur les Javanais. Van den Bosch en a-t-il jamais eu l'intention? Loin de le prouver, l'application qu'il fit de son système le conduisit, au contraire, à transformer Java en une vaste exploitation agricole au plus grand profit de l'État. On s'en rendit bien compte dès le début. Le Gouvernement ne put se résoudre à abandonner les revenus de plusieurs millions que lui procurait la taxe foncière. Il s'est encore moins tenu à la promesse de ne disposer que du cinquième des terrains cultivés par les indigènes. Il en prit ce qui lui convenait. La somme de travail exigée de la population n'était nullement proportionnée à celle qu'elle vouait aux rizières. Le nouveau système, loin d'alléger les charges des Javanais, leur en imposait donc, au contraire, de nouvelles. Il était, au surplus, des plus simples dans la pratique: il consistait à obtenir des produits à bon marché pour la métropole en forçant les indigènes à les cultiver pour un salaire dérisoire. Les moyens employés variaient suivant les circonstances. La cochenille, le tabac, le café, le thé pouvaient être livrés au commerce en sortant des mains des indigènes. Il n'en était pas de même du sucre et de l'indigo, qui devaient subir au préalable une préparation industrielle. Cette préparation pouvait être effectuée par des particuliers ou par le Gouvernement lui-même. Le Gouvernement employa les deux méthodes sans s'astreindre à aucune.

Ainsi, lorsqu'on introduisit, en 1830, la culture de l'indigo dans les Preanger, le Gouvernement réserva 2,500,000 francs pour la construction de fabriques qu'il devait faire exploiter par ses agences. Il y renonça toutefois l'année suivante et eut recours à l'industrie privée. Il passa, à cet effet, des marchés avec des particuliers aux conditions suivantes: le Gouvernement s'engagea à livrer aux fabricants, contre payement des frais de culture, toutes les feuilles d'indigotier que la population indigène aurait

récoltées par ses ordres et à leur assurer les capitaux dont ils auraient besoin et qu'ils rembourseraient dans les délais déterminés. Les fabricants,
de leur côté, devaient payer en indigo, au taux de 3 fr. 50 cent. par demi-
kilogramme, tout ce qu'ils devaient au Gouvernement pour les frais de
culture et l'amortissement du capital avancé. Ce qui resterait de la récolte
leur appartiendrait.

Il en était à peu près de même pour le sucre. Les contractants recevaient des avances pour la construction et les besoins de leurs usines et
prenaient les cannes au prix coûtant du Gouvernement ; mais ils devaient acquitter leurs dettes envers l'État en lui fournissant leur sucre au
taux de 17 fr. 50 cent. par picul. Les chefs indigènes leur procuraient
en outre des travailleurs, auxquels ils devaient donner un modique salaire.

La culture du café était moins compliquée. Il existait depuis longtemps
des plantations de caféiers appartenant au Gouvernement, cultivés, soi-
disant, librement par la population ; mais en réalité parce qu'elle y était
contrainte. Il suffisait donc de suivre les mêmes errements, seulement on
donna plus d'extension à la culture. L'intervention de l'industrie particulière était superflue, puisque le café n'avait à subir aucune préparation
pour être propre à la vente. Le 3 février 1833, il fut décrété qu'à l'avenir
tout le café récolté à Java devrait être livré au Gouvernement au taux du
marché, sous déduction des deux cinquièmes pour la taxe foncière et de
5 fr. 25 cent. au maximum pour les frais de transport. Pour éviter tout
malentendu sur la signification du *taux du marché,* le Gouvernement se
réserva de le déterminer lui-même, chaque année, au mieux de ses intérêts naturellement. Il fut fixé pour 1833 à 43 fr. 75 cent. par picul, soit
12 à 15 francs au-dessous de la valeur réelle. Par ordre du Gouvernement,
94 millions de nouveaux caféiers furent plantés, de 1833 à 1855, par
les indigènes ; mais, comme cette plante ne produit qu'au bout de quatre
ou cinq ans, la population resta privée de salaires pendant tout ce temps,
puisqu'elle n'avait droit à une rémunération que sur le produit. Elle fut
cependant exemptée de la taxe.

Par ces moyens, van den Bosch comptait arriver à mettre en culture
70,000 hectares de cannes à sucre et 90,000 hectares d'autres produits,
sans compter le café, de façon à réaliser pour le Trésor un bénéfice annuel
de 33 millions de francs. Les résultats ont dépassé son attente.

Pour assurer la réussite des projets conçus par le Gouvernement, on
s'assura du concours des fonctionnaires européens en leur accordant un
tant pour cent sur le rendement des cultures. Les chefs indigènes, dont la
coopération était indispensable, furent gagnés en leur constituant un apa-

nage, en leur abandonnant une partie de la valeur des récoltes et en leur
venant en aide pour l'entretien de leurs familles par l'organisation d'une
garde nationale indigène, les *barissans*, uniquement composée de leurs parents et partisans et soldée par le Gouvernement. On accrut ainsi leur prestige en même temps que leur autorité sur leurs administrés. En échange
de ces faveurs, le Gouvernement exigea des chefs une obéissance pas-
sive, une soumission absolue. On leur laissa, par contre, toute liberté
d'action sur leurs administrés pour leur faire accepter le nouveau régime
et les y contraindre au besoin. Le Gouvernement se fit ainsi des complices
des chefs indigènes. Ceux-ci en abusèrent souvent, mais on ne pouvait pas
trop leur en tenir rigueur.

Le système des cultures inauguré par van den Bosch ne pouvait donner
des résultats immédiats. Cependant il fallait à tout prix que le Gouvernement se procurât de l'argent. On eut alors recours à la *Société de commerce
des Pays-Bas* pour obtenir des avances sur les bénéfices futurs. Elle obtint
en échange le privilège du transport, de la vente des produits du Gouvernement et de toutes les opérations qui s'y rattachaient, de l'achat et de
l'expédition de tout le matériel et de tous les objets nécessaires au gouvernement indien, moyennant commission bien entendu. Elle devint ainsi le
commissionnaire, le courtier de l'État-marchand, qui n'eut, dès lors, plus à
s'occuper des mille détails de ses entreprises commerciales. La Société prenait les denrées dans les magasins où les indigènes les avaient apportées,
leur faisait subir les dernières manipulations, les transportait dans les
Pays-Bas, les y vendait et en remettait le produit net au Gouvernement.

Cette institution avait été fondée en 1824, dans le but de favoriser le
commerce avec l'Inde, sur les instances et avec l'appui de Guillaume Ier,
qui, avec sa générosité habituelle, avait garanti personnellement un certain taux d'intérêt aux actionnaires. Mais cette gracieuseté lui coûtait, en
1829, une somme de plus de 7 millions de francs. Si riche que fût le
Roi, ses revenus ne pouvaient lui permettre de supporter longtemps cette
charge. On devait donc forcément ou liquider la Société ou aviser aux
moyens de lui assurer en peu de temps de gros bénéfices. Ce fut là, peut-
être, une des raisons inavouées du revirement qui se produisit dans la politique coloniale.

Après s'être assuré du concours des fonctionnaires européens et des
chefs indigènes, le Gouvernement avait cependant encore à craindre que
la concurrence des particuliers ne vînt mettre obstacle au libre développement du nouveau système. Il fallait donc l'écarter à tout prix. Le gouverneur général avait la faculté de vendre ou de donner à bail des terrains

incultes pour favoriser l'extension des cultures utiles. Ces concessions furent soumises à des conditions tellement draconiennes que nul ne pouvait les accepter. Le Gouvernement n'eut donc plus rien à redouter d'une concurrence qui aurait pu, non seulement lui disputer le marché, mais aussi lui enlever des travailleurs qu'il avait à si bon compte.

L'histoire de la politique coloniale néerlandaise pendant les cinquante dernières années peut être divisée en deux périodes bien tranchées. Celle qui commence à l'introduction du système des cultures en 1830 et finit en 1850 s'est signalée par l'extension constante des charges imposées à la population indigène et par un rigorisme toujours croissant dans les mesures prises par le Gouvernement. La seconde, de 1850 à nos jours, se distingue au contraire par la réduction progressive des cultures forcées et le dégrèvement des servitudes. Pendant la première, la conduite du Gouvernement a surtout été dominée et dictée par les besoins insatiables du Trésor de la métropole. L'incurie des gouvernements qui s'étaient succédé et la guerre avec la Belgique rendaient les déficits dans le budget de plus en plus menaçants. Les contributions de l'Inde devinrent donc indispensables. Les instructions données aux gouverneurs généraux se ressentaient constamment des préoccupations du pouvoir central à cet égard. En 1834, le gouverneur général Baud écrivait au Ministre des colonies qu'il lui serait fort difficile de lui faire parvenir la remise de 21 millions de francs qu'il avait demandée pour l'année suivante. « Envoyez 37 millions », fut la réponse laconique du Ministre.

Les remises coloniales allaient ainsi toujours en augmentant. Elles furent portées à 46 millions en 1837, à 52 millions en 1838. Le Ministre accusait, d'ailleurs, le gouvernement colonial de prodigalité dans ses dépenses. Suivant lui, le meilleur moyen d'y mettre bon ordre était d'élever les contributions de l'Inde aux dernières limites du possible. On ne pouvait donc songer à alléger les charges qui pesaient sur la population. Il ne pouvait de même être question de faire quoi que ce soit pour son développement intellectuel. Nous en voyons un exemple dans cette proposition d'un résident qui demandait *soixante francs* par mois pour l'amélioration de l'enseignement des indigènes dans sa région et auquel on répondit que pareille prodigalité ne pouvait être admise *pour des raisons d'ordre général*. On a prétendu aussi que la population s'était toujours soumise sans murmures aux lourdes charges qu'on lui imposait. Au contraire, les protestations, les refus de travail et les soulèvements furent fréquents, entre autres à Passarouan en 1833, à Cheribon en 1841. Cette opposition obligea le Gouvernement à se départir, dans une certaine mesure, de la rigueur avec laquelle il comptait procéder. Les cultures forcées empêchaient aussi les populations de donner des soins suffisants à l'entretien de leurs rizières. Elles étaient souvent obligées de vendre ce qu'elles possédaient pour vivre. Dans un rapport de 1844, le directeur des cultures alla même jusqu'à dire que les indigènes devaient vendre leurs aliments pour payer les impôts et vivre de racines. Dans nombre de districts où la culture du tabac et de l'indigo avait été introduite, la population était obligée d'émigrer en masse pour ne pas mourir de faim.

A partir de 1850, la situation s'améliora sensiblement. Les plaintes auxquelles le système de van den Bosch avaient donné lieu trouvèrent un écho dans les Pays-Bas. On commença à se rendre mieux compte des véritables intérêts des colonies. Le Gouvernement comprit qu'il pouvait difficilement persévérer dans ses anciens errements. La situation financière s'était d'ailleurs beaucoup améliorée. Le montant de la rente qui était de 90 millions de francs en 1844 était réduit à 73 millions en 1852. De plus, la valeur du café avait augmenté dans de telles proportions que, malgré la réduction de certaines cultures, les bonis s'élevaient constamment. On témoigna, dès lors, plus de sollicitude pour les indigènes. Les salaires furent augmentés, les impôts les plus onéreux furent supprimés, entre autres la ferme des marchés qui ne rapportait que de 4,200,000 fr. au Trésor, mais qui coûtait au moins 15 millions aux populations, par suite des malversations des fermiers chinois. La provision accordée aux fonctionnaires fut diminuée, les apanages des chefs qui avaient donné lieu à bien des abus leur furent retirés. La culture forcée du tabac, de l'indigo, du poivre, de la cannelle, du nopal et du thé, qui avait d'ailleurs été plus vexatoire que lucrative, fut supprimée. Celle du sucre avait été rendue moins onéreuse pour la population en 1860 et en 1863. Une loi de 1870 en a ordonné la suppression en principe. A partir de 1878, l'étendue des terrains mis à la disposition des contractants et appartenant à la population a été diminuée, de façon à ce que les indigènes puissent rentrer intégralement en possession de leurs champs en 1890. Les salaires dus à la population pour la culture de la canne ont été progressivement augmentés, et les fabricants ont dû prendre des travailleurs libres. Ces sages mesures, en assurant à l'indigène une rémunération mieux proportionnée à son travail, excitèrent son émulation et l'engagèrent à continuer la culture pour son propre compte. Les fabricants, de leur côté, menacés d'être abandonnés à leur propres ressources, améliorèrent leurs procédés de fabrication.

Si nous résumons les avantages et les inconvénients du système de cultures tel qu'il a été appliqué par le Gouvernement, nous voyons que, d'un

côté, il a initié les indigènes à la culture des produits pour le marché
européen, les a mis en contact avec des entrepreneurs et des industriels,
leur a démontré que leurs terrains peuvent acquérir plus de valeur s'ils
ne se bornent pas à la culture du riz, et que par leur travail ils peuvent
atteindre à une plus grande prospérité que sous un régime de services ou
de corvées non rétribués; il a appelé l'attention des capitalistes et des industriels néerlandais sur les richesses que recèle l'Inde, excité l'exprit
d'entreprise et éveillé l'intérêt de la métropole pour les colonies. En effet,
en 1830, Java était presque complètement inconnue pour la majorité de
la nation. On n'avait aucune idée des immenses ressources qu'elle renfermait.

D'un autre côté, on constate que le système de van den Bosch a donné
une grande impulsion à la culture des produits pour le marché étranger,
mais qu'une fois arrivé à un certain degré de développement il a été frappé
d'impuissance. La culture de l'indigo, par exemple, qui atteignait 2,332,037
livres en 1840, était tombée, en 1847, à 1,097,024. Celle du café resta
stationnaire de 1840 à 1863. De 1840 à 1844, elle était, en moyenne,
de 912,000 piculs par an. De 1859 à 1863, elle ne dépassait pas
873,000 piculs. La production du sucre avait doublé, mais uniquement
grâce à l'amélioration des procédés de fabrication. L'agriculture n'avait
donc pas fait de progrès sensibles. L'industrie seule s'était améliorée. Le
système de van den Bosch n'avait donc pas pu assurer le développement
régulier de la production de Java, qui devait, au contraire, prendre de si
grandes proportions sous le régime libre. Par contre, voici quels sont les
bénéfices qu'il a permis au Gouvernement de réaliser sur les produits de
1840 à 1864.

Café.	785,600,000 fr.
Sucre.	127,600,000
Indigo.	68,900,000
Poivre.	1,300,000
Cochenille.	1,500,000
	984,900,000

Il y a eu toutefois une perte :

Sur le thé, de.	13,400,000 fr.
Sur la cochenille, de.	1,100,000
Sur le tabac, de.	300,000
	14,800,000

De sorte que les bénéfices nets ont été de près de 977 millions de francs en vingt-cinq ans. Si à cette somme on ajoute les 308 millions de reliquats obtenus sur le budget des Indes de 1865 à 1882, on constate que les colonies de l'Inde ont rapporté net à la métropole, de 1830 à 1882, la somme énorme de 1,283 millions de francs [1].

Malgré les immenses bénéfices qu'il donnait, le système des cultures avait été souvent violemment attaqué dans les Chambres néerlandaises. Le parti libéral, le champion des idées de progrès et d'humanité, protestait énergiquement contre l'exploitation éhontée et régulière de l'indigène qui en était la conséquence. Les mesures prises avaient peut-être été justifiées par des circonstances exceptionnelles, mais elles n'étaient pas dignes d'un gouvernement qui se respecte et dont la mission est, au contraire, de favoriser le libre développement de la prospérité de ses sujets, à quelque race qu'ils appartiennent. Le système des cultures a eu, il est vrai, ses avantages pour la population indigène; mais il l'a aussi réduite à une servitude capable d'augmenter son indolence naturelle, d'anéantir chez elle tout esprit d'entreprise. Les facilités de l'existence que le Javanais trouvait dans un travail déterminé et régulier ont contribué à l'augmentation de la population; mais cette augmentation est telle qu'à un moment donné, et sans qu'on s'en soit rendu compte, une grande partie des indigènes pourraient se trouver dans l'impossibilité de subvenir à leurs besoins, faute d'avoir appris à se plier aux rudes conditions de la vie et d'être armés pour la lutte. C'est à ces considérations qu'on avait cédé en apportant petit à petit des tempéraments à la rigueur du système des cultures, en rendant peu à peu la liberté aux indigènes et en entr'ouvrant la porte à la concurrence privée. Il y avait toutefois encore un pas à faire. Il restait à détruire les entraves qui pesaient sur la propriété. C'est dans ce but que fut rendue la loi agraire de 1870, qui modifia l'article 62 du règlement organique de 1854, interdisant l'aliénation du sol par l'État-propriétaire, si ce n'est dans un intérêt communal ou pour l'établissement de fabriques. Cette loi stipule que les terrains appartenant à l'État ou aux communes pourront être donnés à bail emphytéotique pour soixante-quinze ans, et que les terres détenues par les indigènes en usufruit individuel héréditaire pourront être cédées, sous certaines réserves, en toute propriété, aux oc-

[1] Dans une brochure qu'il vient de publier, M. van den Berg, président de la banque de Java, évalue à 1,110 millions de francs les bénéfices nets obtenus de 1831 jusqu'à ce jour; mais, pour arriver à ce résultat, il défalque des recettes les dépenses des années 1825 à 1830 et les déficits des derniers exercices. Nos évaluations concordent donc à peu près avec celles de M. van den Berg.

cupants légaux, ou être louées aux étrangers, qui en étaient complètement exclus auparavant.

Pour mieux faire apprécier les modifications apportées au régime colonial, nous rappellerons brièvement que le système des cultures reposait sur le principe du monopole en faveur de l'État et consistait à imposer aux indigènes l'obligation de cultiver des produits choisis par le Gouvernement, de lui livrer la récolte à un taux déterminé, représentant censément les frais de culture. Cette obligation fut rendue plus onéreuse par l'augmentation des corvées gratuites auxquelles les indigènes étaient soumis de temps immémorial envers leurs chefs, en vertu de l'ancien régime féodal, et que l'on étendit à toute espèce de services. Les indigènes ne pouvaient ni acquérir ni même louer leurs terres aux personnes étrangères à la commune. La culture des produits pour le marché européen était exclusivement réservée au Gouvernement, et les particuliers ne pouvaient pas même obtenir des concessions de terrains.

Aujourd'hui, au contraire, les cultures forcées sont supprimées, sauf celle du café, dans certains districts de Java, à Padang (Sumatra) et à Menado (Célèbes), sans qu'il soit toutefois interdit aux particuliers de le cultiver pour leur propre compte. Le Gouvernement cultive également le quinquina à Bandong et exploite les mines d'étain à Banka, mais avec des travailleurs libres. Le sel et l'opium sont les seules marchandises dont le Gouvernement se soit réservé le monopole. Il afferme également à son profit les côtes du sud de Java pour recueillir les nids d'hirondelles. La culture gouvernementale du sucre, abolie en principe, disparaîtra en 1890. Les corvées imposées aux indigènes ne sont maintenues que pour certains travaux publics, et ils peuvent même s'en affranchir en payant une redevance; enfin les défrichements et les entreprises particulières sont encouragés, au lieu d'être entravés comme par le passé. La nouvelle politique coloniale tend, en un mot, à substituer aux anciens monopoles et privilèges que s'était réservés le Gouvernement la liberté du travail, du commerce, de l'industrie privée et de l'initiative individuelle.

Tel est, à grands traits, l'historique de la politique coloniale des Hollandais aux Indes. Il nous reste à faire connaître les institutions qu'ils y ont créées et à en étudier le fonctionnement.

A. — RÉGIME ADMINISTRATIF DES COLONIES NÉERLANDAISES DES INDES ORIENTALES.

Du temps de la Compagnie des Indes, ses établissements devaient être

administrés conformément aux instructions données aux gouverneurs généraux par le conseil d'administration, avec l'approbation des États-Généraux
des Provinces-Unies. Les premières instructions de ce genre datent du
14 novembre 1609. Elles furent suivies et modifiées par celles des 1er mars
1613, 22 août 1617, 17 mars 1632 et enfin du 26 avril 1750, qui sub-
sistèrent jusqu'à la chute de la Compagnie. La Constitution de la République batave portait que l'organisation des services publics aux Indes
serait réglée par une loi. Une commission spéciale fut chargée de l'élaborer; mais les événements l'empêchèrent de terminer son œuvre. Le roi
Louis, en 1807, donna à son tour des instructions aux gouverneurs généraux, mais elles ne furent jamais appliquées. Ce ne fut qu'après la restitution des colonies par les Anglais que des règlements généraux posèrent
les bases d'une administration régulière. Le premier, en date du 3 janvier
1815, ne fut jamais mis en vigueur. Puis vinrent ceux des 22 décembre
1818, 30 août 1827, 19 janvier 1830, 26 septembre 1836, émanant
tous directement du pouvoir exécutif, et enfin celui du 2 septembre 1854,
le premier qui ait été édicté par le pouvoir législatif, modifié par les lois
des 9 avril et 21 juillet 1870, 7 mai 1878 et 4 décembre 1881.

Sous l'empire des anciens règlements, le Roi était *exclusivement* chargé
de la haute administration des affaires coloniales, c'est-à-dire que de
simples arrêtés royaux en fixaient tous les détails, sans que les Chambres
eussent à intervenir. La Constitution de 1848 vint toutefois limiter le
pouvoir souverain, en stipulant que certaines questions touchant les colonies
ne pourraient être réglées par le Roi que de concert avec la représentation,
c'est-à-dire par la loi. C'est donc le pouvoir législatif qui arrête aujourd'hui
les règlements généraux, fixe le budget des recettes et des dépenses et les
tarifs des douanes, règle le système monétaire, l'administration et le mode
de justification des voies et moyens, et enfin toutes les questions d'intérêt
général concernant les colonies.

La haute administration en est toujours confiée au Roi; mais elle est
exercée en son nom par le Ministre des colonies, qui doit contresigner
toutes les pièces émanant du Roi et dont il est censé avoir assumé toute la
responsabilité.

D'après le règlement organique (*Regerings reglement*) du 2 septembre
1854, l'administration des colonies des Indes néerlandaises est confiée à
un *gouverneur général*, assisté d'un conseil appelé *Conseil des Indes*. Les
différentes branches des services administratifs qui forment ce qu'on appelle
des *départements d'administration générale* sont dirigées, sous le contrôle et
les ordres du gouverneur général, par des directeurs dont le nombre et les

attributions sont réglés par le Roi. Une *Cour des comptes* est chargée du contrôle de l'administration et de l'emploi des deniers publics et de la gestion des agents comptables. La justice est rendue au nom du Roi partout où la justice indigène n'a pas été maintenue. Le plus haut collège judiciaire est la *Haute Cour de justice des Indes néerlandaises*, siégeant à Batavia.

B. — LE GOUVERNEUR GÉNÉRAL.

Le gouverneur général est nommé par le Roi. Il ne peut être intéressé directement ou indirectement dans aucune entreprise ou marché aux Indes, ni y avoir aucune propriété, même en location. Il peut lui être adjoint un lieutenant-gouverneur, soumis aux mêmes obligations et remplissant les mêmes conditions que lui. Ils doivent tous deux, avant d'entrer en fonctions, prêter serment de se conformer aux lois et règlements et de remplir leur mission en leur âme et conscience. Le gouverneur général peut prendre la présidence du Conseil des Indes ou la confier au lieutenant-gouverneur, mais ils n'y ont que voix consultative. En cas d'absence, de maladie ou d'autre empêchement, le gouverneur général confie la direction des affaires courantes au lieutenant-gouverneur; à son défaut, au vice-président, ou, en cas d'empêchement de celui-ci, au plus ancien membre du Conseil. Le gouverneur général peut rendre toutes ordonnances d'administration générale, en se conformant aux dispositions des règlements et aux ordres du Roi, sur toutes les questions auxquelles il n'a pas été ou auxquelles il ne doit pas être pourvu par la loi ou que le Roi ne s'est pas réservées. Il peut, dans ces derniers cas et s'il y a urgence, prendre les mesures qu'il jugerait convenables, à charge d'en référer immédiatement au Roi. Il peut même surseoir à la promulgation ou à l'exécution des lois, arrêtés ou ordres royaux ou en restreindre l'application, à charge d'en référer immédiatement au pouvoir central. Il est chargé de l'exécution des lois et règlements et donne les ordres nécessaires à cet effet. Il prend l'avis du Conseil dans toutes les circonstances qu'il juge à propos. Il est tenu de le consulter pour tous les règlements et ordonnances d'un intérêt général dont il prend l'initiative, dans toutes les questions relatives aux rapports politiques avec les princes et pouvoirs indigènes, pour la fixation du budget, pour les mesures graves, pour le choix des candidats aux emplois importants à proposer au Roi. La décision appartient toutefois au gouverneur général seul. L'approbation du Conseil est cependant nécessaire lorsqu'il s'agit de prendre, de modifier, d'interpréter ou d'annuler des règlements généraux ou d'en suspendre la promulgation. En cas de dissentiment entre le Conseil et le gouverneur général, il en est référé au Roi. Le gouverneur général peut néanmoins, en attendant la décision du Roi, appliquer, sous sa responsabilité, les mesures qu'il jugerait indispensables pour la sûreté des colonies ou pour sauvegarder des intérêts importants et immédiats. Le gouverneur général peut confier des missions spéciales aux membres du Conseil. Il ne doit compte de ses actes qu'au Roi, sous la réserve du droit de poursuite conféré aux États-Généraux par l'article 159 de la Constitution. Le gouverneur général est punissable judiciairement, s'il fait exécuter des dispositions ou arrêtés royaux non revêtus de la signature d'un des Ministres; s'il fait exécuter des dispositions ou arrêtés royaux dont l'exécution ne lui aurait pas été confiée par le Ministre des colonies; s'il néglige sciemment de faire mettre à exécution ou d'appliquer les règlements, lois, arrêtés, traités ou conventions applicables aux Indes néerlandaises, en tant qu'il en a été chargé par le Ministre des colonies; s'il rend des ordonnances ou prend des mesures qu'il sait ou qu'il doit savoir être contraires aux règlements généraux, lois, arrêtés, traités ou conventions applicables aux Indes néerlandaises. Les peines édictées par la loi réglant la responsabilité ministérielle sont applicables au gouverneur général dans les cas qui précèdent.

Le gouverneur général commande les forces navales se trouvant aux Indes, sous la réserve des rapports administratifs avec le Département de la marine. Il dispose des bâtiments et de leurs équipages, en se conformant aux instructions du Roi et de la manière qu'il juge convenable dans l'intérêt des colonies. Il commande les forces de terre. Il pourvoit aux nominations, promotions et mises à la retraite des officiers de l'armée, en se conformant aux règlements spéciaux.

En cas de guerre ou d'émeute, le gouverneur général prend les mesures qu'il juge opportunes pour la défense des intérêts du royaume ou des colonies, sans attendre les ordres du Roi. Il peut alors proclamer l'état de guerre ou de siège, suspendre l'exécution des lois et règlements et les autorités. Pareils pouvoirs peuvent être conférés par le gouverneur général aux commandants des possessions en dehors de Java et de Madoura.

Le gouverneur général déclare la guerre ou signe les traités de paix ou autres conventions avec les princes ou pouvoirs indigènes, en se conformant aux ordres du Roi. Ces traités et conventions sont soumis par le Roi aux Chambres, lorsqu'il juge que les intérêts et la sûreté du royaume et de ses colonies le permettent.

Le gouverneur général peut, après avoir pris l'avis du Conseil, expulser du territoire des colonies toute personne qu'il jugerait dangereuse pour l'ordre ou la tranquillité. Il peut également, par mesure d'ordre et de concert avec le Conseil, interdire le séjour dans certaines parties des colonies à des personnes étrangères. Un lieu de séjour peut être assigné ou une partie du territoire des colonies peut être interdite par le gouverneur général, le Conseil entendu, à toute personne née dans les colonies.

Sauf dans les cas prévus par les règlements, le gouverneur général nomme à tous les emplois et règle les pensions de tous les fonctionnaires et officiers civils et militaires, dans les termes fixés par les règlements. Il détermine la quotité des traitements et de la solde. Il ne peut toutefois, sans autorisation, modifier les traitements fixés par le Roi.

Le gouverneur général jouit du droit de grâce en faveur des condamnés aux Indes, sur l'avis de la Haute Cour. Il jouit aussi du droit d'amnistie, de concert avec le Conseil, à l'égard des chefs et princes indigènes.

La protection des indigènes contre les mesures arbitraires et les abus des fonctionnaires doit être l'objet de la constante sollicitude du gouverneur général. Il veille à la stricte observation des ordonnances et règlements par les fonctionnaires de tous grades, et à ce que les indigènes puissent formuler librement les plaintes qu'ils auraient à présenter.

Il doit veiller au maintien des cultures gouvernementales et faire en sorte, en se conformant à cet égard aux ordres du Roi, que les cultures forcées n'entravent pas la culture des plantes nécessaires à l'alimentation des indigènes; que les droits acquis et les coutumes établies soient respectés lors de la disposition pour ces cultures de terrains défrichés par les indigènes; que la répartition du travail s'opère d'une manière uniforme; que les cultures forcées assurent aux populations, à travail égal, une rémunération équivalente à celle du travail libre. Il doit remédier, autant que possible et après enquête, aux inconvénients de ces cultures et préparer une réglementation basée sur des contrats libres avec les communes et les populations, comme mesure transitoire pour arriver à la suppression complète de l'intervention gouvernementale. Il doit rendre compte, dans le rapport annuel qu'il est tenu de présenter au Gouvernement, des mesures qu'il a prises pour se conformer à ces prescriptions.

Le gouverneur général règle, suivant les besoins, dans chaque district, la nature, la durée et les conditions des services personnels ou corvées imposées aux indigènes, en tenant compte des coutumes et institutions existantes.

Il veille à ce qu'il ne soit perçu aucun impôt qui n'ait pas été régulièrement établi. Il favorise et encourage le commerce, l'industrie, l'agriculture et l'établissement des marchés (*passars*). Il prend les mesures nécessaires pour l'exploitation des forêts et fait respecter les droits de l'État sur celles qui font partie du domaine. Il lui était interdit de vendre des terrains, sauf pour l'extension des villes ou villages ou pour l'établissement d'usines; mais nous avons vu que cette interdiction a été levée. Il peut, aux conditions fixées par les règlements, donner des concessions de terrains, à l'exception des terrains défrichés par les indigènes et faisant partie du territoire des communes, dessas ou villages. Cette disposition, qui était restée lettre morte par suite des conditions vexatoires imposées aux concessionnaires, n'est réellement appliquée d'une façon équitable que depuis 1870.

Le gouverneur général jouit d'un traitement annuel de 336,000 francs, sans compter 120,000 francs de frais de voyage. Il est logé dans le palais du Gouvernement à Buitenzorg, près de Batavia. Il a quatre adjudants, dont les traitements et indemnités s'élèvent ensemble à 60,000 francs environ.

Le *cabinet* du gouverneur général est dirigé par un secrétaire général ayant sous ses ordres deux secrétaires du Gouvernement, trois référendaires, cinq commis principaux, huit premiers commis, neuf seconds commis, sept troisièmes commis, un expéditionnaire et un archiviste. Le secrétariat général fait les propositions ou rappels pour le bien du service. Il est chargé de la rédaction, de l'expédition, de l'enregistrement et de la conservation des documents émanant du gouverneur général, ainsi que de la rédaction et de la publication du *Bulletin officiel*, de l'annuaire et des recueils administratifs. Les règlements généraux, lois, arrêtés royaux et ordonnances du gouverneur général doivent être contresignés par le secrétaire général ou l'un des secrétaires du Gouvernement et promulgués par la voie du *Bulletin officiel*. Une des divisions du secrétariat général a spécialement pour mission de réunir et de coordonner toutes les données statistiques sur les colonies. Le traitement du secrétaire général est de 50,000 francs; celui des secrétaires de 18 à 25,000 francs, des autres employés de 4 à 15,000 francs.

C. — CONSEIL DES INDES.

Le Conseil des Indes se compose du gouverneur général, président, d'un vice-président et de quatre membres. Le vice-président et les membres sont nommés par le Roi. Ils doivent être Néerlandais et avoir trente ans accomplis. Ils ne peuvent être intéressés dans aucune entreprise aux Indes, ni y posséder aucune propriété, ni y exercer aucun emploi. Ils prêtent serment avant d'entrer en fonctions. En cas de vacance, il y est pourvu sur la proposition du gouverneur général. Le gouverneur général, bien qu'étant président, n'a toutefois que voix consultative dans le Conseil. Il peut, en cas d'absence ou d'empêchement, déléguer ses pouvoirs de gouverneur général au vice-président du Conseil. En cas de vacance des fonctions de gouverneur général, l'intérim appartient de droit au vice-président. A défaut de vice-président nommé par le Roi, le gouverneur général intérimaire est choisi par une assemblée formée des membres du Conseil, des commandants des forces de terre et de mer, du président de la Haute Cour, du procureur général près la Haute Cour, des directeurs des départements d'administration générale et du président de la Cour des comptes. La même assemblée est convoquée à la diligence du vice-président du Conseil, lorsqu'il croit nécessaire de pourvoir au remplacement provisoire du gouverneur général pour cause de folie et de démence.

Nous avons vu, en parlant du gouverneur général, dans quel cas il est tenu de prendre l'avis du Conseil.

Tous les fonctionnaires, à quelque grade qu'ils appartiennent, sont tenus de satisfaire aux demandes de renseignements qui leur sont adressées par le Conseil pour l'éclairer sur les questions qui lui sont soumises par le gouverneur général. Le Conseil peut prendre l'initiative de propositions au gouverneur général. Si la proposition n'est pas prise en considération, le gouverneur général en informe le Conseil et le Ministre des colonies. Les membres du Conseil peuvent être chargés de missions spéciales par le gouverneur général.

Le Conseil est assisté d'un secrétaire nommé par le gouverneur général et d'autant d'employés qu'il est nécessaire.

Le traitement du vice-président du Conseil est de 75,000 francs, celui des membres de 60,000 francs. Le bureau comprend le secrétaire, deux commis et des expéditionnaires. Le secrétaire reçoit 20,000 francs d'appointements, les commis 4 à 9,000 francs.

D. — COUR DES COMPTES.

La Cour des comptes se compose d'un président et de six membres qui sont nommés par le Roi et doivent avoir leur domicile à Batavia. Il lui est adjoint un secrétaire choisi par le gouverneur général. Elle présente chaque année au Roi un compte rendu de ses opérations, en signalant les lacunes ou défauts constatés dans les lois fiscales ou de comptabilité. Elle est chargée de la haute surveillance et du contrôle de l'administration et de la justification de tous les revenus et des propriétés de l'État. Sont justiciables de la Cour, tous les comptables, administrateurs ou dépositaires des deniers publics ou objets appartenant à l'État. Ils ne peuvent être déchargés de

toute responsabilité et obtenir le remboursement de leurs cautionnements
que sur la présentation d'un certificat de décharge délivré par la Cour des
comptes. Il doit être donné avis à la Cour de toutes les recettes et de
toutes les dépenses faites pour le compte de l'État. Toutes les dépenses
doivent être contrôlées par elle. Le compte annuel des recettes et des dépenses est transmis, après avoir été arrêté, à la Cour des comptes, qui le
confronte avec ses registres et y appose son visa. Ce compte est remis, en
même temps que le rapport de la Cour, au gouverneur général, qui le
transmet au Ministre des colonies. Celui-ci y joint le compte des recettes
et des dépenses faites dans la métropole pour le service des Indes et les
présente aux États-Généraux, en même temps qu'une proposition de loi
pour la fixation définitive du budget de l'année à laquelle ces documents
se rapportent.

Le personnel des bureaux de la Cour des comptes comprend, indépendamment du secrétaire:

3 référendaires, aux appointements de............	15,000 fr.
5 commis principaux à................	11,000
16 premiers commis à......................	7,500
25 seconds commis à......................	5,500
34 troisièmes commis à......................	3,800

Le président de la Cour des comptes reçoit 37,800 francs, les membres
30,000 francs chacun et le secrétaire 20,000 francs.

E. — DÉPARTEMENTS D'ADMINISTRATION GÉNÉRALE.

Aux termes de l'article 64 du règlement organique de 1854, les différentes branches des services publics sont dirigées, sous les ordres et le
contrôle du gouverneur général, par des *directeurs,* appelés aussi chefs des
départements d'administration générale, dont le nombre et les attributions
sont fixés par le Roi. Leurs fonctions sont, en quelque sorte, celles des secrétaires d'État. Les réunions des chefs des différents départements forment
la *réunion des directeurs,* que le gouverneur général peut convoquer aussi
souvent qu'il le juge à propos.

Par arrêtés royaux des 21 septembre 1866 et 9 avril 1869, les services
civils sont confiés à cinq directeurs, savoir:

Le directeur
- de la justice;
- de l'intérieur;
- de l'instruction publique, des cultes et de l'industrie;
- des travaux publics;
- des finances.

28.

Les services militaires sont dirigés par le directeur et commandant des forces de terre et le directeur et commandant des forces navales.

Nous allons étudier les attributions et le fonctionnement de chacune de ces branches de service.

DÉPARTEMENT DE LA JUSTICE.

Le personnel de l'administration centrale comprend : un directeur aux appointements de 50,000 francs, un secrétaire et un inspecteur des prisons, qui reçoivent chacun 20,000 francs, deux référendaires, un commis principal, quatre premiers commis, deux seconds commis, cinq troisièmes commis et des expéditionnaires, dont les traitements varient de 4,000 à 15,000 francs.

Voici quelles sont les attributions du Département de la justice :

1° LE PERSONNEL JUDICIAIRE ET AUTRES EMPLOYÉS DE LA JUSTICE, LES AVOCATS, AVOUÉS, HUISSIERS ET INTERPRÈTES.

Les règles pour la nomination, la suspension ou la mise à la retraite des fonctionnaires judiciaires sont contenues dans les articles 15 à 20 du règlement sur l'organisation judiciaire et l'administration de la justice aux Indes, promulgué le 30 avril 1847. En règle générale, nul ne peut être admis à exercer des fonctions judiciaires s'il n'est muni du diplôme de docteur en droit obtenu dans une des universités de la métropole et s'il n'a satisfait en outre à l'examen complémentaire prévu à l'article 92 de la loi sur l'enseignement supérieur ou à l'examen supérieur des fonctionnaires coloniaux, ou s'il n'a pratiqué pendant au moins quatre ans aux Indes.

L'examen complémentaire prévu à l'article 92 de la loi sur l'enseignement supérieur comprend :

Le droit musulman et la connaissance des institutions et coutumes indigènes ;

Le droit public et l'organisation politique des possessions néerlandaises ;

La géographie et l'ethnographie de l'archipel indien ;

La langue malaise ou javanaise.

L'examen supérieur des fonctionnaires coloniaux porte sur les matières suivantes :

L'histoire, la géographie, l'ethnographie, les lois religieuses, coutumes et institutions indigènes et les institutions politiques des Indes néerlandaises, la langue malaise ou javanaise.

Ne peuvent toutefois prendre part à cet examen que ceux qui ont obtenu le certificat de fin d'études d'une école secondaire, de l'école d'agriculture ou de l'école polytechnique, ceux qui ont obtenu un certificat d'aptitude pour suivre les cours d'une université, ou ceux qui ont passé l'examen de sortie de l'école militaire ou de l'école navale.

Sous la réserve de la juridiction appartenant aux juges militaires, la justice est administrée aux Indes néerlandaises, pour les Européens et assimilés, par les *tribunaux de résidence*, la *cour de justice* et la *Haute Cour des Indes;* pour les indigènes, par les *tribunaux de police*, les *tribunaux de district et de régence*, les *justices ambulantes*, les *tribunaux indigènes* (*landraden*), et en appel par les cours de justice et la Haute Cour. Une certaine juridiction est également attribuée aux prêtres et chefs indigènes. La juridiction de la Haute Cour des Pays-Bas s'étend également, dans des cas déterminés, aux colonies.

Voici quels sont les principes généraux d'après lesquels la justice est rendue aux Indes :

La justice est rendue au nom du Roi partout où la juridiction indigène n'a pas été maintenue. En matière civile, commerciale et criminelle, la législation applicable aux Européens est autant que possible conforme à la législation néerlandaise. Les dispositions de cette législation qui en seront susceptibles pourront, avec ou sans modifications, être déclarées applicables aux indigènes. A défaut de dispositions spéciales et sauf dans le cas où les indigènes se seraient volontairement soumis à la juridiction civile et commerciale applicable aux Européens, le juge indigène appliquera les lois religieuses, institutions et coutumes indigènes qui ne seraient contraires ni à une bonne justice ni à l'équité. Sous la réserve des règles qui précèdent, le juge européen doit se conformer aux lois religieuses, institutions et coutumes indigènes dans toute cause dans laquelle seront impliqués les chefs indigènes soumis à sa juridiction, ainsi que pour les appels des jugements rendus en matière civile ou commerciale par les juges indigènes. Il sera également, autant que possible, tenu compte des lois, coutumes et institutions indigènes dans les actions intentées par des Européens contre des indigènes, à moins que ceux-ci ne se soient volontairement soumis à la législation européenne dans les cas prévus par les règlements, ou à moins que les dispositions qui régissent la matière n'aient été déclarées applicables aux indigènes. Dans tous les cas qui ne seraient pas prévus par les lois religieuses, institutions ou coutumes indigènes, il sera statué conformément à la législation européenne. La connaissance des contestations en matière réelle appartient exclusivement au pouvoir judiciaire. Néanmoins continueront à être soumis à la décision des prêtres et des chefs indigènes, si la connaissance leur en appartient en vertu des lois religieuses ou coutumes locales, les contestations en matière civile entre indigènes ou entre indigènes et assimilés du ressort du même tribunal indigène. La justice ne peut être rendue que par les magistrats institués en vertu des règlements généraux. Nul ne peut être soustrait au juge qui lui a été assigné par les règlements. Sauf dans les cas prévus par le règlement organique, il est interdit au Gouvernement d'intervenir dans les affaires de la justice. Les conflits d'attribution ou de compétence entre le pouvoir civil et le pouvoir judiciaire sont jugés par le gouverneur général, de concert avec le Conseil des Indes. Il en est de même pour les conflits entre les tribunaux et les prêtres et chefs indigènes, et entre les juges civils et les juges militaires. Aucun des princes indigènes désignés par les règlements généraux ne peut être poursuivi en justice sans l'autorisation du gouverneur général à Java et à Madoura et du fonctionnaire du rang le plus élevé dans les autres possessions. Nul ne peut être incarcéré ni condamné, si ce n'est dans les cas prévus par les règlements. Les jugements doivent être motivés. En matière criminelle, ils doivent indiquer la nature du crime ou du délit et énoncer les dispositions de la loi sur lesquelles ils sont basés. Les audiences des tribunaux sont publiques, sauf dans les cas prévus par les règlements. Il en est de même du prononcé des jugements. Les jugements et ordonnances des juges, ainsi que les grosses d'actes authentiques passés dans les Pays-Bas, sont exécutoires aux Indes. De même, sont exécutoires dans les Pays-Bas, les jugements et ordonnances des juges, ainsi que les grosses d'actes authentiques reçus par des officiers ministériels européens et auxquels il est reconnu la même force qu'aux jugements aux Indes.

Haute Cour des Pays-Bas. — Elle statue en matière civile et en appel sur les arrêts de la Haute Cour des Indes pour toute action dépassant 20,000 francs contre le Gouvernement des Indes ou le gouverneur général, sauf en matière d'impôt; en matière criminelle et en dernier ressort, sur les poursuites intentées par le Roi ou les États-Généraux contre le gouverneur général.

Haute Cour des Indes. — La Haute Cour des Indes se compose d'un président, de trois vice-présidents, de onze conseillers, d'un procureur général, de trois avocats généraux, d'un greffier et de trois substituts-greffiers. Le président est seul nommé par le Roi. Le Roi ne peut lui confier d'autres fonctions sans son assentiment. Les conseillers et les membres du parquet sont nommés par le gouverneur général. Le gouverneur général ne peut confier d'autres fonctions aux vice-présidents et conseillers sans leur autorisation. Sauf les cas de démission ou de déplacement volontaire, les président, vice-présidents et conseillers de la Haute Cour ne peuvent être relevés de leurs fonctions que dans les cas suivants :

Condamnation à l'emprisonnement, déclaration d'insolvabilité pour dettes, interdiction, indignité par inconduite ou négligence évidente, ou incapacité physique ou morale. Lorsque le gouverneur général, le Conseil des Indes entendu, juge qu'il y a lieu de relever de ses fonctions un des membres de la Haute Cour pour une des causes prévues au règlement, il en fait la proposition au Ministre des colonies en lui adressant toutes les pièces et procès-verbaux qui s'y rapportent. Le gouverneur général peut, en attendant la décision du Roi, suspendre le magistrat en cause. Il est accordé à ce dernier, sur sa demande, un congé et son passage de retour pour aller se disculper. Le Roi décide en dernier ressort.

La Haute Cour tient la main à l'administration régulière de la justice ainsi qu'à l'observation des lois et règlements par les tribunaux et juges coloniaux. Elle peut annuler ou suspendre l'exécution de toute décision ou ordonnance judiciaire contraire aux lois et règlements. Elle juge en première instance et quelquefois en dernier ressort les actions intentées contre le Gouvernement ou le gouverneur général, ainsi que les crimes et délits commis par les hauts fonctionnaires dans l'exercice de leurs fonctions. Elle statue en appel ou en cassation sur les arrêts rendus par les cours de justice, et dans certains cas sur les jugements prononcés par les résidents et justices régionales. Le gouverneur général prend son avis sur les recours en grâce, demandes de dispenses, légitimations et émancipations.

Le président de la Haute Cour reçoit un traitement de 50,000 francs, les trois vice-présidents chacun 37,000 francs, chaque conseiller 25,000 francs, le procureur général 42,000 francs, les avocats généraux et le greffier chacun 20,000, les trois substituts-greffiers de 6,000 à 9,000 fr.

Cours de justice. — Les cours de justice siègent à Batavia, à Samarang et à Sourabaya, dans l'île de Java; à Padang et à Macassar, pour les autres possessions. Elles rendent la justice aux Européens et assimilés, tant en matière civile et commerciale que criminelle, et en matière civile aux indigènes qui se sont soumis à la juridiction européenne. Elles jugent aussi les appels des jugements des tribunaux des résidents et des tribunaux indigènes (*landraden*) lorsque l'action ou l'amende dépasse une certaine somme.

Le personnel des cours de justice se compose d'un président, d'un vice-président à Batavia seulement, de trois à six conseillers, d'un officier de justice ou procureur du roi, d'un substitut, d'un greffier et d'un à trois substituts-greffiers. Leurs traitements sont, à Batavia :

Le président.	27,000 fr.
Le vice-président.	22,000
Les conseillers.	17,000
Le procureur du roi.	25,000
Son substitut.	15,000
Le greffier.	15,000
Ses substituts.	7,000

Dans les autres cours: le président 25,000 francs, les conseillers 15,000 francs, le procureur du roi 20,000 francs, son substitut 12,600 francs, le greffier 10,000 francs et son substitut 5,000 francs.

Tribunaux de résidence. — Les résidents, fonctionnaires civils placés à la tête des provinces appelées résidences, exercent, tant en matière civile qu'en matière de police, sur les Européens et assimilés, une juridiction équivalente à celle des juges de paix. Ils sont assistés dans l'exercice de ces fonctions d'un greffier et d'un officier chargé du ministère public, tous deux choisis par lui. Dans quelques résidences, les fonctions judiciaires attribuées au résident sont remplies par le président du tribunal régional, s'il est docteur en droit.

Tribunaux ambulants. — Des tribunaux ambulants sont institués dans toutes les résidences de Java et de Madoura. Ils sont composés: 1° d'un président et d'un greffier européens, docteurs en droit, qui se rendent à époques fixes dans les différents districts placés sous leur juridiction ; 2° d'un certain nombre de chefs ou notables indigènes choisis par le gouverneur général parmi les plus capables. Ils sont assistés d'un *pangoulou* en chef ou pangoulou (prêtre), comme membre consultatif, lorsqu'il s'agit de l'application de coutumes ou lois religieuses, ainsi que du *djaksa* en chef, djaksa en chef adjoint, djaksa ou djaksa adjoint, fonctionnaire indigène qui remplit les fonctions du ministère public et est nommé par le Gouvernement. Ils connaissent de tous les crimes graves emportant la peine de mort, l'emprisonnement à perpétuité ou le bannissement, des abus de pouvoir et autres crimes et délits des chefs et fonctionnaires indigènes. Leurs arrêts sont toutefois soumis à la revision de la Haute Cour.

L'île de Java est divisée pour l'exercice de la juridiction des tribunaux ambulants en cinq circonscriptions, dans chacune desquelles siège un tribunal.

Les fonctions de juge ambulant ont été confiées dans trois circonscriptions aux présidents et greffiers, docteurs en droit, des tribunaux indigènes (*landraden*). Les pangoulous et djaksas des justices ambulantes remplissent généralement les mêmes fonctions auprès de ces landraden.

Les deux présidents indépendants des justices ambulantes reçoivent un traitement de 15,000 à 17,000 francs, les greffiers 7,000 francs.

Tribunaux indigènes. — Les *landraden* à Java, *rapats* sur la côte occidentale de Sumatra, *proatim* dans les Lampongs, et les conseils de résidence sur les côtes orientales de Sumatra, sont les tribunaux qui connaissent de tous les crimes, délits ou contraventions commis par les indigènes et de toutes les actions civiles entre indigènes et assimilés, à l'exception des crimes qui doivent être déférés aux tribunaux ambulants ou des délits et contraventions de peu d'importance, dont la connaissance appartient au tribunal de simple police et aux tribunaux de régence et de district. Leurs jugements prononçant la peine de mort ou celle de l'emprisonnement à perpétuité doivent être soumis, avant leur exécution, à la revision de la Haute Cour. Ils statuent en appel sur les jugements rendus en matière civile par les tribunaux de régence et de district, lorsqu'il s'agit d'une somme de 42 à 105 francs, et sur leurs jugements en matière de contravention.

Les *landraden* sont établis dans tous les chefs-lieux de régions ou résidences et dans toutes les subdivisions de régions à Java et à Madoura, à la tête desquelles est placé un assistant-résident, et en outre à Bekassi. Ils se composent du résident ou de son remplaçant légal comme président, de deux chefs indigènes comme assesseurs, nommés par le gouverneur général, du pangoulou en chef ou pangoulou comme conseiller, d'un secrétaire ou autre fonctionnaire européen comme greffier, du djaksa en chef ou djaksa, organe du ministère public. Dans les subdivisions de régions, ou assistant-résidences, l'assistant-résident remplit les fonctions de président. La présidence peut aussi être confiée à un jurisconsulte spécial européen. Lorsque des Chinois sont impliqués dans les affaires soumises au tribunal, le pangoulou est remplacé par un chef chinois ayant voix consultative. Ils prononcent en dernier ressort, en matière civile, lorsqu'il s'agit d'une somme inférieure à 1,050 francs; en matière de délit ou de contravention lorsque la condamnation n'entraîne pas l'emprisonnement ou une amende supérieure à 1,050 francs.

Le résident, étant fonctionnaire civil et rétribué à ce titre, ne reçoit aucune rémunération comme président du tribunal indigène. Il en est de même des chefs indigènes appelés comme assesseurs. Les djaksas en chef reçoivent 6,300 francs, un djaksa en chef adjoint ou djaksa 2,500 francs, un pangoulou en chef de 1,800 à 4,000 francs, un pangoulou 1,200 francs ; quant aux employés indigènes, écrivains, geôliers et huissiers, ils sont payés de 250 francs à 750 francs par an.

Les officiers indigènes des *landraden* à Java reçoivent, indépendamment de leur traitement, par suite de la suppression des corvées à leur profit, une indemnité annuelle, qui est pour :

1 djaksa en chef de... ....:	1,500 fr.
1 djaksa en chef adjoint......................:.	750
1 djaksa ou pangoulou en chef..................	750
1 djaksa adjoint ou pangoulou..................	500

Pour les exécutions capitales, le Gouvernement entretient sept exécuteurs indigènes qu'il paye de 250 à 370 francs et dix aides aux appointements de 250 francs par an. Les frais d'exécutions figurent au budget pour une somme de 1,680 francs.

Il y a actuellement 22 *landraden* à Java et à Madoura; 17 *rapats, proatim* ou tribunaux indigènes de résidence dans les autres possessions.

Les *tribunaux de district* et les *tribunaux de régence* sont les tribunaux inférieurs dont les indigènes proprement dits sont justiciables à Java et à Madoura, en tant qu'aucun Européen ou assimilé n'intervient comme demandeur ou plaignant.

Les tribunaux de district sont composés du chef de district comme juge et de deux chefs inférieurs indigènes désignés par le résident, de concert avec le régent, comme assesseurs. En matière civile, ils connaissent de toute action ne dépassant pas 42 francs. Les jugements rendus par eux en pareil cas sont susceptibles d'appel devant le tribunal de régence. Ils statuent en dernier ressort sur les plaintes pour offenses ou insultes verbales, mais ne peuvent, en aucun cas, infliger une peine supérieure à 6 francs d'amende.

Il existe dans chaque régence de Java et de Madoura un *tribunal de régence* formé du régent, ou, en cas d'empêchement, du *pateh* ou lieutenant de la régence, assisté d'autant de chefs indigènes que le résident juge convenable, d'un pangoulou ou prêtre et d'un djaksa. Ces tribunaux statuent en dernier ressort sur les appels des jugements des tribunaux de district et en première instance et sauf appel au landraad, s'il y a lieu: 1° en matière civile, sur les actions de 42 francs au moins et de 105 francs au plus; 2° en matière de contravention, sur les plaintes pour blessures aux bestiaux, pour dommages ou mauvais entretien des ponts, corps de garde, haies; pour négligence dans l'entretien des rues, routes, conduites d'eau et rivières; pour dommages causés par des chiens ou bestiaux; pour négligence dans l'accomplissement des corvées; pour coups et blessures, maraudage et autres contraventions de peu d'importance dont la connaissance n'appartient pas à un autre tribunal et à l'exception de celles relatives aux impôts et fermes des impôts. Ils ne peuvent infliger des peines supérieures à une amende de 20 francs ou à un emprisonnement de six jours.

Les tribunaux de district et de régence étant uniquement composés de fonctionnaires ou de chefs indigènes salariés, ceux-ci ne jouissent par suite d'aucun traitement spécial pour l'exercice de leurs fonctions judiciaires.

Dans la résidence de Batavia, les affaires soumises dans les autres districts aux tribunaux de district ou de régence sont portées devant les *landraden*, pour les actions civiles, et devant le résident siégeant comme juge de police, pour les contraventions.

Tribunaux de simple police des fonctionnaires européens. — A l'exception des contraventions qui sont à la connaissance des tribunaux de district ou de régence, toutes les contraventions commises par des indigènes et assimilés, passibles d'une amende ne dépassant pas 210 francs, ou entraînant la peine des travaux publics pour trois mois au plus, ou de l'emprisonnement pour huit jours au plus, sont portées au rôle de police des résidents et assistants-résidents délégués à cet effet, et jugées par eux en première instance et dernier ressort.

Tribunaux ecclésiastiques. — Aux termes du règlement organique, les contestations en matière civile entre indigènes ou assimilés dont la connaissance appartient à leurs prêtres ou chefs en vertu des lois religieuses et coutumes continueront à leur être déférées. La compétence des chefs et prêtres se borne toutefois aux contestations en matière matrimoniale ou de partage de successions. Un tribunal ecclésiastique fonctionne à côté de chaque *landraad* à Java et à Madoura. Le tribunal ecclésiastique se compose du pangoulou du landraad comme président et de trois à huit prêtres musulmans comme membres. Ils sont tous nommés par le gouverneur général. Les tribunaux ecclésiastiques jugent en dernier ressort. Leurs jugements ne peuvent toutefois être rendus exécutoires qu'en vertu d'une décision du collège judiciaire le plus élevé de la région.

INSTITUTIONS JUDICIAIRES DANS LES PRINCIPAUTÉS DE SOURAKARTA ET DE DJOKJOKARTA.

SOURAKARTA. — A Sourakarta, les institutions judiciaires sont les *conseils de résidence* et les *pradotos*. Le conseil de résidence se compose du résident, de deux ou trois Européens comme assesseurs et de l'assistant-résident remplissant les fonctions de ministère public. Il juge les contraventions commises par les Européens, les contestations entre Européens et indigènes, les crimes, délits et contraventions commis par les Orientaux étrangers ou les indigènes qui ne sont pas soumis à la juridiction des pradotos. Ils connaissent également des contraventions en matière de ferme des impôts commises par les sujets du Sousouhounan ou du prince indépendant Pangeran Mangkou Negoro.

Les *pradotos* ou tribunaux indigènes sont au nombre de sept, savoir : un dans la capitale de l'empire et un dans chacune des régions qui le composent. Le pradoto de Sourakarta ou *pradoto negri* est présidé par le premier Ministre assisté de six régents, d'un *hamang prodjo* occupant le siège du ministère public et d'un pangoulou en chef. Les tribunaux régionaux ou *pradotos kaboupaten* sont formés d'un fonctionnaire supérieur indigène ou chef des kaboupaten et de deux chefs inférieurs, *kliwon* ou *panewou*, d'un greffier et d'un pangoulou ayant voix consultative.

Les pradotos sont les tribunaux ordinaires, tant en matière civile que criminelle, des sujets du Sousouhounan ou sultan de Sourakarta, à moins que le crime ou délit n'ait été commis sur le territoire du Gouvernement néerlandais ou sur le territoire du Pangeran Mangkou Negoro, ou de complicité avec des sujets du Gouvernement néerlandais. Ils ne peuvent pas prendre connaissance des affaires qui sont de la compétence des *kadipaten* ou du *sourambi*. Le pradoto negri connaît exclusivement des crimes et délits commis par les officiers et parents du Sousouhounan, des crimes emportant la peine de mort ou l'emprisonnement ou les travaux forcés à perpétuité et des révoltes à main armée. Le pradoto negri ne peut être saisi du jugement d'un crime qu'après que le procès-verbal d'instruction a été visé par le résident européen, auquel tous les arrêts doivent d'ailleurs être soumis. Les exécutions capitales ne peuvent avoir lieu qu'avec l'approbation du gouverneur général. Les arrêts et jugements des prado tos ordinaires doivent être soumis à l'approbation du premier Ministre du sultan.

Le tribunal des *kadipaten*, composé d'autant de *pangerans* et *toumeng-goungs* (princes et officiers) que le sultan ou Sousouhounan le juge convenable, ne connaît que des contestations entre membres de la famille royale.

Le *sourambi*, dans lequel siègent un pangoulou en chef et quelques prêtres, tous désignés par le Sousouhounan, ne statue que sur les contestations en matière matrimoniale, de divorce ou de partage de successions.

DJOKJOKARTA. — Dans le sultanat de Djokjokarta, la justice est rendue par le *conseil de résidence*, dont la composition et les attributions sont les mêmes qu'à Sourakarta, et par le *tribunal des affaires criminelles*, où siègent, sous la présidence du résident européen assisté du secrétaire de la résidence, le premier Ministre et un ou deux toumeng-goungs ou officiers indigènes. Le ministère public est représenté par un *niti redjo*. Ce tribunal juge, sur le renvoi du résident, les crimes commis par les sujets du sultan, à l'exception des princes et hauts dignitaires, qui sont traduits devant le tribunal du sultan. Le niti redjo est tenu de donner connaissance des crimes qui ont été commis et des arrestations qui ont eu lieu au résident, qui, après enquête, décide si l'affaire doit être déférée au tribunal ou si elle peut être jugée par lui assisté du premier Ministre. Le renvoi devant le tribunal est obligatoire quand le crime ou délit est passible d'une peine supérieure à trois mois de chaîne ou 105 francs d'amende.

Les autres affaires sont du ressort du *pradoto*, du *sourambi* et du *bale-mangou*.

TERRITOIRE DE MANGKOU NEGORO. — Le territoire du prince Mangkou Negoro, enclavé dans les domaines du sultan de Sourakarta, a été déclaré indépendant à la suite de la guerre javanaise de 1757 et possède ses institutions judiciaires spéciales placées sous le contrôle du résident de Sourakarta. Elles se composent d'un *pradoto kewedanan* établi dans la capitale Wonogiri, formé de chefs ou dignitaires indigènes comme les *pradotos kadoupaten* de Sourakarta; d'un *sourambi* et de *pradotos* ordinaires, dont la compétence et les attributions sont les mêmes qu'à Sourakarta.

TRIBUNAUX EN DEHORS DE JAVA ET DE MADOURA.

L'administration de la justice dans les possessions en dehors de Java et de Madoura est confiée aux *cours de justice* à Padang et à Macassar, dont le ressort s'étend sur toutes les colonies en dehors de ces deux îles; aux *conseils de résidence* à Bengkali et à Deli, et aux *justices ou tribunaux de résidence* dans toutes les possessions dont l'administration est confiée à des résidents ou assistants-résidents, qui ont les mêmes attributions et la même compétence qu'à Java.

Il existe, en outre, des tribunaux indigènes dont la composition et les attributions varient suivant les localités. Ils sont toujours placés sous le contrôle des fonctionnaires européens et ne peuvent juger qu'en se conformant aux règles établies par le gouvernement colonial. Leur juridiction se borne généralement aux actions civiles et contestations de peu d'importance, aux délits et contraventions, sauf pour les *landraden*, dont les attributions s'étendent, sous certaines réserves, jusqu'aux crimes. Nous nous bornerons à en donner la nomenclature sommaire.

Côte occidentale de Sumatra. — La justice y est rendue aux indigènes par les tribunaux de district, les magistrats européens et les tribunaux indigènes, *landraden* ou *rapati*.

A *Ajteh et dépendances*, les indigènes sont justiciables du landraad et des magistrats indigènes. En ce qui concerne Grand Atjeh, la juridiction est exercée par les chefs de district (*houloubalangs*) et par les tribunaux (*mousapati*), composés des chefs des districts ou autres chefs indigènes et présidés par un fonctionnaire européen.

Dans la résidence de la *côte orientale de Sumatra,* indépendamment du tribunal de résidence qui y est établi, le résident peut juger les contraventions commises par les indigènes quand la peine se borne à une amende de 200 francs, à l'emprisonnement ou à la chaîne pour un temps limité. Le résident peut déléguer ses pouvoirs judiciaires à l'assistant-résident ou aux contrôleurs administratifs.

A *Benkoulen*, la juridiction sur les indigènes étrangers au pays est confiée au landraad et à des magistrats européens ou contrôleurs administratifs. Il n'a été apporté aucune modification aux pouvoirs judiciaires des chefs ou anciens sur les indigènes natifs.

Dans les *Lampongs*, ce sont les magistrats européens, secrétaires ou autres fonctionnaires, ainsi que les tribunaux inférieurs, landraad ou *poatin*, qui rendent la justice aux indigènes.

A *Palembang*, sous la réserve des attributions judiciaires laissées au sultan de Djambi sur ses sujets par les conventions qui le lient au Gouvernement néerlandais, les indigènes sont justiciables du landraad et des fonctionnaires européens faisant fonctions de juge de police dans les différents districts.

Les tribunaux de district, les tribunaux de police, dirigés par un fonctionnaire européen ou'un des administrateurs des mines et le landraad sont les institutions judiciaires devant lesquelles sont traduits les indigènes à *Banka*.

À *Billiton*, en tant qu'ils ne sont pas restés soumis à la juridiction de leurs chefs, les indigènes, appelés *Orang-Sarat* et *Oranglaut* ou *Sekahs*, sont justiciables du landraad et des administrateurs des mines, délégués du Gouvernement comme juges de police.

Dans l'archipel de *Riouw*, les conventions signées avec les différents chefs et princes indigènes leur ont réservé un certain pouvoir judiciaire sur leurs sujets ou subordonnés. Il y existe également un landraad ayant les mêmes attributions que dans les autres possessions, et comme officiers et juges de police, il y a des fonctionnaires civils ou militaires européens chargés de la surveillance des chefs et populations indigènes.

Il en est de même dans les possessions des *côtes orientales et méridionales de Bornéo*, où les Hollandais ont des établissements et où le Gouvernement s'est borné à conclure des conventions aves les princes et chefs indigènes.

Dans la *partie occidentale de Bornéo*, où les chefs, princes et souverains indigènes sont soumis, par conventions, au Gouvernement néerlandais, indépendamment des pouvoirs judiciaires qui leur sont reconnus sur leurs sujets ou subordonnés, la justice est rendue par des landraden établis à Pontianak, Singkanang et Sintang, et, en matière de police, par les assistants-résidents et autres fonctionnaires hollandais auxquels l'administration ou la surveillance des différents districts a été confiée.

La même règle est observée à l'égard des chefs et princes indigènes des *Célèbes et dépendances*. Il y existe également des tribunaux de régence, des landraden et des tribunaux de police, dont sont chargés des officiers européens. Les tribunaux de régence sont composés du régent ou, en son absence, du *Soulawasang* ou chef de village le plus élevé et de quelques chefs inférieurs.

Dans la résidence de *Menado*, les pouvoirs judiciaires des *radjas* et autres hauts dignitaires des États indigènes leur ont été conservés en partie ou conférés à des tribunaux particuliers, *tribunaux de district, landraden* et *tribunaux de police*.

Les tribunaux de district sont composés du chef de district assisté de chefs inférieurs comme assesseurs. Les tribunaux de police sont présidés par des fonctionnaires européens. A Menado et à Gorantalo, il existe aussi un tribunal supérieur composé du radja et de hauts dignitaires indigènes et présidé, à Menado, par le résident, et, à Gorantalo, par l'assistant-résident assisté d'un greffier européen. Ce haut tribunal connaît des crimes emportant la peine de mort commis par un des sujets des États qui ne sont pas soumis à l'autorité directe du Gouvernement néerlandais.

A *Amboine,* la justice est rendue par les tribunaux de régence, landraden et tribunaux de police. Les tribunaux de régence existent dans chaque agglomération de population indigène ou negori. Ils se composent du régent ou de son suppléant et des *Kapala soas* ou anciens. Dans certaines contrées, les indigènes ont conservé leurs institutions judiciaires.

Ternate. Sous la réserve des attributions reconnues au tribunal supérieur indigène (*rijksraad*), en vertu des traités conclus avec les sultans de Ternate, de Tidor et de Batjan, les indigènes sont justiciables du landraad de Ternate et des juges de police européens. Le landraad connaît des contestations entre indigènes, sujets du Gouvernement néerlandais, et des crimes et délits commis par eux. Le tribunal supérieur ou rijksraad, au contraire, statue sur les actions intentées par des sujets du Gouvernement néerlandais contre les sujets des sultans de Ternate, Tidor et Batjan. Il connaît, en outre, des contraventions des sujets de ces princes contre les ordonnances et dispositions réglant la ferme des impôts et des crimes commis par eux et emportant la peine de mort ou la peine la plus grave après la peine de mort, ainsi que des crimes et délits contre les fonctionnaires européens.

A *Timor,* le landraad et les magistrats européens sont les juges ordinaires des indigènes, en tant que les institutions judiciaires n'ont pas été maintenues dans les États et les principautés faisant partie de cette région. Les magistrats européens chargés de juger les contraventions sont le secrétaire de la résidence de Koupang et les autres fonctionnaires civils, contrôleurs et chefs de postes militaires, chacun dans l'étendue de son ressort.

Dans les résidences de *Bali* et de *Lombok,* il y a des landraden et des juges de police à Bouleleng et à Djembrana. La population hindoue a conservé, sous certaines réserves, ses anciens tribunaux particuliers, qui sont ceux des chefs de district (*poung-gawas*) et des sous-collecteurs des impôts (*sadahan-agoung*), qui connaissent des contestations en matière d'irrigation et de cultures, et les tribunaux indigènes ou *conseils de kertas,* composés à Bouleleng de trois et à Djembrana de deux prêtres hindous ou *padandas,* nommés par le gouverneur général, présidés par des contrôleurs des services indigènes européens et assistés de deux *kantjas* ou greffiers. Ces derniers tribunaux peuvent prononcer la peine de l'emprisonnement ou des travaux publics.

Voici comment était composé le personnel judiciaire européen, au 31 décembre 1882 :

HAUTE COUR DES INDES.

Président...............................	1	
Vice-présidents.........................	3	
Conseillers.............................	11	
Procureur général..	1	23
Avocats généraux..	3	
Greffier................................	1	
Substituts-greffiers.....................	3	

COURS DE JUSTICE.

Présidents..........................	5	
Vice-président...........................	1	
Conseillers..............................	20	
Officiers de justice......................	5	48
Substituts...............................	5	
Greffiers................................	5	
Substituts...............................	7	

TRIBUNAUX AMBULANTS.

Juges...................................	2	
Greffiers................................	2	4

TRIBUNAUX RÉGIONAUX INDIGÈNES (LANDRADEN).

Greffiers...............................	55	58
Substituts..............................	3	
		133

Le personnel indigène des landraden se composait de :

Djaksas en chef...........................	22
Djaksas en chef adjoints..................	28
Djaksas..................................	73
Djaksas adjoints.........................	31
Pangoulous en chef.......................	25
Pangoulou en chef adjoint................	1
Pangoulous...............................	78
Adjoints.................................	2
	260

Non compris, bien entendu, les fonctionnaires civils revêtus de pouvoirs judiciaires.

IMPRIMERIE NATIONALE.

Avocats. — Les avocats doivent être licenciés en droit et obtenir l'autorisation du gouverneur général pour exercer aux Indes. De même qu'en Hollande, les avocats remplissent également l'office d'avoué auprès des tribunaux auprès desquels ils ont été nommés. Les avoués ordinaires doivent également être autorisés par le gouverneur général. S'ils ne sont pas diplômés d'une université hollandaise, ils doivent subir un examen sur le droit civil et la procédure devant deux membres du tribunal près duquel ils désirent exercer leurs fonctions. Au point de vue de la discipline, les avocats et les avoués sont placés sous l'autorité du tribunal près duquel ils sont nommés et qui peut les frapper de la suspension temporaire ou d'une amende de 420 francs au maximum. Ils ne peuvent être destitués que sur la proposition de la Haute Cour des Indes.

Les avocats et les avoués près la Haute Cour sont seuls admis à plaider, concurremment avec leurs collègues, devant la Cour de justice à Batavia jugeant au civil, et, en matière criminelle, devant toutes les juridictions de l'île de Java.

Les huissiers sont divisés en deux classes : les huissiers ordinaires et les huissiers extraordinaires. Les premiers sont nommés par le gouverneur général, les autres par les fonctionnaires supérieurs dans les diverses régions.

Ils ont les uns et les autres les mêmes attributions dans le ressort du tribunal auprès duquel ils ont été institués.

Notaires. — Les actes auxquels les parties veulent assurer un caractère authentique sont reçus par les notaires, dans les principaux centres de population, et, ailleurs, par les fonctionnaires de l'ordre administratif, auxquels des pouvoirs spéciaux ont été conférés à cet effet après examen. Les notaires sont nommés et peuvent aussi être révoqués par le gouverneur général. Ils sont placés sous le contrôle des cours de justice. Ils doivent naturellement remplir les conditions de moralité et de capacité prescrites par les règlements sur le notariat.

Les traducteurs et interprètes jurés sont également nommés par le gouverneur général, suivant les besoins de chaque localité.

Le Département de la justice a également dans ses attributions le personnel de la Haute Cour militaire et des conseils de guerre, dont nous nous occuperons en parlant de l'organisation de l'armée.

2° LES CHAMBRES D'ORPHELINS ET DE SUCCESSIONS.

D'après les règlements sur la matière, les chambres d'orphelins et de successions sont chargées, seulement en ce qui concerne les Européens ou assimilés et les Orientaux étrangers soumis à la juridiction européenne :

1° De défendre les intérêts des mineurs dans toutes les successions ouvertes aux Indes;

2° D'administrer les successions en deshérence;

3° D'exercer les fonctions de subrogé tuteur de tous les mineurs et interdits;

4° De gérer les biens des absents;

5° De la curatelle des faillites;

6° De la défense des intérêts des mineurs en général.

Il existe cinq chambres d'orphelins et de successions aux Indes néerlandaises, trois à Batavia et deux dans les autres possessions. Elles sont placées sous le contrôle des cours de justice et justiciables de la Cour des comptes. Chaque chambre a, en outre, des agences dans les différentes localités. Les capitaux administrés par toutes les chambres réunies s'élevaient, en 1882, à la somme de 12,500,000 francs. Le personnel est rétribué par le Gouvernement. Les frais d'administration sont toutefois portés en comptes et défalqués des capitaux administrés. Chaque chambre se compose d'un président, dont les appointements varient de 15 à 25,000 francs, de deux ou trois membres européens, qui reçoivent de 10 à 12,000 francs, d'un ou deux membres chinois, d'un ou plusieurs membres indigènes, avec un traitement de 1,000 à 2,500 francs, d'un secrétaire européen (traitement de 11 à 15,000 francs), d'un secrétaire adjoint (traitement de 7,500 à 10,000 francs) et de plusieurs employés subalternes européens et indigènes. Les agents, au nombre de 86 à Java et de 44 dans les autres possessions, reçoivent une allocation de 300 à 3,700 francs. Les dépenses pour le personnel des chambres d'orphelins figurent au budget indien pour la somme de 816,000 francs, tandis qu'elles ne contribuent aux recettes que pour 160,000 francs environ.

3° PERMIS D'ÉTABLISSEMENT ET DE SÉJOUR AUX EUROPÉENS ET ORIENTAUX ÉTRANGERS.

Aux termes de l'article 105 du règlement organique, aucune personne étrangère aux colonies, les Néerlandais aussi bien que les autres Européens et les Orientaux, ne peut s'établir aux Indes sans l'autorisation du gouverneur général, pour Java et Madoura, ou de la plus haute autorité, dans les autres possessions. L'enquête à laquelle chaque demande d'établissement doit donner lieu est faite par les soins du Département de la justice. Une des principales conditions imposées aux étrangers qui veulent s'établir dans les possessions néerlandaises est qu'ils puissent subvenir à leurs besoins et à ceux de leur famille.

4° EXPULSION D'ÉTRANGERS AUX COLONIES, BANNISSEMENT ET INTERNEMENT D'INDIVIDUS NÉS AUX INDES.

Aux termes des articles 45 à 48 du règlement organique, le gouverneur général, le Conseil des Indes entendu, a la faculté d'expulser des colonies les personnes qui y sont étrangères et dont la présence pourrait être dangereuse pour l'ordre et la tranquillité, ou de leur interdire le séjour dans certaines possessions. Il peut également, pour la même raison, faire interner ou déporter dans un lieu de bannissement des individus nés aux colonies, ou leur interdire quelque partie du territoire. Ces mesures ne peuvent toutefois être prises qu'après que l'intéressé aura été mis en mesure de se disculper, ou aura été dûment appelé.

5° EXAMEN DES RÈGLEMENTS ET ORDONNANCES DE POLICE RENDUS PAR LES CHEFS DE SERVICE DANS LES DIFFÉRENTES RÉGIONS.

Les chefs de service, dans les différentes régions des colonies, ont le droit, en vertu de l'article 72 du règlement organique, de rendre, chacun dans son ressort, des ordonnances et règlements de police, en se conformant aux lois et dispositions existantes et sous la réserve de l'approbation du directeur du Département de la justice. Un règlement général de police pour les Européens et les indigènes ayant été arrêté en 1872, les attributions législatives des chefs de service se bornent à des mesures toutes locales.

6° SERVICE DES PRISONS.

La direction du service des prisons est confiée à un inspecteur placé sous les ordres du directeur du Département de la justice.

Bien qu'en principe nul ne puisse être arrêté, si ce n'est en cas de flagrant délit ou en vertu d'un ordre de l'autorité judiciaire, les règlements admettent cependant, dans un intérêt politique, plusieurs exceptions à cette règle : ainsi, en cas de guerre ou d'état de siège, lorsqu'un individu est jugé dangereux pour l'ordre ou la tranquillité, et enfin lorsque le pouvoir le juge à propos, à charge toutefois d'en informer le procureur du roi ou officier de justice dans le ressort duquel l'arrestation a eu lieu (article 86 du règlement organique).

La surveillance des prisons et de leur personnel est confiée, chacun dans son ressort, aux chefs des services régionaux, à la Haute Cour, aux cours de justice et aux juges ambulants, qui sont tenus de s'assurer de l'entretien des locaux et du traitement des prisonniers. Pareille mission est confiée aux fonctionnaires indigènes chargés du ministère public, spécialement en ce qui concerne les prisons pour indigènes.

Les peines appliquées aux crimes et délits sont, outre la peine de mort, les travaux forcés, les travaux publics dans la chaîne, l'emprisonnement et le bannissement. Il y avait en 1883 à Java vingt-deux et dans les autres possessions dix-sept prisons et ateliers de travaux publics ou forcés. Les individus condamnés aux travaux publics ou forcés sont employés à l'entretien des routes et autres travaux publics et au transport du matériel. Ils font aussi le service de coolies à la suite des armées, sous la surveillance des *mandoors* ou *sous-mandoors*. Dans les postes isolés, ils sont même quelquefois employés aux travaux domestiques des fonctionnaires et officiers européens. Les peines de police ou pour contraventions sont l'emprisonnement et les travaux publics sans la chaîne. Les dépenses pour le personnel des prisons se sont élevées en 1883 à 560,000 francs; pour l'entretien des prisonniers et forçats, à 4,809,000 francs, dont 3,850,000 pour Java et Madoura seulement.

Au 31 décembre 1880 et 1881, le Gouvernement n'a pas publié des renseignements plus récents, l'effectif des prisons était comme suit :

		1880.	1881.
Condamnés	arrivés au lieu de détention	17,663	19,851
	aux travaux publics, détachés à Atjeh	2,020	1,295
	attendant leur envoi dans un lieu de détention	1,591	1,512
TOTAL DES CONDAMNÉS		21,274	22,658
Individus emprisonnés sous mandat d'arrêt ou de dépôt		8.650	8,179
EFFECTIF DES PRISONS AU 31 DÉCEMBRE		29,924	30,837
Prisonniers pour dettes		127	117
TOTAUX		30,051	30,954

Le mouvement dans l'effectif des prisons, ateliers de travaux publics et lieux de bannissement a été comme suit pendant les mêmes années, non compris les décès et les déserteurs :

DÉSIGNATION DES PEINES.		ENTRÉES.		SORTIES.	
		1880.	1881.	1880.	1881.
Condamnés ...	aux travaux forcés.........	11,861	12,009	6,981	7,896
	pour contraventions de police.	136,511	144,812	135,137	142,102
	à d'autres peines	636	642	671	587
	TOTAUX.............	149,008	157,463	142,789	150,585

Les décès dans les prisons ont été de 3,318 en 1880, dont 1,270 parmi les condamnés aux travaux forcés servant de coolies à l'armée d'occupation à Atjeh, et de 3,484 en 1881, dont 399 à Atjeh.

L'effectif des prisons, au 31 décembre 1881, se répartissait ainsi qu'il suit, d'après la nature de la peine infligée.

Reclusion et travaux forcés.	Civils	19
	Militaires...	137
	Marins	5
Emprisonnement.	Civils	36
	Militaires...	45
	Marins	11
Travaux forcés...	Dans la chaîne, aux endroits désignés par le directeur de la justice.............................	4,821
	Sans la chaîne..	4,492
	Sans la chaîne, au lieu de condamnation, lorsque la durée de la peine ne dépasse pas un an............	3,468
Bannissement..		23
Peines de police, travaux publics, emprisonnement.................		7,716
Détenus militaires...		373
		21,146
Condamnés attendant la désignation du lieu d'internement..........		1,512
Détenus préventivement..		8,179
		30,837

7° AFFAIRES CONTENTIEUSES. — DROIT DE GRÂCE.

Ainsi que nous l'avons déjà dit, le gouverneur général a le droit de grâce et d'amnistie des condamnés aux Indes, après avoir entendu la Haute Cour. Il use généralement de ce droit à l'occasion de l'anniversaire du Roi, sur la proposition des chefs des différents services régionaux. De concert avec le Conseil des Indes, il peut également amnistier les chefs et princes indigènes qui ont encouru quelque peine en résistant à l'autorité néerlandaise. Les dispenses, demandes de changement ou d'adjonction de noms sont également de son ressort, ainsi que les demandes de légitimation d'enfants naturels dans les cas prévus par les règlements, les demandes d'émancipation et les demandes d'assimilation aux Européens faites par les indigènes ou Orientaux étrangers. La naturalisation ne peut toutefois être obtenue que par une loi, c'est-à-dire avec l'autorisation des États Généraux. Toutes ces affaires sont examinées par le chef du Département de la justice et soumises à l'approbation du gouverneur général.

Aux termes de l'article 36 du Code de commerce, aucune société anonyme ne peut s'établir aux Indes sans l'approbation du gouverneur général. Toute modification aux statuts ou prolongation de la durée de ces mêmes sociétés doit également être revêtue de sa sanction. Il en est de même pour toute association ou institution quelconque qui désire obtenir la personnalité civile ou le droit d'ester en justice et de posséder.

8° LÉGISLATION CIVILE, COMMERCIALE ET CRIMINELLE ET LES RÈGLEMENTS QUI S'Y RAPPORTENT.

Lorsque les colonies indiennes firent retour aux Pays-Bas, les commissaires généraux chargés par le Roi de préparer la réorganisation des services administratifs aux Indes reçurent également pour mission de préparer la revision des statuts de Batavia et d'arriver ainsi à poser les bases d'une législation complète et uniforme. Ces statuts, qui datent de 1642, n'étaient qu'un ensemble de règlements et d'ordonnances administratives fort imparfaits et sans cohésion. Ils donnaient les plus grandes difficultés dans la pratique, et l'on avait recours au droit, aux coutumes et à la législation des Provinces-Unies et même au droit romain pour combler les nombreuses lacunes qu'ils présentaient. Les commissaires généraux se virent dans l'impossibilité de mettre de l'ordre dans ce chaos. On comprit d'ailleurs qu'il était nécessaire de mettre autant que possible la législation coloniale en rapport avec celle de la mère patrie. Celle-ci n'ayant été complétée qu'en 1838, on se mit alors à l'œuvre. Les Indes furent dotées, à partir du 1ᵉʳ mai 1848, d'un ensemble de dispositions législatives de nature à répondre à tous les besoins de ce vaste empire.

Cette législation comprend :

Les dispositions générales de législation;
Le règlement sur l'organisation judiciaire et l'administration de la justice;
Le Code civil pour Européens et assimilés;
Le Code de commerce pour Européens et Orientaux étrangers;
Le règlement de procédure civile devant les cours de justice et la Haute Cour;
Le règlement de la procédure devant les juges de police et de la procédure civile et criminelle pour les indigènes et assimilés, connu sous le nom de *règlement indigène.*

En tant qu'ils ne se sont pas soumis volontairement à la législation européenne, les indigènes sont régis, en matière civile et commerciale, par leurs lois religieuses, coutumes et institutions, pourvu qu'elles soient conformes aux principes d'équité et de justice généralement admis dans la société civilisée.

En ce qui concerne les Européens, l'article 4 du Code civil a introduit en leur faveur aux Indes l'institution de l'état civil, qui n'existait pas auparavant. Les différents fonctionnaires civils, résidents, assistants-résidents, contrôleurs et chefs de poste sont chargés, dans l'étendue de leurs ressorts, des fonctions d'officier de l'état civil et de la tenue des registres, en se conformant aux prescriptions sur la matière.

La *législation pénale* applicable aux Européens a été, autant que faire se pouvait, également calquée sur celle des Pays-Bas. Elle ne fut toutefois codifiée qu'en 1866 et mise en vigueur à partir du 1ᵉʳ janvier 1867. Le *Code pénal pour les indigènes* ne s'écarte de celui pour les Européens qu'autant que les différences de race et de condition le rendent nécessaire. Il a été promulgué le 1ᵉʳ janvier 1873, en même temps que le *règlement général de police pour les Européens et les indigènes.*

La *procédure criminelle* a fait l'objet d'un règlement spécial, intitulé : règlement de la manière de procéder au criminel devant les cours de justice et la Haute Cour des Indes, et en matière de contravention devant les résidents de Java et de Madoura. Il a été promulgué en même temps que le Code de procédure civile en 1848.

En ce qui concerne la manière de procéder devant les tribunaux indigènes, elle est régie par le *règlement pour les indigènes,* à Java et à Madoura, et, dans les autres possessions, par les ordonnances sur l'administration de la justice dans les différentes régions.

Nous avons déjà eu l'occasion de dire que les principes dominants de la législation indigène étaient *l'adat*: les coutumes et les lois religieuses tirées du Coran. Ces coutumes et ces lois ne sont toutefois pas conservées dans leur primitive originalité. Au contraire, les princes, en vertu du pouvoir discrétionnaire qu'ils s'étaient arrogés tant en matière temporelle qu'en matière spirituelle, y ont fréquemment apporté les modifications qui leur étaient dictées par les circonstances. Suivant les traditions, les princes de Demak, le premier empire qui ait été fondé après l'introduction de l'islamisme à Java, se seraient livrés à une compilation des coutumes et lois existantes, compilation dans laquelle ils auraient fusionné les anciennes institutions locales avec les prescriptions du Coran de façon à rendre ces dernières plus acceptables aux populations. Il nous est difficile d'apprécier le caractère de ce monument, connu sous le nom de *sourja ngalam* ou *alam*, d'après les fragments informes qui sont parvenus jusqu'à nous. En tous cas, il est certain que ses dispositions sont tombées en désuétude depuis longtemps, ou du moins que les *oundang-oundang* ou proclamations et édits des princes indigènes en ont complètement altéré l'essence. Ces nouvelles dispositions ont été codifiées, en partie du moins, dans *l'angger-anggeran*, ou coutumes écrites sanctionnées à différentes époques par les souverains des différents empires qui se partageaient le territoire de Java. Le premier de ces codes, le *angger pradata* ou *nawala pradata*, semble dater du Sousouhounan Pakou Bouwana II, décédé en 1749. Lors de la réorganisation de la justice à Sourakarta, en 1847, il fut prescrit aux pradata ou tribunaux indigènes de se conformer à *l'angger-ageng*, ou code indigène rédigé en 1818 par les premiers ministres de Sourakarta et de Djokjokarta, de concert avec les princes indépendants Mangkou Negoro et Pakou Alam et les résidents hollandais van Prehn et van Nahuys, agissant tous au nom de leurs souverains respectifs.

9° SURVEILLANCE DE LA PRESSE. — CONTRÔLE DU DROIT DE RÉUNION ET D'ASSOCIATION.

La presse ne jouit aux Indes que d'une liberté fort restreinte. Des pouvoirs discrétionnaires sont conférés à cet égard au gouverneur général, qui a même le droit, en vertu du règlement organique, d'expulser les journalistes (il y en a eu des exemples retentissants) dont les polémiques pourraient par trop exciter les esprits.

Quant au droit de réunion et d'association, le règlement organique dit catégoriquement que les réunions et les associations politiques sont interdites. Il en est de même de celles qui seraient de nature à troubler l'ordre ou la tranquillité.

10° ESCLAVAGE ET SERVITUDE.

Enfin, le Département de la justice a à assurer l'exécution du règlement organique prescrivant que l'esclavage doit être aboli dans toutes les colonies le 1ᵉʳ janvier 1860. L'esclavage n'a toutefois pas encore entièrement disparu de l'archipel, notamment dans les contrées soumises à la domination hollandaise, mais dont les princes ou souverains indigènes ont conservé leur autonomie et où par conséquent les lois hollandaises ne peuvent empiéter sur les lois ou coutumes locales. Grâce aux efforts du Gouvernement néerlandais, l'esclavage et la servitude ont cependant été abolis dans le gouvernement de la côte occidentale de Sumatra en 1876, à Bouleleng en 1877, à Batjan en 1878, à Tidor et dans la résidence de Ternate, à l'exception de la Nouvelle-Guinée, en 1879, à Bali et à Lombok en 1884, de sorte qu'ils n'existent plus aujourd'hui que dans quelques États de la côte orientale de Sumatra et dans les parties de la Nouvelle-Guinée occupée par les Hollandais.

Parmi les autres attributions de moindre importance du Département de la justice, nous citerons enfin la direction et la surveillance de l'administration des épaves, qui est confiée aux différents fonctionnaires européens sur les côtes des possessions néerlandaises, les légalisations, les extraditions et enfin la signification des actes judiciaires et l'exécution des commissions rogatoires.

DÉPARTEMENT DE L'INTÉRIEUR.

L'administration centrale, placée sous les ordres du directeur du Département de l'intérieur, comprend : le secrétaire, aux appointements de 20,000 francs, quatre référendaires touchant chacun 15,000 francs, cinq commis principaux à 11,000 francs, sept premiers commis à 7,500 francs, huit seconds commis à 5,500 francs, et six troisièmes commis à 3,700 fr.

Le Département de l'intérieur a dans ses attributions tous les services administratifs, tant européens qu'indigènes, que nous allons énumérer.

1° ORGANISATION ET FONCTIONNEMENT DES SERVICES ADMINISTRATIFS.

En vertu des principes consacrés par le règlement organique en matière d'administration, la population indigène doit autant que possible être laissée sous la direction de ses propres chefs, nommés ou reconnus par le Gouvernement, mais sous le contrôle et la surveillance des fonctionnaires européens, conformément aux prescriptions des règlements ou des conventions particulières conclues avec les princes indigènes. C'est en conformité avec ce principe que les fonctions élevées sont seules confiées à des Européens et que les emplois inférieurs sont donnés à des indigènes.

ADMINISTRATION RÉGIONALE ET LOCALE.

A. ADMINISTRATION EUROPÉENNE.

Au point de vue administratif, les colonies et possessions néerlandaises des Indes orientales sont divisées en différentes provinces ou régions qui portent le nom de gouvernements, résidences ou assistant-résidences, suivant que l'administration en est confiée à des gouverneurs, résidents ou assistants-résidents avec le titre de « chefs de service régionaux », qui relèvent directement du Département de l'intérieur.

Ils représentent le pouvoir central, sont revêtus, dans l'étendue de leur ressort, des pouvoirs civils les plus étendus et chargés de l'administration des deniers et revenus de l'État et de la police. Ils peuvent, en cas de guerre ou d'émeute, prendre les mesures qu'ils jugeront nécessaires dans l'intérêt de la défense et ils sont les délégués du gouverneur général, en dehors de Java et de Madoura, pour l'exercice de certains droits qui lui sont conférés relativement aux étrangers qui veulent s'établir aux Indes, aux exécutions capitales et aux poursuites contre les princes et chefs indigènes. Les pouvoirs dont ces fonctionnaires sont revêtus peuvent également être conférés à des officiers, surtout en dehors de Java, lorsque les circonstances exigent qu'ils réunissent entre leurs mains les services civils et militaires. On en a eu un exemple récemment à Atjeh.

Les chefs de service régionaux sont d'ordinaire assistés d'un secrétaire ou commis européen, chargé des fonctions d'officier de l'état civil, de receveur, de notaire lorsqu'il n'y en a pas dans la localité et de commissaire-priseur; ils ont de plus sous leurs ordres des employés européens et indigènes, souvent aussi un assistant-résident chargé spécialement de la police, des quarteniers et prévôts européens, des djaksas, procureurs fiscaux et autres officiers de police indigènes.

Java et Madoura sont actuellement divisés en vingt-deux résidences, savoir : Bantam, Batavia, Krawang, les Préanger, Cheribon, Tagal, Pekalongan, Samarang, Japara, Rembang, Sourabaya, Madoura, Pasourouan, Probolingo, Bezouki, Banjoumas, Bagelen, Kadou, Djokjokarta, Sourakarta, Madioun et Kediri. Les autres possessions comprennent: les gouvernements de la côte occidentale de Sumatra, d'Atjeh et dépendances et des Célèbes et dépendances; treize résidences: Benkoulen, Palembang, les

Lampongs, la côte orientale de Sumatra, Riouw, Banka, la côte occidentale de Bornéo, les côtes orientale et méridionale de la même île,
Amboine, Ternate, Menado, Timor et Bali et Lombok, et une assistant-
résidence indépendante : Billiton.

Les chefs de service régionaux sont nommés par le gouverneur général.
Ils sont assimilés comme rang aux officiers de l'armée; les gouverneurs
ont le rang de général-major (ou général de brigade), les résidents celui
de colonel. Tous ont le droit de porter le parasol doré. Dans les régions
qui, en raison de leur étendue, sont formées de plusieurs divisions, l'administration en est confiée, sous les ordres des chefs de service régionaux,
à Java et à Madoura, à des assistants-résidents; dans les autres possessions,
à des résidents subordonnés aux gouverneurs, à des assistants-résidents,
contrôleurs des services indigènes, administrateurs civils, administrateurs
des mines (à Banka) et chefs de poste. Ces fonctionnaires divisionnaires
sont, chacun dans leur ressort, officiers de l'état civil, receveurs et agents
comptables, et ils reçoivent les actes et contrats à défaut de notaire. Les
contrôleurs des services indigènes qui ne sont pas placés à la tête d'une
division sont subordonnés aux assistants-résidents. Leur principal devoir
est de veiller aux intérêts des indigènes. Ils sont aussi spécialement chargés,
à Java et à Madoura, de poursuivre les contraventions à la ferme de l'opium.
Il y a enfin des aspirants contrôleurs qui assistent les contrôleurs dans
l'exercice de leurs fonctions.

Indépendamment des gouverneurs, résidents et de l'assistant-résident
chefs de service que nous venons d'énumérer, le personnel administratif
européen comprend, à Java et à Madoura, 78 assistants-résidents, 21 secrétaires, 14 prévôts et 7 sous-prévôts; dans les autres possessions, 3 résidents en sous-ordre, 34 assistants-résidents, 19 secrétaires, 8 prévôts,
1 sous-prévôt, 15 chefs de poste et 2 administrateurs civils, soit en
tout :

3 gouverneurs, avec un traitement de........... . 42,000 fr.
38 résidents.................... de 25,000 à 37,000
113 assistants-résidents, à..................... 15,000
50 secrétaires, à............. 12,600
22 prévôts................... de 3,700 à 5,000
8 sous-prévôts, à.......................... 3,700
15 chefs de poste, à......................... 2,500
2 administrateurs civils, à............... 6,300
99 contrôleurs de 1re classe, à. 10,000
138 contrôleurs de 2e classe, à.................. 7,500
74 aspirants contrôleurs, à.................... 5,500

Les conditions d'admission dans les services administratifs sont comme suit, d'après les règlements les plus récents sur la matière.

Les contrôleurs des services indigènes, assistants-résidents, secrétaires, résidents et gouverneurs doivent avoir satisfait à l'examen supérieur des fonctionnaires coloniaux ou à l'examen complémentaire mentionné à l'article 92 de la loi sur l'enseignement supérieur dont nous avons donné le programme en parlant du personnel judiciaire.

Les candidats aux fonctions de référendaire, de secrétaire des départements d'administration générale, de secrétaire général ou de secrétaire du Gouvernement doivent avoir passé un des examens prévus au paragraphe précédent, ou être simplement docteurs en droit ou docteurs ès sciences politiques.

Quant aux emplois inférieurs, c'est-à-dire auxquels il n'est attaché qu'un traitement maximum de 315 francs par mois, l'examen auquel sont soumis les candidats ne porte que sur l'arithmétique, l'orthographe, l'écriture et le style.

Les fonctionnaires civils envoyés de la métropole ont droit à une indemnité d'équipement de 840 francs, les fonctionnaires judiciaires à une gratification de 5,200 francs, non compris le passage gratuit, en 1re classe, pour eux et leur famille. Ils doivent toutefois s'engager à restituer à l'État leurs frais de passage et les indemnités qu'ils ont reçues, pour le cas où ils quitteraient le service avant cinq ans révolus pour d'autres motifs que maladies ou infirmités.

Les fonctionnaires civils coloniaux ont droit à une pension de retraite à 45 ans d'âge et après vingt ans de service, à moins qu'ils n'aient contracté des infirmités dans l'exercice ou en raison de l'exercice de leurs fonctions. La pension est du quart du traitement le plus élevé dont a joui le titulaire pendant les trois dernières années, avec une augmentation d'un vingtième pour chaque année de service en sus des vingt ans exigés par les règlements. La pension est par contre réduite d'un vingtième en cas de mise à la retraite, pour chaque année de service en dessous de vingt ans. Indépendamment de la retenue de 2 p. o/o pour la pension, les fonctionnaires civils ont à subir une retenue d'un douzième sur leur premier traitement et sur toute augmentation subséquente. Une caisse de secours en faveur des veuves et orphelins des fonctionnaires coloniaux a également été instituée par le Gouvernement. Cette caisse est formée d'une retenue spéciale variant, suivant les charges qui lui incombent, entre 4 et 9 p. o/o par an, sur les traitements d'activité et pensions des fonctionnaires mariés ou veufs avec enfants, ainsi que des retenues extraordinaires sur le premier traitement et

les augmentations de traitement des fonctionnaires mariés ou sur le traite-
tement dont jouissaient les fonctionnaires célibataires, lors de leur
mariage.

B. ADMINISTRATION INDIGÈNE.

JAVA ET MADOURA.

Régences. — Chaque résidence à Java et à Madoura, à l'exception de
Batavia et des Préanger, est divisée en une ou plusieurs régences, dont les
chefs, nommés régents, sont choisis dans la noblesse ou l'aristocratie indigène et portent le titre de *raden adipati*, *raden* ou de *mas toumenggoung*, et
quelquefois aussi celui de *pangeran* ou prince en récompense de leurs services. Leur signe distinctif est un parasol mi-partie vert et blanc avec trois
bandes et un bouton d'or. Ils occupent le rang le plus élevé dans l'administration indigène, sont chargés de la perception des impôts, de la police,
de l'administration et de l'organisation des cultures, et sont, en général,
responsables de l'accomplissement des obligations des Javanais entre eux et
de celles qu'ils doivent remplir envers le Gouvernement. Ils sont nommés
par le gouverneur général et choisis de préférence parmi les fils ou proches
parents de leur prédécesseur, en tant qu'ils satisfont aux conditions de
capacité, de zèle, d'honnêteté et de fidélité que le Gouvernement est en
droit d'exiger d'eux. Les régents sont assistés dans l'exercice de leurs
fonctions d'autant de *patihs* ou lieutenants qu'il y a de districts dans leur
régence. Ces derniers sont chargés de transmettre les ordres du régent
aux chefs inférieurs et de veiller à leur exécution.

Les régences sont divisées en *districts* dont les chefs, *wedono* ou *demang*,
sont nommés par le gouverneur général, sur la proposition du résident de
concert avec le régent. Ils ont droit, comme emblème de leur dignité, à
un parasol bleu avec deux bandes d'or et sont responsables, chacun dans
leur ressort, de la police et de l'exécution des ordres de leurs chefs. Les
wedonos ou demangs sont, à leur tour, secondés par des assistants-wedonos
chargés chacun et responsables de l'administration de chaque subdivision
de district. Les assistants-wedonos sont divisés en deux classes et choisis
par les chefs de services régionaux. Ils ont droit, comme signe distinctif,
à un parasol bleu avec une bande d'or.

Aux chefs de district sont subordonnés les chefs de *dessas* (villages)
élus par la population indigène parmi les notables de l'endroit, sous la
réserve de l'approbation du résident, à l'exception des chefs des *perdikan*
et des *kapoutihan dessas* (lieux saints), auxquels est confiée la surveillance
des saints-sépulcres et qui sont nommés par le gouverneur général.

Chaque chef de dessa a sous ses ordres un lieutenant et est assisté d'officiers inférieurs, d'employés et de prêtres, qui forment avec lui l'administration communale des kampongs ou des quartiers, dont la réunion forme une *negori* ou chef-lieu, et ont également chacun leur chef élu par la population. Leurs attributions consistent, comme celles des chefs de dessas, à maintenir l'ordre, à percevoir les impôts, à régler les corvées et services personnels.

A Batavia, la gestion des affaires indigènes est confiée, sans l'intermédiaire de régents et de chefs de district, à un résident ayant sous ses ordres des assistants-résidents européens et des officiers de police, prévôts, commandants ou *demangs* européens ou indigènes. Dans les propriétés particulières qui forment la presque totalité de cette résidence, les officiers de police sont nommés par le résident, mais sur la proposition des propriétaires.

Dans les principautés de Djokjokarta et de Sourakarta, les chefs-lieux sont seuls placés sous l'autorité immédiate des fonctionnaires européens. Les résidents assistés de cinq assistants-résidents exercent au dehors la plus haute autorité sur les Européens et autres habitants étrangers, veillent à l'exécution des traités et conventions avec les princes indigènes et dirigent leurs actes. Les indigènes sont soumis à l'autorité du sultan et de ses officiers.

AUTRES POSSESSIONS.

Dans les contrées où les populations ont conservé leur autonomie, le Gouvernement ne se permet aucune ingérence dans l'administration locale. Il ne nomme les chefs indigènes que dans les régions qui sont placées sous son autorité immédiate.

Gouvernement de la côte occidentale de Sumatra. — L'administration indigène est confiée, dans cette région, aux *régents, radjas* ou *touankous* et aux chefs de district, *panghouloularas, panghoulou-kapala*, chefs *kourias* ou sous-chefs *kourias*. Les chefs de village portent le titre de chefs de *soukou*.

Benkoulen. — Les chefs supérieurs indigènes y portent le titre de régent ou de *touankou*, les chefs de district celui de *kepalasembah, proatins, pasirahs, pembaraps* ou de *datou*, les chefs de village celui de chefs de *dousoun*.

Dans les *Lampongs*, l'autorité indigène est représentée par les chefs de district ou *demangs* et les chefs de village ou chef de *kampong* ou de *soukou*.

Palembang. — Les chefs de district (*pasirahs*) portent dans cette région le titre de pangeran ou de *dipati ;* les chefs de village, celui de chef de dousoun. Un officier indigène ou *demang* est spécialement chargé de la police à Tibing-Tinggi.

Gouvernement d'Atjeh et dépendances. — Dans la partie du sultanat d'Atjeh occupée par les Hollandais, ils ont nommé des chefs de district ou de *sagis* et des chefs de *kampong* ou de *moukim* (villages).

Riouw et dépendances. — Il n'y a des chefs de village rétribués qu'au chef-lieu de la résidence.

Banka. — Les districts sont administrés par des *demangs*, les subdivisions de district par des *batins*, les villages par des chefs de kampong.

Billiton. — Le personnel administratif indigène se compose d'un chef de district, ayant le titre de *depati*, de quatre sous-chefs de district ou *ngabehi*, de cinq chefs de *sekah* et de deux chefs de *djourou* ou villages.

Côte orientale de Sumatra. — Le Gouvernement n'a à sa solde que le chef de district de Labouan-Batou.

Côtes orientale et méridionale de Bornéo. — Dans la partie de cette région soumise au Gouvernement hollandais, les services administratifs sont confiés à un régent; dans la division de Martapoura, à un *ronggo ;* dans la division de Bandjermasin, à vingt-sept chefs de district et à trois *demangkoulis*. Les chefs de village portent dans cette région le nom de *pambakals*.

Célèbes et dépendances. — Les chefs indigènes sont les régents ayant sous leurs ordres les chefs de village, *soulewatous* ou *glarangs*.

Menado. — Les chefs de district sont divisés en deux classes avec le titre de major, *koukoum besar,* et de capitaine ou *koukoum kadouwa.* Les chefs de village portent le nom de *houkoum touwa.*

A *Amboine,* la population est placée sous l'autorité de régents ou chefs de *negori* portant le titre de *radja,* de *patih* ou *d'orang-kaja,* ayant sous leurs ordres les *kapala-soas* ou chefs de village.

A *Ternate,* il n'y a que le chef des *labouas* qui soit rétribué.

Bali et Lombok. — Dans les districts de Boulelang et de Djembrana, soumis à l'autorité immédiate du Gouvernement hollandais, la population indigène professant le culte hindou a été laissée, sous le contrôle des fonctionnaires européens, en possession de ses lois, institutions et coutumes. A la tête de l'administration indigène sont placés des chefs de district ou *pounggawa*, nommés par le gouverneur général sur la proposition du résident, après avoir consulté la population, conformément aux coutumes locales.

Les musulmans et étrangers orientaux sont placés sous les ordres de trois chefs ou *pambekels.*

C. ADMINISTRATION DES ÉTRANGERS ORIENTAUX ET COLONS INDIGÈNES ÉTRANGERS DANS L'ARCHIPEL.

Les étrangers orientaux, Maures, Arabes et Chinois, de même que les colons provenant des contrées non soumises à la domination européenne, Malais, Bouginais, sont réunis, là où ils sont en nombre suffisant, dans des quartiers séparés de la population indigène et placés sous les ordres des chefs de leur nation. Ces chefs sont élus suivant les usages et coutumes de leurs compatriotes ou nommés par le gouverneur général. Ils sont complètement indépendants des chefs indigènes, ne relèvent que de l'autorité européenne, aux ordres de laquelle ils doivent se conformer.

Les chefs Chinois portent le titre de major, de capitaine ou de lieutenant, ceux des autres nations celui de kapala ou chef. A Batavia, à Samarang et à Sourabaya, un conseil spécial composé de notables est chargé de régler les affaires d'administration intérieure de la nation chinoise et de soumettre des propositions, à ce sujet, au résident. En dehors de Java, des Chinois sont établis à Siak, à Banka, à Billiton, à Riouw, à Atjeh, aux Célèbes, à Timor ainsi qu'à Mandar (Bornéo). Ils forment dans cette dernière localité une nation presque indépendante sous le nom de *Kangsi-Langfong.*

Dans le gouvernement de la côte occidentale de Sumatra, les Arabes, les Cingalais et les Koringgis ont des chefs spéciaux. Les Mandharais, Bouginais et autres colons indigènes à Bali ont également leur chef qui porte le titre de *pouadoug.* A Macassar, les indigènes sont sous les ordres d'un capitaine indigène.

Le personnel rétribué de l'administration supérieure indigène comprenait au 31 décembre 1882 :

À JAVA.

- 71 régents de 15,000 à 42,000 francs, avec une indemnité de 5,000 francs pour la suppression des corvées en leur faveur.
- 81 patihs ou lieutenants de 6,300 à 7,500 francs, avec une indemnité de 1,900 francs.
- 411 chefs de district aux appointements de 5,000 à 5,600 francs, et une indemnité de 1,400 francs.
- 422 sous-chefs de district de 1re classe à 2,500 francs, et une indemnité de 750 francs.
- 561 sous-chefs de district de 2e classe à 1,600 francs, et une indemnité de 500 francs.

1,546

DANS LES AUTRES POSSESSIONS.

- 41 régents de 2,500 à 7,500 francs.
- 1 radja de 1,250 francs.
- 1 ronggo de 5,000 francs.
- 5 soulawatangs de 600 à 900 francs.
- 624 chefs de district inférieurs de 250 à 2,900 francs.
- 499 panghoulous ou prêtres de 290 à 1,900 francs.

1,171

Le personnel chinois se composait de :

- 1 major à Batavia à 12,600 francs.
- 25 capitaines de 1,200 à 7,500 francs.
- 81 lieutenants de 1,200 à 3,700 francs.
- 64 chefs inférieurs de 500 à 700 francs.
- 2 secrétaires à 2,000 et 2,900 francs.

123

2° RAPPORTS AVEC LES PRINCES ET SOUVERAINS INDIGÈNES.

La conclusion de traités et conventions avec les princes et souverains indigènes est laissée aux soins du gouverneur général, qui doit néanmoins se conformer à cet égard aux ordres du Roi. Communication de ces traités et conventions est donnée aux États Généraux, à moins que des raisons d'un ordre supérieur ne s'y opposent.

Il existe dans nombre de contrées occupées par les Hollandais, de vastes régions habitées par des populations à moitié sauvages et indépendantes, dont la conquête offrirait d'immenses difficultés et ne donnerait en somme que de médiocres résultats. Les Hollandais se sont efforcés de gagner l'amitié des chefs, de leur faire valoir les avantages d'un appui solide, non seulement contre leurs propres sujets généralement peu enclins à obéir à leurs chefs, mais aussi contre les ennemis du dehors. Ils sont ainsi parvenus à faire accepter leur protectorat par la plupart des princes et chefs indigènes voisins de leurs établissements. Ils ont su aussi l'imposer au besoin, lorsqu'une intervention armée était nécessaire pour mettre fin aux déprédations et aux actes de pillage et de piraterie dont le commerce maritime avait à souffrir. D'ailleurs, la promesse de maintenir intactes les institutions locales a fait passer bien des princes indigènes sur les inconvénients d'une domination étrangère. Seulement, petit à petit, ce protectorat, d'anodin qu'il était au début, s'étend de plus en plus au détriment du protégé, qui, moyennant salaire, fait abandon de ses droits et privilèges au profit du protecteur. On lui dit : vos sujets vous doivent certaines redevances, certains impôts dont la perception vous est difficile et dont le produit est très variable, cédez-nous-les en échange d'une allocation fixe, d'un traitement qui vous sera payé régulièrement. Vous n'aurez donc désormais plus de soucis, plus d'inquiétude, plus de conflits avec vos sujets et vos subordonnés, vous vivrez, en un mot, comme un coq en pâte. Il est évidemment difficile de résister à de pareils arguments, et de vassaux les princes indigènes deviennent des fonctionnaires non inamovibles du Gouvernement hollandais. Hâtons-nous d'ajouter que pour les populations ces modifications dans le régime politique ont souvent cet avantage de les soustraire aux exactions, à la convoitise et à la rapacité de leurs chefs. Pour n'en citer qu'un exemple, la première mesure des Hollandais, lorsqu'ils imposèrent leur protectorat au sultan de Sourakarta, fut de supprimer vingt-quatre des trente-quatre impôts différents que payaient les indigènes. Ainsi, ils devaient acquitter des taxes pour le pesage du riz, qui ne s'effectuait jamais; — pour le relèvement du nombre des champs de riz, qui n'avait jamais lieu; — pour la délivrance d'un acquit des impôts, qu'on ne remettait jamais; — pour l'entretien des corps de garde dans les sawahs, même quand il n'y en avait pas; — pour s'affranchir des corvées dans les champs du régent, mais quand ils devaient les remplir; — ils devaient payer une certaine redevance au régent pour payer le fard de ses danseuses, ainsi que lorsque l'on se plaignait à lui d'un vol dont on avait été la victime. Les plus curieux étaient, sans contredit, l'impôt sur les mollets, qui était exigé même de ceux que la nature avait mal partagés à cet égard, et la taxe pour l'entretien des aveugles, que ne payaient que les borgnes[1].

Comme preuve de l'habileté que savent déployer les Hollandais pour faire accepter leur domination par les princes indépendants de l'archipel, nous reproduisons ci-après le texte des deux déclarations signées, à huit années d'intervalle, par le radja de Troumon. Ces documents donnent en même temps une idée de la nature des rapports politiques existant entre le Gouvernement néerlandais et les princes indigènes :

« Je soussigné Fri Mouda Padouka Alam, sultan Mansour Radja Mouda, qui gouverne les États de Troumon et dépendances, déclare solennellement :

« 1° Que je reconnais pour mon souverain légitime S. M. le Roi des Pays-Bas, représenté par le gouverneur général des Indes néerlandaises, et déclare comme preuve de ma soumission ne porter désormais sur terre et sur mer que le pavillon néerlandais ;

« 2° Que je gouvernerai en toute justice, que je maintiendrai la tranquillité dans mes États et la paix avec mes voisins, que je favoriserai le bien-être de mon peuple et protégerai le commerce, l'industrie, l'agriculture et la navigation ;

« 3° Que je m'opposerai de tout mon pouvoir au commerce des esclaves et aux actes de piraterie ;

« 4° Que je porterai secours aux naufragés et m'opposerai à ce que mes sujets ne fassent pas de même ;

« 5° Que je n'accorderai pas asile aux criminels, sujets du Gouvernement néerlandais ;

« 6° Que je n'entretiendrai aucun rapport politique avec des gouvernements étrangers.

« Fait à Troumon, le 29 avril 1874. »

Sceau du radja.

« Je soussigné Radja Mouda, radja de la principauté de Troumon, reconnais solennellement ce qui suit :

« 1° Je déclare que la principauté de Troumon fait partie du territoire des Indes néerlandaises et que par conséquent je reconnais pour mon sou-

---

[1] Nahuys, *Recueil de rapports* ; van Deventer, *Mémoires*.

verain maître S. M. le Roi des Pays-Bas, représenté par le gouverneur général des Indes néerlandaises, et que ni moi ni mes sujets ne porterons d'autre pavillon que le pavillon néerlandais;

« 2° et 3° (Comme dans le premier acte de soumission);

« 4° Je n'entretiendrai aucun rapport politique avec les puissances étrangères, les ennemis du Gouvernement des Pays-Bas étant mes ennemis et ses amis mes amis;

« 5° Les impôts existant dans mes États ne seront ni augmentés ni diminués, et je n'en percevrai de nouveaux qu'avec l'assentiment du représentant du Gouvernement néerlandais sur la côte occidentale de Sumatra;

« 6° Le Gouvernement indo-néerlandais a le droit de percevoir en mon nom les droits d'entrée et de sortie prélevés dans mes États, moyennant une indemnité à fixer ultérieurement;

« 7° Le Gouvernement indo-néerlandais a le droit d'introduire dans mes États la ferme de l'opium ou d'autres revenus et d'en toucher le montant. Je m'engage, moyennant indemnité, à ne tirer aucun profit de la vente de l'opium, si le Gouvernement se décide à l'affermer dans mes États;

« 8° Je m'engage à fournir gratuitement au Gouvernement néerlandais les terrains nécessaires pour les établissements ou travaux de défense qu'il voudrait construire, à charge par lui de payer une indemnité pour les propriétés privées dont il prendrait possession;

« 9° Toutes les personnes, sans distinction d'origine, habitant dans les limites des établissements du Gouvernement, sont reconnues par moi comme sujets du Gouvernement et placées comme telles sous l'autorité immédiate de ses représentants. Le Gouvernement a également la faculté de placer sous son autorité toutes les personnes n'appartenant pas à la population indigène;

« 10° Les indigènes de Troumon qui se rendront coupables envers le Gouvernement et ceux qui seront accusés de complicité de crimes avec des sujets du Gouvernement seront traduits devant les tribunaux institués par lui. Dans ce cas, je siégerai ou mon délégué siégera dans ces tribunaux pour les éclairer au besoin;

« 11° Aucune peine de mutilation ne sera désormais appliquée dans mes États;

« 12° Les criminels qui chercheront un refuge dans mes États seront livrés par moi au Gouvernement néerlandais;

« 13° J'en agirai de même avec les personnes qui devraient être expulsées de mes États pour des raisons politiques ou autres ;

« 14° Aucun Européen ni autre étranger ne pourra obtenir l'autorisation de s'établir dans mes États qu'après que j'en aurai référé aux représentants du Gouvernement. De même, il ne sera accordé aucune concession de terrains ou de mines sans l'autorisation du représentant du Gouvernement sur la côte occidentale de Sumatra. Les commerçants pourront toutefois être admis dans les ports de mes États sans l'autorisation des représentants du Gouvernement, tant qu'ils n'y troubleront ni l'ordre ni la tranquillité ;

« 15° Je m'engage à prendre les mesures nécessaires pour porter secours aux naufragés, à sauver leurs biens et à les mettre en sûreté, et à recueillir les épaves ;

« 16° Je délibérerai aussi promptement que possible avec les chefs et anciens de mes États sur le choix de mon successeur en cas de mort ou pour toute autre cause. Ce successeur pourra toutefois entrer en fonctions avant d'avoir fait serment de fidélité à S. M. le Roi des Pays-Bas et à Son Exc. le gouverneur général de remplir consciencieusement les obligations souscrites dans le présent acte.

« La désignation de mon successeur sera toutefois de nulle valeur tant qu'elle n'aura pas été approuvée par le Gouvernement indo-néerlandais.

« En cas de dissentiments sur le choix de mon successeur entre les chefs, les anciens et moi, il en sera référé au Gouvernement, à la décision duquel je me soumets sans réserve ;

« 17° Je m'entendrai avec les représentants du Gouvernement sur toutes les questions non prévues dans le présent acte qui exigeraient une solution.

« Fait à Padang, le 5 octobre 1882. »

Signature et sceau du radja Mouda,
radja de Troumon.

L'année suivante, le Gouvernement néerlandais accordait à ce prince une allocation annuelle de 18,900 francs pour l'abandon de ses bénéfices sur la vente de l'opium dans ses États, qui ne comptent que 3,000 habitants. Cette allocation, jointe à celle de 5,000 francs dont il jouissait depuis 1850, assure donc un revenu de près de 24,000 francs au radja de Troumon.

Dans un traité passé, en 1882, entre le Gouvernement néerlandais et le radja de Poulou Laivan, sur la côte orientale de Sumatra, nous voyons que ce dernier a abandonné au Gouvernement le droit de percevoir des impôts dans ses États moyennant une allocation annuelle de 31,000 francs et une redevance de *deux boules d'opium*. Les traités et conventions consentis par les princes et chefs indigènes indiquent généralement aussi, dans les contrées où le Gouvernement n'en a pas opéré le rachat, la nature et la quotité des impôts qui pourront être perçus des populations. Les indemnités payées aux chefs et princes indigènes qui ont cédé au Gouvernement néerlandais le droit de percevoir les impôts dans leurs États ne s'élèvent pas à moins de 4,702,000 francs par an, dont 3,270,000 francs pour les princes javanais et 1,432,000 francs pour ceux des autres possessions, sans compter une centaine de mille francs de gratifications aux officiers du sultan de Sourakarta et de Djokjokarta.

C'est ainsi que le Gouvernement néerlandais étend lentement, mais progressivement sa domination dans l'Inde, grâce surtout à l'appui des populations indigènes, heureuses d'être soustraites au despotisme et aux tyrannies de leurs chefs. Ces efforts ne sont toutefois pas toujours couronnés de succès. On en voit un exemple à Atjeh, où, malgré de lourds sacrifices en hommes et en millions, les Hollandais ne sont pas encore parvenus, depuis treize ans que dure la guerre, à asseoir leur autorité d'une manière solide. La faute en est toutefois entièrement à la politique d'atermoiements et de demi-mesures qu'ils n'ont cessé de suivre.

3° GARDES NATIONALES ET AUTRES CORPS NE FAISANT PAS PARTIE DE L'ARMÉE RÉGULIÈRE.

Gardes nationales. — Indépendamment des troupes régulières, le gouverneur général dispose de quelques corps d'armée entièrement indépendants et placés sous la surveillance des commandants militaires régionaux ou de district.

Il a été admis en principe que des gardes nationales seraient établies dans chaque chef-lieu de région, où elles seraient placées sous les ordres des chefs de service. Un conseil de guerre est chargé, dans chaque corps du recrutement, de statuer sur les exemptions, de percevoir les contributions et d'assurer la discipline. L'administration est confiée à un conseil dans chaque bataillon et au commandant assisté d'un officier lorsque l'effectif n'est pas assez nombreux pour former un bataillon. Les gardes nationales servent en temps de paix à assurer l'ordre dans le lieu de leur établissement et, en cas de trouble ou de guerre, à renforcer l'armée.

Font partie de la garde nationale, tous les Européens et assimilés et leurs descendants âgés de plus de 16 ans et de moins de 45 ans, ainsi que les Malais, Maures, Bengalais, Bouginais et leurs descendants de 16 à 40 ans. Sont exemptés du service dans la garde nationale les hauts fonctionnaires des cours et tribunaux, les chefs de service régionaux et de district, les ministres des cultes, pharmaciens, militaires en activité de service ou en retraite, les infirmes, les consuls des nations étrangères, sujets du pays qui les a envoyés et le personnel des chemins de fer et tramways et quelques autres fonctionnaires à qui leurs occupations ne permettraient pas de remplir leurs devoirs comme garde national. A l'exception des militaires en activité de service, des consuls étrangers et des pompiers, toutes les personnes exemptées du service dans la garde nationale doivent contribuer pour une somme variant de 3 francs à 230 francs, suivant la classe dans laquelle elles ont été rangées, à la caisse destinée à pourvoir à l'habillement des indigents et à rétribuer les adjudants, quartiers-maîtres et sous-officiers.

L'équipement est fourni par l'État, mais l'habillement est à la charge des gardes. Les officiers sont nommés par le gouverneur général.

Il y a actuellement des gardes nationales dans cinq chefs-lieux régionaux à Java, dans six des autres possessions et dans cinq petites localités des résidences d'Amboine et de Timor. Depuis la suppression des compagnies indigènes de Lamarang et de Sourabaya, les bataillons à Java ne comptent plus que des Européens; à Menado, Amboine, Ternate et Timor, indépendamment des Européens, l'effectif comprend également des colons indiens n'appartenant pas aux tribus autochtones. La garde nationale de Padang a seule encore une compagnie indigène, mais on songe à la supprimer.

Voici quel était l'effectif des gardes nationales au 31 décembre 1881 et 1882 :

	1881.		1882.	
	Européens.	Indigènes.	Européens.	Indigènes.
Java.....................	1,312	429	1,584	31
Autres possessions	2,284	116	2,286	121
	4,141		4,022	

Pradjourits. — Ces corps d'infanterie sont uniquement composés d'indigènes. Ils sont recrutés par voie d'engagements volontaires. Ils ne sont affectés qu'au service de la région, mais ils peuvent, en cas de besoin, être envoyés par le Gouvernement dans d'autres districts de Java. Ils sont placés sous les ordres des régents et le contrôle des résidents. Leurs officiers étaient choisis parmi les parents des régents et autres fonctionnaires indigènes ; mais désormais ils sont remplacés, au fur et à mesure des vacances, par des sous-officiers instructeurs européens sortant de l'armée. Les pradjourits ne sont soumis aux lois militaires qu'en temps de guerre. Ils sont instruits militairement, habillés, équipés et soldés aux frais de l'État. Ils sont divisés en 57 détachements.

Dragons gardes du corps. — Les deux escadrons de dragons sont attachés pour le service d'escorte aux sultans de Sourakarta et de Djokjokarta, mais sont placés sous les ordres des résidents. Ils peuvent, en cas de guerre, être incorporés dans la cavalerie régulière. Ils se composent d'ailleurs uniquement d'Européens, sont soumis aux lois militaires et payés par le Gouvernement néerlandais.

Légions indigènes. — Les sultans de Sourakarta et de Djokjokarta sont tenus, en vertu des contrats qui les lient au Gouvernement néerlandais, d'entretenir une petite force armée composée d'artillerie, de cavalerie et d'infanterie, dont l'organisation, l'équipement, l'armement et la solde sont réglés par le Gouvernement, qui supporte une partie des frais.

Barisans. — Les princes de Bangkalan, Pamekasan et Soumenep, à Madoura, se sont engagés, en 1830, contre annulation de la dette qu'ils avaient contractée envers le Gouvernement, à tenir à sa disposition un corps d'infanterie indigène, en se conformant, pour la formation et l'organisation, aux instructions du gouverneur général ou de ses représentants. Le Gouvernement a à sa solde les barisans de Soumenep et de Pamekasan. Pour le bataillon de Bangkalan, il ne paye que l'officier et les sous-officiers instructeurs européens.

Corps de police. — Un corps spécial de police composé de 178 officiers, sous-officiers et soldats est chargé de maintenir l'ordre dans la ville de Batavia. Des détachements d'agents de police armés ont été établis dans le même but à Palembang, sur la côte occidentale de Bornéo, à Riouw, dans les Lampongs, sur la côte orientale de Sumatra, à Timor et à Atjeh. Ils sont composés d'indigènes et placés sous les ordres d'instructeurs européens.

. L'effectif de tous ces corps indigènes était le suivant au 31 décembre :

DÉSIGNATION DES CORPS.	DÉSIGNATION de L'ARME.	1881.		1882.	
		OFFICIERS.	SOUS-OFFICIERS et soldats.	OFFICIERS.	SOUS-OFFICIERS et soldats.
Pradjourits. A Java et dans les petites îles dépendant de Java........................	Infanterie..	58	2,010	58	2,039
Légion de Sourakarta....................	Infanterie..	31	677	31	677
	Cavalerie...	4	72	4	72
	Artillerie...	4	67	4	67
Légion de Djokjokarta....................	Infanterie..	17	403	17	403
	Cavalerie...	1	25	1	25
Barisans..... { à Pamekasan...............	Infanterie..	9	261	10	261
à Bangkalan...............	"	23	939	28	945
à Soumenep...............	"	24	727	25	692
Corps de police indigènes..................	"	4	1,320	5	1,325
Dragons gardes du corps : A Sourakarta........................	Cavalerie	1	32	1	48
A Djokjokarta........................	européenne.	1	34	1	49
TOTAUX....................		177	6,567	185	6,603

Les dépenses pour ces divers corps figurent au budget pour une somme de 1,545,000 francs, répartie ainsi qu'il suit :

Dragons et gardes du corps à Sourakarta et à Djokjokarta......... 49,000 fr.
Barisans et pradjourits.. 346,000
Corps de police à Batavia et dans les autres possessions.......... 582,000
Frais d'équipement, solde des instructeurs européens, matériel, primes
d'engagement, etc.. 568,000

1,545,000

4° DESTRUCTION D'ANIMAUX NUISIBLES.

Le Gouvernement néerlandais n'accorde de primes que pour la destruction des tigres et des panthères. Cette prime est de 63 francs par tigre rayé et de 21 francs par panthère. Avant 1874, le Gouvernement encourageait également la destruction des crocodiles et de leurs œufs, mais les primes atteignaient un chiffre tellement élevé qu'on y a renoncé. En effet, les indigènes s'étaient avisés, au lieu de faire la chasse aux crocodiles, de rechercher leurs œufs et de les faire éclore pour toucher une prime plus forte.

D'après la dernière statistique des morts violentes, le nombre des victimes des animaux malfaisants a été comme suit en 1882 :

	A Java.	Autres possessions.	TOTAL.
Victimes ⎰ des tigres.	93	59	152
des crocodiles.	39	95	134
des serpents.	16	6	22
d'autres animaux.	32	2	34
	180	162	342

Sauf cependant dans les résidences de Bagelen, à Java, et dans celles des Lampongs, de Riouw, de Banka, de Billiton et de Bali, sur lesquelles on ne possède aucun renseignement.

5° AGRICULTURE.

a. — Cultures établies par le Gouvernement.

CAFÉ.

Ainsi que nous l'avons déjà expliqué, les seules cultures que le Gouvernement se soit réservé d'imposer aux populations sont la culture du café et celle du sucre. En ce qui concerne le café, des terrains de certains districts de Java, de la côte Est de Sumatra et de Menado doivent rester à la disposition du Gouvernement pour servir, s'il lui convient, à donner de l'extension à ses plantations. Dans toutes ces contrées, les populations sont tenues de livrer le produit de la culture, à un taux déterminé, au Gouvernement. Ce taux est fixé au budget de 1884 à 29 fr. 40 cent. par picul, sauf pour le café de qualité inférieure, pour lequel il n'est payé que la moitié.

La direction des cultures de café pour le compte du Gouvernement est confiée à un inspecteur en chef, aux appointements de 30,000 francs, qui a sous ses ordres un personnel nombreux de surveillants et de contre-maîtres indigènes, de magasiniers et d'employés européens dans chacun des districts où la culture a été introduite. Les chefs indigènes sont également tenus de lui prêter leur concours pour les mesures qu'il jugerait convenables et pour veiller à ce que les populations remplissent les obligations qui leur sont imposées. Il leur est accordé, en récompense de leurs services, une rémunération variant, suivant les localités et aussi suivant la valeur des produits, entre 76 centimes et 2 fr. 70 cent. par picul récolté. Cette allocation atteint le chiffre d'environ un million de francs.

Les dépenses qu'entraîne le service de la culture du café à Java, à Sumatra et à Menado figurent au budget de 1884 pour la somme de...................... 6,180,000 fr.

L'indemnité aux indigènes pour la culture de 994,000 piculs de café, pour.................... 30,378,000

36,558,000

Si l'on ajoute à cette somme les frais de transport et de commission payés dans les Pays-Bas, soit......... 9,672,000

On arrive à un total de dépenses de............. 46,230,000

Par contre, on évalue pour le même exercice le produit de la vente du café à Java et à Sumatra, à....... 15,424,000

Dans les Pays-Bas, à........................ 63,690,000

TOTAL 79,114,000

Le Gouvernement compte donc réaliser sur la culture des cafés, en 1884, un bénéfice net de près de 33 millions de francs.

D'après les traditions, la première introduction du caféier aux Indes néerlandaises daterait de 1696. Adrien van Ommeren, chef des établissements de la Compagnie des Indes sur la côte de Malabar, en aurait alors envoyé quelques plants à Java. Ce ne fut toutefois que quelques années après qu'un premier essai de culture eut lieu dans les jardins du gouverneur général à Batavia. Une inondation fit malheureusement avorter cette tentative. Grâce à l'intervention et aux efforts de Nicolas Witsen, bourgmestre d'Amsterdam et administrateur de la Compagnie, de nouveaux essais furent faits peu de temps après et ils furent couronnés de succès. Les premiers produits obtenus lui furent adressés des Indes en 1706, en même temps qu'un plant de caféier qu'il fit placer dans le jardin botanique d'Amsterdam, où il réussit à merveille. Deux ans après, on fit hommage à Louis XIV d'un plant né dans les serres hollandaises; ce plant fut placé dans le Jardin des plantes de Paris, où il ne tarda pas à multiplier. Le Gouvernement français conçut alors le projet de naturaliser le caféier dans nos possessions des Antilles, d'où il se répandit ensuite dans toute l'Amérique du Sud. Les Hollandais l'avaient déjà acclimaté dans leurs possessions des Indes occidentales quelques années auparavant.

Le premier envoi sérieux de la précieuse denrée récoltée à Java n'eut lieu qu'en 1711 et encore n'était-il que de 894 livres (à peu près 245 kilogrammes) qui furent vendues 2 fr. 40 cent. la livre. La Compagnie, charmée de ce résultat, s'empressa de prescrire à ses agents de donner le plus d'extension possible à cette nouvelle culture et leur recommanda, en même temps, de sécher plus soigneusement le café avant l'embarquement. Ces ordres furent scrupuleusement exécutés et l'on ne tarda pas à donner un grand développement aux plantations de caféiers. De Java, la culture du café fut transportée à Amboine et à Ceylan et elle se répandit peu à peu dans la plupart des îles de l'archipel malais.

Le caféier semble être une plante délicate. Les vents de mer et l'humidité lui sont très défavorables. Le froid lui est également nuisible. Il a donc besoin, pour prospérer, d'un terrain médiocrement arrosé par les eaux pluviales, sur le penchant des collines un peu ombragées, mais pas assez élevées pour que la température soit trop basse. Du moins, aux Indes néerlandaises, on a constaté que les plantations de caféiers situées à moins de 250 mètres ou à plus de 1,500 mètres d'altitude, où la température varie entre 12 et 30°, donnaient des résultats fort incertains. On rencontre, il est vrai, le caféier dans des régions moins élevées; mais la culture régulière doit rester dans ces limites pour être fructueuse. Or, la plupart des îles de la Malaisie avec leurs nombreuses chaînes de montagnes et leurs fertiles plateaux remplissent, on ne peut mieux, ces conditions. L'espèce d'esclavage auquel les populations indigènes étaient réduites permettait d'ailleurs à la Compagnie de se procurer à bon compte les travailleurs dont elle avait besoin. Sous son impulsion, la culture prit rapidement une grande extension, surtout dans les Préanger, districts qui bordent la côte Sud-Est de Java, et devint une importante source de bénéfices. Elle fut toutefois beaucoup négligée après la chute de la Compagnie, et il fallut le système de cultures imaginé par van den Bosch, non seulement pour lui rendre son ancienne splendeur, mais encore pour lui faire atteindre un degré de développement inconnu jusqu'alors. Le Gouvernement s'est réservé longtemps le monopole de la culture et de la vente du café; mais depuis 1850 surtout, tout en conservant la faculté de l'imposer dans certaines régions, il en a autorisé la culture par les particuliers.

Les caféiers ont deux époques de floraison, au printemps et en automne. Or, comme le fruit met environ quatre mois pour arriver à maturité, il en résulte que les arbustes sont toujours couverts de fleurs et de baies. Pour pouvoir être livrées au commerce, les graines doivent être débarrassées de la substance mucilagineuse contenue dans la pulpe qui les enveloppe et être séchées. On suit aux Indes hollandaises deux méthodes différentes pour cette opération, la méthode ordinaire et la méthode américaine, qui donnent toutes deux des produits de qualités très variables, suivant les soins qu'on a apportés à leur application.

La méthode ordinaire consiste a réunir en tas ou dans des paniers les baies récoltées. Elles subissent ainsi une espèce de fermentation qui permet facilement de dépouiller la graine de la pulpe charnue qui l'entoure sans toucher à la mince pellicule vulgairement appelée *parchemin* qui sert d'enveloppe immédiate à la graine. On procède alors à la dessiccation. Les indigènes se bornent à étendre les graines sur des claies ou sur le sol. Les Européens se servent à cet effet de bacs en maçonnerie; mais, dans l'un comme dans l'autre cas, le succès de l'opération, qui a beaucoup d'influence sur la qualité des produits, dépend de la température. On a cherché à y remédier par des dessiccateurs artificiels; mais ces machines exigent un personnel habile, et en cas d'avaries il est difficile de trouver des ouvriers pour les réparer. Une fois la graine bien sèche, il faut la décortiquer, c'est-à-dire enlever la pellicule qui la recouvre. On se sert dans ce but de moulins ou de machines spéciales. On se borne toutefois, depuis quelque temps, à enlever la pulpe, à sécher la graine et à l'expédier encore revêtue de sa dernière enveloppe en Europe, où elle subit la dernière préparation. On a constaté que ce procédé donnait un produit mieux conservé et ayant plus de valeur. Malheureusement, en raison de son plus grand volume et de son poids, les frais de transport de ce produit sont aussi plus élevés. En effet, le *gabah*, c'est ainsi qu'on nomme à Java le café revêtu de son enveloppe, perd de 14 à 20 p. o/o de son poids au décortiquage.

Dans la méthode américaine, la graine est immédiatement dépouillée de la pulpe dans des moulins en bois. Les graines sont ensuite réunies en tas ou dans des paniers pendant environ vingt-quatre heures, puis lavées, séchées et enfin décortiquées. On obtient par ce procédé un produit de couleur verte ou bleue qui semble être très recherché. Le Gouvernement encourage par des primes les indigènes à employer ce procédé et leur fournit des petits moulins à bras pour dépouiller la graine de sa pulpe, qui peut alors être utilisée comme engrais. A Java, on a tant soit peu modifié cette méthode. La graine dépouillée de son enveloppe extérieure n'est pas lavée mais séchée immédiatement. On obtient ainsi une grande économie dans la main-d'œuvre et le produit paraît être d'aussi bonne qualité.

Nous aurions voulu démontrer par des chiffres les progrès successifs que fit la culture du caféier à Java, sous l'énergique impulsion de van den Bosch et de ses successeurs ; malheureusement nos renseignements ne remontent pas au delà de 1873. Ils nous permettent néanmoins de nous rendre compte de la large place qu'elle n'a cessé d'occuper dans l'exploitation agricole des colonies.

La production totale à Java a été en moyenne et par an :

De 1833 à 1840, de.................... 36,340,000 kilogr.
De 1841 à 1850, de.................... 57,640,000
De 1851 à 1860, de.................... 60,303,000
De 1861 à 1870, de.................... 56,126,000
De 1871 à 1880, de.................... 61,811,000

Les cultures du Gouvernement figuraient dans ces chiffres :

De 1841 à 1850, pour.................. 52,328,000 kilogr.
De 1851 à 1860, pour.................. 56,916,000
De 1861 à 1870, pour.................. 53,444,000
De 1871 à 1880, pour.................. 52,886,000

Elles sont donc à peu près restées stationnaires pendant une période de quarante ans. Leur rapport a toutefois de nouveau augmenté pendant les deux dernières années et a été, en 1881, de 64,604,000 kilogrammes, en 1882, de 63,398,000 kilogrammes, ce qui représente une augmentation d'environ 20 p. o/o sur la moyenne des quatre périodes décennales précédentes.

Cette augmentation est due, d'une part, à ce que, le nombre de bras employés aux cultures s'étant considérablement accru, on peut donner à ces dernières plus de soins que par le passé, et, d'autre part, à ce que le Gouvernement a renoncé aux exploitations par trop éloignées des centres de population, qui entraînaient de trop grandes pertes de temps pour les ouvriers qui y étaient affectés. Nous voyons, en effet, que le nombre des plants de caféiers, qui s'élevait à 350,334,900 en 1849, était réduit en 1870 à 214,500,000, puis de nouveau porté à 238,500,000 en 1882. Par contre, le nombre de familles indigènes employées à la culture du caféier, qui était de 409,773 en 1847, fut porté en 1874 à 619,180 et en 1882 à 721,944. Si la production moyenne des cultures du Gouvernement n'a augmenté que de 11 millions de kilogrammes ou de 20 p. o/o environ de 1840 à 1882, le nombre des familles réquisitionnées à cet effet s'est au contraire accru de près de 75 p. o/o. Cette disproportion entre la production et le nombre de bras employés aurait nécessairement été fort onéreuse pour la population, qui n'est payée que d'après la quantité de produits livrés au Gouvernement, si celui-ci n'avait pas augmenté la rémunération des indigènes, qui de 8 florins par picul, au début, a été successivement portée à 10, à 12, puis à 14 florins, sauf pour les mauvaises qualités, en quantité insignifiante d'ailleurs, pour lesquelles il n'est payé que 7 florins.

Pour permettre d'apprécier la somme de bénéfices que réalise le Gouvernement sur le café seulement, voici quel en a été, en moyenne, le prix de revient et celui de vente par picul de 1870 à 1882.

ANNÉES.	PRIX		
	DE REVIENT livré en magasin.	DE VENTE NET	
		en Hollande.	aux Indes.
	francs.	francs.	francs.
1870..........................	30.40	77.13	"
1871..........................	33.53	82.61	"
1872..........................	32.48	101.55	"
1873..........................	33.18	126.75	119.49
1874..........................	35.02	134.21	114.05
1875..........................	36.22	132.25	128.16
1876..........................	33.83	121.77	102.24
1877..........................	35.51	121.86	115.56
1878..........................	34.39	113.19	108.82
1879..........................	34.06	105.79	107.31
1880..........................	36.56	94.96	90.43
1881..........................	34.44	83.95	73.18
1882..........................	34.98	65.56	57.75

Il résulte de cet aperçu que les profits obtenus par le Gouvernement, qui étaient de 150 p. o/o en 1870, ont atteint 350 p. o/o en 1874, mais sont redescendus à moins de 100 p. o/o en 1882. Il prouve aussi à quels dangers s'expose un gouvernement en se livrant à des opérations commerciales. Il ressent comme un vulgaire marchand toutes les fluctuations que la concurrence et mille autres circonstances peuvent produire sur le marché, et ces fluctuations occasionnent dans le budget des perturbations d'autant plus inquiétantes que l'État ne dispose pas, comme les particuliers, d'un capital dont il puisse modifier l'emploi à son gré. Il doit nécessairement faire appel aux contribuables pour combler les lacunes produites dans ses ressources par l'insuccès de ses transactions. Il est toutefois impossible de faire suivre aux impôts les variations de la cote de la bourse et de tomber ainsi dans un système fiscal des plus fantaisistes. Si la baisse sur les cafés continue, le Gouvernement néerlandais sera donc placé devant ce dilemme : ou abaisser la rémunération des indigènes, ce qui n'est guère possible aujourd'hui, ou abandonner la culture à ses propres ressources. Van den Bosch, en inventant son système, ne se serait certainement jamais douté que des raisons économiques pourraient le faire abandonner. Les choses n'en sont fort heureusement pas encore arrivées à ce point, et nous voyons le Gouvernement néerlandais encore bénéficier annuellement d'une trentaine de millions de francs. Néanmoins, l'accroissement considérable de la production du café au Brésil et dans le Centre-Amérique, qui est la cause de la crise que cette denrée traverse aujourd'hui, pourrait, à un moment donné, devenir des plus funestes aux colonies néerlandaises et au Gouvernement qui en tire parti.

Bien qu'on ne possède aucune donnée exacte à cet égard, on a néanmoins calculé, d'après le chiffre des exportations connues, que la production du café dans le monde entier avait suivi la progression suivante :

PAYS.	1856-1858.	1866-1868.	1876-1878.
	kilogr.	kilogr.	kilogr.
Asie............................	107,650,000	140,560,000	151,000,000
Afrique.........................	4,000,000	4,000,000	4,000,000
Sud-Amérique...................	185,715,000	231,240,000	261,390,000
Centre-Amérique................	3,500,000	9,050,000	32,500,000
Antilles et Guyane	29,300,000	36,800,000	41,800,000
Iles Sandwich, Fiji, Tahïti	"	300,000	150,000
TOTAUX...............	330,165,000	421,950,000	490,840,000

Au Brésil, où la production annuelle n'était en moyenne que de 42 millions de kilogrammes de 1833 à 1840, on a récolté, de 1871 à 1880, en moyenne, environ 173 millions de kilogrammes, et la récolte de 1881-1882 est évaluée à 240 millions de kilogrammes de café de Rio, sans compter 96 millions de kilogrammes de café de Santos.

Pour apprécier l'importance que le commerce du café a pour les Pays-

IMPRIMERIE NATIONALE.

Bas, voici quelles ont été les quantités qui y ont été importées de toutes provenances de 1870 à 1882 :

1870............................	97,153,000 kilogr.
1871............................	104,133,000
1872............................	80,349,000
1877............................	112,009,000
1878............................	93,285,000
1879............................	101,599,000
1880............................	110,366,000
1881............................	107,974,000
1882............................	115,228,000

La part du café Java dans ce mouvement a été, en :

1870, de..........................	67,921,000 kilogr.
1871, de..........................	73,305,000
1872, de..........................	46,194,000
1877, de..........................	83,349,000
1878, de..........................	59,780,000
1879, de	61,105,000
1880, de..........................	81,257,000
1881, de..........................	74,871,000
1882, de..........................	77,474,000

Si le Gouvernement se trouve réduit à abandonner les cultures officielles, il est incontestable que la majeure partie des cafés javanais, dont l'importation dans les Pays-Bas représente actuellement environ 90 p. o/o de la production, s'acheminerait vers d'autres pays de consommation, ainsi qu'il en est du sucre, dont l'exportation à destination des ports hollandais ne dépasse pas 20 p. o/o de la production.

Pour le Trésor, la culture du café a été une source tellement féconde de bénéfices que le montant aurait pu servir au remboursement intégral de la dette actuelle des Pays-Bas.

Ces bénéfices ont été, pendant les années :

1840 à 1844, de.....................	88,581,000 fr.
1845 à 1849, de.....................	51,552,000
1850 à 1854, de.....................	162,283,000
1855 à 1859, de.....................	221,757,000
1860 à 1864, de.....................	264,931,000
TOTAL..............	789,104,000

Soit en moyenne par an un peu plus de 31 millions de francs. Si l'on ajoute à cette somme les bénéfices réalisés de 1865 à 1883, évalués au même taux, soit 589 millions pour dix-neuf ans, on obtient un total de 1,378 millions de francs.

Voici, pour terminer cet aperçu, quelle était la situation des cultures de café pour le compte du Gouvernement en 1882 :

A *Java*, la culture forcée était imposée à la population de 10,531 villages, qui fournissaient 721,944 familles de travailleurs. Le nombre des plants de caféiers en pleine production était de 238 millions et demi, qui ont donné 984,400 piculs de 62 kilogrammes, auxquels viennent s'ajouter 39,700 piculs livrés comme redevance, au taux de 52 fr. 50 cent. par les sultans de Sourakarta et de Djokjokarta. La productivité des plantations a varié suivant les localités. Ainsi 134 caféiers fournissaient un picul dans le district de Tagal. Il en fallait 1,086 pour obtenir la même quantité à Japara.

L'indemnité payée aux populations s'élevait à 30,100,000 francs, la totalité des frais jusqu'à la mise en magasin à 33,870,000 francs, y compris 903,000 francs de gratification aux chefs indigènes pour la surveillance des cultures.

Sur la *côte occidentale de Sumatra*, où le Gouvernement a également introduit la culture forcée, la production, par suite de la négligence des indigènes auxquels elle était imposée, n'a pas donné les résultats qu'on en espérait. Elle avait atteint 182,000 piculs en 1870 et 175,000 en 1877; elle n'a été que de 98,309 piculs en 1882. Au lieu d'être envoyé en Europe, le café de Sumatra est vendu chaque trimestre à Padang, le chef-lieu de la région.

Le produit de la première qualité a été, en moyenne, de 83 fr. 45 cent., et celui de la seconde de 29 fr. 12 cent. par picul. Les ventes ont rapporté 8,387,000 francs.

Menado. — Les exploitations du Gouvernement sont de peu d'importance, à en juger par la production, qui n'a été que de 18,959 piculs en 1882, tandis qu'elle avait atteint 36,000 piculs en 1865, 37,000 en 1869 et 35,000 en 1878. La récolte de 1883 n'est évaluée qu'à 13,000 piculs. En 1882, 10,855 piculs de café de Menado vendus dans les Pays-Bas ont produit net 1 fr. 07 cent. par demi-kilogramme.

En somme, le produit total des cultures du Gouvernement a été, pour
1882 :

A Java, de...............................	1,024,088	piculs.
A Sumatra, de...........................	98,309	
A Menado, de..........................	18,959	
	1,141,356	

Soit environ 70 millions de kilogrammes.

SUCRE.

Nous avons expliqué, en parlant du système de van den Bosch, comment procédait le Gouvernement en ce qui concerne la culture de la canne
à sucre, qu'il a introduite à son profit dans certains districts. Il passait des
contrats avec les particuliers qui se chargeaient de l'extraction du sucre des
cannes livrées par la population et remboursaient au Gouvernement en
produits fabriqués les avances qu'il leur avait faites. Nous avons également
dit qu'en vertu de la loi de 1870 le Gouvernement ne donnerait aucune
extension aux cultures forcées; qu'à partir de 1878, les terrains où elles
ont été introduites doivent être progressivement remis à la disposition des
populations, de façon à ce que celles-ci rentrent en pleine possession de
leurs exploitations en 1890. A partir de cette époque, l'industrie sucrière
sera donc entièrement laissée à l'initiative privée. Voici, aux termes de cette
même loi, quels sont actuellement les rapports entre le Gouvernement et
les contractants ou fabricants qui se chargent de la fabrication du sucre.
L'administration néerlandaise se charge de faire cultiver les cannes par la
population dans les terrains qu'il choisit à son gré, mais son intervention
cesse dès que les cannes sont arrivées à maturité. Le contractant doit alors
avoir soin des champs, dont la récolte lui est abandonnée et qu'il doit
enlever dans un délai déterminé pour permettre aux indigènes de cultiver
les produits alimentaires dont ils ont besoin. La récolte et le transport des
cannes, la fabrication du sucre et toutes les opérations qui en dépendent
sont à sa charge; mais il a aussi actuellement la libre disposition du produit de sa fabrication, tandis qu'il n'en était pas ainsi sous l'empire de
l'ancienne législation. Par contre, il doit payer un cens fixe au Gouvernement et une certaine redevance pour l'usage des terrains et les frais de
culture, dont le taux est fixé tous les cinq ans. Le Gouvernement ne vient
en aide au fabricant pour lui procurer des ouvriers que dans des circonstances exceptionnelles et encore à des conditions onéreuses. Un seul des
contractants, sur les quatre-vingt-quinze qui existent actuellement, n'a pas
voulu accepter les conditions posées par la loi de 1870 et consentir à

résilier son contrat. Il continue donc à fournir des produits au Gouvernement à un taux déterminé. En 1882, il a livré 10,653 piculs, qui lui ont été payés 210,184 francs ou 19 fr. 73 cent. par picul et sur lesquels le Gouvernement a réalisé, en vente publique à Batavia, un bénéfice de 137,216 francs. Ce contractant est, par contre, exempt du cens payé par les autres sur les terrains cultivés à leur profit, et l'étendue des terrains dont il a la jouissance est irréductible jusqu'à l'expiration de son contrat.

Les bénéfices que retire le Gouvernement de la culture forcée de la canne à sucre se composent, d'après le projet de budget pour 1884 :

1° Du cens à acquitter par les fabricants pour les champs cultivés sous la surveillance de ses employés, soit de.............................. 5,193,000 fr.

2° Du cens pour les champs cultivés volontairement par les indigènes.. 1,000,000

3° De la redevance pour l'usage des terrains cultivés........... 8,889,000

4° Des amendes pour les retards dans l'enlèvement des récoltes.... 40,000

15,122,000

Il a, par contre, à sa charge :

1° Le traitement et l'indemnité accordés aux surveillants indigènes par suite de la suppression des corvées................................ 167,800 fr.

2° Les indemnités aux populations pour l'usage de leurs terrains...' 1,945,500

3° Les salaires aux indigènes.......................... 5,609,100

4° Les indemnités aux populations pour les retards dans l'enlèvement des récoltes...................................... 29,400

5° Les allocations aux chefs de village...................... 84,300

6° Les provisions aux chefs et fonctionnaires indigènes......... 671,100

8,507,200

Les profits nets sont donc évalués pour 1884 à 6,615,000 francs.

On ignore à quelle époque la canne à sucre a été introduite dans les colonies néerlandaises de l'archipel malais. Peut-être y a-t-elle été apportée par les Chinois ou les Hindous, qui la connaissaient depuis longtemps. Ce qu'il y a de certain, c'est que lorsque les Hollandais s'emparèrent de Java, ils constatèrent que les plantations de cannes à sucre y étaient assez étendues et qu'une fabrique d'arack ou d'eau-de-vie de sucre fonctionnait déjà à Jacatra en 1611. L'industrie sucrière devait donc y être déjà florissante. Elle se bornait toutefois aux environs de Batavia (l'ancienne Jacatra), d'où elle se répandit progressivement dans d'autres parties de l'île, tout en restant cependant entre les mains des Chinois. Jusqu'à la fin du XVIII° siècle, elle subit toutes les vicissitudes que la politique de la Compagnie voulut bien lui faire traverser. Suivant les circonstances et ses intérêts, elle la limitait ou l'étendait et elle fixait à son gré les prix auxquels les fabricants étaient tenus de lui fournir leurs produits. La chute de la Compagnie permit à l'industrie sucrière de se relever des coups que lui avaient portés une longue période d'oppression et de despotisme. Aussi le commissaire général Elout déclarait-il que, pendant son séjour à Java, de 1816 à 1819, la culture de la canne à sucre avait pris de grandes proportions, sans qu'aucune protection ou prime quelconque soit venue l'encourager.

Elle ne devait toutefois atteindre son apogée que sous l'empire du système des cultures. De nombreux contrats furent signés, les exploitations s'accrurent et de nouvelles fabriques s'élevèrent de tous côtés. Mais ce système, basé sur le droit du plus fort, tout en assurant d'immenses bénéfices aux fabricants et longtemps aussi au fisc, violait tous les droits des indigènes en disposant de leurs terrains et de leurs bras. Il devait donc, tôt ou tard, faire place à des principes plus équitables et plus rationnels. Ni le Gouvernement ni les contractants n'apportaient un soin particulier à la culture. Quand un terrain était épuisé, on en choisissait un autre; ni l'étude des terrains propres à la culture, ni celle des vingt variétés de cannes cultivées à Java au point de vue de leur richesse saccharine n'a jamais été faite. Les contractants qui, comme le Gouvernement, ne visaient qu'à des bénéfices immédiats, n'avaient ni les connaissances ni les aptitudes nécessaires pour diriger les entreprises qu'ils avaient obtenues. Ils s'entêtaient dans la routine, ne tenaient aucun compte des progrès de la science et continuaient, dans leur aveuglement et malgré les plaintes qu'on ne cessait de leur adresser, à fournir des produits d'une médiocrité incontestable. Aussi, qu'est-il arrivé lorsque le prodigieux accroissement de la production du sucre de betterave est venu bouleverser le marché? Les fabricants javanais, avec leurs procédés surannés, leur fabrication sommaire et négligente, n'ont pu tenir tête à l'orage ni soutenir la concurrence et sont menacés aujourd'hui d'une ruine complète. Cependant ils ont pour eux un terrain fertile, la main-d'œuvre à un prix dérisoire et des capitaux en profusion. Le régime qui a prévalu jusqu'en 1870 devait nécessairement amener ce résultat, du moins pour ceux qui avaient contracté avec le Gouvernement et qui étaient habitués à vivre dans le plus doux farniente. Le Gouvernement choisissait les terrains propres à la culture, y mettait le nombre de corvéables nécessaires, faisait récolter et porter les cannes au moulin, où il reprenait le sucre. La fabrication laissait-elle à désirer? On s'en inquiétait fort peu, le Gouvernement devait s'en contenter. Le rendement n'était-il pas assez élevé? Il suffisait pour donner de beaux bénéfices.

En 1830, on évaluait le rendement en sucre d'un bouw de cannes à 10 ou 20 piculs. De 1840 à 1848, il ne dépassait pas encore 40 piculs, et l'on trouvait ce résultat splendide. Il y a aujourd'hui des usines particulières qui obtiennent jusqu'à 100 piculs.

La loi agraire de 1870, qui, entre parenthèses, a donné lieu à des réclamations de la part de ceux qu'elle a tirés de leur torpeur, a été un violent stimulant pour les contractants officiels. En effet, ils ne purent plus s'acquitter en produits de n'importe quelle qualité envers le Gouvernement. Ils durent payer en bons et beaux deniers et faire de leurs sucres ce que bon leur semblerait. Mais c'est alors aussi qu'ils se rendirent compte de leur infériorité. L'intérêt privé étant directement en jeu, on vit les procédés s'améliorer peu à peu et le rendement augmenter dans de notables proportions. Ce n'est plus 30 ou 40 piculs de sucre qu'on tire aujourd'hui d'un bouw de cannes, mais 75 en moyenne, ainsi que le démontre la statistique suivante de la production des cultures gouvernementales pendant les six dernières années :

	1877.	1878.	1879.	1880.	1881.	1882.
Nombre de bouws cultivés par le Gouvernement..........	38,605	38,668	38,668	35,725	32,768	30,840
Nombre de bouws cultivés volontairement par les populations pour les contractants.	3,651	3,948	4,521	6,678	9,946	12,239
TOTAUX.....	42,256	42,616	43,189	42,403	42,714	43,079
Rendement en sucre (piculs).........	2,884,171	2,603,762	2,677,304	2,548,667	3,193,786	3,233,650
Rendement en sucre par bouw (piculs)..	68.25	61.14	62.08	60.30	75.12	75.28

La réduction de l'étendue des terrains cultivés par les soins du Gouvernement est une des conséquences de la loi de 1870. Elle est toutefois largement compensée par l'augmentation des cultures librement consenties par les populations en faveur des contractants, augmentation qui prouve péremptoirement que le développement de l'industrie sucrière peut s'opérer en dehors de toute pression et de toute protection gouvernementales. Le rendement moyen par district a été au minimum de 25 piculs 54 centièmes, au maximum de 128 piculs 98 centièmes de sucre par bouw de cannes[1].

Les recettes et les dépenses auxquelles ont donné lieu la culture et la fabrication du sucre pour le compte du Gouvernement et que nous avons déjà spécifiées, ont été :

ANNÉES.	RECETTES.	DÉPENSES.	BÉNÉFICE NET.
	francs.	francs.	francs.
1878.........................	22,436,000	12,700,000	9,736,000
1879.........................	22,470,000	12,694,000	9,776,000
1880.........................	20,995,000	11,867,000	9,128,000
1881.........................	19,496,000	10,915,000	9,581,000
1882.........................	18,454,000	10,346,000	8,108,000
1883 (Budget).................	16,680,000	9,681,000	6,999,000

Si la loi agraire de 1870 a, d'un côté, affranchi les populations de la contrainte qui pesait sur elles et des charges imposées à ses terrains et, de l'autre, rendu au fabricant la libre disposition de ses produits, elle a aussi eu pour conséquence, imprévue sans doute, de priver le commerce des Pays-Bas d'un de ses principaux éléments de prospérité, ou du moins de le réduire dans des proportions fort inquiétantes. Le fabricant a naturellement cherché pour ses produits les débouchés les plus avantageux, et comme ce n'était pas la mère patrie qui les lui offrait, il s'est adressé ailleurs, ainsi que le démontrent les chiffres des exportations de sucre de Java de 1870 à 1882, en tonnes de 1,000 kilogrammes.

DESTINATION.	1870.	1875.	1877.	1878.	1879.	1880.	1881.	1882.
Pays-Bas..................	125,953	»	79,764	57,645	35,086	23,038	36,106	25,795
Grande-Bretagne............	»	»	69,899	74,847	69,536	72,724	60,584	95,358
La Manche, à ordre..........	»	»	34,253	48,140	50,329	67,630	69,253	65,820
France....................	»	»	4,059	7,349	6,133	8,793	13,203	24,263
Autres contrées de l'Europe....	»	»	5,118	1,872	1,079	3,464	19,764	20,202
Port-Saïd, à ordre...........	»	»	335	»		1,842	»	21,737
Australie..................	»	»	17,559	17,630	17,801	22,661	23,651	32,861
Autres contrées..............	»	»	21,368	23,488	15,693	33,370	47,260	46,885
TOTAUX...........	125,953	»	232,355	230,971	195,657	234,122	269,821	332,921

[1] Le picul est d'environ 62 kilogrammes.

L'importation du sucre de Java en Hollande a donc diminué de 100 millions de kilogrammes depuis 1870. Elle est tombée de 125 millions à 25 millions de kilogrammes. Peut-être ce dernier chiffre se réduirait-il encore si des engagements pécuniaires ne liaient les fabricants coloniaux à des capitalistes de la métropole.

Le dernier rapport colonial contient des renseignements intéressants sur la campagne sucrière de 1882, comparée à celle de 1881, en ce qui concerne les fabriques qui ont des contrats avec le Gouvernement :

		1881.	1882.
Nombre d'usines.		95	95
Terrains	cultivés par le Gouvernement. . . .	32,768	29,840 bouws.
	pris en location par les contractants.	9,018	11,603
	dont les contractants ont acheté la récolte.	928	1,636
		42,714	43,079
Quantité de jus obtenue.		1,398,301,000 litres.	
Quantité de sucre obtenue.	Classe supérieure.	42,567	21,964 piculs.
	Nos 15 à 20.	357,436	268,571
	Nos 9 à 14.	2,241,210	2,383,467
	Nos 8 et au-dessous.	374,253	340,620
	Mélasse.	178,320	219,026
		3,193,786	3,233,648
Personnel	fixe.	7,608	8,615
	auxiliaire.	35,818	40,441

QUINQUINA.

Nous n'avons pas à rappeler l'utilité du quinquina ni les appréhensions qu'avaient fait naître les renseignements fournis par Weddell sur la manière barbare et irréfléchie d'exploiter les forêts d'arbres à quinquina dans l'Amérique du Sud. Qu'il nous suffise de dire que le Gouvernement néerlandais s'était ému des plaintes formulées par les princes de la science et songeait depuis longtemps, sur leur instigation, à tenter d'acclimater le quinquina à Java. Stimulé aussi par les essais infructueux tentés dans les colonies françaises et anglaises, il résolut, à son tour, de chercher à se procurer les semences nécessaires à cette entreprise. Il avait toutefois à vaincre de grandes difficultés pour y parvenir. Jaloux du monopole qu'ils possédaient et mis en éveil par les tentatives faites dans d'autres contrées, les Sud-Américains s'opposaient de tout leur pouvoir à l'exportation de plants et de graines qui pouvaient, à un moment donné, leur créer une concurrence redoutable et les priver de leurs bénéfices. Agir ouvertement, c'était aller au-devant d'un échec certain. On résolut donc d'employer la ruse. Mais pour réussir il fallait un homme courageux, solide, capable, habitué aux voyages et possédant le tact, la persévérance et l'énergie nécessaires pour mener une expédition aussi dangereuse et aussi délicate à bonne fin. On jeta les yeux sur le docteur Hasskarl, botaniste distingué, originaire de Dusseldorf, attaché, de 1837 à 1843, au jardin botanique de Buitenzorg, près Batavia. Le résultat de sa mission justifia de tous points la confiance qu'on avait mise en lui. Il partit, en 1852, avec un passeport au nom de *Muller, natif de Cassel et demeurant à Amsterdam,* pour se rendre par les Antilles et l'isthme de Panama au Callao, où il arriva le 1ᵉʳ janvier 1853. De là, il se rendit à Quito et dans la Cordillière des Andes, qu'il parcourut pendant un an. Il quitta l'Amérique, en 1854, avec vingt et une caisses de plantes et de graines, à bord d'un vaisseau de guerre hollandais qui était venu l'attendre au Callao et se rendit directement à Batavia, où il arriva le 13 décembre de la même année. Il avait dans l'intervalle fait un envoi de plants et de graines en Hollande; mais les graines seules arrivèrent intactes. Les résultats de cette intéressante mission ont été décrits dans nombre de revues étrangères, entre autres dans l'*Annuaire des Deux-Mondes* de 1855, qui rend un juste hommage, non seulement à celui qui l'a entreprise, mais aussi au Gouvernement néerlandais qui l'avait préparée. Celui-ci ne poursuivait qu'un but, celui d'assurer la conservation et la multiplication du quinquina, sans y attacher un intérêt pécuniaire. « Ce n'est pas comme spéculation, disait le ministre Rochussen, c'est comme acte humanitaire que le Gouvernement néerlandais a entrepris et poursuivi cette œuvre; il ne désire pas le monopole, il ne se cache pas sous le voile du secret. » En effet, le Gouvernement néerlandais est toujours prêt à soutenir et à encourager les essais tentés par les particuliers pour la culture du quinquina. On ne fait jamais en vain appel aux conseils et à l'expérience de ses employés. Le directeur des cultures aux Indes met chaque année en vente publique les graines dont il n'a pas besoin. Des instructions récentes lui prescrivent de mettre gratuitement à la disposition des gouvernements et des établissements publics étrangers les graines dont ils lui feraient la demande. En un mot, le Gouvernement néerlandais ne s'est jamais départi de la règle de conduite qu'il s'est tracée dès le début, ce qui ne l'empêche pas de tirer des profits toujours croissants de ses plantations.

La collection réunie par Hasskarl se composait de graines de *Cinchona calisaja*, de *C. ovata*, de *C. amygdalifolia*, de *C. pubescens* et de plants de *calisaja* et d'*ovata*. Les graines furent semées dans le jardin botanique de Tjibodas, dans les montagnes de Gédé, à Java. Quant à celles transmises en Hollande, où on leur voua des soins tout particuliers, elles donnèrent naissance à de jeunes plants qui furent envoyés en 1855, par voilier, aux Indes sous la surveillance de Junghuhn, botaniste et naturaliste allemand au service du Gouvernement indien, qui eut la satisfaction de pouvoir débarquer à peu près intacts 55 *calisaja*, 88 *ovata* et 6 *lancifolia* qui, joints à ceux obtenus aux Indes, permirent de faire des expériences sur une vaste échelle.

A la fin de 1863, le nombre des plants cultivés en pleine terre était de 539,040, répartis ainsi qu'il suit :

Cinchona calisaja, dont 5,000 *Hasskarliana*	7,408
C. succirubra	71
C. lancifolia	104
C. pahudiana ou *ovata* et *lanceolata*	531,456
C. micrantha	1
	539,040

Et dans les pépinières :

C. calisaja	4,685
C. succirubra	18
C. lancifolia	147
C. pahudiana	607,920
	612,770

On reconnut toutefois promptement que le *C. ovata* ou *pahudiana* ne donnait que des produits de médiocre qualité. Le Gouvernement défendit, en conséquence, d'en continuer la culture. On le remplaça, en 1865, par le *C. officinalis*, importé du Bengale. Ce ne fut qu'en 1872, à la suite de nombreuses expériences et d'analyses fréquemment renouvelées et plus minutieuses, qu'on parvint à déterminer les espèces susceptibles de donner les meilleures qualités de quinquina et qu'on put établir la nomenclature des variétés botaniques des espèces que l'on possédait. A l'analyse, les *C. calisaja ledgeriana* (variété de *C. calisaja*), le *C. officinalis* et le *C. succirubra* ont donné les résultats les plus concluants, et l'on a, par suite, décidé de restreindre progressivement la culture des autres variétés, puis de l'abandonner complètement.

Voici quelle était la situation de la culture en pleine terre de 1864 à 1881 :

ANNÉES.	LEDGE-RIANA.	OFFI-CINALIS.	SUCCIRUBRA et CALOPTERA.	CALISAJA et HASSKARLIANA.	LAN-CIFOLIA.	MICRANTHA.	TOTAL.
	plants.	plants.	plants.	plants.	plants.	plants.	plants.
1864...	"	"	81	11,000	171	1	11,252
1865...	"	12	341	27,000	332	1	27,686
1866...	"	2,400	792	56,000	418	1	59,611
1867...	"	9,400	3,100	198,000	569	3	211,072
1868...	"	24,000	12,700	429,000	570	386	466,656
1869...	"	61,000	45,000	564,000	797	414	671,211
1870...	"	120,000	130,000	843,000	6,400	758	1,100,158
1871...	"	188,000	164,000	1,009,000	16,000	1,050	1,379,887
1872...	"	262,000	179,000	1,235,000	27,000	1,030	1,705,542
1873...	10,000	337,000	190,000	1,123,000	32,000	890	1,694,690
1874...	44,000	426,000	185,000	1,082,000	34,000	850	1,771,850
1875...	105,000	491,000	179,000	1,020,000	36,000	512	1,832,451
1876...	167,000	504,000	162,000	975,000	36,000	512	1,845,483
1877...	197,000	507,000	15″,000	937,000	36,000	262	1,835,602
1878...	253,000	535,000	177,000	1,045,000	34,000	262	2,043,542
1879...	355,000	377,000	219,000	698,000	28,000	260	1,678,670
1880...	498,000	401,000	278,000	630,000	16,000	260	1,824,530
1881...	620,000	458,000	596,000	520,000	12,100	"	2,036,480

Les pépinières renfermaient en outre, en :

1871................................... 534,451 plants.
1873................................... 382,169
1874................................... 250,200
1875................................... 223,300
1876................................... 264,378
1877................................... 312,518
1878................................... 345,150
1879................................... 397,550
1880................................... 560,850
1881................................... 736,600

Il serait intéressant de suivre toutes les opérations de la culture du quinquina depuis l'éclosion des graines jusqu'à la récolte de la précieuse écorce; mais ces détails nous entraîneraient trop loin. Nous sommes donc forcé de renvoyer ceux que la question intéresse aux travaux qui ont été publiés sur la matière dans les Pays-Bas, par MM. Bernelot Moens et van Gorkom. Les employés qui en sont chargés à Java y apportent un soin tout particulier, et ils ne cessent de se livrer à des expériences pour la rendre plus productive et y donner de l'extension. Leurs efforts ont été couronnés d'un plein succès, ainsi que le prouvent les quantités toujours croissantes mises en vente par le Gouvernement, et qui ont été comme suit :

ANNÉES.	QUANTITÉS mises EN VENTE.	PRIX MOYEN par KILOGRAMME.	PRODUIT.
	kilogr.	fr. c.	francs.
1878............................	46,200	4 28	198,200
1879............................	53,735	7 98	348,300
1880............................	46,434	9 03	420,000
1881............................	49,772	5 54	277,000
1882............................	76,831	6 42	496,500
1883............................	118,873	7 85	719,400

La production totale de 1869 à 1881 s'est élevée à environ 481,000 kilogrammes. Elle a été, en 1882, de 126,595 kilogrammes, contre 60,000 kilogrammes en 1878 et 82,500 kilogrammes en 1881. Les ventes qui ont eu lieu à Amsterdam de 1870 à 1882 ont rapporté brut 2,782,500 francs.

Les plantations de quinquina du Gouvernement indien sont établies à sept endroits différents sur le versant des montagnes des Préanger, sur la côte S. O. de Java, à des hauteurs variant entre 1,250 et 1,950 mètres au-dessus du niveau de la mer. Chaque établissement se compose, outre les logements pour le personnel, de pépinières couvertes et de champs pour la culture en pleine terre. Ils sont tous placés sous la surveillance d'un directeur aux appointements de 20,000 francs, d'un sous-directeur à 10,000 francs, d'un surveillant en chef à 5,000 francs, de sept surveil-lants chefs d'établissements touchant de 1,800 à 4,300 francs, ayant sous leurs ordres le personnel indigène nécessaire aux exploitations et qui est recruté librement. Les dépenses annuelles pour le personnel, l'entretien et l'achat du matériel s'élèvent à la somme de 150,000 francs environ. Les produits de la récolte, sauf une partie insignifiante qui reste à Java, sont envoyés à Amsterdam, où ils sont vendus aux enchères, deux fois par an, au profit du Gouvernement, qui fait connaître la richesse en alcaloïdes de chaque espèce offerte en vente. Le produit de la récolte de 1882, transmis

à Amsterdam, sauf 1,380 kilogrammes conservés pour l'usage du service
sanitaire aux Indes, se décomposait comme suit :

Calisaja	ledgeriana.......................	34,543 kilogr.
	javanica........................	3,679
	Schuhkraft......................	27,342
	anglica.........................	887
Hasskarliana..............................		1,377
Succirubra................,...............		52,129
Officinalis................................		2,633
Lancifolia ,...,,.............,,...........		2,625
		125,215

En résumé, le produit net des cultures du Gouvernement a été, en
1882 :

Pour le café	de Java et de Menado, de........	53,149,000 fr.
	de Sumatra, de..............	8,387,000
Pour le sucre de Java, de.,..................		8,108,000
Pour l'écorce de quinquina, de..............		459,000
		70,103,000

b. — Entreprises agricoles particulières.

L'exploitation des richesses agricoles du sol s'opère par les particuliers,
non compris les indigènes dont nous avons déjà parlé : 1° sur des terrains
donnés à bail emphytéotique ou simplement affermés par le Gouvernement; 2° sur des terrains cédés en toute propriété aux particuliers; 3° sur
des terrains loués des indigènes; 4° sur des terrains cédés ou donnés à bail
par des princes ou notables indigènes qui en ont la disposition. Certaines
industries agricoles se bornent aussi à acheter les produits cultivés par les
indigènes pour les transformer dans des usines.

On a tant vanté l'esprit de colonisation des Hollandais que l'on devrait
s'attendre à ce que l'industrie privée européenne occupât un rang fort
important dans leurs colonies. On est toutefois frappé de prime abord et
du faible nombre d'Européens établis aux Indes, et aussi de l'exiguïté de
leurs établissements, par rapport à la vaste étendue de terrains qu'il y a
à exploiter. En effet, le nombre des Européens établis aux Indes orientales
atteint à peine 44,000 individus, et dans ce chiffre sont encore compris
les métis et les fonctionnaires civils, qui sont fort nombreux. Les Hollandais
proprement dits ne figurent dans ce chiffre que pour près de 9,000, sans

que leur nombre ait jamais été plus élevé. C'est que, pour eux, les colonies ne sont qu'un lieu de passage. Ils vont y tenter la fortune ou y sont envoyés par des capitalistes de la métropole, mais s'empressent, une fois qu'il ont réuni un capital suffisant pour vivre ou terminé leur mission, de retourner dans la mère patrie. Bien limité est le nombre de ceux qui abandonnent leur foyer pour aller chercher au loin une patrie nouvelle. Malgré l'accroissement considérable de la population en Hollande, il ne s'est manifesté aucun courant d'émigration vers les colonies. Au contraire, les journaux déplorent le défaut d'énergie et d'esprit d'entreprise chez les jeunes gens. Ils leur reprochent de préférer la médiocrité dans la mère patrie aux promesses d'avenir que leur réservent les possessions d'outre-mer, où ils peuvent trouver un vaste champ ouvert à leur intelligence et à leur activité. Qu'est-ce, en effet, que 40,000 Européens sur une étendue de 1 2 3 millions d'hectares, pour ne parler que de l'archipel malais, où se trouvent accumulées toutes les richesses végétales et minérales qu'un sol fécond peut produire sous un climat des plus propices? Hâtons-nous de dire que le Gouvernement néerlandais lui-même, et avant lui la Compagnie des Indes, ont longtemps entravé l'établissement des Européens dans leurs possessions. Ils craignaient de faire naître une concurrence qui aurait pu faire ressortir aux yeux des populations les avantages qu'ils pouvaient retirer de la liberté du travail et du commerce. La politique coloniale est toutefois entrée dans une ère nouvelle; les entraves qui paralysaient l'essor du commerce et le développement de l'industrie sont brisées, les vastes étendues de terres encore vierges vont pouvoir librement se transformer en d'opulentes cultures, grâce au réseau toujours croissant des chemins de fer et des autres moyens de communication, grâce à l'amélioration des ports et surtout aussi à l'intérêt de plus en plus marqué que les capitalistes portent aux entreprises coloniales.

Il est difficile, si ce n'est impossible, d'obtenir des données exactes sur les entreprises particulières existant dans un empire aussi vaste que l'archipel malais et où la statistique est encore dans son enfance. On ne peut donc que s'en rapporter aux statistiques fort incomplètes publiées par les soins du Gouvernement.

1° ENTREPRISES AGRICOLES BASÉES SUR DES CONTRATS AVEC LES POPULATIONS INDIGÈNES.

a. — *Industrie sucrière.*

Cette industrie est exercée à Java par des Européens et des Chinois qui, comme nous l'avons vu, ont été les premiers à l'introduire dans les colonies indiennes. Le nombre des usines existant en 1882 était de 50, dont 31 appartenant à des Européens et 19 à des Chinois. Il n'en a toutefois fonctionné que 41, qui ont opéré sur 9,518 bouws de cannes, ayant donné 586,365 piculs ou 36,354,000 kilogrammes de sucre, soit en moyenne 53.91 piculs par bouw. La moyenne pour les sucreries européennes était de 64.51 piculs; pour les entreprises chinoises, de 43.31 piculs, par bouw de 72 ares. Le développement qu'à pris cette industrie nous a paru utile à signaler :

ANNÉES.	USINES EXISTANTES.	USINES auxquelles s'appliquent les RENSEI- GNEMENTS.	NOMBRE de BOUWS cultivés.	USINES auxquelles s'appliquent les RENSEI- GNEMENTS.	PRODUCTION en KILOGRAMMES.
1871................	24	23	3,314	24	7,693,000
1872................	23	12	1,665	23	9,912,000
1873................	29	17	2,163	29	13,250,000
1874................	38	15	2,287	37	14,136,000
1875................	44	16	3,748	40	14,464,000
1876................	45	34	6,830	43	23,534,000
1877................	45	42	8,508	43	26,664,000
1878................	46	46	8,698	46	24,865,000
1879................	48	46	9,993	46	26,740,000
1880................	49	46	10,416	45	21,562,000
1881................	47	41	10,023	41	32,678,000
1882................	50	41	9,518	41	36,354,000

Ainsi, le chiffre de la production de l'industrie particulière a presque quintuplé en douze ans. Ce résultat est d'autant plus remarquable que les meilleurs champs pour la culture de la canne à sucre sont accaparés par les exploitations ayant des engagements avec le Gouvernement. Celles-ci disposent à leur gré des moyens d'irrigation indispensables à une bonne culture, et les industries privées doivent se contenter des minces filets d'eau qu'on veut bien leur laisser. Il y a d'ailleurs cette différence essentielle entre les entreprises particulières et celles qui sont sous le patronage officiel, que pour ces dernières, on tient compte avant tout des intérêts du Gouvernement et de ses contractants, tandis que pour les autres on respecte l'intérêt des populations.

Les fabricants louent les terrains aux populations, généralement après que la récolte du riz a été faite. Les prix de location et de plantation sont, dans la plupart·des·districts, de 85 à 100 francs par bouw, sauf à Pasourouan et à Probolingo, où ils atteignent jusqu'à 500 francs par bouw. La préparation des champs s'opère soit par des ouvriers à gages, soit à l'entreprise ou à la tâche par des Chinois. Les salaires des ouvriers à la journée varient de 36 centimes à 80 centimes; à la tâche, de 80 centimes à 1 fr. 25 cent. Les ouvriers au mois gagnent de 15 à 40 francs; ceux qui exercent un métier, de 30 à 125 francs.

b. — *Entreprises pour la culture du tabac à Java.*

La culture du tabac à Java semble avoir été pratiquée par les Javanais longtemps avant que les Européens songeassent à l'approprier aux besoins des marchés européens. L'indigène se contentait de récolter ce qui lui était nécessaire pour son propre usage d'un produit à feuilles épaisses, d'un aspect peu agréable, ayant un goût et une odeur fort prononcés et d'une combustibilité douteuse. Lors de la création du système des cultures, le Gouvernement, croyant pouvoir en tirer profit, porta tout naturellement son attention sur le tabac. Il envoya un de ses inspecteurs à Cuba pour en étudier la culture, fit ensuite faire de nombreux essais à Java, passa des contrats avec des entrepreneurs, leur fit les avances et leur fournit les ouvriers dont ils avaient besoin. Mais toutes ces entreprises ne donnèrent que de médiocres résultats; le Gouvernement dut renoncer à s'en occuper et abandonner la culture à l'initiative privée. Les entreprises particulières furent plus heureuses et ne tardèrent pas à prendre un développement extraordinaire jusqu'en 1875, pour décroître ensuite dans des proportions inquiétantes, lorsque des produits plus soignés vinrent faire une concurrence redoutable au tabac de Java sur les marchés européens. A Java, sauf dans les principautés de Sourakarta et de Djokjokarta, le planteur européen faisait ensemencer les champs; l'indigène devait ensuite se charger de la culture jusqu'à ce que la plante fût arrivée à maturité et vendait, à un prix fixé d'avance, le produit de la récolte sur pied à l'entrepreneur, qui lui faisait subir les autres opérations. Les succès obtenus donnèrent naissance à une foule d'exploitations plus ou moins bien entendues qui se firent une concurrence à outrance. Quelques-unes, pour s'assurer la préférence des indigènes, leur firent des avances sur les récoltes futures. L'indigène, ayant touché le prix de ses champs, s'inquiétait fort peu de la culture et ne livrait que des produits médiocres et dépréciés. Ce système ne pouvait toutefois durer; la corruption des indigènes et la ruine des entrepreneurs en furent les conséquences inévitables. Les entreprises qui subsistent encore aujourd'hui surveillent avec soin la culture depuis l'ensemencement jusqu'à l'expédition en Europe. Ce n'est que par ce moyen qu'elles parviendront peut-être à relever la réputation du tabac de Java, qui est bien tombée aujourd'hui.

Les entreprises reposant sur des contrats volontaires avec les populations n'ont pas échappé à la décadence générale. Elles étaient au nombre de 119 en 1873, avec une production de près de 16 millions de kilogrammes. Il n'y en avait plus que 74 en 1882, dont 52 seulement en activité, qui n'ont produit que 4 millions de kilogrammes.

Le tableau suivant permet de suivre la décroissance de cette industrie pendant les dix dernières années.

ANNÉES.	NOMBRE D'ENTREPRISES en activité.	NOMBRE des ENTREPRISES qui ont fourni des renseignements.	PRODUCTION EN KILOGRAMMES.		
			TABAC en feuilles.	CROSSOH.	TOTAL.
1873...................	119	118	"	"	15,963,000
1874...................	126	117	"	"	11,621,000
1875...................	139	124	"	"	10,544,000
1876...................	156	145	"	"	12,048,000
1877...................	152	123	"	"	10,382,000
1878...................	125	114	8,675,000	821,000	9,496,000
1879...................	102	92	2,927,000	80,000	3,007,000
1880...................	105	90	6,541,000	278,000	6,819,000
1881...................	96	79	7,077,000	1,499,000	8,576,000
1882...................	52	48	2,245,000	1,604,000	3,849,000

Le crossoh est un tabac de qualité inférieure, vendu à un prix très minime et provenant du bas de la plante. L'augmentation de la production de cette espèce, correspondant à une diminution de celle des qualités supérieures, indique suffisamment quelle est, actuellement, la situation de la culture du tabac à Java.

La nature et les conditions des engagements entre les indigènes et les entrepreneurs varient suivant les localités. Tantôt la récolte est achetée sur pied, tantôt lorsqu'elle a déjà subi une certaine préparation. D'autres fois aussi, les entrepreneurs se chargent de toutes les opérations. Dans trois des districts de Java, le système des avances aux cultivateurs qui y est encore appliqué, quoique dans une proportion moindre qu'auparavant, donne souvent lieu à des plaintes. A Samarang, le tabac des 1ʳᵉ, 2ᵉ et 3ᵉ qualités y est payé aux indigènes respectivement à raison de 6,4 ou 2 centimes par 15 feuilles; à Sourabaya, 2 centimes par 10 feuilles sans distinction de qualité. Dans les autres districts, les prix sont fixés par mille plants et étaient en 1882 : à Probolingo, de 16 fr. 80 cent. à 42 francs; à Bezouki, de 8 fr. 40 cent.; à Banjoumas, de 16 fr. 80 cent. à 25 fr. 20 cent.; à Kediri, de 9 fr. 45 cent. à 21 francs; à Pasourouan, de 14 fr. 70 cent. Dans ce dernier district, le produit sec était payé aux indigènes à raison de 12 fr. 60 cent. à 14 fr. 70 cent. par picul de 62 kilogrammes.

La décadence de la culture du tabac à Java ne pourrait être mieux démontrée que par le tableau suivant, qui reproduit les résultats de la vente du produit des différentes récoltes dans les Pays-Bas, de 1871 à 1882.

ANNÉES DES RÉCOLTES.	QUANTITÉS MISES EN VENTE en balles de 75 à 100 kilogrammes.			PRODUIT EN FRANCS.
	TABAC en feuilles.	GROSSON.	TOTAL.	
1872............................	127,525	79,826	207,351	38,850,000
1873............................	195,591	44,415	240,006	47,250,000
1874............................	143,563	35,765	179,328	48,300,000
1875............................	140,942	41,235	182,177	30,450,000
1876............................	165,585	26,283	192,143	24,650,000
1877............................	100,945	45,631	146,576	16,800,000
1878............................	108,455	50,810	159,430	9,975,000
1879............................	41,390	8,830	50,220	9,450,000
1880............................	108,523	44,979	170,502	21,000,000
1881............................	104,449	88,791	193,240	18,900,000
1882............................	30,661	40,773	71,434	7,350,000

Parmi les autres entreprises agricoles basées sur des contrats libres avec les populations, nous citerons celles de Plelen et de Masen dans le district de Pékalongan, de Watoukoneng à Bagelen et de Soumbernilo près de Pasourouan, pour la culture de l'indigo, et trois dans le district des Préanger, pour la culture de la vanille. Elles ont toutefois peu d'importance, et leur production n'a pas dépassé 10,000 kilogrammes pour l'indigo et 350 kilogrammes pour la vanille. La récolte de cette dernière denrée n'avait été que de 100 kilogrammes en 1881.

32.

2° EXPLOITATION DE TERRAINS AFFERMÉS PAR LE GOUVERNEMENT À JAVA.

Ces terrains occupaient, à la fin de 1882, une superficie de 197,348 bouws, divisés en 624 parcelles louées ou données à bail emphytéotique à 403 entrepreneurs, dont 53 nouveaux en 1882. Sur ces 403 entreprises, 316 seulement, disposant de 159,536 bouws de terrains, étaient en pleine activité et s'appliquaient, savoir:

	du café	229
	du quinquina	62
	du thé	26
	du tabac	13
A la culture	de la canne à sucre	9
	du riz	34
	du cacao	7
	du sagou et des légumes	9
	des arbres fruitiers, du bambou, etc.	8
		397

La différence entre le chiffre total des cultures et celui des entreprises provient de ce que plusieurs de ces dernières exploitent plusieurs produits.

Toutes ces exploitations travaillent avec des ouvriers libres, dont les salaires varient de 42 à 73 centimes par jour, sauf à Madioun, Kediri et Pasourouan, où ils s'élèvent respectivement à 1 fr. 05 cent., 1 fr. 25 cent. et 1 fr. 47 cent. Les tâcherons gagnaient un peu plus, de 2 à 3 francs par jour. Quelquefois aussi, on donne en plus de la journée une ration de riz avec ou sans condiments.

Les résultats connus de 238 entreprises, sur les 316 en activité, ont été en 1882:

Café	10,630,000 kilogr.
Quinquina	31,902
Thé	1,969,285
Tabac	144,062
Sucre	7,781,000
Riz	1,314,000

D'après les nouveaux règlements sur la matière, le gouverneur général est autorisé à donner à bail emphytéotique, pour une période ne pouvant dépasser soixante-quinze ans, tous les terrains incultes faisant partie du domaine de l'État, aux conditions qu'il juge convenables. Le prix du fermage varie suivant les localités et la nature du terrain à concéder. D'après les dernières concessions, il était, à Java, dans les Préanger, de

2 fr. 5o cent. à 1o fr. 5o cent. par bouw ; à Pékalongan, de 5 fr. 25 cent. à 1o fr. 5o cent. ; à Samarang, de 6 fr. 3o cent. à 7 fr. 25 cent. ; aux environs de Sourabaya, de 12 fr. 6o cent. ; à Pasourouan, de 8 fr. 4o cent. à 21 fr. 20 cent. ; pour Probolingo, de 12 fr. 6o cent. ; pour Bagelen, de 6 fr. 3o cent ; dans les districts de Kadou, de Madioun et de Kediri, de 6 fr. 3o cent. à 12 fr. 6o cent. Dans les autres possessions, le prix des baux ne dépasse pas 2 fr. 1o cent. par bouw. Les fermiers jouissent, de plus, de la faveur de ne payer aucun fermage les trois premières années et de n'en acquitter que 1/5 pendant la quatrième année ; 2/5 pendant la cinquième année ; 3/5 pendant la sixième année ; 4/5 pendant la septième année ; ils ne payent intégralement le fermage qu'à partir de la huitième année de l'exploitation.

3° EXPLOITATION DE TERRAINS APPARTENANT À DES PARTICULIERS.

Ces terrains occupent une superficie de 1,435,7o4 bouws et avaient une population de 1,275,38o âmes au 31 décembre 1882. Ils se répartissaient comme suit, d'après la nationalité de leurs propriétaires.

	Étendue de bouws.	Valeur estimée.
Européens	1,102,766	65,73o,ooo fr.
Chinois	32o,87o	5o,851,ooo
Autres Orientaux et indigènes	12,068	4,281,ooo
	1,435,7o4	120,862,ooo

Non compris la récolte du riz, cultivé sur 226,o67 bouws de terrain, le rendement des propriétés particulières a été approximativement comme suit en 1881 et en 1882.

NATURE DES PRODUITS.	1881.	1882.
	kilogrammes.	kilogrammes.
Sucre de canne	4,994,9oo	4,554,ooo
Café	739,ooo	1,922,ooo
Thé	76o,ooo	88o,ooo
Tabac	1,2oo	3,3oo
Cacao	2	3oo
Quinquina	14,ooo	18,5oo
Épices	3,15o	17,2oo
Vanille	75o	91o
Indigo	163,8oo	142,6oo

4° EXPLOITATION DE TERRAINS LOUÉS DANS LES PRINCIPAUTÉS DE SOURAKARTA
ET DE DJOKJOKARTA.

Les Européens ou assimilés, ainsi que les Orientaux étrangers, ont la faculté de prendre en location des indigènes des terres faisant partie des principautés de Sourakarta et de Djokjokarta, sous la réserve de l'approbation du Gouvernement néerlandais et en remplissant les conditions posées par lui à cet égard par le règlement de 1857, modifié par ceux de 1858, de 1859, et plus récemment par ceux de 1872 et de 1876. Le nombre de ces exploitations agricoles était en 1882, à Sourakarta, de 165, ayant une étendue de 303,806 bouws, dont le prix de location était de 2,122,000 francs; à Djokjokarta, les 52 fermiers étrangers exploitaient 90,701 bouws, dont le fermage était de 1,370,000 francs. Sur les 303,000 bouws affermés à Sourakarta, 38,634 seulement étaient affectés à la culture des produits destinés au marché européen. Il en était de même pour 17,066 bouws cultivés à Djokjokarta.

Voici quelle a été la part de ces entreprises à Djokjokarta et de 120 de celles de Sourakarta dans la production des denrées destinées à l'exportation, de 1878 à 1882.

À SOURAKARTA.

ANNÉES.	CAFÉ.	SUCRE.	TABAC.	INDIGO.
	kilogr.	kilogr.	kilogr.	kilogr.
1878.........................	2,129,000	17,959,000	1,232,000	101,100
1879.........................	5,539,000	12,375,000	1,173,300	130,400
1880.........................	5,232,000	12,318,000	805,100	126,300
1881.........................	6,257,000	17,030,000	971,600	149,000
1882.........................	4,404,000	16,975,000	1,110,700	144,400

À DJOKJOKARTA.

ANNÉES.	CAFÉ.	SUCRE.	TABAC.	INDIGO.
	kilogr.	kilogr.	kilogr.	kilogr.
1878.........................	11,400	14,890,000	102,078	257,128
1879.........................	23,478	17,570,000	90,750	245,617
1880.........................	13,454	17,177,000	16,713	240,365
1881.........................	13,888	27,488,000	31,717	242,646
1882.........................	15,920	29,651,000	14,157	227,392

Il est un fait digne d'être signalé, c'est que dans les principautés quatre chefs indigènes exploitent eux-mêmes les terrains formant leur apanage, deux pour la culture de la canne et la fabrication du sucre et deux pour la culture de l'indigo. Ces exploitations ont donné, en 1881, 3,591,000 kilogrammes de sucre et 16,000 kilogrammes d'indigo; en 1882, 3,968,000 kilogrammes de sucre et 16,449 kilogrammes d'indigo.

5° CULTURE DES PRODUITS POUR LE MARCHÉ EUROPÉEN EN DEHORS DE JAVA ET DE MADOURA.

a. — Atjeh et dépendances.

La culture du poivre qui y était jadis très florissante a beaucoup souffert par suite de la guerre qui sévit dans ces contrées depuis treize ans et qui n'est pas encore terminée. Le poivre est généralement exporté à Penang, où il était vendu 9 dollars 1/3 en 1880, 11 dollars 1/4 en 1881 et 9 dollars 1/6 en 1882. Le Gouvernement néerlandais ayant frappé la culture d'un droit de un quart de dollar par picul, les chefs indigènes cherchent, autant que possible, à échapper à cet impôt en dissimulant le chiffre de la production, qui ne peut, par suite, être indiqué avec quelque certitude.

Le tabac pour l'exportation n'y est cultivé qu'en très faible proportion. La culture du café y a été importée en 1879 et encouragée par le Gouvernement au moyen d'avances aux indigènes. Le nombre des caféiers est d'environ 100,000, qui n'ont donné que 60 piculs en 1882. Le produit est évalué à 200 piculs en 1883. Le café d'Atjeh est débité aux indigènes par des Chinois, au prix de 36 à 40 francs le picul, et expédié à Singapour ou sur les côtes de Sumatra. Les dents d'éléphant et de rhinocéros, que l'on rencontre encore, quoique en petite quantité, dans les épaisses forêts de l'intérieur de Sumatra, figurent dans la production d'Atjeh pour 10 piculs (620 kilogrammes) en 1882. Elles se vendirent de 10 fr. 50 cent. à 25 francs le katti (617 grammes) en 1882.

b. — Côte occidentale de Sumatra.

La culture du café, qui y est pratiquée en partie pour le compte du Gouvernement, n'a pas donné des résultats favorables en 1882, par suite de la sécheresse et du mauvais temps. Elle semble d'ailleurs être en décadence, car de 182,869 piculs en 1870, 175,034 en 1877 et 109,985 en 1881, elle est tombée à 98,309 piculs en 1882. Le produit des ré-

coltes du Gouvernement est vendu au chef-lieu de la région. Il a été en
1882 de 99,800 piculs de première qualité et de 2,000 piculs de qualité
inférieure qui ont rapporté ensemble 8,387,000 francs, soit 83 fr. 45 cent.
par picul pour la première qualité, et 29 fr. 12 cent. pour la seconde.

La culture de la noix muscade est à peu près restée stationnaire et a
donné lieu en 1882 à une exportation de 2,538 piculs de noix et 493
piculs de macis, contre 2,810 et 494 piculs en 1881. Les prix varièrent
pour les noix en coque de 147 à 210 francs, pour les noix décortiquées
de 270 à 315 francs par picul de 62 kilogrammes. Le macis valait de
157 à 168 francs par picul.

L'indigo n'est plus l'objet d'une culture sérieuse, par suite de la baisse
de cet article. Celle du tabac, au contraire, paraît susceptible de devenir
très fructueuse. Cet article trouve des débouchés à Penang et à Singapour,
où l'on en a expédié 1,930 piculs en 1880, 3,833 en 1881 et 3,491
en 1882.

Les tentatives pour introduire la culture du quinquina dans le haut
pays de Padang ne semblent pas donner des résultats favorables, par suite
du peu de soin qu'on y a apporté. Il existait, d'après les derniers rapports,
2,343 plants de *C. succirubra*, 157 de *C. calisaja* et 74 de *C. officinalis*. Le
produit n'a été en 1882 que de 15 kilogrammes d'écorce.

La récolte du benjoin, qui est extrait par incision du styrax benjoin,
grand arbre assez répandu dans les forêts de la côte Ouest de Sumatra, a
produit environ 600 piculs, dont le prix variait, suivant la qualité, entre
85 et 252 francs.

Les exploitations agricoles concédées à des Européens sur des terrains
appartenant au Gouvernement étaient au nombre de 21 en 1882, et
occupaient une superficie de 10,912 bouws, dont 8,847 seulement
étaient mis en culture. Elles ont produit, en 1882, 5,507 piculs ou
341,434 kilogrammes de café et 150 piculs de paddy ou riz en paille.
Elles travaillent généralement avec des coolies indigènes qu'elles payent
de 84 centimes à 1 fr. 05 cent. par jour. Ceux travaillant à la tâche gagnent
à peu près le double.

La cannelle, que l'on cultive dans les plantations de café et dans les
terrains entourant les habitations, est un important article de commerce à
Padang : l'exportation en a été de 9,294 piculs en 1883, contre 12,421
en 1882 et 10,392 en 1881.

Pour donner une idée de l'importance du port de Padang au point de
vue du commerce, voici quel a été le chiffre de ses exportations pendant
les vingt-cinq dernières années, en piculs d'environ 62 kilogrammes :

ANNÉES.	CAFÉ.	ROTIN.	CANNELLE.	BENJOIN.	GOMME damar.	GOMME élastique.	GUTTA-PERCHA.	POIVRE.	PEAUX.	RIZ.	FARINE de riz.	GOMMES.	NOIX muscades.	MACIS.	TABAC.	GAMBIR.	HUILE de noix de coco.	COPRAH.	CLOUS de girofle.
1859......	119,777	22,013	674	4,266	55	413	103	7,386	7,423	22,304	8,801	»	»	88	»	»	»	»	»
1860......	124,199	12,942	2,816	1,102	744	5,031	193	8,367	7,064	33,393	6,807	»	»	147	»	»	»	»	»
1861......	169,928	13,879	8,507	3,040	629	1,866	156	12,625	14,235	65,800	6,199	»	»	145	»	»	»	»	»
1862......	149,683	8,860	3,912	2,919	590	1,067	377	10,466	8,945	133,451	6,000	»	»	103	»	»	»	»	»
1863......	129,357	20,931	6,022	4,828	545	1,413	304	13,684	10,182	65,286	2,090	»	»	186	»	»	»	»	»
1864......	161,058	18,897	5,322	4,423	633	598	2,343	7,972	11,190	43,517	1,565	»	»	54	»	»	»	»	»
1865......	154,170	31,404	6,696	3,087	453	860	1,197	7,948	10,880	93,774	625	544	»	42	»	»	»	»	»
1866......	146,574	24,662	7,597	3,026	387	428	495	4,940	9,895	29,403	1,430	»	850	36	144	»	»	»	»
1867......	112,609	9,522	5,509	5,160	679	676	699	8,114	22,405	5,639	3,314	16	843	84	278	16	22	»	»
1868......	189,891	10,310	8,656	6,395	588	1,282	1,561	9,169	52,808	25	4,334	255	1,408	342	408	100	221	»	»
1869......	168,320	17,067	6,899	5,071	1,986	665	1,374	4,378	7,552	»	2,741	69	2,976	477	310	301	326	»	»
1870......	121,099	13,752	4,942	3,819	803	218	4,772	2,294	7,624	»	833	49	2,219	389	184	635	»	»	»
1871......	202,978	14,913	6,229	4,405	343	298	2,158	1,514	7,120	»	36	38	2,278	725	»	639	44	»	»
1872......	110,839	14,654	4,133	5,506	206	566	2,646	623	8,678	4,165	183	19	1,953	403	134	678	181	»	»
1873......	97,805	17,221	2,770	4,719	373	503	4,061	275	11,018	7,581	920	75	2,254	572	17	777	245	»	»
1874......	128,557	19,376	2,314	6,144	481	158	378	4,850	10,798	6,860	128	66	1,939	452	1	920	274	»	»
1875......	160,844	24,762	3,314	6,604	317	25	355	7,301	8,579	4,731	80	54	2,569	549	30	1,682	35	»	»
1876......	141,780	16,981	2,197	5,818	532	46	186	2,125	12,138	1,959	133	50	2,111	452	»	535	»	»	»
1877......	141,854	24,793	5,233	4,852	701	13	110	2,963	9,257	7,631	63	199	4,536	312	19	1,082	1,500	»	»
1878......	124,715	17,336	4,509	7,125	717	61	107	2,699	10,633	20,440	177	106	2,895	583	»	1,619	802	»	»
1879......	104,504	19,340	11,764	5,880	1,124	68	245	1,042	10,182	10,168	48	35	2,775	386	»	1,578	310	»	»
1880......	134,533	27,763	7,570	4,911	1,405	338	497	1,350	13,051	7,798	140	302	2,348	438	»	1,104	2,485	»	»
1881......	101,805	29,927	10,392	6,168	1,140	613	290	747	21,033	10,619	46	261	2,611	517	»	1,024	1,504	»	»
1882......	98,534	20,425	12,421	5,683	1,350	628	348	372	29,151	5,447	111	172	2,693	471	»	1,609	140	»	»
1883......	135,824	37,899	9,294	4,490	1,842	1,174	424	419	34,048	847	288	356	2,874	316	4,082	1,924	»	14,251	112

Le café seul y donne lieu au mouvement d'exportation suivant, en piculs de 62 kilogrammes :

ANNÉES.	A DESTINATION			
	des PAYS-BAS.	de L'AMÉRIQUE.	de JAVA.	d'autres CONTRÉES.
1860..........................	103,125	12,297	3,345	5,432
1861..........................	135,759	25,954	1,343	6,872
1862..........................	121,335	15,971	2,516	9,811
1863..........................	102,509	23,745	622	2,400
1864..........................	108,128	48,543	2,087	2,300
1865..........................	150,782	"	2,188	1,200
1866..........................	76,359	63,495	3,705	3,015
1867..........................	48,418	57,147	3,550	3,594
1868..........................	108,807	72,761	8,041	282
1869..........................	56,166	102,781	9,169	204
1870..........................	22,656	92,002	6,441	"
1871..........................	59,358	137,214	6,406	"
1872..........................	9,725	88,380	11,174	1,506
1873..........................	35,003	53,436	9,366	"
1874..........................	24,842	99,376	4,339	"
1875..........................	4,590	150,386	5,668	"
1876..........................	33,593	98,823	9,364	"
1877..........................	24,876	106,205	10,773	"
1878..........................	20,418	94,964	4,018	4,775
1879..........................	2,244	99,385	711	2,164
1880..........................	3,971	126,279	1,464	2,919
1881..........................	7,756	87,839	2,750	"
1882..........................	6,300	85,123	3,293	3,818
1883..........................	10,250	118,142	3,357	4,075

c. — *Côte orientale de Sumâtra.*

Poivre. — Dans les sous-districts de Bas-Langkat et de Tamiang, la culture du poivre est une des principales branches de l'agriculture indigène et s'y propage de plus en plus. La récolte de 1882 n'a toutefois pas été favorable et l'exportation n'a pas dépassé 6,600 piculs.

Café. — Les essais faits pour acclimater le café de Libéria n'ont pas réussi et l'on devra les abandonner.

Sagou. — La culture du sagoutier n'a d'importance que dans les îles de Marbou, de Tebing, de Tinggi et de Bengkalis, où le Gouvernement a affermé le droit d'exportation. La récolte du sagou a été en 1882 de 1,500 kojangs (2,790,000 kilogrammes), qui étaient payés sur place 48 dollars et à Singapour 56 dollars le kojang.

Entreprises européennes. — Dans les États de Deli, de Langkat et de Serdang, la culture du tabac, sur des terrains affermés par les chefs indigènes à des entrepreneurs européens, prend chaque année un développement de plus en plus considérable qui s'explique par la supériorité des produits obtenus. Sur les 75 concessions en activité en 1882, 73 s'appliquaient uniquement à la culture du tabac, 1 à l'exploitation des forêts et 1 à la culture des noix muscades.

Le rendement des cultures de tabac a été comme suit, pendant les trois dernières années :

LIEUX D'EXPLOITATION.	1880.		1881.		1882.	
	NOMBRE des exploitations.	RÉCOLTE.	NOMBRE des exploitations.	RÉCOLTE.	NOMBRE des exploitations.	RÉCOLTE.
		kilogr.		kilogr.		kilogr.
Deli............	38	3,706,214	41	4,899,211	44	5,665,862
Langkat.........	18	1,114,812	17	1,579,377	18	1,951,425
Serdang.........	8	635,204	8	600,288	11	670,467
TOTAUX.....	64	5,456,230	68	7,078,976	73	8,287,754

La culture du tabac a donc acquis une grande importance pour le marché européen. Elle n'a pourtant été introduite à Sumatra qu'en 1865. Un premier essai tenté à cette époque avait donné des résultats tellement favorables qu'on s'empressa de le renouveler avec un plein succès sur une plus vaste échelle. Sumatra semble d'ailleurs être particulièrement propice à ce produit. Le sol y est fertile et le climat n'est pas sujet à des variations aussi brusques et aussi violentes qu'à Java. Hâtons-nous de dire que les premiers entrepreneurs étaient intelligents et avaient l'expérience et les connaissances indispensables pour mener leurs projets à bonne fin.

A Sumatra, la culture s'opère entièrement sous la direction et pour le compte de l'entrepreneur par des ouvriers libres, pour la plupart étrangers à la population autochtone. L'engagement de ces ouvriers exige de grands capitaux, parce qu'il faut payer leurs frais de voyage, de nourriture jusqu'à destination et d'installation. Ils ont aussi souvent des dettes, doivent être habillés et demandent fréquemment des secours pour l'entretien de leurs parents. Les avances à faire ainsi s'élèvent de 15 à 30 dollars par tête, et l'on court souvent la chance de désertions. Le nombre de ces ouvriers était en 1882 de 24,003, sans compter 5,332 auxiliaires temporaires. En 1881, les 22,757 coolies aux gages des Européens se répartissaient comme suit par nationalité :

Chinois.	15,500
Battaks.	2,624
Javanais.	1,887
Cingalais.	1,071
Malais.	894
Baweanais.	745
Siamois.	36
	22,757

Le système employé pour les cultures est encore des plus primordiaux. On divise les terrains vierges d'une concession en différentes parcelles que l'on défriche et cultive successivement. Vers le mois de novembre ou de décembre, des ouvriers indigènes abattent les arbres et brûlent le bois et les taillis qui couvrent la première parcelle désignée pour la culture. On établit ensuite les routes, on construit les hangars, magasins et habitations pour le personnel, et l'on répartit les opérations entre les différentes équipes d'ouvriers dont on dispose et qui entretiennent en même temps les chemins. L'ensemencement commence vers le mois de février et il est continué jusque vers le mois de juin, pour éviter un encombrement des hangars au moment de la récolte.

Les hangars sont construits le long des routes. Pour les utiliser pendant au moins deux ans, on ne défriche chaque année que d'un côté de la route. Les champs sont ensuite abandonnés et l'on transporte les bâtiments dans une autre parcelle à défricher. On a pu jusqu'ici procéder de cette manière assez régulièrement. Quelques entrepreneurs ont même pu faire jusqu'à trois récoltes consécutives dans les mêmes terrains sans aucun engrais. Les produits obtenus ne valaient toutefois pas ceux de la première récolte. On a bien tenté d'amender les terres ayant déjà servi ; mais on a trouvé que les frais étaient trop élevés et l'on continue à rechercher les terrains complètement vierges. Cette manière de procéder ne saurait toutefois être de longue durée. Les produits semblent même déjà subir une certaine dépréciation, à en juger par leurs prix moyens de vente. Il est donc à craindre que, dans un avenir plus ou moins rapproché, les plantations de tabac à Sumatra n'éprouvent le même sort que celles de Java, à moins toutefois que les terrains ne reviennent à leur premier état de fertilité, après quelques années de repos, sous le climat exceptionnel de Sumatra. C'est ce que l'expérience doit démontrer.

Nous ne pouvons pas mieux faire ressortir les progrès de la culture du tabac à Sumatra, qu'en reproduisant le tableau publié à ce sujet pendant l'Exposition.

Depuis le commencement de la culture, la production à Sumatra de tabac pour le marché européen et le prix moyen de vente en Europe ont été comme suit :

RÉCOLTE DE 1865 à 1870.

RÉSIDENCES.	1865. BALLES.	PRIX MOYEN par demi-kilogramme.	1866. BALLES.	PRIX MOYEN par demi-kilogramme.	1867. BALLES.	PRIX MOYEN par demi-kilogramme.	1868. BALLES.	PRIX MOYEN par demi-kilogramme.	1869. BALLES.	PRIX MOYEN par demi-kilogramme.	1870. BALLES.	PRIX MOYEN par demi-kilogramme.
Deli	189	3f12	174	2f37	224	1f47	890	2f98	1,381	2f70	3,114	2f56
Serdang	»	»	»	»	»	»	»	»	»	»	»	»
Laukat	»	»	»	»	»	»	»	»	»	»	»	»
Bengkalis	»	»	»	»	»	»	»	»	»	»	»	»
Edie	»	»	»	»	»	»	»	»	»	»	»	»
Divers	»	»	»	»	»	»	»	»	»	»	»	»
Totaux	189	3 12	174	2 37	224	1 47	890	2 98	1,381	2 70	3,114	2 56
Valeur approximative { en florins..	40,000		30,000		20,000		200,000		250,000		500,000	
{ en francs..	84,000		63,000		42,000		420,000		525,000		1,050,000	

RÉCOLTE DE 1871 à 1876.

RÉSIDENCES.	1871. BALLES.	PRIX MOYEN par demi-kilogramme.	1872. BALLES.	PRIX MOYEN par demi-kilogramme.	1873. BALLES.	PRIX MOYEN par demi-kilogramme.	1874. BALLES.	PRIX MOYEN par demi-kilogramme.	1875. BALLES.	PRIX MOYEN par demi-kilogramme.	1876. BALLES.	PRIX MOYEN par demi-kilogramme.
Deli	3,922	2f87	6,127	2f75	8,883	3f78	11,828	3f21	11,534	3f46	19,554	3f40
Serdang	»	»	»	»	»	»	826	1 66	1,949	2 10	4,990	1 28
Laukat	»	»	282	1 65	355	2 52	157	1 30	1,664	1 78	4,403	1 62
Bengkalis	»	»	»	»	»	»	»	»	»	»	»	»
Edie	»	»	»	»	»	»	»	»	»	»	»	»
Divers	»	»	»	»	»	»	»	»	»	»	»	»
Totaux	3,922	2 87	6,409	1 32	9,238	1 82	12,811	1 54	15,147	1 72	28,947	1 56
Valeur approximative { en florins..	750,000		1,000,000		2,500,000		3,000,000		3,500,000		6,250,000	
{ en francs..	1,575,000		2,100,000		5,250,000		6,300,000		7,350,000		13,125,000	

RÉCOLTE DE 1877 à 1882.

RÉSIDENCES.	BALLES.	PRIX MOYEN par demi-kilogramme.	BALLES.	PRIX MOYEN par demi-kilogramme.	BALLES.	PRIX MOYEN par demi-kilogramme.	BALLES.	PRIX MOYEN par demi-kilogramme.	BALLES.	PRIX MOYEN par demi-kilogramme.	BALLES.	PRIX MOYEN par demi-kilogramme.
	1877.		**1878.**		**1879.**		**1880.**		**1881.**		**1882.**	
Deli.................	21,880	2f 83	31,642	2f 75	43,983	2f 57	46,541	2f 37	60,508	2f 40		
Serdang.............	7,602	1 12	7,156	1 07	3,576	90	3,232	90	2,973	87		
Lankat..............	6,560	1 25	8,919	1 26	9,214	1 25	14,878	1 21	18,836	1 14		
Bengkalis...........	125	32	126	29	"	"	"	"	"	"		
Édie................	"	"	200	76	695	75	"	"	39	46	Environ	
Divers..............	"	"	159	74	76	51	314	54	"	"	100,000	
Totaux.........	36,167	1 28	48,202	1 26	57,544	1 18	64,965	1 13	82,356	2 49	balles.	
Valeur approximative { en florins..	6,500,000		9,000,000		10,500,000		11,250,000		14,250,000			
{ en francs..	13,650,000		18,900,000		22,050,000		23,625,000		29,925,000			

Il a été importé, en outre, pendant la période 1867-1869, 558 balles de l'entreprise Paya Combo, des environs de Padang, au prix moyen de 90 centimes. Cette entreprise a cessé d'exister en 1869, par suite des mauvais résultats obtenus.

d. — Riouw et dépendances.

La culture des produits recherchés par le marché européen paraît être, dans cette contrée, entre les mains des Chinois et de quelques indigènes, plus particulièrement du vice-roi de Riouw, qui y apporte un soin spécial. Le *sagou*, dont la production atteint environ 6 millions de kilogrammes, y est un des principaux articles de commerce, avec le *poivre*, qui aurait donné 7 millions de kilogrammes en 1882. Le prix moyen de ce dernier produit était, pendant la même année, de 100 fr. 40 cent. par picul pour le poivre blanc et de 47 fr. 45 cent. pour le poivre noir.

Un essai pour l'introduction du *caféier* de Libéria, moins délicat que le caféier de Java, semble pouvoir réussir. Le vice-roi et un Européen ont également planté 15,000 *cacaotiers*, mais qui ne donnent pas encore de fruits.

e. — Banka et Billiton.

La richesse de ces deux îles consiste dans les exploitations de mines d'étain. La population indigène se livre aussi à la culture du riz, mais le produit, qui a été de 10 millions de kilogrammes, ne représente que les deux tiers de la consommation. On a également cherché à introduire le café de Libéria à Banka. La récolte n'en a été que de 500 kilogrammes.

f. — Côte occidentale de Bornéo.

La canne à sucre y est cultivée pour la consommation indigène. Le sultan de Sambas a fait planter 34,000 caféiers de Libéria et 60,000 caféiers de Java, qui donnent d'assez bons résultats.

g. — Côtes méridionale et orientale de Bornéo.

Le tabac y est cultivé alternativement avec le riz. La récolte a toutefois été insignifiante, par suite du mauvais temps. Une *indigoterie* a été établie par un Européen, qui exploite 150 bouws de terrain.

h. — Célèbes et dépendances.

Le café est la seule culture qui ait quelque importance et qui tende à s'y développer. Malheureusement le peu de soin qu'on y apporte nuit beaucoup et à la production et à la qualité. Les produits sont expédiés à Macassar, d'où ils sont ensuite acheminés vers les pays de consommation; l'exportation en a été comme suit pendant les trois dernières années.

DESTINATIONS.	1880.	1881.	1882.
	piculs.	piculs.	piculs.
Pays-Bas................................	55,767	72,939	71,381
Amérique...............................	27,095	"	19,289
Singapour..............................	21,495	16,716	16,181
Java.....................................	8,815	6,811	12,661
France..................................	"	812	"
Totaux...............	113,172	97,278	119,512

Les prix auxquels le café était vendu sur les points des côtes d'où il est dirigé sur Macassar variaient entre 37 fr. 80 cent. et 52 fr. 50 cent. par picul en 1882, dont il ne revenait toutefois qu'une partie aux cultivateurs, attendu qu'ils devaient payer aux princes indigènes des droits de passage ou d'exportation de 30 à 40 p. 0/0 de la valeur.

On trouve dans cette région un dépôt de guano, sur l'île de Kabia, concédé en 1879, pour dix ans, à un Européen. Il paraît toutefois être exploité très négligemment et ne produit que de 6,000 à 7,000 piculs par an.

i. — Menado.

La culture du café, qui après celle du riz est la plus importante dans cette contrée, y est pratiquée pour le compte du Gouvernement aux mêmes conditions qu'à Java, c'est-à-dire que les familles auxquelles elle est imposée doivent se charger de toutes les opérations et livrer les produits, à un prix déterminé, au Gouvernement. Les districts dans lesquels elle a été introduite sont Tondano, Amourang, Belang, Menado et Kema, dont la production a été respectivement, en 1882, de 10,869, de 4,787, de 2,122, de 823 et de 358 piculs, soit ensemble 18,959 piculs, tandis qu'elle avait donné, en :

```
1878. . . . . . . . . . . . . . . . . . . . . . . . . . . . . . . . . . . .   35,528 piculs.
1874. . . . . . . . . . . . . . . . . . . . . . . . . . . . . . . . . . . .   16,054
1869. . . . . . . . . . . . . . . . . . . . . . . . . . . . . . . . . . . .   37,631
1865. . . . . . . . . . . . . . . . . . . . . . . . . . . . . . . . . . . .   36,894
```

Cette diminution est due, en grande partie, à la négligence des indigènes, qui se montrent d'ailleurs tout aussi indifférents pour leurs propres cultures.

En 1882, il a été vendu dans les Pays-Bas 10,885 piculs de café de Menado, ayant donné net 638,313 kilogrammes, au prix moyen de 1 fr. 07 cent. par demi-kilogramme. Le produit net des deux ventes qui ont eu lieu à Amsterdam a été de 1,371,000 francs.

La récolte du riz a été excessivement abondante à Menado en 1882. Elle a donné un rendement de 360,000 piculs (21,300,000 kilogrammes) dans le district de Minehassa et de 60,000 piculs (3,700,000 kilogr.) dans celui de Gorontalo.

j. — Amboine.

Le *tabac* et les *clous de girofle* sont cultivés dans cette région, mais n'y ont pas donné de bien bons résultats. Seule, la culture des *noix muscades* assure la prospérité de plusieurs des îles des archipels de Banda. Elle est pratiquée dans les îles de Neira, de Lonthoir et d'Ay, où les plantations sont estimées 22 millions de francs.

Le rendement de la récolte 1881-1882 a été de :

10,144 piculs de noix dans leur coque;
834 piculs de noix décortiquées, fumées et passées à la chaux;
2,153 piculs de macis;

13,131 piculs de produits.

Le montant des exportations de Banda s'est élevé, pendant les deux dernières années, en piculs, aux chiffres suivants :

DESTINATIONS.	NOIX MUSCADES.		MACIS.	
	1881.	1882.	1881.	1882.
	piculs.	piculs.	piculs.	piculs.
Pays-Bas................	1,271	995	505	220
Java...................	4,937	3,475	2,065	1,618
Macassar...............	425	378	14	7
Singapour..............	4,092	2,714	657	204
Totaux............	10,725	7,562	3,241	2,049

D'après les cours à Banda, ces quantités représentaient une valeur :

En 1881. { Pour les noix.................... 2,931,000 fr.
{ Pour le macis.................. 569,900

3,500,900

En 1882. { Pour les noix.................... 1,969,000 fr.
{ Pour le macis.................. 345,000

2,314,000

Les 34 exploitations auxquelles s'appliquent ces renseignements occupaient 2,846 ouvriers en 1882 et 2,809 en 1881.

D'Amboine il a été, en outre, exporté 1,246 piculs de noix, 104 piculs de macis et 187 piculs de cacao, représentant une valeur de 148,500 fr. pour les noix muscades et le macis, et de 23,600 francs pour le cacao.

k. — Ternate.

Les produits de cette contrée qui ont quelque importance sont: le *tabac,* dont il a été exporté 123 piculs, d'une valeur de 22,000 francs, en

33

1882 ; le *cacao*, 37,500 cacaotiers ont été plantés, 18,800 étaient en rapport en 1882 ; l'exportation du cacao a été de 148 piculs évalués à 24,500 francs ; les *épices*, figurant à l'exportation pour 144 piculs de noix muscades et de macis d'une valeur de 12,600 francs ; le *café*, 128,000 caféiers ont été plantés à Ternate, 153,000 à Tidore et 8,000 à Badjan ; il n'y en a toutefois encore que 92,000 qui portent des fruits et l'exportation en est presque nulle ; la *gomme copal*, dont l'exportation augmente chaque année et s'élevait en 1882 à 16,000 piculs estimés à 420,000 francs. Les cours variaient de 21 francs à 31 fr. 50 cent. par picul.

L'entreprise la plus intéressante de la résidence de Ternate est celle de la compagnie qui a obtenu une importante concession du sultan de l'île de Batjan, avec l'approbation du Gouvernement néerlandais, moyennant une redevance annuelle de 3,150 francs et un fermage de 2 fr. 10 cent. par bouw de terrain exploité. Cette compagnie, fondée en 1881 au capital de 5 millions de francs, a pour but l'exploitation des minéraux, forêts, terres incultes et bancs de perles sur le territoire du sultan de Batjan. Elle a une agence à Ternate pour l'écoulement de ses produits et disposait, en 1882, de deux vapeurs, d'un personnel européen et indigène de 571 individus placés sous les ordres d'un administrateur général. Les opérations de la compagnie sont toutefois encore restreintes ; elles se bornent à recueillir la gomme copal et la gomme élastique et à exploiter 12 bouws 1/2 de cacaotiers. Elle prépare des plantations de muscadiers, de girofliers et de cacaotiers. Elle avait, en mai 1883, 18,000 plants de muscadiers, 80,000 de caféiers, 2,000 de cacaotiers, 10,000 de kapok et 2,000 palmiers.

l. — *Timor.*

Le tabac y est cultivé sur une large échelle et donne un produit assez estimé, surtout celui de Soumba et de Flores, dont le prix variait, sur les lieux de production, entre 25 francs et 31 fr. 50 cent par picul. Il ne paraît toutefois pas être l'objet d'un commerce d'exportation.

m. — *Bali et Lombok.*

Dans l'île de Bouleleng, la culture du tabac a également pris une grande extension, et les produits, que l'on paye jusqu'à 250 francs le picul, sont surtout dirigés sur Singapour et Saleyer. Le tabac de Lombok est également très recherché, à cause de son analogie avec le «tabac turc». Il est expédié à Singapour, pour de là être acheminé vers la Perse et Constantinople. La population indigène de Bali semble beaucoup s'intéresser à la culture du café, qui est pour elle une importante source de bénéfices. La récolte, évaluée à 25,000 piculs, est vendue sur pied à des marchands arméniens, arabes ou chinois. Le prix varie entre 42 et 46 francs par picul.

Nous aurions voulu donner un relevé de la production totale des colonies néerlandaises des Indes orientales en ce qui concerne les denrées destinées au commerce européen; mais les données que contiennent les rapports officiels sont tellement incomplètes que nous avons dû y renoncer. On ne peut donc en apprécier l'importance que par le chiffre des exportations.

6° SERVICE DES CORVÉES.

Le règlement et la répartition des corvées est du ressort du Département de l'intérieur.

Ainsi que nous l'avons déjà dit, les corvées sont, en principe, une des obligations imposées aux indigènes, à raison de la terre qu'ils possèdent ou détiennent en usufruit. Cependant, partout où elles existaient sans être basées sur la propriété, le Gouvernement les a maintenues, tout en les réglant d'une façon plus équitable, plus rationnelle et plus conforme aux idées d'humanité et de justice qui sont actuellement la base de la politique coloniale néerlandaise.

A Java, le nombre des dessas dont les populations sont soumises aux corvées est de 30,066, dont 5,541 où elles ne sont imposées qu'aux tenanciers de champs cultivés, 16,730 où elles sont une des servitudes des tenanciers de champs et de terrains autour des habitations, et 7,795 où elles sont une des obligations des indigènes ayant des ressources en général. De plus, la population de 10,531 dessas était astreinte à la culture du café et celle de 3,445 dessas à la culture du sucre.

Sur la côte occidentale de Sumatra, où elles ont été réglementées en 1881, elles se sont réparties comme suit, en 1881 et 1882, pour les trois districts du haut pays de Padang, du bas pays de Padang et de Tapanoli :

		1881.	1882.
Nombre {	d'hommes valides.........	293,609	294,668
	de corvéables............	221,309	236,683
Nombre de jours de corvée {	pour l'entretien des ponts....	56,684	56,522
	pour l'entretien des routes...	2,021,597	1,704,637
	pour d'autres travaux civils..	31,576	23,702
	pour des travaux militaires..	1,354	"
		2,111,211	1,784,861

33.

Ce qui donne de sept à huit jours de corvée par an et par corvéable en 1882 et de neuf à dix jours en 1881.

Dans la résidence de Benkoulen, le nombre des corvéables était de 31,359 en 1882 et de 32,596 en 1881. Le nombre des journées de corvée exigées d'eux par an était en 1881 de vingt et une et en 1882 de vingt seulement.

Dans les Lampongs, les corvéables n'étaient appelés qu'en cas d'absolue nécessité et seulement en dehors de la période de la moisson.

A Palembang, les corvées n'exigent, en moyenne, pas plus de dix journées de travail par an de chaque corvéable.

A Banka, la population paraît être assez peu disposée à remplir ses corvées et l'on a dû fréquemment appliquer les peines édictées contre les récalcitrants.

Dans la résidence des côtes Sud et Est de Bornéo, le nombre des corvéables était d'environ 85,000, dont 15 à 26 étaient réquisitionnés, chaque jour, pour le transport des voyageurs, du matériel du Gouvernement, des prisonniers et des lettres, et 1,700 environ pour les services gratuits, l'entretien des routes et ponts et l'occupation des corps de garde.

A Menado, tous les corvéables disponibles ont dû être appelés pour l'amélioration des routes.

A Bali et à Lombok, les corvées ont été réglées en 1883, et plusieurs des services imposés aux populations et qui leur étaient trop onéreux ont été supprimés.

Néanmoins, ils sont encore tenus de faire le travail de coolies pour l'établissement de travaux publics d'intérêt général ou local, pour transporter les fonctionnaires et le matériel du Gouvernement, pour garder les bâtiments affectés aux services publics, pour faire les rondes de nuit et le service des bacs, pour opérer le transport des prisonniers et des lettres, réparer les dommages causés par les inondations et autres accidents, et rendre des services personnels aux chefs.

Une partie des corvées ayant été abolie à Java, il est perçu comme équivalent un impôt de capitation sur les indigènes qui y étaient soumis, à raison de 2 fr. 10 cent. par tête.

Cet impôt est perçu par les chefs indigènes, d'après les rôles établis par les fonctionnaires européens, et il leur est payé une commission de 8 p. o/o des sommes encaissées. Nous avons donné le produit de cet impôt en parlant, dans le deuxième chapitre de ce rapport, des services exigés des populations.

7° EXPLOITATION DES FORÊTS.

L'exploitation des forêts, qui se faisait auparavant d'une façon irrégulière, a été récemment réglementée dans une grande partie de l'île de Java. Celles qui appartiennent au Gouvernement s'exploitent pour son compte, par des particuliers, de deux manières différentes, soit en laissant la libre disposition du produit aux entrepreneurs, moyennant une certaine redevance, soit avec l'obligation pour ces derniers de livrer le bois au Gouvernement, contre payement des frais d'abatage et de transport. Non compris les bois à brûler, les diverses exploitations ont donné, en 1882, 49,252 mètres cubes de bois de charpente aux entrepreneurs; 8,296 mètres cubes de bois de charpente et 37,300 traverses pour chemins de fer au Gouvernement. Les particuliers, aussi bien que les indigènes, peuvent également obtenir l'autorisation de couper du bois dans les forêts non exploitées, moyennant une légère rémunération. Les bénéfices que le Gouvernement a obtenus de l'exploitation des forêts se sont élevés en 1882 à la somme de 1,505,000 francs, défalcation faite des frais de personnel, qui ont été de 462,000 francs, et des frais de reboisement. Les bois de charpente se vendaient, en moyenne, de 105 à 125 francs le stère dans les principaux centres de production. Le personnel de l'administration des forêts se compose d'un inspecteur à 20,000 francs; de 13 gardes généraux de 8,000 à 19,000 francs; de 29 gardes principaux de 1,900 à 6,000 fr., tous Européens, et de 200 gardes et autres employés indigènes.

8° ASSIETTE ET PERCEPTION DES IMPÔTS FONCIERS.

L'assiette et la perception des impôts fonciers imposés aux indigènes sont du ressort du Département de l'intérieur. Les rôles des taxes foncières sont établis par les résidents et contrôleurs des cultures et la perception en est confiée, contre rémunération, aux fonctionnaires indigènes, qui en sont comptables envers le Gouvernement. Ces impôts sont :

La taille (*landrente*), taxe foncière perçue à Java sur les rizières, champs et vergers cultivés par les indigènes et sur certains des terrains qui entourent leurs habitations lorsqu'ils sont mis en culture. Le taux de cet impôt représente une certaine partie, un cinquième en principe, du produit de la récolte. Les terres soumises à l'impôt avaient, en 1882, une étendue de 3,418,735 bouws de 71 ares. Sont exemptés de l'impôt de la taille les champs employés aux cultures du Gouvernement, ceux dont la récolte a manqué, ceux qui sont restés incultes. Le produit de la taille est de près de 37 millions de francs.

Impôt sur les étangs servant à la pisciculture. — Les rôles de cet impôt s'élevaient à 663,000 francs pour 1882. La quotité est basée sur l'étendue et le produit de ces établissements.

Produit des grottes à nids d'hirondelles. — Ces grottes sont ou simplement louées, ou affermées aux enchères. Le Gouvernement en fait également exploiter quelques-unes à ses frais et les produits en sont vendus à Samarang. Le Gouvernement retire de cette industrie environ 340,000 francs de bénéfices.

Dans les autres possessions, les impôts fonciers indigènes sont :

Aux Célèbes, la dîme sur les rizières, champs de cannes, salines et champs de caféiers, dont le produit a été de 501,000 francs en 1881 ;

A Menado, le cens, ne rapportant qu'une quinzaine de mille francs ;

Et à Bouleleng et Djembrana (résidence de Bali et Lombok), la taille, dont la réglementation n'a toutefois eu lieu qu'en 1882, et qui peut être payée, au choix des contribuables, en nature ou en argent. Le produit ne peut pas encore en être fixé.

Les frais de perception de toutes ces taxes foncières sont évalués, pour 1884 :

Pour la part attribuée comme rémunération aux chefs indigènes, soit 8 p. o/o du produit, à... 3,250,000 fr.
Pour le traitement des percepteurs adjoints, payés de 3,600 francs à 6,300 francs, les employés indigènes et les indemnités diverses, à.... 670,000
                                                                         ─────────
                                                                         3,920,000

9° LE CADASTRE.

Depuis 1872, le service du cadastre a été transféré du Département des finances au Département de l'intérieur et il a été donné un grand développement à ses opérations, qui sont confiées à des ingénieurs, conservateurs, arpenteurs et sous-arpenteurs, ayant tous passé des examens, et à un nombreux personnel indigène. C'est à ce service qu'incombe le devoir des relèvements cadastraux et la confection des cartes parcellaires de Java et de Madoura, ainsi que des matrices pour l'assiette des impôts fonciers.

10° APPLICATION DES LOIS AGRAIRES.

Division du domaine communal en terres données en usufruit individuel héréditaire. — Le Gouvernement a actuellement pour principe de laisser toute liberté aux populations de donner à la propriété de leurs terres la

forme qui leur convient : soit les laisser en commun, soit les répartir une
fois pour toutes entre les ayant droits. La répartition des domaines ne
s'opère toutefois que fort lentement, là où elle n'a pas encore eu lieu
jusqu'ici. En effet, il existait en 1882 à Java et à Madoura 5,605 dessas
où les terrains étaient divisés, 13,546 dessas où les propriétés restaient en
commun, et 10,081 dessas mixtes où les terres étaient en partie communes
et en partie individuelles.

*Transformation des terres données en usufruit individuel héréditaire en terres
possédées en toute propriété.* — Il n'a été également fait qu'un usage modéré
de cette faculté accordée aux indigènes. Sur 1,299 demandes qui ont été
faites à cet effet, de 1872 à 1882, il n'a pu en être accueilli que 588,
s'appliquant à 2,647 bouws de terrain.

Location de terrains par les indigènes à des Européens ou Orientaux. — En
1882, il avait été consenti 2,048 contrats par les indigènes avec 23 Européens et 71 Orientaux pour la location de 2,228 bouws de terre, dont
1,920 bouws de domaine communal et 308 de terre en usufruit. De 1878
à 1882, le nombre des contrats a été de 17,454, comprenant 23,385
bouws.

Défrichement par des indigènes de terrains n'appartenant pas aux dessas. —
Le nombre des autorisations accordées à cet effet a été :

	Autorisations.	Bouws.
1882, de......................	11,528 pour	11,000
1881, de......................	14,164	12,823
1880, de......................	23,866	18,825

Dation de terrains à bail emphytéotique. — Depuis la mise en vigueur de
la nouvelle loi agraire, il a été donné à bail emphytéotique, à 518 entrepreneurs, une étendue de terrains de 147,288 bouws.

Location simple. — En 1882, 26 parcelles de terrain d'une superficie
de 9,815 bouws étaient louées à des particuliers par le Gouvernement à
Java.

Vente de terrains. — Cette vente n'est autorisée que dans les villes, par
petites parcelles, pour l'amélioration de terrains bâtis, ou à proximité des
habitations. En 1882, il en a été vendu 2,142,436 mètres carrés, pour la
somme de 247,800 francs, à Java et à Madoura.

Dans les autres possessions, la location et la vente de terrains n'ont lieu que dans une mesure fort restreinte.

Le produit des ventes et locations de terrains est évalué à 1,245,000 fr. pour toutes les colonies.

11° CONTRÔLE DES ENGAGEMENTS AVEC LES PRINCES INDIGÈNES POUR LA LOCATION OU LA CESSION DE TERRAINS. —— RAPPORTS ENTRE L'ADMINISTRATION ET LES PRO-PRIÉTAIRES DE TERRAINS PARTICULIERS.

Le Département de l'intérieur est chargé du contrôle des cessions et locations de terrains consenties par les princes indigènes en faveur des particuliers et d'en régler les conditions. Il est également chargé d'assurer l'exécution des dispositions qui règlent les rapports entre l'administration et les détenteurs de propriétés particulières, et entre ceux-ci et les populations indigènes de Java.

12° RÉCEPTION, CONSERVATION, VENTE ET EXPÉDITION DES PRODUITS APPARTENANT AU GOUVERNEMENT.

Le Département de l'intérieur doit prendre toutes les mesures néces-saires pour la réception, la conservation, la vente et le transport des pro-duits appartenant au Gouvernement. Il est chargé de l'administration des magasins établis dans toutes les régions où les cultures forcées ont été introduites, passe des marchés pour le transport et choisit les intermédiaires pour la vente. Le service des magasins, personnel et matériel, entraîne une dépense annuelle d'environ 575,000 francs; quant aux autres dé-penses, transport, vente, etc., elles sont avancées par les intermédiaires et défalquées du produit.

13° SERVICES PUBLICS DE TRANSPORT PAR TERRE ET PAR EAU.

Différents services de bateaux à vapeur entretiennent les relations entre les différents ports de l'archipel et entre les possessions néerlandaises et l'étranger. Quelques-uns sont subventionnés par le Gouvernement.

Les services subventionnés dans l'Archipel sont ceux :

1° De Batavia à Sourabaya (côte Nord de Java);

2° De Sourabaya à Ampenan (côte Est de Java);

3° De Batavia à Tjilatjap (côte Sud de Java);

4° De Batavia par Padang à Atjeh (côte Ouest de Sumatra);

5° De Padang à Atjeh (Sumatra);

6° De Batavia à Singapour, en longeant la côte Est de Sumatra, desservi par deux lignes ayant un itinéraire différent;

7° De Batavia à Palembang, par Muntok;

8° De Palembang à Djambi;

9° De Riouw à Pangkallan Siatas par Bengkalis, Siak et Deli;

10° De Batavia, *vià* Billiton à Pontianak et Sinkawang (côte Ouest de Bornéo);

11° De Sourabaya par Bandjermasin à Koutei (côtes Sud et Est de Bornéo);

12° De Sourabaya, *vià* Macassar aux Moluques;

13° De Macassar à la baie de Kendari, par Salayer, Sindjaih, Bonton;

14° De Macassar à la Nouvelle-Guinée;

15° De Macassar à l'archipel de Timor.

Ces lignes sont desservies par la Compagnie de navigation indo-néerlandaise, qui dispose d'une flotte de vingt-sept bâtiments jaugeant environ 17,000 tonneaux et d'une force de 4,550 chevaux. Elle jouit d'une subvention de 8 fr. 19 cent. par mille géographique parcouru. La Compagnie a parcouru, en 1882, 85,211 milles 1/2 et a reçu une subvention de 697,870 francs. Elle a transporté, en 1882, 55,734 passagers du Gouvernement et 32,478 passagers civils. Elle a été fondée en 1875 au capital de 7,560,000 francs, divisé en actions de 500 francs. Elle a donné, pendant les trois dernières années, un dividende de 12 p. o/o. Son fonds de réserve est de 750,000 francs. Les recettes de toutes ses lignes subventionnées et non subventionnées se sont élevées en 1880 à 12,186,000 fr., en 1881 à 10,103,000 francs et en 1882 à 9,563,000 francs.

Depuis 1882, elle entretient aussi un service mensuel entre Batavia et la Chine, par Pontianak et Hongkong à Amoi, pour lequel elle reçoit du Gouvernement indien une subvention de 21,000 francs par voyage. Elle a transporté sur cette ligne, en 1882, 3,781 passagers.

Indépendamment des lignes subventionnées, il existe nombre d'entreprises particulières pour le transport des marchandises et des passagers, tant entre les différents ports de l'archipel qu'entre la Malaisie et Singapour, et dont les services sont plus ou moins réguliers.

Les services de bateaux à vapeur avec l'étranger sont :

Ceux de la Compagnie néerlandaise *Nederland,* qui dispose de quatorze bâtiments jaugeant 39,600 tonneaux et d'une force de 22,700 chevaux. Ces bateaux partent tous les dix jours de Batavia et d'Amsterdam, *viâ* Marseille, avec faculté de relâche à Sourabaya, Samarang ou Padang. Indépendamment de l'indemnité de 6,300 francs par voyage qui lui est accordée pour le transport des malles, le Gouvernement néerlandais lui garantit le transport de 210 lasts (420 tonneaux) de café ou de quinquina et de 30 lasts d'étain par voyage, moyennant un fret de 178 à 189 francs par last de café, de 168 francs par last pour le quinquina et de 63 francs par 2,000 kilogrammes pour l'étain.

La Compagnie *Nederland,* société anonyme fondée en 1870 au capital de 15 millions de francs, a donné en 1882 un dividende de 6 2/10 p. o/o.

Elle a transporté de Java en Europe 3,303 passagers, et d'Europe à Java 2,974 passagers, en 1882.

Le prix du passage est :

En 1re classe	{ de Batavia à Marseille.................	1,470 fr.
	{ de Batavia à Amsterdam................	1,680
En 2e classe	{ de Batavia à Marseille.................	819
	{ de Batavia à Amsterdam................	945

Pour les fonctionnaires et autres passagers à la charge du Gouvernement, le prix du passage est, d'Amsterdam à Batavia, sans boissons :

En 1re classe, de	1,575 fr.
En 2e classe, de	892
En 3e et 4e classe, de...........................	525

Le *Lloyd de Rotterdam* entretient un service bi-mensuel entre Rotterdam et les Indes néerlandaises, sans aucune subvention du Gouvernement, au moyen de onze bâtiments jaugeant 29,600 tonneaux et d'une force de 10,800 chevaux effectifs. Il a transporté, en 1882, 1,362 passagers de Java en Europe et 1,259 d'Europe à Java.

Le prix du passage, sans boissons, est :

En 1re classe	{ de Java à Marseille.................	1,470 fr.
	{ de Java à Rotterdam.................	1,680
En 2e classe	{ de Java à Marseille.................	819
	{ de Java à Rotterdam.................	945

Le Lloyd de Rotterdam est une compagnie anonyme fondée en 1873 au capital de 16,800,000 francs, divisé en actions de 1,050 francs.

Peninsular and Oriental steam navigation Company. — Cette compagnie a un service bi-mensuel entre Singapour et l'Europe, en correspondance avec la ligne de Batavia à Singapour.

Prix du passage de Batavia à Londres :

En 1re classe. . . . . 1,890 fr.
En 2e classe. 1,260

Prix du passage pour les fonctionnaires de Batavia à Rotterdam *viâ* Londres :

En 1re classe. . . . . 1,575 fr.
En 2e classe. 1,260

La *Compagnie des Messageries maritimes,* qui dessert la ligne de Marseille à Singapour, avec annexe allant à Batavia, a transporté, en 1882, 435 passagers de Java en Europe, 424 de Batavia à Singapour, 38 pour d'autres ports, ensemble 897 passagers. Elle a transporté d'Europe à Java 732 passagers pendant la même année.

Queensland Royal Mail Line. — Cette compagnie fait un service mensuel de Batavia à Londres et de Batavia à Brisbane et Queensland.

Le prix du passage de Batavia à Londres est:

En 1re classe. . . . . 1,365 fr.
En 2e classe. 900

De Batavia à Brisbane :

En 1re classe. . . . . 630 fr.

Navigazione generale italiana. (Rubattino et Cie.) — Ses bâtiments allant aux Indes anglaises touchent tous les trois mois à Batavia.

Le prix du passage de Batavia à Marseille, Gênes, Livourne ou Naples est:

En 1re classe. . . . . 1,750 fr.
En 2e classe. 1,250
En 3e classe. 550

Le nombre de ses passagers est toutefois très restreint: trois en 1881.

La Compagnie *Insulinde,* société anonyme fondée en 1881 à Amsterdam au capital de 5 millions de francs, fait le transport des passagers et des marchandises entre Amsterdam et Java, au moyen de cinq bâtiments jaugeant 12,500 tonneaux. Un départ tous les mois d'Amsterdam.

Prix de passage d'Amsterdam à Java : 1,470 francs.

La *Compagnie nationale de navigation,* établie à Marseille, entretenait aussi récemment un service entre ce port et Java, au moyen de six bâtiments jaugeant 20,200 tonneaux, qui partaient toutes les trois semaines de Marseille pour Java.

Eastern et Australian steamship Company. — Les bâtiments qui font un service entre l'Australie et la Chine touchent de temps en temps à Batavia pour prendre des marchandises et des passagers.

Enfin le Département de l'intérieur a dans ses attributions la surveillance de l'émigration, l'exécution des travaux publics de moindre importance, l'entretien des poteaux ayant servi à la triangulation de Java, et le service du rapatriement, du déplacement, des voyages et missions des fonctionnaires et employés du Gouvernement. Les frais de rapatriement et les frais de passage des fonctionnaires et employés entre Java et la métropole sont portés au budget pour 800,000 francs; les frais de voyage, de déplacement et de mission dans l'Inde, pour 700,000 francs. Les frais de passage aller et retour des fonctionnaires civils et militaires sont à la charge du Gouvernement lorsqu'il leur est accordé un congé pour cause de maladie dûment constatée.

DÉPARTEMENT DE L'INSTRUCTION PUBLIQUE,

DES CULTES ET DE L'INDUSTRIE.

Le personnel de l'administration centrale se compose d'un directeur, d'un référendaire, de trois commis principaux, de trois premiers commis, de six seconds commis et d'un personnel auxiliaire.

Ce Département a dans ses attributions les différents services que nous allons énumérer, et dont le principal est l'enseignement aux Européens et indigènes, comprenant l'enseignement secondaire pour les Européens et l'enseignement primaire pour Européens et indigènes.

1° ENSEIGNEMENT SECONDAIRE OU MOYEN POUR EUROPÉENS ET ASSIMILÉS.

L'enseignement secondaire ou moyen est donné aux Indes dans :

1° Le *gymnase Guillaume III,* à cours quinquennal, de Batavia, destiné :

a. A former des jeunes gens qui désirent acquérir des connaissances supérieures à l'enseignement primaire et en dehors de celles comprises dans l'enseignement classique ou supérieur;

b. A former des jeunes gens qui veulent se préparer aux emplois publics aux Indes.

Le nombre des élèves était, pendant l'année scolaire 1882-1883, dans la division A, de 187; dans la division B, de 35.

2° Les *écoles bourgeoises supérieures,* à cours quinquennal, de Samarang et de Sourabaya, dont le programme correspond à celui de l'enseignement spécial dans nos lycées. Il y avait, en 1883, 82 élèves dans celle de Samarang et 97 dans celle de Sourabaya.

3° L'*école bourgeoise du soir,* dépendant de l'école supérieure de Sourabaya, destinée aux jeunes gens qui, après avoir reçu l'instruction primaire, désirent acquérir des connaissances techniques pour entrer dans le commerce ou l'industrie.

Le nombre des élèves était de 52 en 1882-1883.

4° L'*école bourgeoise supérieure pour jeunes filles à Batavia,* ouverte le 2 octobre 1883, est un établissement à cours triennal destiné à enseigner aux jeunes filles d'Européens ayant reçu l'enseignement primaire les langues et littératures hollandaises, françaises, anglaises et allemandes, la géographie, l'histoire, les éléments des mathématiques et des sciences naturelles, le dessin et la calligraphie.

Le nombre des élèves était de 44 au 31 décembre 1882.

Les dépenses totales pour le personnel et le matériel de l'enseignement secondaire se sont élevées, en 1881, à 913,000 francs, en 1882, à 907,000 francs; les recettes, à 139,000 francs en 1881 et à 120,000 en 1882.

2° ENSEIGNEMENT PRIMAIRE POUR EUROPÉENS ET ASSIMILÉS.

L'enseignement primaire se divise en enseignement primaire ordinaire et en enseignement primaire supérieur. L'enseignement primaire supérieur comprend, outre les connaissances faisant partie des programmes de l'enseignement primaire ordinaire : les éléments du français, de l'anglais et de l'allemand, des mathématiques, de l'agriculture, la gymnastique, le dessin et les ouvrages de main pour les filles.

Il y a des écoles primaires publiques et des écoles particulières. Les écoles particulières doivent, de même que les écoles publiques, être accessibles aux enfants de toutes les religions pour recevoir des subventions du Gouvernement. L'enseignement dans les écoles publiques et particulières subventionnées doit être neutre.

Il existait, au 31 décembre 1882, aux Indes néerlandaises, 122 écoles primaires publiques pour Européens, avec un personnel enseignant de 366 instituteurs et un effectif de 9,201 élèves, dont 852 indigènes ou orientaux. Le nombre des élèves payants était de 5,008, contre 4,193 non payants. Les écoles privées étaient, à la même époque, au nombre de 17, avec un personnel enseignant de 73 instituteurs et 1,761 élèves, contre 19 écoles, 77 instituteurs et 1,820 élèves en 1881.

Les dépenses pour l'enseignement primaire ont été :

1881, de............................... 2,839,000 fr.
1882, de............................... 3,120,000

Les recettes :

1881, de............................... 364,500 fr.
1882, de............................... 357,000

Une seule institution particulière était subventionnée en 1882.

3° ENSEIGNEMENT POUR LES INDIGÈNES.

Les établissements d'enseignement pour les indigènes comprennent les écoles de l'État, les écoles communales, les écoles primaires particulières et les écoles normales de l'État pour la formation du personnel enseignant des écoles pour les indigènes.

Le nombre des écoles normales était de 9 en 1882, avec un personnel enseignant de 30 instituteurs européens et 23 indigènes. Le nombre des élèves était d'environ 600. Les écoles primaires de l'État pour indigènes étaient au nombre de 511 en 1882, avec un personnel enseignant de 1,239 instituteurs. En 1881, il existait à Java et à Madoúra 193 écoles de l'État, 79 écoles particulières subventionnées et 38 non subventionnées, soit ensemble 310 écoles primaires.

Le nombre des élèves était:

Dans les écoles
{
de l'État............................ 26,527
particulières subventionnées.............. 7,307
particulières non subventionnées.......... 1,155
}

34,989

Dans les autres possessions, les statistiques ne donnant pas de renseignements exacts pour 1881, le nombre des écoles et des élèves était, en 1880 :

		Écoles.		Élèves.
Dans les écoles	de l'État.................	255	avec	16,603
	particulières..............	209		13,191
		464		29,794

Le budget de l'enseignement donné aux indigènes a été le suivant :

En 1881
{
les dépenses ont été de............. 2,658,000 fr.
les recettes de.................... 145,000
}

Dépenses nettes............ 2,513,000

En 1882
{
les dépenses ont été de............. 2,592,000 fr.
les recettes de.................... 146,000
}

Dépenses nettes........... 2,446,000

4° ADMINISTRATION DES CULTES.

La liberté de conscience est garantie par les règlements et les lois en vigueur aux Indes. L'exercice des cultes ne peut toutefois avoir lieu en dehors des bâtiments qui y sont affectés, sans l'autorisation de l'autorité. De plus, les pasteurs, prêtres, missionnaires et autres ministres et serviteurs des cultes ne peuvent exercer leur sacerdoce ou remplir leur mission que sur l'autorisation spéciale du gouverneur général. Les prêtres indigènes qui ne professent pas la religion chrétienne sont placés sous la surveillance des chefs indigènes.

Les pasteurs protestants et prêtres catholiques sont rétribués par l'État et ont droit à une pension de retraite, en tant que leur nombre ne dépasse pas l'effectif réglementaire.

En 1883, le nombre des ministres du culte protestant rétribués par

l'État était de 34 pasteurs, de 34 auxiliaires européens et de 50 auxiliaires indigènes. Les prêtres catholiques rétribués étaient au nombre de
20. Il y avait en outre 9 missionnaires rétribués.

Les prêtres musulmans reçoivent un traitement du Gouvernement, en
tant qu'ils sont attachés comme conseillers aux tribunaux indigènes. On
peut se rendre compte approximativement de leur nombre par la quantité
d'écoles musulmanes qui existent aux Indes, savoir : 10,488 à Java et à
Madoura, avec 161,839 élèves, et 2,110 écoles avec 26,829 élèves dans
cinq des autres résidences extérieures.

5° PUBLICATIONS D'INTÉRÊT GÉNÉRAL.

Le Département de l'instruction publique est chargé de l'administration
de l'imprimerie de l'État à Batavia, de la rédaction et de la publication du
Journal de Java, qui est l'organe officiel du Gouvernement, et de la publication de tous les ouvrages qui ont un intérêt particulier pour la connaissance des colonies et possessions néerlandaises aux Indes orientales.
Ces publications entraînent une dépense d'environ 400,000 francs par an,
qui est entièrement couverte par les recettes résultant de la vente d'ouvrages et d'abonnements.

6° ENCOURAGEMENTS AUX ARTS ET AUX SCIENCES.

Le Gouvernement a pour principe d'encourager autant que possible les
recherches scientifiques et les beaux-arts. Les anciens monuments sont dé-
clarés domaine de l'État et placés sous la surveillance des chefs indigènes,
qui en sont responsables. Les anciennes archives sont confiées à un des
fonctionnaires spéciaux, chargé de les cataloguer et de préparer la publication des documents qui pourraient avoir un intérêt quelconque. Le Gouvernement accorde son appui aux sociétés scientifiques existant aux Indes
et leur favorise les études, recherches ou explorations auxquelles elles
veulent se livrer. Les sociétés de cette nature existant aux Indes sont :

La *Société des arts et des sciences de Batavia*, fondée le 24 avril 1878,
destinée à favoriser la connaissance des antiquités, de l'histoire, de l'ethnographie et de la géographie de l'archipel indien. Elle possède une riche
bibliothèque et un musée d'antiquités, d'ethnographie et de numisma-
tique ;

La *Société des sciences naturelles et physiques des Indes néerlandaises*, fondée
en 1850 pour l'étude et la pratique des sciences physiques ;

La *Société indo-néerlandaise de l'industrie et de l'agriculture*, établie en 1853 à Batavia, ayant pour but de favoriser le développement de l'industrie et de l'agriculture par des publications, des concours, etc.;

La *Société agricole indienne*, ayant pour but l'amélioration, le développement et l'encouragement des exploitations agricoles par les Européens, au moyen de concours, d'expositions, de publications et de conférences ;

La *Société indienne de géographie* à Samarang, pour propager les connaissances géographiques, favoriser les recherches, explorations et études de pays propres à la colonisation, ou contribuer au développement du commerce, de la navigation et de l'industrie;

La *Société pour l'encouragement des sciences médicales* aux Indes néerlandaises, fondée en 1870.

De toutes les institutions scientifiques existant aux Indes, il en est peu qui aient rendu autant de services que le jardin botanique de l'État à Buitenzorg, avec ses annexes à Tjipanas, Tjibodas, Tjibeurum, Kandang badak et sur la cime du mont Pangerango. Sous l'habile impulsion de son directeur, cet établissement encourage non seulement les essais d'acclimatation tentés par les particuliers par la vente de graines ou de plantes utiles, mais cherche constamment à enrichir la flore de Java de végétaux ayant un intérêt industriel et commercial, grâce à ses vastes serres et à ses jardins d'essai installés à différentes altitudes. C'est aux efforts persévérants d'un des directeurs du jardin botanique de Buitenzorg qu'on doit l'introduction de la culture du quinquina à Java. Actuellement, on cherche à acclimater dans cette île le caoutchoutier, l'arbre à gutta-percha, le cacaotier et l'arbre à lait de Caracas, qui remplaceraient peut-être avantageusement celles des cultures qui sont actuellement en souffrance.

Une école d'agriculture à cours triennal pour les indigènes dépend du jardin botanique de Buitenzorg. On y enseigne les éléments de la botanique, la connaissance des plantes commerciales ou industrielles cultivées aux Indes, l'agriculture et l'horticulture pratiques, la zootechnie, la connaissance de l'élève du bétail, la médecine vétérinaire, les mathématiques appliquées, la connaissance des machines et instruments agricoles, le dessin linéaire et à main levée, la sylviculture et la sériciculture. Les élèves sont logés dans l'établissement et reçoivent une allocation mensuelle de 21 à 37 francs.

Les dépenses annuelles pour le jardin botanique de Buitenzorg s'élèvent à environ 123,000 francs, celles pour l'école agricole à 58,000 francs, y compris les frais de matériel et l'allocation aux élèves.

7° SERVICE MÉDICAL CIVIL.

Le service médical civil comprend l'admission des médecins civils, la formation et l'admission des docteurs djawas ou médecins indigènes, les mesures contre les épidémies, l'administration des hospices, hôpitaux et maisons de santé. Nul ne peut être admis à exercer la médecine ni la pharmacie s'il n'a passé les examens prescrits par les lois et règlements et s'il n'en a obtenu l'autorisation du gouverneur général. Il en est de même des médecins et sages-femmes indigènes, qui sont formés dans une école spéciale à cours septennal à Batavia.

Le service médical civil est placé sous la direction d'un chef de division de l'administration centrale. Il est assisté des officiers de santé chefs de service dans les trois divisions militaires de Java et des officiers supérieurs ou chefs de service de santé dans les autres possessions. Les chefs des services civils régionaux et locaux sont, de plus, chargés de la surveillance du service sanitaire et des hôpitaux dans leur ressort, et de prendre les mesures sanitaires qu'ils jugeraient convenables, de concert avec les médecins communaux et locaux. Il existe aussi un conseil de santé dans chacun des trois principaux chefs-lieux de région à Java.

Bien que les statistiques publiées par le Gouvernement soient fort incomplètes, on peut se faire une idée des ravages que font les maladies endémiques et épidémiques qui règnent dans l'archipel malais par les chiffres suivants empruntés au compte rendu de la situation des colonies en 1883 :

JAVA ET MADOURA.

Fièvres... { Malades en traitement en 1882........ 254,754
{ Décédés......................... 34,698

JAVA ET AUTRES POSSESSIONS.

Choléra... { Malades en traitement en 1882........ 98,953
{ Décédés......................... 59,592
Variole... { Malades en traitement en 1882....... 7,310
{ Décédés......................... 605

Pendant la même année, le nombre des malades traités par les médecins européens, à Java et à Madoura, a été de 202,402, sur lesquels il y a eu 44,799 décès; dans les autres possessions, 25,361 malades et 4,290 décès.

Les docteurs djawas ont traité :

A Java et à Madoura........................... 65,473 malades.
Dans les autres possessions.................... 16,755
                                                _____
                                                82,228

Sur lesquels il y a eu :

A Java et à Madoura........................... 11,085 décès.
Dans les autres possessions. 1,082
                                                _____
                                                12,167

Il existe à Batavia, à Samarang et à Sourabaya des hospices où les condamnés aux travaux forcés et les indigènes indigents peuvent se faire soigner. Les autres malades civils sont placés dans les hôpitaux militaires. Les dépenses des hospices pour indigènes s'élèvent à environ 150,000 fr.; les frais de traitement et autres dépenses pour les employés et fonctionnaires civils dans les hôpitaux militaires, à environ 1,500,000 francs. Le Gouvernement donne également une subvention de 15,000 francs aux maisons de santé particulières de Gadok (Buitenzorg) et de Sindang Laya (dans les Préanger).

Les trois hospices d'aliénés qui existent à Java renfermaient, en 1882, 313 pensionnaires dont 125 Européens.

8° SERVICE VÉTÉRINAIRE.

Les ravages causés par la peste bovine à Java ont engagé le Gouvernement à organiser un service vétérinaire dans le but d'en prévenir le retour, ou du moins d'en atténuer les conséquences. Il a nommé, à cet effet, sept vétérinaires, dont cinq pour Java, un pour Sumatra, et un à la disposition du directeur du Département de l'instruction publique. Outre le service sanitaire, ils sont chargés de former des vétérinaires indigènes. Pour les encourager, ils reçoivent une prime de 1,200 francs pour chacun de leurs élèves qui passe son examen avec succès.

9° HOSPICES ET AUTRES ÉTABLISSEMENTS DE BIENFAISANCE.

La fondation d'hospices d'orphelins est laissée à l'initiative privée. Le Gouvernement peut toutefois accorder des subventions à ces établissements lorsqu'il le juge à propos. Ces établissements jouissent d'ailleurs d'une part de la retenue de un pour mille perçue à leur profit sur le produit de

34.

toutes les ventes publiques; ils sont exempts des frais de justice, de timbre, des droits de succession et de transport, et les notaires sont tenus de leur prêter gratuitement leur ministère.

Les résidents sont chargés, chacun dans leur ressort, de la haute direction des hospices d'orphelins et autres établissements publics de bienfaisance, de fournir des secours aux indigents et de veiller à l'observation des us et coutumes en vertu desquels les indigènes sont tenus de pouvoir aux besoins des pauvres et infirmes de leur nationalité.

Les autres institutions de bienfaisance sont :

Les *commissions de secours aux chrétiens indigènes*, établies à Batavia, à Samarang et à Sourabaya, qui ont distribué 54,000 francs en 1882;

La *commission des inondations*, destinée à distribuer des secours aux victimes des inondations, tremblements de terre et éruptions volcaniques;

Les *fonds de secours de Batavia*, en cas d'accidents, d'incendie, etc.;

La *maison de retraite protestante de Molenvliet*, originairement destinée aux infirmes et aux vieillards, mais qui héberge actuellement 42 orphelins;

L'*hospice des vieillards de Samarang*, qui comptait 72 pensionnaires en 1882;

L'*hospice d'orphelins et d'indigents protestants* de Samarang, qui contenait 160 enfants en 1882;

L'*hospice d'orphelins et d'indigents catholiques* de Samarang, avec 283 pensionnaires. Ces deux derniers établissements reçoivent une subvention du Gouvernement, de 16 fr. 80 cent. par enfant et par mois;

L'*hospice d'orphelins protestants* de Sourabaya, 30 pensionnaires;

L'*hospice d'orphelins Parapatan* à Batavia, avec 68 pensionnaires, qui reçoit une subvention annuelle de 12,600 francs;

Le *fonds de secours de Saint-Vincent de Paul*, qui entretient un refuge pour les enfants abandonnés, au nombre de 26 en 1882;

L'*hospice d'orphelins catholiques* de Sourabaya, avec 28 pensionnaires;

L'*hospice de garçons orphelins ou abandonnés* à Sourabaya, avec 56 pensionnaires, pour lesquels le Gouvernement donne une subvention de 52 fr. 50 cent. par mois et par tête;

La *fondation Djati à Batavia*, pour venir en aide aux enfants abandonnés ou indigents d'Européens, sans distinction de religion;

Les *établissements d'enseignement et d'éducation des Ursulines et des sœurs de Saint-François* à Weltevreden, Noordwijk, Samarang et Sourabaya, ainsi que différentes autres fondations particulières de différents cultes ayant pour but d'assurer l'éducation d'enfants indigents ou de leur faciliter leurs études.

Parmi les autres institutions philanthropiques entretenues au moyen de donations particulières, nous citerons encore l'*Association pour encourager la charité chrétienne* à Batavia, la *Société caritas* à Sourabaya, le *fonds de la paix par le sang de la croix* à Sourabaya, l'*hospice de Sourakarta*, plusieurs sociétés de bienfaisance maçonniques et une caisse de secours aux veuves et orphelins d'instituteurs.

Caisses d'épargne. — Il existait, au 31 décembre 1882, cinq caisses d'épargne aux Indes, savoir: à Batavia, à Samarang, à Sourabaya, à Padang et à Macassar. Elles avaient en dépôt, au 31 décembre 1882, 14,183,000 francs et un fonds de réserve de 780,000 francs. Le montant des dépôts a été, en 1882, de 6,075,000 francs, celui des retraits de 5,407,000 francs. Sur les 8,854 déposants, il y avait, en 1881, 8,565 Européens et 289 Orientaux étrangers et indigènes.

10° INDUSTRIE.

Sous cette rubrique sont compris dans les attributions du Département de l'instruction publique, des cultes et de l'industrie: les chambres de commerce, les consuls étrangers, les expositions, le contrôle des poids et mesures, les autorisations pour l'établissement de fabriques, de pêcheries et de loteries.

Il existe aux Indes cinq *chambres de commerce* : à Batavia, à Samarang, à Sourabaya, à Padang et à Macassar. Elles servent à éclairer le Gouvernement et les particuliers sur les questions qui intéressent le commerce, la navigation et l'industrie aux Indes néerlandaises.

Les *consuls étrangers* ne peuvent être admis à exercer leurs fonctions qu'après avoir obtenu l'*exequatur* du Gouvernement de la métropole. Ils sont soumis à la juridiction civile et pénale du pays et ne peuvent correspondre avec d'autres autorités que le premier secrétaire du Gouvernement. Ils sont exempts du service dans la garde nationale, des contributions personnelles et de la taxe des patentes, s'ils sont sujets du pays qui les a envoyés et s'ils n'exercent aucun commerce.

Poids et mesures. — Le Gouvernement néerlandais a décidé, en principe, d'introduire le système métrique aux Indes et a chargé un de ses fonctionnaires d'en préparer l'application.

11° SERVICE DES MINES. — EXPLOITATIONS MINIÈRES.

Le service des mines est confié, sous la haute direction du directeur du

Département de l'instruction publique, des cultes et de l'industrie, à trois ingénieurs en chef et à douze ingénieurs. Ils sont chargés, indépendamment de l'exploitation des mines pour le compte du Gouvernement, d'assurer l'exécution des règlements sur l'exploitation des mines et d'étudier les modifications qu'il serait utile d'y apporter; de préparer la publication des ouvrages sur la minéralogie, de compléter les collections, de faire des recherches géologiques et minéralogiques.

Exploitation des mines pour le compte du Gouvernement. — Les mines exploitées pour le compte du Gouvernement sont les mines d'étain de Banka et les mines de charbon d'Orange-Nassau dans l'île de Bornéo.

A Banka, les mines sont exploitées soit par le Gouvernement et à ses frais, soit par des particuliers, à charge d'en livrer le produit à un taux déterminé au Gouvernement. Le nombre des mines exploitées directement par le Gouvernement était de 109 en 1882; elles travaillaient avec 6,009 ouvriers, et ont produit 53,558 piculs d'étain, soit 8.91 piculs par ouvrier; les 131 exploitations et ateliers particuliers pour la refonte des rebuts des mines de l'État ont produit, dans la même année, 20,437 piculs d'étain, avec 1,445 ouvriers, soit 14.14 piculs par ouvrier. Voici quelle a été la production des mines de Banka pendant les cinq dernières années :

1878.	72,529 piculs.
1879.	77,616
1880.	72,684
1881.	64,189
1882.	73,995

En 1882, les frais d'exploitation, de transport et de vente des produits se sont élevés à 4,712,000 francs, y compris le prix d'achat, à raison de 28 fr. 35 cent. par picul, de l'étain extrait par les particuliers. Le produit de la vente de l'étain a été, par contre, de 11,365,000 francs; en sorte que le Gouvernement a bénéficié d'une somme de 6,653,000 francs sur l'exercice 1882.

Les mines de charbon du Gouvernement à Bornéo ont produit, en 1882, 4,637 tonnes de charbon et 2,087 tonnes de poussière qui ont été employées par la marine néerlandaise et dans les machines servant aux travaux du port de Batavia et du chemin de fer de l'État. La qualité du charbon laisse toutefois beaucoup à désirer, et l'on a dû renoncer à en faire usage sur les bâtiments de l'État. Le Gouvernement songe à abandonner son exploitation et à la laisser à des particuliers.

Exploitation des mines pour le compte des particuliers. — L'exploitation des richesses minérales de Billiton a été concédée par le Gouvernement, en 1852, à S. A. R. le prince Henri des Pays-Bas et au baron de Tuyl de Serooskerken, qui devinrent ensuite les principaux actionnaires d'une compagnie, au capital de 10,500,000 francs, fondée en 1860 et à laquelle ils cédèrent leurs droits. Les résultats furent d'abord insignifiants; mais l'impulsion donnée aux travaux par la compagnie augmenta la production dans de telles proportions, qu'à la fin de 1880, elle avait réalisé 48 millions de francs de bénéfices nets. La compagnie doit payer au Gouvernement une redevance de 3 p. o/o de la production brute, payable en étain, et 1 1/4 p. o/o de commission de vente de ses étains à Batavia, ce qui ne l'a pas empêché de donner 39 p. o/o de dividende à ses actionnaires en 1881. Le Gouvernement a reçu de la compagnie, en 1882, 2,102 piculs d'étain, vendus dans les Pays-Bas pour 260,000 francs, et 125,000 francs de commission de vente.

L'exploitation des mines d'étain de Billiton est opérée par des Chinois. Ils ont passé à cet effet des contrats avec la compagnie, qui leur paye 42 francs par picul d'étain et se charge de la nourriture et de l'habillement des ouvriers employés dans les mines.

Les 82 mines de Billiton, qui occupaient 4,996 ouvriers, ont produit, en 1882, 96,000 piculs de minerai qui ont donné 70,081 piculs d'étain.

Les autres concessions particulières sont celles de *Tounkal* (Palembang), pour l'exploitation d'une mine d'anthracite sur une étendue de 61 bouws, à raison de 52 centimes par bouw et par an et de 5 p. o/o du produit net; de *Gounoung Lawah*, à Bornéo, pour l'extraction des diamants, de l'or, du platine et du charbon, sur une étendue de 1,500 bouws, aux mêmes conditions que celles de Tounkal; de *Siak-Ari-Indrapoura,* dans l'empire de Siak, pour l'exploitation d'une mine d'étain et la mise en culture de terrains, moyennant une redevance de 4 p. o/o du produit ou de 12,600 francs au minimum, par an, en faveur du sultan. Les résultats de ces exploitations ne sont toutefois pas connus.

Salines. — Ainsi que nous l'avons déjà dit, le Gouvernement s'est réservé le monopole de la fabrication et de la vente du sel dans ses possessions indiennes. Le produit de la vente a été, en 1882 :

A Java et à Madoura, de	12,470,000 fr.
Dans les autres possessions, de	2,343,000
	14,813,000

Les frais d'administration, d'extraction et de débit du sel s'élèvent à environ 5,300,000 francs par an.

Pour terminer, voici quels étaient les traitements des fonctionnaires et employés dépendant du Département de l'instruction publique, des cultes et de l'industrie, en dehors de l'administration centrale.

GYMNASE GUILLAUME III.

1 directeur.		20,000 fr.
24 professeurs.	11,300 à	13,800

ÉCOLES BOURGEOISES SUPÉRIEURES.

Directeurs.	12,600 à	17,600
Professeurs.	9,400 à	13,800
Inspecteurs de l'instruction primaire.	15,000 à	20,000

ÉCOLES NORMALES INDIGÈNES.

Directeurs.			12,600
Professeurs	européens.	3,700 à	7,500
	indigènes.		2,500

ÉCOLES PRIMAIRES POUR EUROPÉENS.

Directeurs.		7,500
Professeurs.	5,000 à	6,300

ÉCOLES PRIMAIRES POUR INDIGÈNES.

Instituteurs indigènes.	850 à	1,900

JARDIN BOTANIQUE DE BUITENZORG.

1 directeur.		15,000
1 sous-directeur.		9,000
Autres employés.	3,700 à	7,500

Pasteurs protestants.		10,000 à	12,600
Prêtres catholiques.		8,800 à	12,600
Auxiliaires protestants.		3,700 à	6,300
Médecins municipaux.		6,300 à	17,600
Docteurs djawas.		1,100 à	1,260
Vaccinateurs indigènes.		400 à	1,100
Vétérinaires	européens.		5,000
	indigènes.		880
Ingénieurs	principaux.		22,600
	ordinaires.	7,500 à	16,000
Administrateurs des mines.		5,000 à	6,000

DÉPARTEMENT DES TRAVAUX PUBLICS.

Le personnel de l'administration centrale se compose d'un directeur, d'un référendaire, d'un commis principal, de quatre premiers commis, de six seconds commis, de huit troisièmes commis et d'expéditionnaires.

Voici quels sont les différents services qui ressortissent à ce Département : •

1° LES TRAVAUX HYDRAULIQUES, ROUTES ET TRAVAUX PUBLICS CIVILS.

Le directeur a sous ses ordres, pour les services techniques des ponts et chaussées et des travaux civils :

> 4 ingénieurs principaux de 1re classe, dont 3 inspecteurs ;
> 4 ingénieurs principaux de 2° classe ;
> 17 ingénieurs de 1re classe ;
> 25 ingénieurs de 2° classe ;
> 15 ingénieurs de 3° classe ;
> 10 aspirants ingénieurs ;
> 10 architectes de 1re classe ;
> 10 architectes de 2° classe ;
> 41 surveillants de 1re classe ;
> 60 surveillants de 2° classe ;
> 43 surveillants de 3° classe ;

auxquels sont confiés l'étude, la surveillance et la direction des travaux ressortissant à l'administration civile.

Les dépenses *ordinaires* pour le service des travaux publics ont été, de 1878 à 1882, de 11 à 14 millions de francs ; les dépenses *extraordinaires* pour l'amélioration du port de Batavia et divers travaux hydrauliques, de 7 à 9 millions de francs par an. Pour l'établissement du port de Tandok-Priok, près de Batavia, les dépenses faites de 1876 à 1882 atteignaient le chiffre de 43 millions de francs.

2° CONTRÔLE ET SURVEILLANCE DES MACHINES À VAPEUR.

Il existait aux Indes néerlandaises en 1882, dans des usines, 1,287 chaudières à vapeur, ayant une surface de chauffe de 61,590 mètres carrés, et 160 machines marines, d'une surface de chauffe de 7,967 mètres carrés, soit ensemble 1,447 chaudières, avec une surface de chauffe de 69,557 mètres carrés, contre 1,190 chaudières, d'une surface de chauffe de 50,885 mètres carrés en 1877.

3° ADMINISTRATION DES POSTES ET TÉLÉGRAPHES.

L'administration des postes et télégraphes est dirigée par un fonction-naire supérieur, portant le titre d'inspecteur en chef et ayant sous ses ordres :

        2 inspecteurs de 1re classe;
        3 inspecteurs de 2e classe;
        5 inspecteurs adjoints;
        3 directeurs principaux;
    105 directeurs de 1re, 2e, 3e, 4e et 5e classe;
    148 commis;
      40 commis adjoints;
      65 auxiliaires, tous Européens;
  1,398 employés indigènes.

Le nombre de bureaux des postes et des télégraphes était, en 1883 :

    A Java, de. 157
    A Madoura, de. 4
    A Sumatra, de. 35
    Dans les autres îles, de. 25
                                               ———
                                               221

En 1882, la poste a transporté à l'intérieur :

    Lettres { payantes...................... 2,902,126
            { de service.................... 976,030
    Imprimés................................ 2,005,653
    Échantillons............................ 25,254
    Papiers d'affaires...................... 395
                                           —————————
                                           5,909,458

Elle a reçu de l'étranger :

    Lettres................................. 444,220
    Kilogrammes d'imprimés.................. 80,622
    Échantillons............................ 12,651
    Papiers d'affaires...................... 115

Elle a expédié à l'étranger :

    Lettres................................. 407,279
    Kilogrammes d'imprimés.................. 10,423
    Échantillons............................ 9,370
    Papiers d'affaires...................... 20

Le nombre des mandats de poste à l'intérieur a été de 102,089; le nombre de ceux échangés avec l'étranger, de 22,055. Ces derniers représentaient une valeur de 2,860,000 francs.

Il a été vendu par l'administration des postes :

	postales simples pour l'intérieur........	569,166
Cartes	avec réponse payée.................	12,443
	pour l'étranger....................	34,725
		616,334

Le produit de la vente des timbres et des cartes et de la perception des taxes postales a été de 1,585,000 francs.

La première ligne télégraphique a été établie entre Batavia et Buitenzorg en 1856. Trois ans plus tard, la longueur des lignes était déjà de 2,696 kilomètres. Au 1er janvier 1882, le réseau télégraphique avait une longueur de 5,880 kilomètres, y compris le câble de 104 kilomètres qui relie Java à Sumatra. Les câbles entre Singapour et Java, et entre Banjouwangi et Singapour et Banjouwangi et l'Australie, sont la propriété de la *British Australian telegraph Company,* qui les exploite.

Le service des télégraphes a, en 1882 :

Expédié et reçu........	295,382	dépêches intérieures;
Expédié.............	18,835	dépêches à l'étranger;
Reçu...............	16,838	dépêches de l'étranger;
Reçu et expédié........	28,975	dépêches d'État à l'intérieur.
	360,030	

dont le produit a été de 1,030,000 francs.

D'après les comptes arrêtés pour 1881, le service des postes et télégraphes aux Indes a donné un déficit de 630,000 francs.

4° TÉLÉPHONES.

Une concession pour l'établissement de communications téléphoniques à Batavia, Weltevreden, Tandjong Priak, Samarang et Sourabaya a été accordée à la *Compagnie indo-néerlandaise des téléphones,* moyennant une redevance de 10 p. o/o du produit brut.

Le tarif d'abonnement est, par mois :

Pour les commerçants et magasins................ 5₂ʳ 5o°
Pour les hôtels............................. 84 oo
Pour les particuliers....................... ... 3₁ 5o

5° CHEMINS DE FER.

a. — Chemins de fer de l'État.

La loi du 6 avril 1875 a décidé qu'il serait procédé à la construction et à l'exploitation de chemins de fer pour le compte de l'État aux Indes.

En exécution de cette loi, le Gouvernement a ordonné l'établissement à Java de plusieurs lignes ferrées, divisées en lignes de l'Est et en lignes de l'Ouest, suivant qu'elles sont situées à l'est et à l'ouest de Sourakarta.

Les lignes de l'Est les plus importantes sont celles de :

Sourabaya à Pasourouan, ouverte en 1878;
De Bangil à Malaug, terminée en 1879;
De Sidhoardjo à Madioun, terminée en 1882;
De Kediri à Touloungagoung, terminée en 1883;
De Madioun à Paron, terminée en 1883.

Elles ont actuellement 337 kilom. 234 en exploitation.

La ligne de l'Ouest, qui va de Buitenzorg à Tjandjour, a été terminée en 1883 et a une longueur exploitée de 96 kilomètres.

Les résultats de l'exploitation des lignes de l'Est ont été comme suit, de 1878 à 1882.

ANNÉES.	KILOMÈTRES EXPLOITÉS.	RECETTES par KILOMÈTRE et par jour.	FRAIS D'EXPLOITATION par KILOMÈTRE et par jour.	BÉNÉFICES par KILOMÈTRE et par jour.	MONTANT TOTAL des bénéfices.
		fr. c.	fr. c.	fr. c.	francs.
1878...............	68,6₁o	34 73	17 24	17 49	274,600
1879...............	98,947	45 10	21 58	23 52	849,500
1880...............	119,025	43 99	25 20	18 79	818,943
1881...............	191,693	44 49	21 60	22 89	1,601,000
1882...............	257,913	41 34	19 38	21 96	2,057,000

Le trafic sur ces mêmes lignes a été le suivant, en 1882 :

		Nombre.	Produit.
Voyageurs. .	de 1re classe..........	4,805	46,144 fr.
	de 2e classe..........	44,300	266,675
	de 3e classe..........	1,210,778	1,574,706
		1,259,883	1,887,525

		Kilogr.	Produit.
Bagages.......................		1,055,060	51,045 fr.
Marchandises	en grande vitesse.....	1,386,989	123,270
	en petite vitesse......	121,489,240	1,662,310
		123,931,289	1,836,625

	Nombre	Produit
Voitures, chevaux et bestiaux.............	3,880	31,271 fr.
Recettes diverses.....................	"	127,222
	3,880	158,493

Recettes totales.............................	3,882,643 fr.
Dépenses.................................	1,825,143
BÉNÉFICES NETS...............	2,057,500

Le trafic en petite vitesse avait été :

En 1878, de...............................	8,892,000 kilogr.
En 1879, de...............................	52,081,200
En 1880, de...............................	56,728,000
En 1881, de...............................	96,965,070

Les tarifs sur ces lignes sont ainsi fixés :

		Par kilomètre.
Voyageurs	de 1re classe......	0f 12c
	de 2e classe...........................	0 08
	de 3e classe...........................	0 02
Marchandises en grande vitesse. Droit fixe par tonne........		2 10
Idem. Droit proportionnel par tonne et par kilomètre.......		0 33

Les marchandises en petite vitesse sont divisées, suivant leur nature, en cinq classes, et payent un droit fixe de 1 fr. 68 cent. à 2 fr. 62 cent. par tonne, et un droit proportionnel de 6 centimes à 25 centimes par tonne et par kilomètre.

Ligne de l'Ouest. — L'exploitation de 57,107 kilomètres de cette ligne a donné les résultats suivants en 1882 :

		Nombre.	Produit.
Voyageurs	de 1re classe...............	939	7,797 fr.
	de 2e classe...............	6,871	33,050
	de 3e classe...............	204,042	217,533
		211,852	258,380

	Kilogr.	Produit.
Bagages.......................	53,830	2,152 fr.
Grande vitesse...................	234,516	13,803
Petite vitesse...................	23,062,300	202,455
	23,350,646	218,410

	Nombre.	Produit.
Voitures, bestiaux, etc.................	3,127	11,823 fr.
Recettes diverses....................	"	54,512
	3,127	66,335

Recettes totales........................	543,125 fr.
Dépenses totales........................	368,556
BÉNÉFICES NETS..................	174,569

Les résultats ont été comme suit par jour et par kilomètre :

Recettes...........................	29f 67c
Frais d'exploitation..................	20 13
BÉNÉFICES NETS..................	9 54

Le Gouvernement a également construit en 1876 et exploite pour son compte une ligne ferrée de quelques kilomètres entre Oeleh-leh et Kota-Radja, pour le service des troupes engagées dans la guerre avec le sultan d'Atjeh, dans l'île de Sumatra. Les frais d'exploitation ont été, en 1882, de 98,183 francs et les recettes de 99,397 francs.

b. — *Chemins de fer particuliers.*

En 1862, la Compagnie de chemins de fer indo-néerlandaise a obtenu la concession des deux lignes ferrées Samarang-Djokjokarta et Batavia-Buitenzorg.

Les résultats obtenus dans l'exploitation de ces deux lignes, pendant les dix dernières années, se trouvent résumés dans les deux tableaux suivants.

Ces tableaux indiquent le produit du trafic et le montant des dépenses par jour et par kilomètre.

PRODUIT DU TRAFIC.	1873.	1874.	1875.	1876.	1877.	1878.	1879.	1880.	1881.	1882.
	fr. c.	fr. c.	fr. c.	fr. c.	fr. c.	fr. c.	fr. c.	fr. c.	fr. c.	fr. c.

LIGNE DE SAMARANG À DJOKJOKARTA.

	1873.	1874.	1875.	1876.	1877.	1878.	1879.	1880.	1881.	1882.
Voyageurs et bagages.......	12 64	13 58	14 38	13 65	15 47	15 05	14 61	14 38	13 44	13 77
Marchandises...	30 55	35 67	42 09	52 39	50 23	49 70	56 80	59 53	71 58	71 86
Divers	2 79	1 68	1 95	1 84	2 35	2 41	2 79	2 31	3 17	3 40
RECETTES....	45 98	50 93	58 42	67 88	68 05	67 16	74 20	76 22	88 19	89 03
Dépenses générales.........	3 19	3 10	3 86	3 86	4 45	4 28	4 95	4 68	4 80	5 73
Voies et travaux.	7 58	8 27	9 91	11 67	10 79	10 54	10 35	12 93	11 38	11 10
Traction.......	7 70	10 05	10 81	12 53	12 13	10 77	9 40	8 84	9 57	9 11
Transports.....	3 29	3 48	3 90	4 22	4 26	4 30	4 38	4 41	4 34	4 53
DÉPENSES....	21 76	24 90	28 48	32 28	31 63	29 79	29 08	30 86	30 09	30 47
BÉNÉFICES...	24 22	26 03	29 94	35 60	36 42	37 37	45 12	45 36	58 10	58 56
Les dépenses étaient en pour cents des recettes.	48	49 $\frac{3}{10}$	48 $\frac{7}{10}$	47 $\frac{6}{10}$	46 $\frac{4}{10}$	44 $\frac{6}{10}$	39 $\frac{2}{10}$	40 $\frac{4}{10}$	34 $\frac{3}{10}$	34 $\frac{2}{10}$

LIGNE BATAVIA—BUITENZORG.

	1873.	1874.	1875.	1876.	1877.	1878.	1879.	1880.	1881.	1882.
Recettes.......	40 06	45 50	49 26	54 45	58 84	62 09	63 94	68 77	69 78	76 39
Dépenses......	18 39	21 12	22 34	22 84	23 87	23 52	26 12	29 67	28 32	29 92
BÉNÉFICES...	21 67	24 38	26 82	31 61	34 97	38 57	37 82	39 10	41 46	46 47
Les dépenses étaient en pour cents des recettes.	46	46 $\frac{4}{10}$	43 $\frac{3}{10}$	42	40 $\frac{6}{10}$	37 $\frac{9}{10}$	40 $\frac{9}{10}$	43 $\frac{3}{10}$	40 $\frac{6}{10}$	39 $\frac{7}{10}$

En 1882, le trafic sur les deux lignes a été :

		Nombre.	Produit.
Voyageurs.......... {	Samarang-Djokjokarta.	909,311	1,017,384 fr.
	Batavia-Buitenzorg....	1,055,920	852,791
		1,965,231	1,870,175
Bagages, marchandises, {	Samarang-Djokjokarta.	295,638,489	5,297,205 fr.
ballast, etc. {	Batavia-Buitenzorg...	60,730,262	676,758
		356,368,751	5,973,963
Recettes diverses...... {	Samarang-Djokjokarta............		284,018 fr.
	Batavia-Buitenzorg..............		88,080
			372,098
TOTAL...... {	des recettes..................		8,216,236 fr.
	des dépenses..................		2,894,409
	BÉNÉFICES sur l'exploitation.....		5,321,827

La Compagnie de chemins de fer indo-néerlandaise est une société anonyme fondée en 1862, au capital de 24 millions de francs, divisé en actions de 2,100 francs.

Elle a donné un dividende de 4 p. o/o en 1880, de 8 p. o/o en 1881 et de 8 3/4 p. o/o en 1882.

Aux termes de la concession qui lui a été accordée, l'État a garanti à la Compagnie, pendant la durée de la construction et pendant les trente-trois premières années de l'exploitation, 4 1/2 p. o/o d'intérêt sur un capital de 168,000 francs par kilomètre construit, sans que le montant de la somme à payer par le Gouvernement puisse dépasser 1,260,000 francs par an. Toutes les sommes avancées par le Gouvernement pour le service de l'intérêt devront toutefois lui être remboursées par des prélèvements sur les bénéfices, dès que ceux-ci dépasseront 5 p. o/o du capital social. Lorsque les avances faites par l'État auront été intégralement remboursées, celui-ci aura droit au quart des bénéfices dépassant 5 p. o/o du capital social. La concession a été accordée pour une période de 99 ans, à l'expiration de laquelle les lignes feront retour à l'État. Il n'aura alors à payer aux concessionnaires que la valeur estimée du matériel roulant et du mobilier. L'État s'est également réservé le droit de rachat après vingt années d'exploitation ou après chaque période de dix années en sus de vingt ans.

6° TRAMWAYS.

Les seuls tramways existant aux Indes néerlandaises sont les tramways à vapeur de Samarang à Djouwana, appartenant à la *Compagnie des tramways à vapeur Samarang-Djouwana*, fondée en 1881, au capital de 8,400,000 francs (dividende 2 p. o/o en 1882); et le tramway à vapeur à Batavia, établi en 1882 par la *Compagnie indo-néerlandaise de tramways à vapeur*, société anonyme au capital de 5,250,000 francs.

DÉPARTEMENT DES FINANCES.

Le personnel de l'administration centrale se compose, indépendamment du directeur, d'un secrétaire, de trois référendaires, de trois commis principaux, de sept premiers commis, de dix seconds commis, de quinze troisièmes commis et d'employés inférieurs.

Malgré l'importance qu'ont les services financiers d'un aussi vaste empire, on est frappé de l'exiguïté du personnel du Département des finances. Il ne comprend, en effet, pour le service général, que sept inspecteurs des finances, trente-six receveurs généraux et trois receveurs adjoints; pour le service des douanes : un inspecteur, deux inspecteurs adjoints, quatre contrôleurs, deux contrôleurs adjoints, trente-six receveurs généraux, dix-neuf caissiers et soixante-cinq vérificateurs; pour le service des ventes publiques: quinze commissaires priseurs; et pour le service du timbre: un administrateur, non compris le personnel auxiliaire et inférieur.

C'est qu'en effet, la plupart des fonctionnaires de l'ordre administratif sont en même temps chargés de l'administration des impôts et revenus publics; que, de plus, une grande partie des impôts est affermée, ce qui en facilite la perception pour le Trésor, et enfin que les autres contributions mises à la charge des populations sont prélevées, moyennant rémunération, par les chefs indigènes sous la surveillance des autorités européennes. Il en résulte que, sur les 91 millions de francs d'impôts que prélève le Département des finances, il ne paye que 9 millions de frais d'administration et de perception, soit environ 10 p. o/o, et encore dans ces 9 millions sont compris 3 millions pour l'achat de l'opium qu'il fournit aux fermiers.

Les attributions les plus importantes du Département des finances sont : l'administration et la perception des impôts et revenus publics; viennent ensuite le service des ventes publiques, les actes de nationalisation des

35

navires, le système monétaire, la préparation des budgets, l'administration et le contrôle des finances, la rédaction des rapports sur le commerce
et la navigation, et enfin les cautionnements des agents comptables.

1° ADMINISTRATION DES IMPÔTS ET REVENUS PUBLICS.

Il existe aux Indes deux catégories d'impôts et contributions : les impôts
affermés aux enchères ou par soumission et les impôts mis en régie.

a. — Impôts affermés.

Ces impôts sont, pour Java :

Le droit de débit de l'opium ;
Le droit d'abatage des chevaux et bestiaux ;
Le droit d'abatage des porcs ;
Le droit de vente du tabac javanais et chinois, à Batavia et à Kra-
wang ;
Les péages ;
Le droit d'exploitation des forêts de Krawang appartenant au Gouverne-
ment ;
Le droit d'exploitation des grottes à salanganes ;
Les jeux de hasard chinois, à Batavia, à Samarang et à Sourabaya ;
Les licences sur les jeux de wajang, à Batavia ;
Le droit d'exploitation des Mille Iles ;
Le droit de passage des écluses de Melirip, de Gedek, de Samarang et
de Tangki ;
La ferme des monts-de-piété.

Dans les autres possessions, les droits affermés sont ceux :

Du débit de l'opium ;
Du débit des boissons ;
La ferme des jeux chinois ;
Le droit d'abatage des chevaux, bestiaux, cerfs, porcs et celui de vente
de la viande de porc ;
Les péages des bacs à Palembang, Lampongs, à Bornéo et aux Cé-
lèbes ;
L'impôt sur le poivre, à Riouw ;
Le droit d'impertation et de vente du sel, à Siak ;
L'impôt sur les scieries de bois de Poulou-Lawan ;

Le droit sur la gutta-percha, le sagou, la cire recueillis dans les îles de Bengkalis, de Tebing Tinggi et de Merban;

La ferme des monts-de-piété;

Le droit sur l'extraction de l'or et des diamants, à Bornéo;

Le droit sur la vente du bétel, aux Célèbes;

Les droits de place sur les marchés aux poissons, à Macassar;

L'impôt sur les étangs servant à la pisciculture, à Sambong Djawa et à Tallo (Célèbes);

Le droit de vente du sagou, à Amboine et à Ternate.

Le produit de ces fermes a été, pour 1882 :

Produit de la ferme de l'opium à Java et à Madoura....	27,972,000 fr.
Dans les autres possessions.....................	5,617,000
Ferme des monts-de-piété à Java et à Madoura........	1,159,000
Autres possessions........................	107,000
Autres droits et impôts à Java et à Madoura..........	3,702,000
Autres possessions...........................	2,169,000
	40,726,000

b. — Impôts et droits en régie.

Droits de douane. — Les droits qui frappent les marchandises à l'entrée et à la sortie des diverses possessions des Indes néerlandaises sont perçus conformément aux tarifs fixés par la loi du 17 novembre 1872 et les règlements édictés par le gouverneur général, en vertu des pouvoirs qui lui sont conférés.

Au point de vue du service des douanes, les ports des Indes néerlandaises sont divisés :

1° *En ports ouverts à l'importation et à l'exportation :* tels sont Batavia, Cheribon, Tegal, Pekalongan, Samarang, Djouwana, Sourabaya, Passarouan, Probolingo, Tjilatjap, dans l'île de Java; Padang, Siboga, Baros, Singkel, Palembang, à Sumatra; Muntok, Tandjoung, Pandan, Pontianak, Pamangkat, Sambas, Singkawang, Soukadana, Bandjermassin, dans les autres possessions;

2° *En ports ouverts à l'exportation générale, mais limitativement à l'importation*: ce sont les ports d'Anjer, Bantam, Indramajou, Rembang, Bezouki, Panaroukan, Banjouwangi, Patjitan, Pangoul, Priaman, Ajerbangis, Natal, Benkoulen, Telok Betong et Sampit;

3° *En ports francs :* tels sont les ports de Riouw, Macassar, Menado, Kema, Amboine, Banda, Saparoua, Ternate, Kajeli, Timon, Gorontalo, Bengkalis, Oleh-Leh, Pabean, Tamboukous, Sangsit et Loloan, où il n'est perçu aucun droit d'entrée ni de sortie.

Accise ou droit de consommation sur les spiritueux indigènes. — Cette contribution indirecte n'est perçue qu'à Java et à Madoura, et s'élève à 84 fr. par hectolitre à 50 degrés.

Accise ou droit de consommation sur le tabac. — Ce droit est :

1° De 8 fr. 40 cent. par 100 kilogrammes sur le tabac expédié d'un port de Java et de Madoura (à l'exception de Batavia, Bantam et Krawang) à destination d'un autre port des mêmes contrées;

2° De 8 fr. 40 cent. par 100 kilogrammes pour le tabac de Java et de 33 fr. 60 cent. pour les autres espèces de tabac, importés par mer dans un port de la côte Ouest de Bornéo;

3° De 16 fr. 80 cent. par 100 kilogrammes pour le tabac de Java, de 10 fr. 50 cent. pour le tabac de Bali et de Cheribon et de 13 fr. 65 cent. pour le tabac à fumer chinois, importés par mer dans les ports des côtes Sud et Est de Bornéo.

Contribution personnelle et mobilière. — Cet impôt, introduit en 1879, est dû par les Européens et assimilés. à raison de 5 p. 0/0 de la valeur locative des habitations et terrains bâtis, de 2 p. 0/0 de la valeur du mobilier et des voitures et de 12 fr. 60 cent. par cheval.

Taxe des patentes. — La quotité de la taxe est de 2 p. 0/0 des revenus résultant d'une profession quelconque, de fonctions ou emplois publics exercés par des Européens ou assimilés.

Impôt d'allivrement. — Cette contribution est due sur toutes les propriétés foncières appartenant à des particuliers, corporations, sociétés ou associations, à l'exception des églises, cimetières, établissements de bienfaisance, prisons, et à l'exception des propriétés d'une valeur de moins de 840 francs. L'impôt est également dû sur les biens-fonds tenus à bail emphytéotique ou en usufruit. Il est de 3/4 p. 0/0 de la valeur des terres, aussi bien pour les Européens que pour les indigènes.

Droit de timbre. — Le droit de timbre est perçu dans tout l'archipel sur les actes qui y sont soumis aux termes des lois et règlements. Il a été introduit en 1817.

Le droit de transfert de propriétés foncières ou de navires est de 5 p. o/o de la valeur ou du prix de vente.

Impôt sur les chevaux et voitures des indigènes à Java, à l'exception de Sourakarta et de Djokjokarta. Cette taxe pesait uniformément sur les indigènes et les Européens et assimilés, mais elle a été remplacée pour ces derniers par la contribution personnelle et mobilière.

Les droits de transfert et de succession comprennent:

1° Le droit de succession, qui est perçu sur tous les biens échus par succession aux Européens et sur les biens légués ou échus à des indigènes et provenant d'Européens ou assimilés;

2° Le droit de transfert, qui est perçu sur les dons de biens fonciers situés aux Indes par des personnes qui n'y sont pas domiciliées;

3° Le droit à acquitter par les Chinois, Maures, Musulmans et indigènes autres que les autochtones, sur les successions qui leur sont échues,

Le droit de bazar dans les territoires particuliers. Ce droit est de 5 p. o/o du montant de la redevance à payer aux propriétaires par les locataires ou fermiers.

Les licences des jeux de hasard. — Ce droit, perçu en dehors de Batavia de Samarang et de Sourabaya, où il est affermé, est de 210 francs dans les chefs-lieux de région et de division, et de 105 francs dans les autres localités.

Le droit de tenir un mont-de-piété dans les Lampongs, à Riouw, Menado, Amboine, Ternate, Timor, Bali et Lombok. Toute personne qui désire ouvrir un établissement de prêts sur gage est tenue de se munir d'une autorisation du chef de service régional, dont le coût est de 105 francs.

Le droit d'abatage de chevaux ou de bestiaux dans les Preanger. Ce droit est de 6 fr. 30 cent. par bête à cornes et de 8 fr. 40 cent. par cheval ou poulain.

La taxe sur les professions est une contribution dont sont passibles tous les indigènes, à l'exception des agriculteurs, qui exercent un métier, profession, commerce ou trafic quelconque à Java et à Madoura; les Orientaux étrangers à Sourakarta, à Djokjokarta et à Batavia; dans les autres possessions, les indigènes de Palembang, et les Orientaux étrangers sur la côte Ouest de Sumatra, à Célèbes, à Benkoulen, dans les Lampongs, à Menado, à Ternate, à Bali et à Lombok, à Palembang, à Bornéo, à Amboine, à Atjeh, à Billiton, à Banka et dans l'île de Bengkalis, et par les Chinois seulement sur la côte Ouest de Bornéo et la côte Est de Sumatra. La taxe, est en principe, de 2 p. o/o du revenu des professions, avec un minimum de 10 fr. 50 cent. pour les étrangers orientaux en dehors de Java et de Madoura. En 1882, le nombre des imposés était le suivant ·

	À JAVA ET À MADOURA.		
		Nombre.	Taxe moyenne par tête.
Indigènes......................		677,638	5ᶠ 56ᵃ
Chinois........................		53,574	20 68
Autres Orientaux..................		3,429	20 10
		734,641	6 73

	DANS LES AUTRES POSSESSIONS.		
Indigènes......................		″	8ᶠ 27ᶜ
Chinois........................		″	11 34
Autres Orientaux..................		″	17 36
		71,064	12 32

    c. — *Impôts particuliers à Java et à Madoura et dans les autres possessions.*

    Taxe d'un pour mille au profit des pauvres, sur le produit de toutes les ventes publiques. — Cette taxe date de 1745. Elle est à la charge des acheteurs.

    Impôt de capitation à Benkoulen. — Cette contribution a été introduite en 1873, en remplacement de la culture forcée du poivre et du café. Les contribuables sont divisés en cinq classes et payent, en raison de leur état de fortune, de 2 fr. 10 cent. à 210 francs par an. Lors de la revision des corvées en 1874, les corvéables ont été frappés d'un impôt de 4 fr. 20 cent. par tête, qui les exempte de l'obligation de construire et d'entretenir les routes.

    La taille, à Palembang, qui a été cédée par le sultan au Gouvernement néerlandais en 1823, moyennant une certaine redevance.

Impôt de capitation dans les Lampongs, à Billiton et à Bornéo. Il est dû par tous les indigènes mâles de plus de 16 ans. Il est de 2 p. o/o du produit de leurs revenus, avec un minimum de 4 fr. 20 cent. par an, pour les Lampongs et Billiton, et de 2 fr. 10 cent., pour Bornéo.

L'impôt de capitation à Palembang a remplacé l'obligation d'entretenir les routes.

Impôt hassil à Atjeh. Espèce de dîme que prélevait le sultan d'Atjeh et qui est actuellement perçue au profit du Gouvernement. Elle rapporte annuellement 125,000 francs.

Le droit d'importation de 4 fr. 20 cent. par kati (11^{k}624) d'opium sur les côtes d'Atjeh où la ferme de l'opium n'a pas encore été introduite.

La dîme dans les districts Sud et Est de Bornéo. — Elle est payable en argent et est du dixième du produit des rizières, au cours moyen des trois dernières années.

La redevance pour l'extraction des diamants à Bornéo. Elle est fixée par le résident, suivant l'importance du terrain exploité.

Impôt de 1/2 p. o/o sur la valeur des terrains bâtis ou non bâtis à Amboine, Il produit 13,000 francs par an.

Taxe personnelle et mobilière à Macassar. Elle est basée sur la valeur locative des maisons et bâtiments appartenant aux indigènes.

Dans le district de Salayer et dans les îles de Bonerate et de Kalaou, les indigènes ont à acquitter une taxe de capitation variant de 2 fr. 10 cent. à 8 fr. 40 cent. suivant leur état de fortune.

Dans les districts montagneux du gouvernement des Célèbes, les familles qui cultivent le café doivent payer un impôt en nature ou en argent, fixé au maximum à un tiers du produit de la récolte de chaque famille. La taxe est évaluée à 6 fr. 30 cent. par famille, en 1883.

Impôt de capitation dans le Minahassa (Menado). Il est fixé à 2 p. o/o du revenu, avec un minimum de 13 fr. 65 cent. par homme adulte.

Lors de la suppression de la culture forcée des épices à Amboine en 1864, la population indigène a été frappée d'un impôt de 2 fr. 10 cent. augmenté progressivement à 10 fr. 50 cent. par famille.

Impot sur les plantations d'arbres à épices à Banda. Il est de 3/4 p. o/o par an de la valeur des terrains cultivés.

En 1882, le produit des impôts, taxes et droits mis en régie par le Département des finances s'est élevé à la somme de 40,399,800 francs, dans laquelle les droits de douane et de consommation entraient pour 20,422,000 francs.

2° VENTES PUBLIQUES.

Le droit de faire les ventes publiques est un des privilèges exclusifs du Gouvernement. Il a organisé à cet effet des bureaux de vente, administrés par des fonctionnaires publics, dans les principaux centres de population. Le droit de vente peut également être délégué, moyennant commission, à des fonctionnaires en sous-ordre du Gouvernement ou à des notaires. Ils doivent rendre compte du produit au Gouvernement, qui en est responsable vis-à-vis des intéressés. Le produit des ventes publiques a été, en 1882, de 47,609,000 francs, sur lesquels le Gouvernement a perçu un droit de 1,012,000 francs, non compris le un pour mille au profit des pauvres et des institutions de bienfaisance.

3° SYSTÈME MONÉTAIRE.

Le système monétaire des Indes néerlandaises a été réglé par les lois de 1854, de 1855 et de 1877.

L'unité monétaire est le florin de 100 cents.

Les monnaies étalons sont :

La pièce de 10 florins, en or;
Le florin, en argent;
La rixdaler ou pièce de 2 florins 1/2, en argent;
Le demi-florin, en argent.

Les monnaies d'appoint sont :

Le 1/4, le 1/10 et le 1/20 de florin, en argent;
Le cent, en cuivre;
Le 1/2 cent, en cuivre;
La pièce de 2 cents 1/2, en cuivre.

Les monnaies de compte sont :

Le ducat et le double ducat d'or, qui valent de 12 fr. 30 cent. à 13 fr. 30 cent. le ducat.

La valeur des monnaies d'appoint mises en circulation ne peut dépasser 25 millions de francs pour les monnaies d'argent et 21 millions pour les monnaies de cuivre.

Certaines monnaies d'or et d'argent étrangères peuvent être acceptées par les caisses de l'État, au taux fixé par le gouverneur général. Les piastres mexicaines, acceptées à Banka, à Riouw et sur la côte Est de Sumatra, sont prises au cours de 4 fr. 50 cent.

4° PRÉPARATION DU BUDGET DES RECETTES ET DES DÉPENSES DE L'ADMINISTRATION DES INDES.

Le budget des Indes néerlandaises est fixé, chaque année, par des lois spéciales qui règlent les dépenses et déterminent les voies et moyens destinés à les couvrir.

Le budget des dépenses est divisé en deux parties : celle qui est relative aux dépenses dans les Pays-Bas, et celle qui est relative aux dépenses aux Indes. Ces dernières sont, à leur tour, réparties entre huit chapitres correspondant aux différents services coloniaux qui sont :

I. Le gouvernement et les hauts collèges d'État;
II. Le département de la justice;
III.   —   des finances;
IV.   —   de l'intérieur;
V.   —   de l'instruction publique, des cultes et de l'industrie;
VI.   —   des travaux publics;
VII.   —   de la guerre;
VIII.   —   de la marine.

Les projets de budget indien sont soumis aux Chambres par le Roi, en même temps que les autres propositions budgétaires, à l'ouverture de la session ordinaire de l'année qui précède l'exercice auquel ils s'appliquent.

La loi des finances établit également une distinction entre les recettes dans la métropole et les recettes aux Indes.

Le budget de 1883 a été arrêté comme suit:

Dépenses	dans les Pays-Bas.......	51,215,000 fr.	310,168,000 fr.
	aux Indes.............	258,953,000	
Recettes	dans les Pays-Bas.......	88,805,000	292,397,000
	aux Indes.............	203,592,000	

De sorte qu'il y a un déficit sur l'exercice 1883 de.. 17,771,000

Celui de 1884, tel qu'il a été proposé aux Chambres, accusait les chiffres suivants :

Dépenses $\begin{cases} \text{dans les Pays-Bas...... } 52,712,000 \text{ fr.} \\ \text{aux Indes.........·. } 251,330,000 \end{cases}$ 304,042,000 fr.

Recettes $\begin{cases} \text{dans les Pays-Bas...... } 78,097,000 \\ \text{aux Indes........... } 206,092,000 \end{cases}$ 284,189,000

Il y aura donc également sur cet exercice un déficit de ⎯ 19,853,000

Voici comment se répartissent les dépenses et les recettes du budget des Indes orientales néerlandaises pour 1884 :

DÉPENSES DANS LES PAYS-BAS.

CHAPITRE PREMIER. *Gouvernement et hauts collèges d'État* .... 71,000 fr.

CHAP. 2. *Département de la justice* 8,000

CHAP. 3. *Département des finances.* — Services du Trésor, achat d'o-pium, traitements d'inactivité, de congé, pensions de retraite aux fonctionnaires indiens, frais de passage et avances aux fonction-naires civils. 18,170,000

CHAP. 4. *Département de l'intérieur.* — Frais de transport et de vente du café, du quinquina, etc. 10,689,000

CHAP. 5. *Département de l'instruction publique, des cultes et de l'in-dustrie.* — Achat de fournitures pour l'imprimerie de l'État et de matériel pour le Département, transport et vente de l'étain 1,091,000

CHAP. 6. *Département des travaux publics.* — Achat de matériel pour les chemins de fer, postes et télégraphes, etc. 4,496,000

CHAP. 7. *Département de la guerre.* — Solde des officiers en service extraordinaire, traitement de congé, frais de formation d'officiers, frais de recrutement, de passage et de rapatriement des troupes, achat de matériel pour le service de la guerre. 7,878,000

CHAP. 8. *Département de la marine.* — Personnel et matériel de la marine mis à la disposition du Gouvernement indien. 10,309,000

52,712,000

DÉPENSES AUX INDES.

CHAPITRE PREMIER. — *Gouvernement et hauts collèges d'État.*

Gouverneur général .... 336,000 fr. ⎫
État-major du gouverneur général .... 63,000 ⎪
Conseil des Indes .... 317,000 ⎬ 2,471,000 fr.
Secrétariat général .... 732,000 ⎪
Cour des comptes .... 860,000 ⎪
Dépenses diverses .... 163,000 ⎭

A reporter. 2,471,000

Report............. 2,471,000 fr.

Chap. 2. — *Département de la justice.*

Administration centrale................	233,000 fr.	
Haute cour civile et haute cour militaire......	698,000	
Cours de justice.....................	860,000	
Justices inférieures....................	2,667,000	11,922,000
Chambres d'orphelins..................	833,000	
Prisonniers, forçats et internés............	5,382,000	
Dépenses diverses....................	1,449,000	

Chap. 3. — *Département des finances.*

Administration centrale................	428,000 fr.	
Contrôle des finances..................	462,000	
Recettes générales....................	1,283,000	
Fermes des impôts....................	3,704,000	
Administration des douanes..............	1,523,000	
Ventes publiques.....................	514,008	
Autres impôts......................	977,000	17,245,000
Traitements de congé et de disponibilité, secours, pensions de tous les fonctionnaires civils.........................	6,806,000	
Avances sur traitements et allocations........	1,207,000	
Dépenses diverses et imprévues...........	343,000	

Chap. 4. — *Département de l'intérieur.*

Administration	centrale..............	405,000 fr.	
	européenne............	10,489,000	
	indigène..............	11,412,000	
Dépenses résultant de la réduction des corvées à Java et à Madoura..................		2,058,000	
Allocations et traitements aux princes, notables, prisonniers d'État..................		5,254,000	
Corps armés du ressort de l'administration civile.		1,546,000	
Dépenses pour la sûreté publique..........		576,000	
Agriculture et élève du bétail.............		791,000	88,163,000
Impôts et taxes foncières...............		3,956,000	
Relèvements cadastraux et statistiques.......		1,246,000	
Culture et achat	du café..............	36,458,000	
	du sucre.............	8,527,000	
	du quinquina...........	163,000	
Exploitation des forêts.................		1,241,000	
Administration des magasins civils..........		599,000	
Subventions aux entreprises de transport par eau.		1,145,000	
Frais de transport, de voyage et de séjour....		1,722,000	
Dépenses diverses et imprévues...........		575,000	

A reporter.......... 119,801,000

Report............ 119,801,000 fr.

CHAP. 5. — *Département de l'instruction publique,*
des cultes et de l'industrie.

Administration centrale..................	248,000 fr.	
Instruction { aux Européens..............	3,495,000	
{ aux indigènes.	2,613,000	
Sciences et arts........................	324,000	
Imprimerie de l'État.	225,000	
Service.... { des cultes.................	1,357,000	
{ médical et sanitaire...........	4,399,000	24,500,000
{ vétérinaire.................	91,000	
{ des mines.................	689,000	
Exploitation { des mines d'étain et frais divers..	4,918,000	
{ des mines de charbon.........	318,000	
Salines et vente du sel..................	5,313,000	
Dépenses diverses et imprévues...........	510,000	

CHAP. 6. — *Département des travaux publics.*

Administration centrale..................	241,000 fr.	
Personnel des ponts et chaussées et des travaux publics...........................	3,594,000	
Bâtiments civils.	6,724,000	
Travaux d'irrigation, ponts, routes, et travaux hydrauliques.......................	10,406,000	
Travaux de déviation de l'embouchure de la rivière de Solo........................	979,000	40,494,000
Travaux du port de Batavia..............	1,718,000	
Loyers et indemnités de logement..........	1,674,000	
Services des postes et télégraphes..........	4,457,000	
Construction et achat de matériel pour les chemins de fer de l'État.................	7,071,000	
Frais d'exploitation des chemins de fer de l'État.	3,715,000	
Dépenses diverses et imprévues...........	915,000	

CHAP. 7. — *Département de la guerre.*

Administration centrale..................	881,000 fr.	
État-major général.....................	970,000	
Administration générale.................	1,608,000	
États-majors particuliers................	478,000	
Infanterie............................	10,386,000	18,441,000
Cavalerie.............................	579,000	
Artillerie.............................	3,243,000	
Corps indigènes.	296,000	

A reporter........... 203,236,000

Report.............		203,236,000 fr.
Remonte...........................	115,000	
Génie. { Personnel.....................	996,000	
{ Matériel.....................	813,000	
Travaux du génie.....................	5,636,000	
Loyers.............................	1,680,000	
Service de santé.....................	3,217,000	
Prisons militaires et établissements spéciaux....	523,000	
Recrutement de l'armée...	1,050,000	
Vivres, fourrages, frais de combustible et d'éclairage....	12,033,000	34,444,000
Habillement, équipement, harnachement......	1,365,000	
Frais de transport de troupes et de matériel...	4,305,000	
Avances sur traitements, etc..............	876,000	
Dépenses extraordinaires pour les troupes d'occupation d'Atjeh....................	1,179,000	
Expéditions et troupes en campagne........	420,000	
Dépenses diverses et imprévues............	236,000	

CHAP. 8. — *Département de la marine.*

Administration générale et service général.....	470,000 fr.	
Établissements et chantiers de la marine.......	2,577,000	
Observations magnétiques et météorologiques...	64,000	
Services { hydrographiques..............	198,000	
{ des ports..................	350,000	13,650,000
Balisage, éclairage et pilotage..............	1,489,000	
Personnel de la marine...................	4,460,000	
Matériel de la marine...................	3,126,000	
Frais de voyage, de séjour et de transport.....	403,000	
Dépenses diverses et imprévues............	513,000	

Dépenses { aux Indes....................		251,330,000
{ dans les Pays-Bas..................		52,712,000
TOTAL....................		304,042,000

RECETTES DANS LES PAYS-BAS.

Produit net de la vente de 865,000 piculs de café, soit 51,467,000 kilogrammes, évalués à 63 centimes le demi-kilogramme................	63,691,000 fr.
Produit de 115,000 kilogrammes d'écorce de quinquina, évalués à 2 fr. 94 cent. par demi-kilogramme...................	669,000
Produit de 67,000 piculs d'étain de Banka, soit 4,087,000 kilogr., évalués à 115 fr. 50 cent. par 50 kilogrammes.............	9,360,000
Produit de 2,200 piculs d'étain de Billiton, payés en nature par les concessionnaires..................................	302,000
Restitution d'avances gratuites faites à la compagnie du chemin de fer de Samarang à Djokjokarta.......................	2,552,000
A reporter............	76,574,000

Report............... 76,574,000 fr.

Restitution de la valeur des vivres fournis aux équipages de l'escadre
auxiliaire de la marine aux Indes....................... 834,000

Restitution des frais de réparations et de fournitures faites aux bâtiments de l'escadre auxiliaire.......................... 315,000

Recettes diverses.................................... 374,000

78,097,000

RECETTES AUX INDES.

I. — *Hauts collèges d'État.*

Amendes imposées par la Cour des comptes................. 1,000 fr.

II. — *Département de la justice.*

Amendes judiciaires et confiscations, part de l'État dans le produit
des chambres d'orphelins, etc........................ 722,000

III. — *Département des finances.*

IMPÔTS ET TAXES AFFERMÉS.

Ferme de l'opium...................... 28,760,000 fr.

Vente d'opium aux fermiers.............. 12,100,000

Taxes d'abatage de bestiaux, etc........... 2,016,000

Fermes { des jeux de hasard.............. 2,331,000

Fermes { des monts-de-piété.............. 1,728,000

Autres impôts et taxes affermés........... 2,707,000

49,642,000

IMPÔTS, TAXES ET DROITS EN RÉGIE.

Droits de douane et de consommation........ 20,286,000 fr.

Contribution personnelle et mobilière........ 1,575,000

Taxe des patentes..................... 1,413,000

Allivrement et taxe foncière à Banda........ 3,723,000

Produit des ventes publiques.............. 1,547,000

Timbre............................. 1,630,000

Droit de transfert d'immeubles............. 1,021,000

Taxe professionnelle des indigènes.......... 5,874,000

Capitation à Palembang................. 1,680,000

Autres taxes en régie.................. 2,984,000

41,733,000

Retenues pour la pension................ 664,000 fr.

Restitution d'avances aux fonctionnaires en activité et en retraite.................... 1,208,000

1,872,000

Recettes totales pour le Département des finances....... 93,247,000

A reporter........... 93,970,000

Report. . . . . 93,970,000 fr.

IV. — *Département de l'intérieur.*

Capitation des corvéables à Java et à Madoura. .	4,795,000 fr.	
Taille ou taxe foncière des indigènes.	38,955,000	
Taxe sur les étangs à pisciculture, dîme aux Célèbes.	1,296,000	
Location, fermage et cession de terrains.	1,245,000	
Vente à Java de 100,000 piculs de café à 63 fr. Vente de café de qualité inférieure.	6,405,000	
Vente à Sumatra, de : 106,000 piculs de café 1ʳᵉ qualité, à 84 fr. . . . 3,500 piculs de café 2ᵉ qualité, à 30ᶠ 45ᵉ. . Café de qualité inférieure.	9,020,000	79,342,000
Recettes résultant de la culture du sucre à Java. .	15,133,000	
Vente de graines de quinquina.	53,000	
Produit des forêts.	1,886,000	
Restitution d'avances aux entreprises de transport.	210,000	
Recettes diverses.	344,000	

V. — *Département de l'instruction publique, des cultes et de l'industrie.*

Redevances scolaires.	720,000 fr.	
Produit de l'imprimerie de l'État.	420,000	
Recettes résultant de l'exploitation des mines d'étain.	1,189,000	17,520,000
Mines de charbon.	154,000	
Vente du sel.	14,870,000	
Recettes diverses.	167,000	

VI. — *Département des travaux publics.*

Produit { des postes.	1,617,000 fr.	
des télégraphes.	1,050,000	11,403,000
des chemins de fer.	8,581,000	
Recettes diverses.	155,000	

VII. — *Département de la guerre.*

Vente d'objets et de matériel réformés.	452,000 fr.	
Restitution d'avances aux officiers, etc.	823,000	1,700,000
Recettes diverses.	325,000	

VIII. — *Département de la marine.*

Droits de port, d'ancrage et de pilotage.	735,000 fr.	
Indemnité pour l'usage des docks et bassins à flot de l'État.	126,000	1,254,000
Vente d'objets réformés.	294,000	
Recettes diverses.	99,000	

A reporter. 205,189,000

Report.............. 205,189,000 fr.

IX. — *Recettes diverses et imprévues*...................... 903,000

TOTAL DES RECETTES { aux Indes 206,092,000
{ dans les Pays–Bas............ 78,097,000

RECETTES TOTALES EN 1884........... 284,189,000

Ainsi que nous venons de le voir, les budgets indiens pour 1883 et 1884 présentent un déficit de 37 millions de francs environ. Il n'en était pas ainsi auparavant. Au contraire, le budget de la métropole tirait d'immenses ressources des revenus coloniaux. Le budget des Indes, qui avait donné pour les années 1867 à 1875, 1877 et 1878, des excédents de recettes s'élevant ensemble à 219 millions de francs, s'est soldé, en 1876, 1881 et 1882, par des excédents de dépenses atteignant ensemble le chiffre de 109 millions de francs.

L'État a, en somme, bénéficié d'excédents de recettes de 110 millions de francs sur les exercices 1867 à 1883; mais comme ils étaient absorbés au fur et à mesure qu'ils étaient obtenus, le budget de la métropole se trouve aujourd'hui grevé, du fait de ses colonies, de déficits qui se succèdent avec une régularité désespérante. C'est qu'en Hollande on s'était bercé de l'espoir que cette importante source de revenus ne tarirait jamais. On ne s'est pas rendu compte que les pays étrangers viendraient un jour faire une concurrence redoutable aux produits si recherchés des colonies hollandaises; que ce sol si fécond des colonies deviendrait moins fertile sous l'action de cultures à outrance et irréfléchies; que l'extension des défrichements, les besoins d'une exploitation régulière et bien entendue, le développement de la navigation et des communications nécessiteraient un ensemble de travaux considérables et coûteux. On n'avait pas cru, non plus, que les abus enracinés et la mauvaise gestion parviendraient jamais à terrasser le colosse indien. On n'avait pas, de même, prévu les conséquences de la politique suivie à Atjeh, où le Gouvernement est engagé depuis treize ans dans une guerre coûteuse, sans résultat appréciable. Enfin, tout en rendant hommage au parti libéral d'avoir mis un terme à l'exploitation systématique de l'indigène aux Indes, on ne peut s'empêcher de lui reprocher de ne pas avoir mûrement pesé les conséquences de la nouvelle politique qu'il a inaugurée et de ne pas avoir avisé, en temps utile, aux moyens de les atténuer au point de vue financier de la métropole.

Nous voyons, en effet, que, tandis que les recettes du budget indien n'ont augmenté que de 37 millions de francs de 1869 à 1882, les dépenses se sont au contraire accrues de 109 millions pendant la même période.

Cela résulte du tableau suivant :

ANNÉES.	RECETTES EN MILLIONS DE FRANCS.			DÉPENSES EN MILLIONS DE FRANCS.			EXCÉDENT	
	aux INDES.	dans les PAYS-BAS.	TOTAL.	aux INDES.	dans les PAYS-BAS.	TOTAL.	de RECETTES.	de DÉPENSES.
1867.....	152	137	289	164	68	232	57	//
1868.....	126	116	292	163	65	228	14	//
1869.....	128	96	224	175	21	196	8	//
1870.....	136	106	242	182	22	204	15	//
1871.....	155	112	267	180	24	204	41	//
1872.....	156	116	272	191	25	216	22	//
1873.....	163	130	293	204	60	214	7	//
1874.....	177	116	293	221	32	253	21	//
1875.....	186	150	336	223	38	261	24	//
1876.....	180	144	304	271	44	315	//	17
1877.....	192	136	328	267	49	316	9	//
1878.....	186	114	300	259	41	300	1	//
1879.....	198	95	293	276	42	318	//	25
1880.....	199	98	297	256	41	297	//	//
1881.....	194	84	278	266	39	305	//	27
1882.....	194	68	262	263	42	305	//	40
TOTAL........			4,520	TOTAUX....		4,214	219	109
A déduire : excédents de recettes portés en double en compte...............			196	Excédent de recettes..			110	
RESTE...........			4,324					

5° RÉDACTION DU RAPPORT SUR LE COMMERCE ET LA NAVIGATION DES COLONIES DES INDES ORIENTALES NÉERLANDAISES.

Les tableaux du commerce et de la navigation publiés par le Gouvernement permettent de suivre les progrès qu'ont fait les relations commerciales des colonies néerlandaises avec les puissances étrangères pendant les dix dernières années.

36

Les importations dans l'archipel de la Malaisie ont été comme suit, de
1873 à 1881 :

ANNÉES.	IMPORTATIONS		TOTAL.
	pour COMPTE particulier.	pour LE COMPTE du gouvernement.	
	francs.	francs.	francs.
1873.........................	225,946,000	57,928,000	283,874,000
1874.........................	200,131,000	13,257,000	213,388,000
1875.........................	247,070,000	16,842,000	263,912,000
1876.........................	244,425,000	10,750,000	255,175,000
1877.........................	264,739,000	58,040,000	322,779,000
1878.........................	247,526,000	47,417,000	294,943,000
1879.........................	292,974,000	31,794,000	324,768,000
1880.........................	330,695,000	33,474,000	364,169,000
1881.........................	315,314,000	17,872,000	333,186,000

Ainsi, le chiffre des importations pour compte particulier, qui était de
225 millions en 1873, a été presque toujours croissant jusqu'en 1880,
et semble vouloir rétrograder depuis cette époque, par suite, sans doute,
de la baisse des cafés et des sucres et des mauvais résultats de la récolte
de tabac à Java, circonstances qui ont enrayé le développement des entreprises particulières dans l'Inde.

Ces mêmes fluctuations se retrouvent, d'ailleurs, et même plus accen-
tuées encore, dans le chiffre des exportations pour compte particulier, qui
était en 1873 de 245 millions, puis est monté à 343 millions pour retomber en 1881 à 300 millions.

ANNÉES.	EXPORTATIONS		TOTAL,
	pour COMPTE particulier.	pour LE COMPTE du gouvernement.	
	francs.	francs.	francs.
1873.........................	245,566,000	87,202,000	332,768,000
1874.........................	267,595,000	87,678,000	355,273,000
1875.........................	284,763,000	87,096,000	371,589,000
1876.........................	340,938,000	107,453,000	448,391,000
1877.........................	343,124,000	119,945,000	453,069,000
1878.........................	297,523,000	80,409,000	377,932,000
1879.........................	290,559,000	78,504,000	369,163,000
1880.........................	297,728,000	78,073,000	375,801,000
1881.........................	300,384,000	67,580,000	371,964,000

Voici quelle a été la part des principaux produits coloniaux dans l'exportation des Indes néerlandaises, en tonnes de 1,000 kilogrammes.

ANNÉES.	INDIGO.	TABAC.	SUCRE.	THÉ.	CAFÉ.			ÉTAIN.		
					pour compte particulier.	pour compte du gouvernement.	TOTAL.	pour compte particulier.	pour compte du gouvernement.	TOTAL.
1873...	346	12,901	195,967	2,076	32,687	46,729	79,416	3,254	4,494	7,748
1874...	387	19,118	199,116	2,242	31,371	43,785	75,156	2,997	2,345	5,342
1875...	324	13,864	209,736	2,180	35,671	42,649	78,320	3,179	3,090	6,269
1876...	494	15,836	221,206	2,406	35,131	51,880	87,011	3,655	4,476	8,131
1877...	527	18,530	223,511	2,554	35,410	55,885	91,295	3,413	4,133	7,546
1878...	347	20,938	237,127	2,791	35,988	37,362	73,350	4,012	6,664	10,676
1879...	366	14,479	191,470	2,603	40,322	41,874	82,196	4,415	4,716	9,131
1880...	373	10,541	222,242	2,519	39,946	45,599	85,545	4,617	5,446	10,063
1881...	415	19,493	266,726	2,203	37,699	56,495	94,194	3,969	5,357	9,316

Il est également intéressant de voir dans quelle proportion les différentes nations contribuent au mouvement du commerce des Indes orientales.

À l'importation figurent au premier rang, en 1881 :

Les Pays-Bas, pour..................... 116,000,000 fr.

Puis viennent :

Singapour........................... 96,000,000
La Grande-Bretagne.................... 39,000,000
Poulou-Pinang (détroit de Malacca)........ 30,000,000
Les États-Unis d'Amérique................ 11,000,000
Siam................................ 9,000,000
Saïgon.............................. 8,000,000
Les Philippines....................... 6,000,000
La Chine............................ 4,000,000
L'Australie.......................... 3,000,000
L'Allemagne......................... 3,500,000
La France........................... 2,600,000

La France ne vient donc qu'en douzième ligne et pourtant les bâtiments de la Compagnie *Nederland* touchent tous les dix jours à Marseille en allant à Java. Il est vrai qu'une partie des marchandises françaises font probablement usage des bateaux des messageries qui vont à Singapour et sont importées à Java comme étant de cette provenance. Nous n'en occupons pas moins un rang fort inférieur dans l'intercourse de la Malaisie.

36.

A l'exportation des Indes néerlandaises, le premier rang appartient également aux :

Pays-Bas, avec......................... 169,000,000 fr.

Viennent ensuite :

Singapour........................... 75,000,000
La Grande-Bretagne.................... 28,000,000
Les ports de la Manche, à ordre............ 27,000,000
Les États-Unis d'Amérique............... 17,000,000
L'Australie........................ 11,000,000
La France........................... 10,000,000
L'Égypte........................... 9,000,000
Poulou-Pinang (détroit de Malacca).......... 9,500,000
L'Italie............................ 4,000,000
L'Arabie........................... 3,000,000
Le Danemark........................ 2,000,000

Le tableau suivant des importations pour compte particulier fait voir comment les nations étrangères ont su profiter de l'abolition des droits protecteurs aux colonies, pendant les années 1874 à 1880, défalcation faite du numéraire.

PROVENANCE.	1874.	1875.	1876.	1877.	1878.	1879.	1880.
	francs.	francs.	francs.	francs.	francs.	francs.	francs.
Pays-Bas.....	102,000,000	106,000,000	100,157,000	105,172,000	87,731,000	94,053,000	107,518,000
Singapour....	52,991,000	53,534,000	58,027,000	54,497,000	59,562,000	78,126,000	78,021,000
Grande-Bretagne........	15,162,000	30,095,000	29,049,000	36,246,000	29,501,000	31,156,000	36,910,000
Ports du détroit de Malacca..	1,191,000	700,000	1,355,000	7,602,000	9,454,000	26,567,000	18,614,000
Cochinchine...	»	19,810,000	7,341,000	4,024,000	1,493,000	3,557,000	16,819,000
Amérique.....	4,857,000	5,080,000	4,484,000	10,886,000	8,276,000	14,057,000	16,317,000
Siam........	2,157,000	4,624,000	14,217,000	5,162,000	2,621,000	2,732,000	11,999,000
Chine........	5,627,000	6,115,000	7,069,000	6,865,000	7,050,000	8,923,000	6,292,000
France.......	1,583,000	2,035,000	2,263,000	2,398,000	2,266,000	2,671,000	3,179,000
Manille......	1,200,000	1,306,000	1,992,000	615,000	1,848,000	1,355,000	2,010,000
Australie.....	2,010,000	2,163,000	2,850,000	2,060,000	2,633,000	2,604,000	1,961,000
Autres contrées.	4,570,000	2,099,000	1,167,000	3,151,000	4,686,000	3,057,000	6,024,000
Pays étrangers.	88,348,000	111,063,000	129,114,000	135,506,000	125,304,000	174,805,000	197,446,000
TOTAL GÉNÉRAL.	190,348,000	217,163,000	229,271,000	236,678,000	217,121,000	268,858,000	304,964,000

Les relations entre les Pays-Bas et les colonies sont donc à peu près restées stationnaires, tandis que les importations de l'étranger ont augmenté de 109 millions de francs ou de 123 p. 0/0 de 1874 à 1880.

Voici quelle était la valeur des principaux articles d'importation aux Indes, en 1881 :

Cotonnades..........................	81,000,000 fr.
Riz................................	42,000,000
Conserves, comestibles..................	27,000,000
Pétrole.............................	12,000,000
Fils................................	10,000,000
Mercerie, bimbeloterie, etc...............	9,000,000
Tissus et étoffes de laine, de soie, de chanvre....	8,000,000
Tabac fabriqué.......................	8,000,000
Machines...........................	7,000,000
Ouvrages en fer et en acier...............	6,000,000
Opium.............................	5,000,000
Sucre raffiné........................	5,000,000
Vins, dont les deux tiers des Pays-Bas........	5,000,000
Bestiaux............................	5,000,000
Houille.............................	4,000,000
Porcelaine, poterie, etc..................	4,000,000
Cire................................	4,000,000
Farine..............................	4,000,000
Thé................................	3,000,000
Livres..............................	3,000,000
Vêtements...........................	3,000,000

Grâce aux trois lignes de steamers qui relient aujourd'hui Java à la métropole, le mouvement maritime des colonies a augmenté de 50 p. o/o de 1873 à 1881, ainsi qu'il résulte du tableau ci-dessous de la navigation de long cours :

ANNÉES.	ENTRÉES.		SORTIES.		TOTAL.	
	NAVIRES.	TONNEAUX.	NAVIRES.	TONNEAUX.	NAVIRES.	TONNEAUX.
1873.............	8,955	1,195,000	9,169	1,220,000	18,124	2,415,000
1874.............	9,576	1,292,000	9,264	1,326,000	18,840	2,618,000
1875.............	7,003	1,459,000	6,963	1,458,000	13,966	2,917,000
1876.............	7,363	1,529,000	7,554	1,596,000	14,913	3,125,000
1877.............	7,858	1,816,000	8,046	1,734,000	15,904	3,550,000
1878.............	7,652	2,037,000	7,985	1,824,000	15,637	3,861,000
1879.............	7,993	1,603,000	8,402	1,703,000	16,395	3,306,000
1880.............	8,343	1,856,000	9,558	1,679,000	17,901	3,535,000
1881.............	8,316	1,951,000	8,910	1,658,000	17,226	3,609,000

Les différents pavillons ont contribué comme suit au mouvement maritime des Indes néerlandaises, en 1881 :

A l'entrée :

Pavillon {	anglais......................	324,000 tonneaux.
	néerlandais.................	288,000
	indo-néerlandais...........	188,000
Singapour et Poulou-Pinang................		133,000
Américain.............................		43,000
Allemand..............................		45,000
Français..............................		29,000
Norvégien.............................		28,000
Suédois...............................		17,000
Siamois...............................		13,000
Italien................................		12,000

A la sortie, la part de chaque pavillon ne différait pas sensiblement des chiffres ci-dessus.

Ont le plus contribué aux relations directes avec les Indes néerlandaises, les pays suivants, pendant la même année :

A l'entrée :

Singapour.............................	382,000 tonneaux.
Autres ports du détroit de Malacca.............	132,000
Pays-Bas.............................	254,000
Amérique.............................	50,000
Saïgon...............................	29,000
Siam.................................	29,000
Chine................................	27,000
Cap de Bonne-Espérance.................	19,000
France...............................	8,000
Allemagne............................	5,000

A la sortie :

Singapour.............................	356,000 tonneaux.
Détroit de Malacca......................	88,000
Pays-Bas.............................	199,000
Angleterre............................	67,000
La Manche, à ordre.....................	59,000
Australie.............................	50,000
Chine................................	26,000

Égypte.	20,000 tonneaux.
Saïgon.	19,000
Siam.	19,000
Amérique.	19,000
Philippines.	15,000
France.	13,000
Indes anglaises.	11,000
Timor portugais.	11,000

Le régime douanier des Indes néerlandaises a subi, dans le courant de ce siècle, différentes modifications qu'il nous a paru utile d'indiquer.

Le système des cultures, en forçant les populations à livrer les produits de leurs récoltes au Gouvernement et en excluant toute concurrence particulière, assurait aussi, par conséquent, le monopole commercial du marché néerlandais, vers lequel le Gouvernement dirigeait naturellement toutes ses denrées. Plus tard, lorsque les particuliers furent admis, concurremment avec l'État, à exploiter les richesses agricoles des Indes, on chercha encore à favoriser le commerce métropolitain en frappant de droits plus élevés les marchandises exportées directement pour les pays étrangers. Toutefois, vers 1850, un premier pas fut fait vers le libre échange : on assimila, sous certaines conditions, les pavillons étrangers au pavillon national, mais en maintenant cependant des droits différentiels sur les marchandises exportées pour les contrées autres qne les Pays-Bas. Ces droits furent diminués progressivement de 1866 à 1872, et définitivement abolis par la loi de 1873, qui plaça ainsi le commerce étranger sur un pied d'égalité parfaite avec le commerce néerlandais. On s'était rendu compte de ce que les droits différentiels et les faveurs réservées au pavillon national avaient tué tout esprit d'entreprise, toute initiative privée et n'avait créé qu'une prospérité factice, sans empêcher le commerce étranger de se développer dans des proportions bien plus considérables que le commerce national. De plus, nonobstant les primes à la construction et les affrètements assurés et rémunérateurs des navires néerlandais, la part du pavillon national dans le mouvement maritime de Java ne dépassait pas 5 p. o/o.

Nous ne pouvons résumer avec plus de clarté que ne le fait le tableau suivant les conséquences que les modifications apportées au régime douanier des Indes ont eues pour le commerce de la métropole.

D'après les statistiques officielles publiées par le Ministère des finances,

le *commerce spécial* entre les Pays-Bas et les Indes néerlandaises a été le
suivant, de 1850 à 1882 :

ANNÉES.	IMPORTATION dans LES PAYS-BAS.	EXPORTATION des PAYS-BAS.
	francs.	francs.
1850............................	104,518,000	21,879,000
1855............................	131,397,000	38,247,000
1860............................	152,242,000	67,479,000
1865............................	154,310,000	56,422,000
1870............................	170,043,000	66,335,000
1877............................	100,210,000	100,210,000
1878............................	110,691,000	100,691,000
1879............................	87,119,000	87,119,000
1880............................	88,378,000	98,368,000
1881............................	88,393,000	88,393,000
1882............................	82,858,000	82,858,000

D'après la loi de 1873, tous les pavillons étrangers sont assimilés au
pavillon néerlandais dans tous les ports de l'archipel de la Malaisie ouverts
au commerce. Le cabotage seul est réservé au pavillon néerlandais.

Les frais que les navires ont à payer dans les ports de la zone douanière des Indes néerlandaises, se bornent à un droit d'ancrage de 1 fr. 05 c.
par tonneau *register* pour six mois de séjour. En sont exempts, les vapeurs
faisant un service régulier pour le transport des malles, en vertu des contrats passés avec le Gouvernement néerlandais, et les navires entrant en
relâche. Il n'est perçu aucun droit dans les ports francs.

Tous les navires sortant d'un port de l'archipel doivent cependant se
munir d'un certificat du maître de port, dont le coût est de 2 fr. 10 cent.
pour les navires de moins de 300 tonneaux et de 4 fr. 20 cent. pour ceux
d'un plus fort tonnage.

Les bâtiments qui entrent dans les ports de Sourabaya et de Tjilatjap ou
en sortent, ainsi que ceux qui passent le détroit de Bali, doivent prendre
un pilote et payer les droits de pilotage d'après les tarifs basés sur le tirant
d'eau.

A l'importation dans la zone douanière, qui comprend Java et Madoura,
le gouvernement de la côte occidentale de Sumatra, les résidences de Benkoulen, des Lampongs, de Palembang, de Banka, de la côte Ouest et des
côtes Est et Sud de Bornéo et l'assistant-résidence de Billiton, les marchan-

dises spécifiées ou non spécifiées, à l'exception de celles mentionnés ci-après, sont frappées, quelle que soit leur provenance, d'un droit de 6 p. o/o de la valeur, d'après les estimations publiées chaque trimestre par le directeur des finances. Des droits spécifiques sont appliqués aux boissons, au gambir, aux bougies, à la farine, à l'opium et au tabac.

Sont exempts des droits d'entrée : les porcelaines, faïences et poteries, le noir animal, les livres et les tableaux, la chaux, les engrais, la résine, les bestiaux, la poix et le goudron, les cordages et la toile à voiles, l'or et l'argent en barres, en lingots ou monnayés, les bijoux et pierres précieuses, les bois de construction, les métaux ouvrés pour les usages industriels, les chemins de fer et les constructions navales, le cuivre, le plomb et le zinc bruts, les machines, outils, instruments, la houille, le coke et la glace.

A la sortie, sont seuls passibles de droits : les peaux, les nids d'hiron-delles, l'indigo, le café, le sucre, le tabac, le thé et l'étain. Tous les autres articles en sont exempts.

Des tarifs spéciaux régissent l'importation et l'exportation des ports de la résidence de la côte orientale de Sumatra, où le Gouvernement a racheté des princes indigènes le droit de percevoir des taxes de douane. Le droit d'entrée est de 6 p. o/o de la valeur pour les meubles, le papier, les voi-tures, les fournitures de bureau et de dessin, l'horlogerie. Pour les autres marchandises, sauf celles qui en sont exemptes comme à Java, le droit est de 3 p. o/o de la valeur. Pour les spiritueux et l'opium, les droits d'entrée doivent être payés aux fermiers. Un droit de 5 p. o/o frappe à la sortie la gomme damar, les peaux, l'ivoire, les cornes de rhinocéros et le rotin. Il y a des droits spécifiques sur le sang-de-dragon, le macis, le café, la gutta-percha, la cire, les noix muscades, le poivre, le sagou, le tabac, le riz, la cannelle et les chevaux.

Les importations et les exportations du port de Mouara Kompeh, dans le sultanat de Djambi, sont régies par un autre tarif spécial qui frappe d'un droit de 6 p. o/o de la valeur toutes les marchandises importées, à l'excep-tion de l'or et de l'argent, des bijoux, des bestiaux et de tous les articles provenant d'un autre port de l'archipel. Le poivre, l'ivoire, le rotin, le café, le riz sont frappés d'un droit spécifique, et toutes les autres marchan-dises (à l'exception de celles qui payent à l'entrée) d'un droit *ad valorem* de 4 p. o/o à l'exportation.

Les frets maritimes sont cotés aux Indes par last, représentant en prin-cipe 2,000 kilogrammes, mais dont le poids diffère en réalité suivant la nature des marchandises.

Le last est pour :

Le bois d'ébène......................	2,000 kilogr.
Le benjoin..........................	1,750
Le café en balles....................	1,800
Le café en barriques................	1,550
Le camphre.........................	1,100
Le chanvre.........................	900
La cire.............................	2,000
Les clous de girofle.................	1,000
Le cuivre...........................	2,000
Le curcuma.........................	1,800
L'écaille de tortue..................	1,000
L'étain.............................	2,000
La gomme copal.....................	1,500
La gomme élastique..................	1,400
La gutta-percha.....................	1,400
La cannelle.........................	950
L'indigo............................	1,300
La laine............................	650
Le macis...........................	1,200
La nacre...........................	2,000
Les noix muscades..................	1,500
Les peaux..........................	1,200
Le poivre...........................	1,500
Le riz..............................	2,000
Le sable aurifère...................	2,000
Le sagou...........................	1,500
Le sucre...........................	2,000
Le tabac...........................	800
Le thé.............................	930

Des docks flottants existent aux Indes néerlandaises, dans l'île d'Amsterdam, dans celle d'Onrust et à Sourabaya. Le tarif des docks du Gouvernement à Onrust et à Sourabaya, qui sont accessibles aux bâtiments particuliers, est de 200 francs par jour pour les premiers 200 tonneaux de jauge et de 52 centimes par tonneau en sus, plus 10 p. o/o pour frais généraux. La jauge officielle des navires à vapeur est majorée de 25 p. o/o pour l'application du tarif. Des frais de location des machines et outils sont également portés en compte, en sus de la main-d'œuvre et des fournitures. Des cales sèches sont en construction dans le port de Tandjong-Priok, près de Batavia.

DÉPARTEMENT DE LA GUERRE.

1. ARMÉE COLONIALE.

A la tête de l'armée et du Département de la guerre aux Indes se trouve un lieutenant général (général de division), subordonné au gouverneur général. C'est le gouverneur général qui nomme à tous les emplois d'officiers dans l'armée, conformément à l'article 42 du règlement organique, à l'exception du général commandant et des généraux de brigade, qui sont nommés par le Roi. L'armée indienne est complètement indépendante et n'a aucune attache avec l'armée dans les Pays-Bas. Elle ne peut être employée ni dans une autre colonie ni dans la métropole. Elle se recrute uniquement par voie d'engagements volontaires avec primes, soit en Hollande, soit aux colonies. Les officiers formés dans les Pays-Bas, sur leur demande, pour le service colonial, sont nommés par le Ministre des colonies. Des officiers de l'armée néerlandaise peuvent aussi, sur leur demande, être détachés aux Indes, et réciproquement, des officiers de l'armée des Indes être détachés dans les Pays-Bas ou permuter entre eux.

L'armée comprend :

> L'état-major général;
> Les états-majors divisionnaires;
> Les états-majors de place;
> L'infanterie;
> La cavalerie;
> L'artillerie;
> Le génie;
> L'intendance;
> Le service de santé;
> Le corps des fonctionnaires militaires;
> Le corps des écrivains militaires;
> Le corps de musique;
> L'école militaire de Meester Cornelis, à Java;
> Le corps des pupilles;
> Le service des prisons militaires.

L'état-major du gouverneur général se compose de quatre adjudants :

> 1 lieutenant-colonel;
> 2 capitaines;
> 1 lieutenant.

Un de ces officiers peut être choisi dans la marine.

Le Département de la guerre, qui est dirigé par le général commandant les forces de terre, comprend sept divisions, savoir :

1° Le cabinet (chef : un capitaine);
2° Personnel et affaires militaires. Infanterie et cavalerie (chef : le plus ancien général de brigade);
3° Artillerie (dirigée par le chef de l'arme);
4° Génie (dirigée par le chef de l'arme);
5° Intendance (dirigée par un intendant en chef);
6° Service de santé;
7° État-major général, qui a dans ses attributions le service topographique, le service des cartes et plans et les aumôniers.

Le personnel militaire de l'administration centrale ou état-major général, se compose de :

1   général de division commandant de l'armée;
1   général de brigade sous-chef de l'armée;
6   colonels;
7   lieutenants-colonels;
2   majors ou chefs de bataillon;
14 capitaines;
25 lieutenants et sous-lieutenants.

——————
56

94 sous-officiers et soldats européens;
17 fonctionnaires civils des services militaires.

États-majors divisionnaires et de place. — Au point de vue militaire, Java forme trois divisions, dont les commandants résident à Batavia, à Samarang et à Sourabaya. Les autres possessions forment quatre subdivisions ou commandements, savoir :

La côte Ouest de Sumatra;
Atjeh et dépendances;
Les côtes Est et Sud de Bornéo;
Les Célèbes.

Les commandants de division et de subdivision ont sous leurs ordres le commandant d'artillerie, le commandant du génie, le chef de l'intendance, l'officier en chef du service de santé et les commandants des garnisons stationnées dans leur ressort.

L'état-major des trois divisions de Java et des commandements ou sub-divisions de la côte Ouest de Sumatra, d'Atjeh et dépendances, des côtes Est et Sud de Bornéo et des Célèbes, comprend :

 1 général de brigade;
 4 colonels;
 1 lieutenant-colonel;
 5 capitaines;
 10 lieutenants.
 ———
 21
 ———

L'état-major de place se compose de :

 5 lieutenants-colonels;
 7 lieutenants.
 ———
 12
 ———

Le corps d'intendance comprend, outre le personnel de l'administration centrale :

 5 majors intendants;
 27 capitaines;
 84 sous-intendants.
 ———
 116 officiers et 78 sous-officiers.

Le corps des écrivains militaires a un effectif de :

 160 sous-officiers;
 320 caporaux et soldats.

Arme de l'infanterie. — L'arme de l'infanterie comprend :

 Le commandement de l'infanterie, à Willem Ier;
 Les bataillons de marche;
 Les bataillons de dépôt;
 L'infanterie de garnison;
 Les cadres des troupes à la suite;
 Le dépôt de recrutement;
 Les compagnies de discipline.

Voici quel est leur effectif :

DÉSIGNATION DES CORPS.	EUROPÉENS.		INDIGÈNES.
	OFFICIERS.	SOUS-OFFICIERS et soldats.	SOUS-OFFICIERS et soldats.
Commandement de Willem Ier........	2	"	"
Dix-huit bataillons de marche.........	328	4,882	5,366
Quatre bataillons de dépôt...........	96	1,580	1,076
L'infanterie pour le service de garnison..	269	3,613	6,153
Les quatre compagnies à la suite......	19	120	318
Le dépôt de recrutement............	2	8	4
Les quatre compagnies de discipline....	18	200	40
Totaux............	734	9,403	12,957
Ensemble..............	23,094		

L'effectif des dix-huit bataillons de marche se décompose ainsi qu'il suit :

EUROPÉENS.

Officiers......
- Lieutenants-colonels ou majors..... 20
- Capitaines.................... 72
- Lieutenants adjudants........... 20
- Lieutenants et sous-lieutenants..... 216
} 328

Sous-officiers...
- Adjudants.................... 36
- Sergents-majors............... 72
- Sergents et fourriers........... 544
} 652

Caporaux et soldats.............................. 4,230

5,210

INDIGÈNES.

Sergents.................................... 176 }
Caporaux et soldats........................ 5,190 } 5,366

10,576

Un des bataillons est composé uniquement d'Européens, trois de deux compagnies d'Européens et de deux d'Amboinais, quatre de deux compagnies d'Européens et de deux compagnies d'indigènes, et dix d'une compagnie d'Européens et de trois compagnies d'indigènes.

CAVALERIE.

La cavalerie forme un régiment de quatre escadrons, avec un escadron de dépôt et un détachement, dont voici l'effectif :

DÉSIGNATION DES CORPS.	EUROPÉENS.		INDIGÈNES.
	OFFICIERS.	SOUS-OFFICIERS et soldats.	SOUS-OFFICIERS et soldats.
État-major particulier.............	4	6	"
Quatre escadrons..................	21	342	286
Un escadron de dépôt.............	6	101	84
Un détachement..................	1	4	31
Totaux...........	32	453	401
Ensemble..............	886 hommes et 766 chevaux.		

ARTILLERIE.

L'arme de l'artillerie comprend :

DÉSIGNATION DES CORPS.	EUROPÉENS.		INDIGÈNES.
	OFFICIERS.	SOUS-OFFICIERS et soldats.	SOUS-OFFICIERS et soldats.
Les commandants divisionnaires, inspecteurs......................	13	15	"
L'état-major particulier............	3	8	1
Quatre batteries de campagne à Java....	20	376	292
Quatre batteries de montagne à Java....	12	256	180
Troupes à la suite................	2	15	27
Sept compagnies d'artillerie de forteresse à Java.....................	28	457	239
Huit compagnies d'artillerie dans les autres possessions................	25	443	263
Magasins et ateliers de l'artillerie, sans compter le personnel civil.........	22	354	62
Totaux...........	125	1,924	1,064
Ensemble..............	3,113 hommes et 586 chevaux.		

CORPS DU GÉNIE.

DÉSIGNATION DES CORPS.	EUROPÉENS.		INDIGÈNES.
	OFFICIERS.	GARDES, conducteurs, sous officiers et soldats.	SOUS-OFFICIERS et soldats.
Services régionaux et locaux.........	52	46	//
Troupes......................	64	378	221
Magasins	5	22	//
TOTAUX............	121	446	221
ENSEMBLE	788 hommes.		

SERVICE DE SANTÉ.

Le service de santé comprend, outre le personnel de l'administration centrale :

Officiers de santé
{
principaux de 1ʳᵉ classe. Lieutenants-colonels...... 4
principaux de 2ᵉ classe. Majors............... 9
de 1ʳᵉ classe. Capitaines..................... 51
de 2ᵉ classe. Lieutenants................... 118
}

182

Pharmaciens....
{
principaux de 1ʳᵉ classe. Lieutenant-colonel....... 1
principaux de 2ᵉ classe. Major............... 1
de 1ʳᵉ classe. Capitaines..................... 6
de 2ᵉ classe. Lieutenants................... 35
}

43

Vétérinaires.....
{
de 1ʳᵉ classe. Capitaines..................... 2
de 2ᵉ classe. Lieutenants..................... 2
de 3ᵉ classe. Sous-lieutenants................. 2
}

6

PRISONS MILITAIRES.

Le personnel des prisons militaires se compose de :

    3 officiers ;
    59 sous-officiers et caporaux européens.

    62

ÉCOLE MILITAIRE DE MEESTER CORNELIS.

    1 capitaine directeur ;
    5 lieutenants ou sous-lieutenants ;
    6 sous-officiers instructeurs ;
    4 soldats ;
    50 élèves ayant le grade de sergent.

    66

    2 tambours ou clairons indigènes.

CORPS DES PUPILLES.

    1 capitaine commandant ;
    6 lieutenants ou sous-lieutenants ;
    57 sous-officiers et caporaux ;
    600 pupilles au maximum.

    664

CORPS DE MUSIQUE.

    1 adjudant sous-officier ;
    30 musiciens ;
    10 élèves européens.

    41

Les fonctionnaires militaires ou employés civils de l'administration de la guerre sont au nombre de vingt, dont :

    3 de 1re classe ;
    7 de 2e classe ;
    10 de 3e classe.

    20

En réunissant ces diverses données, l'effectif de l'armée indienne était donc comme suit :

DÉSIGNATION DES CORPS.	EUROPÉENS.		INDIGÈNES.
	OFFICIERS.	SOUS-OFFICIERS et soldats.	SOUS-OFFICIERS et soldats.
État-major....................	93	94	"
Intendance....................	116	78	"
Infanterie....................	734	9,403	12,957
Cavalerie....................	32	453	401
Artillerie....................	103	1,570	1,002
Génie....................	121	446	221
Service de santé..............	231	"	"
Services auxiliaires, prisons, écoles, écrivains....................	16	1,297	2
Totaux..........	1,446	13,341	14,583
Ensemble..............	29,370 hommes.		

Si à ces 29,370 hommes de troupes régulières, nous ajoutons les 4,022 hommes de la garde nationale européenne et les 5,450 hommes des corps indigènes dépendant du Département de l'intérieur, nous voyons que le Gouvernement indien ne dispose que d'une force armée de 39,000 hommes pour maintenir une population de 30 millions d'habitants.

Voici comment se décomposait l'élément européen de l'armée indienne au 1er janvier 1883 :

OFFICIERS.

Néerlandais....................	1,083
Indo-Néerlandais....................	196
Belges....................	2
Allemands....................	41
Suisses....................	2
Français....................	1
Autres étrangers....................	27
	1,352

TROUPES.

Néerlandais	6,682
Indo-Néerlandais	1,190
Belges	2,151
Allemands	2,141
Français	952
Suisses	538
Autres étrangers	406
	14,060

2. RECRUTEMENT DE L'ARMÉE.

Le corps des officiers se recrute parmi les élèves de l'école spéciale militaire de Bréda qui se destinent à l'armée des Indes et qui y sont instruits aux frais du Gouvernement indien. Au 1ᵉʳ septembre 1883, les élèves rentrant dans cette catégorie étaient au nombre de 151, répartis comme suit:

Infanterie	85
Cavalerie	5
Artillerie	43
Génie	18
	151

Il existe également dans les Pays-Bas des cours spéciaux à l'usage des sous-officiers de l'armée qui se préparent pour les examens d'officiers dans l'armée coloniale. Ils comptaient au 1ᵉʳ mai 1883 :

25 élèves de 1ʳᵉ année ⎫
19 élèves de 2ᵉ année ⎭ pour l'infanterie;

7 élèves de 1ʳᵉ année ⎫
7 élèves de 2ᵉ année ⎭ pour l'intendance.

L'école militaire de Meester Cornelis à Java prépare également des sous-officiers pour le rang d'officier. Elle comptait, en 1883 :

33 élèves de 1ʳᵉ année ⎫
25 élèves de 2ᵉ année ⎬ pour l'infanterie.
16 élèves de 3ᵉ année ⎭

74

4 élèves de 1ʳᵉ année ⎫
6 élèves de 3ᵉ année ⎭ pour l'intendance.

10

Ces divers établissements ont fourni en 1882 à l'armée coloniale :

OFFICIERS NOMMÉS AUX INDES.

Sortant de l'école militaire...................... 38

Formés aux corps............................ 5

OFFICIERS NOMMÉS DANS LES PAYS-BAS ET MIS EN ACTIVITÉ AUX INDES.

Sortant de l'école militaire...................... 18

Formés aux corps ou aux cours spéciaux............. 22

83

Quant au service de santé, le Gouvernement éprouve toujours les plus grandes difficultés à compléter le personnel qui lui est nécessaire, malgré les avantages qu'il assure aux jeunes gens pour leur instruction. Il a même souvent recours à la voie des journaux, pour demander des médecins diplômés étrangers sachant le hollandais ou l'allemand, auxquels il donne une prime de 12,000 francs et le passage gratuit pour eux et leur famille, s'ils s'engagent à servir pendant cinq ans dans l'armée coloniale. Trois étrangers ont été nommés dans ces conditions en 1882. Un appel a été également fait dans le même but, en 1883, aux médecins civils néerlandais, avec promesse d'une gratification de 16,800 francs pour un engagement de huit ans.

Au 1ᵉʳ juillet 1883, le Gouvernement entretenait, à l'hôpital militaire d'Amsterdam, trente élèves militaires en médecine et subventionnait quatre-vingt-deux étudiants civils aux universités de l'État, pour les préparer au service de santé aux Indes.

Quant au recrutement des troupes coloniales par voie d'engagements volontaires, il a été comme suit pendant les années 1878 à 1882 :

ANNÉES.	ENGAGÉS POUR SIX ANS arrivés des Pays-Bas aux Indes.			ENGAGEMENTS DE SIX ANS aux Indes.			RÉENGAGEMENTS DE UN À SIX ANS aux Indes.			TOTAL GÉNÉRAL.
	Néer-landais.	Étran-gers.	Total.	Euro-péens.	Indi-gènes.	Total.	Euro-péens.	Indi-gènes.	Total.	
1878.......	729	1,391	2,120	143	417	560	777	1,327	2,104	4,780
1879.......	763	977	1,740	150	261	411	838	1,808	2,646	4,797
1880.......	805	556	1,361	98	316	414	820	1,880	2,700	4,475
1881.......	959	556	1,515	131	2,573	2,604	1,711	2,733	4,444	8,563
1882.......	1,255	563	1,818	141	1,757	1,898	1,666	2,804	4,470	7,186

Les pertes pendant la même période ont été comme suit pour les troupes au-dessous du grade d'officier:

DÉSIGNATION DES PERTES.	1878.	1879.	1880.	1881.	1882.
Tués..............................	41	42	30	3	14
Décédés...........................	1,807	1,619	1,098	1,226	990
Retraités.........................	838	1,014	1,107	1,648	2,019
Réformés..........................	1,638	1,605	1,371	1,457	1,366
Promus officiers..................	37	33	29	26	43
Condamnés.........................	216	177	120	95	91
Disparus..........................	22	41	33	26	25
Déserteurs........................	536	404	445	551	678
TOTAUX..............	5,135	4,935	4,233	5,032	5,226

3. ARMEMENT.

En 1883, il y avait, aux Indes, 50,245 fusils de petit calibre se chargeant par la culasse, dont 32,042 distribués aux troupes régulières, gardes nationales et corps indigènes.

La cartoucherie de Sourabaya a livré 5,172,000 cartouches de fusil et 197,000 cartouches de revolver, dont les douilles proviennent en partie des Pays-Bas. La cartoucherie a encore fabriqué 5,266,000 douilles de cartouches de fusil. Au 1er janvier 1883, les magasins de l'État à Java contenaient 11,500,000 cartouches, indépendamment de 300 cartouches par homme données aux troupes, en dehors de Java et d'Atjeh.

Le matériel des quatre batteries de campagne a été fourni, en 1882, par l'usine Krupp, mais n'avait pas encore été mis en service, faute de poudre.

Quant à l'équipement, les tuniques de coton qui étaient en usage jusqu'ici sont remplacées par des tuniques en serge de laine. La forme des vêtements n'a toutefois subi aucune modification. On attend qu'une solution soit donnée à la question de la coiffure, les troupes portent encore le képi, sans le couvre-nuque, qui est à l'étude depuis 1853.

Au 31 décembre 1882, le nombre des détenus militaires dans la maison d'arrêt de Samarang était :

	Européens.	Indigènes.
1878, de....................	323	137
1879, de....................	306	126
Au 31 décembre { 1880, de....................	300	59
1881, de....................	277	66
1882, de....................	234	54

Les compagnies de discipline comptaient :

		Européens.	Indigènes.
Au 31 décembre	1878	108	91
	1879	110	132
	1880	123	127
	1881	114	96
	1882	103	81

4. SERVICE DE SANTÉ.

Le nombre des malades dans l'armée des Indes a été le suivant :

	1881.	1882.
Européens.............................	48,479	41,594
Indigènes.............................	40,175	36,857
	88,654	78,451

Le nombre des décès a été :

	1881.	1882.
Européens.............................	602	506
Indigènes.............................	570	430
	1,172	936

Les différentes espèces de maladies régnant dans l'armée ont été, en 1882, les suivantes :

DÉSIGNATION DES MALADIES.	NOMBRE DE CAS.		TOTAL.	DÉCÈS.	RÉFOR- MÉS.
	Européens.	Indigènes.			
Fièvres paludéennes........	14,458	13,457	27,915	133	208
Choléra	262	72	334	227	1
Dysenterie	183	24	207	45	9
Maladies de foie...........	304	32	336	15	25
Berri-berri [1]............	67	2,958	3,025	132	193
Lèpre..................	6	3	9	‟	4
Maladies syphilitiques.......	7,800	3,872	11,672	38	50
Autres maladies	18,514	16,439	34,953	346	942
TOTAUX........	41,594	36,857	78,451	936	1,432

[1] Espèce de dysenterie dont souffrent principalement les indigènes.

5. INSTRUCTION DANS L'ARMÉE.

Les cours préparatoires pour les sous-officiers désirant obtenir le grade d'officier comptaient, au 31 décembre 1882, 32 élèves.
Les écoles de sous-officiers :

Dans les corps d'artillerie de siège ou de place........	31 élèves.
Dans le corps d'artillerie de campagne..............	24
Dans le corps du génie........................	69
	124

Les écoles régimentaires :

D'infanterie.................................	3,369 élèves.
De cavalerie.................................	181
	3,550

5. DÉPENSES MILITAIRES.

Les dépenses du Département de la guerre sont évaluées, pour 1884, à la somme de 60,763,000 francs, qui se répartissent ainsi qu'il suit :

DÉPENSES DANS LES PAYS-BAS.

Officiers en service extraordinaire et traitements d'officiers en congé...	790,000 fr.
Frais de formation d'officiers..........................	704,000
Transport de troupes, frais de recrutement, avance de solde........	3,110,000
Condamnés militaires................................	78,000
Achat et transport de matériel.........................	3,091,000
Dépenses imprévues.................................	105,000
	7,878,000

DÉPENSES AUX INDES.

Administration centrale et état-major général.................		882,000 fr.
Services topographiques, ateliers photographiques et lithographiques.		909,000
Intendance.............................	1,148,000 fr.	
Écrivains militaires.....................	382,000	1,608,000
Personnel auxiliaire....................	78,000	

ÉTATS-MAJORS DIVISIONNAIRES ET DE PLACE.

État-major	divisionnaire.................	322,000 fr.	526,000
	de place....................	204,000	

A reporter................	3,925,000

Report.................... 3,925,000 fr.

ARME DE L'INFANTERIE.

Officiers. Traitements......................	4,684,000 fr.	
Troupes.................................	5,413,000	10,386,000
Indemnités, allocations, gratifications, frais de bureau, etc.............................	289,000	

ARME DE LA CAVALERIE.

Traitements des officiers.....................	241,000 fr.	
Solde des troupes.........................	268,000	579,000
Indemnités, allocations, gratifications..........	70,000	

ARME DE L'ARTILLERIE.

Traitements des officiers.....................	816,000 fr.	
Solde des troupes.........................	831,000	
Indemnités, allocations, gratifications, frais de bureau, etc.............................	119,000	3,243,000
Magasins et ateliers de l'artillerie, compagnies d'ouvriers..............................	1,477,000	

CORPS INDIGÈNES SPÉCIAUX.

Légion de Mangkou Negoro, à Sourakarta.

Traitements des officiers....................	114,000 fr.	189,000
Solde des troupes........................	75,000	

Légion de Pakou Alam, à Djokjokarta.

Part dans les frais d'entretien de ce corps....................	108,000
Service de la remonte.................................	115,000

ARME DU GÉNIE.

Traitements des officiers....................	687,000 fr.	
Solde des troupes du génie..................	220,000	
Allocations, gratifications, frais divers..........	89,000	9,126,000
Travaux et matériel du génie................	8,130,000	

SERVICE DE SANTÉ.

Traitements des officiers, allocations, fournitures..	2,352,000 fr.	
Solde des infirmiers........................	566,000	3,217,000
Frais divers, traitements d'hôpital des malades, dépenses des hôpitaux..........................	299,000	
Prisons militaires et frais de justice......................		174,000

A reporter.............. 31,062,000

Report................ 31,062,000 fr.

École militaire de Meester Cornelis, à Java.

Traitements des officiers....................	41,000 fr.	97,000
Personnel inférieur et matériel...............	56,000	

École des pupilles, à Gombong.

Traitements des officiers....................	60,000 fr.	193,000
Personnel auxiliaire, élèves et matériel..........	133,000	

Corps de musique....................................	53,000
Frais de recrutement aux Indes...........................	1,050,000
Gratifications et hautes soldes attachées à des décorations, médailles pour années de service................................	46,000
Vivres, fourrages, frais de chauffage et d'éclairage..............	12,000,000
Frais d'équipement, d'habillement, de harnachement, mobilier, etc..	1,365,000
Frais de transport de troupes et de matériel, frais de route, de séjour, de voyage, etc......................................	4,306,000
Traitements, indemnités aux officiers en disponibilité, secours aux soldats réformés......................................	82,000
Avances aux officiers sur leurs traitements....................	876,000
Dépenses extraordinaires pour le corps expéditionnaire d'Atjeh......	1,178,000
Frais d'expéditions et de troupes en campagne.................	420,000
Dépenses imprévues...................................	157,000

Total des dépenses	aux Indes.................	52,885,000
	dans les Pays-Bas...........	7,878,000
		60,763,000

Indépendamment des indemnités de table et de fourrages qui leur sont accordées, les officiers de l'armée des Indes jouissent des traitements fixes mensuels suivants:

Généraux.......	de division.................	4,200 fr.		
	de brigade.................	2,625		
Colonels..........................		1,995	à	2,100
Lieutenants-colonels....................		1,470	à	1,575
Majors............................		1,260	à	1,365
Capitaines.........................		735	à	945
Lieutenants........................		420	à	525
Sous-lieutenants.....................		357	à	388
Officiers de santé	de 1re classe...........	840	à	1,050
	de 2e classe...........	525	à	577
Pharmaciens....	de 1re classe...........	800	à	1,050
	de 2e classe...........	525	à	577

DÉPARTEMENT DE LA MARINE.

Le commandement des forces navales ainsi que la direction du Département de la marine aux Indes sont confiés à un officier général de la marine néerlandaise nommé par le Roi, sous la haute direction du gouverneur général.

Indépendamment de ses autres attributions de moindre importance, le Département de la marine est chargé de la direction du personnel et du matériel :

1° Des bâtiments de la flotte néerlandaise détachés aux Indes, aux frais du Gouvernement indien, pour le maintien de l'autorité et la défense des intérêts néerlandais dans les mers de l'Inde ;

2° De tous les bâtiments de guerre construits aux frais du Gouvernement colonial, commandés par des officiers de la marine néerlandaise et en service permanent aux Indes ;

3° Des bâtiments de la marine coloniale dite du Gouvernement (*Gouvernements Marine*).

Les nominations et promotions d'officiers sur les bâtiments de guerre ne peuvent avoir lieu que par arrêté royal. Au contraire, celles dans la marine du Gouvernement indien ou marine coloniale sont faites par le gouverneur général et le commandant des forces navales.

1. FORCES NAVALES.

Les bâtiments de la marine de guerre aux Indes formaient, au 31 décembre 1882, un effectif de 26 bâtiments, savoir :

		Bâtiments.	ÉQUIPAGES	
			Européens.	Indigènes.
Escadre	Indo-néerlandaise....	21	1,596	953
	auxiliaire..........	5	990	221
		26	2,586	1,174

D'après les derniers tableaux publiés par le Gouvernement, la flotte indo-néerlandaise était composée comme suit :

ESPÈCE.	LIEU de CONSTRUCTION.	ANNÉES.	TIRANT d'eau en décimètres.	NOMBRE de BOUCHES À FEU.	FORCE NOMINALE en chevaux.	ÉQUIPAGES	
						EURO-PÉENS.	INDI-GÈNES.
ESCADRE AUXILIAIRE.							
Vapeurs à hélice de 1re classe.	Amsterdam...	1879	61	14	450	263	57
	Idem........	1876	61	10	450	263	57
	Idem........	1859	56	10	450	256	"
Cuirassés à tourelles........	Birkenhead...	1866	56	8	400	229	53
	Amsterdam...	1874	60	8	600	234	69
Totaux.....................				50	2,350	1,245	236
ESCADRE INDO-NÉERLANDAISE EN SERVICE ACTIF.							
Frégate de 1re classe........	Flessingue...	1859	67	28	"	122	35
Corvette................	Sourabaya...	1874	38	10	"	123	46
Vapeurs à roues de 2e classe..	Idem........	1867	46	2	220	101	33
	Feyenoord...	1874	40	6	200	78	61
	Amsterdam...	1874	40	6	200	101	41
Vapeurs à roues de 3e classe..	Feyenoord...	1867	35	4	200	73	54
	Amsterdam...	1867	35	4	200	92	30
Vapeurs à roues de 4e classe..	Sourabaya....	1877	25	4	80	70	33
	Idem........	1878	25	4	100	70	33
	Idem........	1874	34	3	90	50	22
	Idem........	1863	19	3	80	40	33
Vapeurs à hélice de 4e classe..	Feyenoord...	1872	35	3	80	75	24
	Idem........	1874	35	3	90	75	24
	Amsterdam...	1875	35	3	90	75	24
	Feyenoord...	1875	35	3	90	61	37
	Idem........	1876	35	3	90	61	37
	Amsterdam...	1874	34	3	90	75	24
	Feyenoord...	1878	34	4	80	76	24
	Idem........	1862	35	6	80	76	24
	Amsterdam...	1872	35	3	80	62	37
	Feyenoord...	1863	35	6	80	75	24
Service hydrographique.							
Un vapeur..............	Amsterdam...	1874	34	3	90	21	61
Deux bricks-goélettes.......	....	"	"	"	"	38	96
Totaux.....................				114	2,310	1,690	857

ESPÈCE.	LIEU de CONSTRUCTION.	ANNÉES.	TIRANT D'EAU en décimètres.	NOMBRE de BOUCHES À FEU.	FORCE NOMINALE en chevaux.	ÉQUIPAGES	
						EURO-PÉENS.	INDI-GÈNES.
EN RÉSERVE.							
Vapeur à roues de 3ᵉ classe...	Amsterdam...	1867	35	4	200	"	"
Vapeur à roues de 4ᵉ classe....	Sourabaya....	1875	36	3	80	"	"
Vapeur à hélice de 1ʳᵉ classe...	Idem........	1874	38	10	"	"	"
Vapeurs à hélice de 4ᵉ classe.. { Amsterdam...	1872	35	3	80	"	"	
Idem........	1873	35	3	90	"	"	
Idem........	1875	34	3	90	"	"	
Totaux..................				26	540	"	"
MARINE COLONIALE INDIENNE.							
Bâtiments de mer.							
4 vapeurs à hélice......... { 2 en Angleterre} 2 en Hollande.}		"	"	24	200	32	148
4 vapeurs à roues.........	Sourabaya....	"	"	23	320	32	148
1 vapeur à hélice.........	Flessingue ...	"	"	6	50	8	37
Bâtiments de rivière.							
3 vapeurs à roues.........	....	"	"	14	180	14	76
4 vapeurs à roues.........	....	"	"	16	120	18	92
Totaux..................				83	870	104	501
Bâtiments pour le service du balisage.							
1 vapeur à hélice.........	Pays-Bas.....	"	"	2	60	7	37
2 voiliers..............	Sourabaya....	"	"	"	"	1	24
Bâtiments au service de la résidence à Batavia.							
1 vapeur à roues.........	....	"	"	"	30	2	11
Total général...........				83	960	114	573

Toutes ces forces navales réunies forment un ensemble de 42 bâtiments
de guerre, portant 247 bouches à feu et 4,633 hommes d'équipage, dont
1,594 indigènes, non compris 7 bâtiments affectés à des services spéciaux
et 6 désarmés,

Les bâtiments de la marine coloniale ne coopèrent qu'accidentellement aux opérations militaires. Ils sont plus spécialement mis à la disposition des chefs de service régionaux, gouverneurs ou résidents pour servir au transport des passagers, du matériel et des fonds du Gouvernement, pour porter secours aux navires en détresse, pour surveiller les points peu importants et pour faire la police des mers de l'Inde, réprimer la piraterie et la contrebande. Des chaloupes armées, au nombre de 41, sont également à la disposition des résidents et des autorités civiles pour le service des havres, rades et côtes.

Bien que les bâtiments de la marine coloniale soient armés en guerre et leurs équipages soumis à la discipline militaire, le personnel en est plus civil que militaire. Les commandants, officiers et mécaniciens sont recrutés le plus souvent dans la marine de commerce, tout en étant soumis aux conditions de capacité prescrites par les règlements.

2. CHANTIERS DE CONSTRUCTION ET ÉTABLISSEMENTS DE LA MARINE AUX INDES.

Sourabaya. — Le nombre des ouvriers employés dans les chantiers et établissements de la marine à Sourabaya était, en moyenne, de 1,479 par jour. Ils ont fourni le nombre suivant de journées de travail :

Ouvriers..................................	444,987
Coolies...................................	97,342

payées en moyenne 1 fr. 50 cent. aux ouvriers et 92 centimes aux coolies. Le montant des salaires payés en 1882 a été de 1,071,000 francs, la valeur des matériaux employés de 1,054,000 francs.

Il existe deux docks flottants, un en bois, en fort mauvais état et que l'on songe à mettre hors de service, et l'autre en fer. Il en a été fait usage, en 1882 :

Par les bâtiments de l'escadre auxiliaire, pendant.......	47 jours.
Par ceux de la marine militaire indienne, pendant......	386
Par ceux de la marine coloniale, pendant............	119
Par de petits bâtiments, pendant..................	55
Par des bâtiments de commerce, pendant............	59
	666

Onrust. — Les chantiers et ateliers de la marine dans l'île d'Onrust servent à la réparation des bâtiments de l'État au moyen d'ouvriers libres et de galériens.

Le nombre de journées de travail fournies en 1882 a été le suivant :

Ouvriers libres.   54,479
Coolies libres.   16,622

                                                    71,101

Galériens { ouvriers.   13,915
          { coolies.   2,535

                                                    16,450

Presque tous les ouvriers sont Chinois ou indigènes. Il a été payé 382,000 francs de salaires aux ouvriers libres. La valeur des matériaux travaillés a été de 311,000 francs.

Le dock flottant de cet établissement a été employé, en 1882, pendant 202 jours, savoir :

Par les bâtiments de l'escadre auxiliaire.   14
Par ceux de la marine militaire indienne.   30
Par ceux de la marine coloniale.   21
Par des navires de commerce.   91
Par de petits bâtiments.   46

                                                    202

Ateliers de construction de machines à vapeur de la marine à Sourabaya. — Ces ateliers ont été achetés par le Gouvernement en 1849. Ils servent non seulement à la marine, mais aussi aux autres services publics, tout en étant sous la direction du Département de la marine. Ils comptaient, en 1882, 707 ouvriers et 13 coolies libres, qui ont donné 216,930 journées de travail, dont :

Ouvriers.   212,896
Coolies.   4,034

Il a été payé 396,000 francs de salaires ou, en moyenne, 2 fr. 03 cent. par jour aux ouvriers et 1 fr. 05 cent. aux coolies.

Dépôts de charbon. — Le Gouvernement a établi des dépôts de charbon pour l'usage de ses bâtiments à Sourabaya (Java) et dans chacun des gouvernements et résidences de ses possessions extérieures.

3. BALISAGE, ÉCLAIRAGE, PILOTAGE, SERVICE DES PORTS.

Ces différents services sont sous la direction d'un inspecteur qui a sous ses ordres un inspecteur adjoint, un ingénieur, trois ingénieurs adjoints et le personnel subalterne européen et indigène qui lui est nécessaire. Il dispose également d'un vapeur et de deux voiliers.

Les droits de pilotage perçus en 1882 ont été :

A Sourabaya et Grisée, de.	289,000 fr.
A Banjouwangi (détroit de Bali), de.	39,000
A Tjilatjap, de.	19,000
	347,000

Les droits de port et d'ancrage, qui n'avaient produit que 317,000 francs en 1881, ont rapporté 514,000 francs en 1882.

4. SERVICE HYDROGRAPHIQUE.

C'est au service hydrographique du Département de la marine qu'il appartient de centraliser le résultat des relèvements et opérations nécessaires pour la confection des nouvelles cartes des différentes eaux, havres et ports de l'archipel et la correction des anciennes. Le personnel affecté à ce service est composé comme suit :

Chef.	1
Sous-chef.	1
Assistants.	3
Lithographes.	2
Dessinateur.	1
Imprimeur.	1
Employés.	6

Les relèvements sont faits par les officiers de la marine détachés à cet effet sur les trois bâtiments affectés au service hydrographique.

5. PERSONNEL.

Le personnel de l'administration centrale comprend dix divisions. Il se compose, outre le commandant de la marine, chef du Département, qui reçoit une allocation spéciale de 33,000 francs, d'un *personnel fixe* comprenant :

1	secrétaire	20,000 fr.
1	référendaire	15,000
1	commis principal	12,000
4	premiers commis	7,500
5	seconds commis	5,500
6	troisièmes commis	3,700
1	chef de la marine du Gouvernement	25,000
1	sous-chef	14,000
1	inspecteur des services de navigation à vapeur	25,000

D'un personnel inférieur et
D'un *personnel temporaire* comprenant :

1	capitaine de vaisseau ou de frégate	20,000 fr;
3	lieutenants de vaisseau	12,000
1	enseigne	8,000
1	inspecteur d'administration	19,000
2	officiers d'administration	8,000
1	médecin principal	18,000

Les traitements des principaux fonctionnaires de l'administration de la marine sont comme suit :

Directeur des chantiers de construction	20,000 à	25,000 fr.
Administrateur, chef des équipages	9,000 à	12,000
Ingénieur { en chef des constructions		19,000
de 1re classe	12,000 à	19,000
de 2e classe		7,500
de 3e classe		6,000
Officier mécanicien		10,000
Dessinateur		6,000
Premier mécanicien à Onrust		7,500
Chef magasinier	12,000 à	15,000
Maître de port	3,700 à	17,000
Surveillant de phare	2,500 à	7,500
Commissaire du pilotage		7,500
Pilote	3,100 à	4,300

6. DÉPENSES DU DÉPARTEMENT DE LA MARINE.

Les dépenses du Département de la marine aux Indes sont évaluées pour 1884 à la somme de 23,939,000 francs.

Ces dépenses sont réparties comme suit :

DÉPENSES DANS LES PAYS-BAS.

Personnel de la marine détaché aux Indes....................	3,910,000 fr.
Matériel de la marine......................................	6,294,000
Dépenses imprévues.......................................	105,000
	10,309,000

DÉPENSES AUX INDES.

Administration centrale et services généraux................... 470,000 fr.

Établissements et magasins de la marine.

Personnel...............................	1,317,000 fr.	2,577,000
Matériel................................	1,260,000	
Observations magnétiques et météorologiques..................		64,000
Service hydrographique..................................		198,000
Service des ports......................................		350,000

Balisage, éclairage et pilotage.

Administration centrale......................		105,000 fr.	
Balisage..................................		55,000	
Phares et feux de port.	Personnel...............	401,000	1,489,000
	Matériel...............	725,000	
Pilotage............	Personnel.............	187,000	
	Matériel.............	16,000	

PERSONNEL DE LA MARINE.

Marine de guerre.

Rations des équipages européens : 1,529,880 rations à 1 fr. 44 cent...........................	2,218,000 fr.	2,797,000
Solde, habillement et équipement des marins indigènes	418,000	
Frais divers............................	161,000	

Marine coloniale.

Frais de recrutement des marins indigènes.......	37,000 fr.	1,663,000
Traitements, solde et allocations au personnel et aux équipages................................	1,075,000	
Rations................................	525,000	
Fournitures et frais divers.................	26,000	

À reporter.............. 9,608,000

38

Report................. 9,608,000 fr.

MATÉRIEL DE LA MARINE.

Achat et transport de matériaux et frais de main-d'œuvre des constructions navales....................... 2,234,000 fr. ⎫
Achat et transport de charbon................ 802,000 ⎪
Achat d'armes, de munitions et d'objets d'équipement................................ 48,000 ⎬ 3,126,000
Frais de transport d'armes, de munitions, fournitures, etc............................. 42,000 ⎭
Frais de passage, de transport et de voyage du personnel des forces navales.. 403,000
Dépenses diverses et imprévues........................ 493,000

TOTAL DES DÉPENSES {	aux Indes.................	13,630,000
	dans les Pays-Bas...........	10,309,000
	ENSEMBLE.............	23,939,000

TABLE DES MATIÈRES.

———

www.ingramcontent.com/pod-product-compliance
Lightning Source LLC
Chambersburg PA
CBHW071144270326
41929CB00012B/1869